Bryan Burrough / John Helyar · Die Nabisco-Story

Bryan Burrough
John Helyar

DIE NABISCO STORY

Ein Unternehmen wird
geplündert

Ullstein

© 1990 by Bryan Burrough und John Helyar
Titel der amerikanischen Originalausgabe:
Barbarians at the Gate – the Fall of RJR Nabisco
Erschienen bei Harper & Row, New York, 1990
Ins Deutsche übertragen von Rainer Schmidt
Übersetzung © 1991 by Verlag Ullstein GmbH, Frankfurt/M-Berlin
Alle Rechte vorbehalten
Satz: Dörlemann-Satz, Lemförde
Druck und Verarbeitung: Mohndruck, Gütersloh
Printed in Germany 1991
ISBN 3 550 06431 4

CIP-Titelaufnahme der Deutschen Bibliothek

Burrough, Bryan:
Die Nabisco-Story: ein Unternehmen wird geplündert /
Bryan Burrough; John Helyar. [Ins Dt. übertr. von Rainer Schmidt].
– Frankfurt/M.; Berlin: Ullstein, 1991
Einheitssacht.: Barbarians at the gate ⟨dt.⟩
ISBN 3-550-06431-4
NE: Helyar, John:

*Für meine Frau, Marla Dorfman Burrough,
und für meine Eltern, John und Mary Burrough,
aus Temple, Texas.*

– JBB

*Für meine Frau, Betsy Morris,
und für meine Eltern, Richard und Margaret Helyar,
aus Brattleboro, Vermont.*

– JSH

Jeder, der ein Unternehmen führt, sollte in seinem Herzen – ja, in seiner Seele – spüren, daß seine Verantwortung nicht nur darin besteht, Dividende für die Kapitaleigner seiner Firma zu erwirtschaften, sondern auch darin, das allgemeine Wohlergehen und moralische Empfinden der Vereinigten Staaten zu stärken.
– ADOLPHUS GREEN, *Gründer von Nabisco*

Irgendein Genie hat den Oreo-Keks erfunden. Wir leben bloß vom Erbe.
– F. ROSS JOHNSON, *Präsident von RJR Nabisco*

Dieses Geschäft ist unter dem Gesichtspunkt der Legitimität Betrug.
Nicht, daß es ein Betrug wäre. Man braucht Geld, um in dem Geschäft dabeizusein. Aber nicht viel. Man braucht mehr Geld, um einen Schuhputzladen aufzumachen, als dazu, eine Zwei-Millionen-Dollar-Firma zu kaufen, seien wir ehrlich. Wenn man einen Schuhputzladen kaufen will, der 3000 Dollar kostet, braucht man 3000 Dollar. Wenn man sie nicht flüssig hat, muß man sie spätestens Dienstag mitbringen.
Aber wenn es um einen *leveraged buyout* geht, kurz LBO genannt, einen fremdfinanzierten Unternehmensaufkauf durch das Management, braucht man sein Geld nicht nur nicht mitzubringen; man braucht es auch nicht zu sehen, man weiß nicht, wo man es herkriegen soll, und niemand weiß, wo sie es hergekriegt haben. Die ganze Sache kommt buchstäblich aus nichts.
Aber je mehr Geld man braucht, desto weniger muß man natürlich haben. Mit anderen Worten: Wenn Geld im Spiel ist, läßt man sich auf das Geschäft nicht ein. Es ist ein Geschäft für Leute, die kein Geld haben, die aber einen kennen, der Geld hat, der es aber auch nicht auf den Tisch legt ...
– JACKIE MASON, *»Was zum Teufel ist ein LBO?«*

EINLEITUNG

Dieses Buch entstand aus der Berichterstattung der Autoren für das *Wall Street Journal* über den Kampf um die Herrschaft über RJR Nabisco im Oktober und November 1988. Unser Ziel bei der Verfolgung der Story hinter den öffentlichen Ereignissen bestand darin, den Standard von Genauigkeit und allgemeiner Vortrefflichkeit einzuhalten, den das *Journal* für Journalisten allenthalben setzt.

Fünfundneunzig Prozent des Materials in diesem Buch stammen aus mehr als hundert Interviews, die zwischen Januar und Oktober 1989 in New York, Atlanta, Washington, Winston-Salem, Connecticut und Florida geführt wurden. Großenteils verdanken wir es Kontakten, die bei unserer Arbeit für das *Journal* zustandekamen, daß wir mit jeder wichtigen Person, die an der Geschichte beteiligt war, sowie mit Dutzenden weniger wichtigen ausführlich haben sprechen können. Nur eine Handvoll der in diesem Buch erwähnten Leute lehnten es ab, Interviews zu geben.

Unter den ersten, mit denen wir sprachen, waren Jim Maher von der First Boston und Ted Forstmann von Forstmann Little & Co., der sich in seinem New Yorker Büro und in seinem Privatjet zur Verfügung stellte. Bei Kohlberg Kravis wurden Henry Kravis, George Roberts und Paul Raether mehr als vierundzwanzig Stunden lang zusammen und einzeln interviewt. Ein großer Teil der Interviews wurde in den ehemaligen New Yorker Büros von RJR Nabisco geführt, die Kohlberg Kravis nach einem Brand für kurze Zeit bezogen hatten. Kravis selbst führte ein halbes Dutzend auf Band aufgezeichnete Gespräche mit uns – mit einer Ausnahme allesamt in Johnsons früherem Vorzimmer.

Der letzte, der sich zu Interviews bereitfand, war Ross Johnson. Seine Scheu war verständlich; er hatte von der Presse Prügel bezogen und war nicht erpicht darauf, sich weiter herumboxen zu lassen.

Schließlich aber verbrachte er doch sechsunddreißig Stunden in Sechs-Augen-Gesprächen mit den Autoren. Mehrere Ganztagssitzungen wurden in seinem Büro in Atlanta abgehalten, wo Johnson Zigarillos rauchte und Sportsakkos ohne Krawatte trug; eine Marathon-Abendsitzung fand in seinem New Yorker Apartment statt, wo Johnson eine graue »RJR Nabisco«-Jogginghose anhatte und mit den Autoren zusammen Pepperoni-Pizza und Bier zu sich nahm.

Dank der Kooperationsbereitschaft der Beteiligten ist es uns gelungen, Dialoge weitgehend zu rekonstruieren. Notwendigerweise erfordert dies, daß man gelegentlich selektive Erinnerungen abruft. Es ist wichtig, im Gedächtnis zu behalten, was Ken Auletta in seinem definitiven Buch *Greed and Glory on Wall Street* schrieb: »Kein Reporter kann mit hundertprozentiger Genauigkeit Ereignisse rekonstruieren, die vor einer Weile stattgefunden haben. Die Erinnerung spielt den Beteiligten Streiche – um so mehr, wenn inzwischen das Ergebnis klar ist. Ein Reporter versucht, sich gegen Ungenauigkeit zu wappnen, indem er bei verschiedensten Quellen nachfragt, aber es ist doch nützlich für den Leser – und für den Autor –, sich angesichts dieser journalistischen Beschränkung zu bescheiden.«

Wir können dem nur beipflichten. Man sollte jedoch bedenken, daß wir bei der Rekonstruktion kritischer Besprechungen oftmals in der Lage waren, jeden der zum entsprechenden Zeitpunkt im Raum Anwesenden zu befragen. In vielen Fällen ging es dabei um bis zu acht oder neun Personen. Wo sich in ihren Erinnerungen signifikante Differenzen ergaben, haben wir dies im Text oder in einer Fußnote angemerkt. Wo ein Gedanke oder ein Eindruck *kursiv* wiedergegeben ist, stammt er von der in Frage stehenden Person.

Ein Wort zur Bedeutung des Ganzen: Wer in diesen Seiten nach einem definitiven Urteil über die Auswirkung von »fremdfinanzierten Unternehmensaufkäufen durch das Management« – sogenannten *leveraged buyouts* oder LBOs – auf die amerikanische Wirtschaft sucht, wird zweifellos enttäuscht werden. Die Autoren sind davon überzeugt, daß manche Unternehmen für die Strapazen eines LBO gut geeignet sind und andere nicht. Was RJR Nabisco angeht, so ist es wichtig, sich daran zu erinnern, daß ein LBO ein Geschöpf der Zeit ist. In den meisten Fällen lassen sich Erfolg oder Fehlschlag erst nach drei, vier, fünf, ja sieben Jahren abschätzen. Die Ereignisse in diesem

Buch konstituieren die Geburt eines LBO; während wir diese Zeilen schreiben, ist die neugeborene RJR Nabisco gerade ein Jahr alt. Das Baby sieht gesund aus, aber es ist noch zu früh, um vorherzusagen, was letzten Endes aus ihm werden wird.

Bedanken möchten wir uns bei Norman Pearlstine, dem Chefredakteur des *Wall Street Journal,* mit dessen Segen wir Urlaub für dieses Buch genommen haben. Unendlich dankbar sind wir auch unserem Lektor, Richard Kot von Harper & Row, für sein scharfes Auge und seine nimmermüde Aufmunterung, mit der er uns geholfen hat, den ersten Ausflug ins Bücherschreiben zu überstehen, außerdem seinem Assistenten Scott Terranella, Lorraine Shanley, die für unser Projekt bei Harper & Row Interesse fand, unserem Agenten Andrew Wylie, der nicht annähernd so fies ist, wie die Leute glauben, seiner Kollegin Deborah Carl für jede Menge telefonisches Händchenhalten, und Steve Swartz vom *Wall Street Journal* für seinen unschätzbaren Rat bei der Gestaltung der Erzählung. RJR Nabisco und zahlreiche Mit-Akteure haben hilfsbereit Fotos zur Verfügung gestellt. Ein Dank geht auch an John Huey, der John Helyar 1988 als Redaktionsleiter des *Wall Street Journal* in Atlanta freie Hand gab, sich in RJR hineinzuwühlen. Als Herausgeber des *Southpoint Magazine* erlaubte er ihm 1989, dieses Buch zu Ende zu schreiben, ehe er sich zum Dienst meldete.

Die unbesungenen Heldinnen eines solchen Projektes sind unsere Ehefrauen. Betsy Morris hat einen doppelten Dienst geleistet. Als Kollegin beim *Wall Street Journal* gehörte sie zu den ersten, die Ross Johnson »entdeckten« und die sich abzeichnende RJR-Nabisco-Story verfolgten. Als John Helyars Ehefrau fand sie sich mit wochenlangen Abwesenheiten und tagelangem Schreiben ab. Und Marla Burrough war die erste Leserin und Redakteurin des Manuskripts und ein Quell grenzenloser Unterstützung und Geduld. Ihrer beider Rat und Anleitung haben jede Seite dieses Buches geprägt.

DIE AKTEURE

DIE MANAGEMENT-GRUPPE

Bei RJR Nabisco

1. F. Ross Johnson, Generaldirektor und CEO
2. Edward A. Horrigan junior, Direktor von RJR Tobacco
3. Edward J. Robinson, kaufmännischer Direktor
4. Harold Henderson, Syndikus
5. James Welch, Direktor von Nabisco Brands
6. John Martin, stellvertretender Direktor
7. Andrew G. C. Sage II., Berater und Vorstandsmitglied
8. Frank A. Benevento II., Berater
9. Steven Goldstone, Anwalt
10. George R. (»Gar«) Bason junior, Anwalt

Bei American Express

11. James D. Robinson III., Generaldirektor

Bei Shearson Lehman Hutton

12. Peter A. Cohen, Generaldirektor
13. J. Tomilson Hill III., Direktor der M & A-Abteilung
14. James Stern, Investment-Banker
15. Robert Millard, Arbitrage-Händler
16. Jack Nusbaum, Anwalt

Bei Salomon Brothers

17. John Gutfreund, Vorsitzender
18. Thomas Strauss, Direktor
19. Michael Zimmerman, Investment-Banker
20. Charles (»Chaz«) Phillips, Investment-Banker
21. William Strong, Investment-Banker
22. Peter Darrow, Anwalt

*Bei Robinson, Lake,
Lerer & Montgomery*

23. Linda Robinson, P&R-Beraterin

KOHLBERG KRAVIS ROBERTS & CO.

Bei Kohlberg Kravis

24. Henry Kravis, Sozius
25. George Roberts, Sozius
26. Paul Raether, Sozius
27. Theodore Ammon, Mitarbeiter
28. Clifton S. Robbins, Mitarbeiter
29. Scott Stuart, Mitarbeiter
30. Richard I. Beattie, Anwalt
31. Charles (»Casey«) Cogut, Anwalt

Bei Drexel Burnham Lambert

32. Jeffrey Beck, »The Mad Dog«

Bei Morgan Stanley & Co.

33. Eric Gleacher, Direktor
der M & A-Abteilung
34. Steven Waters

Bei Wasserstein Perella & Co.

35. Bruce Wasserstein

DIE AUSSENSEITER

Bei Forstmann Little & Co.

36. Theodore J. Forstmann, Sozius
37. Brian D. Little, Sozius
38. Nick Forstmann, Sozius
39. Stephen Fraidin, Anwalt

Bei Goldman Sachs & Co.

40. Geoff Boisi, Leiter des Investment-Banking-Ressorts

Bei der First Boston

41. James Maher, Direktor der M & A-Abteilung
42. Kim Fennebresque, Investment-Banker
43. Brian Finn, Investment-Banker
44. Jerry Seslowe, Anlageberater
45. Jay Pritzker, Investor
46. Thomas Pritzker, Investor
47. Harold Handelsman, Anwalt
48. Melvyn N. Klein, Investor

DER SONDERAUSSCHUSS

Die Direktoren

49. Charles E. Hugel, Direktor von Combustion Engineering
50. Martin S. Davis, CEO von Gulf & Western
51. Albert L. Butler junior, Geschäftsmann

52. William S. Anderson, Direktor im Ruhestand der NCR Corp.
53. John Macomber, Direktor im Ruhestand von Celanese

Die Berater

54. Peter Atkins, Skadden, Arps, Slate, Meagher & Flom
55. Michael Mitchell, Skadden, Arps, Slate, Meagher & Flom
56. Matthew Rosen, Skadden, Arps, Slate, Meagher & Flom
57. John Mullin, Dillon Read & Co.
58. Franklin W. (»Fritz«) Hobbs IV., Dillon Read & Co.
59. Felix Rohatyn, Lazard Freres & Co.
60. J. Ira Harris, Lazard Freres & Co.
61. Robert Lovejoy, Lazard Freres & Co.
62. Luis Rinaldini, Lazard Freres & Co.
63. Joshua Gotbaum, Lazard Freres & Co.

Andere

64. Smith Bagley, RJ Reynolds-Erbe
65. J. Paul Sticht, ehemaliger Chef von RJ Reynolds
66. J. Tylee Wilson, ehemaliger Chef von RJ Reynolds
67. H. John Greeniaus, Direktor, Nabisco Brands

PROLOG

Die Luft in Atlanta war kühl und klar an jenem Abend im Oktober, als die schwarzen Lincoln *Town Cars* am Waverly Hotel vorzufahren begannen. Das Waverly war das Zentrum eines grünen, abseits der City gelegenen Büroparks, wie er sich in den Städten des »Sun Belt« häufig findet: In der Nähe gab es ein Kinocenter, ein Einkaufszentrum des gehobenen Bedarfs – »The Galleria« – mit Springbrunnenanlagen und breiten, einladenden Wandelgängen, und eine Ansammlung von funkelnden Bürohochhäusern.

Den Limousinen entstiegen die Vorstandsmitglieder* von RJR Nabisco, Amerikas neunzehntgrößtem Industriekonzern, dessen Produkte – Oreos, Ritz-Cracker, Life Savers, Winston- und Salem-Zigaretten – in jeder Wohnung im ganzen Land zu finden waren und dessen Zentralverwaltung in elf Stockwerken eines ein paar hundert Schritt weit entfernten Glasturmes beherbergt war. Jeder von ihnen war mit einem RJR-Nabisco-Firmenjet nach Atlanta gebracht worden. Sie durchquerten die Atriumlobby des Hotels, fuhren mit einem gläsernen Aufzug nach oben und begaben sich dort in einen Konferenzraum, wo sie in kleinen Kreisen mit Drinks in den Händen herumstanden und bang darauf warteten, daß die abendliche Sitzung begann. Ihr Small talk drehte sich um die Fahrt hierher, um Baseball und um die Präsidentschaftswahlen, die in weniger als einem Monat stattfinden sollten.

Es war der Abend vor der planmäßig im Oktober stattfindenden Vorstandssitzung des Unternehmens, normalerweise eine Gelegen-

---

* Vorstand (Board of Directors) = hier das leitende Gremium eines Konzerns, meist zusammengesetzt aus einer »inside group« von Führungskräften aus dem Unternehmen und einer »outside group« von unternehmens-, oft auch branchenfremden Managern. Dem Vorstand unmittelbar unterstellt, ihm aber meist auch angehörig, ist der »Chief Executive Officer« (Hauptgeschäftsführer).

heit für die Vorstandsmitglieder, formlos mit ihrem Chief Executive, Ross Johnson, zu dinieren und sich von ihm in seinem einzigartigen, zwanglosen Stil über den aktuellen Stand der Unternehmensangelegenheiten informieren zu lassen. Aber heute abend war die Atmosphäre deutlich anders. Johnson hatte jedes Vorstandsmitglied einzeln angerufen und gedrängt, an dem Dinner teilzunehmen, was normalerweise nicht Pflicht war. Nur wenige wußten, was ihnen drohte; die anderen konnten nur raten.

Ein paar wurden mit dem Anwalt Steve Goldstone bekanntgemacht und wanderten mit verwirrten Gesichtern weiter. *Was hatte ein Unternehmensfremder hier zu suchen?* fragte sich Albert Butler, ein kahl werdender Patrizier aus North Carolina. Juanita Kreps, die ehemalige Handelsministerin, nahm Charles Hugel beiseite, den Leiter von Combustion Engineering, der bei RJR Nabisco als nomineller Vorsitzender fungierte. »Was hat Ross vor?« fragte sie. »Was soll passieren?« Hugel wußte es, aber er wollte nichts sagen. Statt dessen huschte er hinaus, um das Personal anzuhalten, sich mit dem Dinner zu beeilen. Sie hatten heute abend eine umfangreiche Tagesordnung.

Durch das Gewimmel der Vorstandsmitglieder spazierte Johnson, einen Wodka-Soda in der Hand, immer ein Lächeln oder Lachen parat. Johnson, ein Mann, der seinen Teil an Vorstandszimmercoups überlebt hatte, hielt sich etwas auf seine Fähigkeit zugute, Vorstände umzustimmen. Er war ein Meister darin, angespannte Situationen mit einem strategischen Scherz, einem gutplazierten Gag zu entschärfen, ein regelrechter Rattenfänger des Vorstandszimmers. Er war immer derselbe alte, gutgelaunte Ross, der sich selbst oder das Geschäft niemals allzu ernst nahm. Heute abend operierte er – gegen den Wunsch seiner neuen Partner in der Wallstreet – nach Gefühl und Augenmaß.

Ed Horrigan hoffte, daß Johnson in Topform sein möge. Horrigan, Chef von Reynolds Tobacco, des größten Tochterunternehmens von RJR Nabisco, hatte dem Plan, den Johnson heute abend bekanntgeben würde, begeistert zugestimmt. Er war ein untersetzter, kämpferischer Ire, der im Geschäft jenes Draufgängertum zeigte, das ihn veranlaßt hatte, während des Korea-Kriegs allein eine MG-Stellung zu stürmen. Anders als Johnson, dem anscheinend nichts auf der Welt Sorgen machte, war Horrigan angespannt. Er hatte diese Leute schon Jahre, bevor Johnson die Bühne betrat, gekannt und ihnen mißtraut; er hatte ihre kleinen Putsche aus erster Hand miterlebt. Er wußte, daß Johnson glaubte, er habe sie mit fetten Beraterverträgen und anderen Vergünstigungen für sich gewonnen. Aber Horrigan war da nicht so sicher. Es konnte immer noch sein, daß sie Johnson für seinen großartigen Plan auf der Stelle feuerten.

Während Horrigan noch seinen Gedanken nachhing, kam ein Mann herein, den er nicht kannte. Er trug einen Anzug, der geradewegs aus *Gentleman's Quarterly* zu stammen schien; jedes seiner graumelierten Haare lag an seinem zugewiesenen Platz, und er schaute mit eiskaltem Blick in die Runde. Horrigan fühlte sich an die alten Western erinnert, in denen ein Fremder zur Saloontür hereinkommt. Kurz darauf wurde er mit dem Mann bekanntgemacht; es war ein Wallstreet-Anwalt namens Peter Atkins. Atkins, so erfuhr Horrigan, war da, um den Vorstand über seine Rechte und Pflichten zu informieren.

»Hallo, Mr. Horrigan«, sagte Atkins kühl, als sie einander die Hand schüttelten.

O Gott..., dachte Horrigan.

Das Dinner wurde von der langen, T-förmigen Tafel abgeräumt, als Johnson sich um halb neun erhob, um das Wort zu ergreifen. Er erörterte einige kleinere Haushaltsangelegenheiten, erinnerte die Mitglieder des Vergütungsausschusses daran, daß sie gleich morgen früh zusammentreten würden, und ging die Tagesordnung für die reguläre Vorstandssitzung durch. »Wie Sie alle wissen, haben wir heute abend noch einen Punkt auf der Tagesordnung«, sagte Johnson dann. »Ich denke, dem wenden wir uns jetzt zu. Es geht um die zukünftige Führung des Unternehmens.«

Johnson paffte an einem der winzigen Zigarillos, die er so liebte, und ließ seine zweijährige Amtszeit am Steuer von RJR Nabisco Revue passieren: Anstieg der Gewinne um 50 % sowie gestiegene Verkaufszahlen. Das Problem, wie alle wußten, waren die Aktien, die im Kurs fielen, seit sie vor einem Jahr über die Siebzig-Dollar-Marke angestiegen waren. Nichts von dem, was sie seit dem Börsenkrach vor einem Jahr unternommen hatten, hatte sie wieder hochbringen können. Selbst nach dem Rückkauf in jenem Frühling – an dieser Stelle gab Johnson einen Pfeiflaut von sich, der dem einer fallenden Bombe entsprach – war der Kurs in die Vierzigerbereiche abgesackt. Auch nachdem die Tabakindustrie aus der härtesten Rechtsauseinandersetzung der letzten Jahre ungeschoren herausgekommen war, hatte sich da nichts gerührt. Jeder der Anwesenden kannte die Geschichte genau, wenngleich anscheinend keiner deshalb je so besorgt gewesen war wie Johnson.

»Es ist klar wie Kloßbrühe, daß dieses Unternehmen in einem verrückten Ausmaß unterbewertet ist«, sagte Johnson. »Wir haben versucht, Lebensmittel- und Tabakindustrie zusammenzubringen, und es hat nicht funktioniert. Die Diversifikation funktioniert nicht. Wir sitzen auf Lebensmittelwerten, die das Fünfundzwanzig- bis Neunundzwanzigfache der Erträge wert sind, und gehandelt werden wir zum Neunfachen, weil man uns immer noch für eine Tabakfirma hält. Infolgedessen haben wir alternative Möglichkeiten erkundet, den Wert für die Aktionäre zu steigern.« Hier legte er eine Pause ein. »Die einzige Möglichkeit, diesen Werten Anerkennung zu verschaffen, so glaube ich, besteht in einem ›leveraged buyout‹.«

Was folgte, war eine lähmende Stille.

Jeder im Raum wußte von »leveraged buyouts«, LBOs genannt. Bei einem LBO versucht eine kleine Gruppe von leitenden Angestellten, meist in Zusammenarbeit mit einem Partner in der Wallstreet, ihr Unternehmen von den privaten Anteilseignern zu kaufen, und zwar unter Einsatz von massiven Summen geliehenen Geldes. Kritiker dieses Verfahrens vertraten die Auffassung, dies bedeute, daß das Unternehmen seinen Eigentümern gestohlen werde, und sie befürchteten, der wachsende Berg von Unternehmensschulden beeinträchtige Amerikas internationale Konkurrenzfähigkeit. Jedermann wußte, daß ein LBO empfindliche Kürzungen in Forschungs- und allen anderen nur denkbaren Budgets bedeutete: Opfer zur Tilgung der Schulden. Die Verfechter des Verfahrens behaupteten, daß ein Unternehmen, welches hohe Kreditrückzahlungen zu leisten habe, dabei sehnig und hart werde. In einem Punkt waren sich alle einig: Die Manager, die einen LBO in Gang brachten, wurden dabei stinkreich.

»Uns streicht nicht der Wolf ums Haus«, fuhr Johnson fort. Es gebe keinen Unternehmensplünderer, der ihn zwinge, dies zu tun. »Es ist einfach die Option, die ich im Sinne unserer Aktionäre für die beste halte. Ich halte es für eine durchführbare Transaktion, und sie läßt sich zu einem Preis durchführen, der sehr weit über dem derzeitigen Kurs liegt. Wir sind allerdings auf diesem Weg noch nicht so weit fortgeschritten, daß wir konkrete Schlüsse ziehen oder zu diesem Zeitpunkt schon ein Angebot unterbreiten könnten.«

Johnson hielt einen Augenblick inne und schaute jedes der Vorstandsmitglieder an: Überwiegend waren es Manager, noch aktiv oder im Ruhestand, und ihr Durchschnittsalter war fünfundsechzig Jahre. Sie hatten ihm bei der Führung von RJR Nabisco freie Hand gelassen und keine Einwände erhoben, als er das Unternehmen aus seiner hundertjährigen Heimat North Carolina herausgerissen und in ein Monument neureichen Übermaßes verwandelt hatte. Aber sie hatten seinen Vorgänger für geringfügigere Verstöße zur Strecke gebracht, als er jetzt begehen wollte.

»Ich möchte, daß Sie eines begreifen«, fuhr Johnson fort. »Sie hier werden sich entscheiden müssen. Wenn Sie meinen, dies sei nicht die Lösung oder es gebe eine bessere Idee, werde ich das niemandem übelnehmen. Ich werd's einfach nicht machen. Es gibt anderes, was ich tun kann, und das werde ich dann tun. Wir werden Unternehmen aus dem Lebensmittelbereich verkaufen. Wir werden noch ein paar unserer Aktien zurückkaufen. Ich habe kein Problem damit, gleich wieder nach oben zu gehen, Plan B in Angriff zu nehmen – und Schwamm drüber.«

Schweigen.

Vernon Jordan, Bürgerrechtler und Washingtoner Anwalt, war der erste, der sprach. »Hören Sie, Ross, wenn Sie diese Sache durchziehen, besteht die reale Möglichkeit daß dieses Unternehmen Gegenstand eines Wettbietens wird. Es könnte jemand aufkreuzen und das Unternehmen zu einem höheren Preis kaufen wollen, als Sie bezahlen können. Es könnte sein, daß Sie nicht gewinnen. Ich meine, wer weiß schon, was alles passieren könnte?«

»Genau das ist der springende Punkt, Vernon«, sagte Johnson. »Dieses Unternehmen *sollte* Gegenstand eines Wettbietens werden. Es sollte an den Höchstbietenden verkauft werden. Wenn jemand Lust hat, fünfundachtzig Dollar pro Aktie zu bieten oder mehr, als wir zahlen können, dann haben wir um so bessere Arbeit für unsere

Aktionäre geleistet. Das Management dieser Firma hat es nicht darauf abgesehen, auf Kosten der Anteilseigner an seinen Jobs zu kleben.«

»In welchem Stadium sind Sie?« fragte John Macomber, der ehemalige Chef von Celanese. Macomber war Johnson seit Jahren nicht wohlgesinnt.

»Damit die Sache nicht an die Öffentlichkeit dringt«, sagte Johnson, »sind wir bei den Banken eigentlich noch nicht sehr weit gegangen. Wir haben keine fünf Cent. Aber wenn der Vorstand mit dem Vorschlag einverstanden ist, werden wir sehr schnell zur Sache gehen.«

Nach ein paar Augenblicken ergriff Juanita Kreps das Wort. »Wissen Sie, ich finde, es ist eine Schande, daß wir gezwungen sein sollen, solche Schritte zu unternehmen und Firmen wie diese zu zerschlagen«, erklärte sie. »In anderen Vorständen, denen ich angehört habe, hat es die gleichen Klagen über Kursflauten gegeben. Anderswo aber hat das Szenario nicht so ausgesehen. Das Management schaut dort mehr in die Zukunft und über die unmittelbare Unterbewertung der Aktie hinaus. Warum ist es hier anders? Ist es ein Tabakproblem, das mit sinkenden Verkaufszahlen und juristischen Schwierigkeiten der Industrie zu tun hat?«

»Juanita, ich höre eine Menge CEOs* über die unterbewerteten Aktien ihrer Unternehmen klagen, aber ich sehe nicht, daß sie irgend etwas dagegen tun«, antwortete Johnson. »Aber dagegen *kann* man etwas tun. Die anderen trauen sich nicht, etwas dagegen zu tun.«

Das alles klang so vernünftig, so plausibel: Niemand konnte Erklärungen zurechtspinnen wie Ross Johnson. Aber die Vorstandsmitglieder hätten wohl noch ein paar Fragen zu stellen gehabt, wenn sie Johnsons Pläne für das Unternehmen gekannt hätten, und wenn sie von den Vergünstigungen für Mitglieder der Geschäftsleitung gewußt hätten, die er hinter ihrem Rücken verteilt hatte, oder von dem beispiellosen Anteil an dem bei dem LBO erwarteten Profit, den er seinen hungrigen Wallstreet-Partnern bei Shearson Lehman Hutton abgerungen hatte. Diese und andere Punkte jedoch würden erst in dem für sie alle ungünstigsten Augenblick ans Licht kommen.

---

* »Chief Executive Officer« = Oberste angestellte Führungskraft eines Konzerns, oft zugleich »President« und Mitglied des Vorstandes.

Charlie Hugel ließ den Blick durch den Raum wandern: Weitere Fragen schienen nicht zu kommen. Er schlug vor, daß Johnson und Goldstone sich zurückziehen sollten, damit der Vorstand beraten könne. »Wer von den Anwesenden wäre denn an der Management-Gruppe beteiligt?« fragte er.

Johnson nannte die Namen: Horrigan, der Nabisco-Direktor Jim Welch, der Syndikus Harold Henderson sowie ein unternehmensfremder Vorstandsangehöriger und Berater, Andrew G. C. Sage II. Hugel schlug vor, daß auch sie den Raum verlassen sollten.

Als Johnson gegangen war, machte der Vorstand eine kurze Pause. Albert Butler kam zu Hugel herüber. »Haben Sie gesehen?« fragte er. »Andy Sage ist auch dabei.«

Hugel nickte.

»Ross will, daß wir seinen Beratervertrag auf fünfhunderttausend Dollar verdoppeln«, sagte Butler. »Es steht auf der Tagesordnung für den Vergütungsausschuß, aber ich glaube, das können wir nicht mehr machen.«

Nein, meinte Hugel, das konnten sie nicht. Ihm war unbehaglich zumute. Johnson war sein Freund, aber eine Reihe von Ereignissen in den letzten drei Tagen hatten ihm Anlaß gegeben, über den Mann, den er so gut zu kennen glaubte, noch einmal nachzudenken. Irgend etwas hier schien einfach nicht zu stimmen.

Andere Vorstandsmitglieder nahmen schweigend Kurs auf die Herrentoilette. Jedem war bewußt, wie enorm die Entscheidung war, vor die sie hier gestellt worden waren. Als die Titanen der Industrie sich einzeln vor die Urinale schoben, ertönte aus einer Kabine eine Stimme: »Wir müssen herausfinden, ob die Sache unanständig ist.« Die Männer nickten, wuschen sich die Hände und kehrten in den Konferenzraum zurück.

Dort gab Hugel das Wort an Atkins, der den Vorstand über seine Pflichten nach den Gesetzen des Staates Delaware aufklärte, wo RJR Nabisco wie so viele große Aktiengesellschaften ihren eingetragenen Sitz hatte. Als er damit fertig war, berichtete Hugel den anderen, wie Johnson ihn in der vergangenen Woche in Südkorea angerufen und auf die Idee des LBO angesprochen hatte. Hugel erwähnte nichts von seinen privaten Sorgen oder von dem merkwürdigen Angebot, das Johnson ihm erst vor zwei Tagen gemacht hatte.

Während der Vorstand sich beriet, hielt Johnson sich in seiner Suite in einer der oberen Etagen auf und vertrieb sich die Zeit mit Horrigan und den anderen; ein Team von Shearson war auch dabei. Er hatte noch nicht lange gewartet, als er die Nachricht bekam, daß der Vorstand ihn erwarte. Johnson nahm Goldstone mit und kehrte nervös in den Konferenzraum zurück.

»Ross«, sagte Hugel, »der Vorstand ist nachdrücklich der Auffassung, daß wir Ihnen freie Hand lassen sollten.« Tatsächlich war die Debatte wenig aufregend verlaufen: Nachdem Johnson schon so weit gegangen war, hatten sie keine Wahl, als ihn weitermachen zu lassen. Wenn er vorhatte, ein ernsthaftes Gebot für das Unternehmen zu machen, dann hatten sie nach den Gesetzen von Delaware die treuhänderische Pflicht, es den Aktionären zu unterbreiten. »Aber«, fuhr Hugel fort, »wir möchten sicher sein, daß die Zahl, an die Sie dabei denken, nicht unanständig ist.«

»Na, dann müssen Sie ›unanständig‹ definieren«, sagte Johnson.

»Die Zahl muß oberhalb des Höchstkurses liegen, zu dem die Aktien des Unternehmens je gehandelt worden sind.«

»Schön, das läßt sich machen.«

»In diesem Fall ist der Vorstand bereit, Ihnen grünes Licht zu geben. Wenn Sie Ihren Plan weiterverfolgen wollen, wird der Vorstand morgen früh eine Pressemitteilung herausgeben müssen.«

»Peter, haben Sie schon einen Entwurf?« fragte Goldstone Atkins. »Würden Sie ihn vorlesen?«

Atkins verlas den Entwurf der Pressemitteilung und war einverstanden, als Goldstone darum bat, ihn mit nach oben nehmen zu dürfen, damit er und Johnson ihn noch einmal durchgehen könnten.

Diese Pressemitteilung war eine unangenehme Entwicklung, wenngleich Goldstone damit gerechnet hatte, als er erfahren hatte, daß Hugel sich Atkins mitgebracht hatte. Den Schleier der Geheimhaltung zu lüften genügte zumeist, um einen sich entwickelnden Buyout schnell zunichtezumachen: Nach einer solchen Veröffentlichung hatten Unternehmensplünderer oder andere unerwünschte Freier die Möglichkeit, sich auf die Firma zu stürzen, ehe das Management Gelegenheit hatte, sein eigenes Gebot zu unterbreiten. Trotzdem waren Johnson und seine Partner nicht in Panik verfallen, als die Möglichkeit einer Veröffentlichung zur Sprache gekommen war. RJR Nabisco war so groß, daß wahrscheinlich niemand auf der Welt ihr Gebot überbieten würde – schon gar nicht ohne ein freundliches Management-Team im Unternehmen, das ihm den Weg zeigte.

Oben suchten Goldstone und Johnson nach dem Gespann von Shearson Lehman. Tom Hill, der coole Chefstratege, und Jack Nusbaum, sein Anwalt, waren aus der Suite verschwunden. Goldstone hetzte nach unten und traf das Paar in der Halle; die beiden hatten mit ihren Assistenten einen kurzen Ausflug zur RJR-Hauptverwaltung unternommen. »Jack«, rief Goldstone, »wo zum Teufel haben Sie gesteckt?«

Man bereite eine Presseerklärung vor, erläuterte Goldstone, und Johnson wolle unbedingt den Preis einsetzen, an den sie gedacht hatten. Ohne eine solche Zahl, befürchtete Johnson, würde die Aktie unkontrolliert steigen und seine Gruppe womöglich zwingen, mehr zu bieten, als sie wollte. Sie kehrten in die Suite zurück, und Hill wiederholte seinen früheren Vorschlag: pro Aktie 72 Dollar in bar und 3 Dollar in Vorzugsaktien. Johnson schüttelte den Kopf.

»Nichts da«, sagte er. »Jungs, es müssen fünfundsiebzig in bar sein. Man kann da kein Papier auf den Tisch legen. Das sieht drittklassig aus.«

Johnson brauchte nicht erst zu rechnen, um nervös zu werden. *Siebzehn Milliarden Dollar.* Der größte Unternehmens-Takeover in der Geschichte, dreimal größer als der größte LBO, der je versucht worden war. Sie hatten nicht ernsthaft in Betracht gezogen, viel höher zu gehen; da weit und breit keine Konkurrenz zu sehen war, schien das auch nicht nötig zu sein.

Johnson gewann die Auseinandersetzung wie gewöhnlich. Als die Uhr Mitternacht schlug, schickte man Goldstone mit der überarbeiteten Pressemitteilung hinunter in den Konferenzraum.

Plötzlich, nach all den Wochen der Planung, nach all den Verhandlungen hinter den Kulissen, war es Wirklichkeit geworden. Sie würden es tatsächlich machen. »Heilige Scheiße«, sagte Johnson der Gruppe, die in der Suite auf und ab ging. »Jetzt müssen wir siebzehn Milliarden Dollar auftreiben.«

Noch einmal dachte er an die Pressemitteilung. Sie hatten so sehr gehofft, die Sache könnte ein kleines Geheimnis zwischen ihnen und dem Vorstand bleiben. Eine öffentliche Bekanntmachung bedeutete Publicity, und zwar eine Menge, sowie das Gespenst konkurrierender Gebote – und das alles schon morgen früh. Johnson hatte geglaubt, darauf vorbereitet zu sein, aber jetzt traf es ihn doch mit voller Wucht. »Die Sache«, warnte er einen Assistenten in einem Telefongespräch nach Mitternacht, »bewegt sich schneller, als wir dachten.«

1

Ross' Philosophie lautet: »Wir feiern eine Party, sehr *sophisticated* und kompliziert: eine Party.«
O. C. ADAMS, *psychologischer Berater bei RJR Nabisco**

Ross Johnson wurde verfolgt. Ein Detektiv, vermutete er, zweifellos engagiert von dem alten Geizhals Henry Weigl. Jeden Tag klebte ihm der Schatten in den Straßen von Manhattan auf den Fersen, wohin Johnson auch ging. Schließlich hatte er genug. Johnson hatte Freunde, und zwar eine Menge; einer von ihnen hatte wohl Kontakte zur Gorillabranche. Er habe da so ein ärgerliches Problem, erzählte Johnson seinem Freund. Er wolle einen Beschatter loswerden. Kein Problem, sagte der Freund. Und richtig, binnen weniger Tage war der Detektiv verschwunden. Was immer der Bursche jetzt treibe, versicherte Johnsons Freund, er habe jetzt wahrscheinlich einen etwas komischen Gang.

Es war im Frühjahr 1976; bei dem Lebensmittelkonzern Standard Brands war die Lage gespannt. Weigl, der knorrige alte Direktor, hatte es darauf abgesehen, seine Nummer zwei abzuservieren – Johnson, den zottelhaarigen jungen Kanadier, der mit glamourösen Freunden wie Frank Gifford und »Dandy« Don Meredith die Lokale in Manhattan heimsuchte. Weigl setzte ein Team von Buchprüfern auf Johnsons notorisch aufgeblähte Spesenkonten an und sammelte Geschichten über die außerehelichen Affären seines ehemaligen Protégés.

Johnsons trinkfeste Bande junger Renegaten begann, einen Gegen-

---

* Dr. O. C. Adams war bereit, sich für dieses Buch interviewen zu lassen, nachdem er Ross Johnsons Zustimmung zu solchen Interviews erhalten hatte; er wurde auf Mr. Johnsons Drängen hin interviewt.

angriff zu planen; sie suchten die Vorstandsmitglieder auf und dokumentierten faule Stellen im Unternehmen. Gerüchte über einen bevorstehenden Coup rauschten durch die Zentrale des Unternehmens in der Madison Avenue.

Dann führten die Spannungen zu einer offenen Explosion: Es kam zu einer lautstarken Konfrontation zwischen Johnson und Weigl, ein populärer Manager fiel tot um, im Vorstand herrschte helle Aufruhr. Bei einer Vorstandssitzung Mitte Mai kam es zur Entscheidung. Weigl erschien als erster, bereit, offen gegen Johnson anzutreten. Johnson folgte ihm, zum Gegenschlag gerüstet.

Die Zeit verging; Johnsons »Merry Men«, die »munteren Mannen«, wanderten im Central Park umher und warteten, daß der Sieger hervorkäme. Es würde blutig zugehen da drin. Aber wenn es um Firmenpolitik ging, war niemand bereit, Ross Johnson voreilig aufzugeben. Er hatte anscheinend ein besonderes Talent zum Überleben.

Bis zum Herbst 1988 war Ross Johnsons Leben eine Serie von Geschäftsabenteuern, in denen er nicht nur Macht für sich selbst gewann, sondern Krieg gegen eine alte Business-Ordnung führte.

Unter dieser alten Ordnung war das Big Business geprägt von Solidität und Berechenbarkeit. Die *Fortune 500* wurden von »Company Men« geführt: Juniormanagern, die sich die Leiter hochgearbeitet hatten und für das Unternehmen alles zu geben bereit waren, und Seniormanager, die als Verwalter des Unternehmens fungierten, es bewahrten und behutsam vergrößerten.

Johnson sollte die vollkommene Verkörperung des »Noncompany Man« werden. Er zerstörte Traditionen, stieß ganze Unternehmensbereiche ab und verärgerte das Management. Er war einer aus einem ganzen Stall von »Noncompany Men«, die in den siebziger und achtziger Jahren heranreiften: eine deal-geile und gewinnsüchtige Horde von Business-Nomaden, die sich nicht an einzelne Unternehmen gebunden fühlten. Ihre Mission, erklärten sie, sei es, den Unternehmensinvestoren zu dienen, nicht den Unternehmenstraditionen. Sie neigten überdies dazu, auch sich selbst recht ordentlich zu dienen.

Aber von allen Noncompany Men war Johnson der auffälligste. Er machte die größten Geschäfte, hatte die größte Klappe und erfreute sich des größten Spesenkontos. Er sollte das Symbol für die »Roaring Eighties« der Businesswelt werden. Und er würde der Epoche seinen Stempel aufdrücken, indem er den Deal des Jahrhunderts in Gang brachte – und eines der größten und ehrwürdigsten Unternehmen Amerikas in alle Winde zerstreute.

Der Mann, der das neue Zeitalter des Business repräsentieren sollte, wurde 1931 geboren. Frederick Ross Johnson wuchs im kanadischen Winnipeg der Depression auf, einziges Kind einer Familie der unteren Mittelklasse. Johnson senior war Eisenwarenhändler von Beruf und Schreiner aus Leidenschaft, ein Mann weniger Worte. Johnsons zierliche Mutter Caroline brachte Leben in die Familie – Buchhalterin in einer Zeit, da nur wenige Frauen berufstätig waren, und eine ausgezeichnete Bridgespielerin in ihrer Freizeit. Johnson verdankte ihr ein Gefühl für Zahlen und ein flottes Mundwerk; seine frühen unternehmerischen Neigungen verdankte er den Zeiten. Die Johnsons waren nicht arm, aber ein eigenes Häuschen hatten sie erst, als Ross acht Jahre alt war.

Um diese Zeit begann der Junge, nach der Schule in diversen Jobs zu arbeiten. Er verwendete das Geld, das er damit verdiente, zu nützlichen Dingen, etwa, um sich Kleidung zu kaufen. Er begann mit den üblichen Kinderjobs, trug in der Nachbarschaft Zeitschriften aus und verkaufte Süßigkeiten auf dem Rummel. Dann aber ging er zu innovativeren Unternehmungen über: Er verlieh gegen Gebühr die Comics aus seiner Sammlung. Als er älter wurde, verkaufte er in der Nachbarschaft Gutscheine für Babyfotos. Dies war ein Unternehmen, dem er sich in späteren Jahren auf dem College immer zuwandte, wenn er ein paar Dollar nötig hatte.

Johnson war nicht der beste Schüler seiner High School; diese Ehre trat er an seinen Freund Neil Wood ab, der später die riesige Immobilienfirma Cadillac Fairview leiten sollte. Johnson war ein Teenager, der im oberen Viertel der Klasse rangierte, ohne den Anschein zu erwecken, daß es ihn allzu viel Mühe kostete. Auch war er nicht der beste Sportler seiner Schule, wenngleich er bei Schulabschluß stattliche einssiebenundachtzig maß. Weit besser war er darin, sich die Baseball-Statistiken in der *Sporting News* zu merken, als darin, selbst einen ordentlichen Ball zu schlagen.

Anders als sein Vater, der die High School nicht abgeschlossen hatte, wollte Johnson zum College gehen, und jeden Tag fuhr er mit dem Bus quer durch die Stadt zur University of Manitoba in Winnipeg. Als Student war er Durchschnitt, im Campusleben hervorragend: Präsident seiner Verbindung, Basketballauswahlspieler und Ehrungen als hervorragender Kadett im kanadischen Equivalent des Reserve Officers' Training Corps. (Dies trotz einer Neigung zu Bubenstreichen: Eines Nachts überfielen Johnson und ein paar Kumpane einen höherrangigen Offizier, den sie für einen höherrangigen Knallkopf hielten, fesselten ihn an das Sprungbrett des Swimming-pools und überließen ihn den Gedanken an seine Sünden, während die Sonne aufging.) Wenn es etwas gab, was den verspielten jungen Ross Johnson kennzeichnete, dann war es seine Fähigkeit, seine Mitstudenten, selbst wenn sie viel älter waren, zu dominieren. Seine Collegeklassen bestanden großenteils aus Veteranen des 2. Weltkriegs, aber Johnson, der Teenager, war derjenige, der Organisation und Führung übernahm, wann immer sich die Gelegenheit ergab.

Nach dem Examen stürzte Johnson sich ins mittlere Management einer Reihe von kanadischen Firmen, wo er fast zwanzig Jahre lang herumwursteln sollte, ohne sich besonders hervorzutun. Seine erste Stellung hatte er als Buchhalter bei der Canadian General Electric in Montreal; dort arbeitete er sechs Jahre. Als es ihn zu langweilen begann, wechselte er in den Marketingbereich und ging nach Toronto, um sich dort als Verkäufer zu versuchen. »Da gibt's nämlich die guten Parties«, erklärte er seinen Freunden. Hier, als Manager auf unterer Ebene mit der prosaischen Aufgabe, Glühbirnen zu vermarkten, zeigte Johnson zum erstenmal eifrige Begeisterung für das Verkaufen. Er entwickelte die Idee zu einer besonders teuren Glühbirne, die innen gefärbt war, und erfand einen Namen dazu: »Shadow Ban«. Das Produkt lief gut. Johnson bewirkte auch Wunder beim Weihnachtsbaumglühbirnenumsatz seines Geschäftsbereichs.

So gut er bei den Glühbirnen auch war, Johnsons eigentliche Kreativität glänzte erst im Umgang mit seinen Spesenkonten. Er kürzte die Spesenbudgets seiner Verkäufer und behielt einen großen Teil des Geldes zu seiner eigenen Verfügung. Diese erweiterten Mittel nutzte er, um Kunden fürstlich zu bewirten, und besonderes Vergnügen bereitete es ihm, etwas zu planen und durchzuführen, was er »das Hundert-Dollar-Golfspiel« nannte; dazu gehörte ein Tag auf einem der feineren Golfplätze der Stadt, gefolgt von Drinks und einem Essen in einem der feineren Restaurants der Stadt. Es erforderte zu Anfang der sechziger Jahre verschwenderische Anstrengung, hundert Dollar zu verplempern, aber Johnson war dazu in der Lage. Indem er sein Talent zum Geldausgeben mit der Gabe, älteren Männern zu schmeicheln, kombinierte, stieg er auf der Unternehmensleiter stetig weiter nach oben. »Geldausgeben war für Ross immer eine freudige, freudebringende Sache«, erinnerte sich William Blundell, ein kanadischer Freund. »Er war davon überzeugt, daß sämtliche Entscheidungen bei den Kunden auf das leitende Management zurückgingen. Er meinte deshalb, daß er dieses Geld hier ziemlich wirkungsvoll einsetzen könne.«

Von Anfang an war Johnson ein Partylöwe. Nichts liebte er mehr, als Scotch zu nippen und bis in die frühen Morgenstunden zu plaudern. Am nächsten Morgen konnte er dann zur Arbeit kommen, ohne daß man ihm die Übernächtigung anmerkte. Bei General Electric perfektionierte er einen unernsten, witzigen Umgang mit geschäftlichen Dingen. Wenn er die Wahl hatte, etwas unumwunden oder humorvoll zu sagen, dann entschied Johnson sich immer für die letztere Möglichkeit. Wenn er sich dabei über sich selbst lustig machen konnte, um so besser. »Ein Buchhalter«, pflegte er in seinen Buchhaltertagen zu sagen, »ist ein Mann, der den Kopf in die Vergangenheit steckt und mit dem Arsch voran rückwärts in die Zukunft geht.« Er sammelte eine Gruppe junger Gleichgesinnter um sich, die genauso empfanden. Johnson schwang das Zepter über sie mit seiner hypnotischen Singsangstimme, die dunkel und nasal zugleich klang, und er sprach abwechselnd *sotto voce* und *fortissimo*. »Kommt mit mir«, so lockte er junge Gefolgsleute mit Gestus und Verhalten. »Wir werden viel Spaß haben.« Als er heiratete, feierten seine Brautführer bis in den frühen Morgen hinein und fuhren zur Krönung der Party in ihren Smokings Wasserski.

Dennoch – nach dreizehn Jahren, im Alter von zweiunddreißig, war Ross Johnson immer noch ein Nobody. Er verdiente nur 14000 Dollar im Jahr und gab zur Aufbesserung seines Einkommens Abendkurse an der University of Toronto. Sein erstes Kind war unterwegs. Abgesehen von seinem Charisma war er wie tausend andere gescheite junge Männer in Toronto, die sich bemühten, vorwärtszukommen. Er war ungeduldig. Als seine Bitte um Versetzung in den US-amerikanischen Unternehmensbereich von General Electric – wo man im großen Stil arbeitete – abgelehnt wurde, ging er.

Er landete bei T. Eaton, der großen kanadischen Kaufhauskette, und fand dort einen Mentor, einen Mann namens Tony Peskett. Die Kaufhauskette war fett, verschlafen und langsam, aber Peskett, Personalleiter, hatte sich vorgenommen, die Firma in ihrer Gesamtstruktur radikal zu modernisieren. Johnson war noch relativ bieder – schließlich kam er von General Electric, einem Unternehmen, das strikt den Geist der sauberen fünfziger Jahre verkörperte. Jetzt, als Mitglied der unter dem Namen »Die Peskettiere« bekannten Management-Guerrilleros, begannen für ihn die Sechziger. Peskett ermunterte ihn dazu, seiner natürlichen Neigung zu frönen und den Autoritäten eine Nase zu drehen. Die Peskettiere waren Anhänger der Veränderung um der Veränderung willen, und sie machten sich daran, den altmodischen Laden gründlich umzukrempeln. Sie waren dafür, die Dinge beständig in Unruhe zu stürzen, die Konkurrenz von Sears Canada, eine Straße weiter, zu beobachten und auf sie zu reagieren. Eine Bob-Dylan-Zeile jener Tage war der Wahlspruch der Peskettiere: »He who's not busy being born is busy dying – Wer nicht dabei ist, zur Welt zu kommen, ist dabei zu sterben.« Tony Peskett, der Johnson einen lebenslangen Glauben an den schöpferischen Einsatz des Chaos eingetrichtert hat, drückte es anders aus: »In dem Moment, wo du eine Organisation etabliert hast, fängt sie an, zu zerfallen.« Johnson, der diese Idee in jede Firma trug, die er führte, kondensierte dies zu einer persönlichen Philosophie, die er »in der Kacke rühren« nannte: die Liebe zum unablässigen Umstrukturieren und Neuorganisieren.

Als Peskett in Ungnade fiel, wechselte Johnson wiederum das Schiff und landete diesmal bei einem Unternehmen in Toronto, den General Steel Works, Ltd. GSW, wie es genannt wurde, bot ihm Aussichten auf Führungsmöglichkeiten (Johnson würde die Nummer zwei im Management werden), Geld (50 000 Dollar im Jahr) und gesellschaftliche Kontakte im Überfluß. Über den reichen Eigentümer der Firma gelangte Johnson in den vornehmen Lambton Country Club von Toronto und lernte dort manchen kennen, der zur Elite der Stadt gehörte, Leute wie den Eishockey-Star Bobby Orr und Alan Eagleson, einen Rechtsanwalt, der die Spielergewerkschaft der National Hockey League leitete. Johnson liebte den privaten Umgang mit ihnen und merkte, daß er sich gut darauf verstand.

Seinem sozialen Aufstieg zum Trotz war Johnsons Einstieg bei GSW, einem Hersteller von Haushaltsgeräten, Mülltonnen und Düngemaschinen, miserabel. Wenn ein wirtschaftliches Tief das Haushaltswarengeschäft bremste, war es Johnsons Impuls, mit Geld um sich zu schmeißen, und er griff auf die kostspieligen Marketingstrategien zurück, die er bei Eaton und bei General Electric entwickelt hatte. Sein neuer Boss, ein knauseriger Kommißkopf namens Ralph Barford, lehnte jede einzelne dieser Ideen nacheinander ab.»Ralphs Philosophie war es, billig einzukaufen, teuer zu verkaufen und sich über die Rechnungen zu streiten«, erinnerte sich Jim Westcott, ein Freund von Johnson, der häufig mit ihm beim Mittagessen zu jammern pflegte.»Junge, hat Ralph mir heute mal wieder die Haut abgezogen«, klagte Johnson etwa.

Johnson ging das Leben in einer kleinen Firma auf die Nerven. GSW operierte auf Messers Schneide und mit Riesenschulden, und Johnson wurde zu seinem Leidwesen allwöchentlich von den Banken ins Gebet genommen.»Das war ein Schock«, erinnert er sich.»Da hat man begriffen, daß der Kerl, der die Zeitungsanzeigen für die Banken schreibt, nicht derselbe ist, der das Geld verleiht. Die machen einen zur Schnecke.« So machte Johnson Bekanntschaft mit den harten Realitäten der Unternehmensverschuldung, gegen die er eine lebenslange Abneigung entwickelte.

Schließlich gelangten Johnson und sein Boss zu einer Art Übereinkunft, und sie arbeiteten noch fünf Jahre zusammen. Johnson lernte Barfords Fähigkeit zu schätzen, innerhalb von einer Minute den Kurs zu ändern.»Wenn man ihn überzeugte, daß man recht hatte, dann konnte er sich um hundertachtzig Grad wenden«, erinnerte Johnson sich.»Bloß, um ihn dazu zu bringen, brauchte man unter Umständen eine Panzerdivision.« Johnson wurde selbst zu einem begabten Blitzwendekünstler – eine Eigenschaft, die seine Untergebenen in den nächsten zwanzig Jahren oft ratlos machen sollte.

Anfang der siebziger Jahre war Ross vierzig und hatte immer noch kein Unternehmen selbst geführt. Als ein Headhunter ihm diese Gelegenheit bot, stürzte er sich darauf, und diesmal wurde er Direktor der in Montreal ansässigen kanadischen Filiale eines amerikanischen

Lebensmittelkonzerns, Standard Brands. Standard Brands war 1928 von House of Morgan ins Leben gerufen worden, indem die Fleischman Distilling & Yeast Company, Royal Baking Powder und die Chase & Sanborn Company zu einem Unternehmen fusioniert worden waren. Das allein verriet Johnson schon etwas über die Probleme, die das Unternehmen haben würde. »Chase & Sanborn«-Kaffee war eine verblichene alte Marke, und Hefe und Backpulver erschienen wie Überreste aus Pioniertagen. Standard Brands, eine schwerfällige Firma der zweiten Garde, hatte sich mit den Jahren zu einem Arbeitgeber für stille Tüftler entwickelt, die etwa mit einem Zuckerersatz namens »high-fructose syrup« ankamen und »Fleischmann's Margarine« entwickelten, einen cholesterinarmen Brotaufstrich. Jahr für Jahr stand das altehrwürdige Credo der Firma vorn auf ihrem Jahresbericht und bekräftigte die Verpflichtung von Standard Brands, »die Früchte der Erde zu nutzen, um für die, denen wir dienen, eine gute Lebensqualität zu gewährleisten«.

In Johnsons Augen war Standard Brands hoffnungslos antiquiert. Dies war das Zeitalter des Marketing, der *Bewegung,* und da handelten die Leute hier mit Fetten und Ölen. Die kanadische Filiale war ein Sauhaufen. Johnson, der Ex-Peskettier, brach über Standard Brands herein wie ein Hurrikan. Im ersten Jahr feuerte er einundzwanzig der dreiundzwanzig leitenden Angestellten, und um sie zu ersetzen, hielt er Ausschau nach jener Art von freigeistigen jungen Männern, die er während seiner gesamten Karriere angezogen hatte. Peter Rogers, ein Engländer, der für eine kanadische Süßwarenfirma arbeitete, hatte einen Ruf als brillanter, fluchender Haudrauf. »Kommt überhaupt nicht in Frage«, sagte Rogers, als Johnson ihn das erstemal ansprach. »Ihre Firma geht schrecklich mit ihren Leuten um, und bis jetzt hat sie noch jede Erwerbung versaut, die sie je gemacht hat.« Aber Rogers kam, und er blieb fünfzehn Jahre bei Johnson. Johnson konnte sich auch Martin Emmett unter den Nagel reißen, einen aristokratischen Südafrikaner, der einen Transfer nach Australien absagte, um sich Johnsons wachsender Schar der »Merry Men« anzuschließen. In späteren Jahren entstand zwischen den beiden eine so enge Beziehung, daß man sie allgemein »Martini und Rossi« nannte.

Dieses Paar wurde zum harten Kern unter Johnsons rüden Managern, die sich vorgenommen hatten, tagsüber Standard Brands Canada durchzurütteln und nachts den Whisky flaschenweise in sich hineinzuschütten. Johnson gab ihnen allen Spitznamen: Rogers war »Der Rekrut« im »Canadian Olympic Drinking Team«, Emmett war »Das große E« wegen seiner langgliedrigen Gestalt. John Westcott, ein Personalberater, war »Buddha« wegen seiner Leibesfülle und seiner Weisheit. Johnson selbst hieß »Der Papst«.

Wie schon in Toronto zeigte sich Johnson auch in Montreal geschickt darin, seinen Weg in die Society zu finden. Paul Desmarais, der einflußreiche Vorsitzende eines großen Industriegüterherstellers, der Power Corporation, befürwortete Johnsons Mitgliedschaft im exklusiven Mont Royal Club und machte ihn mit der unzugänglichen Business-Gemeinde von Montreal bekannt. Zu Johnsons neuen Freunden zählte ein junger Rechtsanwalt namens Brian Mulroney, der später kanadischer Premierminister werden würde. Mit wachsender Selbstsicherheit entwickelte Johnson hier Gewohnheiten, die für die nächsten fünfzehn Jahre halten sollten: Bis tief in die Nacht hinein mit seinen Busenfreunden zusammen zu sein, über das Geschäft zu reden, Scotch zu trinken und Zigarren zu rauchen. Unorthodox, seine Guerilla-Bande, ja – aber sie brachte Resultate, und man nahm Johnson zur Kenntnis. 1973 wurde er befördert und leitete fortan den internationalen Geschäftsbereich von Standard Brands.

Er zog nach New York City. Selbstbewußt, überschwenglich, sprudelnd, ließ Johnson sich von der Stadt nicht einschüchtern. Er fühlte sich, als sei er für diesen Augenblick geboren. Für seine Kollegen in der Hauptverwaltung von Standard Brands war Johnson ein dreister Emporkömmling, der über Nacht zum Erfolg gekommen war. Sie wußten nichts von dem Geracker in seiner Kindheit in der Provinz und in den einundzwanzig Jahren der Anonymität. Tatsächlich war Johnson der Prototyp des Spätentwicklers: ein Mann, der erst mit zweiundvierzig Jahren anfing, seinen Rhythmus im Leben zu finden.

Er kaufte ein Haus in der schicken Kleinstadt New Canaan in Connecticut und sicherte sich einen der begehrten Plätze im »New Canaan Club Car«, einem Waggon für Manager am Ende des Sieben-Uhr-dreißig-Zuges auf der New-Haven-Strecke. Hier, umgeben von einem Komfort, der dem durchschnittlichen Pendler nicht zur Verfügung stand, wurde Johnson in eine Gruppe eingeführt, der Männer wie Rawleigh Warner, der Vorsitzende von Mobil Oil, angehörten.

Jeden Morgen spielte man hier Bridge, las die Morgenzeitung, redete übers Geschäft. Mit seinem langen braunen Haar, den breiten Krawatten und den Schweinsledermänteln fiel Johnson auf, und die anderen Manager – jedes Haar an seinem Platz, jeder Anzug mit Nadelstreifen gemustert – zogen ihn erbarmungslos auf. Der junge kanadische Mod gab es ihnen munter zurück: »Ihr wandelnden Leichen, ihr alten Knacker«, sagte er etwa. »Die Welt ist an euch vorbeigelaufen.«

Johnsons neuer Chef indessen, Henry Weigl, ließ nicht mit sich scherzen. Weigl war ein Tyrann, der ein strenges Regiment über ein spartanisches Unternehmen führte. Die Leistung, auf die er am stolzesten war, bestand in einem zwanzigjährigen, ununterbrochenen Ertragszuwachs, seit er in den fünfziger Jahren Leiter des Unternehmens geworden war. Teils war ihm das gelungen, indem er sichergestellt hatte, daß bestimmte Resultate jedes Jahr nur so viel und nicht weiter verbessert wurden. Auf diese Weise würde die Firma keine allzu große Mühe haben, ihre Leistung im folgenden Jahr zu erhöhen. Hilfreich war überdies der Umstand, daß Weigl einen Penny umzudrehen wußte, bis er fast restlos abgegriffen war.

Im Gegensatz zu den noblen Unternehmensverwaltungen, die das Zentrum von Manhattan überzogen, waren die Büros von Standard Brands karg: Linoleumfußböden und Stahlschreibtische. Nur die allerhöchsten Chargen waren für Teppichböden und Holzschreibtische qualifiziert. Die Wählscheiben der Telefone wurden jeden Nachmittag um fünf Uhr abgeschlossen, damit niemand nach Feierabend Privatgespräche führen konnte. Wenn die Manager von Standard Brands auf Reisen gingen, hatten sie nicht nur in der Touristenklasse zu fliegen, sondern auch die billigste Form des Flughafentransfers zu benutzen – den Bus. Wenn sie mit dem Auto unterwegs waren, stiegen sie in Howard Johnson Motels ab, weil die Restaurants dieser Kette Großabnehmer für Chase & Sanborn waren. Als ein Standard-Brands-Direktor und Investmentbanker namens Andrew G. C. Sage II. einmal eine Akquisition für das Unternehmen vorbereitet hatte, empfing er zu seiner Verblüffung einen Brief von Weigl, dessen Inhalt zusammengefaßt lautete: »Vielen Dank, daß Sie uns Ihre Zeit geschenkt haben.« Sage zerriß die Rechnung, die er gerade aufgesetzt hatte.

Anders als der redselige Johnson verbrachte Weigl so viel Zeit zurückgezogen in seinem Büro, daß er als »Henry the Hermit« – »Henry der Einsiedler« – bekannt war. Seine Mitarbeiter lebten in beständiger Angst davor, zu ihm hineinbeordert zu werden. Johnson war einmal dabei, als ein nachgeordneter Manager seine Standpauke abbekam. Das Opfer durfte sich dann zurückziehen, und Johnson blieb noch einen Augenblick und wechselte ein paar Worte mit Weigl. Als er herauskam, lag der arme Kerl völlig erledigt im Gang und japste nach Luft. Einmal glaubte Weigl gesehen zu haben, wie der Leiter der Steuerabteilung sich vorzeitig aus dem Büro schlich. Er beauftragte einen Assistenten, die Sache zu untersuchen und den Mann zu feuern. Der Assistent kam zurück und sagte, Weigl müsse sich geirrt haben; der Mann mache sogar Überstunden. »Hören Sie«, kläffte Weigl, »Sie feuern sich jetzt entweder selbst, oder Sie feuern ihn!« (Am Ende wurde niemand gefeuert, aber die Leute auf Weigls Etage gewöhnten sich an, zum Feierabend auf Zehenspitzen die Treppe hinunterzuschleichen und den Aufzug erst ein Stockwerk tiefer zu besteigen.) Auf einer Weihnachtsparty beobachtete Weigl einen Manager, der ihm denn doch zu fröhlich vorkam. Er befahl Johnson, den Mann zu entlassen – und zwar noch vor Weihnachten. Johnson tat es, aber er milderte den Schlag, indem er dem Mann und seiner Familie eine Ferienreise nach Kanada spendierte. »Vernebeln« nannte er diese Taktik.

Bald war Johnson ziemlich gut im Vernebeln. Als Lester Applegate, ein Mitglied der Unternehmensleitung, von Weigl hinausgedrängt worden war, versteckte Johnson ihn auf seiner kanadischen Gehaltsliste. Anfangs gelang es ihm, Weigls Zorn zu vermeiden. Er lieferte Resultate und war die halbe Zeit außer Landes, um die weitverzweigten internationalen Unternehmen des Konzerns zu besuchen. Aber Johnsons prunkvoller Stil garantierte, daß es eines Tages zu einem Zusammenstoß mit seinem unerbittlichen Boss kommen würde.

Wenn das Einrasten der Telefonschlösser das Ende eines Tages bei Standard Brands signalisierte, begann Johnsons zweite Schicht. Stets zur Prominenz hingezogen, freundete er sich bald mit dem ehemaligen Football-Star Frank Gifford an, der jetzt »Monday Night Football« moderierte und in Anzeigen für den Dry Sack Sherry von Standard Brands warb. Die beiden waren oft im »Manuche's« anzutreffen, einem Lokal, das »Toots Shor's« als beliebteste Tränke der New Yorker Sportelite abgelöst hatte. Johnson war ein hoffnungsloser Sportfan, und durch Gifford »The Giffer« lernte er eine ganze Reihe großer Namen kennen: Football-Commissioner Pete Rozelle, Rennwagenmogul Roger Penske, TV-Kumpel Don Meredith, Roone Arledge, Sportchef bei der ABC, Don Ohlmeyer, seinen glänzenden Produzenten, und einen jungen Mann, den Arledge und Ohlmeyer gemeinsam unter ihre Fittiche genommen hatten: John Martin. Johnson und Gifford wurden so dicke Freunde, daß sie zusammen ein jährliches Wohltätigkeitsbankett oroganisierten, das »Dinner of Champions«, wo die Leute einen Haufen Geld dafür bezahlten, sich einmal unter Giffords Star-Freunde mischen zu dürfen. Giffer, Glamour und Kontakte – Johnson blühte auf.

Die niedergeschlagenen Manager von Standard Brands umschwärmten diesen schwungvollen Newcomer. Die leitenden Angestellten hatten einmal im Monat eine ganztätige Konferenz mit Weigl durchzustehen. Johnson richtete ihre Lebensgeister danach mit einer Saufparty wieder auf, die die ganze Nacht dauern konnte und die er »Monday Evening Wrecking Club« nannte.

So wurde er auch ein Liebling des Vorstandes von Standard Brands. Anders als der stachelige Weigl plauderte Johnson gelassen und freundlich mit den Vorstandsmitgliedern. Sie belohnten ihn damit, daß sie ihn 1975 zum Direktor beförderten. Weigl witterte eine Herausforderung an seine Machtposition und bekam einen Wutanfall. Er verbot jeden Kontakt zwischen Vorstand und Managern, wenn er nicht dabei war. Als eines der Vorstandsmitglieder, ein New Yorker Anwalt namens Watt Dunnington, eine Cocktailparty gab und Johnson und den Syndikus des Unternehmens einlud, war Weigl wütend auf alle drei.

Johnson nahm an, daß Weigl nach Möglichkeiten suchte, ihn hereinzulegen. Er bekam einen unmöglichen Auftrag: Verkaufen Sie die glücklose Chemiesparte. Wie durch ein Wunder zog Johnson ein Angebot über 23 Millionen Dollar für den Geschäftsbereich an Land. Weigl weigerte sich bockig, für weniger als 24 Millionen zu verkaufen. Geschickt traf Johnson daraufhin eine Nebenvereinbarung: Der Käufer würde 24 Millionen zahlen, aber unverzüglich eine Million unter dem Tisch zurückbekommen – von einem Standard-Brands-Tochterunternehmen. Weigl, der von Teil zwei der Vereinbarung nichts wußte, war einverstanden. »Mein größter Verkauf«, erinnerte Johnson sich später.

Im Januar ernannte der Vorstand Johnson zum Chief Operating Officer* und machte ihn so sichtbar zu Weigls Erben. Viele Mitarbeiter bejubelten die kommende Emanzipation – aber nicht alle. Weigl bekam zwei anonyme Briefe von kanadischen Mitarbeitern, die sich über maßlose Ausgaben – über Martin Emmetts drei Firmenwagen mit Fahrer, beispielsweise – und Spesenveruntreuungen beklagten. Weigl, der schon früher Nachfolger torpediert hatte, stürzte sich darauf. Er entsandte ein Team von Buchprüfern nach Kanada. Er kam langsam voran. Aber irgendwann erfuhr Weigl von Johnsons gewaltigen Fahrzeugspesen in New York, die die Firma bezahlte. Er fing an, Informationen über Johnsons außereheliche Affären zu sammeln – fruchtbares Terrain, denn Johnsons erste Ehe war so gut wie gescheitert.

Johnson rüstete unterdessen zum Kriege. Ein Headhunter, der für Weigl Informationen über Angestellte sammelte, wurde zum Doppelagenten und erstattete auch Johnson Bericht. An mehreren Wochenenden suchte eine Verschwörerversammlung Johnsons Haus in New Canaan heim: Peter Rogers kam aus Chicago, wo er jetzt die Standard-Brands-Firmen Planters Nut und Curtiss Candy leitete; Martin Emmett aus Toronto, Chef von Standard Brands Canada; Ruben Gutoff, ein leitender Angesellter des Konzerns aus New York. Gemeinsam stellten sie einen Report zusammen, der zeigen sollte, wie Weigls Knauserigkeit Standard Brands langsam, aber sicher den Rest gab. Was Johnsons Beschatter anging – nun, dieses Spiel konnte man auch zu zweit spielen: Nicht lange, und Weigl war ziemlich sicher, daß *ihm* jemand folgte.

Dann der zündende Funke. Johnson hatte einem Manager, den Weigl gefeuert hatte, gestattet, sein Aktienbezugsrecht in Anspruch zu nehmen, nachdem er den Konzern verlassen hatte. Als Weigl das erfuhr, war er rasend vor Wut. Er hatte den Mann schließlich nicht gefeuert, um dann mitanzusehen, wie er von seiner Aktienoption profitierte. Er rief Johnson an, der sich außerhalb aufhielt, und

---

* Zweithöchste Führungskraft nach dem Chief Executive Officer (CEO).

machte ihm zehnfach die Hölle heiß. Johnson hätte die Option einziehen müssen, tobte Weigl ... und er tobte ... und tobte ... Die Ausübung der Bezugsrechte sei absolut legitim gewesen, wandte Johnson ein; sie zu sperren, wäre ein Verstoß gegen das Gesetz gewesen. »Dann schreiben wir unser eigenes Gesetz«, erklärte Weigl. Schließlich hielt Johnson es nicht länger aus. »Henry, Sie können mich mal am Arsch lecken«, sagte er und legte auf.

Der Bruch war jetzt vollkommen. Am selben Nachmittag rief Johnson zwei der mächtigsten Vorstandsmitglieder an, um es ihnen mitzuteilen. »Hören Sie, ich bin weg«, sagte er zu Ellmore (»Pat«) Patterson, dem Vorsitzenden des Morgan Guaranty Trust. »Dieser Kerl ist völlig verrückt. Ich habe gedacht, ich schaff's weiter und immer weiter, aber ich schaff's nicht mehr.« Das Gleiche sagte er Earle McLaughlin, dem Vorsitzenden der Royal Bank of Canada, der Johnsons Aufstieg bei Standard Brands unterstützt hatte. »Na, wir haben uns schon gedacht, daß es so kommen würde«, antwortete McLaughlin, drängte ihn aber, nichts zu überstürzen. Als eine eigene Vorstandssitzung anberaumt wurde, um die Angelegenheit zu erörtern, willigte Johnson ein, nicht zu kündigen, und gab die gleiche Losung auch an seine Mitverschwörer aus: »Haltet euer Pulver trocken«, sagte er.

Dann, weniger als zwei Wochen vor der Sitzung, bekam ein beliebter Standard-Brands-Manager namens Bill Shaw einen Herzanfall und fiel tot um. Der Grund, so glaubte jedermann, war eine langfristige Überdosis Henry Weigl gewesen, und auch wenn dieser Autopsiebefund medizinisch zweifelhaft war, diente Shaws Tod doch als Katalysator der Rebellion. »Ross, Sie müssen etwas unternehmen«, sagte Bob Carbonell, der Leiter der Forschungs- und Entwicklungsabteilung. »Wenn Sie nichts machen«, kochte Emmett, »sind wir alle weg.«

Die Entscheidung kam an einem Freitagmorgen Mitte Mai, als der Vorstand zusammenkam. Während Johnson draußen wartete, trug Weigl die Litanei von Mißbräuchen vor, die seine Buchprüfer festgestellt hatten. Er schloß mit dem Vorschlag, seinen Vertrag um zwei Jahre zu verlängern.

Während seine Kameraden im Central Park umherspazierten, wurde Johnson hereingebeten, damit er vor dem Vorstand Rede und Antwort stehe. Er gestand geringfügige Verstöße bei den Spesen ein, erklärte aber, er werde nicht länger gegen Weigl kämpfen; es sei unmöglich, für den Mann zu arbeiten. »Meine Herren« fuhr er fort, »ich kann Ihnen nur sagen, daß ich kündige.« Was andere Manager tun würden, könnten nur sie selbst sagen. Dann trug er seine düstere Analyse der Situation von Standard Brands vor, die er mit seinen Freunden angefertigt hatte. »Innerhalb von vierundzwanzig Monaten wird die Kacke hier dampfen«, weissagte er.

Johnson verließ das Zimmer, während der Vorstand sich beriet, und als er zurückkehrte, saß Weigl nicht mehr auf dem Platz des Vorsitzenden am Kopf des Tisches, sondern ein Stück weiter unten, weiß wie ein Gespenst. »Ross, wir haben uns folgendes gedacht«, sagte einer der Anwesenden. »Henry wird weiter als Vorsitzender und Chief Executive Officer fungieren, und Sie werden nächstes Jahr Generaldirektor und Chief Executive, wenn er in den Ruhestand geht.«

Johnson hätte entzückt sein müssen. Stattdessen sagte er: »Daraus wird nichts.« Er ging hinaus und kehrte zurück, als ihm ein neues Angebot gemacht wurde: Weigl würde bis zu seiner Pensionierung Vorsitzender bleiben, und Johnson würde sofort Chief Executive. Johnson willigte ein, »unter einer Voraussetzung: Henrys Büro liegt nicht im Gebäude der Hauptverwaltung.«

Diese Schlagballpartie brachte Johnson das Kommando über ein Unternehmen der New Yorker Börse. Nachher tranken er und seine »Merry Men« bis tief in die Nacht hinein Martinis auf ihren Sieg. Alle waren sich darin einig, daß es ein prächtiger Coup gewesen war. Es würde nicht ihr letzter sein.

Henry Weigl gelang es am Ende, einen kleinen Racheakt auszuführen. Irgendwann kaufte Johnson auf der Suche nach einem Urlaubssitz in Florida eine prächtige gelbe Villa in Lost Tree, einem exklusiven Teil von Palm Beach. Das Leben in Lost Tree drehte sich um den Country Club, aber als Johnson die Aufnahme beantragte, hatte Weigl, der ebenfalls ein Haus in Lost Tree hatte, eine Kampagne eingeleitet, deren Ziel es war, ihn abzuweisen. Peinlich berührt zog Johnson seinen Aufnahmeantrag zurück und zog schließlich die Küste hinauf in eine Stadt namens Jupiter, wo er zwei Wohnungen mit Meerblick kaufte und zusammenlegte. Einer seiner Anhänger bei dem Coup, Andrew Sage, kaufte ihm das Haus in Lost Tree ab. »Wenn Henry dreißig Jahre tot und begraben ist, werde ich immer noch nicht in die Nähe seines Grabes gehen«, sagte Johnson Jahre später, »denn ich weiß: Eine Hand wird aus dem Boden kommen und mich bei der Gurgel packen.«

Nach Weigls Rausschmiß wurde aus der gesetzten alten Standard Brands ein Johnson'sches Burschenschaftsunternehmen. Linoleum und Stahlmobiliar flogen raus. Schluß war auch mit dem Verbot der Erste-Klasse-Reisen. Im Handumdrehen hatte Johnson einen Firmenjet geleast und einen Firmen-Jaguar gekauft. Über Nacht verwandelte sich die Unternehmenskultur in ein Faksimile von Johnsons leichtfertiger, munterer Art. Wenn die Standard-Brands-Manager jetzt zusammenkamen, waren ihre Konferenzen garniert mit unerhörten Fluchereien und wüsten Reden. »Also«, pflegte Johnson gern zu beginnen, wenn die Lösung eines Problems zu erörtern war, »wessen Schwanz liegt heute auf dem Amboß?« Der studentische Umgangston erstreckte sich auf sämtliche Ebenen. Standard-Brands-Manager sagten nicht: »Ich bitte eine andere Auffassung vertreten zu dürfen«, sondern sie sagten: »Sie verstehen einen Scheißdreck von dem, was Sie da reden.« Standard-Brands-Manager hatten keine Verwendung für Berichte und Diavorträge; von ihnen wurde erwartet, daß sie unmittelbar ins Herz der Angelegenheit vorstießen. Wer etwas anderes tat, zog Johnsons bevorzugten Vernichtungsspruch auf sich: »Das war ein blendender Blick auf das Offensichtliche.«

Oft war nur ein kurzes Gespräch mit Johnson nötig, um eine schlechte Idee zu verwerfen. Einmal kam ein Manager von Planters Nut mit einem Vorschlag zu einer regionalen Werbetestkampagne zu ihm. »Könnten Sie es sich leisten, so was landesweit zu machen?« wollte Johnson wissen. »Nein«, antwortete der Mann. »Wozu zum Teufel machen Sie's dann?« Ende der Geschichte. In einem Unternehmen voller kreativ fluchender Menschen fluchte niemand härter als Johnson. Selbst wenn er Interviews gab, die veröffentlicht werden sollten, sprudelten die Obszönitäten nur so aus ihm hervor. Eine Redaktionssekretärin, die ein Tonbandinterview zu transkribieren hatte, überreichte dem Journalisten das fertig geschriebene Interview mit den Worten: »Hier ist das Scheiß-Transkript« (»Here is the fukking transcript«).

Johnson hatte keinen Sinn für lange Konferenzen, wenn kurze

genügten oder wenn er auf den Golfplatz mußte. Genau genommen hatte er überhaupt keinen Sinn für traditionelle Bürozeiten. »Der rief Sie nachmittags um fünf an und sagte, er wollte Sie um Mitternacht treffen«, erinnert sich John Murray, der den Verkauf bei Standard Brands leitete. »Oder er traf sich um sieben mit Ihnen zum Abendessen, und schließlich quatschten Sie noch um fünf Uhr morgens.« Johnson war der festen Überzeugung, daß es wahre Inspiration und Einsicht nur nach Feierabend gebe. »Babys«, behauptete er, »werden immer nachts geboren.«

An einem typischen Abend machten Johnson und seine »Merry Men« gegen halb acht Feierabend und zogen dann *en masse* in die Nachtschicht. Sie besetzten einen Tisch im Restaurant »Manuche's« und tranken, bis das Lokal geschlossen wurde; danach wechselten sie in Johnsons neues firmeneigenes Apartment und ließen sich Pizza oder chinesisches Essen kommen. Wenn die meisten anderen Topmanager längst in ihren Betten schlummerten, zog Johnsons Bande verknautschte Jogginganzüge an, und dann tranken sie, redeten über das Geschäft und spielten mit Ideen herum, die ganze Nacht. In den frühen Morgenstunden kippten diejenigen, die noch bei Bewußtsein waren, in die Doppelbetten der beiden Schlafzimmer oder auf das Sofa im Wohnzimmer. Morgens machte Peter Rogers Frühstück, und es ging wieder los. »Es war wie im Jugendlager«, erinnert sich Johnson.

Johnsons Leben bekam immer mehr Ähnlichkeit mit einer endlosen Studentenklamotte. Sein engster Partner wurde jetzt Emmett, Johnsons Nachfolger als Chef des internationalen Geschäftsbereichs. »Martini und Rossi« waren ständig zusammen und verkehrten in einer privaten Kurzschrift miteinander. Johnson überschüttete Emmett mit Geschenken, darunter ein luxuriöses Firmenapartment und ein unbegrenztes Spesenkonto. Andere Mitglieder von Johnsons Klüngel fragten sich auf ihre unanständige Art, wie das »große E« es geschafft hatte, eine so enge Beziehung zum »Papst« zu entwickeln. »Martin«, witzelte einer, »hat wahrscheinlich ein Foto von Ross, wie er ein Schwein fickt.«

Aber Johnson konnte auch flatterhaft sein. Er neigte dazu, sich für Leute zu begeistern, nur um sie dann fallen zu lassen. Manchmal hatte er die Gesellschaft eines Menschen einfach satt, wie ein Achtjähriger, der seine Spielkameraden wechselt. Ruben Gutoff blieb nur siebzehn Monate auf dem Direktorenstuhl von Standard Brands. Sein Verbrechen, so schien es, bestand darin, daß er sich zu langsam bewegte: Er wollte monatlich eine Warenausschußsitzung abhalten, wo doch stündlich Produktentscheidungen getroffen werden mußten. Er wollte Probeabzüge von jeder Standard-Brands-Anzeige sehen, wo monatlich Tausende geschaltet wurden. Johnson feuerte Gutoff, ohne mit der Wimper zu zucken, wie auch eine Anzahl weiterer junger Manager, die bei ihm in Ungnade gefallen waren.

»Ross, Sie sind ein mieser Drecksack«, sagte jemand aus seinem Gefolge nach einem besonders harten Rausschmiß einmal zu ihm.

Johnson grinste. »Sie sind einer der wenigen Leute, die mich kennen«, antwortete er.

Andy Sage, das Vorstandsmitglied, das Johnsons Anwesen in Florida rettete, erwies sich gleichermaßen hilfreich als Vorsitzender des Vergütungsausschusses von Standard Brands. Bei Johnsons Machtübernahme hatte Weigl 200 000 Dollar verdient, und Johnson 130 000. Mit Sages Hilfe erhöhte Johnson sein Gehalt auf 480 000 Dollar. Viele der Führungskräfte sahen ihr Einkommen verdoppelt. Die Bezahlung bei Standard Brands, die in der gesamten Industrie das Schlußlicht gebildet hatte, stieg hinauf in die Spitzenklasse.

Johnson ließ es damit nicht genug sein. Topmanager wurden außerdem mit Firmenwohnungen ausgestattet, erfreuten sich einer Privatloge im Madison Square Garden und wurden Mitglieder in Country Clubs. In einem neuen Country Club in Connecticut – dessen Gründer das Glück hatten, mit Johnson befreundet zu sein – waren vierundzwanzig Standard-Brands-Manager Mitglied. Johnson war überdies immer mit einem Vorrat Bargeld versehen, vorzugsweise in großen Scheinen. Kurz vor Weihnachten – Hochsaison für Trinkgelder – hörte man einmal, wie er seiner Sekretärin auftrug: »Besorgen Sie mir einen Zoll Fünfziger, ja?«

Johnsons Regentschaft war geprägt von seinem persönlichen Touch. Er hatte ein Grundprinzip, daß er jederzeit in Anspruch nehmen zu dürfen glaubte: Der Chief Executive kann tun, was er will. Als ein Freund, der Restaurantbesitzer Michael Manuche aus Manhattan, sein Geschäft aufgab, stellte Johnson ihn als PR-Mann ein, und später übertrug er ihm die Leitung des »Dinah Shore LPGA«-Golfturniers. Er gab Frank Gifford einen umfangreichen Vertrag und ein Büro bei Standard Brands. Er hatte Gifford so gern um sich, daß er beschloß, sich einen ganzen Stall von Sportlern anzuschaffen, unter anderem Bobby Orr und Tennisstar Rod Laver, die in der Werbung helfen sollten.

Die Athleten mußten gelegentlich auch eine Runde Golf mit den Supermarkt-Managern spielen, die so wichtig für die Verkaufsabteilung von Standard Brands waren. Viele schienen eigentlich und vor allem Johnsons Höflinge zu sein, eine Tatsache, die manch einem unter den Stars selbst verwunderlich vorkam. Alex Webster, ehemals Verteidiger bei den »New York Giants«, erinnert sich, wie er Johnson 1978 im Aufzug begegnete und von ihrem gemeinsamen Freund Gifford mit ihm bekanntgemacht wurde. Am nächsten Tag rief Gifford ihn an und teilte ihm mit, Johnson wolle, daß er nach Montreal fahre und dort vor einer Gruppe aus dem Lebensmittelhandel rede. »Aber ich habe keine Ahnung von Standard Brands«, protestierte Webster. »Du erzählst ihnen einfach ein paar Geschichten und dankst ihnen für ihre Kundschaft«, riet Gifford. Webster tat es und arbeitete mehr als zehn Jahre für Johnson.

Die Sportler waren nur der Anfang. Als Chef von Standard Brands wurde Johnson zum König der Plauderer und pflegte Freundschaften mit Konzernhäuptlingen wie Martin Davis von Gulf + Western und James Robinson von American Express und auch mit anderen großen Namen, etwa mit dem Modedesigner Oleg Cassini. Johnson tat es mit Großzügigkeit. »Sie mußten schon aufpassen und durften nie sagen, daß Ihnen sein Pullover gefiel, denn sonst zog er ihn gleich aus und schenkte ihn Ihnen«, erinnert sich ein Manager von Standard Brands. Und er tat es mit einem sorgfältig kultivierten Gefühl für Stil, einschließlich des »Großen Auftritts«. Johnson erschien immer und zu allem pünktlich mit zwanzig Minuten Verspätung. »Wenn man rechtzeitig kommt, bemerkt einen niemand«, pflegte er zu sagen. »Kommt man zu spät, werden sie aufmerksam.« Und er tat es mit seiner gewohnten guten Laune, erzählte morgens im Clubwagen die besten schmutzigen Witze und war der unterhaltsamste Partner auf dem Golfplatz.

Geschäftlich bestand die unmittelbare Herausforderung für Johnson darin, den Zusammenbruch von Standard Brands zu verhindern. Kaum hatte er 1976 das Ruder übernommen, als die Zuckerpreise fielen, den Süßmittel-Schlüsselmarkt für Standard Brands drückten und der Firma zwei Jahre hintereinander sinkende Betriebsergebnisse einbrachten. Johnson beauftragte seinen jungen Controller, Ed Robinson, eine Zusammenfassung dessen, was er »bad things« - »schlimme Dinge« - nannte, zu erstellen und in sämtliche verrotteten Winkel des Konzerns zu leuchten. Einer davon war der Bereich der Alkoholika, in dem riesige Weinvorräte gehortet wurden. Johnson kam mit den »Flaschenküssern« zusammen, wie er die Weinhandelsmanager dort nannte. »Oh, Mistär Johnson, das iist zu gut zum Värkaufän«, sagten sie von ihrem Wein, wie Johnson später erzählte. Seine Antwort: »Halbieren Sie den Preis und schaffen Sie das Zeug *raus*.«

Als ehemaliger Buchhalter tarnte Johnson die schlechten Geschäftsergebnisse mit gelegentlichen finanziellen Kunstgriffen und strapazierte allgemein akzeptierte buchhalterische Grundsätze bis an die allgemein akzeptierten Grenzen. Selbst als Standard Brands sinkende Gewinne zu verzeichnen hatte, konnte Johnson sich jedoch nicht für kostendämpfende Maßnahmen interessieren. »Geben Sie mir den Mann, der kreativ Geld ausgeben kann«, pflegte er zu sagen, »und nicht den, der versucht, noch den letzten Cent seines Budgets dreimal umzudrehen.« (Die PR-Abteilung, die für Bewirtung und Ausstattung zuständig war, wurde von einem Mann geführt, den Johnson unter anderem gern »Numero Uno« nannte. Mike Masterpool, so erklärte er bewundernd, »ist der einzige Mann, der ein unbegrenztes Spesenkonto überziehen kann«.) Aber die Bereichsmanager mußten sich von Quartal zu Quartal abrackern, um ihre Zahlen zu erreichen. Das inoffizielle Motto jener Tage lautete: »Sieh zu, daß du die Nacht überstehst.«

Johnson versuchte, die Fehlleistungen des Konzerns auszugleichen, indem er neue, aufgemotzte Produkte erfand - Bemühungen, die zu dem führten, was ein Analytiker als »einige der berühmtesten Pleiten der Lebensmittelindustrie« bezeichnete. Das erste war »Smooth 'N Easy«, eine Instantsauce in Form eines Margarinewürfels, den man in der Pfanne zum Schmelzen brachte und dann zu Geflügelsauce, weißer Sauce oder brauner Sauce aufschlug. Dieses Zeug war das Produkt einer Johnson'schen Brainstorming-Sitzung, die die ganze Nacht gedauert hatte; es vergammelte in den Regalen der Supermärkte. Auch Johnsons Vorstoß in die mexikanische Küche wurde ein Flop, zermalmt durch die Marktmacht des Konkurrenten Frito-Lay.

1978 vereinten sich Johnsons Liebe zum Sport und sein Talent für Marketingkatastrophen zu dem unheilvollen »Reggie!«-Riegel. Benannt nach einem von Johnsons neuen Freunden, dem Baseballstar Reggie Jackson, wurde diese Süßigkeit am Eröffnungstag des Jahres jedem Fan in die Hand gedrückt, der ins Yankee-Stadion kam; als Jackson einen *home run* verpatzte, regnete es »Reggie!«-Riegel auf das Spielfeld. »Reggie!« an sich war ein Präparat aus Schokolade und Erdnüssen, das schon seit Jahren in Fort Wayne, Indiana, hergestellt und unter dem Namen »Wayne Bun« verkauft worden war; Johnson hatte es bloß umbenannt und landesweit eingeführt. (Sein Namensvetter half aber auch nicht viel; bei seinen Werbeauftritten schien Jackson weniger daran interessiert zu sein, über Baseball zu reden, als daran, schöne Frauen aufzureißen.) Der Verkauf ging zurück, und 1980 wurde »Reggie!« in die Kabine geschickt. (Jackson allerdings nicht; noch jahrelang ließ Johnson ihn in einem Firmenapartment wohnen, ausgestattet mit einem Firmenwagen und einem 400 000-Dollar-Jahreshonorar für persönliche Dienste.)

Wenn all dies ein bißchen chaotisch aussah, so störte es Johnson nicht. Im Gegenteil, er förderte es sogar. Als alter Peskettier reorganisierte er Standard Brands zweimal im Jahr, pünktlich wie ein Uhrwerk, gab den Leuten andere Aufgaben, schuf neue Geschäftsbereiche und löste andere auf, kehrte strategische Felder um. Außenseitern erschien das wie Bewegung um der Bewegung willen. Johnson kaschierte es als persönlichen Feldzug gegen die Spezialisierung. »Ihr habt keinen Job«, sagte er den »Merry Men«, »ihr habt einen Auftrag.«

»Für Ross«, sagte Paul Colton, ein ehemaliger Direktor von Standard Brands, »lag es in der Natur jeder Organisation, daß sie fett, dumm und zufrieden wurde. Er hielt nie etwas von dem Satz: ›Wenn's nicht kaputt ist, reparier's auch nicht.‹ Für ihn ist immer irgend etwas kaputt.«

In all den harten Zeiten gab der Vorstand von Standard Brands seinem jungen Chef niemals eins auf die Finger. Johnson, eingedenk des Schicksals, das Weigl getroffen hatte, behandelte die Vorstandsmitglieder wie Könige und vergaß nie, sie am Glanz der Zelebritäten teilhaben zu lassen (»Hey, darf ich Ihnen meinen Freund Frank Gifford vorstellen?«). »Eine der wichtigsten Aufgaben, die ein CEO hat, besteht darin, die Vorstandsmitglieder zu hegen und zu pflegen«, sagte Johnson. Er hatte sich immer gut darauf verstanden, älteren Männern zu schmeicheln, und er war ein Genie darin, schlechte Nachrichten gut zu verpacken und angespannte Situationen mit einem Bonmot zu entschärfen. Als die Buchprüfer von Standard Brands sich zwei Jahre hintereinander über fragwürdige Buchhaltungspraktiken bei den mexikanischen Joint Ventures des Unternehmens beklagten, verlangte der Vorstand eine Erklärung von Johnson. Die eigentliche Antwort war, daß es unmöglich gewesen war, die mexikanischen Partner zu überreden, sich an US-amerikanische Buchhaltungsvorschriften zu halten, und daß Johnson es schließlich aufgegeben hatte. Was er aber sagte, war: »Haben Sie schon mal versucht, von Wasserskiern aus ein Motorboot zu lenken?« Die Herren schüttelten sich aus vor Lachen und verfolgten die Angelegenheit nicht weiter.

Nur gelegentlich stieß er mit seiner schreienden Garderobe oder seiner obszönen Sprache beim Vorstand an die Grenze. Einmal berichtete er von einem neuen Markenwein, den er für umwerfend hielt. Er heiße »French Kiss«, verkündete Johnson. Die Direktoren erschraken. Könnten wir es nicht mit etwas weniger Deutlichem versuchen? fragten sie. Aber Johnson setzte seinen Willen durch, und als der »French Kiss«-Wein auf den Markt kam, hielt er sich etwa so lange wie »Reggie!«.

Die Party bei Standard Brands dauerte vier Jahre: Beständige Umwälzungen, eine Serie von Marketingkatastrophen, bescheidene Profite, aber eine Menge Spaß, Geld und Extras für Johnson und seine Freunde. Schließlich, 1980, brachte ihn die freizügige Ausgabenpraxis, die er pflegte, in ernsthafte Schwierigkeiten. Einer seiner leitenden Mitarbeiter, Bob Schaedler, entdeckte einen Strom von unerklärlichen Zahlungen, die vom internationalen Unternehmensbereich an eine offensichtliche Strohfirma gingen. An der Spitze dieser Briefkastenfirma, so erfuhr Schaedler, stand Martin Emmetts Chauffeur, und anscheinend wurden Standard Brands Emmetts Privataufwendungen in Höhe von Tausenden von Dollars in Rechnung gestellt – für Lebensmittel, Kleidung, Möbel, Teppiche und Fernsehapparate.

Schaedler, ein Rivale Emmetts, ging mit dem Fall in aller Stille zu Howard Pines, dem Personalleiter des Konzerns, und zu Les Applegate. Applegate, der bei Johnson in Ungnade gefallen war, stand im Begriff, seinen Direktorenposten zu räumen, um für niemand anderen als Emmett selbst Platz zu machen. Das Trio war sich darin einig, daß man die Angelegenheit nicht Johnson vortragen könne, denn der würde die Sache – und sie drei wahrscheinlich ebenfalls – sofort begraben, um seinen besten Freund zu schützen. Sie beschlossen, geradewegs zum Vorstand zu gehen.

Johnson war bester Stimmung, als der Buchprüfungsausschuß des Vorstands einen Tag vor der Sitzung im Juli zusammentrat. Emmetts Beförderung zum Direktor sollte am nächsten Tag verabschiedet werden, und Mike Masterpool hatte die Geschichte schon an die Zeitschrift *Business Weekly* durchsickern lassen, damit die Meldung vor Redaktionsschluß verarbeitet werden könnte. Zwei Vorstandsmitglieder – Pat Patterson von Morgan Guaranty und Paul Kolton – erschienen verspätet und mit finsteren Gesichtern. Sie waren eben mit Schaedler zusammengetroffen, der ihnen einen Koffer voller Emmett-Belege gezeigt hatte. Sie wandten sich an Johnson. Ob er dafür eine Erklärung habe?

Johnson wirkte schockiert. Er wisse nicht, was da geschehen sei, sagte er den beiden, aber er gedenke es verdammtnochmal herauszufinden. Am nächsten Tag lieferte er die Anfänge einer Erklärung. Zunächst einmal sei Emmetts Chauffeur kein typischer Chauffeur, sondern ein ehemaliger CIA-Agent, der sich als Geschäftsmann selbständig gemacht habe; sein einziger Kunde sei Standard Brands International. Er kaufe, was er kaufe, auf Emmetts Geheiß, erklärte Johnson, aber als man Emmett zur Rede stellte, beharrte er darauf, daß alles mit rechten Dingen zugegangen sei. Johnson sprang für seinen Busenfreund in die Bresche: Untersucht den Fall gründlich, sagte er, aber laßt Emmett vorläufig Direktor werden.

Emmetts Beförderung zum Direktor wurde bekanntgegeben, nicht indessen die nachfolgende interne Untersuchung durch die langjährige Anwaltsfirma des Konzerns. Als Monate vergingen und die Untersuchung kein Ende nahm, blühten die Spekulationen im Konzern, daß Emmett und Johnson ihren Job verlieren würden. Im September schließlich kam man zu einer Entscheidung: schlechtes Augenmaß vielleicht, aber kein Fehltritt. Emmett war mit einem blauen Auge davongekommen. Statt seiner waren es seine drei Ankläger – Schaedler, Pines und ein Manager namens Ed Downs –, die von Johnson gefeuert wurden. Applegate wurde auf eine Beraterposition verbannt.

»Ich lasse euch mit einem Boot abhauen«, sagte Johnson dem Trio, »und ihr werdet nicht wiederkommen.« Die Episode sollte unter Johnsons Gefolge für alle Zeit als »Boatpeople-Zwischenfall« bekannt werden. Für Johnson war es einer der wenigen Anlässe, bei denen er vor einem Vorstand Gefährdung und Streß erleben sollte.

Danach wirkte er rastlos. Nach vier Jahren war Standard Brands in seinen Leistungen immer noch unberechenbar. Die Gewinne stiegen wieder, aber nicht schneller als die Inflation. Die Rendite lag weit unter der Industrienorm. Carbonell arbeitete draußen in der Forschungs- und Entwicklungszentrale an Projekten aller Art – fettfreie Erdnüsse und verbesserte Fermentationsverfahren für Maissirup, Hefe und Essig. Aber neue Produkte erforderten Zeit, und Johnson wurde zappelig. Eine Zeitlang beschäftigte er sich damit, daß er das Hefegeschäft abstieß und ein paar Spirituosenfirmen aufkaufte. Aber es war, als sei Standard Brands ein Spielzeug, das er einmal zu Weihnachten bekommen hatte, und nachdem er nun fünf Jahre damit gespielt hatte, fing er an, sich zu langweilen.

Zum Teil war seine wachsende Unzufriedenheit darauf zurückzuführen, daß Johnson, nun allmählich Ende vierzig, nicht mehr der Wunderknabe war, der er Mitte der siebziger Jahre gewesen war. Die Vorstellung, er könnte ein gesetzter Altmanager werden, ließ ihn schaudern. Er hatte keine Lust, älter zu werden; er wollte gern das enfant terrible bleiben, der ewige Jüngling, der in der Kacke rührte. Alles an ihm, von den immer noch langen Zottelhaaren bis zu seiner sechsundzwanzigjährigen Ehefrau, deutete darauf hin, daß er ein Peter Pan des Geschäftslebens war. Was er nötig hatte, das war klar, war ein neues Abenteuer.

Die Gelegenheit dazu ergab sich im März 1981 in einem sonderbaren Anruf von einem anderen Chief Executive. Bob Schaeberle, Leiter des Nahrungsmittelgiganten Nabisco, erzählte Johnson, seine

Firma habe einen Anruf von dem Burschen in Connecticut erhalten, der dort für Standard Brands arbeite. Johnson hatte keine Ahnung, wovon Schaeberle redete. »Sie wissen schon«, sagte der Nabisco-Chef, »der Bursche, der auf die Idee gekommen ist, Standard Brands und Nabisco zu fusionieren«. Johnson wußte immer noch nichts. »Vielleicht ist was dran, vielleicht nicht«, meinte Schaeberle. »Aber ich denke, wir sollten mal drüber reden.« »Ähm, ja, gut«, antwortete Johnson.

Aber zuerst wollte er herausfinden, wer seinen Konzern ins Spiel gebracht hatte. »Wer zum Teufel ist der Kerl?« explodierte er an einem Montag morgen in einer Besprechung mit seinen Topmitarbeitern. Jake Powell, der Finanzleiter, und Dean Posvar, der Planungschef, gestanden. Der Mann sei ein in Greenwich ansässiger Geschäftsmakler, von dem sie manchmal kleinere Akquisitionsvorschläge bezogen. Anscheinend sei er durchgeknallt. »Na, wenn an dieser Idee irgend etwas dran ist, wird Bob es jetzt bestimmt nicht mehr machen wollen; das steht fest«, sagte Johnson. »Scheiße, er wird denken, ich hätte keine Ahnung, was in meiner eigenen Firma los ist. Und wissen Sie was? Er hat recht. Ich habe nicht die leiseste Ahnung, was hier los ist.«

Nichtsdestoweniger war Johnson fasziniert. Er traf sich mit Schaeberle, und der Mann gefiel ihm. Innerhalb weniger Wochen kamen die beiden Manager überein, ihre Unternehmen zu fusionieren. Nabisco Brands, wie das neue Unternehmen heißen sollte, wurde 1981 mit einem 1,9-Milliarden-Dollar-Aktientausch begründet, damals eine bedeutende Fusion zweier Verbrauchsgüterunternehmen. Technisch gesehen handelte es sich um eine Ehe zwischen Ebenbürtigen. Aber das hielt man für leeres Gerede; jedermann wußte, daß Nabisco mit marktbeherrschenden Marken wie Ritz und Oreo das mächtigere Unternehmen war. Jeder wußte, wer das Kommando führen würde.

Nabisco war als Moloch geboren. Die National Biscuit Company, wie das Unternehmen ursprünglich geheißen hatte, wurde 1898 gegründet – als Resultat einer Transaktion, bei der eine Firma, der die meisten Großbäckereien im Osten des Landes gehörten, mit einer anderen fusionierte, der die im Westen gehörten: das Ende der mörderischen Konkurrenz zwischen den beiden. Nabisco, ein Produkt der Trust-Ära um die Jahrhundertwende, wurde häufig als »Keks-Trust« bezeichnet. Aber das Unternehmen war auch der Pionier, der den Keks aus dem Keksdöschen holte und ihn zum erstenmal zu einer verpackten, standardisierten Ware machte. Nabisco war das erste Unternehmen, das ein bis dahin regionales Produkt mit überregionalen Marketing- und Vertriebsmethoden in den Handel brachte.

Der Schöpfer von Nabisco war ein Chicagoer Rechtsanwalt namens Adolphus Green. Green, der erste Vorsitzende des Konzerns, befaßte sich persönlich mit der Erfindung des achteckigen Sodacrackers, des ersten landesweit vertriebenen Produkts der Firma. »Uneeda Biscuit« nannte er ihn, und er wählte ein Firmenzeichen, das noch heute verwendet wird, ein mittelalterliches Druckersymbol aus Italien, das aus einem Kreuz mit zwei Querbalken und einem Oval besteht und den Triumph des Moralischen und Geistigen über das Böse und Materielle darstellt. Er entwarf die Verpackung und den Text auf der Schachtel: »Uneeda Biscuit. Gehört zu jeder Mahlzeit! Unentbehrlich auf Reisen; herrlich für Sandwiches; perfekt zum Picknick; beispiellos in der allgemeinen Verwendung; enthalten keinen Zucker. Eine perfekte Speise für alle, und der Preis macht sie für jedermann erschwinglich.«

N. W. Ayer, die Werbeagentur von Nabisco, führte die Sache weiter. Anfang 1899 plazierte sie eine Ein-Wort-Anzeige in Zeitungen und an Reklametafeln: »Uneeda.« Der nächste Schritt: »Uneeda Biscuit.« Dann: »Kennst du die Uneeda Biscuits?« Und dann: »Natürlich Uneeda Biscuit!« Ayer präsentierte sodann eine Anzeigenkampagne, die einen kleinen Jungen im Regenmantel mit einer Schachtel Uneeda Biscuits zeigte – ein einfaches, kraftvolles Bild in einer Zeit, bevor Madison Avenue zu voller Blüte gelangt war. Seinerzeit war dies die größte Anzeigenkampagne, die es je gegeben hatte, und die erste, die für ein vorgepacktes Lebensmittel warb, das ohne weitere Zubereitung sofort verzehrt werden konnte.

Uneeda Biscuit war ein überwältigender Erfolg und bereitete den Weg für einen Strom von neuen Nabisco-Produkten: »Fig Newton«, hergestellt von einer Bostoner Bäckerei und zu Ehren des Bostoner Stadtteils Newton so benannt; »Saltine-Cracker« aus einer Bäckerei in St. Joseph, Missouri; »Animal Crackers« aus zwei zum Unternehmen gehörenden Bäckereien in New York City. Nabisco entwickelte als erste Firma eine Möglichkeit zur Massenproduktion von Mürbeteiggebäck, und das Ergebnis war »Lorna Doone«, ein sofortiger Hit. Man erdachte eine Kombination aus Marshmallow und Gelee mit Schokoladenüberzug und nannte sie »Mallomar«. Selbst die Flops hatten noch einen Silberstreif. 1913 kam Green mit einem Paket aus drei neuen Produkten an die Öffentlichkeit, die kollektiv als »Trio« bezeichnet wurden. Von zweien davon versprach er sich besonders viel: Vom »Mother Goose Biscuit«, der mit Szenen aus Kinderversen bebildert sein sollte, und vom »Veronese Biscuit«, einem hochwertigen Hartkeks. Aber das dritte Produkt des »Trios«, eine Vanillefüllung zwischen zwei runden Schokoladenwaffeln, trug den Sieg davon und wurde zum meistverkauften Keks der Welt: Der »Oreo«.

Green war ein Pionier in der Methode des Direktvertriebs von Lebensmitteln ohne Zwischenhandel; in seinem Auftrag arbeiteten Verkäufer im ganzen Land für die Verbreitung von Nabisco-Produkten. Angefangen mit den »Uneeda-Kadetten«, beschäftigte Nabisco eine riesige, schwer arbeitende Armee von Verkäufern, die mit Pferdewagen, frischbemalt mit Nabisco-Logos, ihre jeweiligen Runden fuhren, sechs Tage die Woche, zwölf Stunden pro Tag.

Green, der seine Arbeiter als »eine große Familie« bezeichnete, machte aus Nabisco einen gütigen Arbeitgeber. Innerhalb von drei Jahren nach der Gründung installierte er ein System, nach dem die Beschäftigten des Unternehmens zu Sonderkonditionen Aktien erwerben und so zu, wie er es nannte, »assoziierten Eigentümern« werden konnten. Er lehnte Kinderarbeit ab – in einer Zeit, in der sie weitverbreitet war. Und wenngleich er von seinen Arbeitern erwartete, daß sie in brutal heißen und oft gefahrvollen Bäckereibetrieben von früh bis spät Snacks für Amerika hervorbrachten, fühlte er sich doch auch dafür verantwortlich, daß sie nahrhaftes Essen zu sich nahmen. »In unserer New Yorker Fabrik«, schrieb er in einem Aktionärsbericht, »kann ein Angestellter ein Essen, bestehend aus gekochtem Fleisch, Kartoffeln, Brot, Butter und Kaffee oder Tee, zum Preise von 11 Cents erhalten.«

Green starb 1917, und mit ihm ging viel vom innovativen Geist bei Nabisco dahin. Sein Nachfolger, ein Anwalt namens Roy Tomlinson, interessierte sich weniger für Kekse als für das, was unter dem Strich dabei herauskam. In den zwanziger Jahren vervierfachten sich die Gewinne, aber Nabisco schwamm auf dem enormen Erfolg seiner frühen Produkte und seiner Verkaufstruppe. Wenn das Unternehmen neue Produkte brauchte, kaufte es sie, etwa »Shredded Wheat« 1928 oder »Milk Bone«-Hundekuchen 1931.

Dann, in der Mitte der Depression, präsentierten die Bäcker von Nabisco etwas Neuartiges. Seit Jahren hatten sie versucht, Butterkekse zu entwickeln, wie manche Konkurrenten sie herstellten. Das Resultat, überzogen mit einer feinen Schicht Kokosnußöl und bestreut mit Salz, war ein völlig neuartiger Cracker. Sie nannten ihn »Ritz«, und beinahe über Nacht wurde er zu Amerikas beliebtestem Cracker. Binnen Jahresfrist hatte Nabisco fünf Millionen Stück gebakken. Innerhalb von drei Jahren produzierte man 29 Millionen *pro Tag*, und Ritz wurde der meistverkaufte Cracker der Welt.

Aber wieder ruhte das Unternehmen sich auf seinen Lorbeeren aus. In den nächsten zehn Jahren trieb das Unternehmen dahin, zahlte jährlich Dividende, verschuldete sich nicht und produzierte die gleichen Kekse und Cracker, die es schon seit Jahren produzierte. Schließlich fingen die Gewinne an zu sinken, die Bäckereibetriebe veralteten, das Management ebenfalls. Um die Mitte der vierziger Jahre betrug das Durchschnittsalter der Topmanager von Nabisco dreiundsechzig Jahre; sie waren bekannt als »die neun alten Männer«. Erst als Tomlinson nach achtundzwanzig Jahren in den Ruhestand ging, regte sich das Unternehmen wieder.

Und wieder machte der Vorstand 1945 einen Anwalt, den Syndikus George Coppers, zum Chief Executive. Coppers hatte Wochenend-Management-Kurse an der Harvard Business School absolviert und machte sich mit dem, was er gelernt hatte, daran, Nabisco umzugestalten. Er entließ die neun alten Männer und zog eine Welle von neuen jungen Leuten in das Unternehmen. Über den Zeitraum von zwölf Jahren gab er 200 Millionen Dollar für die Modernisierung der Bäckereibetriebe aus, in jenen Tagen noch echtes Geld. Das gesamte Investitionskapital stammte aus den Erträgen: Bei der guten, konservativen Nabisco war der bloße Gedanke ans Schuldenmachen verpönt. Coppers stellte mächtige Budgets für Forschung und Werbung zur Verfügung, drückte damit die Gewinne, schuf aber ein Fundament für die Zukunft. Als 1958 in Fair Lawn, New Jersey, die letzte neue Keks-

und Crackerfabrik gebaut war, hatte Nabisco die Kosten gesenkt, die Qualität verbessert und sich den Weg in die zweite Hälfte des zwanzigsten Jahrhunderts geebnet. Im Jahre 1960, als Coppers starb, lobte *Dun's Review* Nabisco als eine der zwanzig bestgeführten Firmen im ganzen Land.

Einer von Coppers' gescheiten jungen Männern, ein Mormone aus Idaho namens Lee Bickmore, übernahm das Steuer. Bickmore begann seine Karriere bei Nabisco als Versandangestellter in Pocatello, wechselte dann in den Vertrieb und brachte Ritz und Oreo in den hinterletzten Winkeln von Utah, Wyoming und Idaho zum Erfolg. Aber erst als er einen ernsten Brief mit Vorschlägen zur Ausbildung von Verkäufern und zu Verkaufstechniken an die New Yorker Zentrale schrieb, nahm man Notiz von ihm.

Unter Bickmores Führung expandierte Nabisco in Auslandsmärkte: nach Australien 1960, nach England und Neuseeland 1962, nach Deutschland 1964, nach Italien, Spanien und Mittelamerika 1965. Er verbrachte so viel Zeit mit Überseereisen, daß er als der »fliegende Präsident« bekannt wurde. Bickmore diversifizierte überdies, drang in den Bereich der Tiefkühlkost ein und machte Nabisco zum weltgrößten Hersteller von Duschvorhängen. Er erwarb eine Teppichbodenfirma und ein Spielwarenunternehmen. Er kaufte eine Firma namens J. B. Williams, einen Hersteller von Körperpflegeprodukten wie »Aqua Velva«-Rasierwasser und »Geritol«.

Alles ging in die Hose – die Auslandsgeschäfte, die Duschvorhänge, die Spielsachen, alles. Um die Verluste auszugleichen, quetschte Bickmore die Keks und Cracker produzierenden Geschäftsbereiche bis auf den letzten Penny Gewinn aus. Er quetschte sie so hart, daß sie zu zerbröseln begannen. Die Backfabriken der Coppers-Ära kamen herunter, und Nabisco machte nicht mehr die nötigen Gewinne, um sie zu modernisieren oder zu ersetzen. Auch nach Bickmores Pensionierung 1973 änderte sich nicht viel. In den siebziger Jahren wurde Nabisco von anständigen, schwerfälligen Managern geführt, die eine auf vergangener Glorie aufbauende Kultur pflegten. Gute Leute alle miteinander, aber Agenten des Wandels waren sie nicht. Wie es ein Manager der Werbeabteilung einmal ausdrückte: »Wie kann jemand, der Oreo herstellt, niederträchtig sein?«

Nabisco stagnierte. Niemand wurde gefeuert. Niemand arbeitete nach fünf Uhr nachmittags. Niemand machte den Mund auf. Niemand, nicht einmal der neue Chief Executive Bob Schaeberle, hatte einen Firmenwagen oder eine Firmenmitgliedschaft im Country Club.

Und dann kam Ross Johnson daher. Es war, wie ein Witzbold bemerkte, wie die Fusion von Hell's Angels und Rotariern.

Bob Schaeberle wurde Generaldirektor und Chief Executive von Nabisco Brands, Ross Johnson Direktor und Chief Operating Officer. Und als die beiden Unternehmen ihr Management vereinten, waren Johnsons »Merry Men« entschieden verbiestert.

Zum einen begannen die morgendlichen Konferenzen bei Nabisco Brands schon gegen halb neun, während sie noch vollauf mit ihrem Kater beschäftigt waren. Im Gegensatz zu den Quasselstunden bei Standard Brands, wo jeder den Mund aufmachen konnte, hatten die Beratungen bei Nabisco einen streng geregelten Ablauf. Die Manager saßen um einen Tisch, und jeder hielt einen fünfzehnminütigen Vortrag zu einem bestimmten Keks oder Cracker. Wenn der zu Ende war, wurde um Fragen gebeten. Es gab selten welche; anscheinend galten sie als ungehörig. So ging es eintönig bis in den Nachmittag, mit einer Mittagspause zwischendurch. Johnson sorgte oft dafür, daß man ihn unter dem Vorwand eines Telefonanrufs hinausrief, um nie wieder hereinzukommen, so daß Rogers, Carbonell und die anderen stumm zurückblieben und sich innerlich wanden.

Dann kam der Tag, da John Murray, Standard-Brands-Manager für den Verkauf, es nicht länger aushielt. Es geschah während eines besonders öden Diskurses über die Frage, wie im Zusammenhang mit Betriebsschließungen bei einem Schneesturm zu verfahren sei. Im Falle eines schweren Unwetters, erklärte ein Nabisco-Manager, werde man den Mitarbeitern bekanntgeben, daß der Betrieb innerhalb von zwei Stunden schließen werde. Dadurch hätten diejenigen, die eine Mitfahrgelegenheit brauchten, die Möglichkeit, eine solche zu arrangieren, und der Betrieb hätte Gelegenheit, eine Fahrbereitschaft zu organisieren und den Arbeitstag zu einem ordentlichen Abschluß zu bringen. Sichtlich zufrieden mit sich, bat der Manager um Fragen.

»Ich glaube, ich spinne!« explodierte Murray. »Wenn es draußen gefährlich ist, dann wartet doch nicht zwei Stunden. Macht den Laden dicht. In diesen zwei Stunden tut doch sowieso kein Arsch mehr einen Scheißdreck. Das ist ja lächerlich, verdammt!« Verdattertes Schweigen. Schließlich brach es Jim Welch, ein leitender Mann von Nabisco, der die Sitzung führte. »Ich stimme John hundertprozentig zu«, sagte er.

Dies war einer der ersten Schüsse in der Kulturrevolution, die Nabisco verändern sollte. In den Konferenzen ging es lockerer zu. Murray berichtete detailliert über die Ergebnisse bei »Fleischmann's Margarine«, nur um durch einen Zwischenruf von Peter Rogers unterbrochen zu werden: »Erzählen Sie ihnen mal von ›Blue Bonnet Baking Margarine‹.« Diese Marke freilich lief erbärmlich. Nabisco-Manager hielten sich etwas zugute auf die ausgefeilten Planungsprozeduren des Konzerns, die zu dicken, mehrere Jahre umfassenden Projektionen und Betriebserwartungen zusammengefaßt wurden. Johnson verwarf sie alle. »Planung, meine Herren, bedeutet: Was machen Sie nächstes Jahr anders als dieses Jahr?« sagte er. »Ich will nur fünf Punkte.«

Auf dem Papier blieb Schaeberle der Spitzenmann von Nabisco Brands, aber Johnson hatte keine Mühe, seinen Kopf durchzusetzen. Ihre Büros lagen nebeneinander; Johnson verschwendete keine Zeit und verpflichtete sich den Boss sogleich. Er zeigte sich in jeder Hinsicht ehrerbietig vor Schaeberle und redete ihn bei Meetings unterwürfig als »Mr. Chairman« – »Herr Vorsitzender« – an. Johnsons Mitgliedsbeiträge für die zahlreichen Country Clubs wurden von der Firma bezahlt; er bestand darauf, daß Schaeberles Beiträge ebenfalls übernommen werden müßten. Sie wurden. Johnson und seine Mitarbeiter fuhren elegante Firmenwagen; er bestand darauf, daß auch Schaeberle und seine Manager welche bekamen. Taten sie. Johnson stiftete der Pace University 250 000 Dollar zur Förderung eines Robert-P.-Schaeberle-Lehrstuhls für Rechnungswesen. Schaeberle wurde bei einem Pace-Dinner von der Bekanntmachung überrascht; geehrt, aber verdattert fragte er: »Wer soll das denn bezahlen?«

Die Firma natürlich. Die Firma mußte auch ihre Gehaltsaufwendungen gewaltig erhöhen: Sechsunddreißig Standard-Brands-Manager verdienten mehr als 100 000 Dollar im Jahr, bei Nabisco waren es nur fünfzehn. Johnsons Grundgehalt war mehr als doppelt so hoch wie Schaeberles, so daß eine gewaltige Erhöhung für den Vorsitzenden fällig war. Widerstrebend akzeptierte er, aber stellte sich später doch quer, als er erfuhr, daß sein Gehalt plus Bonus für 1983 die Millionengrenze überschreiten würde. Was würden die Aktionäre dazu sagen? Schaeberle gab Anweisung, seinen Bonus so weit zu reduzieren, daß er in den sechsstelligen Bereich zurücksackte. Johnson redete es ihm aus; er habe es doch verdient, sagte er. Und wenn Schaeberle eine Million machte, hatte Johnson natürlich auch eine verdient.

Johnson fuhr fort, seinen eigenen Lebensstil zu verbessern, und kaufte sich eine riesige Villa im französischen Chateau-Stil auf einem Vierzig-Morgen-Grundstück in Sparta, New Jersey. Er wollte mit dem Hubschrauber zur Nabisco-Zentrale in East Hannover, New Jersey pendeln, mußte diese Versuche jedoch einstellen, als die Stadtväter es wiederholt ablehnten, Hubschrauber dort landen zu lassen.

Langsam, aber sicher schloß Johnson die Faust um Schaeberles Firma. Einer nach dem anderen verschwanden die Nabisco-Veteranen und wurden von Johnsons Leuten ersetzt. Der Sturz des mächtigen Finanzleiters von Nabisco, Dick Owens, war ein vorzügliches Beispiel für die Art, wie Johnson vorging. Zum Zeitpunkt der Fusion schien Owens auf dem Höhepunkt seiner Macht zu stehen. Er wurde zu einem Mitglied der Geschäftsleitung ernannt und saß im Vorstand der vereinigten Unternehmen. Was immer Owens haben wollte, besorgte Johnson ihm. Er genehmigte die neuen Mitarbeiter, die Owens in stetem Strom beantragte: einen Abteilungsleiter hier, einen Ressortleiter da, ein ganzes Heer ihm zur Seite stehender *vice presidents*. In Johnsons warmer Umarmung wuchs Owens' Lehnsmannschaft in der Finanzabteilung stetig.

Dann eines Tages kam Johnson mit gefurchter Stirn in Schaeberles Büro. »Dick baut sich da eine riesige Finanzorganisation auf«, warnte er. Mit unangreifbarer Logik legte er die Gefahren dar, die darin lagen, die Analysen und Einschätzungen der Leute in der Hauptverwaltung an die Stelle derer der Spartenmanager zu setzen. »Wir sollten den Bereichsmanagern die Rechnerei nicht abnehmen«, meinte Johnson.

»Tja«, sagte Schaeberle, »was sollen wir tun?«

»Ich glaube, Dick ist von Natur aus unfähig, zu dezentralisieren«, antwortete Johnson. »Ich glaube, wir müssen da eine Veränderung vornehmen.«

Und so wurde Owens aufs Abstellgleis geschoben und vorläufig durch Johnson selbst ersetzt. Johnson plazierte unverzüglich Standard-Brands-Leute unter sich und ersetzte das Rechnungswesen von Nabisco durch ein System, das bei Standard Brands entwickelt worden war. Nur Standard-Brands-Leute schienen das neue System zu begreifen, und Johnson war das nur recht. Nach dieser Drehbuchänderung gingen Johnsons Truppen aus einer Reihe von geringfügigen bürokratischen Auseinandersetzungen siegreich hervor. »In jedem beliebigen Meeting«, erinnert sich ein früherer Johnson-Mitarbeiter, »konnte man die Jungs von Nabisco in Verlegenheit bringen.«

Johnson ließ Dean Posvar von Standard Brands zum Planungschef ernennen. Mit diesem Job hatte Posvar – und somit Johnson – die Zuständigkeit für das, was dem Vorstand präsentiert wurde, und damit waren Johnsons Truppen in der Lage, zu definieren und folglich zu steuern, was in den Vorstandssitzungen diskutiert wurde. Johnsons Busenfreund Mike Masterpool übernahm die Public Relations, wodurch dieser die nach außen verbreiteten Informationen ebenso sicher kontrollierte, wie Posvars Planungsgruppe und der Finanzapparat den internen Informationsfluß regulierte.

Es war von oben bis unten die gleiche Geschichte, dank einem weiteren von Johnsons Schachzügen. Schaeberle hatte ursprünglich geplant, die Unternehmen von Nabisco und Standard Brands im Gesamtkonzern weiterhin getrennt zu führen. Aber auf Johnsons Vorschlag hin wurden sie integriert. Wo die Abteilungen zusammengelegt wurden, waren die schüchternen Nabisco-Manager gezwungen, mit den Haien von Standard Brands in einem Becken zu schwimmen. Wenn zwei Leute für eine Spitzenposition zur Wahl standen, kam Johnson zu Schaeberle ins Büro, behauptete beharrlich, daß er niemanden favorisiere, hielt aber zugleich ein überzeugendes Plädoyer für den Mann von Standard Brands. »Sie haben recht«, sagte Schaeberle dann. »Der Mann ist besser.«

Für einige von denen, die Johnson in dieser Periode agieren sahen, war er weniger ein unternehmerischer Dynamo, als viel mehr einer, der sich bei Schaeberle einschmeichelte, während er den hart arbeitenden

Subalternen in die Zähne trat. Was immer zutreffen mochte, es funktionierte: Innerhalb von drei Jahren waren einundzwanzig der vierundzwanzig Führungsleute Standard-Brands-Manager. Die Nabisco-Leute waren so leise abgemurkst worden, daß Schaeberle überhaupt nicht merkte, was da vor sich gegangen war. Bei Meetings sagte er manchmal: »Es ist großartig, all diese jungen Leute am Tisch zu sehen.«

Mit zunehmender Macht Johnsons wurde ein großer Teil von Nabiscos Zukunft in Johnsons Apartment bei Saufsitzungen geplant, die bis zum frühen Morgen dauerten. Das Personal war weitgehend das gleiche geblieben: Da waren Peter Rogers, immer noch »der Rekrut«, Martin Emmett, »das große E«, »El Supremo« Bob Carbonell und andere. Johnson, der »Papst«, nutzte diese Sitzungen, um Ideen mannigfacher Art vorzutragen – zur Neustrukturierung des Unternehmens, zur Beschleunigung des Abgangs der Alten Garde, zu neuen Produkten. Mancher dieser Vorschläge wurde unflätig niedergejohlt; Johnson, das Scotchglas in der Hand, zog ihn fröhlich zurück und ging zum nächsten über.

Noch während er seine Bürosuite renovierte, machte Johnson sich daran, den Unternehmensmix der alten Nabisco nach seinem Geschmack zurechtzukneten. Auf den ersten Blick war dies eine unmögliche Aufgabe – Nabiscos gewaltige, tiefverwurzelte Bürokratie schien gegen jede Veränderung immun zu sein –, aber mit seiner neuerrungenen Herrschaft über Schaeberle machte Johnson doch stetig Fortschritte. Immer kam von Johnson die Initiative und von Schaeberle die Zustimmung; Johnson lieferte schmackhafte Begründungen, Schaeberle akzeptierte sie. »Wissen Sie, es hat einfach keinen Sinn, irgend etwas zu haben, das nicht die Nummer eins oder die Nummer zwei in der Branche ist«, sagte Johnson etwa. »Das stimmt, Ross«, antwortete Schaeberle dann.

Allein im letzten Quartal 1982 verkaufte Johnson J. B. Williams, »Freezer Queen«-Tiefkühlkost, das Wein- und Spirituosenunternehmen Julius Wile, die Duschvorhängefirma Hygiene Industries und »Everlon Fabrics«-Gardinenfabriken. Zur selben Zeit stieß er auch ein paar der alten Standard-Brands-Unternehmensbereiche ab: Chase & Sanborn und »High Fructose Syrup«. Niemand hätte gedacht, daß J. B. Williams, das Dach, unter dem so verschlafene Marken wie »Geritol« und »Aqua Velva« ruhten, mehr als 50 Millionen einbringen würde. Johnson schlug sie für das Doppelte los, unter Einsatz seines gewohnten Charmes, und indem er den Käufern erzählte, wie miserabel Nabisco die Firma geführt habe. Er überzeugte sie davon, daß Williams über eine Masse von ungenutztem Potential verfüge. »Ich habe gelernt«, sagte er einmal, »daß man den Leuten immer gestehen muß, wie miserabel man eine Firma geführt hat; dann kriegen sie Oberwasser.«

So erfolgreich seine Manipulationen auch waren, Johnson sah doch ein, daß Bedingungen wie im Krieg nötig wären, um Nabisco Brands von oben bis unten zu überholen. Zu seiner Überraschung erreichte er diesen Augenblick schon bald, und zwar in einer Periode, die dann als die »Keks-Kriege« bekannt werden sollte.

Nabisco hatte einen Angriff gegen ihre Spitzenposition im Multimilliarden-Dollar-Keksgeschäft längst herausgefordert. Sie war weich geworden: Ihre Bäckereien waren alt, ihre Gewinnspannen riesig, und sie beherrschte ihre wenigen Konkurrenten. Nabiscos Pearl Harbor lag in Kansas City. Der Angreifer war Frito-Lay, der führende Salzgebäckhersteller Amerikas und Mutter von Marken wie »Ruffles«, »Doritos« und »Tostitos«. Frito-Lay fiel Mitte 1982 mit einer neuen Produktlinie in die Supermärkte von Kansas City ein, einem Weichgebäck namens »Grandma's«. Kecke Frito-Manager brüsteten sich öffentlich, wie rasch Nabisco, die kein Weichgebäck herstellte, von »Grandma's« Prügel beziehen werde. Nabiscos Herrschaft über die Keksbranche, weissagten sie, werde gebrochen werden, und der 2,5-Milliarden-Dollar-Markt werde »eine Sache à la Coke-Pepsi« werden. In den ersten Tagen sah es aus, als könne man die Frito-Generäle beim Wort nehmen: Sie eroberten 20 Prozent Marktanteil in Kansas City.

Johnson hatte sich noch nicht aufgerafft, um der Attacke entgegenzutreten, als ein zweiter Angreifer zuschlug. Procter & Gamble, der Verbrauchsgütergigant aus Cincinnati, stellte seine »Duncan Hines«-Weichkekse vor. P&G begann mit dem Bau einer mächtigen Backwarenfabrik, meldete das Patent auf seine Kekse an und leitete einen eigenen Angriff auf Kansas City ein. Innerhalb weniger Tage wurde die Stadt zu einem Schlachtfeld im Keksrausch. Angespornt durch Gutscheine, Spezialdisplays und Werbekampagnen, kauften die Verbraucher in Kansas City zwanzig Prozent mehr Kekse.

Nabisco bezog eine Tracht Prügel. Aber Johnson blieb wie immer munter und zuversichtlich. Es gebe Probleme mit Weichkeksen, um die sich noch keiner so recht gekümmert habe, beruhigte er den besorgten Nabisco-Vorstand. Er erzählte, wie er einmal vormittags ein paar Kekse von der Konkurrenz gegessen habe und dann ganz deprimiert zum Lunch gegangen sei, weil sie so gut geschmeckt hätten. Aber nach seiner Rückkehr habe er festgestellt, daß die übriggebliebenen Kekse inzwischen altbacken gewesen seien.

»Na, wie altbacken waren sie denn?« wollte einer der Direktoren wissen.

»Schon mal versucht, in einen Eishockey-Puck zu beißen?« erwiderte Johnson. Alles brüllte vor Lachen. Der »Papst« war bereits der Liebling des Vorstands.

Zunächst konnte Johnson als Vergeltungsschlag nichts weiter unternehmen, als mehr Chips in Nabiscos »Chips Ahoy« Schoko-Chips-Packungen zu stopfen. Inzwischen nutzte er den Kriegszustand, um die Konzernspitze von den verbliebenen Nabisco-Veteranen zu säubern. »Schauen Sie«, sagte er zu Schaeberle, »die Burschen, die Sie in die Tinte geritten haben, werden Sie da nicht rausholen.« Schaeberle pflichtete ihm wie immer bei. Peter Rogers wurde hinzugezogen, um die Kriegsanstrengungen zu leiten, während Carbonell die Forschungs- und Entwicklungsabteilung mit der Peitsche vorantrieb, damit sie einen Weichkeks für Nabisco entwickelten.

Mitte 1983 war Nabisco zum Gegenangriff bereit. Mit der Einführung eines eigenen Weichkekses, »Almost Home«, trat der Konzern in die Schlacht um Kansas City ein. »Es war ein Gemetzel«, erinnerte Johnson sich später. »P&G gab Coupons über einen Dollar, wir gaben Coupons über einen Dollar fünfzig. Die Fetzen flogen nur so durch die Gegend.« Johnson war es egal, was die Coupons kosteten. Es war ihm egal, wieviele Überstunden der Verkauf abrechnete. Nabisco würde die Supermärkte zurückerobern.

Am Ende verloren Johnson und Nabisco die Schlacht um Kansas City. Aber sie gewannen den Krieg. Die beiden Newcomer verfügten weder über die Massenproduktionsmöglichkeiten noch über die Vertriebssysteme, um sich schnell landesweit auszudehnen. Als Nabisco erst ein Produkt hatte, etablierte man unbezwingbare Brückenköpfe in einer Stadt nach der anderen, bevor die Konkurrenz dort eintreffen konnte. 1984 waren die Keks-Kriege so gut wie vorüber.

Als der Rauch sich verzogen hatte, war Johnson der strahlende Sieger, intern wie nach außen. Was Schaeberle und den Vorstand anging, so war er unfehlbar. In diesem Jahr belohnte Schaeberle ihn damit, daß er den Titel des Chief Executive an ihn abtrat. Nabiscos riesiges neues Forschungszentrum stand vor der Einweihung, und in einem Schmeichelkrampf revanchierte Johnson sich für die Freundlichkeit, indem er es »Robert M. Schaeberle Technology Center« taufte. Schaeberle war gerührt. Die »Merry Men« fanden, es sei eine brillante Art, Schaeberle auszumustern. Ein Mann, dessen Name auf einem Gebäude stand, meinten sie, könnte ebenso gut tot sein.

Nach nur zehn Jahren in New York hatte Johnson den Gipfel des Erfolges erreicht: Er war CEO eines der großen amerikanischen Nahrungsmittelkonzerne. Er gehörte zu einer neuen Gattung von Führungskräften für ein neues Zeitalter des amerikanischen Business. Die Oldtimer bei Standard Brands hatten sich als Unternehmensverwalter verstanden. »Dein Unternehmen ist das Schiff«, pflegten sie zu sagen. »Der Chief Executive ist nur der Kapitän.« Dieses Immer-mit-der-Ruhe-Ethos war gut und schön für Leute, die noch die Narben aus den dreißiger Jahren trugen und sich nicht trauten, Aufsehen zu erregen. Aber Johnson hatte wie viele seiner Kollegen keine Depression erlebt, er hatte nicht im Weltkrieg gekämpft, und er war nicht bereit, die Existenz von Grenzen anzuerkennen. Er war kein Mannschaftsspieler des alten Stils, sondern ein Broadway Joe oder ein Reggie Jax, ein bilderstürmender Superstar, ein cooler Vertreter des TV-Zeitalters, der wenig Loyalität für irgend etwas außer seinen eigenen Launen aufbrachte.

Für Außenseiter war er immer noch derselbe schulterklopfende Ross. Mit Anfang fünfzig war er groß und schlank und trug sein silbernes Haar jungenhaft lang. Der einzige Hinweis auf Kanada fand sich in seinem Tonfall; er garnierte seine Witze mit dem britischen »bloody« und beendete einen Satz gelegentlich mit »eh?«

Aber als er den Nabisco-Thron bestieg, schien Johnson im selben Augenblick das Interesse an der Führung des Konzerns zu verlieren. Die Glitzerwelt faszinierte ihn weit mehr als der Ritz-Cracker. Wenn die Johnsons nicht mit Gifford und einer Freundin unterwegs waren, befanden sie sich auf einem Mittelmeer-Urlaub mit Jim Robinson von American Express und dessen Frau Linda, damals eine aufstrebende

PR-Expertin der Wallstreet. Zu den engsten Freunden der Johnsons zählten der kanadische Premier Brian Mulroney und seine Frau Mila. Mila und Laurie Johnson streiften durch Manhattan und machten Einkäufe für die Wohnung des Premierministers. Nabisco begann, das »Dinah Shore«-Damen-Golfturnier zu sponsern, und Johnson verwandelte die Veranstaltung in eine mit Stars bevölkerte Gala. Sein wachsender Stall prominenter Sportler, inzwischen »Team Nabisco« genannt, paradierte auf dem Turnier. Gerald Ford und Bob Hope beehrten das Ereignis. Johnsons Freund Oleg Cassini nannte ihn als seinen Förderer.

Johnson hatte freilich stets eine Vorliebe dafür gehabt, mit der Prominenz Arm und Arm zu verkehren. Aber früher hatte man das Gefühl gehabt, sie rühre aus seiner Kenntnis der Schwächen der Upper Class. Er kehrte von einem Empfang der gesellschaftlichen Elite in Großbritannien zurück und berichtete kichernd, die Königliche Familie sei »all fucked up« – »total im Arsch« –, oder er erzählte Geschichten von der verrückten Maggie Thatcher (»a pisser«, meinte er glucksend). Die »Merry Men« waren entzückt, auch wenn einige von ihnen besorgt zur Kenntnis nahmen, daß ihr Mann allmählich eher ein Insider der Kreise wurde, über die er sich lustig machte, denn ein Outsider.

Wenn Johnson Nabisco gegenüber gleichgültig wurde, so deshalb, weil er in dem Unternehmen keine große Zukunft mehr für sich sah. Die Keks-Krieger hatten sein Denken verändert; er betrachtete die siegreiche Schlacht mit Frito-Lay und Procter & Gamble nicht als endgültigen Triumph, sondern als erfolgreich abgewehrten Schuß vor den Bug. Es würde wieder einen Giganten wie Procter & Gamble geben – vielleicht auch noch einmal P&G selbst –, der ihn aufs Korn nehmen würde. Nabisco hatte schließlich fatale Schwächen. So hart man auch arbeitete, die veralteten Backfabriken würden sich nicht auf die schnelle wiederbeleben lassen. Und Johnson machte sich auch nie die Mühe, irgendeinen Gesamtplan für die Umgestaltung von Nabisco zu entwerfen. Nach Jahren der Balgerei hatte er keine Lust mehr zu langfristiger Planung. Statt dessen verbrachte er seine Zeit damit, das Highlife zu genießen, Brände im Konzern zu löschen, wo sie aufflammten, und zu warten.

Jemand hatte die Standard-Brands-Kultur einmal in einen Kodex von »zwanzig Johnsonismen« zusammengefaßt. Nummer dreizehn war: »Sei dir klar darüber, daß der größte Erfolg aus opportunistischen, wagemutigen Schachzügen resultiert, die sich per definitionem nicht planen lassen.«

An einem Frühlingstag im Jahr 1985, er war seit weniger als einem Jahr Nabisco-Chef, bekam Johnson einen Anruf von J. Tylee Wilson, dem Vorsitzenden und Chief Executive Officer von RJ Reynolds Industries, dem in North Carolina beheimateten Tabakgiganten. Ob Johnson nicht mal Lust zu einem gemeinsamen Lunch hätte? Vielleicht, meinte Wilson, könnten sie ein Geschäft zusammen machen.

2

> Stellen Sie sich vor, Sie haben in diesem alten Haus gelebt. Sie sind darin aufgewachsen, und alle Ihre glücklichen Erinnerungen sind dort, und Sie pflegen es besonders sorgsam für die nächste Generation. Und dann kommen Sie eines Tages nach Hause und stellen fest, man hat ein Bordell daraus gemacht. So geht es mir mit RJR.
> – *Ein ehemaliger Mitarbeiter von RJR Nabisco in Winston-Salem*

Wenn die RJ Reynolds Tobacco Company nicht wäre, würde die bescheidene Skyline des Zentrums von Winston-Salem, North Carolina, überhaupt nicht existieren. Jahrelang befand sich die Verwaltung des Unternehmens in einem zweiundzwanzigstöckigen Steinbau, der bei seiner Fertigstellung im Jahr 1929 als solch ein architektonisches Kleinod erachtet wurde, daß man beschloß, mit dem Entwurf nach New York zu gehen und ihn in größerem Stil noch einmal auszuführen – als Empire State Building.

Neben dem Miniatur-Empire-State-Building steht das wuchtige Verwaltungsgebäude von Wachovia Bank & Trust. Die Tresorgewölbe vollgestopft mit Reynolds-Aktien und Einlagen, wuchs die Wachovia zu einer der herausragenden Banken der Südstaaten heran. Auf der anderen Seite der Reynolds-Verwaltung steht ein höheres, moderneres Gebäude, in dem die Mitarbeiter untergebracht sind, die im Hauptgebäude der Verwaltung keinen Platz mehr finden. Zwei Straßen weiter erhebt sich ein glasummantelter Wolkenkratzer, der höchste in der Stadt. Hauptmieter hier sind Womble, Carlyle, Sandrige & Rice, North Carolinas größte Anwaltskanzlei, deren Praxis im Unternehmen Reynolds Tobacco fest verwurzelt ist.

Wenn Reynolds nicht wäre, dann sähe es in Winston-Salem genauso aus wie in vielen anderen kleinen 140 000-Seelen-Städten im Süden. Von den halbhohen Wolkenkratzern abgesehen, ist das Stadtzentrum ziemlich schäbig – ein Ort für müde alte Läden und müde alte Leute. Aber Reynolds macht Winston-Salem anders.

Von der Stadtmitte aus ist der Einfluß in allen Richtungen spürbar. Man fährt nach Westen auf der Interstate 40, wo jede dritte Reklametafel einer Reynolds-Marke gehört, und die Bowman Gray School of Medicine kommt in Sicht, eine hervorragende Lehr- und Forschungsklinik, benannt nach dem früheren Reynolds-Vorsitzenden, der sie gestiftet hat. Noch weiter westwärts, und man erreicht die Ausfahrt nach Tanglewood, einem ausgedehnten Park, den der Bruder von R. J. Reynolds, William, dem County geschenkt hat. »Mr. Will«, wie er vierzig Jahre nach seinem Tod immer noch heißt, stellte Tanglewood unmißverständlich *den Weißen* des County zur Verfügung.

Nach Norden fährt man auf der Reynolda Road zum Anwesen von R. J. Reynolds persönlich – »Mr. RJ« nennt man ihn noch siebzig Jahre nach seinem Tod. Seine weitläufige Villa, Reynolda House, enthält eine der schönsten Sammlungen amerikanischer Malerei im ganzen Land. Auf dem Gelände ist der exklusivste Country Club der Stadt, Old Town, zu Gast. Aber es ist noch genug Platz für den Campus der Wake Forest University, die in den fünfziger Jahren von der Familie Reynolds über hundert Meilen weit hierher geholt wurde. Am Rande der Reynolda Road hat man die Modellfarm, die einst von RJ Reynolds zweiter Frau – »Mrs. RJ« – eingerichtet wurde, in eine Ansammlung schicker Boutiquen umgewandelt, und hier sind auch die Büros, in denen die öffentlichen Bestandteile des Reynolds'schen Familienvermögens verwaltet werden. Die Z. Smith Reynolds Foundation ist eine Stiftung, die in North Carolina alljährlich Millionen für gute Zwecke zur Verfügung stellt, ebenso die Mary Reynolds Babcock Foundation. Ein wunderbares französisches Restaurant namens »La Chaudière« befindet sich in der alten Waschküche der Reynolds-Farm; den Gästen werden dort Winston-Salem-Zigaretten gratis angeboten. Viele nehmen sie an. Dies ist schließlich eine Stadt, in der hier und dort Schilder mit der Aufschrift »Bitte rauchen Sie doch« stehen.

Der Reynolds'sche Einfluß reicht auch in die arme Seite der Stadt. Mag sein, daß Mr. Will der weißen Einwohner großzügiger gedachte, aber seine Spende hat auch zur Gründung des Kate Bitting Reynolds Hospital für Schwarze beigetragen. (Das Krankenhaus gibt es nicht mehr, aber der Kate B. Reynolds Trust verteilt ein Viertel der Einkünfte aus seinen 2,4-Millionen-Reynolds-Aktien an die »Armen und Bedürftigen« der Stadt.) Die R. J. Reynolds High School – in einer wohlhabenden Gegend – bietet die beste höhere Schulbildung in der ganzen Stadt. Aber die James A. Gray High School – benannt nach einem früheren Vorsitzenden von RJR – bot auch den unteren Schichten jahrelang gute Schulbildung. Auf ihrem Gelände steht heute die North Carolina School of Arts. RJR-Spenden tragen zur Erhaltung dieser geachteten Kunstschule bei.

An einem schwülen Sommermorgen, wenn sich kein Lüftchen regt, hängt immer noch der beißende Geruch von Tabak über der Innenstadt von Winston-Salem; er kommt aus der ältesten Tabakfabrik des Unternehmens, die unterhalb des kleinen Empire State Buildings am Fuße des Hügels liegt. Sie dient als beständige Erinnerung daran, warum es Winston-Salem *gibt*. Ein paar Straßen weiter, vor dem Rathaus, steht noch eine: die Statue von Richard Joshua Reynolds, wie er zu Pferde in die Stadt einreitet.

»O ja, ich weiß, wer Sie sind«, sagte Johnson, dem Wilson im Laufe der Jahre ein paarmal über den Weg gelaufen war.

Die beiden Chief Executives trafen sich bei Sandwiches in Johnsons Büro im Zentrum von Manhattan, und Wilson präsentierte seinen Plan. Reynolds, erklärte er, benötigte einen größeren Zuerwerb, um die Abhängigkeit vom Tabak zu verringern, und er fand, Nabisco sei dazu genau richtig. Während sie sprachen, blätterte jeder der beiden in den Jahresberichten des anderen.

Entspannt und schwatzhaft, spielte Johnson den Spröden und reagierte nicht unmittelbar. Wilson vermutete indessen, daß Johnson empfänglich sei: Er hatte Gerüchte gehört, denen zufolge Nabisco und Philip Morris einander beschnupperten, und er hielt Johnson für verkaufsmotiviert. Um sicherzugehen, warf Wilson noch ein Zückerchen mit hinein. Sie waren beide etwa gleichaltrig, stellte er fest, aber er hatte keine Pläne, bis zu seinem fünfundsechzigsten Geburtstag Chef zu bleiben. Er erzählte Johnson, er gedenke sich in zwei oder drei Jahren zur Ruhe zu setzen, und deutete unmißverständlich an, daß Johnson als erster Gelegenheit bekommen werde, ihn als Chef der vereinigten Unternehmen zu ersetzen. Die beiden redeten über

Bedingungen und kamen überein, daß für den Fall einer Fusion ein steuerfreier Aktientausch das Vernünftigste wäre. Sie verabschiedeten sich mit der erklärten Absicht, in ein paar Wochen wieder zusammenzukommen. Bis dahin hatten beide eine Vorstandssitzung und bei der Gelegenheit könnten sie sich grünes Licht geben lassen.

Wilson hatte Johnsons Büro in bester Laune verlassen; seine großartige Vision war anscheinend in greifbare Nähe gerückt. Aber als er gegen Ende April 1985 mit seinem Vorstand zusammentraf, stellte er fest, daß die Direktoren auf die Idee einer Fusion mit Nabisco eher kühl reagierten. Einige waren regelrecht erzürnt: Dies würde das größte Geschäft in der Geschichte von Reynolds werden; wieso hatte man sie nicht vorher informiert? Weil, erwiderte Wilson gereizt, er und Johnson nur sehr vorläufig und allgemein miteinander geplaudert hätten: Es liege kein Geld auf dem Tisch, es gebe keine Verpflichtungen, nur ein erstes Datum. Was habe es denn mit seiner Zusage an Johnson hinsichtlich des CEO-Postens auf sich? wandten die Vorstandsmitglieder ein. Es sei ihr Vorrecht, die Amtsnachfolge zu bestimmen. Und die Idee mit der steuerfreien Fusion gefiel ihnen auch nicht; wenn das Geschäft überhaupt zustandekäme, sollte Reynolds als Käufer auftreten. Und mit strengem Tadel befahlen sie Wilson den Rückzug.

Wilson blieb zuversichtlich. »Es wird trotzdem dazu kommen«, versicherte er Ed Horrigan, dem Direktor und Chief Operating Officer der Company, bei einem Lunch. »Aber beim nächstenmal wird Ross Johnson nicht mehr so viel Macht haben. Wir werden die Käufer sein. Und er wird allenfalls Stellvertretender Vorsitzender.«

Innerhalb weniger Wochen kamen die Gespräche tatsächlich wieder in Gang. Eine kleine Armee von Wallstreet-Anwälten und Investmentbankern wurde hinzugezogen, und nachdem der Vorstand überzeugt worden war, war Reynolds prinzipiell einverstanden, Nabisco gegen Barzahlung zu kaufen. Der einzige Haken war der Preis. Und während die Verhandlungen noch liefen, begann die Nabisco-Aktie zu steigen, ein sicheres Anzeichen dafür, daß Informationen über die Gespräche durchgesickert waren.* Johnson benutzte

---

* Erst später erfuhren Johnson und Wilson peinlich berührt, daß einer der an den Verhandlungen beteiligten Investment-Banker Informationen an den Arbitrageur

dies als Gelegenheit, Wilson mehr Geld abzuschwatzen. Bei 80 Dollar pro Aktie erklärte Wilson, weiter könne er nicht gehen. »Tja«, sagte Johnson, »bei achtzig Dollar wird aus der Sache nichts.« Die festgefahrenen Verhandlungen kamen wieder in Gang, als Wilson sich bereitfand, Vorzugsaktien draufzulegen, was den Kaufpreis auf 85 Dollar pro Aktie brachte – 4,9 Milliarden Dollar insgesamt, bis dahin die größte Unternehmenshochzeit außerhalb der Ölindustrie.

Johnson, der spürte, wie sehr Wilson nach dem Deal lechzte, erwies sich in Nebenfragen als zäher Verhandlungspartner. Der Vorliebe des Wilson-Vorgängers Paul Sticht für firmeneigene Jets zum Trotz lagen die Extras der Manager bei Reynolds hinter denen bei Nabisco zurück. So gut wie alles sei verhandelbar, erklärte Johnson, aber nicht die Extras. Wilson hielt Firmenwohnungen für alle Führungskräfte eines Keks-und-Cracker-Unternehmens für lächerlich. Aber wegen Johnsons kleinlicher Vorbehalte würde er seinen Traum nicht aufgeben; also gab er nach. Johnson bestand darauf, Direktor und Chief Operating Officer zu werden, Nummer zwei hinter Wilson. Er charakterisierte dies als Signal an die Nabisco-Leute: Man werde sie nicht vergessen. Wilson fügte sich auch hier.

Sein Problem bestand freilich darin, daß er mit Johnsons Beförderung genötigt sein würde, den stolzen, aufbrausenden Horrigan, der diese Position innehatte, zu entthronen. Wilson brachte ihm die Neuigkeit sanft bei und versprach ihm einen schmackhaften Vertrag, die Position des Vizedirektors sowie einen Platz im neuen Drei-Mann-Büro des Direktors. Horrigan sah ein, daß er keine Wahl hatte, und gab nach; er fand Trost in der Tatsache, daß er der Troika angehören würde, die ein gewaltiges neues Imperium regierte.

Am 31. Mai 1985 hielt der Reynolds-Vorstand eine Telefonkonferenz ab, um die letzten Details unter Dach und Fach zu bringen. Horrigan, der unterwegs nach Australien war, um die dortigen Reynolds-Unternehmen zu inspizieren, machte in den Büros der RJR-Tochter Del Monte in San Francisco einen Zwischenstop, um zuzuhören. Wilson, der zu den Verhandlungen nach New York gereist war, hakte die abschließenden Punkte einen nach dem anderen ab und hob

---

Ivan Boesky weitergeleitet hatte, der dem Kursanstieg nachgeholfen hatte, indem er sich mit Nabisco-Anteilen eingedeckt hatte.

sich die Management-Struktur für den Schluß auf. »Ross Johnson will leitender Direktor und Chief Operating Officer werden«, berichtete er dann. »Ed Horrigan ist bereit, die Position des Vizedirektors zu übernehmen.«

»Dazu möchte ich Ed selbst hören«, sagte John Hanley von Monsanto. »Ist das akzeptabel für Sie?«

Horrigan hielt eine schwungvolle kleine Rede – ganz und gar nicht nach seiner Art, wie manche fanden –, die er für diesen Anlaß vorbereitet hatte. Ein paar Minuten lang erging er sich blumig über die Notwendigkeit, den eigenen Ehrgeiz zum größeren Nutzen zu opfern. Danach meldete Wilson sich wieder. Es werde das »Direktionsbüro« geben, gab er bekannt, in dem Wilson und Johnson sitzen würden. Von Horrigan sagte er nichts.

Horrigan in San Francisco war wie vom Donner gerührt. Wilson hatte bis zum Ende seiner selbstverleugnerischen Rede gewartet und ihm dann das einzige Bonbon geklaut, das er, Horrigan, bei dem ganzen Deal abbekommen zu haben glaubte. Horrigan hörte von Wut umnebelt zu, als die Direktoren die Konferenz beendeten. »Ty«, sagte er, »wenn die Konferenzschaltung zu Ende ist, möchte ich, daß Sie mich anrufen.«

»Selbstverständlich, Ed«, antwortete Wilson in seiner knappen Art.

Eine Weile saß Horrigan allein da. Er fing an zu weinen; Wut und Frustration ließen die Tränen hervorquellen, die ihm in Strömen über die Wangen liefen, als Wilson schließlich anrief.

»Ich kann nicht glauben, was Sie da eben in dieser gottverdammten Telefonkonferenz gesagt haben«, tobte Horrigan. »Wir hatten vereinbart, daß ich in diesem Büro dabei bin.« Er habe nicht übel Lust, zu kündigen, schimpfte er weiter; was für ein unehrlicher Schweinehund Wilson doch sei, und wie man ihn vor dem versammelten Vorstand verarscht habe.

»Jetzt beruhigen Sie sich, Ed; beruhigen Sie sich.«

»Ich werde mich nicht beruhigen«, brüllte Horrigan. »Wenn Sie das nicht ändern und mich in das Direktionsbüro setzen, werde ich alles widerrufen, was ich dem Vorstand soeben mitgeteilt habe. Ich lasse die ganze Sache platzen. Ich gehe nicht weg von diesem Telefon, bis Sie zurückrufen und unsere Abmachung bestätigen.«

Wilson rief Johnson an und teilte ihm mit, es sei notwendig,

Horrigan mit ins Büro des Direktors zu nehmen. Johnson, der von Wilsons Täuschungsmanöver und von der Politik bei Reynolds im allgemeinen nichts ahnte, war gleich einverstanden. Wilson gab die Nachricht an Horrigan weiter und sang ein Loblied auf Johnsons Kompromißbereitschaft. Aber Horrigan war sicher, daß Johnson gleichermaßen verantwortlich für die Zurücksetzung gewesen sei; er wußte, auf welche Weise Johnson bei Standard Brands und Nabisco an die Macht gelangt war, und er vermutete, daß Johnson nach einer Möglichkeit suchte, ihn hinauszudrängen, noch bevor die Fusion vollzogen wäre. »Ty, ich wünsche Ihnen viel Glück«, sagte er. »In achtzehn Monaten hat Ross Johnson Ihren Job. Denken Sie an meine Worte.«

»Den Teufel hat er«, erwiderte Wilson. »Wir haben eine Abmachung getroffen. Er bekommt den Job, wenn ich in den Ruhestand gehe.«

»Eine Abmachung – gepfiffen«, schnaubte Horrigan.

Als die Fusion ein paar Tage später vollzogen war, begegnete der entzückte Wilson in einer Gala im Ford Theater einem guten Freund Johnsons, Jim Robinson von American Express. Robinson war in Atlanta geboren und aufgewachsen und verbrachte gelegentlich den Sommer im Haus seiner Mutter in Roaring Gap, und er kannte Nabisco und Reynolds gut; Johnson hatte sich während der Fusionsverhandlungen sogar des längeren von ihm beraten lassen. »Sie werden Ross mögen«, sagte Robinson mit seinem weichen Südstaatenakzent. »Er ist ein feiner Kerl, und ich weiß, Sie werden gut miteinander auskommen.«

Die ersten Wochen nach der Fusion verliefen überwiegend reibungslos, wenngleich ein unterschwelliges Unbehagen spürbar war, das später wieder an die Oberfläche treten würde. Da Reynolds Nabisco gekauft hatte, wurde die Neuigkeit von der Fusion in Winston-Salem freundlich aufgenommen; es erfüllte die Einwohner mit Stolz, daß sie die Kontrolle über einen großen Nordstaaten-Konzern übernommen hatten. Anderer Meinung war allein Horrigan, der sich in tiefschwarze irische Niedergeschlagenheit zurückgezogen hatte. Horrigan beschwerte sich ständig bei Wilson über die hohen Zuwendungen für die Nabisco-Manager und darüber, daß Johnsons Ehefrau Laurie dauernd mit ihrem Mann auf Reisen ging, obgleich das gegen die Unternehmensgrundsätze verstieß. »Ross Johnson ist eine

Schlange, ein mieser Schleimer«, verkündete er jedem, der es wissen wollte. »Wir werden den Tag noch verwünschen, an dem wir diese Type an Land gezogen haben.« Als Ty und Pat Wilson einen Brunch gaben, um die Johnsons in Winston-Salem willkommen zu heißen, glänzten Ed und Betty Horrigan durch auffällige Abwesenheit.

Auch Johnson hatte bald eine Abneigung gegen Horrigan, wenn er auch zu solchem Haß wie Horrigan nicht fähig war. »Es ist ausgeschlossen, daß Ed Horrigan mir unmittelbar unterstellt wird«, sagte er. »Ich mag ihn nicht, und ich traue ihm nicht.« Manchmal fragte Johnson sich, ob Horrigan sich nicht von den Spirituosenvertriebsunternehmen schmieren ließ, die mit Heublein, einer Horrigan unterstellten Tochterfirma (zu der »Kentucky Fried Chicken« und »Smirnow Wodka« gehörten) ihre Geschäfte machten. Je mehr Johnson über Horrigan erfuhr, desto weniger Verwendung hatte er für ihn. »Er ist ein toter Mann, wenn ich diese Firma führe«, gelobte Johnson.

Von Horrigan abgesehen fand Johnson anfangs freundliche Aufnahme bei Reynolds. Als einziger unter den Führungskräften von Nabisco zog er nach Winston-Salem um und kaufte sich ein großes Haus am Rande des »Old Town«-Golfplatzes. Man erzählte sich, er sei ein durch und durch einnehmender Bursche – das lächelnde, schulterklopfende Yin im Gegensatz zu Wilson, dem straffen, preußischen Yang. »Ich weiß, was man über diesen Burschen erzählt hat, aber ich finde, daß es überhaupt nicht stimmt«, schwärmte RJR-Personalchef Rodney Austin. »Ich finde ihn großartig.« In seinen ersten Wochen in Winston-Salem tat Johnson alles, um sich einzufügen; er fuhr mit einem Jeep herum, lud die Leute zu sich nach Hause zum Essen ein und trat in den Vorstand der North Carolina Zoological Society ein. Die meisten in Winston-Salem waren beeindruckt, aber nicht alle. Ginny Dowdle, die Gattin des Reynolds-Finanzleiters John Dowdle, faßte ihre Meinung über Johnson in zwei Worten zusammen: »Ein Gebrauchtwagenhändler.«

Unterhalb der Spitzenebene traten bald tiefgreifende Unterschiede zwischen den beiden Organisationen zutage. Als Reginald Starr, der Chef der Aktionärsservice-Abteilung von Reynolds, zu einem ersten Meeting mit seinen Nabisco-Kollegen nach New Jersey flog, erwarteten ihn im Hangar von Morristown zwei weiße Limousinen mit getönten Fenstern. »Ich weiß nicht – für mich wirkte das, als seien wir

Mitglieder der Mafia«, erzählte Starr, ein Reynolds-Veteran mit dreißig Dienstjahren. »Es wirkte so aufdringlich. Mir war es peinlich, in so was gesehen zu werden . . .«

Wilsons erstes Meeting bei Nabisco lief auch nicht besser. Als er im Terminal in Morristown aus einem Reynolds-Jet stieg, rauchte er eine Zigarette. »Hey! Rauchen verboten hier drin!« kläffte die Flugleiterin von Nabisco, Linda Galvin. Erschrocken warf Wilson die Zigarette auf den Boden und trat sie aus. Und zu allem Überfluß fand die Reynolds-Abordnung die Nabisco-Leute herablassend. Auf dem Rückflug nahm Nancy Holder, die Konferenzplanerin von Reynolds, Wilson beiseite. »Ty, sehen Sie sich vor«, sagte sie. »Standard Brands hat mit Nabisco fusioniert, und jetzt gibt es keine Nabisco mehr.« Paul Bott, ein Planungschef, tat verächtlich: »Nancy, seien Sie nicht albern. Dazu ist Ty zu clever.«

Sogar die Produkte der beiden Unternehmen ergaben eine Mischung, die Unbehagen schaffte – manche bezeichneten sie als unnatürlich. Gleich in der ersten Zeit erfuhr Horrigan, daß eine der Nabisco-Marken, »Fleischmann's Margarine«, zusammen mit der American Heart Association eine gemeinsame Marketingkampagne entwickelt hatte, in der die Verbraucher unter anderem gedrängt wurden, nicht zu rauchen. Horrigan ging an die Decke; die Kampagne wurde bald darauf eingestellt. Johnson machte sich natürlich wieder lustig über die Kombination der gesundheitsbewußten Nabisco mit den »Todeshändlern« von Reynolds. »Mom und ihre Apfeltorte verbrüdern sich mit dem Totenschädel und den gekreuzten Knochen«, gluckste er. Aber für die alte Garde von Nabisco war die Sache nicht zum Lachen. Wenn die schwerfälligen Nabisco-Bäcker die Spirituosenmanager von Standard Brands schon als »Schnapsburschen« verspottet hatten, so entsetzte es sie erst recht, daß sie jetzt mit einer Tabakfirma verheiratet waren. In Washington bildete RJR Nabisco zwei politische Aktionskomitees, eines für Reynolds, eines für Nabisco. Die Mitarbeiter von Nabisco wollten nicht, daß ihre Beiträge der Tabaklobby zugutekamen.

Johnson, der zumeist ein wundervolles Verhältnis zu den Vorständen von Standard Brands und Nabisco unterhalten hatte, spürte sofort, daß es zwischen Wilson und den Reynolds-Direktoren Spannungen gab. Bei der ersten Sitzung der vereinten Vorstände hatte er nachhaltig den Eindruck, daß Cliquentum und Bockigkeit vorherrschten. Auf der einen Seite steckten Paul Sticht, John Macomber, der auch im Vorstand des Filtermateriallieferanten Celanese saß, Vernon Jordan, ebenfalls auch im Celanese-Vorstand, und Jimmy Carters ehemalige Handelsministerin Juanita Kreps die Köpfe zusammen und erörterten geheimniskrämerisch irgend etwas. Außer Hörweite beschwerte Wilson sich über die Direktoren und irgendeine eingebildete Herabsetzung. »(Wilson) konnte sie nicht leiden, und sie konnten ihn nicht leiden«, erinnerte sich Johnson. »Es gab offensichtlich eine Menge alter Narben dort.«

Fünf Nabisco-Direktoren, unter ihnen Andy Sage, wurden in den zwanzigköpfigen RJR-Nabisco-Vorstand berufen. Einer von ihnen, Charles Hugel, der liebenswerte Chef des in Connecticut beheimateten Unternehmens Combustion Engineering, aß kurz nach seinem Eintritt mit Wilson zu Mittag und hörte zu seiner Verblüffung, wie dieser die anderen Direktoren offen kritisierte. Wilson meckerte detailliert über jeden einzelnen, und Hugel starrte ihn erstaunt an. *Wieso erzählt er mir das?* fragte Hugel sich. *Wie kann er erwarten, mich auf seine Seite zu ziehen, indem er mir erzählt, sein Vorstand sei eine Horde von Idioten? Was für einen Instinkt hat dieser Kerl eigentlich?*

Was das eigentliche Geschäft anging, lautete die Theorie hinter der Fusion, daß das neue Unternehmen, welches Reynolds' riesiges Produktsortiment mit dem von Nabisco vereinigte, eine größere Macht über die Käufer ausüben, mehr und besseren Regalraum in den Supermärkten beanspruchen und von seinen Lieferanten höhere Rabatte verlangen könnte. Wilson war sicher, daß der Erfolg unvermeidlich sei, wenn man sich an seine geliebten Verfahren und Vorgehensweisen hielt. Er setzte Task Forces ein, die gemeinsame Marketing-Strategien, die wechselseitige Befruchtung des Managements und andere Methoden erforschen sollten, um dieses gewaltige Potential nutzbar zu machen. Wenn Sticht den Ehrgeiz hatte, mit Königen zu verkehren, so wünschte Wilson sich, zu einem Lehrbuchbeispiel für die Harvard Business School zu werden.

Johnsons »Merry Men« freilich hielten Wilson für verrückt. Bis auf den letzten Mann waren sie bei Nabisco in New York geblieben, wo sie sich außerstande sahen, gegen die Bosse im fernen Winston-Salem zu kämpfen. Unter Wilson erforderte jeder strategische Schachzug, von der Anzeige bis zur Veränderung eines Keksschachtel-Designs, zahlreiche Unterschriften und wochenlanges Warten. Für die Nabisco-Leute war der personelle Wasserkopf unter Wilson ebenso unfaßbar wie die tumbe Schwerfälligkeit seiner Aktionen. Eine Task Force fertigte eine Studie darüber an, wie ein Telekommunikations- und Computersystem zu organisieren sei, welches das ganze Imperium zusammenschließen würde. Für Wilson war dies eine effizienzverbessernde Maßnahme großen Stils. Für Nabisco war es ein Alptraum. John Gora, ein Nabisco-Manager der Süßwarensparte, kommentierte: »Es war, als ob die Bundesregierung uns gekauft hätte.«

Von Johnson isoliert, wurden viele seiner langjährigen Gefährten unruhig. Nach nur sechs Monaten unter Wilsons Regime waren mehrere bereit, zu gehen. Ed Robinson, Finanzleiter von Nabisco, stand im Begriff, eine Führungsposition bei der Lebensmittelkette A&P zu übernehmen. Peter Rogers hatte sich ebenfalls entschlossen zu kündigen, und Andy Barrett, der Nabisco-Personalchef, hatte einen Job in seiner Heimat England. Bob Carbonell beschwerte sich, daß man »die Hand heben muß, wenn man aufs Klo will«. Martin Emmett hatte schon vor der Fusion seinen Abschied genommen, bezog allerdings noch ein Gehalt als Vorsitzender von Nabisco Kanada.

Johnson fuhr nach New York und drängte seine Freunde zur Geduld. Die Dinge würden sich ändern, versicherte er ihnen. Aber er wußte, es würde nicht leicht sein, sie noch viel länger zu halten; sie gaben sich kaum noch Mühe, ihre Entfremdung und das Gefühl einer separaten Identität zu verbergen. Bei dem auf die Fusion folgenden »Dinah Shore«-Golfturnier wurde ein pensionierter »Del Monte«-Manager mit Ed Robinson bekanntgemacht und versuchte nun, freundliche Konversation zu treiben. »Gehören Sie zur RJR-Seite der Firma oder zu Nabisco?« fragte der Mann.

»Weder noch«, erwiderte Robinson. »Zu Standard Brands.«

Als die »Merry Men« immer bedrückter wurden, wies Johnson seinen PR-Mann Mike Masterpool an, ein Bankett zur Feier des zehnten Jahrestages des Sturzes von Henry Weigl zu inszenieren. Es fand im Mai 1986 in Brook Club in New York statt und führte ein Dutzend von Johnsons Mitverschwörern sowie ihre Anhänger aus dem Vorstand jenes Schicksalstages im Jahre 1976 zusammen. Die »Merry Men« lasen unter großem Hallo abwechselnd das Sitzungsprotokoll vor, erzählten unter lautem Gelächter Weigl-Geschichten und tranken selbstverständlich mächtig. Zur Krönung des Abends überreichte Johnson jedem einen Briefbeschwerer mit den Ziffern »10-5-1«. Bedeutung: Zehn Jahre seit der Eroberung von Standard Brands, fünf Jahre seit der Fusion mit Nabisco, ein Jahr seit der Fusion mit RJR. Fazit: Auch diese Zeit der Unterwerfung würde vorübergehen.

Johnson tat einstweilen sein Bestes, sich Tylee Wilson zu Dank zu verpflichten. Das war nicht einfach; die beiden Männer unterschieden sich wie Tag und Nacht, und Wilson war, anders als Schaeberle, kein leichter Gegner. Wilson verlangte, daß jeder leitende Angestellte ihm seinen Terminkalender für die nächsten drei Monate vorlegte; er selbst hatte seine Zeit für das nächste Quartal auf die Minute genau geplant. Johnsons Terminplan, wenn man ihn so nennen konnte, änderte sich nicht selten von einem Augenblick auf den nächsten. Es kam vor, daß er, einer Augenblickslaune folgend, Winston-Salem am späten Nachmittag verließ und nach New York zum Abendessen flog, Wilson verbrachte das Wochenende zum Abschalten gern einsam auf seinem Boot. Johnson zog es vor, einen Schwarm seiner Prominentenfreunde zusammenzutrommeln und eine Wochenend-Party zu veranstalten; dazu lud er dann einen oder zwei Lebensmittel-Manager ein, so daß er die ganze Veranstaltung von der Steuer absetzen konnte. Wilson bekam Zahnschmerzen, wenn er Johnsons Spesenkonto sah. Als er eine Rechnung über 13 000 Dollar für ein Wochenende in einem Country Club in Colorado bekam, fragte er Johnson, ob all das Tamtam wirklich notwendig sei. Johnson wußte stets wunderbar rational zu begründen, wie mickrig und unbedeutend die Kosten doch seien, verglichen mit dem Goodwill, den seine Party bei den Einzelhandelsmanagern gesät habe. »Ein paar Millionen Dollar«, witzelte er, »verlieren sich im Sand der Zeit.«

Wilson fand seinerseits besorgt, Johnson habe den Stil jener TV-Verkäufer, die brüllten: »Wir lassen uns nicht unterbieten!« Dauernd kam er mit neuen Ideen an, ganz unabhängig von Wilsons bewährten Kanälen. Einige davon waren durchaus faszinierend, obgleich Johnson wahrscheinlich schon am nächsten Tag zu einer völlig anderen Auffassung kommen würde.

Zumindest eine von Johnsons Ideen fand Wilson beunruhigend. Kurz nach Abschluß der Fusion wurden Tabakunternehmen mit einer ganzen Staffel neuartiger Gerichtsverfahren überzogen, in denen sie bezichtigt wurden, den Tod von Rauchern verursacht zu haben. Reynolds-Aktien, die stetig gestiegen waren, fielen um mehr als zehn Punkte auf rund fünfundzwanzig. Johnson kam in Wilsons Büro gestürmt. »Wissen Sie, Ty, wir sollten uns eigentlich überlegen, ob wir nicht einen LBO machen können.«

Wilson musterte Johnson kühl; er wußte Bescheid über »leveraged buyouts« und hielt überhaupt nichts davon. »Ross«, antwortete er, »die Idee finde ich nicht besonders gut.« Und er hielt Johnson einen Vortrag: Die Industrie werde diese Haftungsprozesse gewinnen, und die Tabakaktien würden sich erholen. »Ich weiß, daß es frustrierende Zeiten sind«, sagte er. »Aber es ist nur ein vorübergehender Rückschlag.«

Bei allen Unterschieden im Stil waren Johnson und Wilson in geschäftlichen Dingen selten uneins, und Wilson wußte Johnsons flinke Auffassungsgabe bald zu schätzen. Vor allem bei der Durchführung der geplanten Konsolidierung von Nabisco und Del Monte war Johnson seinem Boss von Nutzen. Punkte sammelte er auch, als es darum ging, Sammy Gordon zu feuern, den Bananenhändler, der enge Verbindung zu Paul Sticht hatte. Nach den meisten größeren Fusionen müssen ein paar Firmen verkauft werden; Johnson und Wilson einigten sich ohne Schwierigkeiten darauf, welche es sein müßten: Canada Dry war eine, Del Monte-Tiefkühlkost eine andere. Johnson verkaufte sie auf die übliche meisterhafte Weise.

Wilson war sogar so zufrieden mit Johnson, daß er ihn aufforderte, die Vorstandsmitglieder kennenzulernen. Sticht, der Johnson anfangs als »schlüpfrigen Charakter« abgetan hatte, erzählte einem Bekannten beim Mittagessen nach einem Transatlantikflug mit Johnson: »Wissen Sie, er ist kein übler Typ.« Andere Direktoren waren noch mehr angetan. Ganz so wie bei Henry Weigl ein Jahrzehnt zuvor, bildete Johnsons lässiger Charme einen starken Kontrast zu der stacheligen Art seines Chefs. Wilson wühlte sich durch einen Fünf-Punkte-Diskurs, um zu begründen, weshalb Canada Dry nicht in das strategische Konzept passe und daher abgestoßen werden müsse. Johnson erzählte den Direktoren einfach: »Mit dem Laden könnten Sie trockenen Fußes übers Wasser wandeln, und verflucht! wenn Sie drüben ankommen, warten da die Jungs von Coke und Pepsi.«

Hinter seinem Rücken machte Johnson sich über Wilson lustig. Er nannte ihn »Jiggerballs«; niemand wußte genau, was das bedeutete, aber es gehörte eindeutig nicht in die Kategorie der liebevollen Spitznamen. Bei seinen Reisen nach New York erzählte Johnson tolle Geschichten über Wilson und das angeschlagene Tabakgeschäft. »Wenn man unseren Jungs so zuhört, könnte man meinen, wir ziehen Philip Morris das Fell über die Ohren«, sagte er. »Aber mich erinnert das an den Boxer, der schreckliche Prügel bezieht und am Ende der Runde in seine Ecke zurückkehrt und sagt: ›Er hat mich kein einziges Mal erwischt.‹ Und der Trainer sagt: ›Na, dann behalte aber den Ringrichter im Auge, denn irgend jemand verprügelt dich da ganz fürchterlich.‹ «

Nach acht Monaten in Winston-Salem lechzte Johnson nach Glanz und Glitter, und so sorgte er dafür, daß er sich im März in Palm Springs daran gütlich tun konnte. Den Reynolds-Manager und -Direktoren, die das »Dinah Shore«-Turnier zum erstenmal erlebten, verging Hören und Sehen. Die diesjährige Gala »Night with Dinah« präsentierte Frank Sinatras Schmalzgesang, Bob Hopes Gewitzel und Don Merediths Moderation. »Da haben Sie aber einen schrecklichen Rohrbruch«, spaßte Meredith über den Springbrunnen auf dem Vorplatz. »Aber keine Sorge: Ross Johnson wird genug Geld 'reinstopfen, um die Sache zu reparieren.« Albert Butler, der Patrizier aus Winston-Salem, fand sich unversehens in einem Team mit dem Golfstar Pat Bradley und der Baseball-Legende Johnny Bench; er betete darum, daß sein Ball nicht etwa einen der Umstehenden treffen möge – etwa Gerald Ford, der ebenfalls mitspielte.

Die Reynolds-Leute hatten so etwas noch nie gesehen. Im Laufe der Jahre war das Unternehmen zwar als Sponsor bei Sportereignissen in Erscheinung getreten, aber das eher bei Stockcar-Rennen. Die einwöchige Orgie von Golf und Glamour endete mit weiteren Geschenken: Nabisco-Golfschuhe und Tennishemden, Polaroid-Kameras, CD-Player – soviel die Gratiskoffer der Eingeladenen nur fassen konnten. »Uns blieb die Spucke weg«, erinnert sich Vorstandsmitglied Butler. Auf dem »Dinah Shore«-Turnier zerbrach das gespannte Verhältnis zwischen Wilson und Sticht endgültig, als es Sticht nicht gelang, für den Heimflug einen Platz in einem RJR-Jet zu ergattern. Er gab Wilson die Schuld.

Drei Monate später kochte Sticht innerlich immer noch, als er eines Morgens auf der Fahrt in sein Büro im Zentrum von Winston-Salem sah, daß neben der Zigarettenfabrik Whitaker Park ein Neubau hochgezogen wurde. »Was ist das?« fragte Sticht seinen Fahrer Eddie.

»Da wollen sie an der neuen rauchlosen Zigarette arbeiten«, sagte Eddie.

»Was?« Sticht war verblüfft.

Sofort stellte er Wilson zur Rede, und dieser gab zu, daß die Firma im geheimen versucht hatte, ein neues, bahnbrechendes Produkt zu entwickeln, eine Hightech-Zigarette, die »rauchlos« sein sollte. Er habe vorgehabt, den Vorstand in Kürze darüber zu informieren. Sticht verschlug es die Sprache; es war undenkbar, daß ein solches Produkt hatte entwickelt werden können, ohne den Vorstand zu befragen.

»Wie lange treiben Sie das schon?« fragte er.

»Seit 1981«, antwortete Wilson. Fünf Jahre.

»Warum sind Sie nicht schon früher damit zum Vorstand gekommen?« fragte Sticht.

»Weil jahrelange Tests absolviert werden mußten, bevor wir an einen Punkt kamen, wo wir wenigstens *vermuten* konnten, daß es machbar sein könnte«, erwiderte Wilson.

Was Wilson nicht sagte, war, daß er dem Vorstand nicht zugetraut hatte, über die Sache Stillschweigen zu bewahren. Er erwähnte auch nicht, daß er die Entwicklung finanziert hatte, indem er die Kosten in so kleine Teilbeträge aufgespalten hatte, daß die Genehmigung des Vorstands nicht erforderlich gewesen war.

Das »Projekt Spa«, wie der Codename lautete, war in der Tat ein revolutionäres Produkt. Die rauchlose Zigarette, später »Premier« genannt, war Wilsons Geheimwaffe, mit der die Bedrohung durch die Anti-Raucher-Bewegung abgewendet werden, Marlboro zerschmettert und die Talfahrt der Tabakindustrie beendet werden sollte. Die »Premier« selbst sah aus wie eine normale Zigarette, aber sie enthielt nur eine Spur Tabak. Der Raucher zündete eine Kohlenstoffspitze am Ende an, die den Tabak und »Aromaperlen« erhitzte, aber nicht verbrannte. Bei diesem Prozeß wurde fast kein Rauch und überhaupt kein Teer erzeugt – alles in allem überhaupt nur ein Bruchteil der

Bestandteile, die man mit Krebs in Zusammenhang brachte. Wilson hoffte, die Raucher damit bei der Stange zu halten und die Ex-Raucher wieder zu Reynolds zurückzuholen.

Was immer die Erfolgschancen sein mochten, der Vorstand war empört darüber, daß Wilson ein solches Mammutprojekt in Angriff genommen hatte, ohne sich eine Genehmigung zu holen. Im Juli 1986 wurde er zu einer Vorstandssitzung nach New York zitiert, um sich zu rechtfertigen. Wilson erschien gewappnet; seine Tabakmanager lieferten eine umfassende Präsentation sämtlicher Eigenschaften der »Premier«. Er bot den Direktoren an, eine zu rauchen. Abert Butler tat es, und er fand nicht, daß diese Zigarette besonders gut roch oder schmeckte. Aber bald war es unübersehbar, daß übelriechende Zigaretten nicht das größte Problem waren, mit dem Wilson konfrontiert war.

»Warum haben Sie uns nicht schon eher davon erzählt?« wollte Juanita Kreps wissen. Wilson wiederholte die Begründung, die er Sticht gegeben hatte, aber Kreps kaufte sie ihm nicht ab. »Sie vertrauen Hunderten von Mitarbeitern, die an diesem Projekt arbeiten; Sie vertrauen Dutzenden von Leuten in der Werbeagentur, mit der Sie kooperieren; Sie vertrauen Lieferanten und Wissenschaftlern außerhalb des Unternehmens, aber uns vertrauen Sie nicht«, stellte sie fest. »Ich zumindest bin darüber entschieden verärgert.«

Einer nach dem anderen wiederholten die Vorstandsmitglieder die Vorbehalte, die Juanita Kreps geäußert hatte, und fügten weitere hinzu. Stuart Watson von Heublein beispielsweise war außer sich darüber, daß Wilson vorhatte, »Kentucky Fried Chicken« zu verkaufen. Er fand, auch dazu sei der Vorstand nicht befragt worden. »Vertrauen Sie uns nicht?« fragte er. »Vertrauen Sie uns nicht?«

Zwei Sticht-Verbündete, Ron Grierson und John Macomber, schalteten sich von ihren Plätzen im Revisionsausschuß her ein. Die 68 Millionen, die Wilson heimlich für die Entwicklung der »Premier« abgezweigt hatte, überstiegen sein vom Vorstand gesetztes Ausgabenlimit bei weitem. Warum, wollten die beiden wissen, war die Angelegenheit nicht dem Revisionsausschuß vorgetragen worden? Und kurz darauf stürzte sich Sticht persönlich in die Bresche, um ebenfalls Prügel beizutragen. Das Meeting dauerte so lange, daß die New Yorker Polizei anordnete, die Limousinen der Direktoren, die an der

Grand Army Plaza parkten, wegzufahren. Als es schließlich zu Ende war, hatte das Projekt Spa eine einstweilige Genehmigung erhalten – es war so weit gediehen, daß es kaum noch lohnte, die Arbeit einzustellen –, und Tylee Wilson hatte das wenige Kapital, das er bei seinen Direktoren gehabt hatte, aufgebraucht.

Nachdem er ein Jahr lang Seite an Seite mit Wilson gearbeitet hatte, schlug Johnson jetzt blitzartig zu. Aus heiterem Himmel rief er mehrere Direktoren an und teilte ihnen mit, er habe vor, RJR Nabisco zu verlassen, um möglicherweise die Leitung eines britischen Lebensmittelkonzerns, Beecham PLC, zu übernehmen. Nein, sagte Johnson jedem einzelnen Vorstandsmitglied, versuchen Sie nicht, mich aufzuhalten. Es gebe nichts, was sie tun könnten; er habe das Gefühl, seine Arbeit sei getan, nachdem die beiden Unternehmen erfolgreich fusioniert hätten. Es könne schließlich nur einer Chief Executive sein, deutete er artig an, und Wilson sei ja offensichtlich der Mann des Vorstandes. Es sei also Zeit, weiterzuziehen.

»Nicht so hastig«, sagte einer der Direktoren, Charlie Hugel, genau wie Johnson es erwartet hatte. »Vielleicht können Sie den Laden führen.«

Hugel lud Ross und Laurie Johnson in sein Sommerhaus am Lake Winnipesaukee in New Hampshire ein. Die beiden Männer saßen fast die ganze Nacht auf der Veranda und redeten miteinander. Sie prüften sämtliche Möglichkeiten, die Johnson offenstanden. Sie analysierten jedes einzelne Vorstandsmitglied. Sie tranken. Um vier Uhr morgens kamen sie zum Schluß: Johnson sollte es mit Tylee Wilson aufnehmen.

Am darauffolgenden Wochenende lud Hugel Paul Sticht, der ein Haus in der Nachbarschaft hatte, zu sich ein. Auch sie führten ein langes, trauliches Gespräch auf der Veranda. Hugel war nicht überrascht, Sticht für seinen Vorschlag empfänglich zu finden. Johnson pilgerte daraufhin persönlich zu Sticht; er flog mit einem geliehenen American-Express-Jet nach New Hampshire, damit Wilson nichts merkte. »Na«, sagte Sticht, als Johnson hereinkam, »wir haben uns schon gefragt, wieso Sie erst jetzt damit kommen.«

Nicht lange danach hatte Sticht auch Macomber angeworben, der Wilsons Rausschmiß für eine erstklassige Idee hielt. Er und Sticht wollten Johnsons Sache vor den alten Vorstandsmitgliedern vertreten. Hugel würde die Nabisco-Seite bearbeiten, wenngleich Leute wie Andy Sage, Bob Schaeberle und Jim Welch kaum überzeugt zu werden brauchten. Sie waren alte Johnson-Anhänger.

Nachdem die Saat ausgebracht war, lehnte Johnson sich zurück und schaute zu. Sticht und Macomber trugen seinen Fall pflichtbewußt den anderen Direktoren vor. »Wir können uns nicht leisten, Ross zu verlieren«, sagte Macomber und wies daraufhin, daß der Konzern im Notfall sonst nur noch auf Ed Horrigan würde zurückgreifen können. »Wie sollen wir Ty je feuern, wenn das der Fall ist?« Und in der ersten Augustwoche ging Johnson zu Wilson und erzählte ihm, er gedenke zu kündigen. Wilson war erschrocken, wenn auch aus den falschen Gründen. Auch er wollte Johnson um keinen Preis verlieren. Er überlegte eilig und sah, daß für die folgende Woche eine Sitzung des Vergütungsausschusses angesetzt war; dort, versprach er, werde er mit Vergnügen eine Vorverlegung seines Pensionierungsdatums zur Diskussion stellen – auf Mitte '88, oder sogar auf Ende '87, wenn nötig. Dann flog er in der zuversichtlichen Gewißheit, daß die Angelegenheit damit vorläufig geregelt sei, für ein paar freie Tage zu seinem Haus auf den Florida Keys.

Dort angekommen, erhielt er bald mehrere beunruhigende Anrufe von Verbündeten in Winston-Salem. Seine Feinde, so erfuhr er, sammelten sich zum Angriff, um Johnson auf seine Stelle zu setzen. Besorgt rief er John Medlin an, den Vorsitzenden der Wachovia Bank, einen von nur zwei Direktoren, die Wilson im Vorstand auf seiner Seite hatte. »Ja, da ist etwas im Gange«, bestätigte Medlin. »Ich wünschte, ich könnte Ihnen helfen, aber Sie haben wirklich ein Problem.«

Als nächstes rief er Hugel an; er wußte, daß dieser die Pro-Johnson-Bewegung dirigierte. Sollte er vielleicht Sticht anrufen? fragte er.

»Der wird nicht helfen«, antwortete Hugel kryptisch.

Macomber? »Hat keinen Sinn«, meinte Hugel, und ohne weitere Umschweife: »Sie haben nicht die nötigen Stimmen.«

Wilson versuchte es noch mit einem letzten Anruf bei Vernon Jordan, aber es hatte keinen Sinn. »Sie haben verloren«, sagte Jordan. »Sehen Sie zu, was Sie herausschlagen können, und steigen Sie aus.«

Wilson sah die Schrift an der Wand. In der Sitzung in der folgenden Woche kündigte er. Für sein ruhiges Ausscheiden bekam er eine fürstliche Vereinbarung: eine einmalige Abfindung von 3,25 Millionen Dollar, die Fortzahlung seines Jahresgehaltes einschließlich Bonus in Höhe von 1,3 Millionen bis zu seiner offiziellen Pensionierung zum Ende des Jahres 1987 und danach eine jährliche Pension von rund 600 000 Dollar. Ein paar Zuwendungen legten die Direktoren außerdem noch dazu: ein Büro und eine Sekretärin, eine Sicherungsanlage für sein Haus, ein Autotelefon sowie das Recht zur Benutzung von Firmenapartments. Für die Öffentlichkeit legten die Direktoren eine Tarngeschichte zurecht. Sein Ausscheiden, gaben sie bekannt, entspreche Wilsons langgehegtem Wunsch nach einem frühzeitigen Ruhestand.

Nach der Sitzung machte der gesamte Vorstand den Wechsel in einer Konferenzschaltung offiziell. Fast ohne jede Mühe war Ross Johnson zum Chief Executive von RJR Nabisco, Amerikas neunzehntgrößtem Industriekonzern, ernannt worden. »Tja«, brummte Tylee Wilson nachher, »da haben sie mich erwischt.«

3

Ross Johnsons Aufstieg zum Chef von RJR Nabisco war mit atemberaubender Geschwindigkeit vonstatten gegangen: 1984 CEO von Nabisco, 1985 die Fusion von Reynolds und Nabisco, und 1986 war er CEO von RJR Nabisco. Hätte er es damit bewenden lassen, den Fuß vom Gas genommen und fortan das Leben der feinen Leute von North Carolina geführt – die Geschichte hätte seine Karriere womöglich mit ganz anderen Augen betrachtet. Aber Johnson, ein Mann, der sein bisheriges Leben der Aufgabe gewidmet hatte, die Dinge in Aufruhr zu bringen, hatte nicht die Absicht, daran etwas zu ändern. Reynolds Tobacco spuckte Jahr für Jahr eine Milliarde in bar aus, genug Geld, um die wildesten Pläne zu finanzieren und die schlimmsten Fehler zuzudecken. »Eine Milliarde Dollar«, sagte er manchmal ehrfürchtig. »So viel Geld kann man in einem Jahr nicht ausgeben.«

Aber im verschlafenen Winston-Salem war Johnson ein Ferrari, der mit aufheulendem Motor in der Zufahrt eines verstopften Parkplatzes stand. Unter Wilson hatte er sich bedeckt gehalten und es vermieden, die Einheimischen zu beunruhigen. Aber die Flitterwochen nach seiner Übernahme der Leitung von RJR Nabisco im Herbst 1986 waren nur kurz. Eine seiner ersten Aktionen betraf Ed Horrigan. Nur wenige Tage nach Johnsons Aufstieg an die Unternehmensspitze kam Horrigan in sein Büro und bot seine Kündigung an. Nachdem er sich intern ein Jahr lang als Heckenschütze betätigt hatte, wollte er jetzt lieber ausscheiden, bevor Johnson ihn feuerte. Aber Johnson schokkierte ihn, indem er sich weigerte, die Kündigung anzunehmen. »Nein«, sagte er. »Ich brauche Sie.«

Weil Johnson immer noch so gut wie keine Ahnung vom Tabak hatte, brauchte er einen Mann, der Bescheid wußte, und was immer sie in der Vergangenheit an Zwistigkeiten ausgefochten haben mochten, er war entschlossen, daß dieser Mann Horrigan sein sollte. Horrigan hatte über die luxuriösen Apartments gewettert, die Johnsons Nabisco-Kumpel in New York bewohnten; jetzt sorgte Johnson dafür, daß Horrigan das luxuriöseste von allen bekam, im Museum Tower über dem Museum of Modern Art. Wilson hatte Horrigan für seine Wochenendausflüge nach Palm Springs selbst aufkommen lassen. Jetzt zahlte nicht nur RJR Nabisco die Rechnung, sondern Johnson stellte Horrigan auch noch seinen eigenen Privatjet, eine Gulfstream G-3, die Spitzenklasse unter den Firmenflugzeugen, nach Belieben zur freien Verfügung. Johnson ermunterte Horrigan sogar, sich in Palm Springs einen Firmenwagen zu leasen, und Horrigan tat ihm mit Vergnügen den Gefallen und entschied sich für einen Rolls Royce. Horrigan bekam freie Hand bei der Leitung von Reynolds Tobacco, und zum Entsetzen der lokalen Tratschkreise schienen er und Johnson dicke Freunde zu werden.

Als nächstes machte Johnson sich daran, sich der alten Reynolds-Garde zu entledigen. Finanzleiter Gwain Gillespie wurde entlassen, und seinen Posten bekam Ed Robinson von Nabisco. John Dowdle, Finanzmann, ließ sich mit einem vorzeitigen Ruhestandspaket abfinden, und an seine Stelle trat Mack Baines von Nabisco. Personalleiter Rodney Austin wurde gefeuert und ersetzt durch Andrew Barrett von Nabisco. PR-Chef Ron Sustana glaubte überlebt zu haben, als Johnson ihm mitteilte, er solle nach New York übersiedeln, wo er eine bessere Übersicht über den Gesamtkonzern habe. Aber Horrigan verabscheute Sustana, und als Johnson das erfuhr, flog Sustana ebenfalls. An seine Stelle trat Mike Masterpool von Nabisco. Auf allen Ebenen wurden Reynolds-Leute auf die Straße gesetzt, um Platz zu machen für Johnsons Busenfreunde von Nabisco.

Johnsons Schwierigkeiten begannen, als man in Winston-Salem merkte, daß hier Merkwürdiges im Gange war. Dinge, um die sich die Einheimischen nicht gekümmert hatten, als er Wilsons Nummer zwei gewesen war, nahmen sie ihm jetzt übel. Kein Reynolds-Manager in der Geschichte der Firma hatte je einen Leibwächter gehabt, aber in »Old Town« und »Bermuda Run« tuschelte man sich zu, Johnson habe einen eingestellt. Hatte er auch. Sein Name war Frank Mancini, und er war ein kräftiger Ex-Cop aus New York.

Mancini war nur die Vorhut bei Johnsons Bestrebungen, Reynolds' Sicherheitsabteilung aufzumotzen. Tylee Wilson erblickte eines Tages erschrocken einen Mann mit einem Revolver an der Hüfte, der vor seinem Haus herumlungerte. Als er eine Erklärung verlangte, sagte der Mann, er sei ein Polizist außer Dienst, der in dieser Gegend, wo auch Paul Sticht wohnte, für die Sicherheit verantwortlich sei. »Nun, es gefällt mir nicht, daß Sie vor meinem Haus parken«, erklärte Wilson. »Ich habe hier keine Angst.« Wer von dem Zwischenfall erfuhr, war verblüfft. Winston-Salem war einfach keine so wüste Stadt.

Als Johnson seine Herrschaft konsolidierte, legte er die kleinstädtische Pose ab und wurde wieder zu dem alten Johnson. Fast jedes Wochenende jettete er in irgendeinen entlegenen Golfclub, pflegte in Florida seine Sonnenbräune oder zog mit Frank Gifford und anderen Freunden durch Manhattan. Sticht hatte den Prozeß in Gang gesetzt, aber unter Johnson wurde RJR Nabisco endgültig aus dem altmodischen Reynolds'schen Wertesystem herausgerissen. Hinaus mit den strengen Tugenden der mährischen Einwanderer, die diese Gegend geprägt hatten: Platz für die bacchanalischen Freuden.

Im Laufe der Jahre hatte die zurückhaltende Großzügigkeit Reynolds'scher Topmanager Institutionen wie die Bowman Gray School of Medicine gegründet. Johnsons Vorstellung von einem guten Werk zeigte sich in dem »Pro-Am«-Golfturnier, daß er zum Wohle des Wake-Forest Golfteams organisierte. Er holte Dinah Shore und Don Meredith zur Einweihung des örtlichen »United Way«-Golfplatzes her. Er trat in den Vorstand der North Carolina Zoological Society ein und leitete eine Geldsammelkampagne. Aber man vernahm mit hochgezogenen Brauen, daß er zu einer Veranstaltung des Vereins mit einem Hubschrauber einflog – in einer Stadt, wo Cadillacs als protzig angesehen wurden. Inmitten honoriger Herren in dezent gestreiften Kammgarnanzügen tänzelte Johnson, in seiner Brusttasche ein keck gefaltetes Taschentuch.

Seine Frau aber setzte dem Ganzen die Krone auf. Im »Old Town« steckten die Matronen beim Lunch die Köpfe zusammen: Haben Sie *das Allerletzte* schon gehört? Sie nannten sie »Cupcake« – Törtchen. Laurie Johnson war eine hinreißende Blondine von Anfang dreißig. Die anständigen Reynolds-Ehefrauen trugen konservative Kleidung und eine Menge Makeup; Laurie hüpfte in Jogginganzügen herum und sah aus wie das, was sie war: ein Mädchen aus Kalifornien. Die anständigen Reynolds-Ehefrauen spielten Bridge; Laurie war ein Golf-As und schlug den Ball genauso weit wie ein Mann.

Sie versuchte, sich einzufügen. Sie suchte sich Wohltätigkeitsvereine, die sie zu ihrer Sache machen konnte, und wurde Vorstandsmitglied in der North Carolina School of Arts. Als der von Sticht in den siebziger Jahren begründete internationale Beraterausschuß (dem Männer wie Bunichiro Tonabe von Mitsubishi und Herman Abs von der Deutschen Bank angehört hatten) in Winston-Salem zusammentrat, führte Laurie eine Shopping-Expedition in die Einkaufspassagen des nahegelegenen Burlington an. Die Konzerngattinnen aus der ganzen Welt, unter ihnen eine norwegische Prinzessin, kamen mit Einkaufstüten beladen zurück. Es war vielleicht nicht der Trump Tower, aber wenn es etwas gab, worin Laurie Johnson gut war, dann war es Shopping.

Es war hoffnungslos, und die Johnsons machten die Sache nicht besser, indem sie sich über lokale Sitten und Gebräuche hinwegsetzten. Die Klatschweiber hatten einen Festtag, als Johnson einen Top-Golfer von Wake Forest unter seine Fittiche und in sein Haus nahm. Als der junge Golfer in das Johnson'sche Souterrain einzog, machte gleich das Gerücht die Runde, er und Cupcake seien in flagranti in der Sauna erwischt worden. Jedesmal, wenn Johnson auf Geschäftsreise ging, tuschelte man sich zu, Cupcake gehe mit den Golf-Lehrern von »Old Town« ins Bett. Als die Gerüchte den Johnsons zu Ohren kamen, rief Laurie in Tränen aufgelöst ihre Freundinnen in New York an. Viele von ihnen konnten unmöglich begreifen, zu welchen Grausamkeiten eine Kleinstadt imstande ist, aber Jim Robinsons Frau Linda verstand es. Die Robinsons und die Johnsons hatten zusammen in Roaring Gap Urlaub gemacht, einem guten Ort, um etwas über das Establishment von Winston-Salem zu lernen. »Wenn wir jemanden in Winston-Salem nicht leiden können, heizen wir ihm ein«, war von einer Matrone in Roaring Gap zu hören. »Den Johnsons haben wir für alles eingeheizt.«

Die Spannungen entluden sich öffentlich im November, als in einem Leitartikel des *Winston-Salem Journal* die Namensänderung und die Umwälzungen im Management des Unternehmens mißbilligend zur Kenntnis genommen wurden und man sich fragte, wer da eigentlich wen gekauft habe. »Anscheinend hat da jemand den Appetit des Krümel-Monsters unterschätzt«, hieß es weiter. Für Johnson war dies der Tropfen, der das Faß zum Überlaufen brachte. »Ich brauche mir diese Scheiße nicht gefallen zu lassen«, schimpfte er. Zwar hatte er sein Bestes getan, diese Tatsache zu verschleiern, aber das Kleinstadtleben war ihm zuwider. Dazu hatte er sich nicht während seiner gesamten Karriere bemüht, der kanadischen Provinz zu entkommen. Er verabscheute die kleinkarierte Politik, die seit der Fusion aufgekommen war. Die Konzernmanager in der »Glasmenagerie«, wie man das von Sticht in den siebziger Jahren außerhalb von Winston-Salem errichtete gläserne Verwaltungsgebäude nannte, lagen in ständigem Krieg mit den Tabakleuten in der Stadtmitte: Johnson hatte es bald satt, ihre Dispute zu schlichten.

Aber das Schlimmste war einfach das Leben in Winston-Salem. »Dauernd rennen einem die selben Leute über den Weg«, beklagte er sich bei seinen New Yorker Freunden. Und nur wenigen der Einheimischen begegnete er mit Freude. Er sehnte sich nach einer Zigarre mit Jim Robinson oder Marty Davis oder Rand Araskog von ITT. Mit seinesgleichen. Mit Horrigan gab es manchmal etwas zu lachen; wenigstens konnte der ein Scotchglas halten. Und dann gab es John Medlin von der Wachovia Bank. Aber das war's schon. Keiner der »Merry Men«, citygewohnte Yankees und Ausländer, war bereit, in den Süden zu ziehen. Ihre Loyalität hatte Grenzen.

»Das war eine Stadt mit hundertvierzigtausend Einwohnern, von denen siebzehntausend bei der Firma arbeiteten und noch mal zehntausend dort ihre Rente bezogen; da kriegst du keine Luft«, erzählte Johnson später.

Für ihn schien es nur eine Schlußfolgerung zu geben: umziehen. Die Verlegung der RJR-Nabisco-Zentrale würde Winston-Salem umbringen, der Stadt ein Messer in das stolze, provinzielle Herz stoßen. Johnson wußte das, und sorgfältig machte er sich daran, für seinen Plan den Boden zu bereiten. Als erstes begann ein Kader von engsten Beratern, neue Standorte zu analysieren. New York kam selbstverständlich als erstes in Frage, aber es war so weit weg, daß der Vorstand, für dessen Stimmungen Johnson immer noch ein feines Gespür hatte, unweigerlich entsetzt reagieren würde. Reynolds-Veteranen würden niemals dort hinziehen, aber ein paar von ihnen mußte er halten, und sei es nur, um den Vorstand nicht in Unruhe zu versetzen.

Dallas war auch eine Stadt nach Johnsons Herzen; es strotzte von Geld und Leuten ohne richtige Wurzeln und befand sich außerdem in zentraler Lage zwischen Palm Beach und Vail, wo Johnson Ferienhäuser hatte. Aber er spürte, daß die Stadt auf dem absteigenden Ast war, angesichts der Ölpleite und des Umstandes, daß die »Dallas Cowboys« anfingen, Spiele zu verlieren.

Atlanta reizte ihn ebenfalls. Wie Dallas war es eine Stadt voll neureicher Menschen ohne tiefere Bindungen an die Gemeinde – und es strotzte vor Neubauten. Erstklassiger Büroraum wurde angeboten wie saures Bier, und man konnte sofort einziehen. Es lag nah genug bei Winston-Salem, um politisch plausibel zu sein. Und dann, eines Abends in diesem Herbst, als Johnson in London war, traf er einen alten Bekannten, Don Keough, den Direktor von Coca-Cola, bei einem Dinner, das Botschafter Charles Price für die Queen gab. Und während Keoughs Frau ihnen zuzischelte, sie sollten Ihrer Hoheit zuhören, plädierte Keough nachdrücklich für Atlanta.

Atlanta also. Nachdem seine Standortentscheidung gefallen war, begann Johnson den Vorstand zu bearbeiten. »Die Konzernleitung und die Tabakleute stecken beide bis an die Achseln in dieser Stadt«, sagte er zu Albert Butler. »Das ist keine gesunde Situation.« Butler gewann er für sich. Auch John Medlin konnte er einnehmen; Wachovia hatte eben eine größere Bank in Atlanta gekauft und versuchte, eine behelfsmäßige Organisation mit zwei Zentralverwaltungen aufrechtzuhalten, und Medlin war gut informiert über das Für und Wider der beiden Städte.

Als größtes Problem erwies sich Sticht. Die Glasmenagerie war sein Stolz und seine Freude. Insgeheim, so argwöhnte Johnson, hoffte er darauf, daß das Gebäude eines Tages seinen Namen tragen würde. Mit Geld würde sich dieser Schmerz sicher lindern lassen: Johnson erhöhte Stichts Beratervertrag von 185 000 auf 250 000 Dollar pro Jahr. Prestige würde den Rest erledigen; er machte Sticht zum Vorsitzenden des internationalen Beraterausschusses und versprach, dem Gremium den alten Glanz der Prä-Wilson-Ära zurückzugeben. Eine Sechs-Millionen-Dollar-Spende an das J. Paul Sticht-Zentrum für Altersforschung an der Bowman Gray School of Medicine tat das Ihre. Sticht war bald überredet. Nachdem Johnson drei einheimische Direktoren hinter sich hatte, schien die Unterstützung des Vorstands gesichert.

Aber bevor der Vorstand den Umzug offiziell bekanntgeben konnte, brachte die *Atlanta Constitution* die Neuigkeit und löste damit erwartungsgemäß einen Feuersturm in Winston-Salem aus. Das *Winston-Salem Journal* beschwor den Vorstand, an Ort und Stelle zu bleiben, und erinnerte daran, daß einheimische Arbeiter das Unternehmen aufgebaut und einheimische Manager es zu seiner jetzigen Größe geführt hätten. »Seele und Verstand eines Unternehmens können nur gedeihen, wo sein Herz, seine Wurzeln und sein Erbe sind«, hieß es im Leitartikel auf Seite eins. »Wenn die Seele überleben soll, gehört der Kopf zum Herzen.«

Über Nacht wurde Johnson in der Stadt zum Paria. RJ Reynolds hatte sein Unternehmen zu Pferde nach Winston-Salem gebracht; Johnson würde es in einem Gulfstream-Jet wieder mitnehmen. Ein Country-Music-Sender hatte einen lokalen Hit mit einer Ballade, in der Johnson das Fell über die Ohren gezogen wurde. Hobert Johnson, Fabrikarbeiter und Aktionär, kam in Johnsons Büro marschiert und verlangte eine Audienz; der Achtzigjährige mußte, kochend vor Wut, einen halben Tag im Vorzimmer warten, bevor er nach Hause ging und einen erbosten Brief verfaßte. »Wir haben die Fundamente für dieses Unternehmen gelegt«, schrieb er, »als Sie noch in kurzen Hosen herumliefen.«

Mancherlei Schmähung zum Trotz wurde der Umzug vollzogen. Als seine Machtposition konsolidiert war, entspannte Johnson sich. Befreit aus der Enge von Winston-Salem, war RJR Nabisco eine weiße Leinwand, die er nun zu bemalen gedachte. Spaß stand auf der Tagesordnung, und Spaß bedeutete für Johnson zwei Dinge: Action und Extras.

In seinem neuen Büro über »The Galleria« spielte er den allmächtigen Puppenspieler und hielt die Firma und das Management in einem andauernden Zustand der Reorganisation. Etliche dieser Änderungen erschienen wie pure Bosheit. So ordnete Johnson etwa an, daß zwei Geschäftsbereiche die Gebäude tauschten, wohl wissend, daß dann der eine aus den Nähten platzen, während der andere sich unter lautem Geklapper nach neuen Wachstumsmöglichkeiten umschauen würde. In den Nabisco-Büros in New Jersey kursierte der Scherz, Johnson sei an einer Firma namens »Quirk Moving Systems« – Umzugsspedition »Laune« – beteiligt, und die übernehme sämtliche

Umzüge. Im Handumdrehen ließ er Zuständigkeiten umkehren, und wer gerade noch Mitarbeiter war, wurde jetzt Chef. »Wenn mein Boss anruft«, witzelte man, »soll er Namen und Telefonnummer hinterlassen.«

Aber während Johnson glucksend am Ruder saß, fanden seine Manager das dauernde Auf und Ab überhaupt nicht zum Lachen. Ein Beispiel dafür war der Juli-Transfer eines Nabisco-Unternehmensbereichs, Planters/Life Savers, nach Winston-Salem, wo er Horrigan unterstellt wurde. Die offizielle Begründung für den Umzug lautete, das Vertriebssystem für Nüsse und Süßigkeiten sei das gleiche wie das für Zigaretten, denn alle diese Waren wurden vorn im Laden, in Ständern bei der Kasse, angeboten. Der wahre Grund schien eher damit zu tun zu haben, daß Horrigans Reich ausstaffiert und daß die Leiden der Stadt Winston-Salem gelindert werden mußten; außerdem mußten neue Jobs für arbeitslos gewordene Reynolds-Mitarbeiter geschaffen werden. Der Präsident von Planters Nuts, Martin Orlowsky, protestierte so heftig gegen den Umzug, daß er durch einen Horrigan-Günstling ersetzt wurde. Dutzende andere Planters-Manager kündigten lieber, als daß sie nach Winston-Salem zogen und dort mit den »Todeshändlern« von Reynolds Tobacco zusammenarbeiteten.

John Greeniaus, Nabiscos erfolgreich-dynamischer zweiundvierzigjähriger Leiter, kämpfte gleichfalls erbittert gegen die Verlegung, bis Johnson ihm das Wort abschnitt. »Hey, Johnny«, sagte er, »hören Sie auf, alles so ernst zu nehmen. Vielleicht ist es richtig, vielleicht ist es falsch. Und? Das werden wir schon feststellen.« In dieser Erwiderung zeigt sich sowohl der sorglos-ungestüme Geist jener Tage als auch Johnsons fortgesetzte Ahnungslosigkeit, was die Schmerzen betraf, die er anderen mit seinen Grillen zufügte. Aber der Planters-Umzug ließ auch die Risiken zutagetreten, die in Johnsons stürmischer Natur lagen. Nachdem er die Glasmenagerie, überflüssig geworden, als Trostpflaster für Winston-Salem dem Wake Forest College gestiftet hatte, gab es in der Stadt nicht mehr genügend Bürofläche, um die anrückenden Mitarbeiter unterzubringen. RJR Nabisco war gezwungen, das Gebäude vom College zurückzuleasen.

Johnson für seinen Teil hielt sich nach Möglichkeit fern von Winston-Salem. In North Carolina war er immer noch ein Gezeichneter.

In diesem Sommer gab Reynolds ein Vorruhestandsprogramm bekannt, um den Personalbestand noch einmal um 2800 Mitarbeiter zu reduzieren. Wie immer gab man Johnson die Schuld. So machte eine von vielen geglaubte Geschichte die Runde in Winston-Salem, derzufolge Johnson mit Jerry Long, dem heimischen Tabakboss, eine Schlägerei angefangen habe. Long, so hieß es in der Geschichte, habe die Interessen der Reynolds-Mitarbeiter verteidigt und Johnson eine dicke Lippe verpaßt. Beide Männer bestritten den Sachverhalt und erklärten, die Gerüchte hätten an einem Tag begonnen, als Johnson sich beim Rasieren geschnitten hatte und Long nach einer kleinen Operation mit einem Verband im Büro erschienen war. Aber das Gemunkel war nicht umzubringen, denn jedermann in Winston-Salem wollte unbedingt daran glauben. Später, als Long bei Reynolds entlassen worden war, kandidierte er für die County Commission; als er gewählt wurde, schrieben einige politische Beobachter dies dem immer noch herumgeisternden Gerücht von der Schlägerei mit Johnson zu.

Als Johnson nach Atlanta zurückkam, um an einem von Reynolds gesponsorten Golfturnier, dem »Vantage Pro-Am«, teilzunehmen, machten die Zuschauer ihm die Hölle heiß. Zum Teil hatte er sich die Schmähungen selbst zuzuschreiben: Er kam mit einem Hubschrauber auf den Golfplatz geflogen und zog ein Wägelchen mit seinem Namen hinter sich her. »Geh doch zurück nach Atlanta, du aufgeblasener Bastard«, schrie jemand, und selbst Johnsons Partner, Arnold Palmer, war vor Beschimpfungen nicht sicher. »Ein guter Drive, Arnie«, rief ein Zuschauer. »Nur schade, daß du mit diesem Schweinehund spielen mußt.«

Die Entfremdung von Winston-Salem mag dazu beigetragen haben, daß Johnson fortfuhr, Horrigan zu hätscheln. Nachdem die alten Feindseligkeiten begraben waren, kamen die beiden einander tatsächlich näher, und ihre Frauen ebenfalls: Betty Horrigan war Kanadierin, und auf dem Golfplatz konnte sie mit Laurie Johnson mithalten. Johnson fuhr fort, Horrigan zu geben, was er haben wollte, und manchmal auch mehr als das – etwa das exklusive Nutzungsrecht an einem üppigen neuen Haus im Loxahatchee Country Club am Rande von Palm Beach, das die Firma gekauft hatte.

Er befriedigte sogar Horrigans Limousinen-Fetischismus. Und

dazu genügte nicht irgendein Auto. Auf Reisen bestand Horrigan auf einem weißen Stretch-Lincoln. Schlaganfälle drohten, wenn ein anderes Gefährt bereitstand oder wenn der Chauffeur nicht jederzeit verfügbar war. Horrigan beharrte sogar darauf, daß einer da sein müsse, der ihn die paar hundert Schritt zwischen der Zentrale in Atlanta und dem Waverly Hotel hin und herfuhr. In den achtziger Jahren waren die Limousinen nach Winston-Salem gekommen, und mit Johnsons Billigung wechselte Horrigan die Reynolds-Flotte der schwarzen Lincoln »Town Cars« gegen kastanienbraune Cadillacs aus, und die Fahrer bekamen dazu passende Uniformen. Kastanienbraun war Horrigans Lieblingsfarbe.

Johnson brüllte vor Lachen über Horrigans kleine Sünden und seine Gier nach Extras, aber er genehmigte ihm alle. »Mich interessierten die 50 000 Dollar für einen Chauffeur nicht«, erzählte er Jahre später. »Mich interessierten die 1,2 Milliarden (Cashflow im Tabakbereich).« Weil Johnson durch andere Dinge abgelenkt wurde, geriet er in eine immer größere Abhängigkeit von Horrigan, was die Leitung des Tabakkonzerns anging – immer noch die größte Ertragsquelle für RJR Nabisco. »Die einzige Frage ist«, pflegte er zu sagen: »Ist das, was er rausnudelt, wert, was ich rausnudle?«

Eines Abends waren die Johnsons bei den Horrigans zum Essen eingeladen. Man kam auf das aufkeimende Phänomen der LBOs zu sprechen. »Ach, zum Teufel, einen Buyout werden wir nie machen«, sagte Johnson. »Wenn man sich überlegt, wieviele Leute davon betroffen wären – das können wir nicht machen. Wollen wir denn Tausende von Mitarbeitern feuern müssen? Können wir damit leben?« Außerdem, fügte er hinzu, »haben wir die besten Jobs in Amerika.«

Das war nicht gelogen. RJR-Nabisco-Manager lebten wie Könige. Die einunddreißig Topleute verdienten zusammen 14,2 Millionen Dollar, also durchschnittlich 458 000 im Jahr. Ein paar von ihnen wurden im Waverly Hotel in Atlanta zu Legenden, weil sie den Schuhputzerinnen Hundert-Dollar-Trinkgelder gaben. Johnsons zwei Hausmädchen wurden von der Firma bezahlt, und Johnsons Manager besetzten im Handstreich das obere Ende des Häusermarktes in Atlanta.

Bei der Ausstattung der neuen Zentralverwaltung wurden keine

Kosten gescheut, und Glanzlichter waren die Büros der Führungsleute im obersten Stock. Hintergrund der Rezeption war ein chinesischer Lack-Paravent aus dem achtzehnten Jahrhundert für hunderttausend Dollar, ergänzt durch ein Paar taubenblaue chinesische Vasen aus einer etwas späteren Dynastie (16 000 Dollar). Besucher konnten sich auf französischen Empire-Stühlen aus Mahagoni niederlassen (30 000 Dollar) und zwei zusammengehörige *bibliotheque*-Schränke aus derselben Periode begucken (30 000 Dollar). Jeder dieser Schränke enthielt ein Dessert-Service aus englischem Porzellan mit Tabakblattmuster (20 000 Dollar). Ein Besucher, der etwa zu Bob Carbonell hereingebeten wurde, tappte über dessen kamelbraunen 50 000 Dollar-Perserteppich. Oder man konnte – wenn man das Glück hatte, von Ross Johnson empfangen zu werden – mit ihm gemeinsam das blauweiße Porzellan im Wert von 30 000 Dollar aus dem achtzehnten Jahrhundert bewundern, das verstreut in seinem Büro stand.

Wenn der Besucher besonders großes Glück hatte, war er ein Antiquitätenhändler, der in die Stadt gekommen war, um neue Aufträge in Empfang zu nehmen. Auf das Wohl von RJR Nabisco tranken Händler in London, Paris und New York. Laurie Johnson beaufsichtigte auf Abstechern nach Europa mit ihrem Innenarchitekten zahlreiche Einkäufe persönlich. Trotz der 50 Millionen Dollar, die der Umzug der Zentrale gekostet hatte, waren sowohl in der alten Tabakverwaltung als auch im neuen Washingtoner Büro Einrichtungsprojekte in einer Größenordnung von mehreren Millionen Dollar im Gange.»Es war die einzige Firma, für die ich je ohne Etat gearbeitet habe«, erzählte ein dankbarer Händler atemlos.

Es war buchstäblich das süße Leben. Zweimal täglich machte ein Bonbonwagen die Runde und stellte in jedem Stockwerk im Empfangsbereich Schalen mit Süßigkeiten auf. Nicht irgendwelche Bonbons, sondern feinsten französischen Konfekt. Das Minimum an Extras selbst für Mitarbeiter im unteren Bereich des mittleren Managements waren eine Clubmitgliedschaft und ein Firmenwagen im Wert von bis zu 28 000 Dollar. (Manager, die es nach einem wirklich luxuriösen Fahrzeug gelüstete, mußten ein bißchen eigenes Geld zuschießen.) Das Maximum – soweit das jemand feststellen konnte – bestand in Johnsons zwei Dutzend Clubmitgliedschaften und John Martins 75 000-Dollar-Mercedes.

So süß diese Umgebung war, in der neuen Konzernzentrale entwikkelte sich doch ein klares Kastensystem. Etwa ein Drittel der vierhundert Mitarbeiter dort war aus New Jersey gekommen. Viele waren Veteranen von Standard Brands. Ein weiteres Drittel waren Reynolds-Leute aus Winston-Salem. Das letzte Drittel, vorwiegend Sekretärinnen und Sachbearbeiter, waren Neueinstellungen aus Atlanta. Die Reynolds-Veteranen fanden, daß ein großer Teil der gemeinen Arbeit auf ihren Schultern ruhte. Einige fingen an, sich »die Pilzfarmer« zu nennen, weil sie im Dunkeln schufteten und immer nur Mist schaufeln mußten.

Eine unentrinnbare Atmosphäre des Vorübergehenden erfüllte die neue Verwaltung. Anstelle des großartigen alten Tabakgebäudes in Winston-Salem oder auch der Glasmenagerie gegenüber der Tabakfabrik war dies ein vorgefertigtes Bürogebäude in einem Komplex von Einkaufspassagen, Hotels und Büros mit Blick auf ein Autobahnkleeblatt. Ein paar von Johnsons engsten Mitarbeitern – Ed Robinson und Andy Hines, der Controller – hatten es nicht einmal für nötig gehalten, ihre Häuser oben im Norden zu verkaufen. Ward Miller, der Konzernsekretär, war gar nicht nach Atlanta gezogen. Alles an RJR Nabisco verkündete: »Wir sind nur auf der Durchreise.«

Aber erst auf dem nahegelegenen Charlie Brown Airport, wo die Unternehmen von Atlanta ihre Jets stehen hatten, fand diese Aura von neuem Geld und Rastlosigkeit ihren unübertrefflichen Ausdruck. Johnson ließ dort einen neuen Hangar bauen, um die wachsende Flotte der RJR Nabisco-Firmenflugzeuge unterzubringen. Reynolds hatte ein halbes Dutzend Jets, Nabisco zwei *Falcon 50*s und einen Lear, winzige Flugzeuge, in die keine zehn Pferde einen Manager wie Johnson hätten zerren können. Nachdem zwei neue Gulfstreams eingetroffen waren, bestellte Johnson zwei G4-Topmodelle, die coole 21 Millionen Dollar das Stück kosteten. Für den Hangar gab Johnson der Flugchefin Linda Galvin ein unbegrenztes Budget und die unausgesprochene Anweisung, es zu überschreiten.

Als er fertig war, hatte RJR Nabisco den Taj Mahal unter den Firmenhangars; der von Coca-Cola sah daneben aus wie ein Zwergenhäuschen. Die Kosten waren nicht einmal in den Hangar selbst geflossen, sondern in ein benachbartes dreistöckiges Gebäude aus getöntem Glas, umgeben von einer für 250 000 Dollar gestalteten

Landschaft einschließlich eines japanischen Gartens. Drinnen trat ein Besucher in ein atemberaubendes, dreistöckiges Atrium. Die Fußböden waren aus italienischem Marmor, die Wände und Türen mit Mahagoni-Intarsien getäfelt. Neue Möbel für mehr als 600 000 Dollar füllten das Gebäude, und die Krönung waren Kunstobjekte für noch einmal 100 000 Dollar, darunter eine antike chinesische Zeremonienrobe, ausgebreitet in einer Glasvitrine, und ein prachtvoller chinesischer Krug mit Teller. In einer Ecke des schmuckvollen Waschraumes stand ein Sessel, als sei man erschöpft, wenn man von einem Ende zum anderen gegangen war. Zur weiteren Ausstattung des Gebäudes gehörten: ein begehbarer Wein-Kühlraum, ein »Gastpilotenzimmer« mit Fernsehen und Stereoanlage und ein »Flugplanungsraum« mit modernsten Computern, die den derzeitigen Aufenthalt und zukünftige Reisewünsche des Managements registrierten. Alles das für die sechsunddreißig Firmenpiloten und die zehn Maschinen, weit und breit als »RJR Nabisco Air Force« bekannt.

Die Flugabteilung präsentierte Johnson die Pläne für all das einigermaßen zaghaft. »Das Allermodernste«, hatte er gesagt, aber das hier kostete 12 Millionen. Er hatte alles haben wollen, was ein Hangar für Geschäftsflugzeuge nur aufweisen konnte, aber dies waren an die zweitausend Quadratmeter. Johnson schaute sich die Zeichnungen an, hörte den Architekten zu und empfahl: Machen Sie's rund siebenhundert Quadratmeter größer.

Die »RJR Nabisco Air Force« war ein Symbol, das Johnson definierte: Sie stand für Rastlosigkeit und Unruhe. Sie stand für die Gewährung von Vergünstigungen. Frank Gifford bekam nach den »Monday Night Football«-Spielen einen Heimflug spendiert. Gifford und seine Braut, die Talkshow-Moderatorin Kathie Lee, entschwebten in einem Jet von RJR Nabisco in die Flitterwochen. (Johnson war Trauzeuge gewesen.) Als Roone Arledge von Los Angeles nach San Francisco mußte, wurde ein RJR-Jet von Atlanta losgeschickt. Johnsons alter Kumpel Martin Emmett, der inzwischen längst nicht mehr bei der Firma war, legte in einem Jahr mehr Meilen in Johnsons Jets zurück als der größte Teil der noch Beschäftigten.

Die Jets waren auch ein Symbol für die zunehmend vernebelte Grenzlinie zwischen dem, was als ordnungsgemäße Benutzung von Firmeneigentum gelten konnte, und dem, was als Mißbrauch bezeichnet werden mußte. Nicht wenige fanden, der Fall des Johnson'schen Schäferhundes Rocco gehöre zur zweiten Kategorie. Auf dem »Dinah Shore«-Turnier jenes Jahres biß Rocco einen Sicherheitsmann, was im Hause Johnson zu sorgenvollem Trubel führte. Würden die Behörden den Hund beschlagnahmen und unter Quarantäne stellen – oder Schlimmeres? Rocco, so wurde beschlossen, mußte verduften. Er wurde in einen Firmenjet geschmuggelt und heimlich von Palm Springs nach Winston-Salem geflogen, bevor die Polizei seiner habhaft werden konnte. Eskortiert von einem leitenden Angestellten, Dennis Durden, stand Rocco als »G. Shepherd« (D. Schäferhund) auf der Passagierliste. Dies war übrigens nicht das einzige Rocco-Abenteuer: Später übernahm die Firma, nachdem der Hund einen Gärtner der Johnsons gebissen hatte, den Versicherungsschaden.*

Die »RJR Nabisco Air Force« war Johnsons Eintrittskarte für das High Life. Jedes Wochenende entstieg den Maschinen Don Meredith aus Santa Fé oder Bobby Orr aus Boston, oder es kamen die Mulroneys aus Kanada. Die Sportskanonen des »Team Nabisco« flogen ebenfalls häufig mit der »Air Johnson«. Johnson sorgte ausgezeichnet für sie und zahlte ihnen für gelegentliche Auftritte in der Öffentlichkeit mehr als manchem Topmanager: Meredith kassierte 500 000 Dollar im Jahr, Gifford 413 000 (plus ein Büro in New York und ein Apartment); die Golfer Ben Crenshaw und Fuzzy Zoeller bezogen 400 000 bzw. 300 000 Dollar jährlich. Der King war Jack Nicklaus: Er strich eine Million Dollar im Jahr ein.

Johnson behauptete, seine Sportler brächten beträchtliche Gewinne ein, weil sie die Supermarktleute betörten, aber die Grenze zwischen geschäftlichen und privaten Dienstleistungen war bei RJR Nabisco doch verschwommen. Die Profi-Spielerin Judy Dickinson erteilte Laurie Johnson Golfunterricht. Gifford trat als Conferencier bei Johnsons Lieblings-Wohltätigkeitsveranstaltungen auf, etwa für den New York Boys Club. Zwei pensionierte Verteidiger der New York Giants, Alex Webster und Tucker Frederickson, hatten Büros in der Zentrale von »Team Nabisco« in Jupiter, Florida; Frederickson operierte von seinem aus als Investmentberater.

---

* Johnson bestreitet, daß der Flug nur des Hundes wegen unternommen wurde.

Trotz all des Geldes, das Johnson für »Team Nabisco« ausspuckte, waren ein paar der Athleten nicht leicht zu führen. Nicklaus etwa war notorisch schwierig. Zum einen hatte er keine Lust, mit Johnsons besten Kunden Golf zu spielen, wozu er aber am meisten und besten taugte. Außerdem hielt er es für unter seiner Würde, bei irgendwelchen Nabisco-Veranstaltungen Solodarbietungen zu geben. Obwohl er, von Johnson abgesehen, mehr Geld verdiente als irgend jemand sonst bei RJR Nabisco, brummte der »Goldene Bär«, wenn er in einem Jahr mehr als ein halbes Dutzend mal in Erscheinung treten sollte. Nach mehreren Auseinandersetzungen mit Angestellten traf man eine Vereinbarung, derzufolge nur noch Johnson und Horrigan persönlich Nicklaus' Dienste ordern konnten.

Dann war da das O. J.-Simpson-Problem. Simpson, der Football-Star und gelegentliche Sportmoderator, kassierte 250 000 Dollar im Jahr, glänzte aber bei den alljährlichen »Team Nabisco«-Veranstaltungen durch ständige Abwesenheit. Das gleiche galt für Don Mattingly von den New York Yankees, der ebenfalls eine Viertelmillion bezog. Johnson scherte das nicht. Seine Untergebenen kümmerten sich um diese und um andere Probleme. Er amüsierte sich königlich. *»Ein paar Millionen Dollar«,* sagte er immer, *»verlieren sich im Sand der Zeit.«*

Als Vorsitzender von RJR Nabisco war Paul Sticht entsetzt über Johnsons verschwenderische Großzügigkeit. Selbst ein Liebhaber der feineren Dinge, fand sogar er, daß die Sache zu weit ging. In seinen Augen schrie RJR Nabisco in ihren blitzenden Büros in Atlanta geradezu vor Opulenz, Vergeudung und neureichem Übermaß. Johnson war so sehr damit beschäftigt, zwischen Golfturnieren und Manhattan-Aufenthalten hin und her zu flitzen, daß Sticht keinen Gesprächstermin bei ihm bekommen konnte.

Auf seinem alljährlichen »Bohemian Grove«-Ausflug im August 1987 äußerte Sticht sich vor jedem der anwesenden Unternehmens-Titanen, der es hören wollte, ganz offen kritisch über Johnson. Der Mann sei ein »Hipshooter«, erklärte er immer wieder – einer, der aus der Hüfte schießt. Er beschwerte sich auch bei den Vorstandskollegen und Grove-Anwohnern John Macomber und Vernon Jordan. Vielleicht, schlug er vor, sei es Zeit für einen neuerlichen Führungswechsel. Macomber war ganz Ohr. Er hatte eben die Firma Celanese an den deutschen Hoechst-Konzern verkauft, und jetzt hatte er Zeit. Auf Befragen pflegte er es stets zu bestreiten, aber die Vorstellung, Chef von RJR zu werden, schien ihn doch fortwährend zu faszinieren.

Johnson handelte rasch, um einen möglichen Coup im Keim zu ersticken. Am 31. August traf er mit Sticht zusammen. »Hören Sie, Paul, im Oktober werden Sie siebzig; das geht so nicht«, sagte er. »Ich werde ein paar Dinge ändern.« Johnson, der stets ein waches Gespür für die politische Windrichtung hatte, merkte, daß Stichts Macht endlich doch im Schwinden begriffen war. Und wie er ihn vorher umworben hatte, zog er ihm jetzt den Boden unter den Füßen weg. Nachdem Sticht als Vorsitzender beseitigt war, erging an die Flugabteilung die Anweisung: Sollte Sticht einen Jet verlangen, müsse von Johnson persönlich die Genehmigung eingeholt werden. Als Sticht das erfuhr, fragte er nicht wieder.

Wie Johnson instinktiv geahnt hatte, kam keine Protestwoge von Stichts Vorstandsalliierten. Im Gegensatz zu der Behandlung, die sie unter Wilson erfahren hatten, stellten sie nun fest, daß allen ihren Bedürfnissen im Detail entsprochen wurde. Bill Anderson von NCR übernahm Stichts Sitz im internationalen Beraterausschuß und bekam für seine Dienste einen 80 000-Dollar-Vertrag. Johnson löste RJR Nabiscos Aktionärsservice auf und übertrug die Arbeit dieser Abteilung an John Medlins Wachovia Bank. Juanita Kreps bekam zwei Millionen, um damit zwei Lehrstühle an der Duke University zu stiften, von denen einer ihren Namen tragen sollte. Für weitere zwei Millionen nannte die Business School der Duke University einen Flügel eines neuen Gebäudes »Horrigan Hall«. (Johnson wurde Kuratoriumsmitglied.) Auch Ron Grierson wurde liebevoll umgluckt; bei seinen Besuchen in Atlanta verbrachte er so viel Zeit am Telefon, daß Johnson einen Alkoven für ihn reservierte und »Ronnie Griersons Büro« daranschrieb.

Den Veteranen aus Johnsons Nabisco-Vorstand erging es besonders gut. Bob Schaeberle bekam einen Sechs-Jahres-Beratervertrag über jährlich 180 000 Dollar für vage definierte Dienste. Andy Sage bekam 250 000 für seine Arbeit als Finanzanalytiker. In einem ungewöhnlichen Schachzug übernahm Charlie Hugel Stichts Posten als zeremonieller »nicht geschäftsführender« Vorsitzender von RJR Nabisco und bekam dafür einen 150 000-Dollar-Jahresvertrag. Indem er ihn zum Vorsitzenden ernannte, hoffte Johnson, daß Hugel seine zunehmend engen Bindungen zum Vorstand weiter zementieren werde.

Gleichzeitig wurde die Anzahl der Vorstandssitzungen drastisch verringert, und die Vorstandshonorare stiegen auf 50 000 Dollar. Wilson hatte den Vorstandsmitgliedern die Benutzung von Firmenflugzeugen nur zu offiziell geschäftlichen Anlässen genehmigt. Johnson ermunterte sie dazu, sich der »RJR Nabisco Air Force« jederzeit und kostenlos zu bedienen. »Manchmal komme ich mir vor wie der Transportdirektor«, seufzte er einmal, nachdem er schon wieder einen Flug für ein Vorstandsmitglied organisiert hatte. »Aber ich weiß, wenn ich für sie da bin, sind sie auch für mich da.«

Zu einem bestimmten Zeitpunkt wollte Johnson unbedingt Heublein verkaufen – hauptsächlich weil ein britischer Mischkonzern, Grand Metropolitan PLC, 1,2 Milliarden Dollar für die Firma geboten hatte. Das Problem war Stuart Watson, der pensionierte Heublein-Vorsitzende, der immer noch im Vorstand von RJR Nabisco saß; er hatte sich gesträubt, »Kentucky Fried Chicken« zu verkaufen, und würde zweifellos ein Heidengezeter anstimmen, wenn jemand seine alte Firma an die Briten verscherbeln wollte. Heubleins Chief Executive, Jack Powers, war für eine Woche zu Gesprächen in Winston-Salem, und Johnson ging mit ihm im »Old Town Club« essen.

»Jack«, sagte er, »was wünscht Stuart Watson sich mehr als alles andere auf der Welt?«

Powers überlegte eine Weile. Watson würde in ein paar Monaten aus dem Vorstand ausscheiden, und ihm graute davor, die Insignien der Unternehmensmacht aufzugeben. »Mehr als alles andere auf der Welt?« wiederholte Powers. »Ein Büro und eine Sekretärin.«

»Sagen Sie ihm, er hat ein Büro und eine Sekretärin, wo immer er will«, antwortete Johnson. »Von mir aus in Zaire.« Der Heublein-Verkauf ging reibungslos über die Bühne.

Johnson glaubte, er habe den Vorstand um den Finger gewickelt, aber Horrigan war da nicht so sicher. Er sah, wie ihre Köpfe, wenn Johnsons Ausdrucksweise zotig wurde, manchmal zurückzuckten, als hätte man sie geohrfeigt. Und er wünschte, Johnson würde aufhören, zu gesellschaftlichen Vorstandsveranstaltungen goldene Halskettchen und offene Hemden zu tragen. Schließlich warnte er Johnson. Vielleicht sei es nur sein »natürliches irisches Mißtrauen«, sagte er. »Aber der Vorstand gehört nicht Ihnen, Ross. Die warten bloß darauf, daß Sie einen Fehler machen.«

Die meisten Leute warteten darauf, daß Johnson seinen nächsten Zug machte. Jedes Jahr schien ihm etwas Neues einzufallen: die Reynolds-Nabisco-Fusion, der Umzug nach Atlanta oder auch einmal die halbgare Idee, den Konzern in eine Kommanditgesellschaft zu wandeln. Johnsons Ferrari hatte einen der größten Motoren Amerikas – 1,2 Milliarden Cashflow allein im Tabakgeschäft – und eine freie Straße vor sich. Die Frage war, wohin wollte er nun fahren?

Nach dem Umzug nach Atlanta begnügte Johnson sich ein Jahr lang damit, RJR Nabisco abzuspecken: Er verkaufte Heublein und ein Heer von kleinen Firmen. Hinaus flog der ehrwürdige »Prince Albert«-Pfeifentabak, Mr. RJs erstes landesweit vertriebenes Produkt. Eine Zigarrenmarke namens »Winchester« wurde ebenfalls verkauft. In Kanada stieß Emmett Firmen ab wie warme Semmeln: ein halbes Dutzend Unternehmensbereiche für 350 Millionen Dollar.

Das Geld, das bei diesen und anderen Verkäufen in die Schatullen von RJR Nabisco strömte, benutzte Johnson lediglich dazu, Bankschulden abzutragen. Investmentbanker beschworen ihn unablässig, das Kapital besser zu nutzen. Kaufen Sie was, drängten sie. Drücken Sie dem Unternehmen Ihren Stempel auf. Aber Johnson hatte kein Interesse daran, irgend etwas aufzubauen.

Ein immer wiederkehrendes Gerücht behauptet, er habe Teile von Beatrice gekauft, dem Chicagoer Lebensmittelgiganten, der 1986 von der führenden LBO-Firma, Kohlberg Kravis Roberts & Co. auseinandergenommen worden war. Tatsächlich verspürte er ein mildes Interesse an dem Beatrice-Tochterunternehmen Hunt-Wesson, weil ein paar ihrer Geschäftsbereiche sich ausgezeichnet bei Del Monte würden einfügen lassen. Und »La Choy«, die chinesische Lebensmittelfirma von Beatrice, hätte sich gut mit Nabiscos »Chun King« verschmelzen lassen. Aber sein Interesse war bestenfalls flüchtig.

Johnson kannte den Chef von Beatrice, einen witzigen Iren aus der South Side von Chicago, Don Kelly. Kelly hatte die alte Fleischwarenfabrik Swift in einen Mischkonzern namens Esmark verwandelt. Er hatte an Beatrice verkauft und war als Chief Executive des Konzerns wieder aufgetaucht, nachdem Kohlberg Kravis ihn aufgekauft hatten. Die drei Milliarden Dollar Profit, die sie dabei zu erzielen gedachten, waren von der Finanzwelt sprachlos zur Kenntnis genommen worden. Johnson hatte allmählich genug davon, Kelly dauernd damit prahlen zu hören, wie reich sie jetzt alle wurden.

Eric Gleacher, Investmentbanker und Chef der Konsortial- bzw. M & A-Abteilung bei Morgan Stanley & Co., lag Johnson seit Monaten in den Ohren, er solle sich einmal mit Kelly und dem Leiter von Kohlberg Kravis, Henry Kravis, treffen. Schließlich willigte Johnson ein. Aber als Gleacher am vereinbarten Morgen im New Yorker Büro von RJR Nabisco in Nine West Fifty-seventh eintraf, mußte er feststellen, daß Johnson es sich anders überlegt hatte.

»Wir lassen es bleiben, Eric«, sagte Johnson. »Es ist ein solcher Scheiß, daß wir nicht mal Interesse haben. Wir möchten Henry Kravis nicht in Verlegenheit bringen, aber das sind doch bestenfalls marginale Geschäfte. Warum sollen wir ihre und unsere Zeit verschwenden?«

»Warum haben Sie dann so getan, als wären Sie interessiert?« wollte Gleacher verwundert wissen.

Er habe nur versucht, höflich zu Kelly zu sein, antwortete Johnson. »Wer Kelly dieses Zeug abnimmt, ist ein kompletter Idiot«, sagte er. »Ich werde mich von Don Kelly nicht zum Narren halten lassen.«

Hier betrat Ira Harris die Szene. Harris war der Doyen der Chicagoer Investmentbanker, und er kannte sowohl Johnson als auch Kelly seit Jahren. Harris, in ärmlichen Verhältnissen in der Bronx aufgewachsen, hatte Karriere als Börsenmakler gemacht und war zu einem der führenden Dealmacher Amerikas geworden. Er war rundlich, hatte dauernd Gewichtsprobleme und spielte begeistert Golf. Als Vertreter von Salomon Brothers in Chicago hatte er dort jahrelang den Heiratsvermittler für die größten Unternehmen der Stadt gespielt. Nach einem Streit mit dem Salomon-Vorsitzenden John Gutfreund hatte er gekündigt und sich für eine Weile ins Nichtstun zurückgezogen, bis er 1987 wieder in eine Wallstreet-Firma eingetreten war: Lazard Freres & Co.

Jetzt, als der Sommer zu Ende ging, rief Harris bei Johnson an und schlug eine Partie Golf in einem von Johnsons Lieblingsclubs vor, in Deepdale auf Long Island. Kelly habe dort noch nie gespielt und wolle den Platz gern sehen, sagte Harris, und Johnson war einverstanden. An einem Tag in der ersten Septemberwoche standen sie auf dem Rasen – drei Meister des Geldausgebens, die eine Partie zu drei Dollar spielten. Mit seinem Handikap von zehn war Johnson der beste Golfer der Truppe. Aber Kelly nutzte die Extra-Schläge, die ihm sein Handikap von vierzehn ermöglichte, und gewann die ganzen neun Dollar.

Nachher saßen sie auf der Terrasse des Clubhauses bei einer Runde Drinks, und Kelly erzählte von den unglaublichen Vorteilen eines LBO, vor allem, wenn Henry Kravis dabei beteiligt war. »Ross«, sagte er, »Sie würden genau das gleiche machen wie jetzt als CEO, aber Sie würden verflucht viel mehr Geld verdienen.«

Das wußte Johnson auch. Er hatte sich über LBOs informiert und sich von Frank Benevento ausrechnen lassen, wie groß Kellys Anteil aus dem Beatrice-Erlös war: Er belief sich auf 400 Millionen Dollar. Gleichwohl reagierte er kühl auf die Idee eines LBO bei RJR Nabisco. »Ich bin glücklich bei dem, was ich tue«, sagte er. »Und Geld ist kein großes Problem für mich.«

Außerdem, fuhr er fort, schauen Sie sich an, wie groß RJR Nabisco ist. Mit 6,2 Milliarden war Beatrice der größte LBO, den es je gegeben hatte. In den letzten Tagen notierte die RJR-Nabisco-Aktie bei knapp über siebzig. »Lieber Gott, wenn Sie so was machen wollen, reden Sie von achtzig oder neunzig plus«, sagte Johnson. »Wenn irgendein Gewinn dabei herauskommen soll, reden Sie von einem verfluchten Haufen Geld.« Eine schnelle Rechnung zeigte, wie groß der Haufen war: 90 Dollar für jede der 230 Millionen Aktien von RJR Nabisco. Zwanzig Milliarden Dollar!

»Sprechen Sie mit Henry«, beharrte Kelly. »Er ist neugierig und möchte Sie kennenlernen. Ich könnte ein Essen mit ihm arrangieren.« Johnson war jetzt doch fasziniert. Kravis, dessen Name praktisch ein Synonym für LBOs war, galt als Legende in der Wallstreet. Kohlberg Kravis kontrollierten mehr als zwei Dutzend Unternehmen, die sie seit ihrer Gründung im Jahr 1976 mit geborgtem Geld erworben hatten. Es kam ja nicht jeden Tag vor, dachte sich Johnson, daß man Gelegenheit hatte, einer Legende zu begegnen.

Zehn Tage später erschien Johnson in Kravis' Apartment in der Park Avenue, wo Kelly schon wartete. Johnson bestaunte mit großen Augen Kravis' prachtvolle Behausung. An der Wand glaubte er einen Renoir oder Monet zu entdecken. *Verflucht,* sagte er sich, *der Bursche könnte sich vom Liquidationserlös seines Wohnzimmers ein feines Leben machen.* Sie dinierten in einem Alkoven des Speisezimmers, der von einem mächtigen John-Singer-Sargent-Porträt des sechsten Marquis von Londonderry beherrscht wurde.

Kravis war ein kleiner, dynamischer Mann mit silbrigem Haar, gerade erst dreiundvierzig Jahre alt. Kravis verbrachte eine Menge Zeit beim Essen damit, LBOs zu preisen: Wie die Anhäufung von Schulden ein Unternehmen dazu bringe, seine Geschäfte zu straffen, und wie die Manager mit einer kleinen zusätzlichen Anstrengung Millionen ernten könnten. »Wenn Sie interessiert sind, könnten wir vielleicht zusammenkommen«, meinte er dann. »Wenn Sie wollen, könnten wir Leute losschicken, die sich Ihre Zahlen ansehen.«

»Ja, und wer würde die Sache in die Hand nehmen?« wollte Johnson wissen. »Wie funktioniert das?«

»Fragen Sie Don«, sagte Kravis und deutete auf Kelly.

Wie aufs Stichwort stimmte Kelly einen Lobgesang auf seine wundervolle Arbeitsbeziehung zu Kohlberg Kravis Roberts an, die ihm völlig freie Hand ließen, obwohl sie Beatrice schließlich mehrheitlich kontrollierten. Johnson war skeptisch, aber er hielt den Mund. »Ich war ja auch nicht eben erst den Bach raufgeschwommen«, erinnerte er sich später. »Man wußte ja verdammt genau: Wenn jemand so viel Geld investiert, dann hat er dich am Arsch und sorgt dafür, daß du auch tust, was du versprochen hast zu tun.« Johnson war nicht daran interessiert, für irgend jemand anderen als für sich selbst zu arbeiten.

Als die Unterhaltung für seinen Geschmack ein bißchen zu spezifisch wurde, wechselte er das Thema und verwandte einen großen Teil der restlichen Zeit darauf, die bevorstehende Einführung der »Premier« zu rühmen. Kravis hörte höflich zu, hatte aber offensichtlich andere Dinge im Kopf. Das Dinner nahm seinen Gang, und nach knappen neunzig Minuten erhob sich Johnson und ging. Er hatte das Gefühl, daß Kravis ein gescheiter, unbeirrbarer junger Mann sei. Er hatte überdies das sichere Gefühl, daß sie niemals ins Geschäft kommen würden.

Am folgenden Montag morgen setzte Johnson sich mit Benevento und Sage in Nine West zusammen und betrachtete noch einmal die Möglichkeit eines LBO. Benevento hatte die Zahlen durch den Computer gejagt. Die Grundlagen eines LBO waren relativ simpel und allen drei Männern vertraut. Eine Firma wie Kohlberg Kravis kauft in Zusammenarbeit mit dem Management eines Unternehmens dieses Unternehmen mit Geld von Banken und aus dem öffentlichen Verkauf von Anleihen; die Schulden werden mit Geld aus dem Betrieb des Unternehmens bezahlt, oft auch mit dem Verkauf einzelner Geschäftsbereiche.

So saßen sie in Johnsons Eckbüro, und Benevento zeigte, wie ein Buyout von RJR Nabisco funktionieren könnte. Er legte einen Kaufpreis von 90 Dollar pro Aktie zugrunde, schätzte den Cashflow des Konzerns über die nächsten fünf Jahre und verglich ihn mit dem Kredit, der aufgenommen werden mußte, um den Konzern zu kaufen. Wenn es funktionieren sollte, warnte er, werde man alles außer Reynolds Tobacco weiterverkaufen müssen.

Johnson überflog Beneventos Arbeit und richtete besondere Aufmerksamkeit auf das Deckungsverhältnis, das Polster zwischen Cashflow und Schuldentilgung. Es war einfach zu dünn. Post-LBO-Unternehmen wurden auf notorisch spartanische Weise geführt, um Geld zu sparen. So sehr Johnson sich aber bemühte, für Einsparungen konnte er einfach keine Begeisterung aufbringen, von seinen kostbaren Extras gar nicht zu reden. »Gefällt mir nicht«, sagte er. »Die Finanzdecke ist einfach zu dünn, als daß mir wohl dabei wäre. Herrgott, auf dieser Basis können Sie das Unternehmen doch nicht führen.«

Die Verlockungen persönlichen Reichtums waren stark, aber Johnson sah nicht ein, weshalb er seinen ohnehin schon üppigen Lebensstil aufs Spiel setzen sollte, um noch mehr zu bekommen. »Ich finde, ich bin vom Glück bereits reichlich gesegnet«, meinte er. »Ich habe praktisch mit nichts angefangen. Ich habe mehr Geld, als ich mir je erträumt habe, und wenn ich mich zur Ruhe setze, werde ich jährlich 700 000 Dollar Pension beziehen. Wozu all der Ärger?« Sage pflichtete ihm bei.

Johnson wandte sich Benevento zu. »Frank, vergessen Sie die verdammten LBOs; Sie setzen aufs falsche Pferd. Wir bleiben bei unserem Geschäft.«

Den Rest der neunzigminütigen Konferenz verwandte das Trio auf die Erörterung anderer Ideen – beispielsweise, den 20-Prozent-Anteil von RJR Nabisco an ESPN, einem Sport-TV-Kabelsender, zu verkaufen und eine britische Süßwarenfirma zu erwerben. Als die anderen sich verabschiedeten, ging Johnson zu seinem Fenster und schaute nach Süden über das Zentrum von Manhattan. In der Ferne konnte er gerade noch die Wallstreet erkennen. Einstweilen war es ihr nicht gelungen, ihn mit den Verlockungen ihrer fantastischen Ränke zu packen. »Wissen Sie«, sagte er und schaute weiter aus dem Fenster, »ich hoffe, in fünf Jahren sind wir drei immer noch der strategische Braintrust dieser Firma.«

4

Gut, schlecht oder gleichgültig – man denkt immer, man tut was, man weitet sich aus. Wenn das nicht der Fall ist, wird der Laden langweilig. Man muß dafür sorgen, daß was los ist.
— ROSS JOHNSON

Am 19. Oktober 1987 krachte die Börse. Wie der Rest der Finanzwelt schaltete auch Johnson sein Quotron ein und versank in einer Art Schockzustand. RJR Nabisco, deren Aktien eine Woche zuvor bei Mitte sechzig gehandelt worden waren, fiel bis zum Mittag auf knapp über vierzig Dollar. Im Kielwasser des Crashs krebste der Kurs wochenlang in diesen Regionen.

Dies war für Johnson der Anfang vom Untergang, denn die niedrigen Aktienkurse sollten ihn während der folgenden Monate unaufhörlich plagen. Im Dezember vermeldete der Konzern eine 25prozentige Ertragssteigerung, und Wall Street ignorierte es. Selbst als die Lebensmittelwerte im Winter wieder anstiegen, blieb RJR Nabisco im Keller. Was Johnson auch unternahm, die Käufer behandelten seine Aktie wie eine Tabakaktie, auch wenn 60 Prozent der Umsätze von Nabisco und Del Monte gemacht wurden.

Johnson saß in Atlanta und kochte innerlich. Wie viele Chief Executives empfand er seinen Aktienkurs ungefähr wie ein Schulzeugnis. Als er die anderen Lebensmittelwerte steigen sah, kam er sich vor wie ein Mauerblümchen auf einer Orgie. Wenn das Business, in dem er sich am besten auskannte, auf Hochtouren lief, war Johnson entschlossen, mitzumischen. Er begann die Möglichkeit zu erwägen, sich mit einem Lebensmittelkonzern zusammenzuschließen.

Sein erster Gedanke war Pillsbury. Die Situation dort war instabil, und so hatte er es am liebsten: Takeover-Spekulationen wogten um einen gerade aus dem Ruhestand zurückgeholten Chief Executive.

Aber den Konzern zu kaufen, ging Johnson gegen den Strich. Er war kein Käufer, er war ein Verkäufer. Er dachte an ein Joint Venture. Warum nicht einfach Pillsbury und Nabisco verheiraten, die Aktie an die Börse geben und dadurch die verbliebenen Lebensmittelwerte innerhalb von RJR Nabisco aufpolieren?

Johnson trug Sage und Benevento die Idee vor, aber die beiden waren alles andere als beeindruckt. Pillsbury sei eine Niete, der Unternehmenskern anämisch. »Warum wollen Sie an einem mittelmäßigen Lebensmittelkonzern beteiligt sein, wenn Sie einen erstklassigen zu hundert Prozent haben können?« fragte Benevento. Während Sage ein »Steck's dir an den Hut«-Memo an Johnson schrieb, schaute Benevento sich um und hatte einen Einfall. General Motors hatte angesichts eines ähnlichen Problems separate Aktienklassen für den Mutterkonzern und die Töchter Hughes Aircraft und Electronic Data Systems geschaffen. Wenn Johnson sich Sorgen machte, weil der Tabak den Kurs seiner Lebensmittelaktie herunterbrachte, warum handelte man dann nicht mit zwei separaten Papieren? Wenn GM eine H-Aktie für Hughes ausgeben konnte, wieso konnte RJR dann nicht eine F-Aktie für den *Food*-Bereich haben? Sie hängten diesen Vorschlag an das Memo an. Als Johnson ihn las, zuckte er die Achseln und gab Benevento grünes Licht für die weitere Verfolgung dieses Plans. Es war eine Idee wie viele andere.

Im Juli 1988 holten sich Ed Robinson und der Syndikus Harold Henderson, die angesichts der fortgesetzten Kursschwäche befürchteten, daß dem Konzern ein Takeover drohen könne, von Johnson die Genehmigung, sich mit Shearson Lehman Hutton, der schnellwachsenden Broker-Firma des Finanzriesen American Express, über Möglichkeiten zur Stärkung ihrer Takeover-Abwehr zu beraten. Sie wollten eine Studie »für die oberste Schublade«, ein Sortiment von Plänen, die beim ersten Anzeichen eines »feindseligen« Käufers in die Tat umgesetzt werden könnten. Johnson hielt einen Takeover für unwahrscheinlich, aber Henderson beharrte darauf, daß man auf das Schlimmste vorbereitet sein müsse.

Shearson war der logische Kandidat für diese Studie. Johnson saß im American-Express-Vorstand, und er kannte sowohl den Shearson-

Chef, Peter Cohen, als auch den Amexco-Chef, Jim Robinson. »Gehen wir mit jeder Studie und allem Scheiß, den wir haben, zu Shearson; die sollen sich sämtliche Szenarios anschauen, und dann werden wir sehen, was sie dazu zu sagen haben«, meinte Johnson. »Wenn jemand uns kaufen will: Wofür würde er uns kaufen, und was würden wir tun?«

Die Juli-Sitzung des American-Express-Vorstandes ging zu Ende, als Johnson zum erstenmal mit Cohen über den Plan sprach. »Andy Sage wird Sie anrufen«, sagte er. »Er möchte sich mit Ihnen ganz im Vertrauen über die Firma unterhalten.« Gegen Ende Juli trafen sich Andy Sage und mehrere Johnson-Mitarbeiter mit Cohen in dessen Büro im unteren Manhattan mit Blick auf den Hudson River. Sie wollten sämtlich Optionen erkundet wissen: ein ganzes Spektrum von Rekapitalisierungsplänen ebenso wie partielle oder volle Buyout-Vorschläge. Andy Sage bestand auf strengster Geheimhaltung. Der kleinste Hinweis auf die Existenz des Projektes, das wußte er, konnte das Ganze zu einer sich selbst erfüllenden Prophezeiung werden lassen. Gerüchte darüber, daß eine Firma einen Takeover befürchtete, forderten zu Spekulationen heraus, und Spekulationen zogen unweigerlich Spekulanten an. Nur fünf Shearson-Manager, darunter Cohen und Tom Hill, durften an der Planung beteiligt werden. Hill erfand einen Codenamen: »Projekt Stretch«. Erst Monate später würde klar werden, welche Ironie in diesem Namen lag.

Gleichzeitig beschaffte sich Johnson vom RJR-Nabisco-Vorstand die Genehmigung für eine Reihe von Anti-Takeover-Vorkehrungen, die er mit Hilfe einer Anwaltsfirma aus der Wallstreet – Davis, Polk & Wardwell – entwickelt hatte. Überdies genehmigte der Vorstand Trennungsvereinbarungen, auch »goldene Fallschirme« genannt, für die Top Ten des Konzernmanagements. Die meisten großen US-Konzerne haben solche Vereinbarungen; sie gelten oft als Bestandteil der Anti-Takeover-Maßnahmen. Das einzig Ungewöhnliche bei denen von RJR Nabisco war ihr Umfang: Alles in allem waren diese Vereinbarungen 52,5 Millionen Dollar wert.

Eines wunderte die Stabsmitarbeiter in der Finanzabteilung des Konzerns. Auf Johnsons Anordnung wurde das Geld für die »Fallschirme« auf Treuhandkonten deponiert, die als »Rabbi-Trusts« bezeichnet wurden. Die Konten waren so angelegt, daß der neue Eigentümer, sollte RJR Nabisco in andere Hände geraten, diese Fonds nicht anrühren konnte. Für die Mitarbeiter der Finanzabteilung sah dies fast so aus, als bereite Johnson sich da auf etwas vor.

Auf der Suche nach Mitteln gegen Johnsons Kurssorgen erwähnte jeder, der das Problem analysierte, die Möglichkeit, daß das Management den Konzern kaufe: den »leveraged buyout«. Es war die Standardlösung für jedes Unternehmen, dessen Aktienkurse fielen. Ein LBO war freilich weniger die Lösung eines Problems als vielmehr seine Beendigung. Der Buyout bedeutete lediglich, daß man die Aktien aus den Händen der Öffentlichkeit zurücknahm. Jeder Investmentbanker – vor allem »Mad Dog« Jeff Beck von der ellbogenstarken Investmentfirma Drexel Burnham Lambert, deren Junkbond-Chef Michael Milken das Takeover-Geschäft Mitte der achtziger Jahre beinahe eigenhändig revolutioniert hatte – drängte Johnson, darüber nachzudenken.

Bald kamen auch unerbetene LBO-Ideen auf den Tisch. Dillon Read, eine Investmentbank, die lange Jahre mit Reynolds zusammengearbeitet hatte, schlug einen Teil-LBO vor und nannte den Plan »Projekt Tara«. Johnsons alter Kollege von Standard Brands, Ruben Gutoff, unterbreitete ein Szenario, das seine Consultingfirma als »Projekt Reo« bezeichnete. Das Thema kam sogar eines Abends zur Sprache, als Johnson mit Nachbarn am Swimmingpool hockte. »Himmel«, sagte jemand, »wieso kaufen Sie die Firma nicht einfach auf?«

Aber in allen Fällen antwortete Johnson, er sei nicht interessiert. »Ausgeschlossen«, sagte er im Juli auf einer Konferenz mit seinen Mitarbeitern. »Warum sollte ich so etwas tun? Ich führe ein großartiges Leben, und ich habe eine großartige Firma so, wie sie ist.« Aber mindestens einer von denen, die an diesem Tag beim Lunch dabei waren, fand, daß Johnsons Abwehrbeteuerungen hohl klangen. Peter Rogers kannte den »Papst« schon zu lange. Wenn Johnson eine Idee für dämlich hielt, wischte er sie mit einem vernichtenden Spruch beiseite. Als Rogers nach dem Lunch mit John Greeniaus hinausging, bemerkte er: »Mir deucht, die Lady protestiert zu sehr.«

Vorläufig indessen schien Johnson sich für jede Möglichkeit mit Ausnahme eines LBO zu interessieren. Auf den großartigsten Plan verfiel er im Juli. Seit Monaten versuchte er, Philip Morris dafür zu gewinnen, die internationalen Geschäfte der beiden Konzerne in einem Joint Venture zusammenzulegen. Philip Morris hatte sich statt dessen interessiert gezeigt, RJR Nabisco zu kaufen. Johnsons Gedanke war Horrigan natürlich zuwider. Sich mit dem Feind verbünden? Die weiße Fahne hissen? Aber auf Johnsons Drängen war er mit seinem Gegenüber von Philip Morris zusammengetroffen. Über Monate hinweg wurden Gespräche vereinbart und dann wieder abgesagt. Schließlich verwarf Johnson die Idee: Selbst wenn sie sich einigten, vermutete er, würden ausländische Regierungen den Zusammenschluß nicht gestatten, weil er zweifellos den jeweiligen Kartellgesetzen nach gesetzeswidrig war.

Aber jetzt, gegen Ende Juli, rief Johnson den Chief Executive von Philip Morris, Hamish Maxwell, mit einer neuen Idee an. Anders als ihre beiden Vorgänger kamen die zwei Männer gut miteinander aus; Johnson, so schien es, kam mit jedem gut aus. Sie trafen sich zum Essen in der RJR-Nabisco-Suite im Regency Hotel in New York. Zu Ehren seines Gastgebers rauchte Maxwell eine Winston und hörte aufmerksam zu, während Johnson seinen Plan darlegte.

»Seien wir ehrlich«, sagte Johnson. »Die Diversifikation klappt bei uns nicht, und sie klappt bei Philip Morris nicht. Wir werden beide immer noch als Tabakunternehmen betrachtet.«

Das war nur die halbe Wahrheit. In ihrem zentralen Geschäftsbereich, dem Tabak, fuhr Maxwell in einem Mercedes und Johnson auf einem Tretroller. Die führende Philip-Morris-Marke, Marlboro, vergrößerte ihren Marktvorsprung vor den Reynolds-Marken immer mehr und ließ diese, was Umsatzrendite und Cashflow anging, winzig erscheinen. Institutionelle Investoren – die großen Pensions- und offenen Investmentfonds, die Gedeih und Verderb einer Aktie bestimmen konnten – berücksichtigten im Normalfall nur eine Tabakaktie, und in den meisten Fällen war dies Philip Morris. Mit ihrer Unterstützung war der Kurs der Philip-Morris-Aktien seit Anfang 1987 um 25 Prozent gestiegen, während der von RJR Nabisco nach manchem Auf und Ab flau war. Investment-Manager schätzten Philip Morris wegen ihrer Berechenbarkeit. Sie glaubten zu wissen, was Maxwell tun würde. Was Johnson im Schilde führte, wußten sie *nie*.

Maxwell hörte zu, und Johnson schlug vor, Philip Morris und RJR

Nabisco sollten ihre jeweiligen Lebensmittelbereiche – General Foods und Nabisco – in einem Joint Venture zusammenlegen und damit an die Börse gehen. RJR Nabisco sollte 37,5 Prozent halten, Philip Morris ebenfalls, und die restlichen 25 Prozent sollten öffentlich gehandelt werden. Der hohe Wert dieses Börsenpapiers, so meinte Johnson, werde die Kurse beider Mutterkonzerne anheizen.

»Ich denke, wir könnten ein 18-Milliarden-Dollar-Unternehmen auf die Beine stellen«, sagte er. Und dann setzte er dem Ganzen die Krone auf. »Und ich leite es für Sie.«

Wenn die beiden Lebensmittelkonzerne zusammengeschlossen wären, würde Johnson als Chief Executive von RJR Nabisco zurücktreten und Horrigan das Management des verbleibenden Tabakunternehmens überlassen. Der Vorschlag war exotisch, aber Johnson hätte darauf wetten mögen, daß Maxwell ihn verlockend finden würde.

»Ross, die Idee ist brillant«, sagte Maxwell, als Johnson geendet hatte, »aber Joint Ventures sind problematisch.« Die logistischen Probleme allein waren entmutigend: Da wurden so viele Leute aus so vielen Unternehmen zusammengeworfen. Selbst wenn sie beide gut miteinander auskamen, fuhr er fort – gab es denn eine Garantie dafür, daß es ihren Nachfolgern genauso gelingen würde? Dennoch, versprach er Johnson, werde er es sich überlegen.

Zwei Wochen später, Mitte August, rief Maxwell an. Sorry, sagte er, Philip Morris habe kein Interesse. Es gebe einfach zu viele Probleme. Johnson versuchte, die Absage mit einem Achselzucken abzutun. Es war ja nicht so, als hätte er sonst nichts weiter im Ärmel, um die Aktie in die Höhe zu bringen. Es gab immer noch die »Premier«. Erst einmal aber wollte er dem Wirbelwind von Ideen, den er in Gang gesetzt hatte, und der schwülen Sommerhitze, die sich über Atlanta legte, für ein Weilchen entrinnen. Er bestieg einen Jet und verschwand für zwei Wochen nach Colorado, um dort zu arbeiten und zu spielen.

Der »Castle Pines«-Golfclub liegt fünfundzwanzig Meilen weit südlich von Denver und für Golf-Begeisterte wie Johnson gleich diesseits des Himmels. Es ist eine wunderschöne Gegend für einen Golfplatz, ein natürliches Tal, eingerahmt von Castle Rock, Pike's

Peak und den schneebedeckten Rockies. Seine Fairways schlängeln sich zwischen grünen Bergwiesen, überschattet von Ponderosa-Kiefern. Castle Pines, der zu den dreißig besten Golfplätzen Amerikas gezählt wird, wurde von Jack Nicklaus angelegt, und der »Golden Bear« hat das neunte Loch zu einem der schwersten überhaupt gemacht: 458 Yard, Par vier, Wasser zur Rechten, holpriges Gelände zur Linken, und ein tückisches Green hinter einer unüberschaubaren Hügelkuppe. Zwischen den Kiefern auf der linken Seite des Fairway steht eine Gruppe dreistöckiger Villen. Eine davon gehörte RJR Nabisco, und hier gab Johnson an einem Wochenende Mitte August eine der denkwürdigsten Partys seiner Karriere.

An diesem Wochenende fand in Castle Pines ein großes Golfturnier statt, das »International«, und Johnson hatte eine Horde seiner besten Freunde eingeladen, um sich gemeinsam dabei zu amüsieren. Peter Ueberroth und Roger Penske waren da, und auch Roone Arledge, der vom Republikanerkongreß aus New Orleans heraufgekommen war. Jack Meyers, der pensionierte Verleger des *Time*-Magazins, war erschienen, Floyd Hall, der Präsident der »Grand Union«-Supermarktkette, und schließlich auch Charlie Hugel und Ira Harris sowie Martin Emmett.

Für solche Wochenenden lebte Johnson. Morgens konnte er Golf spielen, nachmittags den Profis zuschauen, und abends wurde geplaudert. Die »RJR Air Force« stand abrufbereit, so daß Harris beispielsweise irgendwann nach Chicago zu einer Hochzeit verschwinden konnte. Am Samstag abend stießen zwei Profis vom »Team Nabisco«, Fuzzy Zoeller und Raymond Floyd, zum Essen dazu, und auch Dick Crenshaw erschien, der am »International« teilnahm.

An diesem Abend hielt Johnson für seine Gäste in der Villa eine Überraschung bereit, die er nach dem Dinner präsentierte. Ob sie schon von Reynolds' neuer rauchloser Zigarette gehört hätten, fragte er. Die meisten hatten. Ed Horrigan führte ein Video vor, das demonstrierte, wie die »Premier« funktionierte. Nachdem Johnson eine Stunde lang die wissenschaftlichen Aspekte erläutert hatte, riß er »Premier«-Packungen auf und reichte sie herum. Sie sollten sagen, was sie von allem hielten, forderte Johnson auf: Geschmack, Verpackung, Marketing, Nachteile.

Er hatte die Sache beiläufig aussehen lassen, aber er brannte darauf, zu erfahren, was seine VIP-Freunde über die »Premier« zu sagen hatten. Aufmerksam beobachteten er und Horrigan, wie Ueberroth und die anderen anfingen, die Zigaretten eingehend zu untersuchen, die kleinen Löcher in der Kohlenstoffspitze zu betrachten und zu ertasten, wie sich die harte Umhüllung im Vergleich mit einer normalen Zigarette anfühlte. Langsam zündeten sie sie an. Der Geruch war unverkennbar und unangenehm.

»Riecht wie brennender Salat«, witzelte jemand.

»Junge, die zieht aber schwer«, bemerkte ein anderer. (Was intern bereits aufgefallen war.)

Sie seien ein wenig gewöhnungsbedürftig, räumte Johnson ein. »In der Werbung schlagen wir vor, sie eine Woche lang zu probieren.«

»Ich weiß nicht, ob ich eine Schachtel davon schaffen würde«, bekannte einer.

Auf der Suche nach einer positiven Äußerung pries Penske die technologischen Aspekte. Arledge wollte wissen, wer als Sprecher in den TV-Nachrichtensendungen auftreten werde; die Einführung der »Premier« werde großes Aufsehen erregen. Johnson gestand, daß er darüber noch nicht weiter nachgedacht habe. »Das sollten Sie aber«, warf Ueberroth ein. Die Medien würden sich sehr dafür interessieren und harte Fragen stellen. Etwa: »Wenn dies eine ungefährliche Zigarette ist, geben Sie dann damit zu, daß andere Zigaretten gefährlich sind?«

»Das ist ein Problem«, gestand Johnson. »Sie ist ungefährlicher, aber das kann man eigentlich so nicht sagen.«

Je länger die Sitzung währte, desto klarer wurde ihm, daß die »Premier« größere Probleme hatte, als er fürchtete. Niemandem gefiel der Geschmack – Johnson hatte erwartet, daß ihnen mindestens die Menthol-Variante schmecken werde –, und sie machten groteske Gesichter, wenn sie versuchten, den Rauch zu inhalieren. Er und Horrigan waren allen schlechten Testresultaten zum Trotz optimistisch geblieben. Wenn nur fünf Prozent der Raucher die »Premier« genießbar fanden, dachte sich Johnson, würde sie immer noch ein Riesenhit werden. Er konnte einfach nicht glauben, daß sie nicht Großes bewegen würde.

Aber als er Ueberroth, Arledge und den anderen zuhörte, sah

Johnson ein, daß die konservativen Prognosen seiner eigenen Mitarbeiter zutreffend waren: »Premier« würde Jahre und nicht Monate brauchen, ehe man sie als erfolgreich bezeichnen könnte. Jede Chance für einen Hit über Nacht schwand unter den prägnanten Kommentaren seiner hochkarätigen Freunde – und mit ihr auch Johnsons letzte und größte Hoffnung auf eine Anhebung seines Aktienkurses.

Das »International« endete am nächsten Tag, und die »RJR Air Force« verteilte Johnsons Freunde in alle Himmelsrichtungen. Johnson blieb, um ein wenig Golf zu spielen, setzte aber für den folgenden Montag eine Besprechung mit seinen leitenden Mitarbeitern an, um die Situation der »Premier« zu erörtern. Horrigan, Henderson und Martin erschienen, mit ihnen ein Heer von Tabakstrategen und Unternehmensfremden, unter ihnen Henry Katz, Chef einer Reynolds-Werbeagentur, FCB Leber/Katz, und Herb Schmertz, der Ex-PR-Chef von Mobil Oil.

Statt sich aber dem Schlüsselproblem des Geschmacks und Geruchs zu widmen, warf sich die Gruppe auf die Frage, wie die »Premier« für die Presse zu verpacken sei. Wer sollte beispielsweise als Hauptsprecher auftreten? Horrigan war für Johnson. Andere hatten Einwände. Er mochte Chief Executive bei Amerikas zweitgrößtem Zigarettenkonzern sein, aber ein Zigarettenexperte war Johnson nicht, und er hatte die Neigung, zu sagen, was ihm gerade in den Sinn kam. »Herrgott«, erklärte er beispielsweise gern, »wenn ein New Yorker Bus an Ihnen vorbeifährt, inhalieren Sie mehr Kohlenmonoxyd als bei einer Zigarette.« Schließlich einigte man sich auf Dick Kampe, der das Entwicklungsteam der »Premier« leitete. Horrigan und Martin gerieten sich in die Haare über der Frage, wie man Kampe am besten auf seinen Auftritt in der Sendung »Nightline« vorbereitete.

Das Meeting endete am Nachmittag, und alle außer Horrigan und Henderson reisten ab. Am nächsten Morgen saßen Johnson und Horrigan in bequemen Sesseln in einem der Wohnzimmer der Villa. Für zehn waren sie zum Golf verabredet; Henderson war schon draußen und übte seine Abschläge.

»Ed, ich muß Ihnen sagen, was ich denke«, sagte Johnson und kehrte noch einmal zum Thema »Premier« zurück. »Die PR-Frage haben wir jetzt vielleicht geklärt, aber ich glaube, das wird ein verdammt langer Marsch. Wir werden dranbleiben. Wir werden das Ding an der Hand führen. Aber ich habe das Gefühl, die Testmärkte werden uns Ärger machen.«

Was ihm eigentlich Sorgen mache, fuhr er fort, sei weniger der Erfolg der »Premier« als vielmehr ihre Unfähigkeit, die Aktie zu stärken. »Da sitzen wir nun«, sagte er, »auf Lebensmittelwerten, die durch das verfluchte Dach steigen – Del Monte ist das Achtzehnfache der Erträge wert, Nabisco noch einmal das Zweiundzwanzig- bis Fünfundzwanzigfache, und es macht nicht den geringsten Unterschied. Wir werden immer noch zum Neunfachen notiert. Wir sind immer noch eine Tabakfirma. Wie es jetzt aussieht, wird die ›Premier‹ keinerlei Wirkung haben. Allenfalls kurzfristig sogar eine negative.« Das Leben war unfair zu einer Tabakfirma, darin waren sie sich einig. Was immer sie taten, Wallstreet würdigte es nicht. Die Aktie blieb unten. »Was zum Teufel sollen wir machen?« fragte Johnson.

Mitten in Johnsons Monolog war Henderson hereingekommen. »Ross, die Börse wird der Firma nie geben, was ihr zusteht.« Er war gleich wieder bei seinem alten Thema. »Dies sollte eine Privatgesellschaft sein.«

»Na ja«, sagte Johnson, »wie sieht die Mechanik denn vom juristischen Standpunkt aus? Wie würden Sie es anfangen, die Möglichkeiten eines LBO zu erkunden?«

Henderson umriß die Grundlagen, so gut er konnte. Wenn das Management einen Buyout vorschlug, bildete der Vorstand einen speziellen Ausschuß, der den Vorschlag prüfte. Irgendwann würden sie das Angebot veröffentlichen müssen. Von da an stände es anderen Unternehmen und auch Wallstreet-Geiern frei, sie zu überbieten. Darin liege das Risiko.

»Wie sieht die Operation im Rahmen einer LBO-Struktur praktisch aus?« wollte Johnson wissen.

Henderson kleidete seine Antworten in Frageform. Erstens: Könnten sie das Geld aufbringen, das nötig wäre, um RJR Nabisco zu kaufen? Auf den ersten Blick war klar, daß dies der größte LBO, der größte Takeover wäre, den je einer versucht hätte. Wie viele Firmen würden verkauft werden müssen, um die Schulden zu begleichen? Könnten sie die Zentrale in Atlanta behalten, oder wären sie gezwungen, nach Winston-Salem zurückzukehren, um Geld zu sparen? Konnten sie sich leisten, die »Premier« noch herauszubringen?

Wenn sie überhaupt Interesse an einem LBO hätten, meinte Henderson, dann brauchten sie Hilfe. Er nannte ein paar Wallstreet-Anwälte, die er kannte. »Okay«, meinte Johnson. »Vielleicht kümmern wir uns auch mal ernsthaft um das, was Shearson uns zu bieten hat.«

Es wird nie passieren, dachte Horrigan, als sie zum Golfplatz hinausgingen. Zu oft hatte er bei Johnson die »Idee der Woche« kommen und gehen sehen, als daß er irgendwelchen echten Enthusiasmus für einen LBO hätte aufbringen können. Ein LBO, dachte er, verlangte für Johnsons Geschmack viel zuviel Aufmerksamkeit fürs Detail.

Johnson indessen blieb weiterhin im Zwiespalt. Sein Leben war gut; daran hatten die beiden letzten Wochen ihn erinnert. Eine Firmenvilla auf einem großartigen Golfplatz. Eine Schar von VIP-Freunden, die ihn verehrten. Ein Jet, der nur auf sein nächstes Kommando wartete. Aber da lockte auch der Sirenengesang der Action. »Klar, ich hätte die LBO-Idee in die untere linke Schublade legen und mein munteres Leben weiterführen können«, sagte er später. »Aber dann hätte ich immer gewußt, daß sie da war.« Es juckte, und Johnson konnte nicht anders: Er mußte sich kratzen.

Ein paar Tage später rief Johnson bei Andy Sage auf dessen Ranch in Wyoming an und bat ihn, auf dem Rückweg in den Osten in Castle Pines vorbeizukommen. Als sie eines Nachmittags über den Fairway schlenderten, trug Johnson seine neueste Idee vor. »Alles, was wir mal probieren wollten, haben wir gemacht: Nichts passiert, nichts passiert, nichts passiert. Die Aktie hängt«, sagte er. »Andy, ich versuche, eine alternative Struktur zu entwickeln, die jedermann nützen wird.«

Sage war ganz und gar nicht sicher, daß ein LBO die Lösung für RJR Nabiscos Probleme sein würde, und ganz allgemein sah er es nicht gern, daß Amerikas große Konzerne ihr gutes altes Aktionärskapital durch Bankschulden ersetzten. Eine der entscheidenden Stärken der amerikanischen Industrie, fanden Sage und die Männer seiner Generation, liege in ihrer Kapitalbasis. In einer Zeit, da die Nation sich harter Konkurrenz auf dem Weltmarkt ausgesetzt sah, war es ihm ein Dorn im Auge, daß dieser Vorteil verschleudert werden sollte. Ein

Unternehmen, meinte er, müsse Arbeitsplätze und neue Produkte schaffen, was es aber nicht tun könne, wenn es sich auf die Rückzahlung von Schulden konzentriere. Konkreter gesagt: Er war ganz und gar nicht davon überzeugt, daß Johnsons verschwenderischer Stil sich mit den rigorosen Anforderungen und Kosteneinsparungen, die ein hohes Schuldenniveau verlangte, würde in Einklang bringen lassen. Aber diese Zweifel behielt er für sich.

Johnson trug Sage auf, bei Shearson anzurufen und dem »Projekt Stretch« ein wenig Feuer zu machen. Tom Hills Mannschaft hatte bereits mit der mühsamen Arbeit begonnen, die einzelnen Unternehmen von RJR Nabisco zu taxieren; Johnson wollte, daß sie ihre Hausarbeiten bis Mitte September erledigt hätten, damit er möglichst bald anfangen könnte, die Möglichkeiten eines LBO zu betrachten. Sage rief Benevento an und ließ ihn alte LBO-Studien aus dem Keller holen. Gleichwohl war Sage – wie Horrigan – bemüht, nicht allzu viele Gedanken auf diese neue Masche zu verschwenden: Johnson neigte wie das New Yorker Wetter zu kurzfristigen Stimmungsumschwüngen.

In derselben Woche meldete Johnson sich telefonisch bei Charlie Hugel und erwähnte fast beiläufig die Shearson-Studie: »Übrigens, wir lassen sie mal prüfen, ob irgendwelche Vorteile in einem LBO liegen könnten. Ich habe keine Ahnung, was ein LBO taugt, aber sie machen's mal. Was halten Sie davon?«

»Offen gesagt«, antwortete Hugel, »nicht viel.« Mit sechzig war er drei Jahre älter als Johnson, aber im Aussehen lagen Welten zwischen ihnen. Hugel war vom alten Schlage; er hatte bei AT&T von der Pike auf gedient und fünf Jahre zuvor die Leitung von Combustion Engineering übernommen. Er war ein Business-Fundamentalist und hielt nicht viel von modischen Wallstreet-Erfindungen wie LBOs. Bei Combustion zeigte Hugel sich als zupackender Manager, der hart für die Erschließung neuer Auslandsmärkte arbeitete. Bei einem Aufenthalt in den notorisch spartanischen Moskauer Hotels hatte er eigenhändig den Fußboden gewischt. Es amüsierte ihn, als Johnson, der zu irgendeiner Geschäftsfeierlichkeit nach Moskau reiste, versuchte, dort eine Suite zu buchen.

»Ross, warum wollen Sie das machen?« fragte er jetzt. »Sie haben doch eigentlich noch nicht alles, woran Sie arbeiten, zu Ende gebracht. Warum wollen Sie es jetzt aufgeben?«

»Tja, es fällt mir schwer, noch Enthusiasmus aufzubringen für die Unternehmensleitung«, gab Johnson zu. Er zählte noch einmal auf, was er schon alles versucht hatte, um den Aktienkurs in die Höhe zu bringen. Hugel selbst hatte schon mit sehr viel härteren Problemen als einer Kursschwäche zu kämpfen gehabt; für ihn war das Ansinnen eines LBO, als wollte man jemanden erschießen, um ihn von einem eingerissenen Fingernagel zu befreien.

»Ross«, sagte er, entschlossen, Johnson an seiner schwächsten Stelle zu treffen, »Sie müßten dann vielleicht die Jets streichen, die Zentralverwaltung reduzieren, überhaupt Ihre ganze Lebensweise. Wollen Sie das wirklich?« So unterhielten sie sich noch eine Weile, und als sie auflegten, war Hugel sicher, daß er Johnson das weitere Interesse an einem LBO ausgeredet hatte.

Als Johnson nach dem Labor Day nach Atlanta zurückkehrte, war es nur für einen Tag. Am nächsten Morgen ging es weiter nach London, wo er und John Martin einen rasanten Terminplan absolvieren würden: eine Vorstandssitzung der General Electric, ein Palaver mit Mitarbeitern des internationalen Tabakgeschäftsbereichs und ein Tête-à-tête mit David Montagu von der britischen Tabakfirma Rothmans International, die daran interessiert war, Auslandsteile des Tabakbereichs zu kaufen. Auf dem Flug über den Atlantik erwähnte Johnson die LBO-Idee Martin gegenüber; er wolle jetzt ein wenig schlafen, sagte er, aber sie könnten am nächsten Morgen darüber reden.

Sie bekamen keine Gelegenheit dazu. Während Johnson ein paar Minuten vor zwei Uhr früh am Mittwoch, dem 7. September, über dem Nordatlantik döste, bog in einer Vorortgegend in Westchester County, New York, ein Polizist vom Saw Mill River Parkway ab. Er hatte etwa hundert Meter weit neben der Straße einen zerquetschten 1987er Nissan entdeckt, der sich überschlagen hatte. Offensichtlich war der Wagen gegen eine Verkehrsampel geprallt und ins Schleudern geraten. Nicht weit davon entfernt fand man Johnsons blutüberströmten sechsundzwanzigjährigen Sohn. Bewußtlos wurde er in ein nahegelegenes Krankenhaus transportiert.

Johnson war eben im »Inn on the Park« in London abgestiegen, als Laurie anrief und ihm die Nachricht übermittelte. Es war nicht klar, ob Bruce tot war oder noch lebte. Johnson und Martin flogen mit der nächsten Concorde zurück. Während des Fluges zündete Johnson in der Nichtraucher-Sektion eine »Premier« an. »Wäre interessant, zu sehen, ob's jemand merkt«, sagte er zu Martin. Als er in dem Krankenhaus in Westchester County eintraf, lag sein Sohn im Koma. Die Ärzte waren nicht sicher, ob und wann er je das Bewußtsein wiedererlangen würde. Die Johnsons wohnten bei Frank und Kathie Lee Gifford in Connecticut; Gifford war wie versteinert: Sein eigener Sohn Kyle hatte bei einem Unfall schwere Kopfverletzungen davongetragen.

Am Donnerstag kam Jim Robinson zu Besuch. Die beiden Freunde machten einen langen Spaziergang auf dem Krankenhausgelände. »Ross, Sie können nichts weiter tun, als die beste medizinische Versorgung aufzutreiben, die es gibt«, meinte Robinson. »Das und hoffen – sonst können Sie kaum etwas Sinnvolles tun.«

»Ich weiß, daß Sie einmal in einer ähnlichen Situation waren«, sagte Johnson.

»Sie müssen sich Maßstab und Perspektive bewahren«, sagte Robinson, »und Ihr Leben weiterleben.«

Am Freitag starrte Johnson seinen offenen Aktenkoffer an. Im Büro türmte sich die Post. Er wußte, er mußte sich zusammenreißen und wieder in Gang kommen. Er beschloß, Robinsons Rat zu befolgen und sich wieder in die Arbeit zu stürzen. Am Montag morgen besuchte er Bruce im Krankenhaus, und dann fuhr er nach Manhattan und traf sich mit Sage und Benevento.

In seinem Büro zog er einen spitzen Bleistift, einen Taschenrechner und ein Buchführungsblatt hervor, wie er es fünfunddreißig Jahre zuvor bei General Electric zu benutzen gelernt hatte. Rings um sich herum, auf Fußboden und Möbel, stapelte er Berichte aus seiner Planungsabteilung: Produktionsabrechnungen, Studien von Investmentbanken, Computerausdrucke. Er wollte selbst feststellen, ob ein LBO vernünftig wäre, denn er vertraute nicht mehr darauf, daß Investmentbanker oder Computer ihm die richtige Antwort liefern würden. Benevento schaute staunend zu, wie Johnson sich über das Blatt beugte und sich an die Arbeit machte. »Niemand«, sagte er, »kann das besser als ich.«

Benevento wußte, was Johnson durchmachen mußte; er hatte selbst drei Söhne. Zum erstenmal versenkte Johnson sich selbst in die

Möglichkeiten und Herausforderungen, die ein LBO bot. Fünf Stunden lang wateten er und Benevento durch die Zahlen, ermittelten Cashflows, Marktanteile, Erträge und Verkaufsprojektionen für jede RJR-Nabisco-Firma. Von Zeit zu Zeit stand Johnson auf und rief in Atlanta oder in Winston-Salem an, um sich die aktuellen Zahlen durchgeben zu lassen.

Johnson wollte jede Firma taxieren und feststellen, zu welchem Preis sie zu verkaufen wäre. Damit und mit dem zukünftigen Cashflow im Tabakbereich würde sich weitgehend bestimmen lassen, welchen Preis er – wenn überhaupt – bei einem LBO würde bieten können. Am Montag abend hatte er ein Gefühl: Er konnte nicht nur genug aufbringen, um einen Buyout zu versuchen, sondern er war auch bereit, sich die Sache ernsthaft zu überlegen. Als er an diesem Abend in sein Apartment ging, dankte er Gott, daß er ihm etwas gegeben hatte, womit er seine Gedanken von seinem Sohn ablenken konnte.

Am nächsten Morgen traf eine Shearson-Abordnung, geführt von Peter Cohen und Tom Hill, in Nine West ein. Die beiden Shearson-Manager gaben Johnson ein bißchen Anleitungsmaterial, das er beim Nachdenken über einen Buyout überfliegen sollte, und Johnson bat sie, sämtliche Aspekte eines LBO zu untersuchen. Es war ihm durchaus klar, daß das Projekt, das sie hier erwogen, zu einem LBO führen konnte, der dreimal größer als alle bisher dagewesenen wäre.

»Peter, ist dies etwas, das Sie für durchführbar und finanzierbar halten?« fragte er Cohen. »Denn hier ist von einem Riesenhaufen Geld die Rede. Von einem Riesenhaufen Geld.«

»Yeah«, sagte Cohen zuversichtlich. »Wir können's machen.«

Am nächsten Tag war Johnson wieder im Krankenzimmer seines Sohnes. Zuvor hatte er eine für Donnerstag anberaumte Sitzung des Managementausschusses wegen Bruces Unfall abgesagt. Außerdem, hatte er zu Hugel gesagt, gebe es eigentlich nichts Dringendes zu besprechen.

Jeff Beck war ratlos. Er konnte Johnson nicht erreichen.* Immer wenn er es versuchte, rief Jim Welch zurück. Zwischen den beiden Männern gab es einen Standardwitz. Welch, ein vornehmer Nabisco-Veteran, hatte sich höflich verbeten, daß Beck ihn »Jimmy« nannte; er sei zu alt dafür. Beck ignorierte diesen Wunsch selbstverständlich. Also hatte Welch sich angewöhnt, ihn mit »Jeffy« anzureden.

Beim letzten Rückruf von Welch hatte Beck behutsam zu erkunden versucht, ob Johnson seine Ansichten möglicherweise geändert habe und sich zu einem LBO mit Drexel Burnham bereitfinden könne.

»Sie wissen, Jimmy, wir haben so viel Geld, wie Sie brauchen, wenn Sie dieses Geschäft machen wollen.« Beck brauchte das Wort Buyout nicht in den Mund zu nehmen; er warb schon so lange für die Idee, daß Welch auch so wußte, was er meinte.

»Das weiß ich, Jeffy.«

»Na, aber wie Sie wissen, passiert ein Scheißdreck. Und ich finde es eigenartig, daß Sie immer für Ross zurückrufen.«

»Wir wissen von nichts«, sagte Welch. »Hier ist nichts im Gange.«

Aber es war doch etwas im Gange; Beck spürte es. Er dachte wohl daran, daß Johnson einen LBO-Versuch unternehmen könnte, aber den Gedanken schob er beiseite. Seit zwei Jahren empfahl ihm Drexel einen solchen Versuch inzwischen und war nicht einen Schritt weitergekommen. Dennoch – irgend etwas hatte sich verändert. *Vielleicht bereiten sie irgendeine Umstrukturierung vor,* dachte Beck.

Am 12. September ging er mit seinem Verdacht zu einem Mann, den er ebenso glühend umworben hatte wie Johnson: zu Henry Kravis. Beck war Kravis bei einer Reihe von Geschäften behilflich gewesen, darunter seinem größten: Beatrice. Im Büro von Kohlberg Kravis angekommen – das ironischerweise nur sechs Stockwerke unter dem New Yorker Büro von RJR lag –, kam Beck gleich zur Sache.

»Ich glaube, es ist Zeit, bei RJR etwas zu unternehmen«, erklärte er.

»Wieso?« wollte Kravis wissen.

---

* Andy Sage konnte er auch nicht erreichen; dieser rief nicht mehr zurück, nachdem Johnson angefangen hatte, selbst die Möglichkeit eines LBO zu untersuchen. »Die Wahrheit konnte ich nicht sagen«, meinte Andy Sage, »und belügen wollte ich ihn nicht.«

»Aus irgendeinem Grund nimmt Johnson meine Anrufe nicht mehr entgegen. Er läßt Jim Welch zurückrufen. Wir sollten uns einfach zusammensetzen und ein Angebot machen.«

»Wahrscheinlich haben Sie recht«, sagte Kravis. »Beschaffen Sie mir die Zahlen und bereiten Sie etwas vor.«

Beck war einverstanden. »Aber da gibt es ein Problem. Sie werden Ross nicht geben, was er haben will.«

»Was will er haben?«

Beck hatte sich lange genug mit Johnsons Leuten unterhalten, um ihre Sorgen im Zusammenhang mit einem LBO zu kennen. Johnson hatte einfach kein Interesse daran, für jemand anderen zu arbeiten. »Zum einen«, sagte er Kravis, »wollen sie die Mehrheit im Vorstand.«

»Das stimmt, die werden wir ihm nicht geben«, pflichtete Kravis bei. »Das ist ein Problem.«

Die beiden unterhielten sich eine Weile, kamen aber zu keinem Entschluß. Es war klar, daß man nichts unternehmen konnte, ohne zuvor mit Johnson zu reden. »Versuchen Sie etwas zu arrangieren«, sagte Kravis, »und wir besprechen alles in einem Meeting.«

Nachher meldete Beck sich bei Welch und schlug vor, eine Konferenz zwischen Johnson und Kravis zu organisieren. Welch gab sich unverbindlich, schlug aber vor, daß man sich in der letzten Oktober- oder ersten November-Woche treffen könne. Der »Mad Dog« ahnte es natürlich nicht, aber bis dahin würde seine Bitte längst gegenstandslos geworden sein.

5

Draußen vor dem Metropolitan Museum herrschte an diesem windigen Septemberabend gespannte Erwartung wie bei einer Hollywood-Premiere. Durch eine Phalanx von Fotografen und Reportern drängte sich die Creme der New Yorker Society; die Damen suchten ihre Frisuren vor dem Wind zu schützen, die Herren in adretten Smokings, Einladungen zückend – Saul Steinberg und Gattin, Carol und Punch Sulzberger von der *New York Times,* Jonathon und Laura Tisch und hundert andere.

Selbst in dieser gesellschaftlichen Schicht verfügten nur wenige über die nötigen Beziehungen, um eine Privatparty im Museum zu feiern. Aber das Paar, das dort hinter dem schmiedeeisernen Tor des mittelalterlichen Hofes seine Gäste begrüßte, hatte mit einer Zehn-Millionen-Dollar-Spende die Türen niedergewalzt: Henry Kravis und seine hinreißende Frau, die Modedesignerin Carolyne Roehm. Kravis, sonnengebräunt in seinem Smoking, war keine einssiebzig groß. Er lächelte gern, seine blauen Augen waren etwas feucht, und in seiner Stimme lag das leise Echo einer Kindheit in Oklahoma. Aber es war wie immer die Roehm, die alle Aufmerksamkeit auf sich zog. Sie war eine Handbreit größer als ihr Mann und so schlank, daß es wehtat; das glänzend schwarze Haar war zurückgebunden, und sie trug ein trägerloses Abendkleid aus smaragdgrünem Satin-Charmeuse und ein Collier aus funkelnden Cabochon-Smaragden. Bei gesellschaftlichen Ereignissen hing sie am Arm ihres Mannes.

Nach Champagner und Cocktails versammelten sich die Gäste um eine kleine Bühne und ließen sich bei gedämpftem Licht von den süßen Klängen des jugendlichen Geigers Midori überfluten. Kravis und Roehm, die ganz rechts in der vorderen Reihe saßen, hatten den jungen Japaner nach einer Privatveranstaltung in ihrem palastartigen Apartment in der Park Avenue eingeladen, hier zu spielen. Die

Roehm saß hingerissen da, die Hände vor der Brust verschränkt, Kravis stumm an ihrer Seite.

Nachher geleiteten die Kravis ihre Gäste an laubgekrönten Spalieren vorbei in den eigens dekorierten Blumenthal-Patio, dessen Steinbalkons mit riesigen Gobelins drapiert waren; üppige grüne Ranken schlangen sich um Säulen und Balustraden. Auf den mit Jagdgobelins, verziert mit schweren Brokatfransen, gedeckten Speisetischen standen Tafelaufsätze: Miniaturfrüchte in vergoldeten Körben, umkränzt von goldenen Kerzenleuchtern mit grünen Schirmen. Ein 1985er Louis Latour Mersault und ein 1979er Chateau Beychevelle begleiteten ein Dinner, dessen bemerkenswertester Bestandteil eine Kaninchenpastete war, von einigen mit nervösen Scherzen beiseitegeschoben: »Falsches Spiel mit Roger Rabbitt«, witzelte einer. Als Dessert gab es Baba au Rhum in großen Silberschalen, garniert mit einem farbenprächtigen Aufwand an Miniaturfrüchten und Sorbets. Krönung des Abends war eine Sonderpräsentation der neuen 160teiligen Degas-Ausstellung des Museums, in der die Gäste nachdenklich umherspazierten.

»Oh, was ist seltener als eine perfekte Party?« schrieb die Gesellschaftskolumnistin Suzy ein paar Tage später. »Der Abend war superb von Anfang bis Ende; an ihm werden sich Gast und Gastgeberin fortan messen lassen müssen, wenn sie mit wundervollem Geschmack und einer großen Portion Flair bewirten wollen.«

Tatsächlich war die Veranstaltung eine Art inoffizielle Krönungsfeier für die Gastgeber, Kravis und Roehm, Prinz und Prinzessin einer mit neuem Geld gesegneten Gesellschaftsschicht namens »Nouvelle Society«. Erst seit drei Jahren verheiratet, waren sie raketengleich an die Spitze der Society von Manhattan geschossen und hatten allenthalben die Fantasie gesellschaftlicher Aufsteiger in Wallung gebracht. Ihr 5,5-Millionen-Dollar-Apartment in der Park Avenue, vollgestopft mit Renoirs und französischen Antiquitäten, war praktisch eine Legende auf den Wohltätigkeitsgalas. Geschichten über die üppigen Geschenke, mit denen Kravis seine Frau überhäufte, wurden erzählt und wiedererzählt, und man klatschte in die Hände oder hielt sich die Wangen in ehrfürchtigem Staunen.

Doch bei aller öffentlichen Aufmerksamkeit blieb Kravis selbst rätselhaft. Freunde schilderten ihn ausnahmslos als freundlich, sanft und energisch, als liebenden Vater und Ehemann, der lange, glutvolle Liebesbriefe schrieb – Eigenschaften, die bei seinen Geschäften freilich nie in den Vordergrund traten. Zwar hat man ihn oft als gleichmütig und beherrscht charakterisiert, aber er hatte gleichwohl eine niederträchtige Ader und neigte dazu, etwa einen Konkurrenten wie Ted Forstmann mit der Bemerkung abzutun, er habe einen »Avis-Komplex«, oder grausame Kommentare über einen übergewichtigen Geschäftspartner abzugeben. In seinen Augen lag ein stählerner Glanz, der es einem leicht machte, die Geschichten von zügelloser Habgier und Ehrgeiz zu glauben. Und er hatte eine Aura – vielleicht war es seine coole, internatsgeschulte Zurückhaltung –, die an eine verborgene, straff gespannte Sprungfeder denken ließ: Er verbreitete, wenn auch kaum merklich, ein Gefühl der Bedrohlichkeit.

Sein Aufstieg in der Wallstreet war rasant vonstatten gegangen, selbst nach den Maßstäben der wilden achtziger Jahre. Fünf Jahre zuvor praktisch noch unbekannt, hatten Kravis und seine geheimniskrämerische Firma die LBO-Welle in der Wallstreet Mitte der achtziger Jahre zu einem Höhepunkt gebracht. Noch Jahre danach bot das Geheimnis, wie Kravis seinen langjährigen Mentor Jerome Kohlberg ausmanövriert hatte, Stoff für Salonspekulationen. Hätte man sie als Industrieunternehmen eingestuft, hätten Kohlberg Kravis mit den Firmen, die sie kontrollierten – von Duracell-Batterien bis Safeway-Supermärkten – zu den Top Ten der US-amerikanischen Konzerne gehört. Mit einer Kaufkraft von 45 Milliarden Dollar war Kravis inzwischen der unangefochtene König der Wallstreet-Akquisiteure; seine Kriegsschatulle war größer als das Bruttosozialprodukt von Pakistan oder Griechenland, und er besaß so viel Macht und Einfluß wie nur irgend jemand in der Finanzgeschichte.

Niemand wußte wirklich, was Kravis vorantrieb. Man konnte nur vermuten, daß es etwas mit seiner kleinen Statur zu tun habe, oder mit seinem Vater, der ein Vermögen gemacht, verloren und wiedergewonnen hatte, als Kravis 1944 zur Welt kam. Er wuchs reich im Tulsa der Nachkriegszeit auf und erinnert sich, daß er viel Fahrrad fuhr, Golf liebte und mit wenig Begeisterung auf die Edison Junior High School ging.

Mit Kohlberg hatte er sich anfangs im alten Gebäude der »Mutual of New York« an der Fifth Avenue niedergelassen. Kohlberg zog es vor, nicht aufzufallen, und so stand jahrelang kein Name an der Tür. Roberts operierte von San Francisco aus. Als Betriebskapital setzten sie jeweils 50 000 Dollar von acht Investoren ein; zu ihnen zählte Kravis' Vater Ray und die Familie Hillman in Pittsburgh. Kohlberg Kravis Roberts & Co. kassierten bei jedem Deal 20 Prozent vom Ertrag und berechneten ein Prozent (später anderthalb) Bearbeitungsgebühr.

Fünf Jahre lang hielten sie sich an Kohlbergs Grundsätze: Ihre Deals waren immer freundlich, immer in Zusammenarbeit mit dem Management, immer vorsichtig. Einen großen Teil ihrer Zielunternehmen ermittelten sie mit Hilfe eines Rechercheurs aus Los Angeles namens Harry Roman. Es war eine schwierige und mühselige Arbeit. LBOs waren für die meisten Leute immer noch böhmische Dörfer, und das Trio verwandte eine Menge Zeit darauf, zu erklären, wie drei Unbekannte und eine Handvoll Manager genug Geld zusammenborgen konnten, um ein ganzes Unternehmen zu kaufen. Ihr eigener Unauffälligkeitsgrad war dabei nicht eben förderlich. »Die Investmentbanker, jeder einzelne, schauten uns an und sagten: »KKR, was ist das, ein Delikatessenladen?« entsann sich ein Wallstreet-Manager, der in den siebziger Jahren für die Firma arbeitete.

Trotz der geographischen Distanz hatte Kohlberg ein enges Verhältnis zu dem nüchternen Roberts – mehr als zu Kravis, der immer noch dabei war, sich die Hörner abzustoßen. Roberts war ruhiger und – wie viele glauben – auch cleverer als Kravis; er kannte Kohlberg schon länger und galt als intellektuell ebenbürtig. Als einer von Kohlbergs Söhnen als Teenager Probleme hatte, nahm Roberts ihn zu sich nach Kalifornien. Kravis hingegen schien in Kohlbergs Augen ein schwer arbeitender Untergebener zu sein. Neben ihrer Arbeit hatten die beiden Männer nur wenig miteinander gemeinsam. Auf Wochenendausflügen trug Kohlberg Chinos und Wanderstiefel; Kravis erschien in italienischen Baumwollhosen und Gucci-Slippern. Wenn sie Seite an Seite einen Sechzehn-Stunden-Tag absolviert hatten, ging Kohlberg nach Hause und ins Bett, während Kravis mit seiner Frau noch in die Stadt fuhr. »Jerry sah, daß Henry ging, und bemerkte nur trocken: ›Oh, geht's wieder los, Henry?‹« erzählt ein früherer Geschäftspartner von Kohlberg Kravis.

Die Deals kamen schubweise: drei 1977, keiner 1978, wieder drei

1979, darunter der erste Buyout einer größeren Aktiengesellschaft, Houdaille Industries. Dann, nach nur einem kleinen Deal 1980, ging es mit Kohlberg Kravis 1981 rasant nach oben: Sie schlossen sechs Deals ab, und zum erstenmal berichtete die Presse ausführlich über die kleine Firma.

In dieser Periode verfeinerte das Trio sein Handwerk. Sie stellten fest, daß große Unternehmen genauso leicht zu kaufen waren wie kleinere, aus dem einfachen Grund, weil bei ihnen der Cashflow größer war; indem sie dieses Geld zur Schuldentilgung umleiteten, konnten Kohlberg Kravis die eigene Stärke eines Unternehmens nutzbar machen, um es zu kaufen. Sie begannen, mit Hilfe von Investoren Finanzreserven anzulegen, die ihnen schnellen Zugang zu größeren Barsummen ermöglichten. Angefangen mit einem 30-Millionen-Fonds im Jahr 1978, erhöhten sie diese Reservefonds stetig, bis sie in ihrem vierten Fonds 1983 eine Milliarde erreichten. Der Umfang der Deals nahm entsprechend zu und erreichte in dieser Periode den Gipfel mit dem 440-Millionen-Buyout einer hawaiianischen Baufirma, der Dillingham Corporation.

Wenn ein Unternehmen aufgekauft war, behielten Kohlberg, Kravis und Roberts die Etats streng im Auge, ließen dem Management aber ansonsten weitgehend freie Hand, damit diese das Unternehmen abspecken und den Schuldenberg attackieren konnten. In den meisten Fällen funktionierte das wunderbar. Funktionierte es nicht – wie im zweiten Buyout der Firma, einem Ölbohr-Service-Unternehmen namens L. B. Foster, dem eine Branchenflaute in die Quere kam –, dann rollten Köpfe, und im Handumdrehen war ein neues Management da. Nach fünf bis acht Jahren verkauften sie die Unternehmen wieder oder gingen damit zurück an die Börse, und oft erzielten sie dabei das Drei-, Vier-, Fünf- oder sogar das Zehnfache ihrer ursprünglichen Investition. 1983 behaupteten Kohlberg Kravis, ihren Investoren eine durchschnittliche Rendite von 62,7 Prozent jährlich zu zahlen. Ihr eigener 20-Prozent-Anteil machte die drei Männer reich.

Sechs Jahre lang arbeiteten sie sich so voran und beherrschten in aller Stille ihre obskure kleine Finanznische. Und dann merkte jemand etwas, wie es in der Wallstreet so oft passiert. 1982 kaufte eine Investmentgruppe unter Führung von William Simon, einem ehemaligen Finanzminister, ein Unternehmen in Cincinnati, Gibson Greetings, für 80 Millionen Dollar mit nur einer Million eigenen Geldes. Als Simon achtzehn Monate später mit Gibson wieder an die Börse ging, verkaufte er für 290 Millionen. Simon selbst hatte 330 000 Dollar investiert, und daraus waren unversehens 66 Millionen in bar und in Aktien geworden.

Es war ein Glückstreffer gewesen, ein Zufall im Timing, aber in der Wallstreet hoben sich die Köpfe. Gibson Greetings war so etwas wie der Goldfund bei Sutter's Mill geworden. Plötzlich wollte jeder »diese LBO-Kiste« ausprobieren, auch wenn nur wenige wußten, wie sie funktionierte. Und sie probierten sie aus. Gemessen am Gesamtumsatz an akquirierten Unternehmen verzehnfachte sich das LBO-Phänomen zwischen 1979 und 1983. 1985, nur zwei Jahre nach Gibson Greetings, gab es achtzehn separate LBOs, die mit einer Milliarde oder mehr bewertet wurden. In den fünf Jahren, bevor Ross Johnson sich entschloß, sich für einen LBO zu interessieren, beliefen sich die LBO-Aktivitäten auf insgesamt 181,9 Milliarden Dollar, in den sechs Jahren davor vergleichsweise auf elf Milliarden.

Eine Reihe von Faktoren heizten die Hektik zusätzlich weiter an. Die Steuergesetze, die es ermöglichten, Zinsen, aber nicht Dividenden, vom zu versteuernden Einkommen abzuziehen, förderten diesen Trend effektiv. Damit kamen die LBOs in Gang. Was sie hochfliegen ließ, waren die Junkbonds.

Das Geld, das für einen LBO aufgebracht wird, stammt zu etwa sechzig Prozent als gesicherte Forderung aus Krediten von Geschäftsbanken. Nur etwa zehn Prozent kommen vom Käufer selbst. Jahrelang kamen die restlichen dreißig Prozent – die Wurst auf dem Brot – von einer Handvoll großer Versicherungsunternehmen, deren Engagement manchmal erst nach Monaten gesichert werden konnte. Mitte der achtziger Jahre begann die Firma Drexel Burnham mit der Verwendung hochspekulativer »Junk«bonds als Ersatz für das Versicherungskapital. Der Bond-Zar der Firma, Michael Milken, hatte gezeigt, daß er in der Lage war, diese Papiere sehr kurzfristig und in gewaltigen Massen zur Finanzierung eines feindlichen Takeover aufzutreiben. So wurden Milkens Junkbonds in Buyouts gepumpt und verwandelten die LBO-Industrie: Mit diesem hochoktanigen Treibstoff wurde aus dem VW-Käfer ein monströser Drag Racer, der Rauch und Feuer spie.

Dank den Junkbonds konnten LBO-Käufer, die bis dahin als zu langsam galten, als daß sie in einer Takeover-Schlacht hätten konkurrieren können, erstmals in Sekundenschnelle Angebote auf den Tisch legen. Plötzlich wurden LBOs in jeder Takeover-Situation zu einer gangbaren Alternative; weil sie Operationsautonomie und gewaltigen Reichtum verhießen, sahen Kohlberg Kravis sich von Chief Executives bestürmt, die sie baten, ihren von feindseligen Plünderern belagerten Unternehmen als »White Knight« – als »weißer Ritter« – zu Hilfe zu eilen. Es war eine symbiotische Beziehung, die sich in jedem Deal wiederholte: Ein Plünderer sucht sich sein Zielobjekt, das Objekt strebt einen LBO an, und vom Ergebnis profitieren Plünderer, Zielobjekt und LBO-Firma gleichermaßen. Den Schaden hatten die Anleihegläubiger, deren Bestände angesichts neuer Schulden entwertet wurden, und die Angestellten, die oft den Job verloren. In der schieren Freude am Geldmachen bekümmerte man sich in der Wallstreet nur wenig um diese beiden Gruppen.

Kaum waren die LBOs zur Blüte gelangt, als die Kritiker sie aufs Korn nahmen. Die gewaltige Verschuldung vieler Unternehmen nach einem LBO bereitete vielen – nicht zuletzt in Regierungskreisen – Sorge. Mitte 1984 prophezeite der Vorsitzende der Börsenaufsichtskommission: »Je mehr Takeover und LBOs heute, desto mehr Unternehmenspleiten morgen.« Ein republikanisches Mitglied der Börsenaufsicht klagte, LBOs seien »wenig mehr als eine Charade«. Die Verfechter des Verfahrens behaupteten freilich, ein LBO kräftige die Industrie sogar, weil dadurch überflüssiger Konzernspeck weggeschnitten werde und die Unternehmen schlanker würden.

Seltsamerweise kam der lauteste Aufschrei aus der plünderergeplagten Konzerngemeinde selbst, wo Mainstreet-Manager die wachsende Macht der LBO-Käufer als die nächste Plage betrachteten, die Wallstreet entfesseln würde. Ein Topmanager der Goodyear Tire & Rubber beispielsweise bezeichnete den LBO als »eine Idee aus der Hölle, die der Teufel selbst sich ausgedacht hat«.

Als geistiger Führer der LBO-Gemeinde verspürte Jerry Kohlberg um 1983 herum ein wachsendes Unbehagen angesichts der Veränderungen in der Industrie, die er mit hervorgebracht hatte. Er bevorzugte noch immer kleine, freundliche Deals, eingeleitet durch ein Kamingespräch zwischen älteren Gentlemen. Die neue Gattung der LBO-Käufer wurde durch junge, angriffslustige Investmentbanker verkörpert, die jetzt scharenweise mit Ideen für neue Deals zu Kohlberg Kravis kamen. Kravis und Roberts, damals Ende dreißig, hatten sich als Deal-Macher allmählich selbst einen Namen gemacht, und sie zogen diese Leute magnetisch an.

»Eigentlich ist das ein Spiel für junge Leute«, sagt Richard Beattie, ein Manhattaner Anwalt, der schon in frühen Jahren mit Kravis zusammenarbeitete. »Jerry ist inzwischen dreiundfünfzig, vierundfünfzig. Investmentbanker rufen nicht mehr Jerry an. Sie rufen Henry und George an. Die sind gleichaltrig. Jerry fühlt sich allmählich ausgeschlossen. Er nimmt an der Action nicht mehr teil.«

Als das LBO-Spiel schneller wurde, übernahmen Kravis und Roberts mehr und mehr Verantwortung bei den Abschlüssen der Firma. 1984 vollendeten sie den ersten LBO über eine Milliarde Dollar, und sie unternahmen mit Kohlberg Kravis einen Feldzug weiterer großer Deals. Kaufgelegenheiten schossen wie Pilze aus dem Boden, und die zwei drängten darauf, die Firma zu vergrößern und das Personal zu erweitern. Neue Leute kamen dazu, aber Kohlberg verhinderte, daß es noch mehr wurden. Kravis und Roberts drängten nach immer neuen, größeren Deals, und Kohlberg verhinderte auch davon viele. Firmenintern trug ihm das den unvermeidlichen Spitznamen »Dr. No« ein. Kravis beschwerte sich darüber, daß Kohlberg in den sechziger Jahren steckengeblieben sei. Hinter seinem Rücken begannen die beiden Jungen zu murren: Kohlberg bremse sie. »Jerry war älter, und er wollte nie so hart arbeiten«, erinnerte sich Roberts. »Jerry war so negativ, weil er nicht mitkriegte, was los war, und nichts begriff.«

Als die Firma wuchs – 1983 beschäftigte sie acht Makler, 1988 fünfzehn –, nahmen auch die Spannungen zu. Parteien bildeten sich. Junkbonds produzierten einen Strom von immer komplizierteren Finanzkonstruktionen, die an »Rubik's Cube« erinnerten. Kravis und Roberts waren so fleißig, daß Kohlberg nicht mehr bei jedem Deal die Übersicht behalten konnte. Firmenfremde übernahmen mehr und mehr die Alltagsarbeit, und Kravis und Roberts dirigierten bald kleine Armeen von Investmentbankern und Anwälten. »Jerry begann sich zurückzuziehen«, sagt sein langjähriger Freund George Peck, ein

Kohlberg-Kravis-Berater. »Ihm war immer weniger wohl bei all dem. Er fühlte sich allmählich richtig niedergeschlagen.«

Dann, gegen Ende 1983, befielen Kohlberg mysteriöse Schwindelanfälle. Bei einer Untersuchung fand man ein Blutgerinnsel in seinem Hirn, und Anfang 1984 unterzog er sich im Mount Sinai Hospital in New York einer Operaton, um es entfernen zu lassen. Während des Krankenhausaufenthalts war Jerry, wie ein Freund erzählt, »ein bißchen gekränkt, weil (Henry und George) ihn nicht so oft besuchten.« Nachher bestand Kohlberg, der mit Ungeduld darauf wartete, zu seiner Alltagsroutine zurückzukehren, darauf, in seinem Haus in St. Croix von der Operation zu genesen. Nach dem Flug dorthin jedoch fand man ein Blutgerinnsel in seiner Lunge. Er wurde, berichten zwei enge Freunde, schleunigst ins Krankenhaus gebracht, und beinahe wäre Jerry Kohlberg gestorben.

Mitte 1984 versuchte er, wieder zur Arbeit zu kommen, aber von Kopfschmerzen und Lethargie geplagt, gab er wieder auf und blieb monatelang weg. Als Kohlberg schließlich die Arbeit wieder aufnahm, war er außerstande, die frühere Belastung zu tragen. Erschöpft und mit Medikamenten vollgestopft, ging er oft schon mittags nach Hause. An anderen Tagen, erzählt Peck, »stand Jerry morgens auf, um gegen halb acht im Büro zu sein, bekam dann unerträgliche Kopfschmerzen und mußte zu Hause bleiben«.

»Gesundheitlich gesehen war Jerry nicht so weit, daß er wieder zurückkommen konnte«, meinte Paul Raether, ein ehemaliger Investmentbanker, der 1986 als fünfter Gesellschafter in die Firma aufgenommen wurde. Als »Jerry 1985 zurückkommt, läuft er wieder herum, aber er ist nicht mehr auf dem laufenden. Er arbeitet vielleicht fünfundzwanzig Stunden in der Woche. Bei der Alltagsarbeit kommt er nicht mehr mit. Das schafft Spannungen. Die Sachen türmen sich, weil Jerry hängt. Entscheidungen fallen nicht so schnell, wie sie sollten, und das schafft Reibungsverluste. Ein anderes Problem war, daß Jerry nicht immer dabei war. Er verlor leicht den Faden. Jerry glaubt das nicht. Wenn Sie ihm erzählen, daß ich das gesagt habe, wird er behaupten, ich rede einen Haufen Scheiß. Aber es ist wahr. Es ist einfach eine Tatsache. Manchmal war er einfach nicht anwesend.«

Die Spannungen zwischen Kohlberg und seinen beiden Partnern traten bei dem Kampf um Beatrice offen zutage, als Kohlberg sich ihrem Plan widersetzte, ein feindseliges Übernahmeangebot abzugeben. Peinliche Szenen spielten sich ab, wenn Kohlberg verlangte, an einer Konferenz oder einer Strategiebesprechung teilnehmen zu dürfen, zu der er nicht eingeladen war. »Die größten Probleme mit all dem hat natürlich Jerry selbst«, sagt ein Kravis-Vertrauter. »Er entwickelt eine starke Angst davor, aus dem Geschäft ausgeschlossen zu werden, und so latscht er zum falschen Zeitpunkt in anderer Leute Büro und fragt jedesmal, was los ist. Zum erstenmal fängt er jetzt an, auf der Einhaltung formeller Kommunikationswege zu bestehen.«

Es war eine schwierige Periode für Roberts und Kravis, die jetzt sahen, daß sie vielleicht nicht so würden weitermachen können wie bisher. Nach dem Beatrice-Abschluß forcierte Kohlberg das Problem, indem er darauf bestand, daß seine Zuständigkeiten in der Firma definiert werden müßten. Es war ein schmerzhafter Dialog für alle Beteiligten.

»Was soll ich tun?« fragte Kohlberg etwa.

»Wie meinst du das – ›Was soll ich tun?‹«, antwortete Kravis dann. »George oder den anderen muß ich doch auch nicht sagen, was sie tun sollen. Zeigt dir das nicht, daß es vielleicht Zeit ist, hier etwas zu ändern?«

Die gleiche Diskussion führten sie immer wieder. Du willst, daß alles wieder so ist, wie es früher war, sagte Kravis, aber das geht nicht. Es geht einfach nicht. Die Zeiten haben sich geändert.

»Aber wir waren doch Partner, als wir anfingen«, sagte Kohlberg.

»Das stimmt«, antwortete Kravis. »Aber die Zeiten ändern sich. Das Geschäft hat sich verändert.«

Die schlichte Tatsache war, daß Kravis und Roberts ihren früheren Mentor nicht mehr brauchten. In seiner Abwesenheit hatten sie eine Reihe schwieriger, hochspezieller Deals zum Abschluß gebracht, darunter den 2,4-Milliarden-Buyout von Storer Communications. »George und Henry sagten sich: ›Hey, wir kommen ziemlich gut klar‹«, sagt George Peck. »›Wenn Jerry heute nicht da ist – kein Problem. Es ist für alles gesorgt.‹ Das war einfach Jerrys Tod.« Und Roberts sagt: »Wir brauchten immer weniger Hilfe, und Jerry wollte immer mehr helfen.«

In den kommenden Monaten vergrößerte sich die Kluft zwischen Kohlberg und Kravis durch den krassen Unterschied im Lebensstil der beiden. Kohlberg war ein häuslicher Typ, seit vierzig Jahren mit derselben Frau verheiratet. Das Geld hatte ihn nicht verändert. Er kleidete sich einfach, führte ein stilles Familienleben und spielte in seiner Freizeit Tennis oder las dicke Wälzer, Romane und Biographien. Vergnügen bestand für ihn darin, sonntags nachmittags einen Softball umherzuwerfen und sich früh zurückzuziehen, um zu lesen. »Jerry auf eine Cocktailparty zu kriegen«, sagt ein Freund, »ist schon ein größeres Ereignis.«

Kravis hingegen lebte für das üppige Leben. Nachdem seine erste Ehe gescheitert war, sah man ihn immer öfter mit Carolyne Roehm, und bald war das Paar ein fester Bestandteil der Gesellschaftsnachrichten. Jeden Abend, so schien es, fotografierte man sie lachend auf irgendeiner Smoking-Veranstaltung mit schicken Freunden wie Donald Trump und Gattin. Kohlberg fand nicht, daß solches Benehmen sich für einen erwachsenen Mann gehörte; es sei protzig und verderbe das Image der Firma. »Allmählich störte es Jerry sehr«, sagt ein Freund Kohlbergs. »Es kam so weit, daß Jerry es nicht mehr ertrug, Henrys Apartment in der Park Avenue zu betreten, weil da so viel Reichtum war.«

Statt aber Kravis zur Rede zu stellen, ging Kohlberg mit seinen Klagen zu Roberts, einem Verwandten im Geiste. Roberts riet zur Zurückhaltung. »Weißt du, Henry ist glücklich«, sagte er. »Carolyne ist Modedesignerin, und eine Modedesignerin braucht Publicity. Du weißt, daß Henry immer ein Gesellschaftstier war, mehr als du und ich. Wir wollen uns doch nicht in sein Privatleben einmischen.«

Die Debatten über Kohlbergs Zukunft schleppten sich monatelang hin. Kravis vermutete, Kohlberg werde von seinem Sohn James angestachelt, einem ehemaligen Tennisprofi, der jetzt für Roberts in San Francisco arbeitete. Nicht selten kommunizierten die drei Partner durch ihre Freunde, Beattie und Peck, miteinander, die sich bemühten, sie zusammenzuhalten.

Aber es hatte keinen Sinn. Am Ende erwiesen sich zwei Dinge als Crux aller Zwistigkeiten: Geld und Macht. Kravis und Roberts fanden, daß Kohlberg von beiden zuviel wollte. Bei Gründung der Firma hatten sie vereinbart, daß Kohlberg etwa vierzig Prozent der Gewinne kassieren sollte, während Kravis und Roberts jeder dreißig bekamen. Andere Partner, die dazukamen, erhielten ihren Anteil von Kohlberg.

Für Kravis und Roberts war es eine schmerzliche Aufgabe, Kohlberg mitzuteilen, daß er seinen Pflichten nicht mehr gerecht werde. Aber infolge dessen, so fanden sie, dürfe er auch kein gleichrangiger Partner bleiben. »Es war einfach nicht fair«, erinnert Roberts sich ruhig.

Nach der Firmensatzung galt im Trio die Mehrheitsentscheidung. Roberts zufolge verlangte Kohlberg nunmehr Einstimmigkeit bei allen Beschlüssen, was ihm de facto ein Vetorecht bei allen wichtigen Unternehmensentscheidungen verschafft hätte. Damit war das Faß zum Überlaufen gebracht. »Wir waren bereit, ihm eine stattliche Beteiligung zu zahlen, ihn bleiben zu lassen, ihn mit allem schuldigen Respekt zu behandeln – aber ein Vetorecht wollten wir ihm nicht geben«, berichtet Roberts. »Das wäre einfach nicht richtig gewesen.«

Man sprach davon, daß Kohlberg emeritierter Vorsitzender werden solle, aber er war einfach noch nicht bereit, sich zur Ruhe zu setzen. Schließlich rissen Geduldsfäden. »Es gab Szenen, wissen Sie, da rief Jerry: ›Ich habe diese Firma gegründet. Ihr Burschen wärt ohne mich überhaupt nicht hier‹«, erinnerte sich Raether. »Keinem von uns gefiel es, wie die Sache am Ende lief.«

Als Kohlberg sein Ausscheiden vorschlug, widersprachen weder Kravis noch Roberts. Beide Seiten zogen Anwälte hinzu, und im Verlauf mehrerer Monate wurde eine Trennungsvereinbarung verhandelt. Im Frühjahr 1987 war sie fertig, und im Juni wurde den Investoren Kohlbergs Ausscheiden bekanntgegeben. Man deutete an, daß es zwischen den Partnern zum Bruch gekommen sei, gab aber keine weiteren Erklärungen. Kohlberg und sein Sohn gründeten zusammen mit George Peck wenig später ihre eigene LBO-Firma, Kohlberg & Co., und konzentrierten sich pointiert auf kleine, streng freundliche Deals. Kohlberg sprach so gut wie nie von dem Bruch, und wenn, dann ließ er durchblicken, daß er Kravis' und Roberts' Appetit nach höheren Honoraren und größeren, aggressiveren Deals mißbillige. »Ich habe nicht vor, mich auf kleine Transaktionen zu beschränken«, sagte er 1987 der *New York Times,* »aber ich werde bei Geschäften bleiben, die sich in einem vernünftigen Rahmen halten.« Kravis und Roberts lasen diese Bemerkungen; sie waren der Ansicht, Kohlberg versuche, die wahren Gründe für sein Ausscheiden zu vernebeln.

»Das macht mich traurig«, sagte Roberts in einem Interview Mitte

1989. »Es ist wie bei einer Ehescheidung. Von den vierundzwanzig Jahren, die ich mit Jerry zusammengearbeitet habe, waren neunzehn idyllisch. Die letzten fünf waren es nicht... Ich habe das Gefühl, daß ich einen guten Freund verloren habe. Die Entscheidung, die wir getroffen haben – daß er ausscheiden soll –, war die beste. Aber für mich persönlich war es sehr hart. Ist es immer noch.«

Als Jerry Kohlberg bei Kohlberg Kravis ausstieg, hatte sein Büro so lange leergestanden, daß es regelmäßig von Anwälten benutzt wurde, die zu Besuch kamen. Mit dem Talmud und der Sammlung von Trophäen in Acryl nannten die Anwälte es die »LBO-Bibliothek«. Als die Büros 1989 nach einem Brand erneuert wurden, ließ Henry Kravis hier ein Treppenhaus einbauen.

Lange bevor Kravis eine bedeutende Macht in der Wallstreet wurde, war er Bestandteil der New Yorker Society-Kreise – dank seiner ausgedehnten Affäre mit Carolyne Roehm. Bevor Carolyne Roehm, Modedesignerin, kreiert wurde, hatte es Jane Smith gegeben, eine Spezialistin für Polyester-Sportbekleidung bei Sears. Als einzige Tochter eines Lehrerehepaars genoß die kleine Janey eine idyllische Kindheit im winzigen Kirksville, Missouri. Mit fünf tätigte sie von ihrem gesparten Taschengeld den ersten modischen Erwerb, eine Straßkette aus dem Sears-Katalog. Mit dreizehn sah sie Susan Hayward in *Back Street* und beschloß, Modedesignerin zu werden.

Jane Smith war eine dürre, gescheite, energische Modestudentin an der Washington University in St. Louis, ein »braves Mädchen« von der Sorte, die mit Perlenketten und hübschem Rock auf Friedensdemonstrationen ging und einmal ihre Mutter anrief, als sie den Rückweg zum Wohnheim nicht fand. Nach dem Examen pilgerte sie zum Modezentrum der Welt, der Seventh Avenue in New York, und kündigte dort ihren ersten Job schon nach zwei Tagen, als man ihr zumuten wollte, die Toiletten zu reinigen. Sie fand Arbeit bei einer anderen Firma, fuhr täglich mit der U-Bahn und hauste sparsam in einem winzigen Apartment, wo sie nur darauf achtete, stets jede Menge frische Blumen und Schaumbäder zur Verfügung zu haben. »Schönheit und Glamour«, sagte sie gern, »sind ein Seelenzustand.«

Nachdem sie elf Monate lang ihren Tribut an das Polyester entrichtet hatte, faßte Jane Smith ihren ganzen Mut zusammen und ging mit ihrer Mappe zu ihrem Idol Oscar de la Renta. De la Renta war nicht eben furchtbar beeindruckt, aber sie blieb hartnäckig. Sie fing als Designerassistentin bei ihm an, und nach kurzer Zeit spielte die vierundzwanzig Jahre alte Jane Smith die Eliza Doolittle, und der berühmte Designer war ihr Henry Higgins. Sie nahm Koch- und Reitunterricht, lernte Französisch und gab sich große Mühe, eine charmante Dinnerpartnerin zu werden. In der Firma war sie reizend und unschuldsvoll, sie rief, aber brüllte nicht – noch immer die ideale Tanzstundenpartnerin, die sich über verschiedene Arten des Geschenkeeinwickelns unterhielt.

Erstes Opfer ihrer Selbstverwandlung war ihr Vorname. Sie stellte sich als Jane Smith vor, und abgebrühte Seventh-Avenue-Typen antworteten: »Yeah, und ich bin Tarzan.« Ein Boyfriend schlug vor, ihren ersten Taufnamen zu verwenden, und dabei blieb sie.

Leider auch bei dem Boyfriend. Axel Roehm, Erbe eines deutschen Chemieunternehmens, war ein großer, dunkler, gutaussehender Europäer, und er war reich – kurz, ihr Idealbild eines Ehemanns. Sie heirateten, und als Carolyne Roehm zog sie mit ihm nach Darmstadt, um dort das Leben einer reichen, einsamen Hausfrau zu führen. Nach einem Jahr in häuslicher Langeweile kam sie in Tränen aufgelöst zu de la Renta zurück. Die Ehe war gescheitert. De la Renta übertrug ihr die Verantwortung für seine preiswerte »Miss O.«-Kollektion, und die traumatisierte junge Scheidungswitwe stürzte sich kopfüber in die Arbeit.

Ein Jahr danach, 1979, lernte sie Kravis auf einer Party kennen. Liebe auf den ersten Blick war es nicht. Zum einen war Kravis zu klein, und er hatte einen langweiligen Job in der Wallstreet. Außerdem war er seit neun Jahren verheiratet, wenngleich er von seiner Frau getrennt lebte. Nachdem sie einmal über Weihnachten zum Skilaufen nach Vail gefahren waren – Roehms Mutter begleitete sie als Anstandsdame –, gingen sie regelmäßig zusammen aus. Es war keine Liebesaffäre aus dem Bilderbuch. Roehm hatte eine strapaziöse Scheidung hinter sich und war ein widerstrebendes Ziel. »Es war eine Freundschaft«, erinnert sie sich. »Mit Henry zusammenzusein war, als streiche man eine wunderbare Salbe auf eine schlimme Wunde...

(Meine Erinnerung) ist dabei nicht vernebelt von der Romantik der ersten Tage, denn die gab es nicht. Wir waren schon lange befreundet, bevor ich ihn zum erstenmal auch als Liebhaber sah.«

Kravis' Ehe siechte schon seit Jahren dahin. 1970 hatte er Hedi Schulman geheiratet, die Tochter eines Psychiaters aus Brooklyn. Das Ehepaar Kravis mit seinem Apartment in der Park Avenue und gemieteten Sommerhäusern in Greenwich oder The Hamptons hatte immer zu den gesellschaftlichen Aufsteigern gehört. Aber den meisten Berichten zufolge widerstrebten ihm, dessen spätere Reichtümer einstweilen noch ins Reich der Träume gehörten, die verschwenderischen Ausgaben seiner Frau.

»Hedi wollte immer das Größte, das Beste und das Meiste kaufen«, erinnert sich ein Freund der Familie. »Henry gab damals nicht gern Geld aus. Hedi war besessen vom Dollar. Henry machte das wahnsinnig. Es war ihm persönlich peinlich, Leuten draußen in North Carolina erklären zu müssen, weshalb seine Frau mit ihrem Hauspersonal in ein Sommerhaus verschwand.«

Als Kravis eines Sommerabends in Greenwich aus dem Zug stieg, erwartete Hedi ihn aufgeregt. »Henry, ich habe ein ganz wundervolles Haus gefunden, das wir kaufen können!« verkündete sie begeistert. Und sie fuhr mit Kravis zu einer einsamen Straße hinaus, wo die Villen eine Meile weit auseinanderlagen. Es ging einen langen, bewaldeten Weg entlang, der vor einem regelrechten Schloß endete. Kravis war entsetzt: Er weigerte sich, auch nur auszusteigen.

Seine Brautwerbung um Carolyne Roehm nahm Kravis mit dem gleichen Eifer in Angriff wie eine größere Takeover-Schlacht. Als sie eines Abends im Begriff waren, zu einem festlichen Dinner zu gehen, bestand er darauf, daß sie ein neues Paar Tennisschuhe anprobierte; er verabscheute die schäbigen alten Turnschuhe, mit denen sie seit Jahren herumlief. Carolyne, die unter größten Mühen in ein rotes Spitzenkleid geschlüpft war, gab schließlich nach und zog einen Schuh an. Ihre Zehen stießen auf ein Diamantencollier.

»In Liebesdingen hatte Henry Fantasie«, sagt die Roehm. »Er ist kein Oscar Wilde, aber von allen Geschäftsleuten, mit denen ich ausgegangen bin, ist er bei weitem der romantischste. Zu jedem Hochzeitstag, jedem Weihnachtsfest, jedem Geburtstag schreibt er mir süße, lange Briefe über seine Gefühle. Sie wissen schon: ›Meine

Treue, meine Liebe, mein Glaube an Dich...« Es sind sehr rührende Briefe; ich habe sie alle aufbewahrt.«

Bevor sie heirateten, waren sie Geschäftspartner. 1984 erklärte Kravis sich bereit, ein paar Millionen Dollar zu investieren, um Carolyne Roehms eigene Designerfirma zu finanzieren. Sie mietete eine halbe Etage an der Seventh Avenue, im selben Gebäude, in dem auch Ralph Lauren, Beene und Blass beheimatet waren. Roehms erste Kollektion mit eleganter Abendkleidung und fröhlicher Tagesgarderobe, die ein paar Monate später in einer Show präsentiert wurde, war ein Triumph. Als sie hinausging, um vor das Publikum zu treten, das ihr stehend applaudierte, winkte sie mit tränenüberströmtem Gesicht dem Mann zu, der dies alles möglich gemacht hatte: Henry Kravis. Er weinte ebenfalls.

Carolyne Roehm war zur Heirat bereit, aber Kravis, dessen Scheidung 1984 schließlich ausgesprochen wurde, schien sich die Sache plötzlich noch einmal zu überlegen. Während der hektischen Vorbereitungen zu ihrer ersten Show brach sie eines Tages in Tränen aufgelöst vor ihrem Mentor zusammen.»Ich glaube, Henry will mich nicht heiraten«, erklärte sie. De la Renta, stets Vaterfigur, rief Kravis an.»Sie werden mir sagen, es geht mich nichts an, und es geht mich auch nichts an«, sagte der Designer.»Ich sehe ein, daß Sie eine strapaziöse Scheidung hinter sich haben und vielleicht nicht in der Stimmung sind, noch einmal zu heiraten. Aber ich muß Ihnen sagen: Es würde mich sehr beunruhigen, wenn Carolyne die Mätresse eines unverheirateten Mannes würde. Ich finde, sie ist etwas Besseres. Ich werde meinen ganzen Einfluß aufwenden, um diese Beziehung zu zerstören.«

Als Kravis sie schließlich um ihre Hand bat, wurde die Roehm unschlüssig. Sie waren in Italien, wo sie neue Stoffe für ihre nächste Kollektion einkaufen wollte.»Ich sagte, ich müsse es mir überlegen«, entsinnt sie sich. Wie vom Donner gerührt, löcherte Kravis sie den ganzen Abend und auch am nächsten Morgen.»Er sagte immer wieder: ›Ich kann nicht glauben, daß du das gesagt hast. Ich kann's nicht glauben.‹ Alle fünf Minuten hieß es: ›Wie ist deine Entscheidung?‹ Den ganzen nächsten Tag hielt er sich dran, bis ich schließlich gegen drei sagte: ›Also schön, okay.‹«

Ein paar Tage vor der Hochzeit bezog das Paar ein Apartment, dessen vorzügliche Einrichtung bald Stadtgespräch war. Englische und französische Antiquitäten von Louis XV. bis Empire füllten die »öffentlichen« Räume, wo schwere Seidendraperien fließend noch den Boden bedeckten. An den blaßgrünen Wänden des Wohnzimmers hing ein Renoir einer Landschaft von Monet gegenüber. In seiner Bibliothek bevorzugte Kravis englische Pferdebilder. In einem Salon gab es einen Sisley, einen zweiten Renoir und holländische Blumengemälde. Das mit apricotfarbenem und gelbem Damast ausgeschlagene Eßzimmer mit dem massigen Sargent beschwor Visionen von großartigen englischen Landsitzen herauf. Seidene Wolkenstores schmückten die Fenster. An einer Seite befand sich ein *faux-marbre*-Alkoven, in dem Carolyne ein Trio – zwei Geiger und, sagen wir, eine Harfenistin plazierte, das beim Dinner leise für die Gäste spielte.

Vier Jahre später würde *Gentleman's Quarterly* die Kravis-Roehm-Hochzeit – neben der von Prinz Charles und Diana – als »eine der zwanzig Jahrhunderthochzeiten seit 1980« verewigen. Ihr Ehegelübde, im Apartment abgelegt, war gefolgt von einem Dinner für 101 Personen und einem Toast von Kravis' Vater. »Henry war immer ungeduldig«, erzählte Ray Kravis. »Er kam vor der Zeit zur Welt, und seitdem hatte er es eilig.«

Die Jungvermählten rissen eine breite Schneise durch die Society von Manhattan. Kravis, ohnehin schon Mitglied der »richtigen« Kuratorien – beim New York City Ballet, dem Mount Sinai Hospital und der exklusiven Spence School – tat nun auch den Sprung in das begehrte Kuratorium des Metropolitan Museum, und ein Museumsflügel wurde nach ihm benannt. Carolyne Roehm, deren Kleider bis zu 8000 Dollar kosten und von Barbara Walters, Sigourney Weaver und ihresgleichen getragen werden, wurde ins Kuratorium der New York Public Library aufgenommen und organisierte denkwürdige Galas für die Metropolitan Opera und die Show der New York Winter Antiques. Das Ehepaar erstand ein Strandhaus in The Hamptons, eine Skihütte in Vail und ein prärevolutionäres Herrenhaus in Connecticut, wo Carolyne gärtnerte und ritt und Kravis manchmal mit einem Honda-Allradwagen herumraste. Trotz seines wachsenden Vermögens – nach unterschiedlichen Schätzungen zwischen 200 und 350 Millionen Dollar – schufteten die Kravis weiterhin zwölf Stunden täglich und waren ständig auf Reisen.

Wenn sie in New York waren, gingen sie jeden Abend aus und wurden zu einem festen Bestandteil von *W* und *Women's Wear Daily,* vor allem, weil Carolyne Roehm, von aufstrebenden Designerinnen wie Donna Karan bedroht, sich bewußt dazu entschloß, das gesellschaftliche Rampenlicht zu suchen. Ihre Kleider waren für Frauen wie sie selbst gedacht – groß, dünn und reich –, und die Gesellschaftsseiten der Zeitungen boten ihr die beste Möglichkeit, sich vor einer Heerschar von anderen abzuheben. In *W* bemerkte man einmal trocken, die Roehm erscheine in ihrem Streben nach Publicity »auf dem Titelblatt jeder nur vorstellbaren Publikation, und sei es ein Immobilienverzeichnis«. Und man fragte sich: »Kommt als nächstes die *Prawda?*«

In mancher Hinsicht war es ein Bilderbuchleben. Sommer in Salzburg. Ferien in Vail. Am Wochenende zur Fasanenjagd nach Connecticut. Abends auf glitzernden Wohltätigkeitsbällen. Morgens ein Spaziergang zwischen Renoirs, eine Arie auf den Lippen. Pookie, der Westhighland-Terrier, wurde jeden Tag von einem livrierten Diener Gassi geführt. Von allen Geschichten erzählte man sich am häufigsten die von jenem Abend, da Kravis seine Frau im Bett mit einem Smaragdcollier überraschte, das einem die Augen aus dem Kopf fallen ließ. Als sie es auf einer Cocktailparty des Council of Fashion Designers trug, war es Tagesgespräch.

»Woher hast du es?« fragte eine langjährige Freundin.

»Ich hab's unter dem Kopfkissen gefunden«, antwortete die Roehm.

»Wo hast du denn geschlafen?«

»Im richtigen Bett.«

1987 wurde es auf dem LBO-Markt, einst das exklusive Jagdrevier von Kohlberg Kravis und einer Handvoll anderer Firmen, allmählich eng. Angelockt von der gewaltigen Rendite bei Gibson Greetings und Beatrice, pumpten institutionelle Investoren Milliarden in Dutzende von Unternehmen und hofften, ein Stück von Kravis' Kuchen abzubekommen. Zwei der größten Wallstreet-Konzerne, Morgan Stanley und Merrill Lynch, brachten jeder mehr als eine Milliarde Dollar für LBOs auf, und die meisten anderen Firmen, darunter auch Shearson, planten ähnliche Vorstöße. Kravis und Roberts hatten ihren Zwei-Milliarden-Fonds von 1986 – bei weitem der größte in der Wallstreet – noch nicht aufgebraucht, als einer ihrer Rivalen, Forstmann Little & Co., einen 2,7-Milliarden-Fonds enthüllte. Die Schritte, die Kravis schon gehört hatte, verwandelten sich unversehens in das donnernde Hufgetrappel einer Verfolgertruppe, die in seinen Corral galoppiert kam.

Deals, bei denen Kravis früher in aller Ruhe eine Buyout-Vereinbarung hätte verhandeln können, wurden jetzt zu Bietwettkämpfen. »Erledigte Deals« lösten sich angesichts höherer Gebote in Wohlgefallen auf, und manchmal war die Arbeit von Monaten beim Teufel. Und wenn Kravis Tagessieger blieb, waren die Preise in schwindelnde Höhen geklettert. »Viele von diesen Burschen wollen ihre Deals nur machen, um sie zu machen«, beklagte sich Paul Raether. »Sie wollen sich Skalps an die Wand nageln. Sie sagen: ›Ich muß diesen Deal machen, weil ich dann mitspiele. Ich bin dann wer.‹«

Kravis erlebte einen alarmierenden Fall dieser Art im Herbst 1986 bei dem Wettbieten um Jim Walter, einen Baukonzern in Tampa. Ein Gebot von Kohlberg Kravis wurde von Paine Webber überboten, einer Firma, die bei LBOs bisher nicht in Erscheinung getreten war. Als Kravis den Vorsitzenden der Firma, Donald Marron, erschrocken fragte, was er da zu tun glaube, wies Marron darauf hin, daß seine Firma eine Menge Geld und Talent ins Bankgeschäft gesteckt habe und dies nun nutzbar zu machen gedenke. Es sollte nicht das letzte derartige Gespräch sein, das Kravis führte.

Wenn Kohlberg Kravis ihre beherrschende Stellung auf dem LBO-Markt wiederherstellen wollten, mußten sie sich über die Konkurrenz erheben. Die einzige mögliche Richtung war aufwärts. Anfang 1987 entschlossen Kravis und Roberts sich bewußt dazu, sich auf Mega-Deals zu konzentrieren – Fünf- und Zehn-Milliarden-Buyouts, an die sich nur wenige andere heranwagen konnten. Das Fundament hatten sie durch eine Kette von Mammut-LBOs gelegt: mit dem 6,2-Milliarden-Beatrice-Deal, dem 4,4-Milliarden-Buyout der Safeway Stores und dem 2,1-Milliarden-Buyout von Owens-Illinois im Jahr 1987. Jetzt konnten sie in höheres, unerforschtes Gelände vordringen.

»›Wer sonst könnte einen Zehn-Milliarden-Dollar-Deal machen?‹ –

so wurde argumentiert«, erinnert sich Paul Raether. »Niemand. Auf diesem Level konnten nur Kapitalgesellschaften und Konzerne konkurrieren. Und höchstwahrscheinlich würden sie es auf diesem Preisniveau nicht mehr tun.«

Aber die Eliminierung der Konkurrenz war nicht die einzige Verlockung bei einem Mega-Deal. Kravis und Roberts wußten aus Erfahrung, daß ein großer LBO kaum mehr Arbeit bedeutete als ein kleiner. Aber wie groß die Transaktion auch sein mochte, der Gebührenprozentsatz blieb immer der gleiche. Man brauchte kein Genie zu sein, um einzusehen, daß sie mit Zehn-Milliarden-Deals mehr Geld verdienen konnten als mit »schlappen« 100-Millionen-Geschäften. Bei Beatrice hatten sie eine Gebühr von 45 Millionen Dollar kassiert, bei Safeway und Owens-Illinois jeweils 60 Millionen. Dieses Geld floß geradewegs in die Taschen der Partner.

Das Mittel zur Erreichung solcher Höhen war ein neuer Fonds, ihr größter bisher. Noch bevor der '86er Fonds ausgegeben war, machte Roberts sich daran, für einen neuen, größeren Fonds zu trommeln. »Wir müssen das '80er Kapital nicht erst ausgeben«, argumentierte er. »Geld ist zur Verfügung. Holen wir's uns, solange wir können.« Und Raether erinnert sich: »Einen Topf voll Geld hatte 1987 jeder. Wir wollten mit Abstand den größten haben. Damit würden wir uns von allen anderen unterscheiden. Es würde deutlich machen, daß wir mehr Macht hatten als irgend jemand sonst, und jeder würde es wissen. Jeder würde wissen: Die großen Deals gehörten uns.«

Im Juni 1987 begannen sie, den neuen Fonds zu füllen; sie nutzten die Publicity, die ihnen der Beatrice-Deal eingetragen hatte, um Interesse zu erregen. Als Kapitalerhöhungsanreiz für Investoren bot Kravis an, auf die Bearbeitungsgebühr für alle bis 1990 abgeschlossenen Deals zu verzichten. Es klappte. Als der Fonds nur vier Monate später geschlossen wurde, saßen Kravis und Roberts auf einer Kriegsschatulle mit 5,6 Milliarden Dollar, mehr als dem Doppelten dessen, was ihr ärgster Konkurrent besaß. Von den geschätzten 20 Milliarden, die weltweit als Beteiligungskapital für LBOs zur Verfügung standen, kontrollierten Kohlberg Kravis jeden vierten Dollar. Voll finanziert, hatten sie damit eine Kaufkraft von beispiellosen 45 Milliarden Dollar – genug Geld, wie *Fortune* feststellte, um alle zehn in Minneapolis ansässigen *Fortune 500*-Unternehmen zu kaufen, einschließlich Honeywell, General Mills und Pillsbury. Wallstreet hatte so etwas noch nie gesehen.

Und Wallstreet wußte nicht einmal die Hälfte. Erstmalig hatten Kravis und Roberts von ihren Investoren die Genehmigung erbeten und erhalten, insgeheim Kapital in ihre Zielobjekte zu investieren. Diese sogenannten »toehold investments« (»Brückenkopf-Investments«), ein Hauptinstrument von Unternehmensplünderern wie Boone Pickens, würden Kravis dem Konzernmanagement gegenüber einen Verhandlungsvorteil verschaffen und die Firma überdies in den Stand setzen, vom unvermeidlichen Kursanstieg eines Zielunternehmens zu profitieren. Diese Taktik, eine Reaktion auf die neue Konkurrenzatmosphäre, trug mehr als alles andere dazu bei, die Firma von Jerry Kohlbergs Kamingesprächen wegzuführen und ein neues, aggressives Vorgehen zu institutionalisieren. Die meisten Abschlüsse der Firma kamen nunmehr durch Armumdrehen zustande, nicht mehr durch freundschaftliche Diskussionen.

Aber dieses Verfahren erforderte, daß Kravis auf einer haarfeinen Grenzlinie lavierte. Die meisten Pensionsfonds, die vorherrschende Kapitalressource für Kohlberg Kravis, waren für feindselige Takeover entweder gesperrt oder standen ihnen wenigstens argwöhnisch gegenüber. Schon der leiseste Verdacht einer feindseligen Aktion konnte Investoren abschrecken und ihre Einwilligung zu streng freundlichen LBOs irreparabel beeinträchtigen. Wenn Kohlberg Kravis als Plünderer gebrandmarkt wären, würde kein Chief Executive, der bei Sinnen war, je wieder mit ihnen zu tun haben wollen. Infolgedessen wurde der schon von Natur aus dünnhäutige Kravis äußerst empfindlich, was jedwede öffentliche Kritik anbetraf.

Als die Aktienkurse beim Börsenkrach vom Oktober 1987 in den Keller fielen, schlugen Kravis und Roberts zu: Im Handumdrehen kauften sie heimlich fette Anteile von mehreren großen US-Konzernen. 1988 trugen sie einem dieser Konzerne – dessen Identität noch immer geheim ist – ihre LBO-Idee vor, wurden aber abgewiesen. Gegen Ende März offenbarte Kravis einen Anteil von 4,9 Prozent an Texaco, die derzeit von ihrem größten Anteilseigner, dem Investoren Carl Icahn, unter Druck gesetzt wurde. Zwei Monate lang versuchten Kravis und Roberts, das Management des Mineralölkonzerns zu einem Buyout oder einer größeren Umstrukturierung zu überreden.

»Wir haben alles Erdenkliche versucht, um sie dazu zu bringen, etwas mit uns zu unternehmen«, erinnert sich Raether. »Aber sie wollten nicht.« Schließlich verkauften Kohlberg Kravis ihre Anteile mit Gewinn.

Das Problem, soviel war bald klar, bestand darin, daß Kohlberg Kravis immer nur biß und nie bellte. Mit einem Auge stets bei ihren Pensionsfonds-Investoren, konnten Kravis und Roberts es nicht über sich bringen, ein offen feindseliges Übernahmeangebot zu machen. Und jedermann wußte es. Mitte September machte die Firma ein unerbetenes Kaufangebot von 4,64 Milliarden an die in Cincinnati ansässige Lebensmittelkette Kroger, die Tage zuvor ein ähnliches Angebot von der Familie Haft abgelehnt hatte. Zweimal wurde Kravis mit seinem Werben von Kroger abgewiesen; was ihm blieb, war ein hübscher Gewinn aus seinem 9,9-Prozent-Aktienanteil und ein blaues Auge.

Aber nicht nur neue Deals gingen in die Hose. Nachdem ein großer Teil der Beatrice-Firmen abgestoßen war, stellte Kravis fest, daß der Rest sich als unverkäuflich erwies. Das Problem bestand in einem häßlichen Knäuel von Verbindlichkeiten, mit dem kein Käufer etwas zu tun haben wollte. Nachdem Beatrice von jedem potentiellen Käufer aus der Lebensmittelindustrie – von Ross Johnson bis Heinz – begutachtet worden war, gehörte sie einstweilen Kravis. Bis zur Jahresmitte hatten sie nicht nur die drei Milliarden Gewinn, die sie sich erhofft hatten, nicht realisieren können, Kravis und seine Investoren hatten überhaupt nur mit knapper Not ein wenig Profit gemacht.

Es war ein mieses Jahr gewesen. Von den Firmen zurückgewiesen, die er kaufen wollte, darüber hinaus die Konkurrenz im Nacken, verfiel Kravis in miserable Laune, und man konnte es ihm nicht verdenken. Als Jeff Beck davon gesprochen hatte, daß man an RJR Nabisco herantreten könne, hatte Kravis davon nicht viel gehalten. Er streckte allmonatlich Dutzende solcher Fühler aus. Am 5. Oktober frühstückte er mit einem seiner bevorzugten Investmentbanker, Steve Waters, der im Streit mit seinem damaligen Partner Tom Hill bei Drexel Burnham Lambert ausgeschieden und zu Morgan Stanley gegangen war.

»Was ist mit RJR los?« fragte er ihn. Mit Johnson hatte er seit dem Treffen ein Jahr zuvor nicht mehr gesprochen.

Waters sagte, er wisse nichts Neues. Als die beiden sich das letzte Mal über RJR Nabisco unterhalten hatten, war Kravis wegen der Flut der Schadenersatzprozesse gegen die Zigarettenindustrie besorgt gewesen. Nach dem Fall Cipollone* hatten seine Sorgen sich ein wenig gelegt. »Ich habe hinsichtlich meiner Vorbehalte wegen der Tabakprozesse noch einmal nachgedacht«, sagte er zu Waters. »Vielleicht sollten wir feststellen, ob Ross sich unterhalten möchte.«

Waters rief noch am selben Tag bei Johnson an. Jim Welch rief zurück. »Henry hat sich seine Bedenken gegen das Tabakgeschäft noch einmal überlegt, Jim«, berichtete Waters. »Er würde sich wirklich gern mal mit euch zusammensetzen.«

»Na, das ist interessant«, antwortete Welch. »Ross ist im Moment beschäftigt. Lassen Sie uns darüber nachdenken. Wir kurbeln die Zahlen durch und melden uns dann bei Ihnen.«

Waters' Anruf hätte als Warnung dienen können. Johnson ignorierte sie.

---

* Anthony Cipollone hatte mehrere Tabakfirmen wegen Mitverschulden am Tode seiner Frau Rose, einer lebenslangen Raucherin, verklagt; die Tabakindustrie war mit einem blauen Auge davongekommen, aber Cipollone hatte doch 400 000 Dollar Schadenersatz kassiert.

6

Die Geschichte des Merchantbanking – mit Ausnahme von
RJR Nabisco – ist die, daß ich mich da rausgehalten habe.
— PETER A. COHEN

Als sein schnittiger Gulfstream-Jet sich an diesem Freitagabend durch die Wolken über Atlanta hinabsenkte, dachte Shearson-Boss Peter Cohen an das Wochenende, das vor ihm lag. Am nächsten Morgen, dem 8. Oktober, sollte er zum erstenmal seit fast einem Monat mit Ross Johnson zusammentreffen. Tom Hills Team war seit Wochen dabei, Daten zusammenzutragen, obwohl Johnson noch immer nicht signalisiert hatte, daß er einen LBO betreiben wolle. Cohen hoffte, daß sie es morgen früh erfahren würden.

Es war ein langer Flug von Zürich herüber gewesen, der Endstation einer zweiwöchigen Geschäfts- und Vergnügungsreise, und Cohen war müde. Cohen war klein, und braunes Haar umschloß seinen Schädel wie eine enganliegende Kappe. Er machte sich gern darüber lustig, wie Publizisten ihn beschrieben: Immer klein, dunkel und – ein besonderes Lieblingswort – »intensiv«. Der *Institutional Investor* verglich sein Aussehen einmal mit dem von Al Pacino als Michael Corleone in *Der Pate II*. Cohen sah aus wie ein *tough guy,* und etliche Jahre lang war er auch ziemlich genau das. Als langjährige rechte Hand eines der Shearson-Gründer, Sandy Weill, hatte er sich den Ruf erworben, über Leichen zu gehen.

Als er vierzig geworden war und bei Shearson das Ruder übernommen hatte, war er verbindlicher geworden, so hatte es zumindest den Anschein. Freunde sprachen davon, wie »erwachsen« Cohen in den letzten Jahren geworden sei, womit sie meinten, daß er einen schmächtigen Konkurrenten wie Dillon Read nicht mehr als »Peanut« bezeichnete, wie er es in einem Interview getan hatte. Auch bezeichnete er Kritiker nicht mehr öffentlich als »Arschlöcher«. Auf

Drängen von Jim Robinson, seinem Chef bei American Express, hatte Cohen sich bemüht, staatsmännischer zu werden; er hatte in Washington antichambriert, in hehren Worten von der Globalisierung der Wertpapierindustrie gesprochen und Freundschaften mit einflußreichen Leuten wie dem europäischen Industriellen Carlo de Benedetti gepflogen.

Er hatte sich viel Mühe gegeben, seine scharfen Kanten glattzuschleifen. Die Kettensägen-Skulptur und die Statue zweier nadelstreifenumhüllter, unterhalb der Knie abgesägter Beine waren aus seinem Büro verschwunden; an ihre Stelle waren Familienfotos und Fingerfarbenmalereien seiner Kinder getreten. Jahre, bevor so etwas modern wurde, versuchte Cohen, ein freundliches, sanftes Image zu präsentieren.

Cohen, der Sohn eines Textilfabrikanten, wuchs in Long Island auf, ging auf Public Schools und studierte an der Ohio State University. Als Teenager schmökerte er mit Vorliebe in *Fortune* und *Dun's Review*, die sein Vater abonniert hatte. Der alte Cohen kaufte seinem Sohn Investmentpapiere von T. Rowe Price, und seitdem war Cohen vom Wertpapiermarkt fasziniert. In seiner High-School-Zeit übernahm er alle möglichen Gelegenheitsjobs, und an der Ohio State University machte er ein kleines Vermögen, indem er »Colt 45«-Bier fäßchenweise an die Studentenverbindungen verkaufte.

Wenn solche Betriebsamkeit seiner Natur entsprach, so tat die Schule es nicht. In seinem Hauptfach Finanzlehre erreichte er ein solides Mittelmaß. Als er zur Columbia Business School ging, suchte er in seiner Freizeit die Maklerbüros in der Stadtmitte heim, beobachtete den Markt und investierte seine Gewinne aus dem Bierhandel. Er verwarf den Plan, ins väterliche Unternehmen einzusteigen, als sein Vater ihm nicht zahlen wollte, was Cohen wert zu sein glaubte. Statt dessen nahm er Kurs auf Wallstreet.

Cohen hatte jung geheiratet, mit zweiundzwanzig, und als er auf die dreißig zuging, hatte er schon zwei Kinder. Als Weills Assistent war er derjenige, der lange im Büro blieb; das Licht in seinem Zimmer brannte bis tief in die Nacht hinein. Er war Bürokrat, niemals Händler oder Investmentbanker. In zähen Verhandlungen war Cohen derjenige, der den bösen Cop spielte. Er verstand sich aufs Drohen. Er hatte keine Zeit, sich über Wein, Kunst, Reisen und andere schöne Dinge zu informieren, für die andere Wallstreet-Manager anscheinend geboren waren. Jahrelang bereiste er die Großstädte der Welt, ohne mehr als ihre Flughäfen kennenzulernen. Wenn er heute in Rom oder Madrid war, versuchte er, sich einen halben Tag freizunehmen, um das kennenzulernen, was ihm entgangen war. Mit vierzig entdeckte er den Louvre, das Musée d'Orsay und das Nationalmuseum in Taipeh. Er verbesserte sein Tennis- und Golfspiel. Freunde fanden, daß Cohen sehr hart daran arbeite, das Ausspannen zu lernen.

Am Samstag morgen, dem 8. Oktober, frühstückte Cohen im Waverly Hotel mit Tom Hill und Jack Nusbaum, Shearsons Syndikus. Nusbaum, einer von Cohens engsten Beratern, ein nüchterner Jurist mit dem Gesicht einer angstgepeinigten Bulldogge, hatte während seines Urlaubs in Marokko erfahren, daß sich da ein Deal zusammenbraue. Zwei Tage zuvor war er nach Atlanta geflogen und hatte sich von Ed Horrigan und Harold Henderson einen Vortrag über die Haftungsgefahren der Tabakindustrie halten lassen; danach war er überzeugt, daß die rechtlichen Risiken nicht groß genug waren, um gegen einen LBO zu argumentieren. Hill und ein Bankveteran von Shearson, Jim Stern, waren einen Tag zuvor angekommen, hatten das für Samstag geplante Meeting vorbereitet und Johnsons Leute wissen lassen, was sie zu erwarten hatten, falls sie einstiegen. So weit, so gut, meinten die beiden übereinstimmend. Johnson war anscheinend auf dem richtigen Gleis.

Nach dem Frühstück überquerte das Shearson-Team den Parkplatz zur Hauptverwaltung in Zweier- und Dreiergrüppchen, um keinen Verdacht zu erregen. Oben angekommen, ließen sie sich in Johnsons Büro nieder, von dem man auf ein Meer von Georgia-Kiefern hinausblickte. Johnson, begleitet von Horrigan, Sage und Henderson, hatte das neueste Mitglied seiner Mannschaft mitgebracht, Steve Goldstone von der Wallstreet-Kanzlei Davis, Polk & Wardwell.

Mit seinen zweiundvierzig Jahren war Goldstone eine seltsame Wahl als Berater der RJR-Nabisco-Manager. Zierlich und schütterhaarig, war er, der in New York aufgewachsene Sohn eines Miederwarenhändlers, eine Rarität unter den Wallstreet-Juristen. Die meisten waren spezialisiert auf die Beratung von Fusionsspezialisten oder auf Prozeßführung, aber Goldstone betrieb beides. Als Taktiker war er buchstäblich unbekannt. Zehn Jahre lang hatte er im Emissionsgeschäft und für mittelgroße Akquisitionen gearbeitet – Brot-und-Butter-Geschäfte, die das Fundament der Wertpapierbranche sind. Johnson hatte er kennengelernt, als Davis Polk in jenem Sommer mitgeholfen hatten, bei RJR Nabisco die »goldenen Fallschirme« zu präparieren.

Von Anfang an war es klar, daß dies kein gewöhnlicher LBO werden würde. Das Gespräch in Johnsons Büro an diesem Tag verlief herzlich und drehte sich um eine Reihe von Fragen: Preis, Profit, Angriffspläne und andere Dinge. Bis dahin hatten größtenteils theoretische Diskussionen am Telefon stattgefunden: Niemand war sicher, daß Johnson tatsächlich ernstmachen würde. »Was glauben Sie, wie groß die Chancen sind, daß er's macht?« fragte Nusbaum irgendwann Goldstone. Goldstone überlegte kurz. »Weniger als fifty-fifty«, meinte er dann.

Bei aller Ungewißheit stellte Tom Hill doch mit Überraschung fest, wie gut Johnsons Leute über LBOs Bescheid wußten. Tatsächlich war der Schüler hier im Begriff, dem Lehrer zu erklären, wie der Unterricht zu laufen hatte.

Von zentraler Bedeutung für den Erfolg der meisten LBOs ist eine List, die als »Pistole-auf-die-Brust«-Strategie bezeichnet wird. Dabei erstellt eine Gruppe von führenden Managern insgeheim in Zusammenarbeit mit einer Wallstreet-Firma – wie Shearson – eine Finanzierung. Wenn man die Finanzierung geregelt und sich auf eine Angebotssumme geeinigt hat, präsentiert der Chief Executive seinem Vorstand dieses Angebot und stellt ihm frei, anzunehmen oder abzulehnen. Hill hatte sogar einen Zehn-Wochen-Zeitplan entworfen, an den die Johnson-Shearson-Gruppe sich bei ihrem Buyout würde halten können; die Überschrift hätte lauten können: »In zehn Schritten zu einem erfolgreichen LBO«:

WOCHE EINS BIS DREI: Vorstudien zur Bewertung und Preisdebatte.

WOCHE VIER: Bankengespräche über Kredite.

WOCHE FÜNF: Detaillierte Ausarbeitung einer Kreditstruktur durch die Banken.

WOCHE SECHS: Management beschließt, ob LBO vorgenommen werden soll.

WOCHE SIEBEN: Vorstand wird in aller Stille informiert und gebeten, einen »unabhängigen« Ausschuß zu bilden, der jegliches LBO-Angebot analysieren soll.

WOCHE ACHT: Management setzt Fusionsvereinbarung auf.

WOCHE NEUN: Management macht Vorstand erstes Angebot. Verhandlungen mit unabhängigem Ausschuß beginnen. In einer Presseveröffentlichung wird bekanntgegeben, daß der Vorstand »Buyout-Angebot in Erwägung zieht«.

WOCHE ZEHN: Akquisitionsvertrag wird unterzeichnet und bekanntgemacht.

Sinn des Verfahrens ist es, den ganzen Prozeß geheimzuhalten, bis ein Deal zustandegekommen ist, und somit das Bieten zu beenden, bevor es beginnen kann. Man setzt dem Vorstand – um bei der Wallstreet-Floskel zu bleiben – »die Pistole auf die Brust«, damit ihm nur wenige Optionen offenstehen. Veröffentlicht er den Vorschlag, riskiert er, das Unternehmen für Plünderer »ins Spiel« zu bringen und das Management vor einem konkreten Angebot zurückschrecken zu lassen. Jahrelang hatten Vorstände kapituliert und nach einem solchen »Überfall« durch das Management Übernahmevereinbarungen unterzeichnet. Viele taten es immer noch. Wallstreet-Strategen wie Hill hielten es für entscheidend wichtig, sich mit einem voll finanzierten, startbereiten Angebot an den Vorstand heranzuschleichen. Selbstverständlich nahm er an, daß Johnson es genauso sah.

Johnson wollte davon nichts hören. Er hatte miterlebt, wie Tylee Wilson wegen geringerer Verstöße den Zorn dieses Vorstands auf sich herabbeschworen hatte. Auch war er nicht bereit, Shearson die Finanzierung arrangieren oder sonst etwas tun zu lassen, was den Vorstand verärgern würde, wenn etwas davon durchsickerte. Johnson hatte es gut in Atlanta, und so lange er nicht entschlossen war, einen LBO zu betreiben, würde er das alles nicht aufs Spiel setzen, indem er sich von Shearson das Heft aus der Hand nehmen ließ. Andererseits hatte er unübertreffliches Vertrauen in seine Fähigkeit als Verkäufer. Wenn ein LBO die beste Lösung war, dann würde er sie dem Vorstand auch verkaufen können, dessen war er sicher – aber nur, wenn es eine Idee und kein Überfall war.

Die Abkehr von der akzeptierten LBO-Strategie bereitete Cohen und Hill Unbehagen, aber sie hatten keine Wahl: Ohne Johnson gab es keinen Deal. Sollte der Vorstand sich dafür entscheiden, ihren Vorschlag zu veröffentlichen, wäre damit ihr taktischer Vorteil beim Teufel; in einem »Worst Case«-Szenario ständen sie chancengleich neben jedem, der sich einfallen ließe, sie zu überbieten. Aber niemand – weder Cohen und Hill noch Johnson – hegte ernsthafte Befürchtungen, daß so etwas geschehen könnte. RJR Nabisco war einfach zu groß, als daß mehr als eine Handvoll Unternehmen auf der Welt an einen Angriff hätten denken können. Tom Hill ging die Möglichkeiten durch:

– Hanson Trust PLC, ein britisches Konglomerat mit einem mächtigen Appetit auf US-Konzerne. Der Vorsitzende, Lord Hanson, hatte sein Imperium um ein Tabakunternehmen herum aufgebaut.

– American Brands, die in Connecticut beheimatete Zigarettenfirma, zu deren Marken Pall Mall und Lucky Strike gehörten, hatten zu Anfang des Jahres einen feindseligen Takeover-Überfall mit einer tollkühnen Aktion abgewehrt.

– Forstmann Little, die Nummer zwei unter den LBO-Firmen der Wallstreet, hatte sich als willens erwiesen, mit Multi-Milliarden-Angeboten in hitzige Takeover-Schlachten einzureiten. Aber 20 Milliarden, meinte Hill, überstiegen vermutlich auch Forstmann Littles Möglichkeiten.

Sie alle waren unberechenbar. Aber jeder im Raum wußte: Der einzige, der stark genug war, um zu einer echten Konkurrenz zu werden, war Henry Kravis. Unter allen Konglomeraten und Investoren der Welt besaß nur Kravis die Kombination von Macht, Selbstvertrauen und Geld, die notwendig war, um ein seriöses Gegengebot auf die Beine zu bringen. Meinungen und Erkenntnisse aus zweiter Hand schwirrten durch Johnsons Büro. Jemand äußerte die Vermutung, Kravis sei auf Safari in Afrika und könne deshalb vielleicht nicht schnell genug reagieren. Aber als Johnson redete, hörte die Mannschaft von Shearson Lehman Hutton zu. Sie alle wußten, daß Kravis ihn ein Jahr zuvor umworben hatte.

»Henry wird nichts unternehmen«, meinte Johnson zuversichtlich. »Ich glaube, er interessiert sich einfach nicht für Tabak.« Und Andy Sage bestätigte den Eindruck seines Chefs.

Es war eine Behauptung von entscheidender Bedeutung, eine, die Johnson in den nächsten Tagen mehrfach wiederholte. Er wußte von Kravis' Vorschlägen, die über Beck und Waters gekommen waren, und nahm sie nicht ernst. Mit Absicht vermied er es, sie den Shearson-Leuten gegenüber zu erwähnen. »Es gab keinen Grund«, sollte er später erklären. »Die wären ja flügelschlagend rumgelaufen und hätten gesagt: ›Wir müssen dies machen, wir müssen das machen.‹ Das sind keine coolen Leute in dieser Branche. Ich wollte nicht, daß sie ihre Objektivität verlieren.«

Tatsächlich ließ Johnson sich von dem gleichen fundamentalen Irrtum einlullen wie die Shearson-Manager. Bei allem Gerede über mögliche Konkurrenten waren die meisten von ihnen überzeugt, daß ihr Angebot, sollte es auf den Tisch kommen, konkurrenzlos bleiben würde. Sie waren sicher, daß niemand, nicht einmal Kravis, einen Buyout dieses Umfangs ohne die Hilfe eines Managementteams ins Auge fassen würde, welches die besten Möglichkeiten zur Kostenreduzierung ermitteln könnte. Selbst wenn er sich versucht fühlte, würde Kravis, wie sie glaubten, zweifellos vor der entmutigenden Komplexität der Rechtsprobleme in der Tabakindustrie zurückschrecken. Cohen und Hill betrachteten Johnson letzten Endes als ihren Schutzschild gegen allfällige Konkurrenzgebote. Als Hauptstratege der Gruppe verfügte Hill über Möglichkeiten, Kravis' Appetit zu testen, aber durch Johnsons Beharren auf Geheimhaltung waren ihm, wie er später sagte, Handschellen angelegt. Wenn man Fragen stellte, konnte das, wie er wußte, bei den falschen Leuten Interesse wecken.*

So, wie Shearson darauf vertraute, daß Johnson mit seinem Vorstand fertig werde, vertraute Johnson darauf, daß Shearson genug Geld aufbringen könne, um den Konzern zu kaufen. Tatsächlich hatte die Firma etwas derartiges nie versucht, und man hatte sogar die Möglichkeit erörtert, eine namhafte Junkbond-Macht wie Drexel oder Merrill Lynch zur Unterstützung heranzuziehen. Diese Idee wurde aber rasch verworfen: Wenn sie Unterstützung suchten, würden sie damit zugeben, daß Shearson es allein nicht konnte. Cohen war sicher, daß Shearson mit American Express im Rücken dieser Aufgabe gewachsen sei.

Der Preis war nie ein Thema ernsthafter Debatten. Hill und Johnson hielten ein Gebot von 75 Dollar pro Aktie übereinstimmend für vernünftig. So hoch hatte der Kurs nie gestanden – der Höchstkurs hatte um die 71 Dollar betragen –; allerdings war die Differenz nicht groß. Bei 75 Dollar pro Aktie ergab sich ein Kaufpreis von 17,6 Milliarden, fast das Dreifache des Beatrice-Deals. Die rund 15 Milliarden, die sie von Geschäftsbanken würden beziehen müssen, waren mehr als das Doppelte der größten Darlehenssumme, die je für einen Takeover gewährt worden war; Jim Stern von Shearson hatte Stunden darauf verwandt, auszurechnen, ob es überhaupt so viel Takeover-Geld auf der Welt *gab*. »Siebzehn Milliarden Dollar«, sagte Johnson. »Hölle, ich werde auf Händen und Knien wie ein Drehorgelaffe herumlaufen müssen, um siebzehn Milliarden Dollar aufzutreiben.«

Aber es konnte mehr werden, warnte Hill. Der Vorstand würde versuchen, einen besseren Preis auszuhandeln, vielleicht auf einem Niveau von knapp über 80 Dollar. Das alles war Bestandteil des hochentwickelten Theaterstücks, das in den meisten LBO-Situationen gespielt wurde. Eine Management-Gruppe unterbreitete mit Absicht ein niedriges Angebot, weil sie wußte, daß der Vorstand ein paar

---

* Als Hill Monate später von Waters' Anruf erfuhr, wich alle Farbe aus seinem Gesicht. »Sie machen Witze. Das kann ich nicht glauben«, sagte er. »Wenn ich gewußt hätte, daß Kravis versuchte, Johnson zu erreichen, hätte das unsere Strategie total verändert. Es wäre von größter Bedeutung gewesen.« Als einziger unter Johnsons Strategen erklärt Peter Cohen beharrlich, er habe niemals daran gezweifelt, daß Kravis ein Konkurrenzgebot vorlegen werde.

Dollar mehr würde herauskitzeln wollen. Dieser Kniff wiederum ermöglichte dem Vorstand, zu erklären, er habe sich bemüht, den bestmöglichen Preis zu erzielen. Das war gut für die PR, aber es war noch nützlicher als Schutz vor unvermeidlichen Aktionärsklagen gegen die Vorstandsmitglieder.

Johnson wurde es sichtbar mulmig, als die Rede darauf kam, mehr als 75 Dollar zu zahlen. Je höher der Preis wäre, desto mehr Schulden müßten gemacht werden. Je höher die Schulden wären, desto enger würde der Unternehmensgürtel geschnallt werden müssen. Johnson aber konnte absolut keinen Geschmack an Kostensenkungen finden, erst recht nicht, wenn sie bedeuteten, die »RJR Air Force« oder andere Extras zu kürzen. Er ahnte, daß Shearson – wie die meisten Darlehensgeber – von kleinlicher Knauserigkeit besessen seine Budgets im Auge behalten würde. Er bestand darauf, daß sowohl die »Premier« als auch die Konzernverwaltung in Atlanta von allen Budgetkürzungen ausgenommen blieben, falls ein LBO unternommen werden sollte.

»Ich sage Ihnen, wir werden nicht anfangen, hier ein Erbsenzähler-Unternehmen zu führen«, erklärte er. »Ich will nicht, daß ein Haufen Ihrer Burschen hier rumläuft und sagt, wir dürften nur fünf Jets und keine sechs haben, und dergleichen mehr. Mir ist klar, daß ich mir eine Zeitlang den Arsch werde aufreißen müssen, wenn wir die Sache durchziehen. Dagegen habe ich nichts. Aber ich will nicht, daß mein Lebensstil geändert wird. Ich habe ein großartiges Unternehmen und ein schönes Leben, und ich will nicht, daß sich daran etwas ändert.«

Ein erfahrener LBO-Spekulant hätte über die Vorstellung von einem schmerzlosen LBO vielleicht gelacht. Cohen und Hill spielten mit, obwohl Hill insgeheim sicher war, daß sowohl die »Premier« als auch die Hauptverwaltung am Ende würden geopfert werden müssen. Beide waren darauf bedacht, den Prozeß des LBO für Johnson so leicht wie möglich zu machen; es würde alles unterbleiben, was ihren Preishengst so erschrecken könnte, daß er bei der Vorstandssitzung am 19. Oktober, also in nur zehn Tagen, zum Gatter hinausgaloppierte. Bereitwillig akzeptierten sie jede seiner »Forderungen«; die Zukunft ihrer LBO-Aktivität hing davon ab, daß sie Johnson bei Laune hielten.

Steve Goldstone, der engagiert worden war, um Johnsons Interessen zu wahren, spürte, daß die Shearson-Leute seinem Klienten vielleicht ein allzu rosiges Bild malten. »Hören Sie«, sagte er einmal zu Nusbaum, »haben Sie Ross auch gesagt, daß er einen erstklassigen Preis wird zahlen müssen und daß er ein konkurrenzfähiges Gebot wird vorlegen müssen?« Nusbaum und Hill schworen, daß sie mit nichts hinterm Berge hielten.

Der letzte und wichtigste Punkt der Diskussion an diesem Tage war die Managementvereinbarung. Als zentrales Dokument, in dem Johnsons Stellung gegenüber Shearson definiert wäre, würde hier festgelegt werden, wie RJR Nabisco zu führen war, wer das Unternehmen kontrollierte, und wie die Gewinne aufgeteilt werden würden.

Innerhalb der LBO-Gemeinde spielen Manager, die sich mit Henry Kravis und seinesgleichen einlassen, eine klar definierte Rolle. Als Geschäftsführer einer Publikumsgesellschaft werden sie von LBO-Firmen vehement umworben; eine Firma wie Kohlberg Kravis kann an die Tür klopfen, aber in den meisten Fällen kann sie nicht ins Haus, ohne hereingebeten zu werden. Dafür gestatten LBO-Firmen den Managern üblicherweise, mit eigenem Geld zehn bis fünfzehn Prozent der Anteile an dem Unternehmen zu kaufen, dessen Geschäfte sie bis dahin als angestellte Manager geführt haben. Aber während der CEO nominell die Geschäftsführung behält und oft auch weiter autonom operieren kann, besteht doch kein Zweifel daran, wer zu bestimmen hat: Firmen wie Kohlberg Kravis und Forstmann Little kontrollieren jeden Vorstand, genehmigen jeden Etat, und es steht ihnen frei, leitende Angestellte nach eigenem Belieben vor die Tür zu setzen. Ein LBO ist keine Demokratie: Jeder Manager in einem Unternehmen, das Kohlberg Kravis gehört, ist Kravis und Roberts direkt verantwortlich.

Johnson kümmerten solche konventionellen Weisheiten wenig. Was ihm vorschwebte, war nicht weniger als die totale Umkehrung der traditionellen Rollen von Management und LBO-Firma. Wieso, meinte Johnson, sollte Shearson den Vorstand kontrollieren? War nicht schließlich er derjenige, der hier seinen Job aufs Spiel setzte? Wieso sollten nicht die Manager, also diejenigen, die den Konzern am besten kannten, auch darüber bestimmen? Zu Shearsons Verblüffung verlangte er die Kontrolle über den Vorstand und ein Vetorecht bei wichtigen strategischen Entscheidungen, während des Deals und in der Zeit danach. Er vermutete zu Recht, daß Shearson Kürzungen bei der »Premier«, in der Hauptverwaltung und an der »RJR Air Force« würde vornehmen wollen. Mit einem Vetorecht war gesichert, daß RJR Nabisco auf seine Art weitergeführt werden würde, nicht auf Shearsons.

»Herrgott noch mal, ich lasse mir doch keinen Haufen verdammte Investmentbanker in meinen Vorstand setzen, die mir sagen, was ich zu tun und zu lassen habe«, sagte er zu Cohen. »Sie müssen schon darauf vertrauen, daß ich weiß, wie man's macht. Ich brauche keine Horde Kids, die den ganzen Tag auf ihre Computer starren und versuchen, alles für mich auszutüfteln. So muß es sein, wenn ich diese ganze Scheiße mitmachen und noch mal fünf verdammte Jahre qualvolle Plackerei auf mich nehmen soll, statt mich zur Ruhe zu setzen.«

Henry Kravis hätte Johnson aufgefordert, ihm den Buckel herunterzurutschen. Aber Cohen und Hill hatten sich bereits entschlossen, auf seine Forderungen einzugehen. Wieder glaubten sie, es bliebe ihnen nichts anderes übrig. Johnson hatte keinen Zweifel gelassen: kein Deal ohne sein Vetorecht. »Es war der Eintrittspreis«, gab Hill später zu: in einen Club, dem Shearson unbedingt angehören wollte. Schon lange suchte Cohen – mit der gewaltigen Power von American Express, die Shearson 1981 erworben hatte, im Rücken – nach Möglichkeiten, das Kapital seiner Firma nutzbar zu machen. Seit Mitte der achtziger Jahre stießen Konkurrenten wie Morgan Stanley und Merrill Lynch in das LBO-Geschäft vor und hatten in dem Bestreben, mit Drexels Junkbond-Kapazitäten zu konkurrieren, begonnen, ihr eigenes Geld zur Interimsfinanzierung von Takeovers – als sogenannte »bridge loans« oder Überbrückungskredite – zu verleihen. Dieser Trend war allgemein als »Merchantbanking« bekannt, ein hochtrabender Terminus, der im Grunde nichts anderes bedeutete, als daß die Investmentbanken ihr Geld dahin gaben, wo ihr Mund schon seit Jahren war.

Gegen Johnsons unerhörteste Forderung hatte Cohen sich bis jetzt gesträubt. Andy Sage hatte herausgefunden, daß Shearson Lehman Hutton den Investoren in ihren neuen Fonds für ihr Geld eine 40prozentige Rendite versprochen hatten. Schön, sagte Sage, Shearson könne die 40 Prozent haben; er bestand darauf, daß Johnson und seine Leute alles bekämen, was übrigbliebe. Das aber belief sich auf mindestens 20 Prozent der Anteile an einer Post-LBO-RJR-Nabisco. Ohne weitere Debatte hatte Hill ihn daraufhin wissen lassen, daß er diesen Anspruch für überzogen halte. Als Beleg hatte er ein Bündel von Managementvereinbarungen aus anderen LBOs nach Atlanta mitgebracht; bei Beatrice zum Beispiel hatten Kelly und seine Leute einen 12,5-Prozent-Anteil erworben.

Aber Johnson wollte nicht nur einen sehr viel größeren Prozentsatz vom Gewinn, sondern er wollte ihn auch auf der Grundlage eines sehr viel größeren Deals. Hill hatte errechnet, daß ein 20prozentiger Anteil an den Gewinnen für Johnsons Gruppe in fünf Jahren 2,5 Milliarden Dollar wert sein könnte. In einer Aktennotiz an Cohen hatte Jim Stern am 30. September festgestellt, daß der von Johnson geforderte Anteil »sehr groß erscheint, erst recht, wenn man den Umfang dieses Deals, verglichen mit früheren, in Rechnung stellt. In absoluten Zahlen läßt die Höhe dieser Managementprovision die bei anderen Deals gezahlten winzig erscheinen.«

An diesem Samstag kam die Angelegenheit erneut zur Sprache. Aber als die Gruppe sich um drei Uhr vertagte, war man kaum weitergekommen. An anderen Fronten waren so große Fortschritte gemacht worden, daß es kaum nötig zu sein schien, das Wasser jetzt mit einer langwierigen Verhandlung zu trüben. Johnson versicherte Cohen, daß die Frage der Gewinnaufteilung kein Problem sein werde, und Cohen, entzückt über die erreichten Fortschritte, war sicher, daß er damit recht hatte. Sage willigte ein, in der folgenden Woche noch einmal mit Hill darüber zu reden.

Vor der Rückkehr nach New York versuchten die Shearson-Banker noch einmal, Johnson dazu zu überreden, sich mit einer Gruppe von Geschäftsbanken zusammensetzen zu dürfen, um über eine Finanzierung zu sprechen. Johnson lehnte ab. Shearson, erklärte er, dürfe nur zwei Banken ansprechen, und auch das nur zu ersten Sondierungsgesprächen. »Stellen Sie fest, ob genug Geld für diesen Deal vorhanden ist«, trug er Cohen auf, »und damit Schluß.« In den kommenden Wochen hätten sie noch reichlich Zeit zum Aushandeln von Bankvereinbarungen.

Am Montag war Columbus Day. Cohen erreichte Charles Sanford, den Vorsitzenden des Bankers Trust, zu Hause. »Charlie, ich muß mit Ihnen über etwas reden, das für uns beide von großer Wichtigkeit ist.

Je früher es geht, desto besser. Wenn wir darüber reden, werden Sie gleich begreifen, weshalb es am Telefon nicht geht ...« Den Vorsitzenden der Citibank, John Reed, erreichte er am nächsten Tag. »John, ich habe da eine ungeheure Gelegenheit für Sie ...«

Am nächsten Morgen, am Mittwoch, dem 12. Oktober, traf ein Shearson-Team unter Führung von Jim Stern mit leitenden Vertretern von Bankers Trust und Citibank zu separaten Gesprächen zusammen. Um die Geheimhaltung zu sichern, verlangte Stern, daß beide Banken ihr Kreditanalyse-Team auf maximal vier Banker limitierten. Innerhalb von zwei Tagen bekam er die Rückmeldung: Beide Banken waren bereit, die Transaktion vorzunehmen. Es ging leichter, als irgend jemand gehofft hatte, dachte Stern.

Für Bob O'Brien, den Leiter der Takeover-Finanzierung beim Bankers Trust in New York, war die Analyse des Shearson-Projekts eine der faszinierendsten Aufgaben seiner Laufbahn. Es war keine Frage, daß jede Bank die Gelegenheit beim Schopf ergreifen würde, Kredite für den LBO eines soliden Großkonzerns wie RJR Nabisco zu gewähren. Das zentrale Dilemma bestand in der Frage: Gab es, wie Jim Stern sich schon gefragt hatte, auf der ganzen Welt genug Takeover-Geld für ein solches Vorhaben?

Bei den meisten großen Takeovers werden die Kredite paketweise auf Banken rund um den Globus verteilt oder syndiziert. O'Briens Team klapperte weltweit jeden der rund fünfzig Verkäufer seiner Abteilung ab. Land für Land, Bank für Bank addierten sie die für LBOs verfügbaren Dollars. Die Kreditvergabepraktiken von Banken in Irland, Belgien, Dänemark und Griechenland wurden ermittelt. Wie würde die Union Bank in Finnland auf den Buyout eines Konglomerats in Atlanta reagieren? Was würden die unberechenbaren japanischen Banken zu einem Tabakkonzern sagen?

Schließlich kam O'Brien zu dem Schluß, daß es weltweit 21 Milliarden Dollar gab, die für einen einzelnen Buyout zur Verfügung gestellt werden konnten. An diesem Punkt setzte er an. Natürlich würde nicht das ganze Geld auch kommen. Manche Banken, überlegte er, werden keinen Tabak mögen, weil dem Vorsitzenden mal einer Rauch ins Gesicht geblasen hat. O'Brien war bereit, darauf zu wetten, daß er von den 21 Milliarden insgesamt sechzehn in die Hand würde bekommen können. Es war eine aggressive Schätzung. Shearson Lehman Hutton schrieben 15,5 Milliarden in ihre Kalkulation – rund Dreiviertel des gesamten LBO-Geldes der Welt.

Für einen Mann, dessen Leben eine einzige lange Party gewesen war, zeigte Johnson einen merkwürdigen Mangel an Heiterkeit in den Tagen vor dem 19. Oktober. Andy Sage fiel auf, daß die überschäumenden nächtlichen Anrufe von Johnson, die alle ihre bisherigen Abenteuer begleitet hatten, diesmal ausblieben. Nicht nur einer Handvoll Amateurpsychologen kam der Gedanke, Johnson könnte die ganze Sache vielleicht nur betreiben, um die durch den Unfall seines Sohnes verursachte Leere zu füllen. Bruce Johnson lag weiter im Koma.

Als die Vorstandssitzung näherrückte, schien Johnson die ganze LBO-Idee mit wachsendem Zwiespalt zu betrachten. Zum Teil lag dies natürlich daran, daß so viele seiner langjährigen Kameraden diesmal nicht mehr dabei sein würden. Bei einem langen, tränenreichen Dinner teilte er beispielsweise Bob Carbonell mit, daß er nicht zu der siebenköpfigen Gruppe gehören würde, die das Übernahmeangebot machte; Carbonell leitete inzwischen Del Monte, und falls sie gewannen, würde Del Monte verkauft werden. Von denen, die dabei waren, zeigte Ed Horrigan den größten Enthusiasmus. Wie Johnson berichtet, wurde ihm regelrecht schwindelig bei der Aussicht auf die bei dem LBO zu erzielenden Reichtümer. Er wieselte umher und schrieb und revidierte auf gelbem Kanzleipapier Listen derer, die zu der Gruppe gehören würden.*

Wenn Johnson angesichts des zu erwartenden Millionenverdienstes das Wasser im Munde zusammenlief, so war ihm davon nichts anzumerken. Auch der inhärente Interessenkonflikt, dem bei LBOs beteiligte Manager sich ausgesetzt sahen, schien ihm kein Kopfzerbrechen zu bereiten. Johnson sah im Kauf des Unternehmens keinen Interessenkonflikt, sondern eine wunderbare Interessenkonvergenz. Bei einem LBO, so meinte er, würde jeder gewinnen. Das Kursproblem wäre gelöst. Die Aktionäre würden mit 75 Dollar je Aktie aus-

---

* Neben Johnson und Horrigan gehörten Sage, Henderson, Ed Robinson, John Martin und der Vizevorsitzende Jim Welch dazu.

gezahlt werden. »Wir hätten die Firma vier oder fünf *Jahre* so weiterführen können, wie sie lief, und hätten dieses Level nicht erreicht«, sagte er, als wären vier oder fünf Jahre eine Ewigkeit. Shearson und sein Freund Jim Robinson bei American Express würden sich eine prächtige Feder an den Hut stecken können. Und Johnson und seine Freunde würden so reich werden, wie sie es sich in ihren wildesten Träumen nicht vorgestellt hatten.

Manche Experten haben Johnsons Entschluß, das Unternehmen zu wagen, seiner Habgier zugeschrieben. Aber es war komplizierter. Zuerst und vor allem schien der LBO Johnsons Sehnsucht nach Action zu stillen. Wenn seine Rechtfertigung – das Problem der Aktienkurse – auch etwas weit hergeholt war, so hatte er sich doch als unfähig erwiesen, ein Dilemma zu ignorieren, das andere CEOs als geringfügig abgetan hätten. Und wenn er die Aussicht auf plötzlichen Reichtum auch nicht minder reizvoll fand als jeder andere, so gab er doch auch ebenso gern, wie er nahm.

Am Donnerstag, dem 13. Oktober, spürte er Charlie Hugel in einem Hotel in Seoul in Südkorea auf, wo dieser Atomkraftwerke verhökerte. Vor lauter Angst, jemand könnte das Gespräch belauschen, versuchte Johnson, in einer Art Code zu sprechen. »Sie erinnern sich an das Projekt, das wir uns angesehen haben?« sagte er.

»Aber ja«, sagte Hugel. Dabei hatte er geglaubt, er habe Johnson die Idee eines LBO schon einen Monat zuvor ausgeredet.

»Tja, Charlie, allmählich sieht es anders aus. Möglicherweise ist da mehr Substanz an der Sache als bei unserem letzten Gespräch. Der Vorstand muß es sich einmal ansehen.«

Hugel war wie vom Donner gerührt.

»Wir werden's machen«, kündigte Johnson an. »Es ist wichtig, daß Sie zurückkommen und in der Vorstandssitzung dabei sind.«

Hugel suchte nach einer Erklärung für Johnsons Kehrtwende. Bruces Unfall vielleicht? Er wollte Johnson die Sache ausreden, besann sich aber. Die Entfernung, verbunden mit Johnsons Entschlossenheit, verschloß ihm den Mund. Bevor er auflegte, fragte Johnson noch, ob Hugel Lust habe, den unabhängigen Ausschuß zu leiten, der sein Angebot bewerten würde. Hugel nahm an.

Johnson hatte Cohen versichert, daß es bei der Verhandlung über die Managementvereinbarung keinen Ärger geben werde. Aber Andy Sage hatte seine eigenen Vorstellungen. Er war kein Dummkopf: Wenn die Shearson-Leute diesen Deal abschließen wollten, würden sie es nach Johnsons Regeln tun. Die Konferenz am Samstag hatte das bereits gezeigt. Nunmehr war Sage bereit, diese Erkenntnis festzuklopfen, indem er in der Frage von Johnsons Gewinnanteil eine harte Linie vertrat. »Andy«, sagte Steve Goldstone irgendwann, »Shearson werden sich zu dieser Sache niemals bereit finden.«

»Hören Sie«, erwiderte Sage, »prinzipiell ist doch bereits zugestimmt worden.«

»Ich sage Ihnen«, warnte Goldstone, »die werden nicht einverstanden sein. Sie würden zuviel aus der Hand geben.«

Sage blieb hart. »Ich sage Ihnen, das ist der Deal. Sie werden mitmachen.«

Tom Hill und Jim Stern liefen am Donnerstag morgen im Manhattener Büro der RJR Nabisco in Sages Hinterhalt. Von den ersten Worten an sollte dieses Meeting sich im Tonfall drastisch von der Zusammenkunft in Atlanta unterscheiden. Fort war die kameradschaftliche Golfplatz-Leutseligkeit eines Ross Johnson. An seiner Stelle stand ein eiskalter, einschüchternder Andy Sage.

In der Kulisse des glasumschlossenen New Yorker Vorstandszimmers von RJR Nabisco hörten die Shearson-Banker zu, als Sage sein Diktat verkündete. Wenn Shearson wollte, daß Johnson mitmacht, dann würden sie nur zwei von sieben Vorstandssitzen bekommen; Johnson würde drei erhalten, und die beiden restlichen würden an zwei Direktoren vergeben. Johnsons Manager würden kein Geld für ihren Geschäftsanteil auf den Tisch legen; Shearson würde ihnen das Kapital zum Erwerb der Anteile leihen, und das Darlehen könnte aus Incentive-Prämien zurückgezahlt werden. Shearson würde sogar Johnsons Steuern übernehmen. Effektiv würde das Management seinen Anteil gratis beziehen. Und, wiederholte Sage, das Management würde sich nicht mit weniger als 20 Prozent des Gewinns zufriedengeben.

Hill hatte es die Sprache verschlagen. Harte Verhandlungen hatte er erwartet, aber so etwas nicht. Er wußte nicht einmal, wo er anfangen sollte, Einwände zu erheben. Als Hill und Stern versuchten, mit Sage vernünftig zu diskutieren, erklärte dieser unmißverständlich, Johnson sei bereit, das ganze Projekt zu den Akten zu legen oder, noch schlimmer, damit zu einer anderen Investmentbank zu gehen.

Hill hatte den Eindruck, daß es Sage überhaupt nicht interessierte, wie man einen LBO normalerweise vollzog. »Andy«, sagte er, »wir bringen das ganze Geld auf. Wir tragen das ganze Risiko. Schlagen Sie sich das aus dem Kopf.« Shearsons Investoren zu bitten, sich mit glatten 40 Prozent zufriedenzugeben, war lächerlich; Geldmanager plazierten ihr Kapital bei Shearson, weil sie Renditen von deutlich über 40 Prozent erwarteten. Johnsons Anteil, meinte Hill, dürfe zehn Prozent nicht überschreiten.

Aber Sage gab keinen Millimeter nach. Zwei Tage lang rangen Hill und Stern mit dem ehemaligen Lehman-Banker. Die Verhandlungen wurden immer hitziger, bis die drei Männer anfingen, einander anzuschreien. Beide Shearson-Banker erklärten später, es seien die zähesten Verhandlungen ihrer Wallstreet-Karriere gewesen. Die ganze Zeit über standen sie in Kontakt mit Cohen, der sich in dieser Woche zu einem Meeting mit leitenden American-Express-Managern in Tucson aufhielt.

»Sage ist völlig unvernünftig«, erzählte Stern am späten Donnerstag abend in einem Gespräch mit Cohen. Als die Verhandlungen fortschritten, wurde sein Urteil krasser. »Peter«, meinte Stern, »es ist ein verdammter Alptraum – *it's a fucking nightmare.*«

Mehr noch als Hill war Jim Stern erstaunt über Sages Verhalten. In den siebziger Jahren hatte er als junger Investmentbanker bei Lehman mit Sage zusammen an dem Standard-Brands-Deal gearbeitet, und er hatte ihn für einen alten Freund gehalten. Jetzt aber bezichtigte Sage ihn während eines hitzigen Wortwechsels, er benehme sich unprofessionell – ein Vorwurf, der einen Nerv berührte. »Das reicht; ich gehe«, sagte Stern und erhob sich. Sage entschuldigte sich hastig.

Zum Teil, gestand Sage später ein, rührte sein Mangel an Kompromißbereitschaft aus einem etwas antiquierten Verständnis von der Beschaffenheit einer Bankbeziehung. In Sages Tagen in der Wallstreet war der Kunde der Boss, die Investmentbank der Laufbursche. Aber Shearson hatte die Absicht, Hunderte Millionen Dollar in den Buyout von RJR Nabisco zu stecken, und die Investmentbanker waren keine

Laufburschen, sie waren vollwertige Partner. Sage erkannte den Unterschied nicht. »Sie warben nicht mehr um ein Geschäft, sie spielten mit«, sagte er später.

Überdies war es Geringschätzung, was ihn umtrieb. Er fand, daß Hill und Stern dem großartigen alten Lehman-Standard nicht entsprachen, und anscheinend wollte er ihnen eine Lektion über richtiges Verhandeln erteilen. »Andy hielt diese Leute für Trottel«, meinte Johnson später. »Er fand einfach nicht, daß sie auch nur eine Spur von Verstand hätten.«

Auf der Suche nach Verbündeten gegen Sage rief Hill bei Goldstone an. Der Davis-Polk-Anwalt war immer noch skeptisch, was Sages Forderungen anging, und zum erstenmal sagte er es Hill gegenüber auch. »Hören Sie, wenn unsere Klienten Sie davon überzeugen können, daß sie ein Recht darauf haben, prima. Aber wenn ich auf irgendeine Weise behilflich sein kann, will ich's versuchen.«

Goldstone bereute diese Äußerungen, als Hill an einem entscheidenden Punkt der Verhandlungen Sage gegenüber erwähnte, daß sogar Davis Polk die Shearson-Position unterstütze. Danach wurde Goldstone von einem erbosten Sage gründlich durch die Mangel gedreht. »Wen vertreten Sie hier eigentlich?« fragte er den Anwalt spitz. Danach hielt Goldstone sich aus dem Scharmützel heraus.

Als die Verhandlungen sich in die Länge zogen, begann Hill, mit Cohens Genehmigung, in entscheidenden Punkten Zugeständnisse zu machen. Ja, Shearson würde nur zwei Sitze im Vorstand beanspruchen. Ja, Shearson würde Johnsons Steuern übernehmen. Aber dem Management 20 Prozent an einem der größten Konzerne des Landes umsonst überlassen? Sages Forderungen dezimierten nicht nur Shearsons Profit; so etwas würde auch in den Augen der Öffentlichkeit furchtbar aussehen.

»Andy, Sie handeln sich da eine dicke, dicke negative PR-Geschichte ein«, warnte Hill. »Schauen Sie sich nur dieses unglaubliche Geld an ... Die Leute werden sagen, das Management plündert die Firma aus.« Darüber, konterte Sage, zerbrechen wir uns den Kopf, wenn es soweit ist.

Nichts, was Hill sich einfallen ließ, funktionierte. Und andauernd drohte Sage, die Verhandlungen abzubrechen. Mit einem Teil seines Herzens sehnte Jim Stern sich danach, es auf Sages Bluff ankommen zu lassen; gleichzeitig hätte er ihn zu gern aufgefordert, ihn am Arsch zu lecken. Stern erreichte einen kleinen Kompromiß, als Sage der Idee zustimmte, dem Management als Anreizprämien, sogenannte »bogeys«, für die Erreichung bestimmter Leistungsziele zusätzliche Anteile zu überschreiben. So würde es Bogeys für die Erfüllung eines Veräußerungsprogramms geben, für die Erreichung planmäßiger Betriebsgewinne oder bestimmter Umsatzraten.

Aber die Shearson-Banker konnten Sage nicht dazu überreden, von seiner zentralen Forderung abzugehen: Daß diese Bogeys Johnsons Anteil auf 20 Prozent bringen müßten. Einmal ließ Stern in seinem Bestreben, Sage zu demonstrieren, daß die Forderung zu üppig sei, vom Computer die Rendite bei einem LBO in der Größenordnung von knapp unter 90 Dollar pro Aktie errechnen. Sage wischte eine solche Prämisse verächtlich beiseite. »Sie sind ja verrückt«, erklärte er. »Niemand würde so viel bieten.«

Nach zwei Tagen warfen Hill und Stern das Handtuch und wandten sich hilfesuchend an Cohen. »Peter, Sie müssen selbst mit Ross verhandeln«, stellte Stern fest; mit Sage wollte er nichts mehr zu tun haben. »Der Kerl ist verrückt. Es ist unmöglich, mit ihm ein Geschäft zu machen.«

Auch Sage hatte die Nase voll von Shearson. An diesem Wochenende weigerte Stern sich, ihn zurückzurufen. Am Sonntag war Sage bereit, Shearson fallenzulassen und sich an eine andere Firma, mutmaßlich Drexel, zu wenden. »Schicken wir diese Burschen in die Wüste und fangen wir noch mal von vorn an«, sagte er murrend zu Johnson, der an diesem Wochenende mit Goldstone in Florida war.

Johnson war nicht weiter beunruhigt. Jede Verhandlung, fand er, war ein Kampf, und manche Kämpfe waren eben schlimmer als andere. Shearson argumentierte jedenfalls nicht aus einer Position der Stärke. In drei Tagen sollte er vor seinen Vorstand treten und sein Projekt offenbaren. Er wußte, wie versessen Cohen auf diesen Deal war, und er bezweifelte, daß Shearson das ganze Projekt in dieser einen Verhandlung torpedieren würde.

»Oh, die werden nachgeben«, versicherte er Sage. »Wenn nicht, gibt's keinen Deal.«

Charlie Hugel hatte auf dem langen Heimflug von Korea viel Zeit, um über Johnsons Anruf nachzudenken. Irgendwo über dem nördlichen Pazifik zog er einen Notizblock hervor und begann, aufzuschreiben, was er zu tun hatte. Er entschied, daß der Sonderausschuß aus fünf Mitgliedern bestehen sollte. Manche hatten nur drei, aber Hugel plante für den kommenden Monat eine Moskau-Reise, und er wollte nicht, daß dann nur zwei Direktoren zurückblieben. Er wollte Leute haben, die selbst CEO gewesen waren und die wußten, wie ein Konzern funktionierte. Er wollte vor allem Leute, die Zeit hatten und die in den stundenlangen Diskussionen, die zweifellos bevorstanden, nicht über das entgangene Abendessen meckern würden.

Als er am Sonntag abend in seinem Haus in Connecticut angekommen war, rief er Johnson an, der inzwischen wieder in Atlanta war. Sie unterhielten sich darüber, wer in diesem Sonderausschuß sitzen sollte. Letzten Endes gab Hugel Johnson die Möglichkeit, sich auszusuchen, wer über seinen Vorschlag zu Gericht sitzen sollte. So einigten sie sich auf Marty Davis von Gulf + Western. Johnsons alter Freund, der in diesem Frühling zum Direktor ernannt worden war, verstand von Unternehmensstrukturierung mehr als sonst jemand im Vorstand, nachdem er seine eigene Firma in den letzten fünf Jahren mehrmals auf den Kopf gestellt hatte. Sie einigten sich weiterhin auf Bill Anderson, den früheren NCR-Vorsitzenden, den Johnson mit einem 80 000-Dollar-Beratervertrag gesegnet hatte. Und mindestens einer, so fanden sie übereinstimmend, sollte aus Winston-Salem kommen. Sie entschieden sich für John Medlin. Ihre merkwürdigste Wahl aber war John Macomber. Nach früheren Streitereien hatte Johnson kein Vertrauen zu dem ehemaligen Celanese-Leiter. Aber er und Hugel waren sich darin einig, daß es besser war, Macomber in den Sonderausschuß zu holen, als zu riskieren, daß er unter den anderen Direktoren Unruhe stiftete.

»Und noch etwas, Charlie«, sagte Johnson, als er sich an etwas erinnerte, was Goldstone ihm gesagt hatte. »Sorgen Sie dafür, daß der Vorstand einen Anwalt hat. Wir wollen, daß alles blitzsauber ist.«

Hugel hatte »Rechtsanwalt« bereits auf seine Liste geschrieben. Diese Person würde von entscheidender Bedeutung sein, denn auf den Anwalt des Ausschusses würde es ankommen, wo sichergestellt werden mußte, daß die Direktoren sich streng im Rahmen ihrer komplexen legalen und treuhänderischen Pflichten bewegten. Am Montag morgen machte Hugel sich daran, sich bei den angesehensten New Yorker Anwaltskanzleien nach Hilfe umzusehen. Er wurde unruhig, als die ersten drei ihm antworteten, daß sie Interessenkonflikte hätten – ein sicheres Zeichen dafür, daß bereits fremde Banken oder Investmentbanker an dem Deal arbeiteten. Plötzlich begriff Hugel, daß Johnson schon sehr viel weiter war, als er hatte durchblicken lassen.

Peter Atkins starrte angewidert auf die Anzeigetafel am Flughafen. Sein »American Airlines«-Flug nach Albuquerque war auf unbestimmte Zeit verschoben, hieß es dort. Auf dem O'Hare Airport in Chicago herrschte Nebel.

Atkins nahm seinen Aktenkoffer und drängte sich durch die Menge in La Guardia zu einer Telefonzelle. Er mußte am späten Nachmittag in Albuquerque bei einer wichtigen Konferenz sein. Mit fünfundvierzig Jahren verbrachte Atkins mehr Zeit auf Reisen, als ihm lieb war. Nicht der Jetlag machte ihm Beschwerden; seine Kollegen bei Skadden, Arps, Slate, Meagher & Flom bewunderten ihn wegen seiner Konstitution. Wenn andere Anwälte in nachmitternächtlichen Verhandlungssitzungen ermatteten, sah der gutgekleidete Atkins »immer noch so aus, als käme er geradewegs vom Titelbild des *Gentleman's Quarterly*«, wie einer seiner Partner bemerkte. »Wir anderen hingen über dem Lampenschirm, aber nicht Peter.« Als Sohn eines Ingenieurs in Flatbush, Brooklyn, zur Welt gekommen, war er einer der Top-Finanzanwälte der Wallstreet. Skadden Arps war die drittgrößte Anwaltskanzlei der Vereinigten Staaten und bei weitem die aktivste im aufblühenden Feld des Takeover-Rechts.

Atkins nahm einen Telefonhörer zur Hand und rief seine Sekretärin an, damit sie eine neue Reservierung vornahm. Da sei eine Nachricht von einem Mr. Hugel, teilte sie ihm mit. Der einzige Hugel, den Atkins kannte – und auch den nur flüchtig –, war der Chef von Combustion Engineering. Er würde ihn später anrufen, dachte Atkins.

Seine Sekretärin reservierte ihm einen Platz in einer »United«-Maschine über Stapleton Airport, Denver, nach Albuquerque. Er rannte zum Gate. Als er dort ankam, stellte er fest, daß auch dieser Flug auf unbestimmte Zeit verschoben war. Denver war dicht. Während er noch sein Pech verfluchte, hörte er, wie sein Name ausgerufen wurde. Er ging zu einem Flughafentelefon und rief die Vermittlung an.

Da war eine Nachricht von einem Mr. Hugel: »Sagen Sie ihm, er verpaßt den größten Deal aller Zeiten.«

Übertreibung, dachte Atkins; sein einziges Problem war ein Flug nach New Mexico. Seine Sekretärin suchte nach Alternativen und reservierte ihm schließlich einen Platz auf einem Flug der »Continental Airlines« über Dallas.

Jetzt sprintete Atkins zum entlegenen Continental-Gate. Atemlos, aber triumphierend, traf er dort ein; der Flug war bereits aufgerufen. Während die Schlange der Passagiere sich voranschob, zog Atkins das kleine Funktelefon hervor, das er bei sich trug, und wählte die Nummer des hartnäckigen Mr. Hugel. Zwanzig Minuten später war Peter Atkins in der Luft und flog gen Westen. Charlie Hugel hatte einen Anwalt.

―――――

Am Montag, nur zwei Tage vor der Vorstandssitzung, wurde Johnson nervös. Stündlich sah er nach den Aktienkursen und rechnete halb damit, sie steigen zu sehen. Er war bereit, den kompletten Deal auf den Müll zu werfen, sollte der Kurs auch nur einen kleinen Hüpfer nach oben machen.

Schon die letzte »Inside Wall Street«-Kolumne der *Business Week* hatte ihn beunruhigt. »Rauchsignale: RJR Nabisco kaufen« lautete die Überschrift. Unter Hinweis auf die große Kluft zwischen dem Liquidationswert und dem Aktienkurs des Unternehmens wurde in dem Artikel ein Geldmanager zitiert, der gesagt habe: »Bei RJR kann es jeden Augenblick zu einer großen Umstrukturierung oder einem Buyout kommen; die Firma wartet geradezu darauf.« Und weiter wurde spekuliert: »Man munkelt, daß das Management zur Vermeidung eines Takeovers plant, die Firma von der Börse zu nehmen und den Unternehmenszweig Tabak abzustoßen.« Nur halb richtig, dachte Johnson: Der Lebensmittelbereich würde verkauft werden, wie er und Benevento übereingekommen waren, und der Tabakzweig mit seinem gewaltigen Cashflow würde bleiben.

Aber der eigentliche Schocker kam am Nachmittag, ein paar Minuten vor sechs, als vom Dow Jones News Service die Meldung kam, daß Philip Morris überraschend ein Kaufangebot über 11 Milliarden für Kraft vorgelegt habe. In grellem Kontrast zu Johnsons Plänen hatte Hamish Maxwell beschlossen, sein Imperium zu erweitern, statt es zu demontieren. Die Ankündigung hatte den üblichen Schwall von Anrufen zur Folge: Investmentbanker wollten wissen, ob Johnson nicht Lust hätte, das Angebot für Kraft zu überbieten. Ihr Lied war ihm inzwischen vertraut: *Eine solche Gelegenheit kommt nur einmal im Leben ... Kraft ist ein großartiges Unternehmen ... Sie sollten sich's mal ansehen ... Sie sollten sich schnell entscheiden ...*

Der einzige Anruf, den Johnson zur Kenntnis nahm, kam von Steve Waters von Morgan Stanley. Waters wurde mit Jim Welch verbunden und erkundigte sich, ob man Interesse an Kraft habe. Bevor er auflegte, kam er noch einmal auf das Thema zu sprechen, das er Welch gegenüber zwölf Tage zuvor erwähnt hatte. »Wie stehen Sie übrigens inzwischen zu KKR?«

»Nun«, antwortet Welch, »wir denken darüber nach.«

An diesem Tag begann Johnson, die Direktoren anzurufen und sie eindringlich zu bitten, am Mittwoch abend bei dem Dinner dabei zu sein. Als die Vorstandsmitglieder fragten, weshalb, blieb er zurückhaltend. »Es ist wichtig«, - mehr sagte er nicht. Diejenigen, die für den Sonderausschuß vorgesehen waren, fragte er, ob sie bereit wären, in einer Gruppe mitzuarbeiten, die alternative Restrukturierungsmaßnahmen studieren sollte. Davis murrte, willigte aber ein. Macomber zeigte sich hilfsbereit. Hugel erreichte Anderson, der akzeptierte. Nur John Medlin wollte nicht. »Ich habe einfach verflixt viel zu tun«, sagte er Hugel. Insgeheim war ihm unbehaglich bei dem potentiellen Interessenkonflikt, den es ihm bereiten könnte, als Chef einer der bedeutenden Banken von RJR Nabisco zugleich in diesem Ausschuß zu sitzen. »Könnten Sie nicht jemand anderen nehmen?« fragte er. »Wie wär's mit Albert Butler?«

Der fügsame Butler war Hugels einzige Alternative. »Hat Ross schon mit Ihnen darüber gesprochen?« fragte er Butler noch am selben Tag. »Nein«, antwortete Butler, »aber er hat mir schon vor ein paar Wochen etwas von einer Studie über Alternativen erzählt.«

Butler war einverstanden, in dem Ausschuß mitzuarbeiten. Nur eines noch, fügte er hinzu: Johnson habe ihn wenige Wochen zuvor liebenswürdig gebeten, über seinen siebzigsten Geburtstag im Mai hinaus im Vorstand von Reynolds Tobacco zu bleiben. »Das hat doch damit nichts zu tun, oder?« wollte er wissen.

Eine Alarmglocke schrillte in Hugels Kopf. »Wie konkret hat er darüber gesprochen?« fragte er.

Es sei ein definitives Angebot gewesen, erklärte Butler.

»Ich melde mich wieder.«

Verstimmt legte Hugel auf. Er wußte, daß der Tabakzweig nach dem LBO als Kerngeschäftsbereich überleben würde, und der Gedanke, daß Johnson einem derzeitigen Direktor einen Sitz in dessen Vorstand anbot, paßte ihm nicht. Vorstandsmitglieder hatten in diesem Verfahren neutral zu sein, und ein solches Angebot konnte einen falschen Eindruck erwecken. Er rief Johnson an und sagte es ihm.

»Albert ist ein bißchen durcheinander«, sagte Johnson. »Als ich mit ihm sprach, hatte ich noch gar nicht beschlossen, diese Sache zu machen. Was ich meinte, war, daß ich ihn weiterhin im Tabakvorstand haben wollte, wie er war.«

Hugel war nicht so sicher, daß Butler durcheinander war. »Wissen Sie, Ross, Sie müssen hier ein bißchen vorsichtig sein«, warnte er. »So was ist übel.«

Da sagte Johnson etwas, das Hugel niemals vergessen würde. Es werde nach dem LBO zwei Vorstandssitze für unabhängige Direktoren geben. »Ich würde Sie bitten, sich das mal zu überlegen, Charlie. Sie müssen sich entscheiden, und wir müssen den Deal erst hinter uns bringen. Aber wir haben so gut zusammengearbeitet, daß ich mich freuen würde, wenn Sie mit herüberkämen. Und als Vorstandsmitglied hätten Sie die Möglichkeit der Beteiligung.« Ein Stück vom Kuchen.

»Ja, wie handhaben Sie denn die Beteiligungen?« fragte Hugel argwöhnisch.

Johnson legte den Plan dar. Hugel könnte das gleiche schmackhafte Geschäft machen, das auch das Management machte. Er würde ein Darlehen von Shearson bekommen, um Anteile zu erwerben, sagte er, und dann zusehen, wie seine Beteiligung wuchs. Ein Einsatz von 5 Millionen Dollar würde innerhalb von fünf Jahren wahrscheinlich 20 Millionen wert sein.

Hugel wußte nicht, was er sagen sollte. Wußte Johnson, was er da redete? War ihm klar, daß dieses Angebot im Grunde nichts anderes als Bestechung war? War er hinterlistig oder bloß naiv? Bei Johnson wußte man es nie. »Das kann ich nicht machen«, sagte Hugel hastig. »Ich werde doch Vorsitzender des Sonderausschusses sein.«

Verwirrt und nicht wenig beunruhigt beendete er das Gespräch, nicht ohne vorzuschlagen, daß Johnson Butler anrief und die Sache mit dem Vorstandssitz in Ordnung brachte. Später meldete er sich selbst noch einmal bei Butler. »Ich würde darüber nicht sprechen«, sagte er. »Mit niemandem.«

Johnson war zu Hause, als Andy Sage am Montag abend anrief. Sage war außer sich. An diesem Tag hatten Junioranwälte versucht, einen Kompromiß zur Managementvereinbarung zurechtzuhämmern. Shearson hatte ihm soeben eine Entwurfskopie gefaxt, und sie taugte überhaupt nichts. In Sages Augen hatte Shearson sich in mehreren entscheidenden Punkten nicht an die Zusagen gehalten. »Kommen Sie rüber«, sagte Johnson, »und wir trommeln alle zusammen.«

Er war verärgert. Weniger als achtundvierzig Stunden vor der Sitzung war es albern, eine so entscheidende Frage noch nicht geklärt zu haben. Er beschloß, die Gruppe zusammenzuholen, Shearson anzurufen und die Frage ein für allemal zu erledigen. Laurie Johnson hängte sich ans Telefon und machte sich daran, die Leute aufzuspüren. Goldstone war für heute nach New York zurückgekehrt, aber sie erreichte seinen in Harvard ausgebildeten Assistenten, George (»Gar«) Bason Jr., der in seinem Hotelzimmer gerade einen »Wendy's«-Hamburger verzehrte. In Goldstones Abwesenheit würde das 34jährige Babyface ihr Verhandlungsführer sein. Horrigan fand sich im Waverly, wo er mit zwei Tabakmanagern zu Abend aß. John Martin kam aus der Nachbarschaft. Benevento und Henderson saßen zusammen beim Abendessen.

Als alle in Johnsons Haus versammelt waren, war es nach zehn. Laurie Johnson stellte Diet Coke für alle bereit, und Johnson setzte sich in seinem Arbeitszimmer am Ende des Ganges an den Schreibtisch und rief Peter Cohen in New York an. Während das Telefon klingelte, betrachtete er die Prominentenfotos an der Wand.

Zu seiner Überraschung meldete sich Jim Robinson. Die Robinsons waren in ihrer Wohnung in Manhattan eben zu Bett gegangen. Johnson begriff, daß er aus Versehen den falschen Schnellwahlknopf gedrückt hatte. »Scheiße, Jimmy. Ich wollte Peter erreichen.«

Was los sei, wollte Robinson wissen.

Johnsons Stimme klang ungewohnt erbost. »Diese Trottel bei Shearson«, sagte er. »Die versuchen uns zu verarschen. Sie sind absolut unvernünftig. Die Punkte, die sie uns dauernd wieder verändern, kommen mir vor wie ein Vogelschiß, und ich habe die Nase voll davon.«

Robinson, der die Fortschritte der Gruppe nicht detailliert verfolgt hatte, verstand nicht alles von dem, was Johnson ihm sagte. Er eiste sich von ihm los und rief Cohen in seinem Apartment in der Fifth Avenue an. »Ich habe keine Ahnung, was zum Teufel da los ist«, sagte er zu ihm. »Aber anscheinend haben Jim Stern und Tom Hill es fertiggebracht, den ›Papst‹ sauer zu machen. Können Sie die Sache regeln?«

Cohen graute davor, Johnson anzurufen. Er hatte gehofft, Hill und Stern könnten die Managementvereinbarung allein unter Dach und Fach bringen. Außerdem mußte er bei Tagesanbruch schon wieder aufstehen, weil »Good Morning America« ein Interview mit ihm machen wollte. Widerstrebend griff er zum Hörer und rief in Atlanta an. »Können wir das nicht ein andermal erledigen?« fragte er. »Es ist schon spät.«

»Nein, es muß jetzt sein«, sagte Johnson. »Kommen Sie, bringen wir's hinter uns, Peter. Von meinem Standpunkt aus, wissen Sie, ist das einfach lächerlich. Es geht hier um einen Haufen Vogelscheiße. Peter, entweder klären wir diese verdammte Sache heute nacht, oder wir packen ein. Wenn ich jetzt schon solchen Ärger mit Ihnen habe, wie soll es dann erst später werden?«

Cohen zog den Kopf ein; Johnson klang sehr aufgebracht. Wir werden uns etwas einfallen lassen, versprach er. Dann legte er auf und ließ seinen persönlichen Assistenten, Andrea Farace, zu sich in die Wohnung kommen. Farace wohnte nur drei Straßen weiter nördlich und war in wenigen Minuten da. Dann rief er Jack Nusbaum an. Kurz darauf waren die drei telefonisch mit Gar Bason verbunden, der sich in Johnsons Arbeitszimmer an den Schreibtisch gesetzt hatte. »Toller Sessel«, sagte er zu Johnson.

»Wenn Sie die Sache zum Abschluß bringen«, sagte Johnson, »kaufe ich Ihnen so einen.«

Am anderen Ende der Leitung sah Cohen sich in einer schwierigen Position. Angesichts der schieren Größe des Anteils, den Johnson verlangte, war ihm nach wie vor unbehaglich. Er wußte, wie viel Shearson dabei aus der Hand gab, an Einfluß wie an Geld. Aber es war klar, daß schnell irgendeine Einigung gefunden werden mußte, wenn der Deal gerettet werden sollte. Irgendwie mußte Johnson wieder besänftigt werden.

Nach weniger als zwei Stunden war es vorüber. Cohen kapitulierte vor buchstäblich jeder Forderung, die Bason aufs Tapet brachte. Die Managementvereinbarung, die Sages Sekretärin noch in derselben Nacht tippte, gab Johnsons siebenköpfiger Gruppe 8,5 Prozent des Anteilskapitals und ein Steuerausgleichsdarlehen von Shearson. Wenn Johnson alle seine Bogeys erreichte, konnte die Beteiligung der Gruppe mühelos bis auf 18,5 Prozent anwachsen. Der Gesamtwert dieses Pakets konnte in den nächsten Jahren einen Umfang von 2,5 Milliarden erreichen. Johnson stand es frei, seinen Teil davon nach Belieben aufzuteilen; sein persönlicher Ein-Prozent-Anteil – Horrigan bekam ebenfalls ein Prozent – konnte in fünf Jahren an die 100 Millionen Dollar wert sein, hatte Steve Goldstone gemeint. Johnson bekam überdies ein Vetorecht und die Mehrheit im Vorstand. Bei keinem größeren LBO war jemals eine solche Vereinbarung unterzeichnet worden.

Cohen gestattete sich, dennoch einigermaßen beruhigt zu Bett zu gehen, nachdem er Johnson das Einverständnis abgerungen hatte, daß die Vereinbarung neu verhandelt werden würde, wenn der Kaufpreis 75 Dollar pro Aktie übersteigen sollte, was er zweifellos tun würde. Vorläufig hatten beide Seiten, was sie wollten. Johnson hatte die fetteste Managementvereinbarung der Geschichte. Cohen hatte dafür gesorgt, daß das Spiel weiterging, und konnte seinen Kollegen sagen, daß noch nichts endgültig sei.

Als Jim Stern von Cohens Kompromiß erfuhr, tobte er. *»Fuck it!«* schrie er und schlug mit der Faust heftig auf den Schreibtisch. »Bei fünfundsiebzig mache ich's, aber ich gehe keinen Penny höher. Bei fünfundsiebzig-null-eins *ist Schluß!«*

In der Verwaltung von RJR Nabisco begannen die Mitarbeiter zu merken, daß etwas in der Luft lag. Eines Tages gab Ed Robinson die Anweisung, unverzüglich 40 Millionen Dollar in den »Rabbi Trust« für die »goldenen Fallschirme« zu deponieren, was in der Finanzabteilung verwunderte Blicke auslöste. Johnson und die anderen wirkten dauernd abgelenkt. Gerüchte schwirrten umher. Zwei Sekretärinnen befragten sogar Wahrsager. »Ihr Job sieht unsicher aus«, erfuhr eine von einer Hellseherin. »Ich würde Ihnen empfehlen, sich bei etwas Sicherem zu bewerben – bei der Regierung oder bei IBM.«

Bei dem Medium, zu dem die zweite ging, kam es noch schlimmer. »Ich sehe nicht, daß Sie diesen Job für den Rest Ihres Lebens behalten werden«, sagte die Seherin.

»Was sehen Sie denn?«

Die Seherin schloß die Augen und schien sich eine ganze Weile zu konzentrieren. Dann sagte sie: »Es macht einfach ... *puff*.«

Johnson wartete nervös den Dienstag ab und sah stündlich nach dem Börsenkurs. Am nächsten Morgen lud er Goldstone, der aus New York zurückgekommen war, zu sich nach Hause zum Frühstück ein. Der Anwalt wurde ebenfalls nervös; er wußte immer noch nicht, ob Johnson einen LBO vorschlagen oder nur über die Möglichkeit diskutieren wollte. Johnson ging seine Rede noch einmal durch und erklärte dann, er werde in der Tat einen LBO empfehlen. »Erklären Sie's ihnen nur«, sagte Goldstone. »Die Entscheidung liegt dann bei ihnen.«

Nach dem Frühstück fuhr Johnson ins Büro und sah erneut nach dem Aktienkurs. Noch immer rührte sich nichts. Ein letztesmal machte er die Runde im inneren Kreis und sprach mit jedem, um sich zu vergewissern, daß niemand im Angesicht der Furien, die sie entfesseln würden, kalte Füße bekam. Sage blieb bei allem Sturm und Drang, mit dem er die Verhandlungen mit Stern und Hill geführt hatte, ambivalent; er würde Johnson in jedem Fall unterstützen, wie die Entscheidung auch ausfiele. Ed Robinson war unbedingt für das Projekt. »Ziehen Sie's durch«, sagte er Johnson. John Martin war ebenfalls an Bord. »Setzen Sie auf Rot«, sagte er grinsend, »und riskieren Sie's.«

Horrigan brannte darauf, in die Schlacht zu reiten; er ermahnte Johnson noch einmal, vor dem Vorstand auf der Hut zu sein. Daß

Johnson dafür sorgte, daß auf Marty Davis' Schreibtisch immer eine Schale voll »Fig Newtons« stand, bedeutete noch nicht, daß Paul Stichts alte Bundesgenossen ihm die Firma überlassen würden. »Typen wie Bill Anderson sind Kreaturen des Establishments«, warnte er. »LBOs werden ihnen niemals gefallen. Albert Butler ist ›alte Garde‹ wie aus dem Bilderbuch. Und Macomber ist ein Winseler, ein Zauderer.«

Johnson hatte davon gesprochen, daß Dillon Read, Reynolds langjährige Investmentbank, und Lazard Freres eine ausgezeichnete Wahl als Investmentbanken des Vorstands wären. Er hielt es für eine großartige Idee, Ira Harris ein Geschäft zukommen zu lassen. Horrigan konnte es nicht glauben. »Indem sie hierbei mit Shearson arbeiten, verpassen Sie Ira Harris die größte Abreibung seines Lebens«, sagte er. »Sein Ego wird dermaßen ramponiert sein, daß er nicht Ihr Freund, sondern Ihr Erzfeind sein wird.« Johnsons seltsame Mischung aus Naivität und machiavellistischer Verschlagenheit hörte niemals auf, Horrigan in Erstaunen zu versetzen.*

Am Mittwoch morgen flogen Hugel und Atkins mit einem Jet der Combustion Engineering nach Atlanta. Nachdem er sich im Waverly eingemietet hatte, ging Hugel nach nebenan, um mit Johnson zu konferieren, wie er es vor den meisten Vorstandssitzungen tat. Er traf ihn in gewohnt heiterer Stimmung an, vielleicht sogar ein bißchen munterer als sonst. Es war klar, daß Johnson sich nicht anders besonnen hatte: Der Buyout würde vonstatten gehen. Hugel wollte wissen, wie Johnson den Vorstand an diesem Abend angehen würde, und die beiden Männer gingen zusammen Johnsons Rede durch.

Hugel erwähnte, daß Peter Atkins an der Sitzung teilnehmen wollte. Johnson zeigte sich überrascht. Halbherzig gab er zu bedenken, daß man die Veröffentlichung der Angelegenheit ja vielleicht noch aufschieben könne, aber dabei beließ er es. Danach ging Hugel zu Atkins in sein Hotelzimmer und wies ihn an, eine Pressemitteilung vorzubereiten, die, falls nötig, am nächsten Morgen veröffentlicht werden sollte.

---

* Johnson kann sich an dieses Gespräch nicht erinnern.

»O Gott.«

Goldstone stöhnte, als er hörte, daß Hugel Atkins mitgebracht hatte. Bis zu diesem Augenblick hatte er leise gehofft, der Vorstand werde Johnsons Darlegungen an diesem Abend noch nicht veröffentlichen, so daß die Managementgruppe eine Chance hätte, ihre Verhandlungen insgeheim zum Abschluß zu bringen. Jetzt wußte er, daß eine öffentliche Bekanntgabe so gut wie sicher war.

Der Knackpunkt war Atkins' Vergangenheit. Nur zwei Monate zuvor hatte der Skadden-Arps-Anwalt von einem Richter in Delaware für seine Rolle im Buyout von Fort Howard, einem Papierunternehmen aus Wisconsin, eins auf die Finger bekommen. Das Management der Firma hatte die »Pistole auf die Brust«-Strategie aus dem Lehrbuch benutzt, um den Vorstand zu einer Übernahmevereinbarung zu drängen. Atkins hatte den Vorstand vertreten; er hatte zugelassen, daß die Gespräche mit der Buyout-Gruppe bis zur letzten Minute geheimgehalten wurden, und sich für eine Bekanntgabe erst entschieden, als der Aktienkurs der Firma zu steigen begonnen hatte.

Atkins war vom Chief Executive des Unternehmens, dem Mann, der das Angebot vorgelegt hatte, als Berater der Firma ausgesucht worden, eine Tatsache, an der das Gericht sich gestoßen hatte und die Atkins' Entscheidung zur Geheimhaltung fragwürdig werden ließ. »Es liegt auf der Hand, daß in diesen Dingen im Hinblick auf den Schutz der Aktionärsinteressen in solchen Fällen niemand eine kritischere Rolle spielt als die Rechtsexperten, die einen manchmal unerfahrenen Vorstand durch ein solches Verfahren zu führen haben«, befand das Gericht. »Einen mißtrauischen Kopf erfüllt es mit Unbehagen, sich die Möglichkeiten auszudenken, die sich ergeben, wenn ein betroffener CEO bei der Auswahl seines eigenen Gegners so aktiv beteiligt ist«. Atkins' Entscheidung zur Geheimhaltung, stellte der Richter fest, sei ein »für einen mißtrauischen Kopf Anlaß zur Besorgnis«.

Diese Ansicht bedeutete faktisch beinahe so viel, als habe man Atkins bezichtigt, seine Neutralität an die Buyout-Gruppe verkauft zu haben. Goldstone vermutete, daß ihm von dem Rüffel noch immer die Ohren brannten. Jack Nusbaum pflichtete ihm bei. »Es war klar, daß Atkins den Schatten von Fort Howard von sich abstreifen wollte«, erinnert er sich später. »Wir dachten uns, er würde sein wie Cäsars Gemahlin: über jeden Verdacht erhaben.«

Als Hugel gegangen war, begrüßte Johnson John Greeniaus, den jungen Nabisco-Direktor, der eben aus New Jersey heruntergekommen war. Es wußten zwar nur wenige, aber Greeniaus hatte Johnsons Nachfolger werden sollen. Noch drei Monate zuvor hatte Johnson sich mit ihm zusammengesetzt und detaillierte Pläne für seine Zukunft geschmiedet. Greeniaus sollte Anfang 1989 von Atlanta nach New York gehen, um geschäftsführender Direktor zu werden. Bei der Jahresversammlung im Frühjahr sollte er in den Vorstand kommen. Dann, gerade erst fünfundvierzig Jahre alt, würde er Chief Executive werden, wenn Johnson sich 1990 zur Ruhe setzte.

Greeniaus war es unter Johnson ununterbrochen gutgegangen. Er hatte zwar nie zum inneren Zirkel gehört, war Johnson aber in seiner Karriere stets gefolgt und vom Marketingmanager für Spirituosen bei Standard Brands Canada in nur zehn Jahren zum CEO von Nabisco aufgestiegen. Er war ebenso ernsthaft und introvertiert wie Johnson draufgängerisch. Dabei hatte er durchaus Humor: Er hatte einen Amboß im Büro stehen. Aber er trug stets streng konservative Anzüge. Er war ganz und gar außerstande, seine Verkäufer mit anfeuernden Reden zu begeistern. Wenn Johnson abends um die Häuser zog, hockte Greeniaus in seinem Büro und arbeitete Akten auf. Er spielte nicht Golf. Er trug Einlegesohlen, um größer auszusehen. Aber er lieferte Resultate, und Johnson hatte ihn zügig mit aufsteigen lassen. Neidische Rivalen behaupteten hinter vorgehaltener Hand, der Grund sei, daß Greeniaus Kanadier war.

Als er um vier Uhr in Johnsons Büro kam, ahnte er nichts von der Katastrophe, die über RJR Nabisco hereinbrechen würde. In die Buyout-Gruppe hatte man ihn aus einem einfachen Grund nicht aufgenommen: Nabisco würde wie Del Monte verkauft werden, um den LBO zu finanzieren. Greeniaus wußte es noch nicht, aber aus dem Kronprinzen würde ein Ausgestoßener werden.

»Johnny«, sagte Johnson und begrüßte Greeniaus aufgeregt, »ich werde einen LBO durchführen!«

Greeniaus ließ sich in einen Sessel fallen und versank in einem Schockzustand. Er ließ die Worte und nach und nach auch ihre Bedeutung einsickern. Johnson arbeitete mit Shearson und einer Gruppe von Managern zusammen. *Aber nicht mit mir,* dämmerte es Greeniaus. *Nicht mit mir.* Er starrte Johnson an, während sein ehemaliger Mentor von den unglaublichen Möglichkeiten plapperte, die ein LBO für jedermann biete. *Er jagt Nabisco in die Luft. Ich habe keinen Job mehr. Meine Leute sind am Arsch.*

Stumm und wie betäubt saß er da. Schließlich wagte er, eine Frage zu stellen. »Warum haben Sie nicht jeden ins Managementteam genommen?«

Johnson erklärte, das liege daran, daß Nabisco verkauft werden würde. Aber, fügte er hinzu, Greeniaus könne mithelfen, geeignete Käufer zu finden. Er wiederholte andauernd, was für eine großartige Gelegenheit sich ihm da biete. »Dies ist eine wundervolle Wasserscheide in Ihrem Leben, Johnny. Wenn Ihnen Ihre neue Situation nicht gefällt, wird jemand anderes Sie haben wollen. Sie sind noch jung, Sie haben eine Menge Gelegenheiten. Die Welt ist Ihre Auster.«

Und wenn ihm Nabiscos neue Mutter aus irgendeinem Grunde nicht passen sollte, setzte Johnson hinzu, könne er jederzeit kündigen und als »goldenen Fallschirm« drei Jahresgehälter kassieren. Zusammen mit seinen 50 000 Stammaktien würde er damit mehr als 7 Millionen Dollar davontragen.

»Johnny«, verkündete Johnson, »ich werde Sie reich machen!«

Eine Stunde später verließ Greeniaus Johnsons Büro; er war vernichtet. Er ging hinüber zum Waverly Hotel und fragte sich, ob er vielleicht träume. Er ging auf sein Zimmer und saß ein paar Minuten lang still da. Irgend etwas mußte er unternehmen, dachte er. Er mußte einfach.

Johnson blieb allein in seinem Büro. Draußen verging der warme Herbstnachmittag, und es wurde dunkel. In etwas mehr als zwei Stunden würde er die größte Rede seines Lebens halten. Er saß an seinem Schreibtisch und machte sich auf einem gelben Kanzleiblock Notizen. Sorgsam erwählte er seine Worte. Es war genau wie der Abschlag beim Golf, dachte er: Konzentriere dich, nimm alle notwendigen Korrekturen vor, und alles läuft wunderbar.

7

Johnson stand früh am nächsten Morgen auf; die Erinnerung an die Vorstandssitzung vom Mittwoch abend war noch frisch. Er mußte um acht Uhr zur Sitzung des Vergütungsausschusses in der Zentralverwaltung sein; danach würde der komplette Vorstand zusammentreten. Eine Pressemitteilung, in der der LBO-Versuch bekanntgegeben werden sollte, war für halb zehn geplant. Bei der Lektüre der Morgenzeitungen bekam Johnson einen Kicheranfall. Auf der ersten Seite des Wirtschaftsteils brachte die *Atlanta Constitution* einen Artikel mit der Schlagzeile: »Finanzexperten halten Fusion bei RJR für unwahrscheinlich«.

Die Zeitung war zu dem Schluß gekommen, daß RJR Nabisco in der neuesten Takeover-Runde der Lebensmittelindustrie an der Auslinie bleiben würde. Neben Philip Morris' Sturm auf Kraft hatte Grand Metropolitan ein feindseliges Übernahmeangebot für Pillsbury gestartet. »Ja«, sagte Johnson zu seiner Frau, »da haben sie uns wieder mal richtig durchschaut.«

Bevor er das Haus verließ, nahm er einen Glückwunschanruf von Ronnie Grierson und dann einen sorgenvollen von Hugel entgegen. Mehrere Vorstandsmitglieder hatten sich am Abend zuvor nach dem Essen noch zusammengehockt, und einige von ihnen, darunter John Macomber und Vernon Jordan, fragten sich beunruhigt, was ein LBO für ihre 50 000-Dollar-Pension bedeuten könne; die Sitzung des Vergütungsausschusses könne schwierig werden. Als Johnson in der Verwaltung eintraf, stellte er fest, daß Hugel recht hatte.

An diesem Morgen sollte der Ausschuß sich mit den lebenslangen Pensionen für Vorstandsmitglieder befassen, mit denen ihnen die derzeitigen Zehn-Jahres-Verträge versüßt wurden. Jetzt würde natürlich jede derartige Erörterung so aussehen, als wolle Johnson den Vorstand günstig stimmen. So drängte er darauf, das Thema zu vertagen, und sie folgten ihm, wenngleich Johnson bei mehreren Direktoren deutliches Mißfallen spürte. Auch die Frage anderer Extras für den Vorstand verschob Johnson, darunter das Problem einer kostenreduzierten Autoversicherung. Was würde nun daraus werden? Verstimmt erklärte Johnson, das werde man eben abwarten müssen.

Horrigan war an diesem Morgen in Atlanta und machte Wirbel wegen der Pressemitteilung. In der Entwurfsfassung stand, daß Johnson die Buyout-Gruppe führe. Horrigan bestand darauf, daß sein Name hinzugefügt werde; er befürchte, erklärte er, daß seine Leute in Winston-Salem revoltieren würden, wenn sie glaubten, Johnson mache sich mit der Firma aus dem Staub. »Wir müssen sagen, es sind Johnson und Horrigan«, erläuterte er Harold Henderson. »Es darf kein Zweifel daran aufkommen, daß ich zusammen mit ihm in dieser Sache stecke.« Henderson, der sah, daß Horrigans Gesicht sich bereits zu röten begann, gab nach.

Die Hölle brach los, als die Bekanntmachung um neun Uhr fünfunddreißig über den Dow Jones News Service ging. Der RJR-PR-Chef, Bill Liss, hatte beim Aufstehen noch geglaubt, die große Neuigkeit des Tages werde der Ertragsbericht für das dritte Quartal und die Vorstandsgenehmigung für eine neue Planters-Erdnußfabrik werden. Augenblicke nach der Veröffentlichung flutete die Woge der ersten paar hundert Anrufe in die Zentrale – von Nachrichtenagenturen und Zeitungen, Rundfunk- und Fernsehanstalten. Sie kamen aus Ames, Iowa, und Altoona, Pennsylvania, von Auslandskorrespondenten und aufgeregten Aktionären. Die lokalen Fernsehsender waren nach kurzer Zeit draußen in Stellung gegangen, und über ihnen schwebte ein Hubschrauber, dessen Insassen durch die oberen Fenster ins Gebäude spähten. Liss hatte einen solchen Tag nicht mehr erlebt, seit er Jahre zuvor bei TWA Flugzeugentführungskrisen zu bewältigen hatte. Aber jedem der Anrufer konnten er und sein vierköpfiger Stab nur eines sagen: über die Pressemitteilung hinaus kein Kommentar.

Gegen Mittag sagte ein Reporter vor der Zentrale seinen Fernsehzuschauern, er wollte Johnson interviewen, wenn dieser das Gebäude verließ, um zum Mittagessen nach Hause zu fahren. Zu Hause an der Whitewater Creek Road saß das Hausmädchen der Johnsons vor dem Fernseher. »Oh, Mrs. Johnson«, rief sie zu Laurie hinüber, »Mr. Johnson kommt zum Mittagessen nach Hause.« Laurie rief ihren

Mann verwundert an. »Du kommst zum Essen nach Hause?« fragte sie.

Johnson hätte nicht kommen können, selbst wenn er gewollt hätte. Die Medien belagerten das Gebäude den ganzen Tag. Selbst Lokalreporter wußten, daß ein 17,6-Milliarden-LBO der größte Unternehmens-Takeover der Geschichte werden würde. Es war die größte Story des Tages und würde bald die größte Wirtschaftsstory des Jahres sein. Das schicke Shoppingcenter im Nordteil von Atlanta war plötzlich der Mittelpunkt der Geschäftswelt.

Am Donnerstag morgen war Jim Robinson im Hause seiner Mutter in Atlanta bei den Vorbereitungen für eine Vorstandssitzung bei Coca-Cola (das er nach Südstaatenart »Co-Cola« aussprach). In Atlanta aufgewachsen, in Harvard ausgebildet, war Jim Robinson schon mal als Außenminister der amerikanischen Wirtschaft bezeichnet worden. Das Unternehmen, das er seit zehn Jahren führte, American Express, war in der Tat eine internationale Finanzsupermacht: Es kontrollierte 198 Milliarden Dollar vom Geld anderer Leute. 28 Millionen Mitglieder benutzten seine Kreditkarten. Wenn Jim Robinson sprach, spitzten Staatspräsidenten die Ohren; sein Plan zur Behebung der Schuldenkrise in der Dritten Welt hatte im Jahr zuvor weithin Interesse gefunden. Robinsons Manieren waren förmlich; er war eine Mischung zwischen Südstaatenpflanzer und Establishmentbanker. Seine Frau Linda, eine Macht für sich, führte eine eigene New Yorker PR-Firma.

Um sieben Uhr bekam Jim Robinson einen Anruf von Peter Cohen, der ihm von der bevorstehenden Presseveröffentlichung berichtete. Robinson war überrascht. Über Details war er zwar nicht auf dem laufenden, aber eine Veröffentlichung hatte er gleichwohl, wenn überhaupt, allenfalls in der folgenden Woche erwartet.

»Wie konnte es so schnell passieren?« wollte er wissen.

»Die Anwälte meinten, die Sache sei weit genug gediehen«, sagte Cohen, »und der Vorstand kam zu dem Schluß, daß man eine Pressemitteilung herausgeben müsse.«

Ein glückverheißender Anfang war das nicht, aber keiner der beiden war besonders beunruhigt. Schwierigkeiten erwarteten sie nicht.

Der 20. Oktober dämmerte kühl und klar über der Wallstreet herauf. Zwei Straßen weiter nördlich hasteten die Pendler aus den Eingeweiden des World Trade Center, am Burger King an der Ecke vorbei und den Broadway hinunter in die Brokerbüros weiter unten. Das Straßengespräch bestimmten die in nur zwei Wochen stattfindende Präsidentschaftswahl und die »World Series« im Baseball, die die »Los Angeles Dodgers« gewinnen wollten.

Ein Jahr nach dem Schwarzen Montag hatte sich die Wallstreet noch immer nicht von ihrem Crash-Kater erholt. Die katastrophale Rezession, die man prophezeit hatte, war zwar nicht eingetreten, aber eine Genesung auch nicht. Wallstreet watete im Sumpf der Depression. Bedrückung erfüllte die Managementbüros, und die Brokergewinne lagen am Boden. Investoren, die scharenweise vom Markt geflohen waren, ließen nicht erkennen, daß sie je zurückkehren würden; Wertpapiergeschäfte jeglicher Art waren um 22 Prozent zurückgegangen.

Seit dem Crash hatten etwa 15 000 Wallstreet-Beschäftigte ihren Job verloren. Shearson war nicht die einzige Firma, die Entlassungen erwog; täglich liefen Gerüchte von bevorstehenden Personalkürzungen bei anderen Firmen durch die Straße. Auf dem Börsenparkett des unteren Manhattan tauschten die Händler öfter schlechte Witze als Aktien aus. Höhenflüge machten nur die Papierschwalben.

Wie schon seit einem Jahr bot nur eine Branche Anlaß zu Optimismus: das Fusionsgeschäft, vor allem das Merchantbanking. Peter Cohen war nicht der einzige: Jeder Chief Executive der Wallstreet hatte Merchantbanking im Sinn. Merrill Lynch brüstete sich damit, daß ihr LBO-Portfolio eine Rendite von jährlich 100 Prozent hervorbringe. »Seit der Blütezeit von J. P. Morgan«, schrieb *Business Week* im Juni in einer Titelgeschichte, »hat Wallstreet nicht mehr so viele Unternehmen gekauft.«

Die anhaltende Flaute in der Wallstreet verlieh dem Spiel der Merchantbanken die Schärfe der Verzweiflung. Die Folgeerträge – »windfall profits« – aus LBOs und Überbrückungskrediten waren die schnellste Methode zur Abstützung durchhängender Maklerprofite. Ein einzelner Deal konnte Vorausgebühren von 50 Millionen und mehr einbringen, genug, um eine Firma über das Quartal zu retten. Im Juni verzeichnete Morgan Stanley 120 Millionen Dollar Gewinn vor Steuer aus dem Verkauf ihres 10-Prozent-Anteils an einem texanischen Chemieunternehmen; die ganze Firma erwirtschaftete einen Rekordgewinn von 230 Millionen für das Jahr 1987. Wo mit solchen Zahlen herumgeworfen wurde, begannen selbst solche, die dem Merchantbanking zögernd gegenüberstanden – Firmen wie Goldman Sachs, der Handelskoloß Salomon Brothers und die kleine Dillon Read – sich in der Wallstreet nach Investitionsmöglichkeiten umzusehen.

Die Vorhut der Merchantbanker bildeten die M & A-Spezialisten. Fast jede Investmentbank hat eine M & A-Abteilung, *merger & acquisition* – Fusion und Kauf, und die M & A-Leute sind eine engverschworene, inzestuöse Bande. Ihre Vorgänger im Investmentbankgeschäft hatten jahrzehntelange Freundschaften mit ihren Unternehmensklienten geschmiedet, und sich wie ordentliche Gentlemen mit privaten Plazierungen und Übernahmen befaßt. Gegen Ende der siebziger Jahre, mit dem Aufblühen der feindseligen Takeover, entstand eine neue Art von Investmentbankern. Sie waren Söldner, Krieger, gekleidet in 2000-Dollar-Anzüge von Alan Flusser, maßgeschneiderte Turnbull&Asser-Hemden, Bulgari-Uhren und Hermes-Seidenkrawatten aus den Airport-Shops in Paris und Brüssel. Für Männer wie Shearsons Tom Hill und ihre Vettern, die Takeover-Anwälte, ist so gut wie jeder Takeover ein guter Takeover, denn jeder Takeover bringt ein Honorar. Die Behauptung, die M & A-Berater der Wallstreet hätten ihre Loyalität verlagert, trifft nicht zu. Sie empfinden keine Loyalität außer für ihre Firma und für sich selbst – Punktum.

»Alle diese Kerle«, sagt der Vorsitzende einer der größten Wallstreet-Firmen, »haben Chuzpe für drei. Loyalität eins, zwei und drei gilt ihnen selbst. Loyalität vier und fünf gilt ihren Kumpeln in der Dealbranche. Loyalität sechs – so ungefähr gilt ihrem Klienten.«

In ihrer Welt ist ein Takeover ein »Deal«, und die Erfolgreichsten unter ihnen sind »Spieler«. Spitzenspieler jonglieren mit mehreren Deals gleichzeitig. Jederzeit und bei einer beliebigen Anzahl von Deals kann es vorkommen, daß sie mit ihren engsten Freunden gleichzeitig im Team operieren und gegen sie kämpfen. Oft werden die M & A-Spezialisten mit Söldnern verglichen, aber ein Zyniker könnte den Vergleich mit dem professionellen Catcher-Gewerbe für zutreffender halten: eine Truppe hochbezahlter Raufbolde, die von

Veranstaltung zu Veranstaltung ziehen, während die Zuschauer sich immer nur fragen, ob all das Gespucke und Geprügel nun echt oder gespielt war.

Den Kern der Fusionsspezialisten bildet eine Eliteclique von etwa einem Dutzend Dealmachern der Spitzenklasse, die seit mehr als zehn Jahren enge Freunde und Konkurrenten sind. Wenn sie sich überhaupt irgendwie nennen, dann einfach »The Group«, die Clique. Sie sind zusammen aufgestiegen, und ihre Karrieren haben sich in Hunderten längst vergessenen Takeover-Wettbewerben ineinander verflochten. Die meisten sind gegen Ende der sechziger Jahre vom College gekommen, als Pioniere der Fusionsaktivitäten Mitte der siebziger Jahre Freunde geworden und haben gegen Ende der achtziger Jahre Überraschungspartys zum vierzigsten Geburtstag füreinander gegeben, als Spieler im weißglühenden Schmelztiegel der größten Deals des letzten Jahrzehnts.

Zu dieser Clique gehören außer Tom Hill etwa Bruce Wasserstein und Joseph Perella, die ersten Superstars der Fusionsära, die ihren langjährigen Arbeitgeber, die First Boston, im Streit verließen, um Anfang 1988 ihre eigene Maklerfirma, Wasserstein Perella & Co., zu gründen; Eric Gleacher, der schmächtige M & A-Chef von Morgan Stanley; Donald Drapkin, ein ehemaliger Anwalt, der Vizevorsitzender der takeover-gierigen Revlon Group wurde; Michael Goldberg und Morris Kramer, zwei Anwälte bei Skadden Arps; Jim Maher, ein Wasserstein-Intimus, der ihm als neuer Chef der M & A-Abteilung bei der First Boston nachfolgte; Stephen Schwarzman, der zungenflinke Direktor von »The Blackstone Group«, einer anderen führenden Maklerfirma; schließlich Allen Finkelson, Rechtsanwalt bei Cravath Swaine & Moore. »Auf jeden von diesen Burschen würde ich mein Leben, meine ganze Karriere setzen«, sagt Drapkin. »Jeder von uns hat die Angewohnheit, die Sätze des anderen zu vollenden.«

Die Mitglieder der Clique sind zwar über mehrere Wallstreet-Firmen verteilt, aber sie stammen fast ausschließlich aus zwei Investmentbanken, nämlich First Boston und Lehman Brothers, sowie zwei großen Anwaltsfirmen, Skadden Arps und Cravath Swaine & Moore. Die meisten waren herkömmliche Spezialisten für Konsortialgeschäfte oder Hypothekenanwälte, die Sehnsucht nach etwas Aufregendem hatten; sie brauchten das Adrenalin, das sie im Kampf um ein Unternehmen durchströmte.

In gewisser Hinsicht können die amerikanischen Unternehmensfusionsaktivitäten als andauerndes Schachspiel zwischen diesen alten Freunden betrachtet werden. Wasserstein, Bruder der Dramatikerin Wendy Wasserstein, in vieler Hinsicht der Mittelpunkt der Clique, ist ihr anerkannter Großmeister; er hat für Strategie und Taktik des Takeovers Innovationen eingeführt, die Bände füllen würden. Jahrelang war Gleacher, der in der Schlacht Bendix/Martin Marietta zu erstem Ruhm gelangte, sein vorderster Rivale. 1989 trat er diese Position an Hill ab, der zehn Jahre zuvor lieber die First Boston verlassen hatte, als sich auf einen Machtkampf mit Wasserstein einzulassen.

»Bei fast jedem Deal«, sagt Hill, »wird einer der Jungs dabei sein. Unser Lebenslauf kreuzt sich dauernd. Wir können eine Menge von dem Herumgetanze, das sonst stattfindet, abkürzen.« Und Mike Goldberg: »Man trifft Tom Hill und Joe und Bruce und die First Boston bei jedem Deal. Man kennt jeden von ihnen, und man weiß, was sie in einer bestimmten Situation tun. Und glauben Sie mir: Es macht keinen Spaß, der neue Mann in einer Pokerrunde zu sein, die schon seit Jahren im Gang ist.« Allen Finkelson, der seine Karriere auf juristischen Aufträgen aufgebaut hat, die Wasserstein ihm hat zukommen lassen, erzählt: »Die Leute fragen mich, wie ich meinen Erfolg erkläre? Bis zu einem gewissen Grad hat es damit zu tun, daß man erwachsen wird, vierzig. Zum anderen hat es damit zu tun, daß meine ganze Clique erwachsen geworden ist. Wir werden alle vierzig. Und wir helfen einander.«

Patriarch der Clique ist Joseph Flom, ein Takeover-Anwalt von legendärer Statur in der Wallstreet. Die meisten in der Clique haben das Fusionsgeschäft an Floms Seite erlernt, und für etliche ist er immer noch eine Vaterfigur. Der halb pensionierte, gnomhafte Flom ist für alle Mitglieder der Clique ein Ratgeber in beruflichen wie in privaten Dingen, Schlichter in ihren Streitigkeiten und, von Zeit zu Zeit, ihr härtester Konkurrent. »Die Tatsache, daß es eine kleine Bruderschaft ist, ist gut für die Disziplin«, sagt Flom. »Ich sehe so etwas auch vor Kleinstadtgerichten. Man kämpft da härter, denn es ist wie – sagen wir: Wer gewinnt das Schachspiel? Und dabei bleibt man ehrlich, weil jeder jeden kennt. Jeder weiß, was jeder treibt. Es gibt keine Geheimnisse.«

Diese Art von Inzuchtdenken trug zu den Insiderhandelsskandalen bei, die gegen Ende der achtziger Jahre über die Wallstreet hinweggingen. Für die Clique bedeuteten die Ermittlungen eine Woge des McCarthyismus. Beinahe ohne Ausnahme handelte es sich bei den Überführten um ihre Freunde und Kollegen. Der erste, dessen Name im Zusammenhang mit dem Skandal aufkam, ein hochfliegender Investmentbanker von Drexel Burnham namens Dennis Levine, war von Gleacher engagiert worden und ihm unterstellt, nachdem er Smith Barney unter den mißbilligenden Blicken des seinerzeitigen M & A-Chefs, Tom Hill, verlassen hatte. Mit Abstand der härteste Schlag war die Anklage gegen den Investmentbanker Martin Siegel, der mit Wasserstein und mehreren anderen Mitgliedern der Clique eng befreundet war. Anders als Levine, ein flinkzüngiger Emporkömmling, war Siegel geachtet, in Harvard ausgebildet – kurz, einer der ihren. »Jeder, der nicht zur Clique gehört«, scherzt Gleacher, »ist im Gefängnis.«

Geht die Freundschaft in der Clique auf Kosten ihrer Kunden? Nur eine Anklagejury könnte das zweifelsfrei herausfinden. Selbst wenn sie sich in einem Milliarden-Dollar-Takeover-Wettbewerb als Gegner gegenüberstehen, reden die Mitglieder ständig miteinander; diese »back-channel«-Kommunikation ist zu einem entscheidenden Faktor ihrer Geschäfte geworden. Bei aller Kameraderie indessen deutet alles darauf hin, daß sie in erster Linie Konkurrenten und in zweiter Linie Freunde sind. Männer wie Hill, Wasserstein und Gleacher, die sich als erste zu dicken Freunden erklären, sind auch die ersten, wenn es darum geht, über die Niederlagen anderer zu tratschen. Ihre Multimillionen-Dollar-Bonusse hängen oft davon ab, daß sie einander kennen und besiegen.

Selbstverständlich gibt es auch noch andere wichtige Dealmacher in Wall-Street-Kreisen außerhalb der Clique: Felix Rohatyn, der konservative Doyen der Investmentbanker bei Lazard Freres; Ira Harris, der Lord der Lasalle Street in Chicago; Jeff Beck, »Mad Dog« – »der tolle Hund« – bei Drexel; Geoff Boisi, Leiter der Investmentabteilung bei Goldman Sachs. Wie mehrere Mitglieder der Clique würden auch sie in den Strudel von RJR Nabisco hineingezogen werden.

Es war eine hektische Woche für Kravis gewesen.

Philip Morris' unverhoffter Angriff gegen Kraft präsentierte ihm die perfekte Gelegenheit, dem Chicagoer Unternehmen zu Hilfe zu kommen. Er war auf Vogeljagd in Spanien gewesen, hatte es aber doch geschafft, den Kraft-Vorsitzenden, John Richman, telefonisch zu erreichen. Ihm hatte Kravis seine Dienste für den Fall angeboten, daß Kraft eine freundliche Übernahme anstreben sollte, und Richman hatte einen interessierten Eindruck gemacht, ohne bedroht zu wirken. Noch jetzt waren Kohlberg Kravis dabei, die Zahlen zu einem Kraft-LBO zu analysieren. Es könnte der größte LBO der Geschichte werden, mit einem Umfang von mehr als dreizehn Milliarden. Kravis beäugte überdies Pillsbury, denn der Konzern hatte begonnen, mit potentiellen Fusionspartnern zu reden, um die Briten von Grand Metropolitan abzuwehren. An diesem Nachmittag war Kravis bei Skadden Arps verabredet, um sich eine Präsentation der Finanzlage bei Pillsbury vorlegen zu lassen.

Aber so geschäftig die Woche auch schon gewesen war, sie würde noch viel geschäftiger werden. Er telefonierte eben in seinem Eckbüro mit Blick auf die Grand Army Plaza, die zweiundvierzig Stockwerke unter ihm lag, als seine Sekretärin ihm einen Zettel hinlegte.

»RJR-Buyout für 75 Dollar pro Aktie.«

Kravis wäre beinahe der Hörer aus der Hand gefallen. Eine Sekunde lang war er sprachlos. Das konnte nicht wahr sein.

Paul Raether, Kravis' rechte Hand, kam Augenblicke später herein. »Haben Sie gehört?« fragte Kravis sofort.

»Was denn?«

»Ross Johnson kauft für 75 Dollar.«

Raether hielt für einen Augenblick inne; diese Ungeheuerlichkeit mußte erst einmal einsickern. »Heiliger Strohsack«, sagte er, und zugleich zuckte ihm ein zweiter Gedanke durch den Kopf. *Das ist zu billig.*

Kravis wurde wütend. »Ich kann das nicht glauben!« fluchte er. »Wir haben ihnen die Idee in den Kopf gesetzt! Und er wollte sich nicht mal mit uns treffen!«

———

Eric Gleachers Eckbüro hoch über der Radio City Music Hall war vom Boden bis zur Decke mit grüngerahmten Fotos seiner Familie ausgekleidet. Mit ihren pastellfarbenen Kleidern und ihrem kantigen guten Aussehen ließen sie die Wände aussehen wie eine riesige Anzeige für Ralph Laurens »Polo«-Kollektion. Ein Luftbefeuchter rieselte hinter einer Grünpflanze in einer Ecke.

Gleacher lehnte sich eben in seinem Schreibtischsessel zurück, als er die Schlagzeile auf seinem Computermonitor las. Blitzartig kippte er wieder nach vorn und schlug auf seine Sprechanlage. »Ist mir scheißegal, was Sie gerade machen«, bellte er. »Kommen Sie sofort runter.«

Innerhalb von Sekunden war Steve Waters in Gleachers Büro. Beide starrten wie betäubt auf den Monitor.

RJR? Ein Deal? Ohne Morgan Stanley?

»Sehen Sie sich den Preis an«, sagte Gleacher. Bei 75 Dollar, darin waren sie sofort einig, stahl Johnson die Firma.

An diesem Morgen handelten Gleacher und Waters wie in einem Reflex. Beide kannten die Routine, wußten, welche Fragen zu beantworten waren: War der Deal bereits abgeschlossen? Wer war Johnsons Berater? Wer beriet den Sonderausschuß des Vorstands? Und, was das Wichtigste war, wie konnte Morgan Stanley ein Stück von diesem Kuchen abbekommen?

Aber bevor sie etwas unternehmen konnten, mußte Waters den Korridor hinunterrennen, weil sein Telefon klingelte.

Es war Paul Raether. »Was zum Teufel ist da los?«

»Ich weiß es nicht, Paul. Sobald wir es herausfinden, rufe ich zurück.«

Kaum hatte Waters aufgelegt, klingelte das Telefon schon wieder. Diesmal war es Kravis selbst.

»Was zum Teufel ist da los?«

»Henry, Sie werden es erfahren, sobald wir es wissen.«

»Wer ist das? Wer macht den Deal?«

»Ich weiß es nicht. Wir werden versuchen, es rauszukriegen. Es könnte Shearson sein.«

Gleacher und Waters hängten sich an die Telefone. Ein paar Minuten später – unterdessen war die Nachricht, daß Shearson beteiligt war, über den Schirm gekommen – hatte Gleacher den ersten Fisch an der Angel: Andy Sage. Gleacher wußte, dies war nicht der Zeitpunkt für muskelprotzendes Auftreten. »Hey, Andy«, scherzte er, »was werden Sie denn mit dem ganzen Geld anfangen?«

Sage murmelte irgend etwas Unverbindliches.

»Ich muß Ihnen sagen«, fuhr Gleacher fort, »ich war ein bißchen überrascht, daß man uns nicht die Gelegenheit angeboten hat, den Sonderausschuß zu vertreten. Hat Shearson etwas unternommen, um zu verhindern, daß wir engagiert wurden?«

Nein, sagte Sage. Andy Sage war ein Profi, und Gleacher bekam nicht viel aus ihm heraus. Später erreichte Gleacher Jim Welch, der ihm unbestimmt versicherte, Morgan Stanley werde den Fuß schon auch noch in die Tür bekommen. Weiter unten am Korridor gelang es Waters, Johnsons Planungschef, Dean Posvar, beim Schlafittchen zu fassen. Posvar berichtete ihm, der Deal sei so gut wie abgeschlossen. »Wir sind nur noch dabei, alles festzuklopfen«, meinte er. »Wir treiben es voran, so schnell es geht; Mitte nächster Woche sollte der Deal erledigt sein.«

Ein Fensterchen stand also noch offen, schloß Waters – aber kein großes. Wer dieses Unternehmen haben wollte, würde schnell handeln müssen.

Jeff Beck war bei Skadden Arps, als er die Neuigkeit erfuhr.

Seit Wochen waren Jeff Beck und eine kleine Armee von Strategen von vier separaten Investmentbanken dabei, für Pillsbury Abwehrmaßnahmen gegen Grand Met zu entwickeln. An diesem Tag führten er und andere Pillsbury-Banker gerade Gespräche mit einer Anzahl potentieller Fusionspartner.

Johnsons Bekanntmachung warf ihn zu Boden.

Ein LBO? Ohne Drexel? Ohne mich? Das war nicht zu fassen.

Er fuhr in einem Wagen mit John Herrmann in die Stadt, einem Shearson-Banker, den er aus gemeinsamen Tagen bei Lehman kannte. Herrmann strahlte und verbreitete sich darüber, was für ein Coup dieser Deal für Shearson sei.

»Das wird der größte Deal, den es je gegeben hat«, erklärte er, als Beck vor seinem Büro am unteren Teil der Wallstreet ausstieg.

Der Drexel-Banker konnte seinen Ärger kaum noch im Zaum halten. »Das glaube ich nicht, John. Das glaube ich nicht.«

Oben angekommen, erhielt er einen Anruf von Kravis. »Was zum Teufel ist da los?« fragte dieser.

»Ich weiß es nicht, Henry. Sie wissen, daß wir uns mit ihnen zusammensetzen wollten. Lassen Sie mich anrufen und das Terrain sondieren, und dann melde ich mich bei Ihnen.«

Beck rief sofort bei Johnson in Atlanta an, aber dessen Sekretärin, Betty Martin, fing ihn ab. »Sie sind alle in einer Vorstandssitzung«, sagte sie.

Beck kochte. *Verflucht und zugenäht!* Er *mußte* einfach mit Johnson reden. »Betty, wenn Sie diese Burschen nicht aus dem Vorstandszimmer holen – wissen Sie, ich kann verflucht nachtragend sein. Das hier ist mehr als dringend.«

Minuten später war Johnson am Telefon.

»Hey, Mann, was ist da los?« fragte Beck, und der Zorn in seiner Stimme war unüberhörbar.

»Nun«, sagte Johnson, »wir werden die Firma kaufen.«

»Wissen Sie, es ist nett, so was über den Fernschreiber zu erfahren, Ross. Ich verstehe Sie nicht.« Beck versuchte gar nicht, seinen Ärger zu verbergen.

Jetzt war es an Johnson, sich ebenfalls gereizt zu zeigen. »Wir haben unsere Hauptpartner in dieser Sache schon, Jeff. Und damit hat es sich.«

Der »tolle Hund« hatte einen Maulkorb bekommen.

———

Einer der ersten Anrufe, die Kravis an diesem Morgen entgegennahm, kam von Dick Beattie. In der Fusionswelt war Beattie bekannt als Kravis' *consigliere*. Seit fünfzehn Jahren war er einer seiner vertrautesten externen Berater. Beattie hatte verschiedene Positionen in der Carter-Administration innegehabt; er war eine feste Größe in New Yorker Demokratenzirkeln, mit Bürgermeister Ed Koch befreundet und – wie mehr als eine Handvoll einflußreicher Persönlichkeiten der Stadt glaubten – selbst ein möglicher künftiger Kandidat für das Bürgermeisteramt. Beattie, ein ehemaliger Fighterpilot der Marine, jetzt neunundvierzig Jahre alt, hatte das sandblonde Haar, die babyblauen Augen und die sanfte Stimme eines freundlichen Onkels, aber den stählernen Blick des ehemaligen Ledernacken.

Daß Kravis sich für RJR Nabisco interessierte, war für Beattie kein Geheimnis. Seit mehr als einem Jahr sammelte seine Firma Analysen zu Tabakprozessen, um zu ergründen, welche Auswirkung solche Prozesse für den Konzern hatten.

»Haben Sie das gesehen?« fragte Beattie.

»Das habe ich allerdings«, antwortete Kravis.

»Ich glaube es nicht. Wir müssen herausfinden, was zum Teufel da los ist.«

»Dick, ich verstehe es nicht. Wir haben mit Ross gesprochen. Wieso ist er nicht zu uns gekommen? Das ergibt doch keinen Sinn. *Ich habe ihm die Idee eingegeben.*«

»Ich weiß«, sagte Beattie. »Es ist verrückt.«

»Wieso in aller Welt macht er es ausgerechnet mit Shearson? Die haben noch nie einen Deal gemacht.«

Dick Beattie wußte es nur zu gut. Sein zweitgrößter Klient nach Kohlberg Kravis war Shearson Lehman Hutton.

Bob Millard, der Arbitragechef von Shearson, hatte den ersten Schrecken über die Bekanntmachung noch nicht überwunden, als Peter Cohen ihn anrief. Cohen war den Vormittag über in seinem Büro auf und ab gewandert und hatte die Schlagzeilen auf seinem Quotron verfolgt. Der Kurs von RJR Nabisco stieg wie eine Rakete in den Himmel; er würde heute mit 77,25 Dollar abschließen, um mehr als einundzwanzig Punkte höher also.

»O Gott, Peter«, sagte Millard. »Das ist wirklich wahnsinnig.«

Aber der Händler, der seinen Lebensunterhalt damit verdiente, daß er Takeover verfolgte, war neugierig, weshalb Cohen diesen Weg gewählt hatte. Wieso hatte Shearson nicht versucht, den Deal unter Dach und Fach zu bringen, ehe man ihn öffentlich bekanntgegeben hatte, wie Morgan Stanley und die anderen es so kunstvoll zu tun pflegten? »Wieso machen Sie sich so verwundbar?« wollte Millard wissen.

»Tja«, sagte Cohen. »Es muß so sein.«

»Wieso sind Sie so sicher, daß niemand Sie überbieten wird?«

»Weil kein anderes Unternehmen genug Power hat«, antwortete Cohen.

»Wie steht's mit anderen Finanziers? Wie steht's mit KKR?«

»KKR machen es nicht«, sagte Cohen. »Henry Kravis wird Ross

Johnson niemals einen Vertrag geben, wie er ihn von uns bekommen hat.«

»Na und?« Millard erinnerte Cohen daran, daß Kravis in den letzten Monaten einseitig auch gegen Zielobjekte wie Texaco und Kroger vorgegangen war. »Bloß weil sie das Management nicht haben, Peter, werden sie es nicht schon unterlassen, ein Angebot zu machen. Wieso sollten sie nicht bieten?«

»Weil sie Johnson nicht den gleichen Vertrag geben werden, den er von uns bekommen hat«, wiederholte Cohen.

»Aber wenn sie die Firma kaufen«, sagte Millard, »wird Johnson den Vertrag nehmen, den er kriegt.« Es war klar, daß Cohen nicht begriff, worauf Millard hinauswollte. Der Händler deutete an, daß es sinnvoll sein könnte, wenn Shearson bei Kravis vorfühlte, um festzustellen, wo er stand. »Sie sollten mit ihnen reden«, meinte er.

Cohen hörte anscheinend gar nicht zu.

Am Donnerstag nachmittag hatte man in Johnsons Lager begriffen, daß es ungesund sein könnte, wenn Drexel Burnham erbost in der Wallstreet umherratterte und nach einem Einstieg in den Deal suchte. Jim Welch rief Beck an, der immer noch kochte.

»Es ist verrückt, Jim«, sagte Beck. »Der Preis ist verrückt. Ich begreife nicht, was ihr euch dabei denkt.« Wieso, hielt er Welch entgegen, tut Johnson sich nicht mit Kravis zusammen? »Warum sollten wir gegeneinander arbeiten?«

Welch versuchte es mit einem halbherzigen Appell an Beck, sich aus der Sache herauszuhalten. »Wir möchten, daß dieser Deal Drexels Beifall hat. Daß Sie unsere Freunde sind«, sagte er.

Beck war überrascht von so viel Naivität bei Welch. »Ja, Jimmy, ich kann Ihnen versichern, daß diese Transaktion unseren Beifall findet. Aber nicht so, wie Sie denken.«

»Wieso nicht?«

»Wir versuchen seit zweieinhalb Jahren, Sie zu diesem Deal zu überreden! Wenn Sie glauben, daß wir uns jetzt zurücklehnen und darauf verzichten, am größten Geschäft aller Zeiten beteiligt zu sein – ich meine, da verschlägt's mir die Sprache. Ich weiß nicht, was ich dazu noch sagen soll.«

»Ja, würden Sie denn in Erwägung ziehen, bei uns mitzumachen?«
»Jim, wir haben andere Verpflichtungen.«
Welch rief Beck noch zweimal an und versuchte, Drexel zu locken, aber Beck war nach wie vor erzürnt über die Brüskierung durch Johnson. Die Folge war, daß Drexel, das größte Geschütz der Finanzartillerie auf dem Schlachtfeld Wallstreet, jetzt jedem konkurrierenden Bieter zur Verfügung stand. Und Beck zweifelte nicht daran, daß er wußte, wer das sein würde.

Am Donnerstag nachmittag schoben Kravis und Raether ihre Verblüffung beiseite und gingen zur Pillsbury-Präsentation zu Skadden Arps. Danach zog Kravis Beck in ein Konferenzzimmer.
»Was ist bei RJR los?« fragte er.
»Ich weiß es nicht. Sie haben derzeit die Kommunikation abgebrochen«, sagte Beck. »Ich weiß nicht, was los ist. Aber Sie wissen, daß wir diesen Deal machen müssen. Haben wir den Auftrag?«
»Keine Sorge«, sagte Kravis. »Es wird dabei etwas für Sie zu tun geben.«
Der Auftrag würde für Drexel letzten Endes mehr als 50 Millionen Dollar wert sein. Aber vom Geld abgesehen, mußte Beck unwillkürlich daran denken, wieviel Spaß es machen würde, Johnson den Hintern zu versohlen.

Im siebzehnten Stock eines anonym aussehenden Gebäudes, das versteckt bei der Staten Island Ferry im unteren Manhattan gelegen war, saß ein pummeliger Investmentbanker namens Bill Strong am Telefon. Er hockte in einem engen Kämmerchen in einer Reihe identischer kleiner Büros: Die einigermaßen ungestylte Umgebung, frei von dem Mahagoni und den Orientteppichen anderer M & A-Abteilungen, reflektierte die historische Nachlässigkeit seines Arbeitgebers, der Investmentbank Salomon Brothers. Seit Jahren machten Salomon ihre Millionen auf dem Börsenparkett, nicht in Vorstandszimmern.
Während er einem seiner größeren Klienten mit halbem Ohr zuhörte, verfolgte Strong eindringlich, wie Johnsons kurioses Projekt

Stück für Stück an die Öffentlichkeit drang. Als die Neuigkeit sich gesetzt hatte, tat Strong, was jeder gute Investmentbanker tun würde. »Wären Sie interessiert?« fragte er seinen Klienten am anderen Ende der Telefonleitung.

Nein, war die Antwort.

Strong mußte wagemutig sein. Das Haus Salomon war der kranke Mann unter den Investmentbanken. Allen finsteren Weissagungen zum Trotz war nur ein einziger großer LBO – die Revco-Drugstorekette – baden gegangen, aber das war ein Salomon-Deal gewesen. Bei dem Börsenkrach ein Jahr zuvor war nur ein einziges größeres Junkbond-Angebot – für die in Dallas beheimatete Southland Corporation – von institutionellen Anlegern wiederholt als unsicher zurückgewiesen worden, aber dessen Ko-Sponsor war Salomon gewesen. Nur ein einziger größerer Überbrückungskredit – an eine Kette von TV-Sendern namens TVX, in Norfolk ansässig – war geplatzt. Wieder Salomon. Drei Jahre lang hatte die Firma gekämpft, um ins Geschäft der Merchantbanken zu gelangen: Das Resultat war eine Kette von öffentlichen Demütigungen gewesen. Seitdem krochen Strong und seine Kollegen auf allen Vieren herum, um die Scherben einzusammeln.

In der Wallstreet war Bill Strong kein großer Name; er hatte es erst zwei Jahre zuvor zum Gesellschafter gebracht. Aber er war arbeitsam und energisch, besessen von der ernsthaften Arbeitsethik des Mittelwestens. Er war ein ehemaliger Buchhalter, stammte aus Indiana und war stolz darauf. Strong blickte seinen Klienten ins Auge und erklärte, er halte sich etwas auf seine Ehrlichkeit und Integrität zugute – zwei Eigenschaften, die seiner Ansicht nach unter Investmentbankern nicht sehr verbreitet seien. Viele Investmentbanker trugen die gleichen Sprüche vor. Nur Strong schien sie wirklich ernst zu nehmen.

Wie jeder andere Wallstreet-Banker war Strong fasziniert von den Möglichkeiten, die Johnsons Angebot eröffnete. Bis zum Donnerstag abend hatte er einen Stapel von RJR-Nabisco-Jahresberichten und zehn Kilo Finanzberichte der Börsenaufsichtsbehörde. Nach kurzem Überfliegen war Strong davon überzeugt, daß 75 Dollar viel zu wenig waren. Diese Burschen klauten das Unternehmen.

Er wurde aufgeregt. Salomon hatte sein Soll an Investmentkatastrophen übererfüllt, aber wenn dieser Deal richtig angegangen wurde, könnte damit eine Menge schlechter Erinnerungen ausgelöscht werden. Und Strong hatte den idealen Partner vor Augen: den britischen Hanson Trust. Der Konzern kaufte mit Begeisterung US-Firmen auf und hatte mit der Zeit einen amerikanischen Zweig entwickelt, der, wäre er unabhängig gewesen, zu den größten Unternehmen des Landes gehört hätte. Mit Salomons finanzieller Feuerkraft und Hansons Marketing-Erfahrung, dachte Strong, wären sie ein unschlagbares Team.

Am Freitag morgen trug er seine Idee John Gutfreund vor, dem autokratischen Salomon-Vorsitzenden. Nach Strongs Darstellung war RJR Nabisco ein einzigartiger Deal. Zu dem Konzern gehörten Markennamen, erklärte er, die man nur einmal im Leben bekommen konnte, und sie waren jetzt zu haben. Der Cashflow der Tabakindustrie war ein so reißender Strom, daß man buchstäblich damit allein den ganzen Deal würde bezahlen können. »In dem Ding«, sagte Strong zu Gutfreund, »steckt alles.«

Gutfreund, der seinen enthusiastischen jungen Dealmachern oft mit Skepsis entgegentrat, hörte interessiert zu. »Schön«, sagte er. »Rufen Sie an.«

Um zehn rief Strong seinen Kontakt bei Hanson an. Er schilderte die Situation und las eine handgeschriebene Liste der Hauptattraktionen von RJR Nabisco vor. Ein gewaltiger Cashflow im Tabakgeschäft. Beispiellose Markennamen im Lebensmittelbereich. Eine unterbewertete Aktie.

»Sie bringen fünf Milliarden, wir bringen fünf Milliarden, und dann kaufen wir gemeinsam«, sagte Strong. »Und noch eins: Ich brauche eine schnelle Antwort.«

Der Rückruf kam um zwei.

»Gemacht«, sagte der Hanson-Mann. »Wir sind dabei.«

Strong frohlockte. Ein Meeting, in dem die Einzelheiten verabredet werden sollten, wurde für Montag angesetzt. Bis dahin hatte Strong noch eine Menge Arbeit. Er rief Gutfreund an und informierte ihn über die letzten Entwicklungen. Der Vorsitzende klang ermutigend. Strong trommelte ein Team von zehn Bankern und Experten zusammen, die am Wochenende über den RJR-Nabisco-Daten brüten sollten. Es war ein mageres Grüppchen für ein so gigantisches Projekt. Aber Strong wollte unauffällig bleiben und vermeiden, daß irgend etwas durchsickerte. Gleich Montag früh wollte er einsatzbereit sein.

Am Donnerstag nachmittag wimmelte es in der Managementsuite von RJR Nabisco von Menschen. Die Shearson-Banker – Tom Hill, cool in einem blauen Anzug, und Jim Stern, entspannt nach morgendlichem Jogging – standen herum und hatten wenig zu tun. Die Vorstandsmitglieder liefen umher und sogen die erregte Atmosphäre auf. Teams von Lazard Freres und Dillon Read, die Hugel am Abend zuvor angefordert hatte, trafen gegen elf Uhr ein. Felix Rohatyn von Lazard war da; seine mächtigen, graumelierten Brauen tanzten, wenn er sprach. Mit Rohatyn war Ira Harris von Chicago heruntergekommen, und Luis Rinaldini, ein energisch vorwärtsstrebender Argentinier, war auch dabei. Mit ihnen kamen zwei makellos gestärkte Banker von Dillon Read an: Franklin W. Hobbs IV., den jedermann Fritz nannte, und John H. Mullin III., Tylee Wilsons alter Banker.

»Hi, Johnnie!« rief Johnson, als er Mullin entdeckte. Er kam herüber und schüttelte den Bankern die Hände, als sei er auf einer Gartengrillparty, nicht bei einem LBO. Die Banker, die noch gar nicht begriffen hatten, was für eine gewaltige Aufgabe vor ihnen lag, hatten den Eindruck, daß Johnson der sorgloseste Mensch auf der Welt war.

»*Well, boys!*« krähte er. »Das Rennen ist im Gang! Was halten Sie davon?«

Offen gestanden wußten sie noch nicht, was sie davon halten sollten, erst recht nicht, als man sie in einen Konferenzraum geleitete, wo sie mit Hugel zusammentrafen. Als Vorsitzender des Sonderausschusses informierte Hugel erst die Lazard-Banker, dann die zwei von Dillon, über die bisherigen Ereignisse. Beide Banken erklärten sich bereit, den Ausschuß gegen ein Honorar von jeweils 14 Millionen Dollar zu vertreten. Ihre Aufgabe wäre es, jedes Gebot von Johnson zu analysieren und dem Ausschuß zu sagen, ob es den Aktionären gegenüber fair sei oder nicht. Das gleiche würden sie in dem unwahrscheinlichen Fall tun, daß weitere Gebote hereinkämen.

Bei mehreren der Banker hoben sich die Fühler, als Hugel darauf bestand, daß das Verfahren schnell zum Abschluß gebracht werden müsse. Er meinte, daß ihre Überprüfung in zehn Tagen beendet sein könne – eine Frist, die Rohatyn und Harris für lächerlich kurz hielten. Schnelligkeit setzte Johnson in Vorteil, und die beiden Banker fragten sich sofort, ob Johnson etwa Hugel in die Tasche gesteckt habe. Vorläufig aber behielten sie diesen Verdacht für sich.

Das Gedränge im einundzwanzigsten Stock wurde dünner, als die Meetings am Nachmittag zu Ende gingen. Horrigan flog nach Winston-Salem, um seinen Tabak-Truppen die Neuigkeiten zu erläutern. Johnson saß allein in seinem Büro, öffnete seine Post und erledigte Papierkram. Einstweilen gab es wenig anderes zu tun. »Junge«, sagte er zu Martin, »ich komme mir vor, als hätte ich meine Mundharmonika mit zur Party gebracht, und niemand hat mich gebeten, was zu spielen.«

Goldstone und die anderen Wallstreeter wurden durch einen Kellergang hinausgeschmuggelt, damit sie den Reportern nicht in die Arme liefen, die noch draußen warteten. Zusammen mit Peter Atkins und zwei Vorstandsmitgliedern, Marty Davis und John Macomber, bestieg er einen RJR-Nabisco-Jet und flog nach New York. Atkins hockte fast während des ganzen Fluges mit den beiden Vorstandsleuten zusammen. Als sie sich New York näherten, stand Goldstone mit Atkins geduckt im Cockpit an der Tür.

»Schauen Sie sich das an«, sagte einer der Piloten.

Die beiden Anwälte spähten durch das vordere Fenster. Unten konnten sie an der Verrazano-Narrows-Brücke vorbei durch den New York Harbor bis zur Wallstreet sehen. Die untergehende Sonne überflutete den Hafen und einen großen Teil von Lower Manhattan mit einer atemberaubenden Pracht von Rot- und Blautönen. Goldstone fand, es sei eines der schönsten Bilder, die er je gesehen hatte. Für einen Moment fiel seine Anwaltshaltung von ihm ab, und er fühlte sich als Bestandteil eines großen, romantischen Abenteuers.

Er lächelte. »Tja, Peter, das wird noch sehr interessant werden.«

»Ja«, sagte Atkins, »das wird es ganz sicher.«

8

Am Freitag nachmittag saß Tom Hill wieder in einer endlosen Pillsbury-Konferenz im Skadden-Arps-Büro in der City fest. Seit ein feindseliges Übernahmeangebot vom britischen Brautwerber Grand Metropolitan gekommen war, hatte Pillsbury die halbe Wallstreet angeheuert, um Verteidigungsanlagen hochzuziehen. Sie hatten sich alles angesehen: LBOs, defensive Kapitalumschichtungen, die Giftpille der »Goldenen Fallschirme«, Unternehmensausgliederungen. Bis jetzt hatte nichts geklappt.

Ein Problem war, daß einfach zu viele Köche im Brei rührten. Hill vertrat Shearson. Jeff Beck führte ein Drexel-Team. Bruce Wasserstein war Leiter eines Kontingents von Wasserstein Perella. Investmentbanker von der First Boston wieselten auch noch herum.

Bei allem Jammer um Pillsbury wurde Tom Hill den Gedanken an RJR Nabisco nicht los. Das Wartespiel hatte begonnen. Der Sonderausschuß hatte sich gebildet und würde mit einigem Glück die Bewertung des Konzerns in den nächsten zwei oder drei Wochen in die Höhe treiben. In diesem Augenblick, darauf hätte Hill gewettet, lag Ross Johnsons Management-Gruppe mit dem Bauch nach oben auf dem Verhandlungstisch, feilschte mit den Vorstandsleuten um die Höhe des Angebots und würde sich schließlich bereitfinden, den Konzern für etwas mehr als 75 Dollar pro Aktie – vielleicht knapp über 80 – zu kaufen.

Unterdessen warteten die Shearson-Banker hellwach auf irgendwelche Anzeichen für ein eventuelles Konkurrenzgebot. Seit Johnsons Eröffnung waren erst dreißig Stunden vergangen, aber Hill wußte, daß jeder Banker in der Wallstreet dabei war, nach Möglichkeiten zu suchen, um das 75-Dollar-Angebot zu übertreffen. Bis jetzt hatte sich niemand gemeldet; mit etwas Glück würde es auch weiterhin niemand tun. Hill haßte dieses Warten; es machte ihm Unbehagen.

Während die Pillsbury-Meetings sich in die Länge zogen, bemerkte Hill, wie Jeff Beck und Bruce Wasserstein immer wieder aus dem Konferenzraum huschten. Beide waren heute anscheinend besonders beschäftigt. Hill fragte sich, was sie im Schilde führten. Unwillkürlich sann er über etwas nach, was Jeff Beck ihm heute gesagt hatte. »Sie liegen sehr schief mit dem Preis«, hatte der »Mad Dog« ihm versichert. »Es wird Konkurrenz geben.«

Und unversehens begriff Hill, was das Herumgehusche und Becks Warnung bedeuten mußten.

Kravis.

Das konnte nicht sein. Kravis würde ein Geschäft dieses Ausmaßes nicht in Angriff nehmen, ohne ein Managementteam auf seiner Seite zu haben. Außerdem hatte Johnson wiederholt erklärt, Kravis sei an RJR Nabisco nicht interessiert.

Aber Hill mußte sichergehen. Er entschuldigte sich, ging zu einem Telefon und wählte die Nummer von Kohlberg Kravis aus dem Gedächtnis. Als Kravis sich meldete, zwang Hill sich, seine Stimme von guter Laune überschäumen zu lassen.

»Ich habe mich gefragt, ob ihr Burschen nicht Interesse an Kraft hättet«, sagte Hill. »Wir dachten uns, wir könnten Ihnen dabei helfen.« Es war ein durchsichtiger Vorwand für einen Anruf: Kraft war seit vollen vier Tagen im Spiel, eine Ewigkeit im Takeover-Business. Wenn Kravis die Firma aufs Korn genommen hätte, dann hätte er zweifellos bereits einen Banker unter Vertrag.

Kravis konnte seinen Zorn kaum unterdrücken. »Eine Menge Leute haben mit uns über Kraft gesprochen, Tom. Kann sein, daß wir mit einem von ihnen etwas unternehmen. Aber Sie werden's nicht sein . . .«

Innerhalb eines Sekundenbruchteils wußte Hill, was los war. Kravis' giftiger Ton ließ seine schlimmsten Befürchtungen Wirklichkeit werden. Henry Kravis wollte RJR Nabisco, und zwar unbedingt. »Er ist fast durchs Telefon gekrochen«, entsann Hill sich später. »Er hatte eine Stinkwut.«

Kravis' Erklärung war kurz. »Wissen Sie, Tom, Sie haben uns in dieser RJR-Sache soeben ausgetrickst. Wir sind diejenigen, von denen Ross Johnson die Idee hat. Wir haben immer ein ausgezeichnetes Verhältnis zu Ihnen gehabt, Tom. Es wundert mich, daß es bei einem

Deal dieses Umfangs keine Gelegenheit gegeben hat, etwas zusammen zu unternehmen. In dieser Angelegenheit können wir nicht einfach an der Auslinie sitzenbleiben.«

Das Gespräch war rasch vorüber. Hill legte wie vom Donner gerührt auf.

Irgend etwas war furchtbar schiefgegangen. Er mußte schnell nachdenken.

Rasch rief er Peter Cohen bei Shearson an und informierte ihn über das Gespräch mit Kravis. Zu seiner Überraschung schien Cohen nicht sonderlich besorgt zu sein.

»Wieso ist er denn sauer?« wollte Cohen wissen.

»Wollen wir uns nicht mit ihm treffen und es rausfinden?«

»Wollen wir's nicht erst rausfinden und uns dann mit ihm treffen?«

Hill überdachte seine Optionen. Vielleicht konnten sie Kravis ablenken. Vielleicht konnten sie ihn versöhnen. Aber was auch immer der Fall sein mochte, sie mußten sich mit ihm treffen, und sei es nur, um seine Absichten einschätzen zu können. Cohen hielt ein Treffen mit Kravis nicht für nötig. Dieser Deal gehörte Shearson; sie brauchten Kravis nicht.

Hill mußte Cohen klarmachen, was dieses Telefongespräch bedeutete. Henry Kravis war einfach nicht der Mann, gegen den man einfach mauern konnte.

»Peter, Sie müssen begreifen ...«

Eine halbe Stunde später rief Hill noch einmal bei Kravis an. »Peter und ich würden uns gern mit Ihnen treffen«, sagte er.

Es wurde spät. Kravis schlug ein Meeting am Montag vor.

Hill klang nervös und hektisch.

»Nein, nein, lassen Sie uns gleich zusammenkommen. Ich denke, wir sollten es.«

»Tom, es ist spät.«

»Henry, ich möchte wirklich, daß wir uns jetzt treffen.«

All right. Kravis willigte ein.

Um Punkt sechs Uhr hastete Hill durch den Nieselregen zum Foyer in Nine West. Als er hereinkam, stieß er auf Jeff Beck und einen Kollegen, die gerade hinausgingen.

Hill zwang sich zu einem Lächeln. »Ich weiß, wo Sie herkommen.« *Kravis hat also Drexel engagiert,* dachte er. Es wurde von Minute zu Minute schlimmer.

Oben wartete er auf Cohen, der im Freitagnachmittagsverkehr aufgehalten worden war. Endlich, gegen halb sieben, kam Cohen herein.

»Henry«, sagte er munter, »was machen Sie denn hier an einem Freitag abend um halb sieben? Sie sollten doch irgendwo skifahren oder so was.«

»Tja, Peter. Sie sind ja auch hier, oder?«

Die beiden Männer gaben einander die Hand. Cohen setzte sich, und Hill wandte sich an Kravis. »Ich wollte, daß wir uns treffen, Henry, weil ich gemerkt habe, daß Sie an RJR sehr interessiert sind«, begann er. »Ich hielt es für nützlich, festzustellen, wo dieses Interesse liegt.«

»Ja, ich habe in der Tat ein sehr reales Interesse«, sagte Kravis. »Und dieses Interesse reicht weit zurück in die Vergangenheit.«

»Aber dies ist unser Deal, Henry«, warf Cohen ein. Er versuchte, Kravis klarzumachen, weshalb RJR Nabisco so wichtig für Shearsons Zukunft war. Er erklärte, für wie wichtig er das Merchantbanking in seiner Funktion als Eckstein für Shearson Lehmans Einstieg in die LBO-Industrie hielt. Hill etabliere sich als Fusionsberater und ermögliche Shearson, mehr Gelegenheiten als je zuvor in Betracht zu ziehen. »Sehen Sie, wir müssen da beteiligt sein«, sagte Cohen. »Das ist eine natürliche Sache für uns. Es liegt gewissermaßen im Strom unserer Geschäfte.«

»Das ist alles ganz schön«, sagte Kravis. »Und jetzt sind Sie unsere Konkurrenten.« Was er andeuten wollte, war klar: Wenn Shearson mit RJR Nabisco weitermachte, konnten sie Geschäfte mit Kohlberg Kravis für alle Zeit vergessen. »Ich bin überrascht, daß Sie so etwas tun«, sagte Kravis. »Wir haben Ihnen eine Menge Aufträge gegeben. Ich schätze, Ihre Kunden bedeuten Ihnen nicht mehr gar so viel.«

»Henry, wir müssen diesen Deal machen«, beharrte Cohen. »Es ist unsere Zukunft.«

Er dachte an ein Gespräch, das er im vergangenen Februar mit Kravis geführt hatte. Die beiden Männer waren bei dem von Shearson gesponsorten »American Ski Classic« in Vail zusammen skigefahren. Es war kein Zufall gewesen, daß sie sich im selben Team befunden hatten. Während sie darauf warteten, zum Slalom zu starten, hatten sie darüber geplaudert, wie sich das Gesicht der LBO-Industrie wandelte.

An jenem Tag war Kravis wegen neuer Konkurrenten wie Morgan Stanley und Merril Lynch beunruhigt gewesen. »Was wird passieren, Peter?« hatte Kravis gefragt. »Wer kommt da sonst noch hinzu? Und was werden Ihre Leute tun?«

Als Antwort hatte Cohen in groben Umrissen Shearsons Wunsch beschrieben, ebenfalls auf das Gebiet des Merchantbanking vorzustoßen. Er brauchte nicht erst zu erwähnen, daß der Börsenkrach im vergangenen Oktober sich auf Shearsons andere Geschäfte verheerend ausgewirkt hatte. »In Anbetracht des vielfältigen neuen Drucks auf die Margen in unseren anderen Geschäften«, hatte er erklärt, »ist es eine naheliegende Art, unser Kapital einzusetzen. Klienten fordern uns dazu auf. Wir können das alles für sie übernehmen. Es ist einfach vernünftig.« Wie Cohen sich erinnerte, hatte Kravis in diesem Gespräch vorgeschlagen, daß die beiden Firmen einander bei ihren Deals nicht ins Gehege kommen sollten.

Jetzt gab er diese Bemerkung an Kravis zurück.

»Henry«, sagte er. »Dieser Deal gehört Shearson. Dies ist exakt der Fall, über den wir vor acht Monaten gesprochen haben. Ich dachte, wir hätten eine Vereinbarung. Sie haben gesagt, wir sollten einander nicht ins Gehege kommen. Nun, jetzt ist es so weit.«

»Wir haben nie etwas Derartiges vereinbart, Peter.«

Bei Cohens kleiner Rede lief es Kravis kalt über den Rücken. *So weit ist es also jetzt gekommen,* dachte er. Jeder Investmentbanker, der einen Extrapenny in der Tasche hat, meint, er sollte sich jetzt auf LBOs stürzen. Die Konkurrenz war fünf Jahre lang stetig gewachsen, und jetzt hatte Kravis es satt. Morgan Stanley, Merrill Lynch – lauter Firmen, von denen er nie gehört hatte, und alle wollten ein Stück von seinem Geschäft. Jetzt war es Shearson Lehman. Der ganze 1987er Fonds von Kohlberg Kravis hatte nur den Sinn gehabt, Deals zu machen, die für jeden anderen zu groß waren. Ein für allemal, hatte

Kravis gehofft, würde seine Firma die Konkurrenz hinter sich lassen. Und jetzt, nachdem sie sich soeben ein Territorium abgesteckt hatten, kam Peter Cohen daher, ein Mann, der wahrscheinlich nicht einmal den Unterschied zwischen LBO und BO* kannte, und behauptete, er habe ein Recht auf einen 18-Milliarden-Deal! Kravis konnte so viel Undankbarkeit, so viel Bosheit nicht fassen. Ein Teil seiner selbst hätte am liebsten allen, besonders aber Peter Cohen, eine barsche Lektion erteilt.

»Ich betrachte Shearson als eine Firma, der wir Aufträge gegeben haben«, wiederholte Kravis. »Ich stehe in Beziehung zu Ihnen. Dieser Deal hätte sich tadellos dazu geeignet, zu uns zu kommen.«

»Aber *wir* haben das Geld aufgebracht«, beharrte Cohen. »Wir haben unseren Investoren gegenüber die Verantwortung, dieses Geld nutzbar zu machen.«

»Dieser Deal ist so unübersehbar, so groß«, warnte Kravis. »Und er hat alle richtigen Cashflow-Charakteristiken; folglich kann ich gar nicht die Finger davon lassen. Wir müssen bei dem Deal dabei sein. Und wir werden dabei sein.«**

Tom Hill, der beobachtend und zuhörend dabeisaß, fand Cohens Auffassung ein wenig seltsam. Glaubte Peter wirklich, Henry Kravis würde sich aus einem 20-Milliarden-Dollar-Deal heraushalten – wegen einer Plauderei an einer Skipiste? Jedenfalls sah er, daß weder Cohen noch Kravis nachgeben würden. Jeder der beiden schien es für sein angestammtes Recht zu halten, Ross Johnsons Firma zu besitzen. Hill versuchte sich als Friedensstifter und warf ein gelegentliches »Was können wir da tun?« oder »Wie können wir das regeln?« dazwischen. Aber er kam nicht weiter. Die beiden gerieten nur immer mehr unter Dampf.

»Ich wäre sehr erstaunt, wenn Sie am Ende wirklich für fünfundsiebzig kaufen«, stellte Kravis fest.

»Wieso?« fragte Cohen.

---

* BO (Body Odor) = Körpergeruch (A.d.Ü.)
** Kravis bestreitet, daß er Cohen und Hill gegenüber geäußert habe, er müsse an einem Deal mit RJR Nabisco beteiligt werden. Zeitungen berichteten, Kravis habe geschworen, seine »Vorrechte« (»my franchise«) zu schützen, ein Wort, das dieser nie verwendet haben will.

»Wir beobachten diese Firma schon lange, und wir kennen sie gut. Dieses Angebot ist einfach billig. Es ist wirklich sehr billig.«

»Eigentlich ist es Ross' Deal«, sagte Cohen abwehrend. »Wir finanzieren ihn nur.«

»Na, jetzt sind Sie sein Partner.«

»Es ist Ross' Deal, und er versteht sich sehr gut mit dem Vorstand.«

Kravis entging Cohens Botschaft nicht: Johnson hatte seinen Vorstand um den Finger gewickelt.

»Was haben Sie jetzt vor?« fragte Kravis.

»Was haben *Sie* jetzt vor?« schoß Cohen zurück.

»Ich weiß noch nicht, was ich tun werde.«

»Tja«, sagte Cohen, »was können wir da machen?«

»Tja«, sagte Kravis schließlich, »vielleicht gibt es eine Rolle für jeden von uns beiden.« Er hatte diese Konfrontation vorausgesehen. Es gebe, meinte er, drei Optionen. »Wir können konkurrieren.« Diese Vorstellung erfüllte weder ihn noch Cohen mit Entzücken. Eine langgezogene Bieteschlacht konnte den Preis des Unternehmens in schwindelnde Höhen treiben, und weil ein höherer Kaufpreis unausweichlich auch ein höheres Schuldenniveau bedeutete, wäre für den Gewinner ein Pyrrhussieg so gut wie garantiert.

Oder, fuhr Kravis fort, Shearson und Kohlberg Kravis könnten sich zu einem gemeinsamen Gebot zusammentun. Auch diese Idee war für Kravis wie für Cohen bei intaktem Ego nicht sonderlich verlockend. Cohen betrachtete eine Partnerschaft mit Kravis – oder mit irgend jemandem sonst – als Eingeständnis, daß Shearson den Deal nicht allein bewältigen konnte. Ein Stück vom Stammkapital an einen Investor abzutreten, war eine Sache; damit rechnete er auch. Aber ein Fifty-fifty-Deal war eine ganz andere Geschichte. Eine Partnerschaft, zumindest zwischen ihnen beiden, erschien unwahrscheinlich.

Oder, schloß Kravis, Shearson konnte RJR Nabiscos Lebensmittelfirmen an Kohlberg Kravis verkaufen und die Tabaksparte für sich behalten.

Cohen gab sich unverbindlich. Er würde sich mit Johnson und anderen besprechen müssen, bevor er ernsthaft über ein irgendwie geartetes Joint Venture mit Kohlberg Kravis spräche. »Vielleicht ist es vernünftig, daß wir gemeinsam etwas unternehmen, Henry. Aber was sagt das über die Zukunft? Darauf weiß ich keine Antwort. Was hat das alles zu bedeuten? Das kann ich Ihnen jetzt nicht sagen.«

Das Meeting ging seinem Ende zu. Vielleicht, schlug Cohen vor, als er aufstand, sollten sie sich in der kommenden Woche weiter unterhalten.

Danach zogen Cohen und Hill sich in Hills Appartment an der Upper East Side zurück. Dort riefen sie Johnson an und berichteten ihm, was sich ereignet hatte. Cohen spielte die Konfrontation herunter und wiederholte, daß er plane, sich am Montag wieder mit Kravis zu treffen.

Als sie mit ihrem Bericht zu Ende waren, war es lange still.

»Was, glauben Sie, hat das zu bedeuten?« fragte Johnson dann.

»So oder so«, sagte Hill, »Henry wird kommen.«

Cohen erstattete auch seinem Chef bei American Express Bericht; Jim Robinson hielt sich auf seiner Farm in Connecticut auf.

Robinson hörte interessiert zu. Als Cohen die Konfrontation mit Kravis schilderte, verwandelte sich sein Interesse in Sorge. Henry Kravis durfte man nicht unterschätzen.

Vielleicht, erwog Robinson, sollte er Kravis selbst anrufen und mit ihm reden. »Vielleicht können wir in dieser Sache zusammenarbeiten.«

Cohen versuchte, ihn von dieser Idee abzubringen; er glaube, daß man so etwas als Zeichen von Schwäche interpretieren werde, erklärte er.

Robinson war da nicht so sicher, aber er beschloß, sich den Erfahrungen, die Cohen an Ort und Stelle gewonnen hatte, zu beugen. Es hat keinen Sinn, die Manager, die du mit dem Tagesgeschäft betraust, mit Bedenken zu verfolgen, sagte er sich. Er wußte, wieviel dieser Deal für Cohen und für die Zukunft Shearsons bedeutete. Cohen würde nicht ein Stück von RJR Nabisco kampflos aufgeben.

Dennoch, überlegte er, wäre es nur vernünftig, mit Kravis zu reden. Der Mann war einfach zu mächtig, als daß man ihn unnötig provozieren durfte.

»Geben Sie mir noch einmal eine Gelegenheit mit ihm«, bat Cohen. »Lassen Sie ihm die Chance, seine Hausaufgaben zu machen, und Montag vormittag melde ich mich bei Ihnen, sobald ich mit ihm gesprochen habe.« Jim Robinson war einverstanden.

Kravis wartete nicht auf Peter Cohen.

Noch am Freitag abend hatte er eine Gruppe von Investmentbanken zusammengezogen, die bei einem Konkurrenzgebot für RJR Nabisco beratend und finanzierend fungieren sollten. Nummer eins auf der Liste war Drexel Burnham, Jeff Becks Arbeitgeber. Drexels machtvolles Junkbond-Network war immer noch bemerkenswert intakt, obwohl es seit zwei Jahren im Mittelpunkt einer Untersuchung durch die Bundesbehörden stand, zu der es im Gefolge von Ivan Boeskys Insidergeschäften gekommen war. Aber Drexels Zukunft war fragwürdig; man munkelte, daß eine Anklage bevorstehe. Wenn die mitten in den bevorstehenden Kampf platzte, könnte es katastrophale Folgen für Kravis mit sich bringen. Um sich abzusichern, beschloß er, Merrill Lynch als Backup-Kapitalbeschaffer zu engagieren.

Morgan Stanley, die Bank von Steve Waters und Eric Gleacher, war ein naheliegender Kandidat für das routinemäßige Zahlenmahlen und die Beratung, die Kohlberg Kravis brauchen würde. Kravis schätzte Waters, und er wußte, daß die Karriere des Bankers einen Schubs gebrauchen konnte, nachdem er seine Position bei Shearson abrupt verloren hatte.

Drei Investmentbanken ergaben ein schwerfälliges Gespann – von den Kosten ganz zu schweigen. Es wäre die größte Beratertruppe, die bei einem Kohlberg-Kravis-Deal je zusammengekommen war. Dennoch beschloß Kravis, noch eine vierte Firma dazuzuholen: die brandheiße Brokerfirma Wasserstein Perella. Wasserstein, womöglich der billanteste Takeover-Stratege der Wallstreet, würde bei jedem größeren Deal von unschätzbarem Wert sein. Aber sein Rat war nicht das, was Kravis brauchte. Ihn unter Vertrag zu nehmen, war ein rein defensiver Schachzug: Er wollte Wasserstein aus dem Verkehr ziehen. Wenn Wasserstein bei dem Deal außen vor gelassen würde, könnte er sich als gefährlicher Agitator erweisen. Besser, man engagierte den rundlichen Dealmacher und sperrte ihn in den Wandschrank, als daß er frei herumlief und womöglich selbst eine konkurrierende Bietergruppe zusammenstellte.

Die Investmentbanken zu finden war kein Problem gewesen. Aber Kravis war eine unangenehme Überraschung widerfahren, als er angefangen hatte, die Gruppe der Geschäftsbanken zusammenzustellen, die er brauchen würde, um eine Dauerfinanzierung von 10 Milliarden oder mehr aufzubringen. Am Donnerstag hatte er Ronald Badie angerufen, den Leiter der Westküsten-Aktivitäten des Bankers Trust, der großen New Yorker Bank, die eine führende Quelle für Takeover-Finanzierungen war. Badie, Kravis' langjähriger Banker, versprach, gleich am nächsten Tag mit der Arbeit anzufangen, sobald er von seinen Chefs in New York grünes Licht für den Auftrag bekommen hätte. Aber als er am Freitag zurückrief, war er seltsam kleinlaut.

»Henry, es gibt ein Problem«, begann er. »Ich will ehrlich sein. Im Moment habe ich noch keine klar umrissene Genehmigung, mit Ihnen zu arbeiten. Aber ich will versuchen, mir übers Wochenende etwas einfallen zu lassen.«

Kravis war verdattert. Nie zuvor hatte es so etwas gegeben, jedenfalls nicht in dieser Größe. Kravis wußte: Der einzige Grund, weshalb Badie sich nicht darauf einlassen konnte, war der, daß Cohen den Bankers Trust bereits exklusiv verpflichtet hatte – ein seltenes und halsabschneiderisches Vorgehen. Dies war eine Krise erster Ordnung. Von der gewohnten Quelle für Bankengeld abgeschnitten, hatte Kravis' Armee keine Munition.

»Sie können nicht exklusiv bei jemand anderem sein!« explodierte Kravis. »Das können Sie nicht!«

Den ganzen Samstag grübelte Kravis über die Frage, was mit RJR Nabisco anzufangen sei. Je länger er im eigenen Saft schmorte, desto größer wurden seine Sorgen. Cohen und Hill waren vielleicht keine Buyout-Veteranen, aber Dummköpfe waren sie doch nicht. Solange er nichts anderes hörte, mußte er annehmen, daß sie ihre Bankfinanzierung unter Dach und Fach hatten und kurz davor standen, den Deal abzuschließen. Wie Cohen am Abend zuvor geklungen hatte, mußte Johnson seinen Vorstand wirklich in der Tasche haben.

Die Situation mit Bankers Trust war eine unerwartete Krise. Sie drohte ihn nicht nur von seiner verläßlichsten Finanzierungsquelle abzuschneiden, sondern war in seinen Augen auch ein deutlicher Hinweis darauf, daß Shearson versuchte, die Großbanken daran zu hindern, ein Konkurrenzgebot für Johnsons Unternehmen zu finanzieren. Zu allem Überfluß hatte Kravis erfahren, daß für den kommenden Montag eine Vorstandssitzung bei American Express angesetzt war. Das konnte nur eines bedeuten: Shearson brauchte die Genehmigung der Konzernmutter für einen massiven Überbrückungskredit, der benötigt wurde, um den Buyout zu finanzieren.

Alles deutete darauf hin, daß Shearson und Johnson dabei waren, den Deal schleunigst über die Bühne zu bringen. Und wenn sie eine Übernahmevereinbarung unterzeichnet hätten, würde, wie Kravis wußte, kaum noch etwas zu unternehmen sein. Am Samstag abend beriet er sich mit Bruce Wasserstein. Wasserstein, bekannt für seine aggressive Taktik, riet zur »Blitzkrieg«-Methode. Wenn Kravis ernsthaft befürchte, daß Johnson den Deal zum Abschluß bringe, meinte er, dann bestehe die einzige Möglichkeit darin, zu attackieren – und zwar schnell. Jede Verzögerung gebe Johnson Zeit, eine Übernahmevereinbarung mit einem Vorstand zu unterzeichnen, der offensichtlich mit seinen Busenfreunden vollgestopft war.

Wasserstein, der auch über eine Anwaltsausbildung verfügte, zitierte sinngemäß den ehemaligen Richter am Obersten Gerichtshof, Louis D. Brandeis. »Sonnenlicht ist das beste Desinfektionsmittel.« Wenn Kravis befürchtete, Johnson könne sich in irgendeinem dunklen Hinterzimmer mit dem Unternehmen davonstehlen, erklärte Wasserstein, dann müsse er eben Licht auf das Verfahren werfen. Und am hellsten, schloß er, leuchte ein sofortiges Gebot.

Für den nächsten Tag wurde ein Meeting für die komplette Kravis-Mannschaft angesetzt.

Schnell, schnell, schnell, dachte Kravis. *Alles muß jetzt schnell gehen.*

Auf der ganzen Welt gibt es Tausende von Geschäftsbanken. In der Takeover-Welt zählen nur drei.

Citibank, Manufacturers Hanover Trust Co. und Bankers Trust bildeten ein mächtiges Triumvirat mit lockerer Kontrolle über die Geldhähne, durch die jene Dollarmilliarden flossen, die nötig waren, um die Takeover-Maschinerie der Wallstreet in Gang zu halten. Junkbonds, wie Drexel Burnham und andere sie verkauften, waren ein wichtiges Mittel zur Zusatzfinanzierung, aber ohne die »Großen Drei« wäre die Takeover-Welt kreischend zum Stehen gekommen.

So mächtig war dieses Trio, und so erpicht waren die drei darauf, Geld für Takeover zu verleihen, daß sie gegen Ende der achtziger Jahre zusammen als »common carriers« – »Öffentliche Verkehrsbetriebe« – für Übernahmegeld fungierten. Das bedeutet, daß sie nichts dabei fanden, gleichzeitig jeder beliebigen Zahl von konkurrierenden Bietern, die sich um dieselbe Beute bewarben, Kredite zu geben. Wie ihre entfernten Vettern, die Investmentbanken, errichteten die Geschäftsbanken »chinesische Mauern« der Geheimhaltung, um sich das Vertrauen der einzelnen Bieter zu erhalten.

Von Zeit zu Zeit verärgerte der Gedanke daran freilich die langjährigen Kunden dieser Banken. Gillette, der Bostoner Rasierklingenhersteller, beendete seine langjährige Beziehung zur Citibank, als ein Zweig dieser Bank sich dazu bereitfand, ein feindseliges Übernahmeangebot für das Unternehmen zu finanzieren. Weitere Beispiele gab es im Überfluß. Aber alles in allem fanden die Banken, daß lukrative Takeover-Gebühren den Geschäftsverlust durch ein paar verbiesterte Kunden mehr als aufwogen. So sehr diese Praxis der amerikanischen Wirtschaftswelt mißfiel, es blieb doch eine Tatsache, daß Macht und Einfluß der Banken einfach zu allgegenwärtig waren, als daß man sie in die Schranken hätte weisen können.

Es war möglich – wenn es auch selten vorkam –, eine der »Big Three« auf Exklusivbasis für einen großen Takeover zu gewinnen. Teuer war es auch. Tatsächlich hatte aber Shearson, im Gegensatz zu Henry Kravis' Verdacht, weder mit Bankers Trust noch mit Citibank ein Exklusivarrangement verlangt. In Anbetracht dessen, daß Konkurrenz nicht vorherzusehen gewesen war, hatte Peter Cohen nicht geglaubt, daß Exklusivvereinbarungen notwendig sein würden. Jim Stern, Shearsons Bankenbeauftragter, hatte die Frage bei Bob O'Brien von Bankers Trust informell zur Sprache gebracht, aber O'Brian hatte sich nur unbestimmt geäußert; später sollte er indessen einräumen, daß er Shearson unter dem Eindruck hatte operieren lassen, daß seine Bank eine konkurrierende Bankengruppe nicht führen werde. Geblieben war das implizite Verständnis, daß Bankers Trust allein für Ross Johnson arbeite.

So war es dazu gekommen, daß O'Briens New Yorker Vorgesetzte, als Ron Badie um die Genehmigung zur Mittelbereitstellung für Kravis gebeten hatte, unvorbereitet zunächst einmal blockiert hatten, bis diese Angelegenheit aufgeklärt wäre. Das ganze Wochenende über bemühte Badie sich vergebens, die Genehmigung zur Arbeit für seinen größten Kunden zu ergattern. Der Knoten sollte erst in der nächsten Woche gelöst werden, als er Kravis' Vorgehen längst entscheidend beeinflußt hatte.

Bis Samstag abend hatte Kravis' Lager keinen Kontakt zu den beiden anderen Banken des Triumvirats gehabt. Dick Beattie, Kravis' Anwalt und Vertrauter, saß am Samstag abend entspannt in seinem Appartment in Manhattan, als Mark Solow anrief. Solow, Leiter der Akquisitionsfinanz bei Manufacturers Hanover, war ein gerissener Banker, hochgeachtet bei der Takeover-Clique der Wallstreet.

Solow berichtete, er versuche Peter Solomon bei Shearson zu erreichen. Er wisse, daß Beattie auch einer von Shearsons engsten externen Beratern war. Ob Beattie vielleicht Solomons Privatnummer habe?

»Worüber wollen Sie denn mit Peter reden?« wollte Beattie wissen.

»Das sollte ich Ihnen wahrscheinlich nicht sagen«, antwortete Solow. »Aber ich muß sofort mit jemandem von Shearson Lehman sprechen.« Was Solow nicht erzählte, war, daß Bob O'Brien von Bankers Trust ihn wegen einer Beteiligung an der Shearson-Gruppe angesprochen hatte, und daß er mit jemandem von Shearson reden wollte, ehe er akzeptierte.

Gleichwohl war Beattie klar, daß es bei dem Anruf um RJR Nabisco gehen mußte. Solow wußte offensichtlich nicht von Kravis' Interesse und ahnte erst recht nicht, daß Beattie Kravis in dem sich zusammenbrauenden Kampf gegen Shearson vertrat.

Beattie überlegte schnell. Die Entwicklung der Situation mit Ron Badie ließ ihn in Bankangelegenheiten besonders empfindsam reagieren. Er mußte Solow den Weg abschneiden, bevor er Shearson erreichte.

»Komisch, daß Sie anrufen, Mark, denn Henry Kravis möchte mit Ihnen sprechen. Kann ich ihm sagen, daß er Sie anrufen soll?«

»Natürlich.«

Dann erzählte Beattie, er könne Solomons Nummer nicht finden und legte auf. Unmittelbar danach wählte er Kravis' Nummer und erklärte ihm die Situation.

Kravis erreichte Solow am nächsten Morgen. »Arbeitet Manny Hanny auf Exklusivbasis für Shearson?« fragte er.

»Nein, wir arbeiten weder für Shearson noch für irgend jemanden sonst auf Exklusivbasis«, sagte Solow.

Kravis vernahm mit Erleichterung, daß Solow zur Verfügung stand. In diesem Fall, teilte er dem Banker mit, wolle Kohlberg Kravis die Bank – Manufacturers Hanover – auf Exklusivbasis zu einem Gebot für RJR Nabisco engagieren.

Solow war überrascht. »Du liebe Güte«, sagte er. »So etwas haben wir noch nie gemacht.«

»Na, dann machen Sie es jetzt mal«, erwiderte Kravis. »Wir werden dafür sorgen, daß es sich für Sie lohnt.«

Für Kravis war dies eine erstklassige Neuigkeit. »Manny Hanny« war eine Bank, die Peter Cohen nicht in die Finger bekommen würde.

An diesem Wochenende trafen die ersten Kisten mit Finanzdaten bei Lazard Freres und Dillon Read ein, die Vorhut einer Flut von Zahlen, die die Banker in den kommenden Wochen erhalten würden, um einen angemessenen Preis für RJR Nabisco zu bestimmen. Dazwischen fanden sie auch ein halbes Dutzend von Unternehmensfremden verfaßte Finanzstudien; die meisten davon waren eingesandt worden, um Johnson zu irgendeiner Art von Restrukturierung zu verlocken.

Bei Lazard kam Luis Rinaldini an jenem Samstag mit einer Handvoll Studien ins Büro eines Kollegen. »Haben Sie die gesehen?« fragte der Argentinier voller Staunen. In seinem Chicagoer Appartment hatte Ira Harris die Studien am Samstag morgen erhalten, und auch er war schockiert von dem, was er gelesen hatte.

In keiner einzigen Bewertung wurde die RJR-Nabisco-Aktie unterhalb von 80 Dollar eingestuft. Die meisten näherten sich eher der 90-Dollar-Marke. Dillon Reads »Projekt Tara« klebte RJR Nabisco ein Preisschild mit 81 bis 87 Dollar pro Anteil auf, wodurch Johnsons Angebot um rund 2 Milliarden übertroffen wurde. Ruben Gutoffs »Projekt Reo« stellte fest, daß der Aktienmarktwert des Konzerns auf 96 Dollar pro Aktie einzuschätzen sei. Alle Banker wußten, daß RJR Nabisco abgespeckt werden konnte – Johnsons »RJR Air Force« war berüchtigt in der Wallstreet –, aber sie hatten nicht erwartet, Bewertungen dieser Größenordnung vorzufinden.

Während die Banker noch Johnsons Daten sichteten, bekam Charlie Hugel in Connecticut anonym ein kurioses Paket zugestellt. Es enthielt ein Planungsdokument von RJR Nabisco, anscheinend verfaßt von Dean Posvars Mitarbeitern. Es trug den Titel »Update zur Unternehmensstrategie« und den Stempel VERTRAULICH, und es stammte vom 29. September – war also nur drei Wochen alt gewesen, als Johnson mit seinem Angebot vor dem Vorstand erschienen war.

Hugel las das Dokument sorgfältig. Es gab einen Überblick über das Aktienkursproblem, umriß Möglichkeiten des Kampfes gegen Philip Morris und deutete an, daß mancherlei Bedenken aufgrund von Tabakprozessen das Unternehmen zu einem unwahrscheinlichen Takeover-Kandidaten machten. Was aber seine Aufmerksamkeit vor allem erregte, war die Bewertung des Unternehmens: Schritt für Schritt plädierte das Dokument dafür, die RJR-Nabisco-Aktie auf mindestens 82 Dollar und bis zu 111 Dollar zu bewerten. »Es ließe sich«, hieß es zum Schluß, »überzeugend dafür argumentieren, daß RJR Nabisco jedes Angebot unterhalb von 111 Dollar pro Aktie ablehnt«.

Hugel war verwirrt. *Mindestens 82 Dollar pro Aktie?* Wenn Johnsons eigene Leute angaben, daß das Unternehmen zwischen 82 und 111 Dollar wert sei, wieso zum Teufel bot er dann 75 Dollar pro Aktie?

Ebenso merkwürdig war die Herkunft des Dokuments. Es war keine Mitteilung dabei, und auch sonst fand sich kein Hinweis auf die Identität des Absenders. Eins aber war klar: Irgend jemand, beinahe mit Sicherheit ein hochrangiger Manager von RJR Nabisco mit Zugang zu vertraulichen Unterlagen, wollte Ross Johnson zur Strecke bringen.

»Wir sind interessiert an einer Tabakfirma«, begann Kravis und beäugte dabei Bruce Wasserstein, »aber ich bin noch nicht sicher, daß ich Ihnen schon erzählen möchte, an welcher.«

Kravis lächelte. Jeder im vollen Vorstandszimmer wußte, daß Wasserstein bis zum Bauchnabel im Philip-Morris-Gebot für Kraft stand.

Am Sonntag nachmittag waren die Investmentbanker paarweise hereinspaziert; sie kamen aus ihren Wochenendhäusern oder schlenderten über die laubbedeckten Wege des Central Park, um sich um sechzehn Uhr im Sitzungszimmer bei Kohlberg Kravis zu treffen. Kravis und seine Leute waren schon am Mittag gekommen und hatten einen großen Teil des Nachmittags mit dem Studium diverser Analysen verbracht, die sich mit den bei RJR Nabisco enthaltenen Werten befaßten.

Von seinem Platz an der Seite des großen Tisches aus musterte Kravis die Truppen, die er für seinen Angriff zusammengezogen hatte. Zu seiner Linken, auf dem gewohnten Platz, saß Dick Beattie mit fest blickenden hellblauen Augen und entschlossenem Kinn. Links neben Beattie saß Casey Cogut, der jungenhafte Stellvertreter des Anwalts. Unter Beatties Leitung beaufsichtigte Cogut einen großen Teil der juristischen Arbeit für Kohlberg Kravis. Die beiden Anwälte waren an diesem Morgen zusammen aus Connecticut hergefahren.

Der nächste war Ted Ammon, ein ehemaliger Rechtsanwalt, inzwischen ein leitender Kohlberg-Kravis-Mitarbeiter, bekannt für seine kreativen Lösungen dornenreicher Finanzprobleme. Neben Ammon saß Wasserstein. Trotz seines Genies und der endlosen Vielfalt von Ideen, die er Kravis zur Verfügung stellte, war es ihm nie gelungen, in den inneren Kreis von Kohlberg Kravis einzudringen: Kravis und seine Mitarbeiter fanden seine langen und gewundenen Reden ermüdend. Einige unter ihnen, vor allem George Roberts, wußten nie ganz genau, wem Wassersteins Loyalität wirklich gehörte.

Neben Wasserstein saß Eric Gleacher, der drahtige Chef der M & A-Abteilung bei Morgan Stanley. Zwei der prominentesten Namen im Takeover-Business, Gleacher und Wasserstein, würden sich für Kravis und seine Mitarbeiter als nie versiegender Quell für komische Einlagen erweisen. Bei Meetings wechselten sich die beiden als Erstredner ab; sie vergaßen nie, wer beim letztenmal angefangen hatte. Unweigerlich gaben sie beide den gleichen Rat; manchmal waren sie einander so ähnlich, daß Kravis die Augen verdrehte. Beattie nahm an, daß sie sich vor jeder Strategiesitzung miteinander absprachen, wie sie es für die heutige tatsächlich getan hatten.

Am anderen Ende des Tisches saßen Steve Waters und Mack Rossoff, ein babygesichtiger Wasserstein-Mitarbeiter, den Kravis seit einiger Zeit sehr schätzte. An der Seite saß das Drexel-Kontingent, Jeff Beck und Leon Black, der kundige Finanzierungsexperte, der viele von Mike Milkens Ideen mit Leben erfüllte. Paul Raether komplettierte den Kreis mit zweien seiner schwer schuftenden jungen Mitarbeiter, Scott Stuart und Cliff Robbins.

Nach Eröffnung der Sitzung informierte Kravis die Gruppe über die Situation. »Wir nehmen an, daß Shearson sich um Zusagen von Großbanken bemüht, um sie zu blockieren«, schloß er. »Wenn das der Fall ist, müssen wir sofort etwas unternehmen, um es zu verhindern.«

Es folgte eine lange Debatte über die Werte innerhalb von RJR Nabisco, die bei einem erfolgreichen LBO hervorströmen würden. Echte Meinungsunterschiede gab es nicht. Jeder wußte, daß Ross Johnson Geld in der Keksdose aufbewahrte. Die Frage war, wie man da am besten herankam. Cliff Robbins hatte ihre Optionen an diesem Tag in einer Aktennotiz für das »Projekt Pfirsich« festgelegt.

Es gab drei. Die erste bestand in einem sogenannten »bear hug«-Brief*. Darin würde Kravis sein Interesse bekunden, mehr als 75 Dollar pro Aktie zu zahlen, ohne indessen schon ein konkretes Angebot zu unterbreiten. Unter der Rubrik »Vorteile« merkte Robbins an, ein Bear Hug werde ihnen wahrscheinlich Zugang zu vertraulichen Finanzinformationen von RJR Nabisco verschaffen – ein Muß, wenn sie nicht in Zusammenarbeit mit einem Management-Team boten. Überdies würde es das Bestreben der Managementgruppe um Johnson nach einem schnellen Abschluß vereiteln. Unter »Nachteile« stellte Robbins besorgt fest, daß ein solcher Drohbrief nur eine ausgedehnte Auktion auslösen würde. Das Bieten, hieß es in der Notiz, werde »bis zum Rande der Kapazitäten gehen«. Vielleicht, schloß er, würden sie gewinnen, aber es könnte sie Milliarden kosten.

Die zweite Option war ein Treffen mit Johnson und Shearson, um vielleicht über ein gemeinsames Gebot zu diskutieren. »Zeigt Schwäche?« war die Frage. Option drei war ein Übernahmeangebot, die »Blitzkrieg«-Methode, zu der Wasserstein geraten hatte. Vorteile: »Nutzt Timing-Vorteil ... stört Management-Deal.« Nachteile: »Keine Informationen ... feindselig ... Finanzierungshürden.«

Als die Berater das Wort bekamen, redete Eric Gleacher als erster. Der Tenor seiner Rede war beinahe militärisch, wie man ihn etwa in einem Rekrutencamp oder in der Halbzeit eines entscheidenden Footballspiels zu hören bekommt. Gleacher hatte jene

---

* »Bärenumarmung«: Mitteilung an ein Unternehmen, daß ein Übernahmeangebot bevorsteht.

Macho-Intensität, die manchmal für kleine Männer charakteristisch ist.

»Sie müssen ein Übernahmeangebot machen«, sagte er. »Das Risiko hier besteht darin, daß Shearson womöglich irgendeine Vereinbarung mit dem Vorstand hat, bevor wir etwas unternehmen können. Wenn Sie sie anrufen und sagen: ›Yeah, wir sind wohl interessiert...‹, schubsen sie uns am Ende nur herum. Mit einem konkreten Gebot stehen wir auf festem Boden. Wir müssen Entschlossenheit zeigen. Das ist sehr wichtig, von einem symbolischen Standpunkt aus... Wir müssen schnell handeln. Wir müssen sie in die Luft jagen. Jagen wir sie nur sofort in die Luft.«

Dick Beattie grinste. Das war Gleacher vom Feinsten.

Wasserstein kam als nächster; im wesentlichen wiederholte er, was er am Abend zuvor unter vier Augen zu Kravis gesagt hatte. Die Debatte ging weiter, und Pros und Kontras wurden detailliert erörtert. Leon Black von Drexel mahnte zur Vorsicht. »Meine Güte, warum diese Hast? Wieso warten wir nicht ab und überbieten sie dann einfach?«

»Weil Sie dann die Schurken sind«, stellte Gleacher fest.

Man diskutierte weiter, aber es war klar, nach welcher Seite die Gruppe neigte.

»Zu welchem Preis?« fragte Kravis.

»Vielleicht sollten wir es bei 75 lassen?« schlug Gleacher vor.

Wasserstein schüttelte den Kopf. »In der Gegend von 90, denke ich.« Sein Portemonnaie, witzelten Wassersteins Konkurrenten, sei immer offen, zumindest wenn es Kundengeld sei, was er ausgebe. Seine Kunden boten regelmäßig so hoch, daß die Händler von einer »Wasserstein-Prämie« sprachen.

Kravis wandte sich an Steve Waters, der Johnson besser kannte als irgend jemand sonst am Tisch.

»Wie schätzen Sie Johnson ein?« fragte er.

Waters schilderte in knappen Worten Johnsons Laufbahn und schloß: »Ross hat noch nie etwas gekauft. Er war immer ein Verkäufer.« Ein 90-Dollar-Gebot würde ihn sofort in die Defensive drängen. Zum einen würde er da nicht mitbieten wollen. Aber was wichtiger war: Verglichen mit dem 75-Dollar-Gebot, das bereits auf dem Tisch lag, würden die 90 Dollar den Eindruck erwecken, daß Johnson versuche, die Firma zu stehlen. Wenn das aber geschähe, konnten sie darauf hoffen, einen entscheidenden Keil zwischen Johnson und seinen Vorstand zu treiben.

»Wenn wir massiv auftreten«, fügte Waters hinzu, »klappt er vielleicht zusammen.«

Zum Schluß wandte Kravis sich an die Drexel-Abordnung. Konnte man genug Bonds verkaufen, um RJR Nabisco zu kaufen? War die Nachfrage auf dem Weltmarkt groß genug? Sie alle wußten, daß das Anleiheangebot, das hier zur Debatte stand, das bisher größte in der Geschichte der Wallstreet in den Schatten stellen würde. Und man hatte immer noch zu bedenken, daß eine Anklageerhebung gegen Drexel katastrophale Folgen für den Takeover wie für das Anleiheangebot haben konnte.

»Wir können den Junk plazieren«, sagte Leon Black. »Zerbrechen Sie sich nicht den Kopf über unsere Probleme. Wir werden das schaffen.« Blacks Ruf war so, daß nur wenige befürchteten, seine routinemäßigen Versicherungen könnten hohl sein.

Als die Diskussion zu Ende ging, nahm Kravis Paul Raether und seine Leute beiseite und zog sich mit ihnen in sein Büro zurück. Es war Zeit für eine Entscheidung. Alleingelassen, packten die Berater die Gelegenheit beim Schopf: Sie plünderten die Kohlberg-Kravis'sche Küche und bestellten Pizzas. Als Kravis seine Bürotür schloß, war keinem der Anwesenden bewußt, daß im selben Augenblick nur sechs Straßen weiter ein ganz ähnliches Meeting stattfand.

John Gutfreund schloß die Hand um die winzige Faust seines dreijährigen Sohnes und trat vom Gehweg auf die Madison Avenue. Vater und Sohn waren Einkaufen gewesen, und Gutfreund trug ein Paket unter dem Arm. Auf der anderen Straßenseite sah er Bill Strong und einen zweiten Investmentbanker von Salomon Brothers auf der vergeblichen Suche nach einem Parkplatz. Gutfreund winkte.

Gutfreund wußte, das Meeting in seinem Appartment in der Fifth Avenue heute abend konnte durchaus eines der wichtigsten in seiner langen und spektakulären Wallstreet-Karriere sein. Salomon Brothers gehörten zu den mächtigsten Wertpapierhändlern der Wallstreet. Durch ihren riesigen Handelssaal mit Blick über den New York Harbor flossen tagtäglich Papiere im Wert von über 20 Milliarden Dollar, mehr als selbst bei der New Yorker Börse. Aber jetzt, nach drei Jahren unerfüllter Verheißungen, war Gutfreund endgültig bereit, mit seiner Firma das Börsenparkett zu verlassen und das mühsam gewonnene Kapital in einen Merchantbanking-Deal zu investieren. Und die Art und Weise, wie Gutfreunds Investmentbankabteilung dies zu tun gedachte – und die Summen, die sie dabei verwenden wollten –, würde all jenen die Sprache verschlagen, die behaupteten, Salomon Brothers würde es im LBO-Business nie zu etwas bringen.

Gutfreund selbst war ein Newcomer in der Takeover-Welt. Die Wallstreet war immer in zwei – manchmal einander bekriegende – Lager gespalten gewesen: Investmentbanker – geschmeidig, gewandt, ausgebildet in Andover oder Harvard – und Händler – rotgesichtige jüdische und irische Kids, die zum City College gegangen waren und jetzt ihren Lebensunterhalt damit verdienten, daß sie einander auf dem Parkett anbrüllten. Nach Ausbildung und Haltung war Gutfreund ein Händler.

Von seinem Schreibtisch auf dem Parkett aus hatte er Salomon Brothers rücksichtslos durch ein Jahrzehnt des Wachstums gesteuert, bis es die größte und profitabelste Firma auf ihrem Gebiet geworden war. 1985 hatte ihn *Business Week* zum »König der Wallstreet« gekrönt. Für viele im Finanzgeschäft *war* John Gutfreund Salomon Brothers. In der Firma war sein Wort Gesetz, und seine Mitarbeiter zitterten buchstäblich, wenn er, seine Riesenzigarre schwenkend, in einen Raum stolziert kam. Gutfreund, klein und mit einer Vorliebe für dunkle Dreiteiler, hatte ein rundes Gesicht, dicke, sinnliche Lippen und ein breites Grinsen, das oft gezwungen aussah. Ross Johnson, der ihn aus Standard-Brands-Zeiten kannte, nannte Gutfreund »Old Potatohead« – alter Kartoffelkopf.

Mit neunundfünfzig Jahren hatte Gutfreund ein neues Leben entdeckt: Er hatte ein zweitesmal geheiratet, einen Sohn gezeugt und sich ein gesellschaftliches Image verschafft, über das sich die ganze Wallstreet das Maul zerriß. Susan Gutfreund, eine ehemalige PanAm-Stewardess, hatte dem tristen Dasein ihres Mannes ein Ende gemacht und eine Serie von Wohltätigkeitsbällen und Society-Partys eröffnet. Nach ihrer Heirat im Jahr 1981 waren die Gutfreunds bald ein fester Bestandteil der Gesellschaftsspalten in *W* und *Women's Wear Daily*.

Susan hatte ihren Aufstieg in der New Yorker Society besiegelt, indem sie die Ehre ergattert hatte, für Henry Kissinger eine Party zu seinem sechzigsten Geburtstag zu geben. Monate später redeten die Gäste noch immer von den grünen Äpfeln aus Zuckerwatte, die Susans Küchenchef zum Dessert präsentiert hatte.

Als die Gutfreunds an der Rue de Grenelle in Paris eine Villa aus dem 18. Jahrhundert erstanden, verbrachte Susan immer mehr Zeit in Frankreich, und Gutfreund fing an, an den Wochenenden mit der Concorde hin und her zu fliegen. Als Salomon Brothers Mitte der achtziger Jahre zum erstenmal auf Probleme stießen, überraschte es deshalb nicht, daß viele meinten, Susan Gutfreund sei daran nicht unschuldig, denn sie habe die Aufmerksamkeit ihres Mannes von gewichtigeren Dingen abgelenkt. »Meine Theorie ist es, daß Susan Gutfreund mit Johns Problemen eine Menge zu tun hat«, teilte ein Wallstreet-Insider der Zeitschrift *New York* Anfang 1988 mit. »Wenn ältere Knaben ihre sexuelle Vitalität entdecken, sind sie erledigt.«

Während Salomon wuchs, war es zu Spannungen zwischen der beherrschenden Handelskultur des Hauses und dem kleinen Investmentbankzweig gekommen, der lange als Stiefkind der Firma gegolten hatte. 1987 waren diese Spannungen zum Ausbruch gekommen und hatten beinahe zu einem offenen Krieg geführt, als die Banker mehr Mitsprache in der Firma verlangt und – nicht zufällig – zugleich versucht hatten, aggressiver ins Takeover- und Merchantbanking-Geschäft vorzudringen. Das Haus Salomon brauchte hinsichtlich der Intrigen, die hier ausgebrütet wurden, den Vergleich mit einem Florentiner Palast zur Zeit der Medicis nicht zu scheuen, wobei Gutfreund die von Machiavelli vorgeschriebene Rolle spielte. Gutfreund, der seinen eigenen Mentor rücksichtslos kaltgestellt hatte und sich anscheinend etwas darauf zugute hielt, daß er jeden feuerte, der seine Macht in Frage stellte, verwandte unversehens einen großen Teil seiner Arbeitszeit auf die Niederschlagung interner Revolten. Unterdessen fielen Gewinne und Moral in den Keller. Eine Serie von schlechtberatenen Umstrukturierungen trug ihm ein Bündel von Kündigungen auf höchster Ebene ein, darunter die des Chicagoer Maklers Ira Harris und des Wirtschaftsgurus Henry Kaufman. Auf seinem Tiefstpunkt entkam Gutfreund mit knapper Not einem Takeover-Versuch des Investors Ronald O. Perelman.

Seit nahezu zwei Jahren sprang Gutfreund nunmehr von Krise zu Krise, und seine Firma war ein siedender Kessel voller Unruhe. Als er jetzt mit seinem Sohn nach Hause schlenderte, schien er allen Unkenrufen zum Trotz das Schlimmste hinter sich gebracht zu haben. Viele der Troublemaker im Hause Salomon waren geflogen, die Gewinne stiegen wieder, und Gutfreund und seine Gattin waren so gut wie verschwunden aus den Seiten von *Womens Wear Daily*. Zum erstenmal hatte Gutfreund, der Takeover manchmal als »trades« – Handel – bezeichnete, ein aktives Interesse am Investmentbankgeschäft, und er trottete sogar mit seinen Bankern zu potentiellen Kunden, um ihnen einen Höflichkeitsbesuch abzustatten. Der Wertpapierhandel war immer noch profitabel, aber Gutfreund lernte jetzt, was jeder andere Chief Executive der Wallstreet schon seit Jahren wußte: Das eigentliche Geld war heutzutage im Merchantbanking zu machen.

RJR Nabisco sollte zum Prüfstein für Gutfreunds Entschlossenheit werden. Seine gesamte Investmentbankabteilung, das wußte er, lechzte nach einem Stück von dem Kuchen, den Johnson da gebacken hatte. Gutfreund war skeptisch; er schrieb ihre leidenschaftliche Erregung der »Deal-Hitze« zu, jenem Zustand, in den ein Investmentbanker gerät, wenn er auf den Takeover seines Lebens stößt. Bei den meisten »deal guys«, hatte Gutfreund beobachtet, traten diese Symptome alle ein, zwei Monate zutage. Die Banker, sah er, glaubten, sie seien auf den Heiligen Gral gestoßen: auf den DEAL, DER UNS WIEDER HOCHBRINGT. RJR Nabisco sollte Salomons Rettung sein, der Deal, der mit einem wüsten Streich die Geschichte umschreiben, vergangene Schmach auslöschen und Salomon Brothers im Handumdrehen als bestimmende Macht im LBO-Business etablieren würde.

Ein bewundernswertes Ziel, dachte Gutfreund, aber kaum zu erreichen. Und auf jeden Fall riskant. Nach dem, was Bill Strong ihm über RJR Nabisco erzählt hatte, machte Ross Johnsons Firma einen attraktiven Eindruck – gute Marken, erstklassiger Cashflow. Aber Gutfreund mußte das große Ganze im Auge behalten. Die Kapitalmenge, die sie brauchen würden – vielleicht mehrere hundert Millionen Dollar – würde eine enorme Belastung für die Firma sein. Im Handelsgeschäft verwandte Salomon sein Kapital darauf, riesige Mengen von Aktien und Anleihen zu kaufen, sie mit einer geringen Spanne wieder zu verkaufen und damit gewaltige Gewinne zu erzielen. Jede starke Reduzierung des Firmenkapitals konnte die Rating-Agenturen veranlassen, Salomons Kreditwürdigkeit zu revidieren. Jede Herabstufung konnte Gutfreund Millionen an höheren Handelskosten kosten. Und, was wichtiger war, eine Herabstufung war genau das Richtige, um neuerliche Unruhe bei den Mitarbeitern zu entfachen. Gutfreund konnte sich nicht leisten, sich hier etwas vorzumachen: Wenn er in dieser Sache einen Fehler beging, hatte er möglicherweise mit einer offenen Revolte zu rechnen.

Als Bill Strong sein Auto geparkt hatte, begrüßten er und nach ihm ein halbes Dutzend andere Investmentbanker Gutfreund vor dessen Appartment. Man führte sie in ein weiträumiges, zweistöckiges Foyer, das mit Steinplatten ausgekleidet war. An einer Wand hing eines von Monets »Wasserlilien«-Bildern. Das Appartment – sechs Schlafzimmer – hatte die Gutfreunds 6,5 Millionen gekostet, bevor es von unten bis oben renoviert wurde, und jeder Dollar davon schien an den Wänden zu hängen. Für ihre »öffentlichen« Räume bevorzugten die Gutfreunds eine Atmosphäre wie in einem französischen Palast des 18. Jahrhunderts; dazu gehörte ein mit Pflanzen gefülltes Zimmer, geschmückt mit antiken, bemalten Täfelungen und Ziergittern. Die Damen der Gesellschaft bei »Mortimer's« machten sich darüber lustig, wie französisch Susan Gutfreund bei ihren Aufenthalten in Paris geworden war. »*Bonsoir, madame*«, hatte sie gesagt, als man sie Nancy Reagan vorstellte.

Die Gutfreunds waren nach einem Streit mit ihren Nachbarn aus dem noblen River House in die Fifth Avenue gezogen. Susan hatte darauf bestanden, eine sieben Meter hohe Douglastanne als Weihnachtsbaum zu bekommen. Als sich herausstellte, daß der Baum nicht in den Aufzug paßte, ließ sie einfach einen Kran auf dem Dach aufstellen und die Tanne heraufziehen – leider ohne die Genehmigung der Penthouse-Bewohner einzuholen. Es kam zu einer unangenehmen Szene, gefolgt von einer 35-Millionen-Dollar-Schadenersatzklage. Bald darauf zogen die Gutfreunds in ein geräumigeres Quartier an der Fifth Avenue.

Nach einer Führung durch das luxuriöse Appartment geleitete man Strongs Gruppe in Gutfreunds dunkle, mit Leder ausgeschlagene Bibliothek. »Also«, sagte Gutfreund, »erzählen Sie mir, was ich über diese Sache wissen muß.«

Strong war nervös. Dies würde die größte Präsentation werden, die er je gemacht hatte und vielleicht je machen würde. Er forderte Gutfreund zu einem beispiellosen Engagement auf, das die gesamte Zukunft der Firma umgestalten konnte. Rasch umriß er die Struktur. Es sei die ganz einfach, erklärte er. Salomon und Hanson würden als »reine Partner« zusammen arbeiten und sich Aktien, Kosten und Unternehmenskontrolle fifty-fifty teilen. Salomon bringe die Finanzerfahrung ein, Hanson den unternehmerischen Background. Ungewöhnlich war nur, *wie* Strong sich mit Salomon Brothers in den Deal hineinzudrängen gedachte.

Strongs Salomon-Team hatte übers Wochenende gearbeitet und war zu dem gleichen Schluß gekommen wie Henry Kravis. Um RJR Nabisco zu attackieren, mußte man aggressiv vorgehen. Strong schlug vor, Salomon solle schleunigst und verdeckt einen großen Anteil an Nabisco-Aktien erwerben – den »Brückenkopf« –, und das mit einem Auge auf ein unerbetenes Takeover-Angebot. Damit habe Salomon eine stärkere Verhandlungsposition, meinte Strong. Es habe überdies den Vorteil, daß die Firma, sollte es am Ende nicht gelingen, den Konzern zu kaufen, beinahe sicher einen massiven Kursgewinn werde realisieren können.

Was Strong da beschrieb, war exakt die Strategie, die Unternehmensplünderer wie Boone Pickens und Carl Icahn seit Jahren praktizierten. Daß eine große Investmentbank diese Methode anwandte, hatte man noch nicht gehört. Aber ein ungewöhnlicher Deal, meinte Strong, erforderte eine ungewöhnliche Taktik. Gutfreunds Genehmigung vorausgesetzt, wollte Strong gleich Montag morgen anfangen, RJR-Nabisco-Aktien zu kaufen und erst aufhören, wenn er eine Milliarde Dollar ausgegeben hätte.

Strong machte diesen Vorschlag nicht leichtfertig. Das ganze Wochenende über hatten die Banker diesen Punkt erörtert. Die Strategie erschien brillant, das Zielobjekt war ein Sortiment von Markennamen, wie man sie nur einmal im Leben fand. So war es genau die Art von aggressivem Vorgehen, das Salomon nach Auffassung der Banker anwenden sollte. Je länger sie darüber diskutierten, desto größer wurde ihre Begeisterung. Nur eine Frage hatte jeder auf den Lippen: Würde Gutfreund mitmachen?

»Ausgeschlossen: Macht er nie«, prophezeite ein Banker namens

Charles (»Chaz«) Phillips. Gutfreund führe forsche Reden, meinte Philips, aber tief im Innern fehle ihm, was nötig sei, um wirklich auf den Knopf zu drücken. Einige der Banker waren deprimiert. Wenn Gutfreund den RJR-Nabisco-Deal nicht genehmigte, würde er nie etwas genehmigen. »Wenn wir keine Möglichkeit finden, es zu machen«, sagte ein Veteran namens Ronald Freeman, »dann bedeuten meine fünfzehn Jahre bei Salomon überhaupt nichts.«

Jetzt, nachdem Strong seine Präsentation beendet hatte, ging Gutfreund zum Angriff über – ein Fighter, der beidhändig zuschlug und nach irgendwelchen Schwachpunkten in ihrem Plan suchte. Seine Art war es, die Banker in die Defensive zu drängen und sie zu zwingen, sich hundert verschiedene Rechtfertigungen für ihren Vorschlag einfallen zu lassen. Bevor er auch nur einen Dollar auf diesen Deal setzte, erklärte Gutfreund, wolle er alles hören, was möglicherweise schiefgehen könnte. »Ihr Burschen geht verdammt locker mit dem Geld meiner Aktionäre um«, sagte er herausfordernd. »Wie kommen Sie darauf, daß es klappen wird?«

Anfangs wußten die Banker nicht zu sagen, ob er feindselig war oder nur die richtigen Fragen stellte. »Wie steht es mit Tabakprozessen?« fragte Gutfreund. »Kein Problem«, versicherten die Banker. An Chaz Phillips die Frage: »Ist der Anleihemarkt groß genug, um soviel Papier unterzubringen?« »Jawohl«, kam es wie aus der Pistole geschossen von Phillips.

Wieder und wieder gingen sie die Sache durch, bis Gutfreund sich nach einer Stunde mit einem der einflußreichsten Vorstandsmitglieder von Salomon Brothers, Warren Buffett, verbinden ließ. Buffett war berühmt als einer der intelligentesten Investoren der Wallstreet. Mit seiner Prognostik konnte er Märkte bewegen, und oft tat er es auch. Er war kein Spezialist für schnelle Dollars – bei Warren Buffett gab es keine Plündereien. Buffett investierte auf altmodische Art: kaufen und halten. Im vergangenen Herbst hatte er 12 Prozent von Salomon Brothers erworben und Gutfreund damit vor den feindseligen Übernahmeangeboten von Ron Perelman gerettet.

Als Buffett sich meldete, schaltete Gutfreund den Telefonlautsprecher ein und erläuterte die Situation in allen Einzelheiten. Was sollten sie tun?

»Machen Sie's«, riet Buffett. Er war früher einmal einer der größten

Aktionäre bei RJR gewesen; er kannte die Tabakbranche und schützte sie. »Ich sage Ihnen, weshalb ich die Zigarette so liebe«, erklärte er. »Das Ding kostet einen Penny in der Herstellung. Sie verkaufen es für einen Dollar. Es macht süchtig. Und es gibt eine fantastische Markentreue.«

Ob Buffett sich selbst gern mit Salomon zusammentun wolle? Nein, sagte der Investor, diesmal nicht. Zigaretten seien eine feine Investition, aber der Besitz eines Tabakunternehmens mit all dem gesellschaftlichen Gepäck und diesen »Todeshändler«-Geschichten war eine Bürde, mit der Buffett sich nicht gern belasten wollte. »Ich bin reich genug, daß ich kein Tabakunternehmen haben und mich mit allen Konsequenzen öffentlicher Eigentümerschaft herumschlagen muß.«

Die Banker in Gutfreunds Bibliothek hatten den Eindruck, daß Buffetts Segen die letzten Zweifel ihres Vorsitzenden beseitigte. Wenn drastisches Vorgehen erforderlich sei, erklärte Gutfreund einwilligend, dann werde man eben drastisch vorgehen.

Die Banker verließen Gutfreunds Appartment an diesem Abend in unterschiedlichen Stadien der Euphorie. Einer von denen, die an Gutfreund gezweifelt hatten, Chaz Phillips, fuhr in Hochstimmung mit dem Bus zu seiner Wohnung in der Fifth Avenue. Philips war sicher, daß er eben Zeuge eines der wichtigsten Augenblicke in der Geschichte von Salomon Brothers gewesen war. Er konnte es nicht glauben.

Gutfreund machte tatsächlich mit.

Bis in die frühen Morgenstunden hinein gingen Gratulationsanrufe zwischen den Salomon-Bankern hin und her. Keiner konnte glauben, daß sie so viel Glück haben sollten. Endlich, nach Jahren des Geredes, würde Salomon Brothers tatsächlich etwas *tun*.

»Hoo, hoo, Moment mal«, sagte George Roberts. »Warum muß es heute abend sein? Ich nehme ein Flugzeug und bin morgen da.«

»Das ginge auch«, sagte Kravis. »Aber morgen ist es vielleicht schon zu spät.«

Roberts, in Kravis' Büro auf den Telefonlautsprecher geschaltet, war auf den Vorschlag eines unverzüglichen Übernahmeangebots nicht gefaßt gewesen. Man hatte ihn zwar über Kravis' Vorbereitungen auf dem laufenden gehalten, aber mit etwas Derartigem hatte er nicht gerechnet. Wie er so in seinem Haus südlich von San Francisco saß, gab es als Appetitanreizer für Roberts nur einen einzigen Computerauszug, der ihm zwei Tage zuvor aus New York zugegangen war. Von Natur aus vorsichtig, wollte Roberts eine Menge mehr wissen, bevor er sich auf das erste unerbetene Übernahmeangebot in der Geschichte seiner Firma einließ.

Kravis begründete ausführlich, weshalb dieser Weg eingeschlagen werden müsse. Die Banken würden blockiert. Der American-Express-Vorstand werde morgen zusammentreten – zweifellos, um den Überbrückungskredit zu genehmigen, der notwendig war, um den Deal zu zementieren. Wenn sie nicht schnell etwas unternahmen, meinte Kravis, könne Johnson den Deal innerhalb weniger Tage, wenn nicht gar Stunden, unter Dach und Fach bringen. Ein Übernahmeangebot sei für Kohlberg Kravis die einzige sichere Möglichkeit, noch einen Fuß in die Tür zu bekommen. Zum einen sei dabei eine Reaktion des Vorstandes garantiert; Bundesgesetz schrieb vor, daß jedes Zielobjekt eines Übernahmeangebotes innerhalb von zehn Tagen formell auf das Angebot zu antworten habe. Somit könne der Vorstand sie nicht ignorieren, sagte Kravis.

Außerdem, fuhr er fort, wäre es ja kein regelrecht feindseliges Angebot. Zum einen habe Johnson seine Firma ja nun einmal ins Spiel gebracht. Und er, Kravis, habe auch die Absicht, den Vollzug des Angebotes von der Zustimmung des RJR-Nabisco-Vorstandes abhängig zu machen. Auf diese Weise, meinte er, sicherten sie sich den Zeitvorteil eines Übernahmeangebotes, ohne ein ausgewachsenes feindseliges Gebot abzugeben.

Bruce Wasserstein und Eric Gleacher wurden hinzugeholt und wiederholten ihre militanten Reden für Roberts. Roberts war nicht eben beeindruckt von den Argumenten der beiden Banker, wenngleich er es in ihrer Gegenwart nicht äußerte. Roberts wußte, daß Wallstreet voll war von Wassersteins und Gleachers, die versuchten, Kohlberg Kravis zu hastigen Deals zu drängen, deren Hauptzweck das Erzielen von Multimillionen-Dollar-Beratungsgebühren zu sein schien. Wasserstein war besonders übel; dauernd löcherte er Henry wegen neuer Takeover-Ideen. Roberts nahm sie alle mit einem Körnchen

Salz; für ihn waren sie ein Teil all dessen, was er an New York haßte.
Nach einer Weile bat Roberts die beiden Banker, den Raum zu verlassen.

Die Entscheidung war enorm. Dieser Deal war dreimal größer als irgend etwas, das sie je zuvor unternommen hatten. Es wäre zudem das erstemal, daß sie ohne die Hilfe eines freundschaftlich gesonnenen Managementteams ein Gebot abgäben. Denn wie es aussah, würden sie solo fliegen müssen, wenn sie RJR Nabisco wirklich haben wollten.

Nichtsdestoweniger merkte Roberts, daß er dabei war, sich Kravis' Vor-Ort-Instinkt zu beugen. Isoliert in Kalifornien, sah er ein, daß es fruchtlos wäre, jedermann in New York mit Zweifeln zu verfolgen. »Nun«, sagte er, »lassen Sie uns darüber schlafen, und morgen sehen wir uns die Sache noch einmal an. Wenn keiner von uns echte Vorbehalte hat, machen wir's.«

Die Besprechung endete gegen Viertel nach zehn. Als Kravis schon daran dachte, nach Hause zu gehen, kamen Gleacher und Wasserstein in sein Büro. »Wir möchten gern mit Ihnen über die Gebühren reden«, sagte einer der beiden.

Kravis war verärgert über dieses Ansinnen. Kohlberg Kravis wartete normalerweise bei einem Takeover etwas länger, unter Umständen bis nach dem Abschluß, ehe mit den Investmentbankern die Gebühren ausgehandelt wurden. Für Kravis war es eine Frage des Vertrauens, daß die Firma ihre Berater nicht vernachlässigen würde. So warf er den beiden Männern einen strengen Blick zu: kleine Jungen, die um eine Taschengelderhöhung baten.

»Warum sollten wir uns jetzt mit Ihnen über die Gebühren unterhalten?« fragte Kravis. »Damit hatten wir noch nie Probleme.«

Die beiden Berater hatten sich gedacht, daß Morgan Stanley und Wasserstein Perella jeweils 50 Millionen erhalten sollten. Das war eine ehrfurchtgebietende Zahl. Die höchsten bis dahin ausgehandelten Gebühren hatten zwischen 50 und 60 Millionen Dollar gelegen – und da hatte es sich um Deals gehandelt, die umfangreiche Überbrückungskredite und Kapitalverpflichtungen in Milliardenhöhe erforderten. Wasserstein und Gleacher verlangten die gleiche Summe nur für ihre Beratung.

Das ist lächerlich, dachte Kravis. Da war er nun im Begriff, die größte Takeover-Schlacht in seiner Karriere – ja, in der Geschichte von Wallstreet überhaupt – zu eröffnen, und seine Berater zerbrachen sich den Kopf über ihre Honorare statt über die Taktik.

»Kommt nicht annähernd in Frage«, sagte Kravis den beiden. »Darüber werden wir nicht einmal reden. Dies ist das letztemal, daß wir darüber reden.«

»Na schön«, sagte Gleacher nach kurzem Schweigen. »Aber es ist wichtig für uns. Wir werden Ihnen einfach vertrauen müssen.«*

Nachher fuhr Kravis mit dem Wagen nach Hause in die Park Avenue. Er war zufrieden mit dem Verlauf des Abends. Ein Übernahmeangebot schien genau das richtige zu sein. Er war zu fünfundsiebzig Prozent sicher, daß er es machen würde. Natürlich blieben Zweifel. Was würden die Investoren ihres Fonds dazu sagen? Wie würde sich die Presse verhalten? Und was viel wichtiger war: Wie würde der RJR-Vorstand es sehen? Die Mitglieder mußten davon überzeugt werden, daß dies kein feindseliges Takeover-Angebot war.

Kravis wollte es überschlafen. Morgen würde er mit Beattie und Roberts reden, vielleicht auch mit Peter Cohen.

Dann würde er seine endgültige Entscheidung treffen.

Während Henry Kravis fieberhaft seine Vorbereitungen traf, hatte die Managementgruppe sich das Wochenende freigenommen. Am frühen Sonntag abend kam Johnson in liebenswerter Ahnungslosigkeit angesichts des Unwetters, das sich um ihn herum zusammenbraute, in Jim und Linda Robinsons Appartment hoch über dem Museum of Modern Art geschwebt. Er war anscheinend bester Laune, braungebrannt und ausgeruht in seinem Baumwollpulli und einer lässigen Hose. Auf dem Flug von Atlanta hierher war er am Nachmittag in Chattanooga, Tennessee, zwischengelandet und hatte mit Laurie und John Martin im Schlepptau eine Runde Golf gespielt. Der Honors-Golfplatz dort, der seinem Freund Jack Lupton, einem ehemaligen Coca-Cola-Abfüller, gehörte, zählte zu Johnsons Lieblingsplätzen.

---

* Wasserstein sagt, er erinnere sich nicht an diese Unterredung, aber es sei »durchaus denkbar ... Im Grunde haben wir Morgan Stanley die Gebührendiskussion überlassen. Deshalb reden Sie wohl besser mit Eric.« Gleacher erklärt ebenfalls, sich an dieses Gespräch nicht zu erinnern.

Johnson hatte sich wegen der Drohung von Kravis keine Sorgen gemacht. Tatsächlich hatte er sich seit Freitag überhaupt wenig Sorgen gemacht. Am Samstag hatte er bis mittags geschlafen und sich den ganzen Nachmittag über mit John Martin College-Football angesehen. Für Montag hatten er und Laurie einen Besuch bei Bruce geplant, der mehr als einen Monat nach seinem Unfall immer noch im Koma lag. Dienstag würden sie mit den Geschäftsbanken zusammenkommen – der erste Schritt zu den rund 15 Milliarden, die sie für den Deal würden aufbringen müssen. Dann, so dachte sich Johnson, würde die eigentliche Arbeit anfangen.

Was Kravis anging, nun, um den konnte Cohen sich kümmern. Kravis würde sich schon beruhigen; alles würde prima laufen. Cohen erklärte, er habe die Sache im Griff, und solange Johnson nichts anderes hörte, neigte er dazu, ihm zu glauben. Was konnte Kravis auch machen? Er würde ohne Management-Unterstützung bestimmt keine 18 Millionen für die Firma bieten, dessen war Johnson sicher.

Jim Robinson war weniger blasiert. Das ganze Wochenende hatte ihn die Frage geplagt, ob er Kravis nicht selbst anrufen sollte. Cohen behauptete zwar, er habe alles im Griff, aber Robinson wurde das Gefühl nicht los, daß er behilflich sein könne. Er und Johnson verbrachten einen großen Teil des Abends damit, telefonisch mit Cohen ihre Optionen zu prüfen.

Gegen elf fuhren die Johnsons und Martin in Johnsons Apartment in der Fifth Avenue, neben dem Pierre Hotel. Als sie dort ankamen, fand Martin zu seiner Überraschung eine Nachricht von seinem Assistenten Bill Liss vor. Er rief zurück und fand Liss am Rande der Panik.

Er habe soeben einen Anruf von einem Reporter des *Wall Street Journal* bekommen, berichtete Liss. »Henry Kravis wird morgen früh ein Übernahmeangebot von neunzig Dollar pro Aktie vorlegen.«

Martin und Johnson sahen sich verwirrt an. »Das ist verrückt«, sagte Martin zu Liss.

»Das ist bescheuert«, ergänzte Johnson. »Wer zum Teufel sollte neunzig zahlen?«

Takeover-Gerüchte, mutmaßten die beiden Männer. Bei einem Deal dieser Größe würden zwangsläufig Hunderte von bizarren Geschichten umherschwirren. Trotzdem gab John Martin dieses Gerücht an Linda Robinson weiter.

Peter Cohen wollte eben sein Buch beiseitelegen und zu seiner Frau ins Bett gehen. Morgen stand ihm ein harter Tag bevor, das wußte er. Er würde sich um Henry Kravis kümmern müssen.

Das Wochenende war ereignislos gewesen. Nach dem Treffen mit Kravis am Freitag abend war Cohen erschöpft nach Hause gekommen. Am Samstag ließ er sechs Stunden Französischunterricht über sich ergehen. Cohen benötigte diesen Unterricht – Italienischlektionen nahm er auch – für seine neue Freundschaft mit Carlo de Benedetti, denn seit kurzem saß er in von Benedetti kontrollierten Vorständen in Frankreich und Italien. Cohen versicherte seinem Lehrer, sein Studium in Zukunft sorgfältiger zu verfolgen als im vergangenen Frühling. »Ich verspreche Ihnen, daß es jetzt anders werden wird«, sagte er, ohne zu ahnen, daß dies für die kommenden Monate seine letzte Französischlektion sein würde. Am späten Nachmittag schaute er sich das Junior-Footballspiel seines Sohnes an. Am Sonntag lungerte er den ganzen Tag zu Hause herum. Ein paarmal sprach er mit Jim Robinson und Tom Hill. Alle waren sich darin einig, daß Shearson den Dialog mit Kravis fortführen solle. Cohen hatte nicht die leiseste Ahnung, wohin die Gespräche führen würden, aber es schien nicht das Dümmste zu sein, wenn sie versuchten, Kravis abzulenken, bevor die Sache eskalieren konnte.

Cohens Telefon klingelte. Es war Linda Robinson; sie berichtete von John Martins Anruf und dem beunruhigenden Gerücht, Kravis wolle ein Übernahmeangebot für RJR Nabisco abgeben.

»Es fällt mir schwer, das zu glauben«, sagte Cohen. »Da treibt jemand sein Spielchen mit Ihnen.« Wie Johnson tat er es als eines der üblichen Gerüchte ab, die jedes große Takeover-Angebot begleiten. Linda Robinson hielt diese Einschätzung ebenfalls für plausibel.

Kaum eine Stunde später rief sie wieder an. Sie hatte selbst einen Anruf von einem Reporter bekommen, der ihr das gleiche Gerücht zugetragen hatte.

»Das kann nicht stimmen, Linda«, wiederholte Cohen. »Wir sollen morgen mit Henry zusammentreffen. Warum sollte er so etwas tun, ohne ein weiteres Gespräch abzuwarten? Das ergibt doch keinen Sinn. Es ist nur ein Gerücht.«

———

Bevor die Nacht zu Ende ging, tätigte Linda Robinson einen letzten Anruf, bei Johnson diesmal, und berichtete ihm von dem Anruf des zweiten Reporters. Sie versicherte ihm aber, er brauche sich keine Sorgen zu machen. »Myron sagt, es ist unmöglich«, erklärte sie; »Myron« war ihr Lieblingsspitzname für Cohen. »Sie werden sich morgen treffen.«

Aber zum erstenmal gestattete sich Johnson jetzt doch einen Augenblick der Besorgnis. »Herrgott, sie hat auch einen Anruf gekriegt«, erzählte er Laurie, nachdem er Linda Gutenacht gesagt hatte. »Das ist merkwürdig...«

Konnte es denn stimmen? überlegte Johnson. Nein, es mußte ein Gerücht sein. Es ergab einfach keinen Sinn. Zum Teufel, dachte er, selbst wenn Kravis ihr Angebot überbieten wollte, würde er es nicht um 15 Dollar pro Aktie tun.

Nein, das konnte nicht sein...

Bill Strong, der Salomon-Brothers-Banker, stand früh am Montag morgen in seinem Haus in Summit, New Jersey, auf und bereitete sich psychologisch auf den bevorstehenden Tag vor. Heute war der Tag, an dem die Dealmacher des gesetzten alten Hauses Salomon Brothers ins einundzwanzigste Jahrhundert eintraten.

Um fünf vor halb sechs schlüpfte Strong in seinen schwarzen BMW 735ii und fuhr zu einem nahen Zeitungsladen. Zwanzig Minuten später – er fuhr in Richtung Holland Tunnel, einen Stapel ungelesene Zeitungen neben sich auf dem Sitz – läutete sein Telefon. Es war ein Salomon-Partner, David Kirkland. Kirkland hatte soeben im CBS-Radio gehört, daß Henry Kravis ein 90-Dollar-Übernahmeangebot für RJR Nabisco abgegeben habe.

»O Gott«, sagte Bill Strong.

Johnsons Anwalt Steve Goldstone war um sechs Uhr gerade dabei, eine Jogginghose anzuziehen, als sein Telefon klingelte. Der Anwalt hatte erst kürzlich ein Apartment an der United Nations Plaza bezogen und sich angewöhnt, im Fitnessraum unten im Hause seinen Streß abzuarbeiten.

»KKR hat ein Übernahmeangebot abgegeben«, sagte Tom Hill nüchtern und umriß dann schnell die wenigen Einzelheiten, die bis jetzt bekannt waren.

Zuerst begriff Goldstone nicht. »Sagen Sie's noch mal – was ist das?«

Hill wiederholte, was er wußte.

»Und der Preis?« fragte Goldstone.

»Neunzig Dollar pro Aktie.«

Goldstone war schockiert. In all den Wochen der Vorbereitungen hatte er niemals irgend etwas gehört, das ihn auf eine so hohe Zahl gefaßt gemacht hätte. Die Shearson-Leute hatten erklärt, sie rechneten nicht damit, daß der Deal die Achtzig-Dollar-Grenze überschreiten würde.

»Wie bitte? Neunzig? Neun-Null?«

»Ja.«

»Ich komme sofort zu Ihnen ins Büro.«

Wie betäubt zog Goldstone seinen Trainingsanzug wieder aus. »Dieser Anruf«, erinnerte er sich Monate später, »zog mir buchstäblich die Socken aus.«

Die Montagsausgaben von *Wall Street Journal* und *New York Times* brachten die Meldung, daß Kohlberg Kravis die Absicht hätten, ein Übernahmeangebot von 90 Dollar pro Aktie für RJR Nabisco vorzulegen. Dick Beattie klappte der Unterkiefer herunter, als er die Zeitung zur Hand nahm. Irgendwo war eine undichte Stelle. Es war der schwerste Vertrauensbruch, den er in zwanzig Jahren in der Wallstreet erlebt hatte. Irgend jemand, wahrscheinlich ein Berater, dem Kravis Millionen Dollar zahlte, hatte über das größte Unternehmen in Kravis' Karriere geplaudert. Beattie war immer noch ratlos, als Kravis gegen sieben anrief.

»Haben Sie die Scheiß-Story in der *Times* gelesen?« fragte Kravis; er schrie regelrecht.

»Ja, ich bin verdammt sauer darüber.«

»Das war der gottverdammte Beck!«

»Nein, Henry...«

»Doch!«

Kravis hatte einen Hinweis auf Drexel Burnham in dem *Times*-Artikel zum Anlaß genommen, unverzüglich Beck als den Missetäter zu identifizieren. Jahrelang hatte er Becks alberne Mätzchen, seine dämlichen Witze, seine hysterischen Anfälle ertragen. Jetzt würde Beck bezahlen.

Kravis war immer noch bleich, als er eine halbe Stunde später ins Büro kam. Alle Vorbehalte, die er gegen das Übernahmeangebot gehegt hatte, waren jetzt gegenstandslos. Nachdem die Meldung durchgesickert war, hatte er keine andere Wahl mehr. Er mußte das Angebot vorlegen. So gab er die Anweisung, das Angebot um acht Uhr offiziell bekanntzugeben.

Er bemühte sich, seinen lähmenden Zorn auf Beck beiseitezuschieben, und notierte sich rasch eine Liste von Leuten, die er anrufen mußte. Sie war kurz, bestand nur aus fünf Namen: Charles Hugel, Ross Johnson, Jim Robinson, Peter Cohen und Ira Harris, der jetzt im Sonderausschuß mitarbeitete.

Die ersten vier konnte Kravis nicht sofort erreichen. Um zwanzig vor acht erwischte er Ira Harris in seiner Wohnung in Chicago. Harris, der ständig mit Gewichtsproblemen kämpfte, rackerte sich gerade auf einem Heimtrainer ab.

»O mein Gott!« rief er, als Kravis ihm das bevorstehende Angebot bekanntgab. Der Chicagoer Dealmacher erinnerte Kravis daran, daß er als Berater des Vorstandes bei diesem Takeover strikte Neutralität zu wahren habe. Aber jedes Gebot, das den Ertrag für die Aktionäre steigerte, würde für den Vorstand von RJR Nabisco eine gute Nachricht sein.

»Henry«, sagte er, »das ist großartig.«

Peter Cohen stand früh am Montag morgen auf und saß um halb acht in seiner chauffeurgesteuerten Limousine, um in die Shearson-Zentral in der Stadtmitte zu fahren. Er hatte seine Kinder an der Schule abgesetzt und fuhr eben die Park Avenue herunter, als seine Frau Karen anrief. »Henry hat angerufen. Er sucht dich.«

Cohen, der noch keine Zeitung gelesen hatte, erreichte Kravis wenige Augenblicke später. In all ihren Gesprächen – auf Dinnerpartys, Premieren, oder an Skipisten – hatte er bei Kravis noch nie einen so angespannten Tonfall bemerkt.

»Peter, ich rufe nur an, um Ihnen zu sagen, daß wir wußten, was Sie das ganze Wochenende über im Schilde führten. Und deshalb geben wir um acht Uhr ein Übernahmeangebot bekannt: Wir kaufen RJR für neunzig Dollar pro Aktie.«

»Henry« – Cohen mußte seinen Ärger niederkämpfen – »was genau habe ich denn am Wochenende im Schilde geführt?«

»Sie wissen schon – die Banken zu blockieren und so weiter. Aber das wußten wir. Wir wissen auch von den Vorstandssitzungen.«

»Ich habe keine Ahnung, woher Sie das haben, aber es hat nichts annähernd Derartiges stattgefunden. Diese Vorstandssitzungen waren seit Monaten terminiert. Henry, was soll das? Ich wollte Sie doch anrufen. Habe ich je etwas gesagt und dann nicht getan? Ich will Ihnen etwas sagen«, fuhr Cohen fort. »Sie machen da einen Fehler. Henry, und ich glaube, Sie unterschätzen uns.« Er gab sich keine Mühe, seinen Abscheu zu verbergen.

Als er aufgelegt hatte, wich sein Zorn rasch dem Schrecken und dann der Besorgnis. Während der Wagen ihn in die Stadt trug, versuchte Cohen zu ergründen, was passiert war. Irgend etwas hatte Kravis verärgert. Er rief Shearsons leitenden Anwalt, Jack Nusbaum, an.

»Warum machen die das? Ich begreife es nicht! Es ist verrückt!« schimpfte Cohen, und seine Stimme hob sich. »Wir hatten noch einmal miteinander sprechen wollen.«

Keiner der beiden konnte sich vorstellen, was da schiefgegangen sein sollte. Nusbaum meinte, es müsse mehr dahinterstecken. Wenn es ein Takeover-Angebot sei, sei es dürftig, schon weil Kravis nicht innerhalb von drei Tagen eine 20-Milliarden-Dollar-Finanzierung habe auf die Beine stellen können.

»Wie um alles in der Welt sollen sie ein Angebot machen, Peter?« fragte er. »Die haben keine Finanzierung. Es muß illusorisch sein. Und einen feindseligen Deal würde er nicht wagen.«

Ross Johnson wollte sich eben an sein gewohntes Frühstück – Toast, Speck, ein englisches Muffin und ein kurz gebratenes Ei – setzen, als John Martin hereingeplatzt kam. »Diese Kravis-Geschichte«, begann er, »kommt aus zu vielen Quellen. Sie stimmt.«

Nein, sagte Johnson. Nein, es konnte nicht stimmen, stammelte er. Es ergab doch keinen Sinn. Neunzig Dollar pro Aktie! Das war Wahnsinn!

»Aber es stimmt«, sagte Martin.

Johnson dachte sofort an Cohens Meeting mit Kravis. Irgend etwas mußte am Freitag abend passiert sein, was ihn verärgert hatte. Etwas, das man ihm nicht erzählt hatte.

»Irgend jemand hat irgend jemanden stinksauer gemacht, das steht fest«, sagte Johnson. »Ich werde der Sache auf den Grund gehen.«

Abgesehen von der gescheiterten Zusammenkunft ein Jahr zuvor kannte Kravis Johnson eigentlich nicht. So rief er Eric Gleacher bei Morgan Stanley an, um eine telefonische Besprechung zu arrangieren.

»Henry«, sagte Gleacher in gespielter Verwunderung, »ich habe über Sie in der Zeitung gelesen.« Er lachte und konnte sich einen Seitenhieb auf Jeff Beck, seinen Konkurrenten, nicht verkneifen. »Ist das zu fassen – diese Drexel-Burschen?«

»Gottverdammt nochmal«, fluchte Kravis. »Ich war im ganzen Leben noch nicht so sauer. Kann man so was glauben? Fast hätte ich Drexel überhaupt aus dem Deal ausgesperrt.«

Vor sich hin glucksend, rief Gleacher bei Johnson in Atlanta an. Johnson meldete sich fünf Minuten später aus seinem New Yorker Apartment. Zur Überraschung des Morgan-Stanley-Bankers war er in seiner gewohnten guten Stimmung. Wenn Kravis' Angebot ihn verblüfft hatte, dann ließ Johnson es sich nicht anmerken.

»Verdammt, was für ein Preis!« rief Johnson. »Junge, das ist doch verrückt. Aber wir haben einen großartigen Erfolg für die Aktionäre erzielt.«

Gleacher wußte nicht, was er von Johnson halten sollte. War dem Kerl wirklich egal, daß er seine Firma verlor, vielleicht sogar seinen Job?

Als Johnson ein paar Minuten später bei Henry Kravis anrief, war auch Kravis überrascht von der überwältigenden Fröhlichkeit des RJR-Nabisco-Chefs. Johnson war offenbar alles andere als erschüttert über die Nachricht von Kravis' Schachzug.

»Mein Gott, Henry!« sagte er. »Ich wußte, daß Sie reich sind, aber daß Sie so reich sind, wußte ich nicht! Das ist ein höllisches Gebot...«

Im Gegensatz zu Johnsons unerklärlich sonniger Begrüßung war Kravis' Tonfall ruhig und geschäftsmäßig. »Ross, ich wollte Ihnen der Höflichkeit halber Bescheid sagen. Wir möchten das Unternehmen kaufen. Und wir würden uns gern mit Ihnen zusammensetzen und darüber reden, wie wir zusammenkommen können. Es wäre uns sehr lieb, wenn Sie das Unternehmen für uns leiten könnten.«

»Na, mal sehen, wie sich alles entwickelt«, sagte Johnson. »Ich melde mich bei Ihnen.«

Das war schon alles.

Nachdem Kravis ähnlich lautende Mitteilungen an Jim Robinson und Charlie Hugel hatte übermitteln lassen, rief er noch am Vormittag Jeff Beck an, um ihn zur Rede zu stellen. Hätte er durch die Leitung greifen und den Drexel-Banker erwürgen können, er hätte es getan.

»Ich kann nicht glauben, daß Sie mir das angetan haben«, zischte Kravis.

Beck geriet sofort in Panik. »Ich war das nicht. Henry, Sie müssen mir glauben. Ich war es nicht!«

»Diese Artikel bieten mir jedenfalls allen Anlaß, zu glauben, daß Sie es waren«, versetzte Kravis eisig. »Ich will niemanden in meiner Nähe haben, dem nicht zu trauen ist. Ich will keinen in meinem Team, der für sich selbst arbeitet. So etwas können wir nicht gebrauchen. Das war's, Jeff. Ich will Sie bei keinem Meeting mehr sehen.«

Beck wurde hysterisch. Für ihn stand ein Multimillionen-Dollar-Honorar auf dem Spiel, von seinem Ruf ganz zu schweigen. »Henry, ich war es nicht«, sagte er. »Ich habe es nicht getan! Ich habe es nicht getan! Sie müssen mir glauben! Es war Wasserstein! Es muß Wasserstein gewesen sein!«

Beck flehte und bettelte, aber Kravis hatte die panischen Beteuerungen bald satt.

Den ganzen Tag über, etwa alle halbe Stunde, rief Beck bei Kravis an, aber dieser rief nicht ein einziges Mal zurück. Beck bekniete Paul Raether und die anderen und beschwor seine Unschuld; er wandte sich sogar an Zeitungsreporter, damit die seine Geschichte bestätigten, doch es nützte nichts. Tagelang sollte Beck zwischen Himmel und Hölle schweben und schlaflose Nächte verbringen, ohne zu wissen, wie er nun bei Kravis stand.

Irgendwann im Laufe des Tages hörte er, daß Eric Gleacher die Story verbreitete, daß er die undichte Stelle gewesen sei. Er rief Gleachers Partner, Steve Waters, an.

»Sagen Sie Eric«, drohte er, »wenn er das noch einmal erzählt, breche ich ihm seinen dreckigen Hals.«

Die wahre Quelle der Gerüchte war Thema einer langdauernden Debatte bei Kohlberg Kravis.

Für ein paar Wochen war Jeff Beck von allen Strategiesitzungen ausgeschlossen; Kravis machte ihn zur persona non grata. Schließlich aber wurde er in Gnaden wieder aufgenommen, nachdem Kravis zu der Überzeugung gelangt war, daß der Drexel-Banker von dem wirklichen Verräter clever vorgeschoben worden war: von Bruce Wasserstein.

Kravis' Mitarbeiter vertraten die Theorie, Wasserstein habe die Informationen an die Presse durchsickern lassen, um Kravis zu einem langen Kampf um RJR Nabisco zu zwingen. Das vermutete Motiv: Wasserstein wollte verhindern, daß Kravis statt dessen ein Angebot für Kraft vorlegte. Wasserstein beriet den Kraft-Interessenten Philip Morris und hatte eine Todesangst davor, seine Beute an Henry Kravis zu verlieren. »Er wollte uns den letzten kleinen Schubs geben, damit wir springen«, meinte Paul Raether. Tatsächlich hatte Kravis noch am Sonntag nachmittag mit John Richman, dem Chief Executive von Kraft, über eine solche Möglichkeit gesprochen.

Um seine Spuren zu verwischen, hatte Wasserstein, wie Kravis annahm, raffinierte Hinweise auf Drexel Burnham in dem *New York Times*-Artikel untergebracht; er wußte, daß er damit die Spekulationen auf den geschwätzigen Beck lenken würde.

Monate nach Abschluß des Deals korrigierten Kravis und Raether ihre Theorie noch einmal. Nachdem die Telefonaufzeichnungen von Kohlberg Kravis für jenen Sonntagabend noch einmal überprüft worden waren, behaupteten sie, Anrufe an Reporter des *Wall Street Journal* und der *New York Times* identifiziert zu haben. Jetzt glaubte Kravis, daß es zwei undichte Stellen gegeben habe, eine für jede

Zeitung: Beck *und* Wasserstein. Becks Motiv, nahm man an, war reine Ego-Sucht gewesen: Er wollte die Lorbeeren für diesen Deal. Wie immer die Wahrheit aussehen mochte, Beck und Wasserstein bestritten beide entschieden, irgendwelche Informationen weitergegeben zu haben. Die Kontroverse um diesen Fall sollte für Kravis Konsequenzen haben, die weit über den Tag hinausreichten. Von diesem Morgen an sah er sich einer simplen Tatsache gegenüber: Er konnte seinen Beratern nicht vertrauen – Männern, denen Kohlberg Kravis am Ende weit über 500 Millionen Dollar zahlen würde. Für den Rest der Schlacht um RJR Nabisco arbeiteten Kravis, Roberts und ihre Mitarbeiter großenteils allein. Zwar ließen sie sich von den Bankern weiterhin Finanzanalysen geben – für ihre 25 Millionen wollten sie schließlich etwas bekommen –, aber beide Männer zogen es von jetzt an vor, ihre wahren Gedanken nur im Kollegenkreise bei Kohlberg Kravis zu äußern. Gelegentlich führten sie ihre eigenen Banker sogar absichtlich in die Irre, da sie hofften, ein Wasserstein oder ein Beck werde die falschen Informationen ahnungslos weiterverbreiten.

―――

Kravis' Bekanntmachung explodierte wie eine Bombe in John Gutfreunds Schoß. Auf die Nachricht vom Kravis-Gebot hin stieg der Kurs der RJR-Nabisco-Aktie in den Himmel und zwang Gutfreund, Strongs Plan, Unternehmensanteile zu erwerben, auf Eis zu legen. Um elf trafen Bill Strong und Chaz Phillips sich im Hanson-Büro in der City mit Vertretern der britischen Firma und erfuhren, daß man das Angebot eben neu überdenke. Um drei Uhr war es gestorben.

Am Abend war die Erinnerung an die gestrige Sitzung im Bewußtsein der Salomon-Banker verschwommen wie ein böser Traum. Gutfreund wanderte durch ihre Büros im siebzehnten Stock und stellte eindringlich die Strategie in Frage, die sie ihm am Abend zuvor so hitzig aufgedrängt hatten. Einmal deutete er an, sie seien »sorglos wie die Kavaliere« mit Salomons Geld umgegangen. Als er gegangen war, nannten einige von ihnen sich selbst in finsterer Stimmung »die Kavaliere«. Der Spitzname sollte ihnen eine ganze Weile erhalten bleiben.

»Gestern abend waren wir brillant«, sagte ein brütender Chaz Phillips. »Und plötzlich sind wir dumme Arschlöcher.«

Ross Johnson saß in seiner Wohnung. Kravis' Büro an der Grand Army Plaza gegenüber, und versuchte, einen Sinn in die Ereignisse des Morgens zu bringen. Dahin war die tapfere Fassade, die er vor Kravis und Gleacher aufrechterhalten hatte. An ihre Stelle war eine Miene getreten, die nur wenige seiner Freunde je zu Gesicht bekommen hatten: Dem munteren Possenreißer war schwindlig geworden.

»Soweit es mich betrifft«, sagte Johnson zu John Martin, »ist die Sache vorbei.«

9

Theodore J. Forstmann schlüpfte in seinen weißen Frotteebademantel und tappte die sanft geschwungene Treppe hinunter zum Frühstück. Die hellen Strahlen der Morgensonne schienen durch die Fenster seines Doppelhausapartments hoch über dem East River. Tief unten wühlten sich die Montagmorgen-Pendler durch den verknoteten Verkehr auf dem Franklin Delano Roosevelt Drive.

In der Küche hörte Forstmann sein Hausmädchen Noëmi, die ihm das gewohnte Frühstück – Kaffee, *bagels* und eine halbe Grapefruit – zubereitete. Er freute sich auf ein geruhsames Frühstück. Dabei hätte er Zeit, die Morgenzeitungen zu lesen.

Mit seinen neunundvierzig Jahren hatte Ted Forstmann sich die kräftige, breitschultrige Gestalt eines Ex-Athleten bewahrt. Tennis spielte er heute besser denn als Teenager – so gut, genauer gesagt, daß er gelegentlich gegen Profis antrat. Seine mediterranen Gesichtszüge wurden durch eine olivfarbene Haut betont, ein Geschenk seiner italienischen Mutter; dunkle Falten kräuselten sich um seine Augen. Sein Haar ergraute vorteilhaft.

Unter dem französischen Kristallüster im Eßzimmer war Forstmann von hohen, mit ledergebundenen Büchern gefüllten Regalen umgeben. Seine Zehen liebkosten den weichen türkischen Teppich, als er sich in einen tigergestreiften Sessel sinken ließ. Über seine linke Schulter blickten die asymmetrischen Augen eines Picasso. Forstmanns Adresse gehörte zu den exklusivsten von Manhattan: Zu seinen Nachbarn zählten Rex Harrison und Greta Garbo.

Hier, so hätte jeder gesagt, war ein Mann, der alles hatte. Ted Forstmann, einer der bekanntesten Junggesellen von New York, republikanischer Parteispendensammler von nationalem Ruf, lebte in einer Welt von Mercedes-Fahrzeugen mit Chauffeur, Firmenjets, beladen mit frischen Früchten und vergoldeten Waschraumarmaturen, und luxuriösen, mit Spirituosen und Fernsehen ausgestatteten Hubschraubern, die ihn über den Verkehr von Manhattan hinwegtrugen. Durch harte Arbeit und etwas Glück gehörten seiner zehn Jahre alten Firma, Forstmann Little & Co., spezialisiert auf LBOs, heute Unternehmen, die Einnahmen in der stolzen Höhe von acht Milliarden Dollar zu verzeichnen hatten und für Forstmann genug Bargeld abwarfen, daß er sich Zweitwohnungen bei Southampton und Aspen erlauben konnte. In seinem Büro gab es ein wenig Western-Kunst, einen schwindelerregenden Blick auf den Central Park und ein Foto von Forstmann, wie er Ronald Reagan die Hand schüttelte. In seiner Freizeit finanzierte er eine afghanische Rebellengruppe.

Sein Reichtum, so schien es, hatte Forstmann alles gebracht, nur keine heitere Gelassenheit. Forstmann war ein zutiefst zorniger Mann, und in ihm glomm eine Wut, der Freunde und Geschäftspartner geflissentlich aus dem Weg gingen. Bei der bloßen Erwähnung eines Namens – *jenes* Namens – ließ er eine leidenschaftliche, zehnminütige Schmährede vom Stapel. Freunde hatten die Rede schon hundertmal gehört. In der Wallstreet nannten ihn manche, wie Forstmann wußte, »Cassandra«. »*Ich bin heiliger als du*«, spotteten seine Konkurrenten hinter seinem Rücken. Forstmann kümmerte das nicht; er hatte Winston Churchills Biografie gelesen und identifizierte sich mit der einsamen Kampagne des Staatsmannes, der die Welt vor Nazideutschland gewarnt hatte.

Heute morgen sollte Forstmann wieder einmal an seine Obsession erinnert werden. Als er die *Times* entfaltete, fiel sein Blick sofort auf die Schlagzeile in der oberen rechten Ecke des Wirtschaftsteils. »KOHLBERG BIETET FÜR RJR«. Aufmerksam las er den Artikel.

Diese beschissenen Arschlöcher, dachte Forstmann. *Sie machen es schon wieder.*

Das Kohlberg-Kravis-Angebot für Nabisco war wertlos, das sah Forstmann gleich. 90 Dollar pro Aktie waren ein unsinniger Preis. Aus der Luft gegriffen, sozusagen. *Zum Teufel*, dachte Forstmann bei sich, *bei dem, was seine Junkbonds wert sind, könnte der kleine Scheißer auch das Doppelte bieten.* Wieder einmal benutzte Henry Kravis einen Fingerhut voll Bargeld und einen Karren voll Schulden für den Takeover eines großen amerikanischen Unternehmens. Forstmann überflog den Artikel noch einmal. Natürlich gab es weder Details zu

Kravis' Finanzierung – *konnte es ja auch nicht geben* –, noch sehr viel andere relevante Informationen.

Was das Kravis-Gebot allerdings enthielt, das sah Forstmann, war eine ungewöhnlich große Zahl von Bedingungen: unter anderem die Finanzierung und die Genehmigung des Vorstandes von RJR Nabisco. *Oh, ein Angebot ist es schon*, überlegte Forstmann – *das heißt, wenn Kravis sich nicht erkältet, und wenn die Dodgers die World Series gewinnen, und wenn seine Frau noch vierzehn Kleider näht...*

Er fühlte, wie der Zorn in ihm aufwallte. Es war ein vertrautes Gefühl. Ted Forstmann war jetzt seit fünf Jahren zornig.

Die Wallstreet war von einem Kartell übernommen worden, glaubte er. Von einem Junkbond-Kartell. Einem Kartell, dessen Guru Michael Milken von Drexel Burnham Lambert und dessen mächtigstes Mitglied Henry Kravis von Kohlberg Kravis war. Einem Kartell, das jetzt die Oberhand in der bevorstehenden Schlacht um RJR Nabisco hatte.

Das Produkt dieses Kartells, die hochverzinsliche Anleihe – der »Junkbond« – wurde seit 1988 von buchstäblich jedem größeren Investor, Brokerhaus und LBO-Unternehmen dazu verwendet, Geld aufzubringen – zumeist für Takeover. Ted Forstmann glaubte mit Leidenschaft daran, daß Junkbonds nicht nur die LBO-Industrie, sondern die Wallstreet an sich pervertiert hatten. Unter den großen Akquisiteuren war Forstmann Little praktisch der einzige, der sich weigerte, sie zu benutzen.

Für Forstmann waren Junkbonds eine Dopingdroge, die noch den schmächtigsten Akquisiteur befähigte, sich mit den Titanen der Industrie anzulegen, und er machte sie dafür verantwortlich, daß die Prioritäten der Buyout-Welt bis zur Unkenntlichkeit verdreht worden waren. Forstmann war überzeugt, daß Buyout-Firmen ein Unternehmen heute nicht mehr kauften, um Hand in Hand mit dem Management zu arbeiten, das Geschäft zum Wachsen zu bringen und in fünf bis sieben Jahren zu verkaufen, wie Forstmann Little es tat. Heute kam es nur noch darauf an, einen stetigen Strom von Transaktionen in Gang zu halten, der einen noch stetigeren Strom von Gebühren produzierte – Management-Gebühren für die Buyout-Firmen, Beratungsgebühren für die Investmentbanken, Junkbond-Gebühren für die Anleihespezialisten. Was Ted Forstmann anging, so war die gesamte LBO-Industrie zu einem Revier für die Jäger des schnellen Dollar geworden.

Dem Junkbond selbst war kein Vorwurf zu machen, fand Forstmann. In seiner normalen Form konnte er ein nützliches Finanzierungsinstrument sein. Seine Einwände richteten sich gegen die Mutanten, die anscheinend mit jeder neuen Transaktion aufsprossen: Wertpapiere, deren Zinsen nur aus anderen Anleihepapieren bestanden (»pay-in-kind« - in Naturalien zu zahlen - oder kurz PIKs genannt), Aktien, die den Aktionären in den Rachen gestopft wurden, und Anleihen, deren Zinsraten eskalierten, bis allein der Kapitaldienst einem Unternehmen die Luft abdrückte. Forstmann verhöhnte solche Papiere als »funny money«, als »Spielgeld« oder - sein persönlicher Lieblingsausdruck - als »wampum«*. Bei seinen Reden vor institutionellen Investoren schwenkte er meistens ein Stück Indianerschmuck, um seine Worte zu unterstreichen.

Früher oder später, das wußte Forstmann, würde die Wirtschaft sich wenden, und all die Junkbond-Junkies würden den Löffel abgeben, weil sie von ihren Schuldenbergen begraben wurden. Wenn es aber so weit wäre, befürchtete Forstmann, würde die Verwendung von Junkbond-Krediten so weit verbreitet sein, daß die gesamte US-Wirtschaft davon in eine Depression gezogen werden könnte.

Unter allen Junkbond-Kunden bei Drexel war sein Erzrivale Kohlberg Kravis derjenige, über den Forstmann sich am meisten ärgerte. Kravis verwendete nicht nur mehr Junkbonds als andere, sondern tat es überdies in Forstmann Littles Vorgarten: im LBO-Geschäft. Je länger Ted Forstmann über die Junkbond-Bedrohung wütete, desto mehr rückte Henry Kravis in den Brennpunkt seines Zorns.

Ironischerweise waren sie einmal Freunde gewesen. Heutzutage aber war Forstmann von Kravis besessen. Forstmann betrachtete den Kontrast zwischen ihnen beiden in Kategorien, die ans Apokalyptische grenzten: Für ihn war Kravis nicht weniger als ein Wallstreet-Faust, der seine Seele für einen Haufen Junkbonds und einen neuen Takeover jeden Montag morgen verkauft hatte. Bei der bloßen Erwähnung des Namens schnaubte Forstmann verächtlich, verdrehte die Augen und tat einen tiefen Seufzer. Seine Lippen spien Worte wie

---

* volkstümliches »Indianerwort« für Geld.

Betrüger und *Lügner* aus. In seinen schlimmsten Augenblicken bezeichnete er Kravis als »der kleine Furz« und »der kleine Dreckskerl«.*
Noch wenige Wochen, bevor der RJR-Nabisco-Deal an die Öffentlichkeit gekommen war hatte Forstmann seinem Zorn in einer Anti-Junkbond-Polemik für das *Wall Street Journal* öffentlich Luft gemacht. Der Artikel sollte am Dienstag, dem 25. Oktober, erscheinen.

Als er nun an diesem Montag morgen über den East River hinausschaute, wußte Ted Forstmann, was er zu tun hatte. Plötzlich war der Nabisco-Deal nicht einfach nur ein großer Deal. Es war nicht einfach nur Henry Kravis' »Deal der Woche«. Es war jetzt *der* Deal. Es würde der Höhepunkt seines fünfjährigen Kreuzzuges werden, erkannte er, in dem er versucht hatte, der Welt die Wahrheit über Junkbonds und über Kohlberg Kravis Roberts zu sagen. Hier würde Ted Forstmann mit dem weißen Hut gegen Henry Kravis mit dem schwarzen Hut antreten. Dies, schwor Forstmann, würde der Deal sein, bei dem Kravis als der Betrüger entlarvt werden würde, der er war.

Aber zuvor mußte er einen Fuß in die Tür bringen. Die Artikel auf Forstmanns antikem Eßtisch enthielten nur wenige Einzelheiten über Ross Johnsons Buyout-Plan. Aber was er sah, gefiel ihm. Beim Lesen zwischen den Zeilen vermutete Forstmann, daß Johnsons Gruppe gezwungen worden war, ihre Überlegungen vorzeitig bekanntzugeben. Das aber bedeutete, daß sie noch Tage, wenn nicht gar Wochen davon entfernt waren, ein formelles Angebot auf den Tisch zu legen und die zur Finanzierung benötigten Banken auf die Reihe zu bringen. Das gab Forstmann Little ein wenig Zeit.

Die Anwesenheit von Shearson war ebenfalls ermutigend. Zwar kannte er fast niemanden in der Firma, aber ihm war klar, daß Tom Hills Truppen keine große Erfahrung mit LBOs hatten. Dazu kam, daß sie wahrscheinlich eine ganze Schiffsladung Geld würden auftreiben müssen, um irgendeinen beliebigen Deal abzuschließen. Forstmann Littles Kaufkraft in Höhe von 9 Milliarden konnte sich da als unschätzbarer Vorteil erweisen.

---

* Forstmann war gelegentlich mit Carolyne Roehm ausgegangen, ehe sie Kravis geheiratet hatte. Mit ihrem ersten Mann befreundet, war er bei ihrer ersten Hochzeit Brautführer gewesen. Die Roehm besteht indessen darauf, sie und Forstmann seien »nur Freunde« gewesen.

Ross Johnson war ein weiteres Plus. Forstmann kannte Johnson und seine junge Frau Laurie und mochte sie beide. Begegnet war er ihm schon zu Beginn der achtziger Jahre, als Forstmann Little erwogen hatte, die Standard-Brands-Tochter Fleischmann zu kaufen. In den damals geführten Gesprächen hatte Forstmann den Eindruck gewonnen, daß Johnson ein gescheiter Bursche sei, wenn er auch etwas von einem Verkäufer hatte. Später hatte Forstmann ihn zur Mitgliedschaft in »Deepdale«, eines Clubs, in dessen Vorstand er saß, empfohlen. (Ironischerweise war es derselbe Club, in dem Don Kelly später Johnson dazu überreden sollte, sich mit Kravis zu treffen.)

Ein paar Jahre danach hatte Forstmann bei Johnson angerufen, um ihn für eine Investition in einen Buyout-Fonds von Forstmann Little zu gewinnen. Johnson zeigte eifrige Hilfsbereitschaft und pries den Vorschlag überschwenglich. »Mein Gott, was für eine Gelegenheit!« brüllte Johnson, wie Forstmann sich erinnert, durchs Telefon. »Phänomenal! Machen wir mit Vergnügen!« Als Forstmann auflegte, fand er den RJR-Präsidenten ganz okay, auch wenn er sich ein bißchen wie ein TV-Showmaster aufführte.

Während Forstmann nun heute morgen über den Zeitungen brütete, nahm langsam ein Plan in seinem Kopf Gestalt an. Er dachte an ein Gespräch, das er vier Tage zuvor mit seinem vertrautesten Investmentbanker geführt hatte, mit Geoff Boisi von Goldman Sachs & Co. Boisi, einer der führenden Dealmacher der Wallstreet, hatte sich bemüht, ein Konsortium von Goldmanns »Blue Chip«-Kunden für ein Fremdgebot für RJR Nabisco auf die Beine zu bringen.

»Würde es Ihnen Probleme machen, ein Tabakunternehmen zu besitzen?« hatte Boisi gefragt.

»Ja, warum?« hatte Forstmann geantwortet.

»Was für Probleme?«

Forstmanns Antwort war aus dem Stegreif gekommen. »Ich möchte keinen Lungenkrebs verkaufen.«

Als Boisi hartnäckig geblieben war, hatte Forstmann versprochen, darüber nachzudenken. Dann hatte er sich mit seinen Partnern zusammengehockt, und es hatte sich herausgestellt, daß auch sie eine unbestimmte Abneigung gegen das Tabakgeschäft hegten. Sein Bruder Nick, wie Forstmann selbst ein bekehrter Raucher, lachte vergnügt, als er ausrechnete, wieviel Geld Shearson und andere bei

Johnsons Deal verdienen würden. Er kalkulierte, daß allein die Gebühren den Wert eines 500-Millionen-Buyouts übersteigen würden, den Forstmann Little gerade in Erwägung zogen. »Als ob man hundert Pfund blutiges Fleisch in ein Haifischbecken wirft«, meinte er nachdenklich.

Gleichwohl – die Aussicht darauf, den größten Buyout der Geschichte in Angriff zu nehmen, war unbestreitbar verlockend. Um sich abzusichern, hatte Forstmann seinen langjährigen Anwalt Stephen Fraidin von der Anwaltskanzlei Fried, Frank, Harris, Shriver & Jacobson in Lower Manhattan angerufen. »Machen Sie nichts, mit niemandem, ohne vorher mit mir zu reden«, hatte er ihm gesagt; als er am Freitag sein Büro verlassen hatte, war die Angelegenheit noch nicht entschieden gewesen.

Nach dem Frühstück stieg Forstmann in seinen schwarzen, chauffeurgesteuerten Mercedes und fuhr zu seinem Büro im General Motors Building, dem Plaza Hotel gegenüber, nur einen Steinwurf weit von den Kohlberg-Kravis-Büros in Nine West Fifty-seventh Street.

»Geben Sie mir Jim Robinson«, befahl er seiner Sekretärin.

»Hören Sie, Jim«, sagte er, als Robinson sich irgendwann am Vormittag meldete. »Ich weiß nicht, was los ist. Aber Sie kennen meinen Ruf . . .« Und er begann mit seinem bekannten Vortrag über Forstmann Little und ihre Geschäftsauffassung.

Robinson fiel ihm ins Wort, bevor er weit kam. »Teddy, das weiß ich alles«, sagte er. »Es wird Sie jemand anrufen.«

Forstmann war zufrieden. Es war ein erster Schritt. Der Showdown nahte schnell; das spürte er. Es war Zeit, sich bereitzumachen.

Aber da war noch etwas, irgendeine andere Emotion, auf die Forstmann nicht stolz war und deren Existenz er sich selbst gegenüber erst Monate später eingestehen würde. Tief in seinem Herzen wußte Ted Forstmann: Er wollte Henry Kravis etwas antun.

Fuck them. Dies wird nicht der nächste KKR-Deal werden, gelobte Forstmann sich. *Ich kenne Ross Johnson. Ich kenne Jim Robinson. Mit diesem Deal geht Henry Kravis nicht nach Hause.*

10

Am Montag morgen herrschte bei Shearson ein Pandämonium. Inmitten von Audubon-Drucken, Grünpflanzen und feinen Orientteppichen der Managementbüros im neunzehnten Stock versammelten sich die verdatterten Mitglieder der Managementgruppe. Statt der Tatsache ins Auge zu sehen, daß ihre bisherigen Vorbereitungen töricht gewesen waren, richteten Cohen, Hill und andere ihren Zorn gegen Kravis. Jeder hatte eine Theorie darüber, weshalb Kravis derart überstürzt vorgeprescht sei.

Johnson kam steif herein und nahm an dem langen Tisch im Shearson-Vorstandszimmer Platz. In ratloser Verblüffung verlangte er eine Erklärung für Kravis' Überfall. Hatte Cohen nicht mit ihm zusammentreffen sollen? Was um alles in der Welt hatte Kravis zu diesem Vorgehen veranlaßt?

»Irgend etwas ist hier doch schiefgegangen, Peter«, sagte Johnson und erinnerte an Cohens erstes Zusammentreffen mit Kravis. »Irgend jemand hat irgend jemanden stinksauer gemacht. So was passiert doch – Vorrechte hin, Vorrechte her – nicht von einer Besprechung am Freitag zur nächsten, die für Montag verabredet ist, wenn da nicht irgend jemand irgend jemandem den Finger in den Arsch gerammt hat. Ich meine, da muß doch in der Besprechung am Freitag irgend etwas vorgefallen sein, das ihn dazu veranlaßt hat.«

Das war ein anderer Ross Johnson, als ihn viele bei Shearson kannten. Der Schock von Kravis' Gebot war Gesicht und Stimme deutlich anzumerken. Es war das erstemal, daß Steve Goldstone Risse in der sonnigen Fassade seines Klienten sah. Hill fand, Johnson sehe aus, »als ob ihm eine Ladung Ziegelsteine auf den Kopf gefallen wäre«.

»Ich dachte, es wäre alles okay«, wiederholte Johnson. »Ich dachte, Sie wollten sich mit dem Kerl treffen. Was zum Teufel ist passiert?«

Cohen hatte sich mit Hill und Jack Nusbaum unterhalten und glaubte jetzt die Antwort zu kennen. Es seien Bruce Wasserstein und die anderen Wallstreet-Berater gewesen. Sie mußten Kravis mit Schauergeschichten darüber, wie Shearson die Banken blockiere, zu einem übereilten Angebot getrieben haben.

Jeder von Kravis' Beratern, erklärte Cohen der Gruppe – also Drexel, Morgan Stanley und Wasserstein Perella –, habe seine eigenen Gründe dafür, Shearson den großen Deal zu vermasseln. Das Junkbond-Angebot, das auf den RJR-Buyout folgen würde, dürfte zweifellos das größte der Geschichte sein und könnte Shearson auf der Stelle zu einem mächtigen Herausforderer für Drexel und seine Vormachtstellung am Junkbond-Markt werden lassen.

Zweifellos betrachtete Morgan Stanley Shearsons Angebot gleichermaßen als Herausforderung für seine wachsende Macht auf dem LBO-Markt. Cohen war bereit, darauf zu wetten, daß Steve Waters, verbittert wegen seines erzwungenen Abschieds bei Shearson, es darauf angelegt habe, seinen alten Partner Tom Hill in Schwierigkeiten zu bringen. Und Hills Aufstieg als bedeutender Deal-Macher sei eine unmittelbare Bedrohung für Wassersteins Reputation. »Die bittere Wahrheit«, fuhr Cohen fort, »ist wahrscheinlich, daß alle, die Henry beraten, ihm wahrscheinlich gesagt haben: ›Geh aufs Ganze.‹ Es ist in jedermanns Interesse, daß wir scheitern ... Diese Piranhas haben ihm wahrscheinlich das ganze Wochenende über an Fingern und Zehen geknabbert.«

Johnson hatte kein besonderes Interesse an den Verflechtungen von Shearsons Wallstreet-Rivalitäten, und als Cohen und Hill anfingen, eine Gegenattacke zu planen, war er zu erschüttert, um zuzuhören. »Nun«, meinte er, »ich schätze, damit ist es vorbei. Es ist das Ende. Ich meine, wer kann denn gegen ein solches Gebot konkurrieren?«

Steve Goldstone merkte, daß es an der Zeit war, seinem Klienten ein paar Dinge zu erklären. Johnsons Interessen waren nicht notwendigerweise die gleichen wie Shearsons. Wenn Johnson sein Blatt richtig ausspielte, konnte er immer noch mit einem Buyout herauskommen, mit dem er würde leben können. Er hatte mehrere Optionen, unter anderem die, sich mit Kravis zusammenzutun – Goldstone war sicher, daß Cohen sich dieser Tatsache sehr wohl bewußt war. Es gab aber noch einen Grund, Johnson rasch zur Tür hinauszuexpedieren: Er und Cohen waren offensichtlich auf dem besten Wege zu einem größeren Krach. Goldstone schob sich an Johnson heran und nahm ihn beim Arm.

»Ross, lassen Sie uns zurück zu Davis Polk fahren«, sagte der Anwalt. »Es gibt ein paar Dinge, über die wir reden müssen.«

Die Prozession, die sich, geführt von Goldstone, drei Straßen weiter zu Davis Polks Büro an der Chase Manhattan Plaza bewegte, hatte etwas Surreales an sich, als komme sie aus Alices Wunderland.

Für Johnson war die ganze Sache zu einem Alptraum geworden. Er wurde das Gefühl nicht los, daß sie die reale Welt in Atlanta hinter sich gelassen hatten. Sie waren durch Alices Spiegel in eine Welt getreten, in der die Wirklichkeit außer Kraft gesetzt war, in der die alten Zahlen, die alten Regeln, das alte Finanzdenken einfach keine Gültigkeit mehr hatten. Geld war Papier, und Papier war Geld, und Leute bekamen 25 Millionen Dollar dafür, daß sie einen belogen.

Bei Davis Polk angelangt, brachte Goldstone Johnson, John Martin und Harold Henderson in einem Konferenzraum im achtunddreißigsten Stock unter und ging hinauf in sein Büro, um etwas zu holen. Sofort versammelte sich eine Horde neugieriger Kollegen um ihn. *Mein Gott, was ist passiert?* schrien sie durcheinander. *Steve, ist alles okay? Was machen Sie jetzt?*

Goldstone starrte zum Fenster hinaus nach Norden auf die Art-Deco-Spitze des Chrysler Building. »Die Aussichten sind nicht gut«, sagte er langsam. »Es hat sich alles geändert ... Entweder wir einigen uns mit Henry, oder ...« Oder was? Er wußte es nicht. Kravis hatte sie völlig unvorbereitet erwischt. Gegen ihn anzutreten, würde bedeuten, daß sie jede finanzielle und operative Voraussetzung im Zusammenhang mit ihrem 75-Dollar-Gebot zum Fenster hinauswerfen und wieder ganz von vorn anfangen mußten. Er war durchaus nicht sicher, daß Johnson dazu bereit sein würde.

Als er zurückkehrte, ging Johnson im Raum auf und ab. Die Gruppe seiner Begleiter sah aus wie vom Donner gerührt. Die Ungeheuerlichkeit dessen, was ihnen widerfahren war, dämmerte ihnen allmählich. Die Aussicht auf schnelle Reichtümer war dahin, verweht im viermaligen Klingeln des Dow-Jones-Tickers, der Henry Kravis' Auftritt angekündigt hatte.

»An diesem Punkt ist es aus«, sagte Johnson eben. »Ich meine, wenn das stimmt, dann ist es lächerlich. Wenn die das Geld haben, ist es aus.« Immer wieder fragte er sich, was Cohen getan haben konnte, um Kravis so zu verärgern.

Goldstone versuchte, Johnson von der Vergangenheit auf die Zukunft zu lenken. Kravis' Überfall hatte den Einsatz drastisch erhöht: Wenn sie kämpfen wollten, würden sie jetzt ein 90-Dollar-Angebot überbieten müssen. Ein Post-LBO-Unternehmen mit 90 Dollar pro Aktie zu führen, würde radikal anders sein, als eines, das man zu 75 Dollar gekauft hatte. Die zusätzlichen Schulden würden Kürzungen von der Art, vor der Johnson graute, im großen Stil notwendig machen. Die Flugzeuge, die Verwaltung in Atlanta, sogar die »Premier« – alles würde neu berechnet werden müssen.

»Ross«, sagte Goldstone, »Sie müssen entscheiden, ob Sie dieses Unternehmen oberhalb von neunzig noch betreiben wollen. Wenn Sie dazu bereit sind, liegt die nächste Entscheidung bei Shearson. Die Entscheidungen müssen jetzt von Shearson getroffen werden. Es ist ja nicht Ihr Geld.«

Zuerst einmal, erklärte Johnson, wolle er noch sehr viel mehr über Henry Kravis' Gebot wissen. Was wollte Kravis wirklich? Konnten sie ihn loswerden? Wie um alles in der Welt brachte Kravis neunzig Dollar auf, wenn Shearson nur fünfundsiebzig hatte? Nein, schloß Johnson, er werde überhaupt keine Entscheidung treffen, bis er mehr von Kravis gehört habe. Cohen würde mit ihm reden und in Erfahrung bringen, was passiert war. Dann, erst dann, würden sie entscheiden, was ihr nächster Schritt sein sollte.

Als Goldstone irgendwann einmal aus dem Konferenzraum kam, stieß er auf Tom Hill, der draußen herumlungerte. Der Anwalt grinste bei sich. Es war offensichtlich, daß Hill herübergekommen war, um Johnson im Auge zu behalten und sicherzustellen, daß er nichts Drastisches unternahm.

Das Kravis-Lager kam am Montag nachmittag hervor, um den Schaden zu begutachten, den die morgendliche Bekanntmachung verursacht hatte.

In den folgenden Tagen würde Dick Beattie für Kravis die effektivste Informationsquelle sein. Im Laufe der Jahre hatte sich der Anwalt mit der sanften Stimme in der Wallstreet einen loyalen Freundeskreis aufgebaut. Durch seine Zusammenarbeit mit Shearson hatte er besonders gute Kontakte zu Cohens Leuten.

Der beste war Bob Millard, Leiter der Arbitrage-Abteilung bei Shearson. Die beiden waren alte Freunde, und Millard hatte halb damit gerechnet, daß Beattie an diesem Nachmittag anrufen würde. Es war das erste von vielen Gesprächen, die sie in den kommenden Wochen führen würden, und für Kravis würden sie von unschätzbarem Wert sein. Millard, der auch mit Cohen befreundet war, würde als inoffizielles Sprachrohr des Shearson-Chefs dienen und Cohens Gedanken wie auch seine Drohungen in herzlicher Atmosphäre und ohne Konfrontationsrisiko übermitteln. Beattie vertrat zwar Kravis' Ideen, hatte aber meist ein gutes Empfinden für die Strategie der Shearson-Gruppe. Aus Sicherheitsgründen enthüllte der Anwalt Millards Identität Kravis gegenüber nie.

An diesem Tag klang das Gespräch der beiden wie eines unter zwei Leuten, die sich bemühen, gemeinsame Freunde wieder miteinander zu versöhnen. »Peter sagt, seine Sache steht gut, weil er Ross Johnson hat«, meinte Millard.

»Sie wissen, daß das nicht stimmt«, erwiderte Beattie. »Bob, Sie müssen Peter erklären, daß hier der gewinnt, der den besten Deal macht, nicht der, der Ross Johnson hat. Sieht er denn nicht, daß Henry bereit ist, den Deal ohne Johnson zu machen?«

Millard mußte ihm beipflichten. Das gleiche hatte er Cohen am vergangenen Donnerstag gesagt. Aber bis jetzt hatte Cohen nicht auf ihn gehört. Beattie und Millard kannten die nächstliegende Lösung: Kravis und Cohen konnten sich zusammentun und Johnsons Firma untereinander aufteilen. Eine Bieteschlacht konnte den Sieger Milliarden kosten und außerdem häßliche Publicity hervorbringen. Aber ob die beteiligten Egos eine gemeinsame Anstrengung zulassen würden, war eine ganz andere Frage.

Bob Millard schlug vor, Beattie solle bei Peter Cohen anrufen.

Kravis' Gebot war für Cohen ein Alptraum, der Wirklichkeit geworden war. Aber im Gegensatz zu Ross Johnson dachte er nicht einen Augenblick daran, aufzugeben. Das lag einfach nicht in seiner Natur.

Als weitere Informationen über Kravis' Gebot hereintröpfelten, begriffen Cohen und Hill, daß es nicht so ungeheuerlich war, wie sie zunächst befürchtet hatten. Zum einen war es kein reines Bargeld. Kravis hatte nur 79 Dollar in bar geboten; der Rest sollte in Papieren bestehen, die Kravis mit 11 Dollar pro Aktie bewertete. Auf diese Struktur stürzten Cohen und Hill sich und nutzten sie, um ihre Leute wieder um sich zu scharen. Seht doch, riefen sie, Kravis hat unser Gebot nur um vier Dollar pro Aktie überboten. Shearson, dachte sich Cohen, könne darauf kontern, indem sie ebenfalls »Papier« dazulegten. Johnsons Abneigung gegen Anleihen würde natürlich überwunden werden müssen, aber das dürfte kein Problem sein, wenn dies die einzige Möglichkeit wäre.

In all der Verwirrung wurde eine weitere Tatsache klar. Shearson konnte nicht allein gegen Kravis kämpfen. Ein Angebot oberhalb von 90 Dollar würde eine Kapitalinvestition – eine Anzahlung – von annähernd 2,5 Milliarden erfordern. Selbst mit Geld von American Express würde Shearson, wie Cohen wußte, ein so großes Investment nicht mehr allein tragen können.

Am Nachmittag bekam Cohen einen Anruf von einem seiner engsten Freunde, Thomas Strauss, dem Direktor von Salomon Brothers. Nach John Gutfreund war Strauss die Nummer zwei des Effektenhandelshauses; von seinem Büro aus konnte er das Parkett übersehen. Die Familien Strauss und Cohen machten oft zusammen Ferien; einmal waren sie zusammen auf Safari in Afrika gewesen, und sie besuchten einander häufig. Strauss wollte wissen, ob es bei Shearsons Deal für Salomon nichts zu tun gebe. Ähnliche Anrufe überfluteten Cohens Büro den ganzen Tag, aber der von Strauss war einer der wenigen, die er annahm. Sie kamen überein, am folgenden Tag zusammen zu Mittag zu essen.

Das Universum möglicher Partner, gab Hill Cohen gegenüber zu bedenken, war klein und schrumpfte zusehens. Die nächstliegenden hatte Kravis sich bereits geschnappt: Merrill Lynch, Drexel und Morgan Stanley. »Wir haben jetzt die Wahl: Sally oder First Boston«, meinte Hill. »Salomon hat mehr Kapital, ist aber kein Faktor im LBO-

Markt. Im Gegenteil, sie sind eine Katastrophe im LBO-Markt. Mit ihrer Fusionspraxis ist es auch nicht weit her.« Die First Boston habe ein besseres Junkbond-Geschäft und mehr Übernahmeerfahrung, meinte Hill, trotz des kürzlich vollzogenen Ausscheidens von Wasserstein und Perella. Hill bevorzugte die First Boston – aber er wußte, daß es vergebene Liebesmüh war. Freundschaften galten viel in der Wallstreet, und Cohen würde sich die Gelegenheit nicht nehmen lassen, mit seinem Kumpel Tom Strauss zusammenzuarbeiten.

Dick Beattie erreichte Peter Cohen um vier Uhr nachmittags.

Der Anwalt war in einer schwierigen Lage. Seine Firma, Simpson Thacher & Bartlett, vertrat Lehman schon seit vierzig Jahren und war – neben Jack Nusbaums Kanzlei – eine von Shearsons zwei wichtigsten Anwaltsfirmen. Wenngleich Nusbaum sein engster Vertrauter war, betrachtete Cohen doch auch Beattie als wertvollen Berater. Mit Empörung hatte er erfahren, daß Beattie im Kampf um RJR Nabisco für Kravis arbeitete; er fand, Beattie wäre ihm mindestens aus Höflichkeit schuldig gewesen, ihn um sein Einverständnis zu bitten.

Als Cohen sich jetzt meldete, schlich Beattie auf Zehenspitzen um den heißen Brei herum, setzte den Shearson-Chef offiziell davon in Kenntnis, daß er Kravis vertrete, vermied es indessen, Cohens Genehmigung zu erbitten. »Peter, ich rufe Sie an, weil wir gern versuchen möchten, diesen Kommunikationskanal weiter offenzuhalten, wenn es geht«, erklärte Beattie. »Dieses Übernahmeangebot bedeutet ja nicht, daß wir nicht noch zusammenarbeiten können.«

»Ja, wenn Henry Kravis reden will, wieso hat er dann das Angebot abgegeben? Das brauchte er doch nicht zu tun. Wieso hat er nicht angerufen? Ich wollte ihn anrufen. Das ist doch lächerlich.«

Beattie versuchte, Cohen zu beruhigen. »Peter, aus einer Reihe von strategischen Gründen schien dieses Verfahren am besten zu sein. Aber wir sollten uns trotzdem unterhalten. Es gibt ja keinen Grund, diese Option abzuschreiben. Sie sollten mit Henry reden.«

»Vielleicht«, meinte Cohen. Bevor er zustimmte, trug er Johnson den Gedanken vor; dieser war den Nachmittag über in Nine West, nahm Anrufe entgegen, beantwortete Post und begutachtete neue Computeranalysen.

»Hören Sie, Peter«, sagte Johnson. »Das hier ist kein Hahnenkampf. Es ist ernst, und Henry meint es ernst. Sie müssen sich zusammensetzen, und Sie müssen herausfinden, wie ernst er es meint.«

So wurde für Dienstag morgen ein Zusammentreffen von Cohen und Kravis vereinbart.

Jim Robinsons Erschrecken wuchs, als er am Montag nachmittag zum erstenmal eine Kopie von Johnsons Managementvereinbarung zu lesen bekam. Es war schlimmer, als er befürchtet hatte: Das Vetorecht, die Freiflüge, die unglaubliche Gesamtmasse – das alles störte ihn sehr. Aber was den Vorsitzenden von American Express am meisten beunruhigte, war das, was Wallstreet-Leute als »Kosmetik« der Abmachung bezeichneten: Mit den Augen der Öffentlichkeit betrachtet – und Robinson zweifelte nicht einen Moment daran, daß dieses Dokument irgendwann an die Öffentlichkeit dringen würde –, sah diese Vereinbarung einfach furchtbar aus. In Reporterhänden würde sie sich in eine Inkarnation der Habgier verwandeln. Für Robinson war die Aussicht darauf, daß sieben Männer darauf warteten, sich an die zwei Milliarden Dollar zu teilen, eine PR-Katastrophe, die nur darauf wartete, auszubrechen.

Da würden Änderungen vorgenommen werden müssen, das sah er gleich – und nicht nur aus »kosmetischen« Gründen. Der Vertrag war einfach zu üppig; ein großer Teil des Johnson versprochenen Geldes würde jetzt in ein Gebot umgeleitet werden müssen, das hoch genug wäre, um Kravis aus dem Feld zu schlagen. Als Johnsons engster Freund in der Wallstreet eignete sich Jim Robinson natürlicherweise am besten dazu, Johnson diese schwierige Einsicht zu vermitteln.

Am Montag abend setzte er sich zu Johnson in dessen Büro und versuchte, sein Anliegen so behutsam wie möglich an den Mann zu bringen. »Ross«, sagte er in seinem Atlanta-Tonfall, »wir müssen die Dinge in einer etwas angemesseneren Weise neu bewerten, angesichts dessen, was jetzt vor sich geht.«

»Was meinen Sie damit?« fragte Johnson einigermaßen widerstrebend; er erinnerte sich an Steve Goldstones warnende Worte im Zusammenhang mit der Managementvereinbarung: »Die Burschen werden versuchen, Sie herunterzuschrauben, tiefer und tiefer und immer tiefer ...« Johnson hatte Vertrauen zu Jim Robinson bis zu einem gewissen Punkt.

»Ich hoffe, Sie sind hier nicht als Advokat von Peter Cohen«, sagte er. »Denn die werden es nicht schaffen, uns wieder herunterzuhandeln und Shearson alles zurückzugeben.«

»Nein, Ross. Es ist das, was ich denke. Ich bin hier als Ihr Freund.«

»Das ist etwas anderes, etwas ganz anderes«, sagte Johnson. »Was wollen Sie machen?«

»Wieviele Leute werden an der Managementvereinbarung partizipieren?«

»Es könnten acht sein, aber auch zwanzig.« Über diese Angelegenheit hatte Johnson nicht weiter nachgedacht.

»Ich dachte, es könnte Ihnen daran gelegen sein, ein wenig klarer zu definieren, was alles dazugehört«, schlug Robinson vor.

»Das ist mir völlig egal«, antwortete Johnson. »Ich habe immer gedacht, daß eine Menge Mitarbeiter etwas davon haben würden. Ich wollte die Gruppe so groß wie möglich haben.«

Robinson erklärte, es könne eine gute Idee sein, diesen Gedanken in die Tat umzusetzen. Das beste wäre vielleicht, wenn man Davis Polk und Champ Mitchells Anwaltskanzlei veranlaßte, einen Mitarbeiteraktionärsplan zu entwickeln.

Johnson stimmte zu. Später würde er behaupten, daß dies die ganze Zeit über seine Ansicht gewesen sei.

Ob die Angestellten tatsächlich an Johnsons Reichtümern teilhaben würden oder nicht, war gar nicht die Frage. Worauf es hier ankam, war die Kosmetik. Jim Robinson konnte die Managementvereinbarung nicht mehr abschaffen. Aber er konnte verdammt nochmal dafür sorgen, daß sie, wenn sie erst dem Vorstand und einer skeptischen Öffentlichkeit bekannt würde, leichter zu schlucken wäre.

Hoffentlich.

»KKR UND SHEARSON NACH OFFERTEN FÜR RJR IM KAMPF UM BODEN« lautete die Schlagzeile des *Wall Street Journal* am Dienstag morgen.

Kravis las den Artikel angewidert. Beide großen Zeitungen, das *Journal* und die *New York Times*, berichteten detailliert über seine Unterredung mit Cohen vom Freitag. Beide, fand Kravis, stellten ihn als muskelprotzenden Schurken dar, als den Overlord der LBOs, der versuchte, einen aufstrebenden Konkurrenten zu vernichten. Besonders ärgerte er sich über Zitate, denen zufolge er gesagt habe, er gedenke »seine Vorrechte« zu schützen, eine Formulierung, deren Verwendung er später bestritt. Was immer die Wahrheit gewesen sein mag, für Kravis war es offensichtlich, daß Shearson die Presse benutzte, um auf seine Achillesferse zu zielen: sein öffentliches Image.

Aber lachen mußte er, als er las, was Cohen dem *Journal* gegenüber geäußert hatte. Er hatte die gekränkte Unschuld gespielt und sich darüber beschwert, daß Kravis sich in sein Geschäft hineindränge, nachdem er vorher zugesagt habe, sich mit Shearson zu treffen. »Wir sind zusammen Ski gelaufen und hatten gesellschaftlichen Kontakt«, behauptete Cohen weiter über Kravis, »und ich hätte gedacht, hier sei ein anderes Niveau des Verhaltens zu erwarten.«

Kravis konnte es nicht glauben. Er betrachtete Cohen nicht als seinen Freund. Ja, er kenne den Mann kaum, erzählte er Freunden. Sie seien einmal zusammen Ski gelaufen – »auf irgendeinem Shearson-Zirkus in der Provinz« in Vail –, und »gesellschaftlichen Kontakt« gebe es nicht, außer daß sie einander gelegentlich bei Wallstreet-Festlichkeiten über den Weg liefen. *Nerven hat der Kerl...*

Die Atmosphäre bei dem Frühstück am Dienstag morgen zwischen Cohen und Kravis war nicht schlimmer als die in einem industrieüblichen Kühlraum.

Cohen traf als erster ein und inspizierte das Gelände. Sie hatten einen neutralen Treffpunkt gewählt: den Speiseraum im Plaza Hotel. Cohen hatte den Oberkellner um einen einzelnen Tisch gebeten, an dem er und Kravis diskret miteinander sprechen könnten, und wurde in eine menschenleere Ecke des Speiseraums geführt. Kravis kam ein paar Minuten später und nahm Cohen gegenüber Platz. Die beiden bestellten Kaffee und kamen dann gleich zur Sache.

»Henry, ich habe gesagt, ich rufe Sie an, und ich hätte Sie angerufen«, begann Cohen. »Ich glaube, ich bin ein Mensch, der sein Wort hält. Aber Sie haben die Sache eskalieren lassen.«

So streitbar Cohen sein mochte, er war doch auch Realist. Eine langgezogene Schlacht mit Kravis wäre eine Schlacht, die Shearson leicht verlieren konnte. So schlug er einen Kompromiß vor. »Wir sind in der Sache diskussionsbereit, Henry. Wir hatten nie die Absicht, das gesamte Kapital dieser Transaktion für uns zu behalten. Es ist einfach zuviel. Uns liegt an einer vernünftigen Transaktion. Wenn wir eine vernünftige Transaktion vornehmen können, die jedermanns Zielen gerecht wird, sollten wir das versuchen. Warum versuchen wir nicht, etwas zusammen zu machen?«

»Was zum Beispiel?« fragte Kravis.

»Einen Split. Fifty-fifty.«

»Kommt nicht in Frage«, sagte Kravis. Kohlberg Kravis machte niemals »Fifty-fifty«-Geschäfte. »Das ist zu viel.«

»Ich finde nicht, daß irgend etwas anderes als fifty-fifty in Frage kommt«, erwiderte Cohen.

»Nein. Nein.« Kravis ließ darüber nicht weiter mit sich diskutieren. Er brachte statt dessen die Managementvereinbarung zur Sprache. Er hatte über etwas nachgedacht, was Jeff Beck ihm einen Monat zuvor gesagt hatte. *Sie wollen die Kontrolle über den Vorstand.* Wenn Johnson keinen Buyout nach Art von Kohlberg Kravis wollte, was für einen Buyout wollte er dann?

»Einen ganz normalen Deal«, antwortete Cohen. Nichts besonderes.

»Was heißt das?« fragte Kravis. »Fünf Prozent, zehn, fünfzehn, dreißig Prozent? Wieviel?«

»Yeah, in dem Bereich ungefähr...«

Cohen versäumte es geflissentlich, Johnsons Vetorecht oder die Zwei-Milliarden-Vereinbarung zu erwähnen, die Johnson gefordert und bekommen hatte. »Wenn wir zusammenkommen«, sagte er, »werden wir Ihnen alles das selbstverständlich zur Verfügung stellen.«

Während des Gesprächs versuchte Kravis, Cohen einzuschätzen. Der Mann war nicht in seinem Element, erkannte er. Kravis wußte, daß Cohen sich in seiner ganzen Karriere an nicht mehr als zwei Buyouts versucht hatte; Eric Gleacher nannte ihn »Peter Cohen, Boy Investmentbanker«. Aber Cohen schien zu glauben, daß er aus einer Position der Stärke verhandele. *Er ist ziemlich guter Dinge,* dachte Kravis. *Er glaubt, er hat alle Trümpfe in der Hand, weil er das Management hat. Er glaubt, Ross Johnsons Mitwirken bei ihm kann uns aufhalten.*

Tja, Boy Investmentbanker, dachte Kravis bei sich, da steht dir eine teuflische Überraschung bevor. »Was Cohen nämlich nicht wußte«, erinnerte sich Kravis Monate später, »war: Wir stürmten mit Volldampf durch die Reisfelder, hielten uns nirgends auf und machten keine Gefangenen.«

Während Cohen und Kravis einander über ihre Kaffeetassen hinweg anfunkelten, beschloß Johnson, die Sache selbst in die Hand zu nehmen. Er mußte einfach herausbekommen, ob das Kravis-Gebot echt war und – wenn ja – was das für seine Managementgruppe bedeutete. Johnson war alles andere als begriffsstutzig: Er sah gleich, daß Cohen ganz und gar nicht begeistert davon war, den Deal seines Lebens mit Kravis zu teilen. Beide Male, wo Cohen und Kravis miteinander gesprochen hatten, hatten sie sich gegenseitig angegiftet. Vielleicht war es sinnvoll, irgendeine Art von Partnerschaft mit Kravis einzugehen. Die einzige Möglichkeit, darüber Sicherheit zu gewinnen, dachte er sich, bestand darin, selbst mit Kravis zusammenzutreffen.

Als Johnson seine Telefonmitteilungen überflog, stieß er auf Steve Waters' Namen. Vielleicht würde der frühere Shearson-Investmentbanker, der heute für Kravis arbeitete, sich als Vermittler eignen. Kurz darauf nahm Waters in seinem Büro bei Morgan Stanley den Telefonhörer ab und hörte zu seiner Überraschung Johnsons Lachen. »Ich dachte mir schon, daß ich Sie erreichen würde«, erklärte Johnson glucksend.

»Ross«, scherzte Waters, »Sie wissen doch, daß ich immer mit Ihnen spreche.«

Johnson erwähnte, daß er vielleicht daran interessiert sei, sich mit Kravis zu unterhalten. »Sie sollten sich wirklich mit Henry treffen«, meinte Waters. »Er ist gar nicht so übel. Es ist jedenfalls sinnvoll, daß Sie beide mal miteinander reden.«

Johnson stimmte ihm zu. Als nächstes machte er Jim Robinson bei American Express ausfindig. Er wollte sich noch einmal mit ihm beraten, bevor er auf eigene Faust etwas unternahm. »Hören Sie, Jim, ich glaube, ich werde mich mit Henry treffen – nur, um mal zu hören, was er zu sagen hat. Was meinen Sie?«

Robinson hörte sich an, was Johnson ihm darlegte.

»Ich meine, je mehr Leute miteinander reden, desto besser. Vielleicht ist es richtig, vielleicht ist es falsch, aber ich würde gern selbst einmal hören, welchen Standpunkt sie vertreten. Jim, Sie sind ein Hauptstraßentyp, und ich bin auch einer. Ich denke, es gibt dort eine Hauptstraße.« Das Naheliegende ließ er unausgesprochen: Daß Cohens »Nebenstraßen«-Streitereien mit Kravis nirgends hin führten. »Jimmy«, schloß er, »ich will jetzt die A-Mannschaft spielen lassen, nicht mehr die Jugendauswahl.«

Als Robinson einverstanden war, rief Johnson erneut bei Steve Waters an. Für vier Uhr nachmittags wurde eine Besprechung mit Kravis anberaumt.

Nach seinem Frühstück mit Cohen ging Kravis über die Straße und beriet sich mit Beattie und Roberts, der am Abend zuvor eingeflogen war, in seinem Büro im zweiundvierzigsten Stock mit Blick über den Central Park. Peter Cohen, darin waren sie sich einig, war das einzige Hindernis zwischen ihnen und RJR Nabisco. Es gab keinen Grund auf der Welt, weshalb Shearson an diesem Deal beteiligt sein sollte. Ross Johnson hatte die Management-Erfahrung. Kohlberg Kravis hatte die Buyout-Erfahrung. Cohen hatte Appetit auf hohe Honorare, ein Interesse daran, groß in den LBO-Markt einzusteigen, und ein übles Benehmen.

»Viel haben sie nicht zu bieten«, meinte Roberts.

»Allerdings nicht«, pflichtete Kravis ihm bei.

Es mußte eine Möglichkeit geben, Shearson loszuwerden. Die naheliegende Lösung war, ihnen bei dem Deal eine kleinere Rolle anzubieten. Kravis war für eine Art Beratungsgebühr und vielleicht die Gelegenheit, ein Stück vom Kuchen zu kaufen. Aber einen großen Aktienanteil würde er nicht abgeben, und schon gar nichts, was an eine fünfzigprozentige Beteiligung heranreichte. Vielleicht zehn Prozent, schlug er vor.

Beattie war nicht sicher. Zehn Prozent klang sehr mickrig. Schließlich hatte Shearson diesen Deal zusammengezimmert. Der Anwalt sagte nicht viel, aber er war davon überzeugt, daß Cohen ein solches Angebot als Beleidigung auffassen würde. Ebenso klar aber, das sah er, war die Tatsache, daß Henry Kravis sich dafür einen Dreck interessieren würde.

Während Cohen mit Tom Strauss und John Gutfreund von Salomon Brothers zu Mittag aß und an einer Shearson-Vorstandssitzung teilnahm, traf Johnson in Nine West mit einer Schar graugewandeter Geschäftsbanker zusammen, um Kapital für den Nabisco-Deal zu beschaffen. Die Banker mit ihren nörgelnden Fragen nach Kosteneinsparungen waren eine Plage, und Johnson versuchte, sie an Jim Stern von Shearson abzuschieben. Die Banker wiederum, geführt von Bob O'Brien von Bankers Trust, hatten das Gefühl, daß Johnson die Bedeutung ihrer Rolle nicht recht einzuschätzen wisse. Für 13 Milliarden, fanden sie, könne er wenigstens stillsitzen und sich ihre Fragen anhören.

Aber Johnson hatte Wichtigeres im Kopf, vor allem sein Treffen mit Kravis. Ein paar Minuten vor vier betrat er allein den Aufzug, um die sechs Etagen hinunter zu Kohlberg Kravis zu fahren. Als die Aufzugtür sich hinter ihm schloß, merkte er, daß er vergessen hatte, in welchem Stockwerk Kravis saß. So drückte er auf 44 und stieg dort aus, bemerkte seinen Irrtum aber sofort. Er versuchte es mit 42, wanderte aber auch dort erst ein paar Minuten lang umher, bevor er die Firma in einer hinteren Ecke fand.

Er wurde in Kravis' Eckzimmer geführt und begegnete dort zum erstenmal George Roberts. Die Atmosphäre war herzlich, Johnson hatte kein Hühnchen zu rupfen, und Kravis lag viel an Johnsons Management-Kenntnissen. In tiefen Zügen eine »Premier« inhalierend, war Johnson bald dabei, in Umrissen zu schildern, wie er RJR Nabisco nach einem LBO führen würde. Das Gespräch bewegte sich im Allgemeinen: Die drei Männer wollten einander sondieren. Als Kravis und Roberts von ihrer Geschäftsphilosophie erzählten, war Johnson beeindruckt. Es schien, daß sie sehr viel mehr von Finanzstrukturen und Kapitalbeschaffung verstanden als Cohens Leute. Johnson antwortete mit Anmerkungen zu seinem Unternehmen, die sich die beiden, hungrig nach Informationen über ihr Wild, aufmerksam anhörten.

Johnson warf weiter seine Angel aus und zeigte unverhohlene

Neugier über die Möglichkeiten einer Kooperation mit Kohlberg Kravis. »Henry«, sagte er, »wenn Sie die Firma kriegen, werden Sie doch keine Korinthenkackereien über Flugzeuge und Golfplätze anfangen, oder?«

»Das ist uns nicht wichtig«, sagte Kravis. »Wenn Sie außer der Reihe mit einem Flugzeug fliegen, ist das Ihre Sache.« Fragen Sie Don Kelly, fügte er hinzu.

»Na, das ist ja ganz schön«, meinte Johnson kopfnickend.

Roberts indessen war weniger leichtfertig. George Roberts, gelegentlich als »kalter Fisch« beschrieben, faßte allmählich eine Abneigung gegen Johnsons muntere Golfplatzmanieren. »Nun, wir wollen nicht, daß Sie ein spartanisches Leben führen«, sagte er. »Aber uns liegt daran, daß die Dinge gerechtfertigt sind. Wir haben nichts dagegen, daß Leute Privatflugzeuge benutzen, um irgendwohin zu gelangen, wenn es keine normale Verbindung gibt. Es ist wichtig, daß der CEO in jedem Deal, den wir machen, tonangebend ist. Erkundigen Sie sich bei Peter Magowan.« Magowan war Chef der von KKR mehrheitlich beherrschten Safeway-Supermarktkette und ein Freund Johnsons.

»Habe ich getan«, sagte Johnson. »Ich nehme an, der Deal, den wir im Auge haben, ist ein bißchen ungewöhnlich.« Und er erklärte, daß er eine Struktur anstrebe, in der er die entscheidende Kontrolle über sein Unternehmen behielt.

Nein, sagte Roberts kopfschüttelnd, so arbeiteten Kohlberg Kravis nicht. »Wir machen keinen Deal, den das Management kontrolliert«, stellte er fest. »Wir arbeiten mit Ihnen zusammen. Aber wir haben kein Interesse, die Kontrolle aus der Hand zu geben.«

Johnson wollte wissen, warum nicht.

»Weil wir das Geld haben«, sagte Roberts. »Weil wir die Investoren haben. Deshalb müssen wir die Kontrolle über das Geschäft behalten.« Johnsons Blick verriet ihm, daß dies nicht das war, was er hatte hören wollen.

»Na, das ist ja interessant«, sagte Johnson. »Aber, offen gesagt, ich habe mehr Freiheit, wenn ich tue, was ich jetzt tue.«

Das Thema Kosteneinsparung, einer der Schlüssel zu einem erfolgreichen LBO, kam zur Sprache. Zu Roberts' Überraschung erklärte Johnson, er habe keine große Lust dazu, mit der Axt im Budget herumzuwüten. Ohnehin, erläuterte er, sei die Kostensenkung ein überschätztes Verfahren. »Jeder Neanderthaler kann da reinlaufen und rumhacken und Kosten einsparen«, sagte er. »Aber zeigen Sie mir einen Mann, der Geld ausgeben kann. Ich habe so spartanisch gearbeitet wie jeder andere auch«, fuhr er fort. »Aber hier bringen wir ein erstklassiges Managementteam ein. Wir sind keine liederlichen Verschwender. Ich wünsche nicht, daß ein Haufen Idioten mir erzählt, wann ich ein Auto zu benutzen habe und wann nicht. Das ist Korinthenkackerei. Worüber Sie sich den Kopf zerbrechen sollen, ist der Tabakpreis oder der Preis von Unternehmenswerten, die ich verkaufe. Ich will mich mit den großen Fragen befassen.«

Wichtig waren Dinge wie die »Premier«. Johnson fing an, von der rauchlosen Zigarette zu erzählen, von ihren Stärken und Schwächen, ihrem Status auf den Testmärkten. Das Geheimnis, verriet er, bestehe darin, daß sie den Tabak erwärme, statt ihn zu verbrennen. Unversehens schnippte er seine »Premier« auf Kravis' antiken Orientteppich.

George Roberts starrte entsetzt auf das rauchende Stäbchen zu Johnsons Füßen. »Sehen Sie? Es brennt nichts an«, stellte Johnson fest und hob die Zigarette grinsend wieder auf. Er hatte das Gefühl, Roberts würde gleich aus dem Fenster springen.

Sie hatten sich etwa eine Stunde unterhalten, als Johnson hinausging, um einen Anruf entgegenzunehmen. Eine Minute später kam er zurück und entschuldigte sich. »Das waren Jimmy und Peter. Ich komme zu spät zu einer Verabredung mit Ihrem Freund Ted Forstmann.« Johnson grinste. Es konnte nicht schaden, die beiden wissen zu lassen, daß ihm noch andere Möglichkeiten offenstanden. »Yeah, Teddy kennen wir« antwortete Kravis und grinste ebenfalls. *Forstmann denkt also, er kann sich in diesen Deal hineindrängen.*

Die Information schockierte Roberts. Aber alles an Ross Johnson schockierte ihn. Der Mann wirkte nicht wie ein seriöser Geschäftsmann. Und jetzt wollte er sich mit Ted Forstmann treffen? George Roberts war kein Mann, der gern mit sich spielen ließ.

Bevor er ging, brachte Johnson noch einmal die Aussicht auf weitere Gespräche mit Shearson zur Sprache. »Ich hoffe, Sie können sich einigen«, sagte er. »Seien Sie nur fair. Machen Sie einen fairen Deal. Keine Seite sollte versuchen, die andere Seite gewaltig zu übervorteilen. Einigen Sie sich, ja? Damit wir weitermachen können.«

Als Johnson ein paar Minuten nach sechs ging, waren Kravis und Roberts sich einig: Es war Zeit, daß sie etwas unternahmen.

Jim Robinson fluchte lautlos auf alle Funktelefone. Nach einem Meeting der New York City Partnership, einer Gruppe von Topmanagern verschiedener Unternehmen, die daran arbeitete, die Bedingungen in Gotham zu verbessern, fand er zu seiner Überraschung in seinem Wagen eine Nachricht von Henry Kravis.

Als der Wagen losfuhr, gab es nur eins, was schlimmer war als der Nachmittagsverkehr: der Empfang in Robinsons tragbarem Telefon. Als Kravis sich meldete, geschah es stotternd und rauschend. Aber seine Botschaft war kristallklar.

Ich möchte Ihnen ein Angebot machen.

Der Vorschlag: Kohlberg Kravis würde RJR Nabisco kaufen. Dafür würde Shearson eine einmalige Gebühr in Höhe von 125 Millionen Dollar von Kohlberg Kravis sowie die Option auf einen Zehn-Prozent-Anteil am Unternehmen erhalten. Eine Antwort, fügte Kravis hinzu, hätte er gern bis Mitternacht.

Jim Robinson war nicht der Mann, der beim Anblick einer fremden Brieftasche in Aufregung geriet. »Henry, das klingt ein bißchen dünn«, sagte er; aber er versprach, sich wieder zu melden.

Minuten später kam Cohen aus dem Shearson-Meeting, um sich das gleiche Angebot machen zu lassen. Er sagte wenig, aber an seinem Ton konnte Kravis erkennen, daß er nicht mit offenen Armen aufgenommen wurde.

Wo war Ross Johnson?

Ted Forstmann wartete jetzt seit zwei Stunden, und von dem Mann war immer noch keine Spur.

Nachdem er einen ganzen Tag lang überlegt hatte, war Forstmann bereit, seinen Kreuzzug gegen Kravis und die Junkbond-Plage zu beginnen. Die Computer bei Forstmann Little hatten jedes öffentlich verfügbare Fetzchen Information über RJR Nabisco durchgekaut. Analyseteams von Goldmann Sachs hatten über den daraus resultierenden Ausdrucken gebrütet, und ihre Schlußfolgerungen bestätigten nur, was Forstmann ohnedies schon wußte: Selbst bei 90 Dollar pro Aktie war RJR Nabisco ein gutes Geschäft.

Forstmann Littles Strategie war klar, zumindest der erste Schritt. Kravis' hastiges Übernahmeangebot eröffnete der Firma die Möglichkeit, einzuschreiten und RJR Nabisco zu »retten«. In der Presse bezog Kravis bereits Prügel für seine »Vorrechte«-Äußerung, und Forstmanns Berater waren entschlossen, sich das zunutze zu machen. »Wir müssen uns mit Apfelkuchen und Mutters Schürze präsentieren«, sagte Geoff Boisi – ein Plan, dem Forstmann von ganzem Herzen zustimmte.

Jetzt brauchten sie nur noch Ross Johnson.

Begleitet von Tom Hill, traf Johnson schließlich um halb sieben bei Forstmann Little ein. Nachdem sie einander die Hände geschüttelt hatten, bemerkte Forstmann einen dritten Mann hinter den beiden. Er nahm Hill beiseite.

»Wer ist dieser Kerl, verflucht?« flüsterte er und deutete auf den dritten Mann. Hill machte ein belämmertes Gesicht. »Na ja, ohne weiter ins Detail zu gehen – er reist mit Johnson. Er hat mit dieser Sache nichts zu tun.«

Ein Bodyguard, dachte Forstmann. Bodyguards waren nicht Forstmann Littles Stil. Das war kein gutes Zeichen.

Forstmann führte Hill und Johnson in einen Konferenzraum, dessen informelle Einrichtung eher an ein Familienzimmer denn an einen Sitzungsraum denken ließ. Zwölf schwarze Ledersessel umstanden einen Holztisch. In einer Ecke stand ein Fernsehapparat. Die Wände waren mit Plakaten aus der Zeit der Depression bedeckt, wie Forstmann sie bevorzugte.

Johnson, ein breites Grinsen im Gesicht, setzte sich oben an den Tisch.

»Ich komme soeben von der Konkurrenz«, begann er.

Ted Forstmann zuckte zusammen. »Was?«

»Ich komme eben von einem Gespräch mit Kravis.«

Forstmann konnte seine Irritation nicht verbergen. »Wozu tun Sie das?«

Tom Hill intervenierte. »Wir mußten das tun, Ted«, beruhigte er Forstmann. »Es ist eigentlich nichts weiter. Ich würde dem keine Bedeutung beimessen.« Johnson sichere sich lediglich nach allen Seiten ab, meinte Hill.

Die Erwähnung des Namens Kravis veranlaßte Forstmann zu seiner Standardpredigt. Fast eine halbe Stunde lang verbreitete er sich über das Übel der Junkbonds, die Sünden des Henry Kravis und die Art und Weise, wie Forstmann Little die Wallstreet retten könnten. Dabei ließ er es sich besonders angelegen sein, auf seinen Artikel im *Wall Street Journal* vom selben Tag hinzuweisen. Johnson hörte mit heimlicher Belustigung zu.

Der Kerl kriegt wirklich einen Ständer bei seinem Wall Street Journal-*Aufsatz,* dachte er bei sich. Forstmanns Weltsicht glaubte Johnson zu verstehen. *Henry Kravis ist ein Teufel. Ted Forstmann ist ein Engel. Seine Kunden sind makellos. Er interessiert sich nicht für Gebühren. Dieser Bursche verrichtet die Werke des Herrn an dem, der ein Unternehmen privatisieren will ...*

Alles klar.

Als Forstmann geendet hatte, stellten Nick Forstmann und einer seiner Leute, Steve Klinsky, Johnson Fragen zu seinem Unternehmen. Wie waren die Aussichten für die Tabakbranche? Was für Tochterfirmen würden sich verkaufen lassen? Bei seinen weitschweifigen Antworten wirkte Johnson beinahe hyperaktiv. Offensichtlich machte der Druck dieses Deals sich allmählich bei ihm bemerkbar, dachte Forstmann.

Tom Hill verließ den Raum, um einen Anruf entgegenzunehmen. Es war Cohen, der ihm von Kravis 125-Millionen-Angebot berichtete. »Das klingt nicht nach meiner Vorstellung von einer Partnerschaft«, meinte Hill.

»Nach meiner auch nicht«, sagte Cohen.

Aber Hill sah, daß die Sache attraktiv sein konnte. Eine Gebühr dieser Größenordnung war fast die Hälfte dessen, was Shearson im ganzen Jahr 1987 an Einnahmen für Übernahmeberatungen hatte verzeichnen können. Für das vierte Quartal erwartete man bei Shearson sinkende Einnahmen, und Hill wußte, daß Cohen deshalb unter einem enormen Druck stand. Eine einmalige Injektion von 125 Millionen Dollar war da durchaus verlockend.

»Es versteht sich von selbst«, sagte Hill, »daß dies, sollten wir akzeptieren, das Ende unserer Merchantbanking-Geschäfte bedeutete. Es wäre das Eingeständnis, daß es einen Preis gibt, für den wir zurücktreten. Selbst wenn wir es hübsch aufputzen, wäre es klar. Deswegen können wir unmöglich akzeptieren.«

»Das waren sie schon wieder«, verkündete Hill, als er in den Konferenzraum zurückkam. »Wir haben ein höchst beleidigendes Angebot bekommen.«

Forstmann war verwirrt. Es war klar, daß Hill von Kravis sprach. Verhandelte Hill etwa über *sein* Telefon mit Kravis? Was ging hier vor? Verloren in seinen Gedanken, bemerkte Forstmann nichts von der Ironie des Plakats hinter seiner rechten Schulter: »Vergeude meine Zeit nicht«, stand da. »Müßiges Reden bringt nichts ein.«

Johnson und Hill gingen bald darauf, und die Brüder Forstmann blieben perplex zurück. Stand Johnson in Verhandlungen mit Kravis? Wenn ja, wieso redete er dann mit Forstmann Little? Vielleicht würden sie es später erfahren: Hill hatte Forstmanns Crew für den Abend nach Nine West eingeladen, um über einen Zusammenschluß der Kräfte zu reden.

Als sie die Einzelheiten der Besprechung noch einmal durchgingen, kam Steve Klinsky zu Ted Forstmann. »Sind Sie sicher, daß der Kerl sie noch alle hat?« fragte er.

Forstmann schrieb Johnsons merkwürdiges Benehmen der Aufregung zu. Er hatte dieses Phänomen schon oft gesehen: ein Chief Executive, aus der Sicherheit seiner Konzernumgebung gerissen, ratlos vor dem schwindelerregenden Tempo der Wallstreet. »Er steht unter großem Druck«, erklärte Forstmann. »Er ist ja in einer schwierigen Lage, wissen Sie. Ich habe Verständnis für die CEOs in dieser Welt.«

Klinsky war da nicht so sicher. »Ich glaube, der Kerl ist völlig wahnsinnig.«

Eine Stunde, nachdem Kravis sein 125-Millionen-Angebot bekanntgegeben hatte, telefonierte Dick Beattie mit Bob Millard bei Shearson.

»Haben Sie von unserem Angebot gehört?« fragte er.

Millard berichtete, was Beattie erwartet hatte: Cohen, erzählte der

Händler, renne mit dem Kopf gegen die Wand nach Kravis' Offerte. Er sei beleidigt; er sei empört; er habe dergleichen noch nie erlebt.
»Ein Schmiergeld nennt er es«, sagte Millard.
»Ich hab's gewußt«, sagte Beattie seufzend.

Als Johnson in sein Büro im achtundvierzigsten Stock zurückkehrte, fand er Cohen rasend vor Wut über Kravis' Angebot. Hill stimmte bald mit ein. Während er umherstapfte und Kravis verfluchte, lief er so rot an, daß Johnson glaubte, er bekomme gleich einen Herzanfall. Jim Robinson war ebenfalls anwesend.

Bei all dem lautstarken Getobe ließ das Kravis'sche Angebot doch die uneingestandene Kluft zwischen Shearson und Johnson offen zutagetreten, die nunmehr fast zwei Tage lang existierte – seit Kravis' Bekanntmachung am Morgen zuvor nämlich. Johnson hatte seine Zusage, weiter bei Shearsons Angebot zu bleiben, immer noch nicht offen erneuert. Robinson und Cohen hatten zwar nicht darauf gedrängt, aber Johnsons Zusammenkunft mit Kravis an diesem Nachmittag bereitete ihnen sichtlich Sorgen. Würde Johnson bei Shearson bleiben, oder würde er in Kravis' Lager hinüberwechseln?

»Ross, wenn Sie mit denen gehen wollen, steht Ihnen das selbstverständlich frei«, sagte Robinson jetzt. »Wir werden Sie nicht aufhalten.« Cohen wiederholte diese Auffassung wie ein Echo.

»Ach, zum Teufel«, sagte Johnson. »Wir wollen uns doch alle mal beruhigen. Ich muß darüber erst mit meinen Leuten reden. Dann entscheiden wir, was wir tun werden.«

Als es dunkel wurde, wimmelte es im achtundvierzigsten Stock von Leuten: Teams von Shearson, Davis Polk, Jack Nusbaums Anwaltsfirma und RJR waren fleißig dabei, die im Laufe von Wochen erstellten Analysen zu überarbeiten, um Kravis' Gebot womöglich zu überbieten. Johnson versammelte seine Manager in seinem Büro. Horrigan, Henderson, John Martin und die anderen verteilten sich auf den cremefarbenen Sitzmöbeln und längs der Wände.

»Die Situation ist folgende«, begann Johnson und legte Kravis' Angebot dar. »Ich werde hier keine einseitige Entscheidung treffen. Wir werden darüber abstimmen. Dann werde ich tun, was Sie wollen. Jeder von Ihnen soll mir sagen, was er von der Sache hält. In welche

Richtung Sie jetzt gehen, steht Ihnen frei. Aber, Kameraden, Sie stimmen über Ihre Karriere ab. Wir können mit Henry gehen, oder wir können mit Jim gehen.«

Johnson blickte in die Runde der Männer, die er sich für das große Abenteuer auserkoren hatte. Sie wüßten alle, wie es wäre, für Henry Kravis zu arbeiten, erklärte er. Alles nickte. Sie wußten es. Aber die Chancen, mit Shearson zu gewinnen, standen kaum besser, warnte Johnson.

»Es ist Ihnen klar: Wenn wir mit Shearson gehen«, sagte er, »sind Sie wahrscheinlich alle erledigt.« So entlegen erschien Shearsons Chance, Kravis zu schlagen; keiner war sicher, daß Cohens Leute auch nur das nötige Geld für die Schlacht würden aufbringen können. Wenn Sie mit Shearson gingen und verloren, waren sie allesamt ihren Job los.

Ed Horrigan lauschte Johnsons Worten und wußte, daß Johnson es ernst meinte, wenn er sie dazu ermunterte, ihre Bündnistreue noch einmal zu überdenken. Die beiden Männer hatten sich zuvor unter vier Augen unterhalten, und als Horrigan sich erkundigt hatte, wie das Zusammentreffen mit Kravis verlaufen sei, hatte er mit Verblüffung gesehen, wie zwiespältig Johnson gewirkt hatte. »Junge, das sind tolle Burschen«, hatte er von Kravis und Roberts gesagt.

»Wirklich?« hatte Horrigan ungläubig gefragt.

Er hatte Johnson eingehend über das befragt, was da sechs Stockwerke tiefer vor sich gegangen war. In einer Hinsicht fragte sich der streitbare Tabakchef mißtrauisch, was für einen Deal Johnson als Mann ohne feste Loyalität für sich herausgeschlagen haben mochte. Andererseits war er ratlos: Wie konnten sie so plötzlich aufhören, Kravis mit Furcht und Abscheu zu betrachten, und den Mistkerl statt dessen umarmen? Vielleicht brachte der locker-flockige Johnson einen solchen Flickflack zustande. Aber der verbissene Ed Horrigan nicht.

»Ich habe keine Ahnung, worüber Sie geredet haben«, stellte Horrigan fest, »aber es gefällt mir nicht.«

»Ich verstehe Sie nicht«, antwortete Johnson. »Ich mache den größten Deal der Welt, und Sie sind nicht beeindruckt.«

Horrigan versuchte, es in einfache Worte zu fassen. Zum einen, sagte er, solle er sich doch mal überlegen, wie das für den Vorstand aussehe. Wie um alles in der Welt konnte die Management-Gruppe behaupten, sie bemühe sich, dem Aktionärswohl zu dienen, wenn sie mit Kravis einen Deal aushandelte, der ohne Zweifel den Verkaufspreis des Konzerns niedrig halten würde? »Der Vorstand wird uns in den Hintern treten«, erklärte Horrigan.

Johnson war anderer Meinung. Nachdem Kravis den Mindestpreis von 90 Dollar eingebracht habe, sei dem Aktionärswohl bereits gedient. Jetzt, meinte er, sei es wichtig, dafür zu sorgen, daß die Bieterei nicht außer Kontrolle gerate und zu einem Schuldenberg führe, der es unmöglich machen würde, das Unternehmen weiter zu führen.

Horrigan wollte von einem Bündnis mit Kravis nichts mehr hören. »Das sind unsere Feinde«, hatte er gesagt. »Ich sehe nicht, wie wir mit ihnen zusammenarbeiten sollen.«

Als sie jetzt von einem zum anderen durch den Raum gingen, schimpfte Horrigan von neuem über Kravis und seine Methoden. Bei Shearson zu bleiben, sei das richtige, unabhängig von den Siegeschancen. »Ein braves Mädchen geht mit dem nach Hause, der sie mitgebracht hat«, erklärte er. »Wir gewinnen mit Shearson, oder wir gehen unter mit Shearson.«

Die anderen – Henderson, Ed Robinson, Andy Sage – stimmten ihm zu. »Hören Sie, wir sind dabei. Wir sind auf Ihrer Seite«, sagte John Martin. »Wir haben uns für einen Partner entschieden, und jetzt bleiben wir dabei.«

Die Krise war vorüber. Als die Gruppe sich vertagte, ließ Johnson Cohen zu sich kommen. »Ich weiß, daß Sie gewisse Zweifel an uns hatten«, sagte er. »Sie haben ein großzügiges Angebot gemacht, um uns Bewegungsfreiheit zu geben. Ich weiß das zu schätzen. Ich will nur noch einmal bestätigen, daß wir weiter mit Ihnen arbeiten.«

Cohen war sichtlich erfreut. »Ich weiß dieses Vertrauensvotum zu schätzen. Ich sage Ihnen: Wir werden bis zum Schluß zu Ihnen halten.«

Auf dem Höhepunkt des chaotischen Abends traf Ted Forstmann im achtundvierzigsten Stock ein. Als er aus dem Aufzug trat, hatte er gleich ein ungutes Gefühl. Es wimmelte hier von Leuten. Die meisten schienen Anwälte zu sein. Forstmann stöhnte. *Zuviele Köche...*

Mitgebracht hatte Forstmann seinen Bruder Nick, seinen Anwalt Steve Fraydin und Geoff Boisi von Goldman Sachs. Auch ihnen fiel die Unruhe auf. Boisi, der den Umgang mit Investmentbankern gewohnt war, sah zu seiner Verwunderung Führungsleute wie Cohen und Robinson hin und her flitzen. *Wer hat denn hier das Kommando?* fragte er sich.

Die Forstmann-Gruppe wurde in einen fensterlosen, von einem einzelnen Kirschbaumholztisch beherrschten Konferenzraum eskortiert, in dem sich mehr als ein Dutzend Anwälte und Investmentbanker drängten. Johnson war da, und Cohen ebenfalls. Unverzüglich begannen die Shearson-Leute, Forstmann mit Fragen zu überschütten, überwiegend Variationen eines einzigen Themas: Wie bekämpft man Henry Kravis? Forstmann wischte die Fragen beiseite. Es habe keinen Sinn, darüber zu reden, erklärte er, solange man nicht sicher sei, daß man sich auf ein und derselben Wellenlänge befinde. Und mindestens zum zweitenmal an diesem Tag begann Forstmann mit seiner Rede.

Als erstes kamen die Schmähreden gegen Kravis. Keine Junkbonds. Keine Überbrückungskredite. Forstmann geriet immer mehr unter Dampf, als er sah, daß Johnson hinausschlich. Keine feindseligen Übernahmeangebote, fuhr er fort. Nichts von diesem verrückten Scheiß. Er redete und redete. Nach einer Weile folgte Cohen Johnson und verschwand ebenfalls. »Ich fackele nicht herum«, schloß Forstmann. »Wir sagen nicht oft ja. Aber in dieser Sache sind wir dabei. Sie auch?«

Forstmann sah sich um. Plötzlich fiel ihm auf, daß der Konferenzraum sich geleert hatte. Nur drei von der ursprünglichen Gruppe waren noch da. Forstmann kratzte sich den Kopf, als ein nachgeordneter Shearson-Banker anfing, Möglichkeiten vorzuschlagen, wie sich Junkbonds mit den Zielen von Forstmann Little vereinigen ließen, ohne gleich die moralischen Ansichten der Firma zu besudeln.

Forstmann hörte es erbost. Hatte dieser Kerl denn nicht zugehört? Hatte er sich nicht die Mühe gemacht, heute den Artikel im *Wall Street Journal* zu lesen? Wußte er etwa nicht, mit wem er redete? »Halt, halt, halt«, unterbrach Forstmann verdrossen. »Sie haben nicht verstanden. Ich mache so was nicht.«

Dann hielt er abgelenkt inne. »Wo sind alle hin?« fragte er.

Niemand wußte es. Als auch die restlichen Shearson-Banker gegangen waren, wußte Forstmann nicht recht, was er nun anfangen sollte. Er wartete. Mehr als eine Stunde lang war keine Spur von Johnson, Cohen, Jim Robinson oder Tom Hill. Geoff Boisi wurde allmählich wütend. »Hier ist was Komisches im Gange«, warnte er.

Den ganzen Abend über hatte Cohen versucht, Kravis zu erreichen. Er und Johnson hielten es für wichtig, ihm zu übermitteln, daß sein 125-Millionen-Dollar-»Schmiergeld« ein ganz und gar unbefriedigendes Angebot sei. John Martin schlug vor, ein toter Fisch sei das rechte Mittel, die Botschaft zu überbringen. Cohen hinterließ Nachrichten in Kravis' Wohnung. Er rief Dick Beattie an: Ob Beattie wisse, wo Kravis sei? Der Anwalt wußte es, aber er sagte es Cohen nicht.

Während sie telefonierten, saß Kravis genüßlich bei einem Smokingdinner in einem nahegelegenen Restaurant, »La Grenouille«, zu dem der Agent Swifty Lazar zu Ehren Henry Kissingers eingeladen hatte. Dort schwatzte er mit Felix Rohatyn, dem Lazar-Banker, der jetzt in Charlie Hugels Sonderausschuß saß, und mit John Gutfreund von Salomon Brothers. Natürlich schwirrte der Tratsch um den RJR-Nabisco-Deal durch das Lokal. Gutfreund saß mit Kravis an einem Tisch und schmunzelte vor sich hin, während Tischgenossen den kleinen Finanzier ausfragten. Mit keinem Wort verriet Gutfreund, daß Salomon Brothers im Begriff standen, in die Schlacht gegen Kravis einzugreifen. Sein Tischgeplauder mit Kravis beschränkte sich auf eine einzige Bemerkung zu Kravis neugefundener Publicity in der Presse.

»Ich glaube«, sagte Gutfreund, »dies ist in meiner Erinnerung das erstemal, daß ein Finanzmensch am selben Tag auf der Titelseite des *Wall Street Journal* und der *New York Times* gestanden hat.«

Henry Kravis lächelte; er konnte John Gutfreund nicht besonders gut leiden.

Nach dem Dinner fuhr Kravis in seine Wohnung und wartete auf Cohens Anruf. Von seinem Bibliotheksfenster aus konnte er sehen, daß der achtundvierzigste Stock in Nine West hell erleuchtet war. *Die sind immer noch da oben*, dachte er.

Um Viertel nach zwölf klingelte das Telefon. Es war Johnson.

Sein gewohnter Überschwang war verflogen. »Henry, ich bin enttäuscht von Ihnen«, sagte er. »Das war ein lausiges Angebot, das Sie da gemacht haben. Ich dachte, Sie würden fair sein. Aber das war überhaupt nicht fair. Das ist nicht recht.«

Es sei immer noch Raum für einen Dialog, erklärte Johnson, aber nicht zu diesen Bedingungen. Sollte Kravis einen besseren Vorschlag haben, sei er immer noch willkommen.

Kravis war nicht überrascht. Beatties Erkenntnisse waren wie immer zutreffend gewesen. »Schön«, sagte Kravis. Er hatte keine Lust zu einer Debatte. »Wenn Sie es so sehen . . .«

Johnson legte den Hörer auf und sah Goldstone an. Die beiden Männer saßen in einem Vorzimmer von Johnsons Büro. Cohen wartete vor der Tür.

Goldstone war nicht zufrieden mit der Vorstellung, die sein Klient gegeben hatte. Johnsons Persönlichkeit war für Konfrontationen einfach nicht geschaffen. Der Bursche war fröhlicher, als gut für ihn war.

»Ross, hören Sie, wenn Sie die Absicht hatten, Henry zu verstehen zu geben, daß Sie in dieser Sache nicht die Seiten wechseln werden, dann haben Sie ihm diese Botschaft nicht vermittelt«, stellte der Anwalt fest. »Ich denke, Sie sollten ihn noch einmal anrufen und ihm Ihre Botschaft etwas deutlicher machen.«

»Vielleicht habe ich's nicht klar genug gesagt.«

»Nein, ich denke nicht«, sagte Goldstone. »Es klang eher unbestimmt.«

»Vielleicht sollte ich ihn noch mal anrufen.«

»Ja, ich finde, das sollten Sie.«

Fünf Minuten später rief Johnson erneut bei Kravis an.

»Henry, vielleicht habe ich mich in einem Punkt nicht ganz klar ausgedrückt. Lassen Sie sich gesagt sein, daß ich bei Shearson bleiben werde. Ich möchte nicht, daß Sie denken, wir wären in irgendeiner Hinsicht vielleicht keine Partner. Und Sie können nicht erwarten, daß ich Leute im Stich lasse, die meine Partner sind.«

Kravis fragte sich, weshalb Johnson noch einmal anrief. Irgend jemand hatte ihn am Draht wie eine Marionette, folgerte er, und er fragte sich, wer wirklich das Kommando über die Management-Gruppe führte.

»Das erwarte ich auch nicht«, sagte er. »Ross, ich möchte eines klarstellen. Kein Mensch denkt daran, einen Keil zwischen Sie und Ihre Partner zu treiben. Darauf haben wir es nicht abgesehen.«

Das war gelogen, mehr oder minder. Aber dies war nicht der Augenblick, Ross Johnson vor den Kopf zu stoßen. Besorgt legte Kravis auf und beriet sich kurz mit George Roberts und Dick Beattie. Die Ablehnung ihres Angebots war nicht gut, überhaupt nicht gut. Ein Übernahmeangebot von 90 Dollar pro Aktie machte sich gut in der Zeitung. Aber Kravis war sich durchaus der Tatsache bewußt, daß er noch nie ein nennenswertes Takeover-Angebot gemacht hatte, ohne die analytische Unterstützung eines Management-Teams zur Verfügung zu haben, das sein Unternehmen in- und auswendig kannte. Er gab es ungern zu, aber eines war klar: Er brauchte Ross Johnson. Außerdem konnte eine Übernahmeschlacht auf diesem Niveau den Sieger Milliarden kosten. Kravis und Roberts kamen überein, daß ein zweiter Versuch erforderlich sei.

Kravis rief bei Johnson in Nine West an. Gleich darauf meldete sich Cohen.

»Peter, ich glaube, es ist gut, wenn wir uns noch einmal unterhalten«, schlug Kravis vor. »Sie wissen, daß wir nicht versuchen, einen Keil zwischen Sie und Johnson zu treiben. Ich denke, wir sollten darüber reden.«

Schön, sagte Cohen. Reden wir.

»Warum treffen wir uns nicht morgen früh?«

»Nein. Wenn Sie sich treffen wollen, treffen wir uns sofort.« Cohen erwähnte nicht, daß er Ted Forstmann in einem Hinterzimmer warten ließ.

»Peter, es ist halb ein Uhr nachts . . .«

»Nein, wenn Sie etwas zu sagen haben, sagen Sie es jetzt. Morgen ist es vielleicht zu spät.«

Minuten später rief Kravis bei Dick Beattie an.

»Die wollen sich mit uns treffen.«

»Um wieviel Uhr morgen früh?« Beattie wollte eben ins Bett gehen.

»Heute nacht.«

»Heute nacht?«

Beattie zog eine leichte Jacke über, verließ seine Wohnung in der Fifth Avenue und rief ein Taxi heran. Unterwegs holte er Roberts im Carlyle Hotel und dann Kravis vor seiner Wohnung in der Park Avenue ab. Das Taxi kam in den leeren Straßen gut voran. Als das Trio bei Nine West vorfuhr, parkte dort zu ihrer Überraschung eine lange Reihe von Limousinen.

Kravis schüttelte den Kopf. »Meine Güte«, sagte er. »Da oben muß die ganze Welt sitzen.«

———

George Sheinberg von Shearson sah Kravis ein paar Minuten nach eins aus dem Aufzug kommen. Als begabter Fotograf hatte er eine Kamera mitgebracht. Er wollte eine Aufnahme machen – dies war ja ein historischer Vorgang –, doch dann hielt er inne. Sheinberg war sonst kein abergläubischer Mensch, aber dieses Meeting wollte er nicht verhexen.

Jim Stern von Shearson winkte, als Kravis, Roberts und Beattie aus dem Aufzug kamen. Stern hatte einen großen Teil des Abends darauf verwandt, ein Team von Salomon-Investmentbankern über den Stand der Dinge zu informieren – in einem Konferenzraum, der nur zweieinhalb Schritt von dem entfernt war, in dem die Forstmann-Leute saßen. Nur verschlossene Türen verhinderten, daß die beiden Gruppen einander über den Weg liefen. Als er jetzt zu den Salomon-Leuten zurückhastete, dachte Stern unwillkürlich, daß sich dieser Abend allmählich zu einem Drei-Manegen-Zirkus entwickelte.

———

Die Luft in Johnsons Büro war elektrisch geladen, als die Shearson-Gruppe auf Kravis' Ankunft wartete.

Cohen und ein halbes Dutzend andere, darunter Jim Robinson und Tom Hill, wanderten nervös auf und ab. Unter anderem hatte der Shearson-Chef eine Todesangst davor, daß Kravis durch irgendeinen Zufall Ted Forstmann beggegnete. Gott allein wußte, was dann passieren würde.

Johnsons Büro war – buchstäblich und bildlich – von Rauch vernebelt. An Johnsons Unterlippe klebte ein Zigarillo, und Cohen paffte an seiner unvermeidlichen Zigarre. Eine Schicht von Qualm hing tief in der abgestandenen Luft. Niemanden schien es zu stören. Was sie hier zu kaufen versuchten, war schließlich eine Zigarettenfirma. Auf einem Regal hinter Johnsons Schreibtisch stand ein Exemplar von Sun Tzus *Die Kunst des Krieges*, aber nichts deutete darauf hin, daß Johnson es je gelesen hatte. Fenster erstreckten sich über eine Wand: Der Blick ging nach Süden, vorbei am dunklen RCA Building und der roten Neonschrift von Paine Webber zu den funkelnden Lichtern von Lower Manhattan dahinter.

Kravis, Roberts und Beattie wurden in die Räume der Geschäftsleitung eskortiert, vorbei an Andy Sages leerem Büro und an Reihen von wurzelfurnierten Schränken und in Johnsons Büro. Der Austausch von Höflichkeiten in dem vollen Raum dauerte mehrere Minuten. Jack Nusbaum frotzelte Beattie, der aussah, als habe er eine Jacke über seinen Pyjama geworfen. »Dick, Sie sehen aus, als hätten Sie eben schlafengehen wollen.«

Die verqualmte Luft störte George Roberts sofort; er fing an, den Dunst vor seinem Gesicht beiseitezuwedeln. Seine Augen brannten, aber Roberts war bemüht, sein Unbehagen herunterzuspielen. »Ich bin froh, daß Sie keine Zigarren machen«, sagte er, als man ihn mit Ed Horrigan bekanntmachte. »Zigarrenrauch macht mich wahnsinnig.«

Es dauerte einen Augenblick, bis die Ironie seiner Bemerkung durchgedrungen war. Johnson und Horrigan wechselten einen erstaunten Blick. *Hat er gesagt, der Rauch stört ihn?* Das erschien ein unglaubliches Eingeständnis von jemandem, der einen der großen amerikanischen Zigarettenkonzerne kaufen wollte. Roberts Fauxpas bestimmte die Tonart für einen Abend, der alle Beteiligten in Ratlosigkeit stürzen sollte.

»Wenn es Sie wirklich stört«, sagte Cohen und deutete auf seine glimmende Zigarre, »dann mache ich sie aus.«

»Ja, sie stört mich«, sagte Roberts.

»Na, das ist ja prächtig«, brummte Horrigan.

Cohen ging hinaus und kam mit einer nicht angezündeten Zigarre zurück. Er hielt sie in der Hand, als er sich hinter Johnsons Schreibtisch setzte. Zuvor waren Cohen und Jim Robinson übereingekommen, daß es besser wäre, wenn der American-Express-Chef verschwände, wenn Kravis kam. Cohen wußte, daß die Robinsons und die Kravis zusammen zu reiten pflegten, und er wollte nicht, daß

Robinsons Urteilsvermögen durch die Konfrontation mit seinem Freund getrübt wurde.

Jetzt standen Robinson und Johnson auf, um sich zu verabschieden. »Wir lassen euch Bankertypen plaudern«, sagte Johnson. »Ich hoffe, ihr bringt etwas auf die Beine. Das wäre besser für alle. Wir sind ein paar Zimmer weiter nebenan, falls Sie uns brauchen.«

»Wir wollen alle nicht vergessen, daß eine Menge Leute dieses Verfahren beobachten, nicht zuletzt der Kongreß«, mahnte Robinson.

»Wir wollen ja dem Geschäft, das wir zu lieben und zu bewundern gelernt haben, nicht schaden«, bemerkte George Roberts ironisch.

Als Robinson und Johnson hinausgingen, wußte Cohen instinktiv, wie er und Hill ihre Gegner behandeln würden. Es war in jeder Wallstreet-Unterhandlung das gleiche, dachte er: Der Ältere spielte die staatsmännische Rolle, den »guten Cop«, während der Jüngere unweigerlich den Bullen abgab, den »bösen Cop«. Jahrelang hatte Cohen bei Sandy Weill den »bösen Cop« gespielt, so gut, daß ihm die Rolle zur zweiten Natur geworden war. Heute nacht würde er seine neue Rolle als Diplomat erproben.

Noch immer erbost über Kravis »Schmiergeld«, begann er kläglich. Er stand hinter Johnsons Schreibtisch und erklärte nachdrücklich, Shearson stehe einer Partnerschaft mit Kohlberg Kravis weiterhin offen gegenüber. Aber auch wenn sein Tonfall gelassen war, bald gewann doch sein Kampfinstinkt die Oberhand. »Dies ist unser Deal«, erklärte er. »Wir werden uns nicht zurückziehen. Wir werden keine Hilfsrolle übernehmen, weder Ihnen noch sonst irgend jemandem gegenüber. Wir haben Ross auf unserer Seite, und damit sind wir unbestreitbar im Vorteil.«

Was das Angebot von Kohlberg Kravis angehe, fuhr er fort: »Wir sind nicht daran interessiert, Bestechungsgelder entgegenzunehmen, nicht einmal, wenn Sie das Doppelte von dem zahlen wollten, was Sie angeboten haben. Das ist beleidigend, und es ist arrogant.« (Später würde Cohen selbst zugeben: »Niemand wird mich je mit einem Staatsmann verwechseln.«)

George Roberts, der neben Beattie auf der Couch saß, antwortete kühl und hob dabei die Hände kein einziges Mal vom Schoß.

»Peter, wir sind hergekommen, um auf geschäftsmäßige Art und Weise darüber zu sprechen. Warum vermitteln Sie uns nicht Ihre

Vorstellung von einer möglichen Zusammenarbeit? Wir würden gern derartige Möglichkeiten erkunden, damit wir sehen, was sich machen läßt.«

Aber Shearson war noch nicht fertig. Tom Hill – cool, im gutgeschnittenen Maßanzug und offensichtlich nicht eingeschüchtert – trat wuchtig als der »böse Cop« auf. »Das Management hat jetzt entschieden, bei Shearson Lehman zu bleiben«, begann er. »Wir treten jetzt in einen Bereich ein, wo wir, falls es nicht zu einer Vereinbarung zwischen uns kommt, miteinander konkurrieren werden.«

Hill wollte deutlich machen, welchen Risiken Kravis sich in einem uneingeschränkten Krieg ausgesetzt sähe. »Henry, Sie betreten da ein unerforschtes Territorium. Der Fall ist einzigartig. Sie haben das Management nicht auf ihrer Seite. Damit stellt sich ein ganzes Bündel von Fragen, vor allem die, ob Sie in der Lage sind, Zugang zu den richtigen Zahlen zu bekommen.« Jetzt griff er an. »Aus all dem resultiert die Frage, wie man Sie betrachten wird: als freundlich oder als feindselig. Dies ist ein feindseliges Übernahmeangebot, und Ihre Investoren werden Vorbehalte dagegen anmelden. Überdies verbinden sich damit handfeste Implikationen hinsichtlich des Umgangs, den andere Managements in Zukunft mit Ihnen pflegen werden. Und die RJR-Betriebe liegen, wie Sie wissen, in den Südstaaten und in North und South Carolina. In den Wahlkreisen dort gibt es harte Gesetzgeber, unter anderem Jesse Helms. Ich bin sicher, daß Helms ein höchst aktives Interesse an diesem Unternehmen und seinen Angehörigen nehmen wird.«

Die Drohungen waren unüberhörbar. Als Hill schwieg, redeten alle gleichzeitig. Kravis war empört. »Tom«, erwiderte er, »wenn das eine Drohung ist, dann ist das lächerlich. Ich werde doch nicht hier sitzen und mir anhören, wie Sie uns drohen.«

»Wenn Sie Jesse Helms anrufen wollen, Tom – nur zu, lassen Sie sich nicht aufhalten«, sagte Roberts. »Dies ist ein freies Land.«

Dick Beattie hob die Handflächen und versuchte, Frieden zu stiften. »Tom, das bringt uns doch nicht weiter.«

Cohen schaltete sich ein, bevor jemand allzu sehr unter Dampf geriet. »Hey. Hey. Das ist doch lächerlich«, sagte er. »Darum geht es doch bei diesem Treffen wirklich nicht. Wir sind doch hier, um zu sehen, wie wir zusammenkommen können.«

Beattie war froh über Cohens Ölzweig, aber es entging ihm doch nicht, daß der Shearson-Chef gewartet hatte, bis Hill seinen Angriff beendet hatte, bevor er sich einschaltete.

Es war nach zwei Uhr, als ein Bote den Kopf in den Konferenzraum streckte, in dem die Forstmanns warteten. Ross Johnson wolle sie sprechen. »Soll ich Fraidin mitbringen?« fragte Forstmann.

»Nein«, sagte der Mann. »Keine Anwälte.«

Müde stemmten sich Ted Forstmann und sein Bruder Nick aus ihren Sesseln hoch und folgten ihrem Führer an dunklen Zimmern vorbei in Ed Horrigans Eckbüro. Dort saßen Johnson, Jim Robinson und Horrigan. Robinson trug einen zerknautschten Smoking mit offener Krawatte.

»Was ist los?« fragte Forstmann.

Jim Robinson antwortete. »Ted, Sie sollen wissen, was los ist. Es gibt keine andere Möglichkeit, als Ihnen die Wahrheit zu sagen.«

»Und die lautet?«

»Unsere Seite konferiert in einem anderen Zimmer mit Kravis.«

Forstmann starrte auf einen Punkt irgendwo über Robinsons Kopf. Es war, als habe ihm jemand einen Boxhieb in den Magen verpaßt. Eine Zeitlang suchte er nach Worten. Er ließ sich neben seinen Bruder auf die Couch fallen.

Das Wort »Enttäuschung« war nicht stark genug für das, was Forstmann in diesem Augenblick empfand. Was ihm da widerfahren war, grenzte an Verrat. Er hatte so sehr gehofft, daß diese Leute Grundsätze hätten. Er hatte sich so sehr gewünscht, glauben zu können, daß sie Kravis durchschauten, wie er es tat. Aber jetzt mußte er erkennen, daß er sich geirrt hatte.

Langsam spulte sich ein Strom von Schmähungen wie ein Lochstreifen durch Forstmanns Kopf. *Verfluchte Scheiße*, dachte er. *Gottverdammte verfluchte Scheiße. Wozu bin ich überhaupt hergekommen? Da reden sie ausgerechnet mit diesem kleinen Dreckskerl Kravis!*

Forstmann sagte kein Wort.

Robinson fuhr fort. »Teddy, was wir getan haben, war das Beste, nicht das Rechte. Es war einfach das Gescheiteste.«

Forstmann schwieg weiter.

»Wir glauben nicht, daß etwas dabei herauskommt«, ergänzte Robinson.

Johnson meldete sich zaghaft. »Nein, das glauben wir nicht. Es wird nichts dabei herauskommen. Das Management wird nicht mit diesen Leuten zusammengehen.«

Warum redet ihr dann mit ihnen? dachte Forstmann. Oh, wie ihm diese Lügerei zuwider war. *»Ihr Schweine!«* hätte er gern gebrüllt, aber er hielt den Mund; er hatte seinen Partnern immer eingeschärft: Wenn du die Beherrschung verlierst, hast du den Deal verloren.

Er sah Jim Robinson an. »Na, es geht mich nichts an«, sagte er. »Aber ich stimme da wirklich nicht mit Ihnen überein.«

Gern hätte er es dabei belassen, aber er wußte, daß er das nicht konnte. »Ich glaube, im Grunde sind das drittklassige Leute«, gab er zu bedenken. »Immer wieder haben sie sich als drittklassig erwiesen.«

Forstmann sah Jim Robinson mit beschwörendem Blick an. Es war ein Augenblick der Befangenheit. »Wir sind privat befreundet, Ted«, sagte Robinson. »Wir kennen uns nur privat.« Er schwieg einen Moment lang. »Jedenfalls – es gibt eigentlich keinen Grund zur Sorge; es wird nichts dabei herauskommen.«

»Jim«, sagte Forstmann, »ob etwas dabei herauskommt oder nicht – weshalb tun Sie das? Ich begreif's einfach nicht. Ich meine, wie können Sie mit diesen Leuten Geschäfte machen, wenn Sie uns haben? Unser Geld kostet neun Prozent. Sie brauchen keine Junkbonds. Sie brauchen keinen Kravis. Ich hätte niemals getan, was sie getan haben. Ich hätte keine neunzig Dollar ins Spiel geworfen. Wenn KKR nicht eingestiegen wären, hätten wir Sie nur von der Seitenlinie aus angefeuert.«

Sie sprachen noch eine Weile miteinander, vertrieben verlegen die Minuten mit Reden über Tennis und Golf. »Tja«, sagte Forstmann schließlich, »danke, daß sie es mir wenigstens gesagt haben.«

»Yeah«, sagte Johnson. »Das müssen Sie uns zugute halten, daß wir es Ihnen wenigstens gesagt haben.«

»Yeah«, sagte Forstmann. »Danke.«

Er kehrte als geschlagener Mann zu Boisi und Fraidin zurück. »Das glaubt ihr nie«, begann er.

»Gehen wir«, sagte Fraidin, als Forstmann berichtet hatte; es gebe keinen Grund, weiter dazubleiben und sich zu bemühen, mit Leuten zusammenzuarbeiten, die einen derart behandelten, meinte der Anwalt. Forstmann würde eine solche Nummer niemals abziehen, fügte Fraidin hinzu, und er solle nicht mit Leuten zusammenarbeiten, die es taten. »Ich will Sie hier nicht haben«, sagte der Anwalt.

Fraidin redete wie ein gütiger Onkel nach einen Sandkastenstreit. Aber im Laufe von acht Jahren hatte er eine seltsam beschützerische Beziehung zu Teddy Forstmann entwickelt. In vieler Hinsicht war sein Klient naiv, was Wallstreet anging; das wußte Fraidin. Er paßte nicht zu Leuten wie Cohen und Kravis, und so sehr er sie kritisieren mochte, tief in seinem Innern verstand er sie einfach nicht. Forstmann vertraute darauf, daß die Leute ebenso offenherzig waren wie er, und das führte manchmal zu unsanften Überraschungen – wie heute nacht.

»Laßt uns bloß hier verschwinden«, meinte Forstmann zustimmend und schickte sich an, zu gehen.

Geoff Boisi hielt ihn auf. »Moment, Ted. Irgendwann wollen wir alle hier raus. Aber diese Situation könnte sich zu unserem Vorteil wandeln. Das heißt, wenn Sie hierbleiben.«

Der Goldman-Banker hatte die chaotische Atmosphäre, die ratlosen Gesichter, die verwirrende Anwesenheit von Topmanagern wie Cohen und Robinson bemerkt. Er sah eine Chance in dem Hauch von Verzweiflung, den er bei dem Shearson-Team verspürte.

»Diese Burschen sind ins Schwimmen geraten«, vermutete Boisi. »Wenn sie mit KKR nichts auf die Beine bringen, werden sie uns wirklich brauchen. Dann könnten wir die Bedingungen diktieren.«

Forstmann war hin und her gerissen. Zu gern hätte er gegen Kravis gekämpft und der Welt die Wahrheit über Junkbonds vor Augen geführt. Aber Johnson war anscheinend nicht in der Lage, den Unterschied zwischen Recht und Unrecht, zwischen Forstmann Little und Kohlberg Kravis, zu erkennen, und das störte ihn.

Aber sie warteten.

Am anderen Ende des achtundvierzigsten Stocks, in Johnsons raucherfülltem Büro, kamen die Verhandlungen nicht weiter. Theoretisch lag es im Interesse beider Seiten, zu irgendeiner Form der Partnerschaft zu finden. In einem langen, öffentlich geführten Kampf hatten alle zuviel zu verlieren. Aber das Wort »Partnerschaft« hatte für verschiedene Leute offenbar verschiedene Bedeutungen. Cohen lehnte Kravis' Angebot eines zehnprozentigen Stammkapitalanteils als beleidigend ab. Kravis wollte von einer Fifty-fifty-Regelung nichts wissen. »So etwas haben wir noch nie gemacht«, sagte er, »und damit fangen wir jetzt nicht an.«

»Nun, es gibt immer ein erstes Mal«, sagte Tom Hill. »Ich meine, wie viele 20-Milliarden-Dollar-Deals ergeben sich denn schon? Darin steckt genug für uns alle.«

Kravis, der immer noch kochte, weil Hill Jesse Helms heraufbeschworen hatte, funkelte den Banker an. »Wir werden keinem Deal zustimmen, bei dem wir die Kontrolle aus der Hand geben. Das können wir einfach nicht machen. So läuft das eben.«

Eine Stunde lang ging es im Zickzack von Problem zu Problem; nie fanden sie eine Einigung, aber es kam auch nie zu einer offenen Konfrontation. »Ja«, sagte Kravis zu Cohen, »welche Rolle sehen Sie denn für sich?«

»Wir machen die Finanzierung. Wir machen den ganzen Deal.«

Kravis verdrehte die Augen. »Warum überlassen Sie den Deal nicht uns? Sie können als Finanzpartner einsteigen. Was stört Sie denn dabei? Sie bekommen Ihren fairen Anteil an Gebühren.«

Irgendwann erkundigten Kravis und Roberts sich noch einmal nach Shearsons Vereinbarung mit Johnson. »Es hat keinen Sinn, über die Managementvereinbarung zu sprechen, solange wir untereinander noch nicht einig sind«, antwortete Cohen.

»Wie können wir uns einigen, wenn wir Ihre Vereinbarung nicht kennen?« schoß Roberts zurück. Daraufhin schilderte Cohen die Managementvereinbarung in vagen Umrissen.

Sie kamen nicht weiter.

George Roberts versuchte es mit einem salomonischen Kompromiß. Die Shearson-Gruppe konnte RJR Nabisco in Bausch und Bogen kaufen, schlug er vor, und dann den Lebensmittelbereich an Kohlberg Kravis weiterverkaufen. Es war ein komplexer Vorschlag; das damit verbundene Labyrinth von Steuervorteilen erforderte ein paar Minuten der Erläuterung. Roberts fragte Tom Hill, wieviel Shearson für den Lebensmittelbereich von RJR Nabisco verlangen würde. »Oh ... fünfzehn, fünfzehneinhalb«, antwortete er. Fünfzehneinhalb Milliarden Dollar.

»Tja«, sagte Roberts, »da haben wir schon ein Problem. Dieser Geschäftsbereich ist insgesamt nicht mehr als vierzehn Milliarden wert.« Cohen und Hill berieten sich draußen ein paar Minuten lang, bevor sie die Idee zurückwiesen.

Und so ging es weiter. Es gab keinen Mangel an Stoff zur Uneinigkeit. So erhob sich etwa die Frage, welche Investmentbank die Anleiheemission nach dem Takeover beaufsichtigen solle. Neben der Rendite aus einer LBO-Investition war die Federführung bei der Ausgabe solcher Anleihen ein Leckerbissen unter den Aufträgen für eine Investmentbank im Zusammenhang mit dem RJR-Nabisco-Buyout. Für Kravis war Drexel, die Firma, die den Junkmarkt geschaffen und lange Zeit beherrscht hatte, die naheliegende Wahl.

»Wir setzen uns nicht bei Drexel auf den Rücksitz«, widersprach Cohen. »Das ist nicht einmal verhandelbar.« Gar nicht zu reden von der Tatsache, daß die Anklageerhebung gegen Drexel bevorstehe. »Wer weiß, was dann mit denen passiert?« fragte er.

Gegen drei war jedem klar, daß man zu keiner Einigung gelangen würde. Als Kravis und Roberts sich zum Gehen erhoben, nahm Cohen Dick Beattie beiseite.

»Hören Sie«, sagte er, »soweit Sie hier irgendwelchen Einfluß haben, sollten wir uns zusammensetzen, bevor die Sache zu verrückt wird. Es könnte wirklich außer Kontrolle geraten.«

Unten winkten Kravis und Roberts sich ein Taxi heran.

Als sie losfuhren, hatte Henry Kravis nur einen Gedanken: Er wollte Tom Hill erwürgen. Er war immer noch erbost wegen der Bemerkung über Jesse Helms, und Dick Beatties beschwichtigende Worte hatten daran nichts ändern können.

»Ist das zu glauben – der Kerl droht uns?« schimpfte Kravis.

George Roberts hielt Hill einfach für einen der Schlimmsten aus einer üblen Brut. »Wenn man Tom Hill kennt«, meinte er, »hätte man beinahe vorher aufschreiben können, was er sagen würde.«

Ross Johnson rechnete damit, eine entschärfte Situation vorzufinden, als er in sein Büro zurückkam. Entsetzt erfuhr er, daß die Gespräche gescheitert waren. Cohen stapfte auf und ab und erging sich in wüsten Schmähungen über Kravis. »Es ist absolut unmöglich«, sagte er. »Wir kommen mit denen nicht ins Geschäft.«

Johnson konnte es nicht glauben. In vier separaten Gesprächen hatte Cohen es nicht vermocht, irgendeinen Kompromiß mit Kravis zu finden. Was war denn hier los? Als jemand, der sich rühmte, mit jedem zurecht zu kommen, konnte Johnson nicht begreifen, weshalb Cohen außerstande war, eine Abmachung zu treffen, zumal zu einem Zeitpunkt, da dies anscheinend von entscheidender Bedeutung war. Kravis und Cohen waren wie zwei inaktive Chemikalien, die explodierten, wenn man sie miteinander in Berührung brachte. Nachdem er am Nachmittag mit Kravis zusammengetroffen war, wußte Johnson, daß der Umgang mit ihm so schwierig nicht war.

Johnson hörte zu, während Cohen darüber wetterte, wie unzugänglich Kravis sich gezeigt hatte. Sein Tonfall erweckte jedoch den Verdacht, daß er beinahe froh über das Scheitern der Unterhandlungen war; es gab ihm einen Vorwand, Kravis mit ausgestrecktem Arm von sich abzuhalten und den Deal für Shearson zu behalten. Johnson, der um sein Unternehmen besorgt war, nicht um irgendwelche Wallstreet-Rivalitäten, bekam ernsthafte Zweifel angesichts dieses Machismo Cohen'scher Prägung. *Mein Gott,* dachte er, *hier läuft wirklich etwas schief.*

Er wurde in seinem Sinnieren gestört, als jemand den Kopf zur Tür hereinstreckte und meldete, daß Ted Forstmann jetzt gehen wolle.

»O mein Gott«, sagte Jim Robinson. »Teddy ist immer noch da.«

Cohen und die anderen hasteten hinaus, um Forstmann abzufangen, und Robinson und Johnson blieben allein zurück. »Ich komme mir vor wie ein Wärter im Irrenhaus«, sagte Johnson.

Geoff Boisi hätte das Warten nicht eine Minute länger ertragen. Forstmanns kämpferischer Investmentbanker erhob sich aus seinem Sessel und verließ den fensterlosen Konferenzraum wie ein Mann mit einer Mission. Draußen war niemand zu sehen. Er schaute in mehrere verlassene Büros, bevor er fand, was er suchte.

In einem Zimmer saßen zwei Shearson-Manager, Jeff Lane und George Sheinberg, auf dem Schreibtisch und plauderten. Boisi streckte den Kopf herein.

»Ich will euch Burschen nur eines sagen. Ich bin seit achtzehn Jahren in diesem Geschäft, aber dies ist das übelste Benehmen, das ich je erlebt habe. Es ist einfach unerhört. Wir lassen uns so nicht behandeln. Ich nehme das einfach nicht länger hin.«

Damit stürmte Boisi davon.

Ted Forstmann hatte genug. Er und sein Beratertrio nahmen ihre Jacketts und suchten jemandem, von dem sie sich verabschieden konnten.

Plötzlich erblickte Forstmann in einem langen Korridor Cohen und ein Gefolge von einem halben Dutzend Leuten, die ihm entgegenkamen. Die beiden Gruppen begegneten einander vor dem Konferenzraum, in dem Forstmann fast den ganzen Abend über geschmort hatte.

»Hey, Partner«, sagte Cohen und streckte Forstmann beide Arme begrüßend entgegen. »Gehen wir. Reden wir miteinander.«

Forstmann war im selben Augenblick klar, was geschehen war. Die Gespräche mit Kravis waren geplatzt, und jetzt brauchte Cohen Forstmann Little.

Zum zweitenmal in dieser Nacht hätte Forstmann am liebsten geschrien. Er sah Cohen an und wußte genau, was er am liebsten sagen würde: *Sie sind zum Kotzen.*

Aber Forstmann konnte nicht gehen. Es war, wie er sich später überlegte, ein Augenblick, der sehr viel Ähnlichkeit mit dem hatte, was er bei Highschool-Romanzen erlebt hatte. Bei jedem Mädchen gab es vor dem Ende einen Augenblick, wo man wußte - man wußte es einfach -: Wenn du jetzt gehst, wird es sich nie wieder reparieren lassen. Forstmann wußte: Wenn er die Büros von RJR Nabisco in diesem Augenblick verließe, würde er sie nie wieder betreten. Das Ergebnis würde sein, daß Henry Kravis die fetteste Beute der Geschichte nach Hause schleppte. Und niemand würde je die Wahrheit erfahren. Niemand würde merken, daß der Kaiser nackt war.

Die beiden Gruppen kehrten zurück in den Konferenzraum.

Drinnen bemühte Forstmann sich, ruhig zu bleiben - aber, wie gewöhnlich, mit kläglichem Erfolg. Bevor sie weiterredeten, bevor sie überhaupt in Erwägung zogen, »Partner« zu werden, mußte er Cohen begreiflich machen, was es mit Forstmann Little auf sich hatte. Er mußte ihnen den fundamentalen Unterschied zwischen Forstmann Little und Kohlberg Kravis klarmachen.

»Sie können Forstmann Little und Kohlberg Kravis nicht in einem Atemzug nennen«, erklärte er. »Wir sind nicht vergleichbar. Als ich vor zehn Jahren in diesem Geschäft anfing, sagte ich, ich wolle der Beste sein. Der Größte zu werden, interessierte mich nicht. Wenn Sie meinen, der Größte ist der Beste, gehen Sie weg. Dann gehören Sie zu Kravis. Unsere Erträge sind drei- und viermal so hoch wie die Erträge, die sie Ihnen vorlügen.«

Jim Robinson fiel ihm ins Wort, bevor er allzu weit in seine Predigt vordringen konnte. »Wir wissen das alles, Ted. Wir wissen, daß es wahr ist. Deshalb sind wir alle hier.«

Ein paar Minuten später kam Johnson dazu. Forstmann wandte sich an ihn. »Was ich sagen will, ist: Falls Sie im Hinblick auf KKR irgendwie unschlüssig sind, können Sie nicht für mich sein. Das geht einfach nicht.« Alles oder nichts müsse es sein, fügte Forstmann hinzu. Er werde niemandes Partner, der auch nur in Betracht ziehe, sich mit Kravis zusammenzutun.

Geoff Boisi glaubte zu wissen, was nötig war. »Wir müssen von Ihnen hören, daß Sie, wenn wir zusammenarbeiten, mit diesen Leuten nicht mehr verhandeln werden.« Er wiederholte diese Botschaft zwei oder dreimal, damit sie auch wirklich bei allen ankam.

Boisi sah Johnson an, der auf seinem Stuhl hing, den Kopf dicht über der Tischplatte in die rechte Hand gestützt. Er wirkte erschöpft. Von Zeit zu Zeit nippte er an einem Glas mit einer klaren Flüssigkeit. Steve Fraidin, der den Eindruck hatte, daß Johnsons Worte etwas genuschelt klangen, fragte sich, ob es Wasser oder Wodka war.

»Ross«, fuhr Boisi fort, »ich glaube, Teddy will nur sagen: Er will sicher sein, daß Sie mit Kravis fertig sind. Ich glaube, er will, daß Sie ihm in die Augen schauen und ihm sagen, daß Sie sich entschieden haben. Sagen Sie ihm, daß dieses andere Geschäft für Sie erledigt ist. Wenn es das nicht ist, werden wir sofort gehen.«

Forstmann fiel ihm ins Wort. »Sind Sie fertig mit ihm? Denn wenn Sie nicht fertig sind, sind *wir* fertig.«

Endlich antwortete Johnson. »Es gibt keinen Deal mit den Leuten. Es war etwas, das wir tun mußten. Es mußte sein, und jetzt sind wir fertig. Wir brauchen Ihre Hilfe. Wir möchten gern mit Ihnen zusammenarbeiten.«

Man unterhielt sich noch ein wenig – über Strategie und Taktik und darüber, wie man gegen einen feindseligen Henry Kravis am besten zu verfahren habe. Und dann bemerkte jemand, es sei nun vier Uhr morgens, und ob nicht jeder morgen noch viel Arbeit habe? Bald darauf erhob man sich, schüttelte einander die Hände und nahm Kurs auf die Aufzüge. Unterwegs mußte Ted Forstmann unwillkürlich daran denken, daß niemand sich bei ihm entschuldigt hatte, weil er mehr als drei Stunden lang allein in einem Zimmer hatte herumsitzen müssen.

Der kühle Morgenwind wehte ihnen hart ins Gesicht, als die Forstmann-Gruppe aus Nine West herauskam. Ein paar Augenblicke lang standen die vier Männer schweigend und gedankenverloren auf der Fifty-seventh Street.

Boisi brach das Schweigen. »Sind Sie sicher, daß Sie mit diesen Leuten etwas unternehmen wollen?« fragte er Forstmann.

»Geoff«, sagte Forstmann. »Sie haben das Management. Bei ihnen sollten wir anfangen. Wir müssen zumindest versuchen, mit ihnen zu arbeiten. Meinen Sie nicht auch?«

»Wenn ich als Berater spreche – und ich bin ja jetzt Berater«, sagte Boisi, »dann habe ich noch einen Gedanken. Sie müssen ihnen sagen, daß Sie verärgert sind. Im Ernst. Wir müssen ihnen sagen, daß uns nicht gefallen hat, was sich da drin abgespielt hat.«

Boisis Standpunkt war klar. Er wollte mit Peter Cohen nichts zu tun haben. Aber Boisi hatte auch eigene Interessen zu verfolgen. Mehrere der besten Goldman-Kunden, darunter Proctor & Gamble, zerrten bereits am Zaumzeug, um ein Stück von diesem Deal abzubekommen. »Teddy, finden Sie nicht, daß Sie eine Alternative haben?« fragte sich Boisi. »Ich meine, warum machen Sie nicht etwas mit uns?« Mit Goldman Sachs.

»Geoff«, sagte Forstmann, »ich habe drei Alternativen. Ich kann mich mit diesen Typen zusammentun. Ich kann mit Ihnen zusammenarbeiten. Das ist sicher machbar. Oder ich kann gar nichts tun.«

Fraidin lachte, als wolle er sagen: Auf die Idee, in der von Geld aufgeheizten Atmosphäre der Wallstreet gar nichts zu tun, könne auch nur Ted Forstmann kommen.

»Geoff, Sie nehmen mich doch ernst, oder?« sagte Forstmann. »Wenn ich sage, daß ich gar nichts tue? Ich meine, wenn da nichts ist, dann tue ich auch nichts.«

»Ich finde, das sollten Sie Cohen sagen«, meinte Boisi.

»Das gehört zu den Dingen, die ein Berater übernehmen sollte«, antwortete Forstmann. »Ich will mit diesem Cohen so wenig wie möglich zu tun haben.«

11

Nachdem die Friedensverhandlungen abgebrochen waren, rüsteten Cohens Truppen zum Krieg. Wenn Kravis sein 90-Dollar-Angebot aufrechterhielt, gehörten alle Berechnungen, die dem 75-Dollar-Gebot der Managementgruppe zugrunde lagen, auf den Müll. Ein kleiner Berg von revidierten Analysen war bereits in Arbeit. Neue Veräußerungskalkulationen wurden angestellt, und Gespräche mit dem Ziel, bei der Bankengruppe einen 15-Milliarden-Kredit aufzunehmen, wurden wieder aufgenommen. Mit der Miene von Männern, die ein sinkendes Schiff auspumpten, warfen die Gnome bei Shearson in aller Stille Johnsons Firmenspielzeug Stück für Stück über Bord, um womöglich ein höheres Gebot auf die Beine zu stellen. »Sämtliche Flugzeuge, die Penthäuser, die ›Premier‹, die Country Clubs, die Verwaltung in Atlanta«, erinnert sich Tom Hill, »alles mußte mit Napalm bombardiert werden.«

Shearson war nicht nur böse ausmanövriert worden, sondern sah sich jetzt auch durch die finanziellen Finessen von Kohlberg Kravis und ihren Beratern, Drexel und Merrill Lynch, in den Schatten gestellt. Die Einführung von PIK-Vorzugsaktien in die Bieteschlacht, die bei Kravis' 90-Dollar-Gebot volle 11 Dollar pro Aktie oder fast 2,5 Milliarden ausmachten, war ein Meisterstreich gewesen, dem Shearson nicht leicht etwas entgegensetzen konnte. Cohens Junkbond-Abteilung hatte zwei Jahre lang Dan Goods Unternehmensplünderer unterstützt, und jetzt mangelte es ihm in beträchtlichem Maße an der nötigen Erfahrung und Kenntnis. Der weltweite Markt für PIK-Aktien, die zu Junkbonds wandelbar sind, stand derzeit bei etwa 2,5 Milliarden; Kravis' Angebot würde ihn mühelos verdoppeln. Zu solcher Selbstsicherheit fand man nicht über Nacht. So sehr er sich auch bemühte, Tom Hill sah nicht, wie der Markt viel mehr als 5 Dollar pro Aktie aufnehmen sollte (später würde er diese Zahl revidieren und 8 Dollar ansetzen).

Vorläufig schob Cohen die Verhandlungen mit Forstmann auf die lange Bank. Schon bedrängte Forstmann ihn mit Anrufen. *Wir müssen schnell handeln! Glauben Sie etwa, Kravis trödelt herum?* Es war unmöglich, mit dem Mann zu reden, ohne sich zwanzig Minuten lang anzuhören, weshalb Kravis die Welt ruinierte.

Salomon Brothers als vollwertigen Partner in den Deal einzubeziehen, stand am Mittwoch morgen als Nummer eins auf der Liste von Cohens Prioritäten. Johnson schlief an diesem Tag lange und kam dann hinunter in Shearsons Geschäftsräume in Battery Park City, um dort mit Cohen und den Salomon-Häuptlingen, Gutfreund und Strauss, zusammenzutreffen. Nachher bat Cohen ihn um die Genehmigung, Salomon in den Kreis der Getreuen aufzunehmen.

»Ich muß mich in diesem Punkt auf Sie verlassen«, meinte Johnson. »Was bringen sie denn zur Party mit?«

»Sie bringen eine ganze Menge mit«, antwortete Cohen – vor allem 3 Milliarden Kapital. Das Bieten hatte eine Höhe erreicht, wo das nötige Kapital allein mehr war, als Shearson mit Sicherheit würde auftreiben können. Und wenn Johnsons Team gewinnen sollte, würde Salomon sich möglicherweise bei dem kritischen Verkauf der zur Finanzierung des Gebots nötigen Anleihen als wertvoll erweisen.

»Irgenwelche Einwände dagegen, daß sie mitmachen?« fragte Cohen.

»Nein, überhaupt nicht«, sagte Johnson. »Und Sie brauchen ja das Geld.«

Wenn Forstmann Little und Shearson sich verbünden sollten, war eine Menge Arbeit zu erledigen. An diesem Abend überquerte Nick Forstmann die Grand Army Plaza; sein Ziel waren die Büros von RJR Nabisco, wo er eine hoffentlich gewinnbringende Partnerschaft begründen wollte.

Nicky Forstmann, acht Jahre jünger als sein Bruder, gutaussehend wie ein Filmstar und das ganze Jahr über sonnengebräunt, teilte den Abscheu seines Bruders gegen Junkbonds und gegen Henry Kravis. Als er sich jetzt der glasumkleideten Lobby von Nine West näherte, erblickte er drinnen Kravis und Roberts, die ihm entgegenkamen. Kravis sah Forstmann und lächelte; er wußte, wo Nicky hinwollte. Als

Forstmann in der Drehtür war, hielt Kravis sie fest, so daß der jüngere Mann für einen Augenblick in der Falle saß. Kravis grinste breit; es machte ihm Spaß, mit seinen Rivalen zu spielen.

Einen Moment später ließ er Forstmann frei, und dieser betrat mit hochrotem Gesicht die Lobby. »Was machen Sie denn hier, Nicky?« schalt Kravis. »Wieso wollen Sie sich in diese Sache einmischen?«

Kravis kicherte, als er sah, wie Forstmann sich zu einer Reihe von Aufzügen begab, die weit entfernt von denen waren, die zu Johnsons Etage fuhren. Er versuchte, vermutete Kravis, seine Spur zu verwischen. »Das sollte er doch besser wissen«, meinte Kravis lächelnd.*

Am Mittwoch abend moderierte Johnson eine Wohltätigkeitsveranstaltung, auf der Charlie Hugel vom »Boys' Club« als »Mann des Jahres« geehrt wurde. Johnson war seit seinen Anfangsjahren in New York für diesen Verein tätig; er hatte Hugel für den Titel vorgeschlagen.

Johnson war der perfekte Dinnerredner; er machte Witze und frotzelte Hugel, den Mann, dessen Ausschuß über die Geschicke von Johnsons Buyout-Versuch bestimmen würde. Mehrere Leute, die mit dem Deal zu tun hatten, waren anwesend: John Greeniaus und Jim Welch von RJR Nabisco, Ira Harris von Lazard Freres, Marty Davis von Gulf + Western. »Willkommen zur Sitzung des Sonderausschusses«, sagte Johnson, als er das Dinner eröffnete.

Nachher zog Johnson sich in Jim und Linda Robinsons Apartment zurück, wo die beiden Männer bis tief in die Nacht hinein miteinander redeten. Johnson schaute auf die Stadt hinunter, einen Drink in der Hand, und genoß den Augenblick der Ruhe. Ihm war schon nicht wohl dabei gewesen, über achtzig zu bieten; jetzt, da sie ein Gebot oberhalb von neunzig in Betracht zogen, hatte er alle Mühe, überhaupt noch Begeisterung für seine Arbeit aufzubringen. Auf diesem Niveau würde die Schuldenbelastung erdrückend sein. Atlanta, die »Premier«, die Apartments, die Flugzeuge – ihn schauderte bei dem bloßen Gedanken. Wenn ein Sieg bedeutete, daß er alles aufgab, was ihm im Geschäftsleben Spaß machte, dann würde er lieber verlieren.

* Forstmann bestreitet, daß er versucht habe, Kravis irrezuführen, indem er zum falschen Aufzug ging.

»Wie hoch wird das noch gehen?« fragte er sich laut. »Wir reden hier über eine Menge Geld. Jimmy, wissen Sie, im Grunde kann das Geschäft nur produzieren, was das Geschäft prodzieren kann. Egal, wie gut es ist; wenn Sie zuviel zahlen, verlieren Sie.«

Als Johnson mit Steve Goldstone über seine Befürchtungen gesprochen hatte, da hatte der Anwalt versucht, ihm behutsam die Wahrheit über Shearson beizubringen. »Ross, es ist deren Geld«, hatte Goldstone gesagt. »Wenn sie es ausgeben wollen, sollen sie es doch ausgeben.«

Als er jetzt an seinem Drink nippte und sich mit Jim Robinson über all das unterhielt, wurde Johnson das Gefühl nicht los, daß er allmählich die Kontrolle über sein »großes Abenteuer« verlor. »Jimmy«, fragte er den Vorsitzenden von American Express, »wieviel Wahnsinn ist da wohl dabei?«

Jede Menge.

Während Johnsons sorgenvolle Gedanken sich allmählich entspannten, spielte sich im RJR-Nabisco-Büro im achtundvierzigsten Stock eine halbwegs chaotische Szene ab. Investmentbanker von Shearson und Salomon trafen sich dort mit Nick Forstmann und einem Goldman-Sachs-Team, geführt von Geoff Boisi. Nach einem Monat Arbeit hatte Tom Hill klar umrissene Vorstellung davon, wie vorzugehen sei, welche Tochterfirmen verkauft werden müßten, was Johnson tun und was er nicht tun würde. Boisi, das war klar, hatte eigene Ideen. Man müsse mehr Vermögenswerte verkaufen, und schneller. Hill wurde zornig. Die Stimmen der beiden Banker wurden schärfer, und bald sprühten die Funken.

Nick Forstmann merkte bald, daß der Raum nicht groß genug für die beiden Egos der Banker war. Boisi versuchte, Hill niederzuwalzen. Und Hill fühlte sich bedroht, weil ein Konkurrent versuchte, seinen Deal zu übernehmen. Forstmann stand auf und nahm Hill beiseite.

»Hören Sie, Tom«, sagte er, »wir sind hier nicht auf dem Sportplatz, nicht wahr? Hier geht es darum, wie wir die Sache schaffen können.« Vergeßt das interne Gezänk, schlug Forstmann vor.

Als Forstmann später mit Boisi im Aufzug nach unten fuhr, war es unübersehbar, daß der Goldman-Banker sich über das *ex parte*-Gespräch mit Hill geärgert hatte. »Wieso haben Sie das getan?« wollte er wissen. »Was haben Sie ihm gesagt?«

Forstmann hatte weder Geduld noch Verständnis für die Macho-Spiele der Banker. »Geoff, wir sind nicht auf dem Sportplatz«, wiederholte er. »Es geht darum, diesen Deal unter Dach und Fach zu bringen.«

Am Donnerstag morgen saß Tom Strauss in Gutfreunds Art-Déco-Büro am Rande des Salomon'schen Parketts und sprach mit zweien seiner Investmentbanker über RJR Nabisco. Gutfreund war am Abend zuvor nach Madrid geflogen, um dort eine Niederlassung zu eröffnen, und hatte Strauss die Verantwortung für den Deal überlassen. Das Takeover-Spiel war neu für Strauss, einen Mann, der seine Karriere damit gemacht hatte, daß er mit Staatsanleihen gehandelt hatte. An den meisten Tagen saß er neben Gutfreund an einem Schreibtisch auf dem Parkett. Dort, zwischen den schreienden Männern, die Schuldverschreibungen in Milliardenhöhe hin und her bewegten, fühlte Strauss sich am wohlsten. Jetzt aber war er in hohem Maß auf den Rat seiner Banker angewiesen.

Gutfreunds Telefon läutete. »Es ist Henry Kravis«, sagte eine Sekretärin. Bevor Strauss den Anruf entgegennehmen konnte, klingelte ein zweiter Apparat. Gutfreund selbst rief aus Europa an.

Strauss rief, er wolle zuerst Gutfreunds Anruf annehmen. Er nahm den Hörer ab und erwartete die barsche Stimme des Vorsitzenden, aber statt dessen hörte er Henry Kravis. Irgendwie hatte er den falschen Apparat erwischt.

Bevor Kravis ein Wort gesagt hatte, wußte Strauss, daß es ein unerfreuliches Gespräch werden würde. Die beiden Männer kannten einander seit zwanzig Jahren, aber in letzter Zeit war ihr freundschaftliches Verhältnis ein wenig angespannt. In den siebziger Jahren waren Tom und Bonnie Strauss mit Henry und Hedi Kravis eng befreundet gewesen. »Als Henry sich von Hedi scheiden ließ«, erzählt einer von Strauss' engsten Freunden, »erlebten Tom und Bonnie die ganze Sache mit. Sie hielten enge Verbindung zu Hedi. Als Henry dann wieder heiratete, kam es zum Bruch.« Infolge dessen, sagt der Freund, »fühlte Henry sich von Tom und Bonnie verraten.«

Rückblickend gab Strauss zu, daß es diesen Bruch gegeben habe. »Es ist natürlich, daß die Ehefrauen in solchen Angelegenheiten zusammenhalten.« Die Auswirkungen der Affäre auf seine Rolle im RJR-Nabisco-Deal spielte er herunter: »Ich glaube, dazu ist Henry zu groß.«

Freunde der beiden sind anderer Ansicht. Die Spannungen zwischen Strauss und Kravis sollte sich auf mehrere entscheidende Verhandlungen im Zusammenhang mit dem Deal auswirken. »Als der Deal vorbei war, wurden viele zerbrochene Freundschaften wieder repariert«, meint ein Beobachter. »Aber die Beziehung zwischen Tom und Henry wird nie wieder so sein wie früher.«

Heute morgen wollte Kravis etwas von seinem alten Freund Tommy Strauss. Er klang geschmeidig und versöhnlich – jeder Zoll der alte Kumpel.

»Tom, wie ich höre, denken Sie alle darüber nach, wie Sie voll in diese Sache hineinkommen können«, begann Kravis. »Ich wäre Ihnen dankbar, wenn Sie es bleiben ließen. Wir sind alte Freunde, und es wäre mir sehr angenehm, wenn Sie die Angelegenheit nicht komplizieren würden.«

Strauss konnte soviel Dreistigkeit nicht fassen. RJR Nabisco war für Salomon Brothers die bislang beste Chance, den Sprung ins Merchantbankinggeschäft zu schaffen. Und hatte Kravis nicht gerade erst vier verschiedene Investmentbanken für diesen Deal engagiert – und Salomon Brothers war nicht dabei gewesen? Strauss' Ärger ging natürlich über RJR Nabisco hinaus. »KKR hatte jahrelang auf Salomon geschissen«, erinnert sich Chaz Phillips. »Sie haben 500 Millionen Dollar Gebühren an Investmentbanken gezahlt, und davon hat Salomon vielleicht ein Prozent bekommen. Und was Salomon kriegte, wollten die anderen nicht haben.«

Strauss war zu sehr Gentleman, als daß er Kravis an diesem Morgen beschimpft hätte. »Wie es aussieht, ist diese Transaktion sehr sinnvoll für uns, Henry«, antwortete er knapp. »Damit ist ja nicht ausgeschlossen, daß wir etwas mit Ihnen zusammenmachen.«

Strauss beendete das Gespräch, so schnell er konnte. Gutfreund wartete noch immer in der anderen Leitung.

Undankbarer Kerl! dachte Kravis und legte auf.

Da hatte er Salomon in den letzten Jahren nun mehrere Großprojekte zugeschanzt, und jetzt wollte Strauss ihm nicht mal sagen, wie spät es war, hatte nicht mal die Höflichkeit, ihn anzurufen, bevor er gegen ihn in die Schlacht zog.

Kravis versuchte, nicht weiter darüber nachzudenken. Er hatte wichtigere Sorgen. Sein Übernahmeangebot würde offiziell am nächsten Tag in Kraft treten. Kravis wußte, daß es nicht lange dauern würde, bis Cohen und Johnson sich neu formiert und ein eigenes Gebot auf den Tisch gelegt hätten. Wenn das geschähe, würde er bereit sein müssen, höher zu bieten. Vorher aber mußte er sehr viel mehr über Johnsons Firma in Erfahrung bringen. Und daß Johnson nicht zu seinem Lager gehörte, war ein schwerer Nachteil. Was er brauchte, war jemand, der RJR Nabisco kannte. Er brauchte einen Weisen.

Einige Tage zuvor hatte er einen Anruf von Jim Walter bekommen, dem Gründer einer Firma in Tampa, die Kravis 1987 übernommen hatte. Walter saß zusammen mit Tylee Wilson im Vorstand von Anchor Glass; er schlug Kravis vor, sich von Wilson bei der Analyse von RJR Nabisco helfen zu lassen. Kravis zögerte; er kannte Wilson nicht. Aber als die Woche verging und die Chancen, sich mit Johnson zu verbünden, immer geringer wurden, überlegte er es sich anders.

Jetzt rief er Wilson in Jacksonville, Florida, an; dorthin war der ehemalige RJR-Chef nach seinem Rausschmiß gezogen. »Oh, er wird bestimmt mit Ihnen reden wollen«, sagte Wilsons Sekretärin, und sie versprach, daß der Manager unverzüglich zurückrufen werde.

Minuten später meldete Wilson sich. »Vielleicht könnten wir zusammenkommen«, meinte Kravis, nachdem er sich vorgestellt hatte. »Es könnte sinnvoll sein.«

»Das ist großartig«, sagte Wilson. Für Freitag morgen, zehn Uhr, wurde ein Treffen vereinbart.

Am Freitag morgen, als er Wilsons Ankunft in New York erwartete, las Kravis zu seinem Schrecken im *Wall Street Journal*, daß Wilson von Kohlberg Kravis als Spezialberater engagiert worden sei.

»Wo zum Teufel kann das herkommen?« fragte er Roberts. Keiner der beiden hatte eine Ahnung. Soviel sie wußten, saß Wilson schon in einem Jet und flog nach Norden. Der Pilot vielleicht...?

Kravis und Roberts zerbrachen sich noch den Kopf über dieses Leck, als Charlie Hugel anrief. Kravis schaltete ihn auf den Lautsprecher. Hugel hatte auch gerade gelesen, daß Wilson engagiert worden sei.

»Henry«, sagte Hugel, »wenn Sie das wirklich vorhaben, will ich Ihnen eines sagen: Tun Sie's nicht. Wenn Sie es tun, werden alle anderen aussteigen. Die gehen sofort zur Tür hinaus. Wenn Sie sich wegen des Managements Sorgen machen – es gibt eine Menge gute Leute in der Firma. Ich helfe Ihnen sogar, sie zu finden. Aber Sie machen einen großen Fehler, wenn Sie Tylee Wilson anheuern.«

Kravis dankte Hugel für den Tip. Am Vormittag trafen er und Roberts dann für zwei Sunden mit Wilson zusammen. Sie stellten fest, daß seine Kenntnisse der Firma überholt waren und daß er offensichtlich nach Rache lechzte. Das Leck, folgerten sie, lag bei Wilson persönlich. *Lecks!* Kravis hatte die Nase voll davon und wollte mit einem Chief Executive, der das anders sah, nichts zu tun haben. Als Wilson ging, waren Kravis und Roberts entschlossen, auf den Mann zu verzichten. Tylee Wilsons Karriere als Berater von Kohlberg Kravis war vorüber, ehe sie begonnen hatte.*

Am Donnerstag nachmittag stieg Peter Cohen in seine Limousine, holte Tom Strauss ab und fuhr mit ihm zu Ted Forstmann. Salomon hatte sich bereiterklärt, als Fifty-fifty-Partner zur Shearson-Gruppe zu kommen; die Bekanntmachung würde am Nachmittag erfolgen. Unterwegs erzählte Strauss in gespielter Verwunderung von Kravis' Anruf.

In Forstmanns Büro wanderte Cohen erst einmal hin und her und inspizierte die bunte Sammlung von Kunst, Familienfotos und Büchern. Forstmann begriff, daß der Shearson-Vorsitzende den Raum taxierte. Als Chance für neue Freundschaften war das Treffen ein Fehlschlag. Forstmann, der ungeduldig darauf wartete, in den Kampf einzugreifen, verwandte einen großen Teil der Zeit auf eine Predigt

---

* Wilson selbst bestreitet, für die Indiskretion verantwortlich zu sein.

gegen Kravis. Strauss glaubte schon, Forstmann werde überhaupt nicht mehr von der Rednerkiste herunterklettern.

Geoff Boisi war ebenfalls anwesend. Tom Hill hatte Cohen von seinem Mißtrauen gegen den Goldman'schen Dealmacher erzählt: Boisi und seine Leute hatten eifriges Intereresse – ein zu eifriges Interesse, wie Hill meinte – daran gezeigt, vertrauliche Geschäftsinformationen über Nabisco zu erhalten. Hill wußte nichts von Boisis Kontakten zu Procter & Gamble und anderen, aber er vermutete, daß der Goldman-Banker noch von anderen Interessen geleitet wurde und nicht ausschließlich als Forstmann-Berater fungierte. Hill hatte seinen Leuten bereits die Anweisung gegeben, ihren Kollegen bei Goldman nicht allzu viele ihrer eigenen Daten offenzulegen.

Cohen seinerseits hatte Boisis einschüchternden Stil bei der ersten Besprechung am Dienstag nicht eben als angenehm empfunden. Jetzt befragte er den Banker nach seinen Aufgaben als Forstmann-Berater. Als Boisi Ausflüchte zu machen schien, erkannte Cohen, daß Hill recht haben konnte: Boisi spielte vielleicht nur mit, um Informationen in die Hand zu bekommen, die einem von Goldman geführten Bieterkonsortium nützlich sein könnten.

Als Cohen und Strauss an diesem Tag Forstmanns Büro verließen, waren sie von einem tiefen Mißtrauen gegen Geoff Boisis Motive erfaßt.

Am Freitag morgen las Boisi die Zeitungen, während sein chauffeurgesteuerter Wagen sich von seinem Haus auf Long Island durch den Verkehr von Manhattan schob. Die Presse war voll davon, was für ein großartiger Partner Salomon für Shearson sein würde. Forstmann Little wurde nicht ein einziges Mal erwähnt. Nach dem Fiasko von Dienstag nacht war dies für Boisi ein weiterer Beleg dafür, daß sein Kunde schäbig behandelt wurde.

Vom Auto aus rief er Forstmann an; er weckte ihn aus tiefem Schlummer. Es sei an der Zeit, ein Wörtchen mit Cohen zu reden. »Wir sollten diesem Kerl absolut klarmachen, daß sie uns nicht korrekt behandeln«, sagte er. »Der Bursche betrachtet Sie als bloße Finanzierungsmöglichkeit. Er benutzt das Wort Partner, aber er weiß nicht, was Partnerschaft bedeutet. Es wird Zeit, daß die lernen, wie man einen Partner behandelt.«

Cohen war zu Hause; er zog gerade seinen Mantel an und wollte hinauszugehen, als das Telefon klingelte. Er lief in die Küche, um abzunehmen, und hörte sofort den Stahl in Boisis Stimme. »Teddy braucht hier nichts zu tun, Peter«, erklärte Boisi. »Solange diese Sache nicht in die richtige Richtung läuft, können wir jederzeit einfach hinausspazieren ... Wissen Sie, Sie sind dabei, den Mann zu verlieren. Sie dürfen nicht dasitzen und glauben, er hätte keine Alternativen, denn er hat welche. Wir sind durchaus in der Lage, ihm zu helfen.«

»Was wollen Sie damit sagen?«

»Ich will damit sagen, daß uns alternative Möglichkeiten offenstehen, falls wir diesen Deal nicht mit Ihnen zusammen machen.«

»Oho«, sagte Cohen. »Sie haben alternative Möglichkeiten? Was soll das heißen?«

Cohen wußte genau, was es heißen sollte. Hill hatte recht gehabt: Goldman wollte sich auf eigene Faust an RJR Nabisco versuchen. In Cohens Augen war der Goldman-Banker ein Maulwurf, der versuchte, sich auf höchster Ebene unter Shearsons Strategen zu mischen. Cohen »drehte durch«, wie er selbst sagt.

»Hören Sie zu. Wir brauchen Sie nicht«, sagte er zu Boisi. »Wir brauchen Teddy nicht. Wir brauchen überhaupt niemanden! Wir können ebenfalls unserer eigenen Wege gehen, wissen Sie ... Wir haben alle unsere Daten, alle Geheimnisse mit Ihnen geteilt. Jetzt wollen Sie mir erzählen, Sie haben alternative Möglichkeiten? Das steht in absolut hundertprozentigem Widerspruch zu allem, was Sie uns bisher erzählt haben.«

Cohen hängte ein; er wußte, daß dies nicht der letzte hitzige Wortwechsel gewesen war, den er mit dem Goldman-Banker führen würde. Noch am selben Vormittag rief er bei Forstmann an, der ein paar Stunden später bei Shearson erwartet wurde.

»Wen wollen Sie mitbringen?« fragte Cohen.

Forstmann zählte auf: seinen Bruder, Boisi und Steve Fraidin, den eulenhaften Rechtsanwalt.

»Geht es nicht ohne Boisi?«

»Herrgott, Peter, er berät uns, wissen Sie.«

»Na schön, wenn es sein muß. Aber dieser Kerl braucht mich nicht mehr anzurufen. Mir gefällt nicht, wie er redet.«

Cohen kochte immer noch, als die Forstmann-Gruppe am Nachmittag bei Shearson eintraf. Man ließ sich in der luxuriösen Bibliothek im neunzehnten Stock nieder; Cohen wandte sich an Boisi und kam gleich zur Sache. »Ich möchte wissen, ob Sie die Vertraulichkeitsvereinbarung unterzeichnet haben«, sagte er. »Oder steht es ihnen frei, hinauszugehen und auf eigene Faust weiterzumachen? Denn dann weiß ich nicht, wie Sie hier mit uns in einem Raum sitzen können.«

Nein, antwortete Boisi, weder Forstmann Little noch Goldman habe eine solche Vereinbarung unterzeichnet. Aber er versicherte Cohen, er habe nicht die Absicht, Shearsons Geheimnisse weiterzugeben. »Peter, Sie haben mein Wort.«

»Das möchte ich von einem Anwalt hören.«

Boisi straffte sich. »Damit ich Sie richtig verstehe, Peter – wollen Sie sagen, mein Wort ist nicht gut genug?«

»Ich will es nur von einem Anwalt hören.«

Cohen wandte sich an Fraidin, der ihnen gegenüber auf der Couch saß.

»Hey. Anwalt.«

Fraidin machte sich Notizen und schien ihn nicht zu hören. »Hey, Sie. Anwalt. Ich rede mit Ihnen.«

Fraidin blickte auf und blinzelte durch seine Professorenbrille. Er wußte, daß Cohen ihn einschüchtern wollte. »Sprechen Sie mit mir? Wie lautet die Frage?«

»Erlaubt die Vertraulichkeitsvereinbarung Ihnen, separat vom Management ein eigenes Gebot abzugeben?«

Fraidin schwieg einen Moment lang. Als er dann sprach, war sein Ton ruhig. »Ich habe zwei Antworten. Erstens: Ich bin nicht Ihr Anwalt. Ich würde mir nicht anmaßen, Ihnen einen juristischen Rat zu erteilen. Sie sollten diese Frage Ihren eigenen Anwälten stellen. Fragen Sie Jack Nusbaum. Der ist ein prima Jurist. Zweitens habe ich meinem Klienten natürlich erklärt, daß es ihm freistehe, auch einen anderen Weg zu gehen.«

Cohen zeigte keine Reaktion. Eine Minute später entschuldigte er sich und verließ das Zimmer.

Forstmann konnte nicht glauben, was er gehört hatte. »*Hey, Sie. Anwalt.« Wofür hält dieser Kerl Cohen sich eigentlich? Ein kleiner Tough Guy mit dicker Zigarre. Ein Psychiater hätte seinen Spaß an dem Burschen.*

Forstmann war klar, daß Cohen verwirrt war. Forstmann Little hatten eine Vertraulichkeitsvereinbarung mit RJR Nabisco unterzeichnet, die ihnen verbot, vertrauliche Unternehmensdaten weiterzugeben. Mit Shearson gab es eine solche Vereinbarung nicht, und auch mit keinem Mitglied der Managementgruppe. Es würde sie auch nicht geben.

Cohen kam ein paar Minuten später mit einem Stoß fotokopierter Computerberechnungen zurück. So stellten sie sich ein Shearson-Salomon-Forstmann-Little-Gebot vor, sagte Cohen und reichte Forstmann eine Kopie des Dokuments.

Forstmann blätterte darin, aber die Zahlen, die er fand, sagten ihm nichts. Wohin er auch blickte, sah er Junkbonds und seitenlanges Geschwafel. Irgendwo zwischen den Zahlen entdeckte er die drei Milliarden von Forstmann Little inmitten lauter Junkbonds. Er bekam eine Gänsehaut.

Aber es wurde noch schlimmer. Es war klar, daß Forstmann Little bei diesem Gebot nicht Konsortialführer war; der Shearson-Plan schien Klausel um Klausel zu enthalten, deren einziger Zweck es war, zu verhindern, daß es je dazu käme.

Cohen sah, daß Forstmann nicht gefiel, was er da las. »Betrachten Sie diesen Vorschlag nicht als unumstößlich«, sagte er. »Wir sind durchaus bereit, auf Ihre Bedenken einzugehen.«

Forstmann schüttelte den Kopf. So gehe das nicht, sagte er. Er versuchte, Cohen begreiflich zu machen, daß Forstmann Little nach Maßgabe seiner Investoren die Bietergruppe anführen werde. Volle 37 Prozent eines jeden Forstmann-Little-Deals seien den Kreditgebern zugesichert. Weitere 10 bis 15 Prozent würden an das Management verkauft. Selbst wenn sie sich die verbleibenden 53 Prozent teilten, würde Forstmann zusammen mit seinen Anlegern die Mehrheitskontrolle haben. Maßnahmen, die das verhindern sollten, hatten keinen Sinn. »Nehmen Sie's mir nicht übel, Peter, aber so wird das nicht gehen.«

»Das ist okay«, meinte Cohen. »Wir arbeiten es eben um.« Er stand auf und ging hinaus.

Als Cohen gegangen war, wandte Forstmann sich an Boisi. »Geoff, was können wir da machen? Über das hier können wir nicht mal reden. Aus Hühnerscheiße macht man keinen Geflügelsalat. Es gibt nichts zu verhandeln. Verstehen Sie? Die begreifen's einfach nicht.«

Die vier Männer berieten sich. Vielleicht, so kamen sie überein, sollte Forstmann mit einem eigenen Vorschlag zur Kapitalstruktur wiederkommen. Forstmann hielt das für eine fabelhafte Idee. Außerdem war er von achtundvierzig Stunden ununterbrochener Analyse erschöpft. Er stand auf und machte sich auf die Suche nach Cohen. Er fand ihn in am Ende des Ganges in einem von Qualm erfüllten Sitzungsraum, eine Zigarre zwischen den Zähnen. Anwälte und Investmentbanker in Hemdsärmeln saßen entlang der Wände.

»Peter, hören Sie, das ist unmöglich«, sagte Forstmann. »Ich bin erschöpft. Ich fahre jetzt zurück. Wir haben hier nicht mal einen Ansatzpunkt. Wir werden einen Entwurf erarbeiten und zu Ihnen rüberschicken.«

Cohen war einverstanden.

Draußen stiegen Forstmann und Boisi in Forstmanns schwarzen Mercedes und setzten sich auf den Rücksitz. Die beiden waren ins Gespräch vertieft, als der Wagen auf den West Side Highway auffuhr. Plötzlich merkte Boisi, wie Forstmanns Augen sich weiteten. Forstmann sah den Wagen, der ihnen entgegenkam, und wollte schreien: *Geoff, ducken!* Aber es war zu spät. Der Mercedes erbebte, als ein Wagen sich links ins Heck bohrte.

Verletzt wurde niemand, aber der andere Fahrer war nicht versichert. So warteten sie – Stunden, wie es ihnen vorkam –, bis die Polizei eintraf. Anscheinend war dies einfach nicht Ted Forstmanns Woche.

Nach einem erfolgreichen Spanienausflug hatte John Gutfreund schreckliche Mühe, wieder nach New York zurückzukehren. Sein Flug nach Paris wurde wegen schlechten Wetters umgeleitet. Man bot ihm an, nach Lyon zu fliegen, aber er lehnte ab. London lag im Nebel. Schließlich landete das Flugzeug in Brüssel. Gutfreund erwischte den Sabena-Flug um ein Uhr dreißig nach New York und landete kurz vor sechs auf Kennedy International in New York.

In Cordhose und Sporthemd bestieg Gutfreund einen von Shearson bereitgestellten Hubschrauber und war eine Viertelstunde später in der Salomon-Verwaltung in der unteren Wallstreet. Im Sitzungsraum erwarteten ihn zwei Berater: Peter Darrow, sein schlaksiger, langjähriger Anwalt, und Mike Zimmermann, ein flinkzüngiger Investmentbanker. In den Händen hatten sie Kopien von Johnsons Managementvereinbarung.

»Das glauben Sie nie«, sagte Zimmermann.

Gutfreund nahm ein Exemplar und las. Er war erschrocken. Die Vereinbarung war weit lukrativer, als Cohen angedeutet hatte. Wenn er es richtig interpretierte, hatte Johnsons Sieben-Mann-Gruppe ein Gratisanrecht auf eine Milliarde Dollar, vielleicht mehr. Darrow ging die Vereinbarung Punkt für Punkt mit Gutfreund durch. Es war wichtig, daß sie begriffen, worauf sie sich da eingelassen hatten.

Als Gutfreund eine halbe Stunde später bei Shearson ankam, wartete er nicht lange und brachte die Managementvereinbarung gleich zur Sprache. »Ich werde immense Schwierigkeiten bekommen«, sagte er zu Cohen, »und wir als Team werden immense Schwierigkeiten bekommen, wenn sich dieses Paket nicht auf ein niedrigeres Level umarbeiten läßt. Peter, das hier ist einfach *unziemlich*.«

»John, ich verspreche Ihnen, man wird sich darum kümmern«, sagte Cohen. Aber, fügte er hinzu, es habe wenig Sinn, den Vertrag zu revidieren, solange man nicht ein Gefühl dafür habe, wie hoch die Gebote noch ansteigen könnten.

Erleichtert stimmte Gutfreund zu. Die Sache konnte warten.

Teams von Shearson- und Salomon-Bankern arbeiteten Freitag und Samstag bis tief in die Nacht hinein. Beide Firmen mobilisierten Händler und Verkäufer in London und in Tokio in ihren hektischen Bemühungen, Kapitalzusagen von einem Sortiment ausländischer Banken zu ergattern. Ein weiteres Team unter der Leitung von Jim Stern bemühte sich, einen Kompromißvorschlag zur Kapitalstruktur zu entwickeln, der für Forstmann akzeptabel wäre.

Cohen suchte fast den ganzen Samstag über nach Forstmann. Er rief im Büro und zu Hause an. Forstmann war beim Mittagessen; dann war er den Nachmittag über außer Haus. Cohen wußte, daß man ihn benachrichtigte. Die ganze Woche über hatte er ihn gedrängt, schneller zu handeln, immer schneller. Jetzt, wo er am dringendsten gebraucht wurde, war er nicht zu finden. Cohen vermutete, daß Forstmann die Methode der Umkehrpsychologie versuchte und sich schwer erreichbar stellte.

»Jetzt versucht er, den Spröden zu spielen«, sagte Cohen zu Tom Strauss.

Die Telefonnachrichten von Cohen türmten sich, und Forstmann ignorierte sie. Er aß ausgiebig zu Mittag, und am Nachmittag spielte er auf der anderen Seite des East River, in Queens, Tennis. Während er auf dem Platz hin- und herlief, dachte er an Cohen und an RJR Nabisco. Es gefiel ihm nicht, wie dieser Deal sich entwickelte.

Ich glaube, wir sind raus. Wir verplempern zuviel Zeit. Meinst du, Kravis verplempert seine Zeit? Wir müssen etwas unternehmen!

Auch als Forstmann vom Platz ging, wurde er das Gefühl nicht los, das ihn schon seit drei Tagen plagte. So gern er Kravis auch eins übergebraten hätte – dieser Deal fühlte sich nicht an wie ein Forstmann-Little-Deal. *Aber das Gefühl muß stimmen.*

Als Forstmann in seine Wohnung zurückkam, klingelte das Telefon.

»Ich habe versucht, Sie zu erreichen.«

Der Ton von Cohens Stimme verriet sofort, daß er verärgert war. Jetzt sagte er etwas, aber Forstmann hörte nicht zu. *Ich will nicht mit so einem Kerl zusammen an Bord sein. Der Kerl gefällt mir nicht. Wieso kann er nicht mehr wie Jim Robinson sein? Du versuchst, dir aus einer Nutte ein Traummädchen zu basteln,* sagte Forstmann sich, *und das geht einfach nicht.*

»Peter, ich habe Ihre Nachrichten bekommen«, sagte er. »Aber ich war den ganzen Tag unterwegs.«

Cohen entschuldigte sich für das Mißverständnis. »Ich habe eine gute Nachricht für Sie«, sagte er. »Ich bin draußen bei Tommy Strauss zu Hause. Ich glaube wirklich, wir haben eine Möglichkeit gefunden, Ihre Vorgaben zu berücksichtigen. Wir können es machen. Ich weiß es.« Cohen und Strauss waren mitten in eine zwanglose Dinnerparty im Haus des Salomon-Managers in Armonk, New York, hineingeplatzt, und Cohen hatte sich hinausgeschlichen, um Forstmann anzurufen.

Forstmann hörte im Hintergrund Hunde bellen und Kinder kichern, und er hörte, wie jemand – vielleicht Cohen – scherzend sagte: »Schafft den Hund hier raus.«

In diesem Moment erwärmte Forstmann sich für Cohen und tadelte sich selbst für sein hartes Urteil über den Shearson-Manager. *Das ist doch schon besser,* dachte Forstmann. *Hunde und Kinder. Das ist gut, das ist wie eine Familie. Das paßt schon eher zu Forstmann Little.*

Cohen umriß die neue Kapitalstruktur. Salomon und Shearson würden jeweils 25 Prozent des Kapitals der Gruppe beisteuern. Forstmann Little würde die restlichen 50 Prozent einbringen. Genauso würden die Merhheitsverhältnisse in der Firma aufgeteilt werden: Forstmann Little bekäme die Hälfte. Der Junkbond-Aspekt des ersten Vorschlags war jetzt weitgehend heruntergespielt, und der neue Plan verhieß für Forstmann Little eine gewichtigere Stimme im zukünftigen Mangement von RJR. Und was ebenso wichtig war: Forstmann Little würde erstrangiger statt zweitrangiger Gläubiger sein – was etwa mit dem Unterschied zwischen einer American-Express-Karte und einem Schuldschein vergleichbar war.

»Wie klingt das, Ted?« wollte Cohen wissen.

Forstmann war ehrlich überrascht. »Peter, das ist ein gewaltiger Schritt vorwärts«, sagte er. »Das ist großartig.«

»Dann setzen wir uns morgen zusammen«, schlug Cohen vor.

Den ganzen Abend über analysierten Forstmanns Leute Cohens Vorschlag. Er sehe vielversprechend aus, meinten sie zustimmend. Forstmann stöberte Boisi nach Mitternacht bei einer Dinnerparty auf Long Island auf und berichtete aufgeregt.

Am selben Abend traf Forstmanns Partner Brian Little von einem Asienurlaub in San Francisco ein. Bei Zwischenstops in Hongkong, Thailand und Bali hatte er die Vorgänge bei RJR Nabisco mit glühendem Interesse verfolgt. Kurz nach der Landung seines Flugzeugs rief er bei Forstmann an, und der informierte ihn über den neuesten Stand der Gespräche mit Cohen.

Little zeigte sich sofort abgeneigt gegen den Gedanken, mit Shearson zusammenzuarbeiten. »Junge«, sagte er, »das wäre wirklich der Abschied von allem, was wir bisher getan haben, wenn wir mit diesen Leuten zusammenarbeiten.«

Littles Vorbehalte reichten ein wenig tiefer und endeten nicht bei Bilanzen. Er kannte Cohen seit zehn Jahren. Die beiden Männer hatten Wochenendhäuser in derselben Gegend in The Hamptons. Little fand, daß Cohen das schlimmste personifiziere, was es in der Wallstreet gebe: einen geldgeilen Fiesling, der sich maßlos überschätzte. Die Vorstellung, mit dem Mann zusammenzuarbeiten, war ihm zuwider.

»Teddy«, sagte Little, »der Mann ist ein Ganove.«

Forstmann versicherte ihm, daß der Deal, den sie in Betracht zogen, ein Forstmann-Little-Deal sein werde. Aber Brian Little brachte dennoch keinerlei Enthusiasmus für die Partnerschaft auf; bevor er auflegte, bedachte er Cohen mit der schlimmsten Beleidigung, die einem Forstmann-Little-Partner zu Gebote stand: »Beinahe würde ich das Geschäft lieber mit Henry Kravis machen.«

Die meisten US-Unternehmen beschäftigen Sprecher, die sie dafür bezahlen, daß sie wie Papageien die Unternehmenslinie vertreten, ob es dabei um Giftmüll oder um die Quartalsdividende geht. Bei den Reportern sind sie verächtlich als »Flak« bekannt, deren Hauptaufgabe es ist, Pressemitteilungen zu verhökern. Aber in der Wallstreet mit ihrem steten Strom von Klatsch und Insider-Informationen ist es einer Handvoll PR-Profis gelungen, zu beträchtlicher Macht zu gelangen. Dieser Aufstieg ist verständlich: Je mehr Platz die Wirtschaftspresse den großen Takeover-Schlachten der achtziger Jahre widmete, desto wichtiger wurde es, die Berichterstattung darüber zu manipulieren. Zum Ende des Jahrzehnts engagierte jeder, der sich an einem Takeover-Kampf beteiligen wollte, routinemäßig auch eine PR-Firma, die Hand in Hand mit Investmentbankern und Rechtsanwälten arbeitete.

Jahrelang wurde die PR-Branche in der Wallstreet von einer einzigen Firma beherrscht, von Kekst & Co. und ihrem mit guten Beziehungen ausgestatteten Begründer Gershon Kekst. Kekst-Sprecher finden sich bei jedem größeren Takeover, wo sie dann neben ihren routinemäßigen, offiziellen Pressemitteilungen jede Chance nützen, den Feind des Tages mit Schmutz zu überhäufen. Gershon Keksts Beratung hatte dazu beigetragen, daß Kohlberg Kravis es fertiggebracht hatten, sich fast ein Jahrzehnt lang aus den Schlagzeilen herauszuhalten.

Dann, gegen Ende der achtziger Jahre, erschien die erste ernsthafte Herausforderung an Keksts Regentschaft seit Jahren. Linda Robinson war keine gewöhnliche »Flak«. Sie war eine große, gertenschlanke Blondine mit wissendem Lächeln, einem grausamen Arbeitspensum und einer offensichtlichen Liebe zum Tratsch. Sie war in Kalifornien aufgewachsen, Tochter des Schauspielers, der bei »Amos 'n' Andy«, der berühmten Radioserie der vierziger Jahre, den Amos gespielt hatte: Die siebziger Jahre hatte die ehemalige Debütantin mit einer gescheiterten Ehe sowie diversen Jobs verbracht, darunter einem in einer Akupunktur-Klinik.

Als eingefleischte Republikanerin ergatterte sie 1980 einen Job als stellvertretende Pressesekretärin in Ronald Reagans Präsidentschaftskampagne. Danach arbeitete sie für eine Firma, die der ehemalige Verkehrsminister Drew Lewis leitete, und dort lernte sie Jim Robinson kennen und heiratete ihn. Nachdem sie mit einer Gruppe von Freunden ihre New Yorker Firma gegründet hatte, wurde Linda Robinsons Zuneigung zu ihrem Gatten allmählich auch öffentlich und regelmäßig zur Schau gestellt. »Ist er nicht süß?« erkundigte sie sich einmal bei einer Reporterin und bestand dann darauf, daß die Frau Jim Robinsons Bizeps betastete.

Im Handumdrehen wurde sie zu einer Macht, mit der man rechnen mußte, wenngleich sie jedesmal die Krallen ausfuhr, wenn jemand andeutete, es könne damit zu tun haben, daß sie Jim Robinsons Frau sei. Zu ihren Klienten gehörten Texaco, die sie in einem langgezogenen Kampf gegen Carl Icahn beriet, und Michael Milken von Drexel. Zu ihren Freunden zählte sie Tom Brokaw, Diane Sawyer und Barbara Walters, und daß sie bei der Hochzeit des Chefredakteurs des *Wall Street Journal* zugegen war, wurde von den Mitarbeitern der Zeitung durchaus zur Kenntnis genommen. »Mit 35«, bemerkte das *Journal* in einem Porträt auf Seite eins, »scheint sie im Begriff, hinter den Kulissen einen Einfluß auszuüben, wie er nur wenigen Superanwälten und Image-Machern, unweigerlich Männern, zu Gebote steht.«

Ross Johnson hatte sie wenige Stunden nach seiner ersten LBO-Ankündigung engagiert, und Linda Robinson fand die PR-Versuche ihres alten Freundes in heilloser Unordnung. Da war kein Thema, kein Sinn, kein Verstand. In der ersten Woche ihrer Tätigkeit hatte sie Mühe, mit der Lawine feindseliger Telefonanrufe Schritt zu halten. Als Chefsprecherin für Johnsons Managementgruppe hing sie unaufhörlich am Telefon und servierte den Reportern Inside-Informationen.

Mit ihrem Aktivismus stieß sie Bob Baker, den leitenden PR-Spezialisten bei Salomon Brothers, einen vornehmen South Carolinianer, bald vor den Kopf. Baker fand, Linda Robinson rede zuviel. Er hatte sich auch gegen einen *New York Times*-Artikel ausgesprochen, den sie mit arrangiert hatte und in dem Cohen und andere an den Deals um RJR und Philip Morris beteiligte Wallstreet-Persönlichkeiten porträtiert wurden. »Das macht man, wenn der Deal vorbei ist«, beharrte Baker. »Linda, es wird aussehen, als wären sie eine Bande von blöden Scheiß-Yuppies.«

Die Sache spitzte sich zu, als Baker argwöhnte, daß Linda Robinson vorhabe, Cohen in einer Nachrichtenshow am Sonntag morgen – »This Week with David Brinkley« – auftreten zu lassen. Der Salomon-Sprecher, der bemüht war, die Deal-Macher seiner eigenen Firma zu profilieren, hatte arrangiert, daß Ron Freeman von Salomon neben Ted Forstmann dort auftreten sollte, und er wollte nicht, daß sein Mann durch Cohen ersetzt wurde.

»Linda, wir hier bei Salomon begegnen Ihnen mit Respekt, weil Sie für das Management arbeiten«, sagte Baker. »Es liegt mir fern, andeuten zu wollen, daß Sie, weil Sie mit dem Vorsitzenden von American Express schlafen, eher Shearsons Interessen zuneigen könnten. Oberflächlich betrachtet, könnte es da ja den Anschein eines Interessenkonflikts geben. Aber das will ich gar nicht unterstellen. Dies ist keine Drohung. Aber denken Sie daran: Es gibt noch ein Leben nach diesem Deal.«

Obwohl sie bei Baker fast die Geduld verlor, bemühte Linda Robinson sich, keine Zeit mit bürokratischem Gezänk zu vergeuden. Sie hatte größeres Wild im Visier. Die Robinsons führten ein emsiges gesellschaftliches Leben, vollgepackt mit festlichen Galas der einen oder anderen Art; scherzhaft erzählte sie, sie bemühten sich, alle vierzehn Tage anderthalb Abende zu Hause zu verbringen. Zu den engeren Freunden der Robinsons gehörte das Ehepaar Kravis. Ihre beiden Landhäuser in Connecticut lagen nur zwanzig Minuten weit auseinander, und Linda hatte es fertiggebracht, Henry Kravis für ihre Vollblutzucht zu interessieren. Kürzlich hatten sie sich das erste Pferd zusammen gekauft. Sie hatten es Trillion getauft; in den kommenden Wochen allerdings würde Kravis es mit einem Spitznamen belegen: »Cookie Crumbles« – Kekskrümel.

Seit Kravis sein Gebot bekanntgemacht hatte, war Linda Robinson in aller Stille bemüht gewesen, ihn dafür zu gewinnen, sich mit Johnson zusammenzutun. »Linda hat immer mit Henry rumgeturtelt«, erzählt einer von Kravis' Assistenten. »Man muß diese Leute verstehen. Sie wollen alle miteinander befreundet sein. Da kriegt Henry also jeden Tag Anrufe von Linda. Und er fängt an, mit ihr zu reden. Sie spielte die Heiratsvermittlerin.«

Lindas Gespräche mit Kravis waren ein eifersüchtig gehütetes Geheimnis. Außer ihrem Mann und Johnson wußte nur Steve Goldstone davon. Goldstone war allmählich beunruhigt: Bei all der Feuerkraft, die ihnen in der Wallstreet zur Verfügung stand – war es da klug, eine PR-Firma als Hauptverbindung zu Kravis zu benutzen?

»Linda, Sie sollten da vorsichtiger sein«, gab er einmal behutsam zu bedenken. »Sie dürfen ihm nichts sagen, was die Gruppe nicht vorher freigegeben hat.«

Linda Robinson sagte dem Anwalt, er solle sich keine Sorgen machen. Sie wisse schon, was sie tue.

Ron Freeman von Salomon Brothers, ein Investmentbanker-Veteran, aber kein LBO-Experte, wirkte teiggesichtig und nervös, als Sam Donaldson am Sonntag morgen im Fernsehen zum Vernichtungsschlag ausholte.

»Sprechen wir von der Moral, wenn Sie so wollen, in dem, was bei einem LBO vor sich geht«, drängte Donaldson. »Früher baute man eine Firma auf, damit sie gedieh und Leute beschäftigte und Profit für die Aktionäre abwarf... Heute betreiben viele Leute dieses Geschäft einfach nur, um Unternehmen zu zerschlagen, um maximales Geld zu verdienen und dann die Stadt zu verlassen. Ist das moralisch?«

»Ich denke, das ist nicht die einzige Möglichkeit, das Phänomen der LBOs zu beschreiben«, antwortete Freemann. »Bei Unternehmens-Umstrukturierungen gibt es ein gewaltiges Maß an Unterschieden. So haben sich beispielsweise einige der größten und bekanntesten amerikanischen Konzerne mit erstaunlichem Erfolg restrukturiert. Atlantic Richfield wäre dafür ein gutes Beispiel. AT&T wäre ein zweites. Die Extremfälle sind nur ein kleiner Bestandteil dieser umfassenden Restrukturierungsbewegung.«

»Ich will zugeben, daß es nicht die einzige Beschreibungsmöglichkeit ist«, sagte Donaldson. »Aber es gibt Fälle, wo Leute im voraus sagen: ›Wir gehen da rein, wir zerschlagen die Firma, sie ist in ihren

Einzelbestandteilen mehr wert als am Stück, wir schnappen uns das Geld und hauen damit ab.‹ Mr. Forstmann, ist das eine gute Sache?«

Forstmanns einzige Bedingung für einen Auftritt in der Brinkley-Show war, daß er nicht über den RJR-Nabisco-Deal sprechen würde. Die Zeitungen hatten zwar berichtet, daß er Interesse hatte, aber niemand außerhalb der Gesprächsrunde wußte, wie weit er schon involviert war.

»Nun, manchmal ist es eine gute Sache«, sagte Forstmann. »Es ist nicht immer schlecht.«

»Was ist mit den Arbeitern, Mr. Forstmann?«

»Nun, sie –«

»Wer sind sie überhaupt? Ich meine, wenn sie arbeitslos werden?«

»Ja, aber darum geht es doch überhaupt nicht«, erwiderte Forstmann. »Nochmals: In meinem Artikel habe ich geschrieben, daß ohne Disziplin die Arbeiter eine der Gruppen sind, die vielleicht darunter leiden. Disziplin ist . . . Investmentdisziplin ist das Wort, das wiederkommen, das diskutiert werden muß. Am Anfang hatten die Innovatoren dieser Idee – zu denen ich gehörte – eine Menge Disziplin . . . Dann passierte folgendes: Nachahmer drängten sich zu Hunderten in das Geschäft, und mit den Scharen von Nachahmern verfiel die Disziplin. Das Resultat ist, daß es zu Zerschlagungen kam, die keinen Sinn hatten.«

»Ich deute nicht mit dem Finger auf Sie«, sagte Donaldson kurz darauf. »Ich glaube, ich deute mit dem Finger auf Leute, die Sie selbst hochgebracht haben, auf diese sogenannten Nachahmer. Warum sollen die einen Freifahrschein ohne Einschränkungen haben?«

»Na, ich glaube nicht, daß es ein Freifahrschein ist. Wenn wir mehr Zeit hätten und die Sache vertiefen könnten . . . Was hier schiefgelaufen ist, ist die Tatsache, daß Leute eine neue Geldquelle geschaffen haben, die man allgemein Junkbonds nennt . . .«

Nach der Aufzeichnung bat Forstmann Freeman zu sich in die Wohnung, und zusammen sahen sie sich im Fernsehen an. Freeman rief seine Schwiegermutter an. »Der Mann, der da bei dir war, sah entzückend aus«, sagte sie zu ihm. »Ist er Jude?«

Beim Kaffee brachte Forstmann das Gespräch auf RJR Nabisco. Seine Begeisterung vom Abend zuvor war schon wieder im Schwinden begriffen. »Ron, ich weiß nicht, ob wir zusammenkommen können. Ihr Burschen packt das alles falsch an. All diese Junkbonds, PIKs und Zeros, dies und das. Es ist verrückt. Und was ist das für eine Vereinbarung mit Johnson?«

»Ich weiß es nicht«, sagte Freemann. »Wir haben da eigentlich nichts zu sagen. Wir sind sozusagen stille Teilhaber.«

»Na, da haben wir ihn, den größten Deal aller Zeiten. Und Kravis wird ihn kriegen.«

Wegen eines Staus auf dem FDR Drive kam Forstmann am Nachmittag mit einer Stunde Verspätung bei Shearson an; bei ihm waren sein Bruder Nick und Steve Fraidin. Das Trio wurde durch ein Gewimmel von Investmentbankern in das Vorstandszimmer geführt, wo Peter Cohen und John Gutfreund zu ihnen stießen. Boisi hatte Forstmann taktvoll zu Hause gelassen.

Als sie sich zusammensetzten, wußte Forstmann nicht, ob das heutige Gespräch mit der Übereinkunft, gemeinsam gegen Kravis zu kämpfen, oder mit einem einfachen Fahrschein nach draußen enden würde. Innerhalb von Minuten war das Bild klar.

»Erstens möchte ich sagen, daß ich mich gestern falsch ausgedrückt habe«, begann Cohen. »Ich war ein bißchen durcheinander. Ich möchte Ihnen jetzt die korrekten Bedingungen darlegen.«

Cohen erläuterte Shearsons Vorschlag zur Kapitalstruktur. Er hatte nicht die geringste Ähnlichkeit mit dem Plan, den er am vergangenen Abend vorgetragen hatte. Unter anderem sollte Forstmann Little jetzt nachrangiger und nicht vorrangiger Gläubiger sein. Die Änderungen waren beträchtlich. Forstmann glaubte nicht, daß Cohen ihn absichtlich in die Irre geführt hatte – das würde doch niemand tun – und schrieb das Ganze seiner Unerfahrenheit zu.

»Na, Peter, das klingt aber ganz anders als das, was wir gestern abend besprochen haben«, bemerkte Forstmann, als Cohen geendet hatte. »Nicht, daß ich's Ihnen übelnehme; es klingt nur anders.«

»Ja, ich weiß.«

Ted Forstmann war das Inbild der Kompromißbereitschaft, aber insgeheim argwöhnte er, daß dies das Faß zum Überlaufen bringe. Gleichwohl hörte er einfach zu, als Cohen zum erstenmal spezifische Details der Managementvereinbarung mit Johnson offenbarte. Wie

Cohen es erklärte, schien jede Seite ein Vetorecht gegen alles zu haben, was die andere Seite tat. Wenn er richtig verstand, hatten Johnson und seine Mangementteam praktisch sogar die Möglichkeit, ihr Veto gegen die eigene Entlassung einzulegen.

Das ist Wahnsinn, dachte Forstmann. *Die absolut blutigsten Amateure aller Zeiten spielen in der Spitzenliga. Sie bringen Milliarden von Dollar auf und können nicht mal das Management loswerden. Und sie glauben wirklich, ich mache da mit.*

Als Cohen fertig war, herrschte eine Zeitlang Schweigen. »Wir glauben, daß wir es noch sehr viel besser hinbekommen«, sagte Gutfreund dann. »Dies ist nur der Punkt, an dem wir im Augenblick stehen.«

Der Salomon-Vositzende wandte sich an Fraidin. »Was meinen Sie, Steve?«

Fraidin vermutete, daß Gutfreund und Cohen keine Ahnung hatten, wie ihr Arrangement mit Johnson für Außenstehende aussehen würde. Das große Ganze sahen sie nicht. »Wegen der Größe dieser Transaktion«, sagte er, »wird es wahrscheinlich ein ungeheures Maß an politischer Aufmerksamkeit, vor allem von seiten des Kongresses, geben. Ich denke, diese Reaktion wird sich auf alle Anwesenden in diesem Zimmer auswirken. Und ich meine, daran sollten wir stets denken. Nach meinen Berechnungen«, fuhr er fort, »ist diese Managementvereinbarung rund zwei Milliarden Dollar wert. Ist das richtig?«

»Nein, nein, nein«, unterbrach ihn Forstmann. Was er meinte war: Das *kann* doch nicht stimmen.

»Ich denke doch«, sagte Fraidin.

Gutfreund sah sich im Zimmer um. »Stimmt es?«

Man addierte die Zahlen. Wenn alle Incentives ausgezahlt wurden, konnte die Vereinbarung zirka 1,9 Milliarden wert sein.

»Das ist unter allen Umständen ein hoher Profit für das Management«, stellte Fraidin fest.

Ja, pflichteten alle bei, das war es. Cohen betonte noch einmal, daß die Vereinbarung einer Überarbeitung bedürfe.

»Erzählen Sie mir von den Gebühren«, sagte Forstmann.

Gutfreund gluckste. »Oh, wir wußten, daß Teddy darauf kommen würde.«

Cohen begann zu lesen. Als erstes kam ein Erfolgshonorar – Shearson und Salomon würden 120 Millionen Dollar bekommen, wenn der Takeover erfolgreich vonstatten ginge. Als nächstes kam eine Fünf-Prozent-Gebühr für jeden, der Kapital einbrachte.

»Wofür ist das?« wollte Forstmann wissen.

»Oh, da sind Sie auch dabei«, sagte Cohen.

»Ach«, sagte Forstmann.

Darüberhinaus rechnete Shearson mit schätzungsweise 103 Millionen Dollar Gebühren für die Versteigerung der RJR-Nabisco-Vermögenswerte nach dem LBO. Es gab eine Gebühr – 23 Millionen – für die Einbringung von Mezzaninkapital. Forstmann Little würde 30 Millionen für ihren Anteil an der Mezzaninfinanzierung erhalten.

Forstmann glaubte, die Liste werde nie ein Ende nehmen. Er stellte Fragen, tat aber nur so, als notiere er sich die Antworten. Fraidin neben ihm hatte auch ein paar Fragen an Cohen.

»Kasssieren Sie einen Aufschlag, wenn Sie die Junkbonds zur Überbrückung ausgeben?« fragte der Anwalt.

»O ja«, sagte Cohen. »Dafür bekommen wir dreieinhalb Prozent.« Das kam auf etwa 425 Millionen.

Fraidin sah, daß die Forstmann-Brüder verblüffte Blicke wechselten. »Gibt es eine Überbrückungsgebühr?« fragte Fraidin. Multimillionen-Dollar-Überbrückungskredite, das wußte er, gab es nicht umsonst.

Cohen nickte.

»Wofür, zum Teufel?« fragte Forstmann.

Jim Stern stand in der Ecke. Shearsons Junkbond-Chef sah aus, als habe er seit einer Woche nicht geschlafen. »Wenn Sie gern das Risiko für 1,5 Milliarden übernehmen möchten«, sagte er, »überlassen wir es Ihnen mit Vergnügen.«

Der Sarkasmus entging Forstmann nicht. Er funkelte Stern an.

»Ich weiß nicht, wer Sie sind, aber – Peter, wer ist der Kerl?« Forstmann war so wütend, daß er merkte, wie ihm das Blut aus dem Gesicht wich. »Vielleicht wissen Sie nicht, wer ich bin«, sagte er zu Stern. »Aber Sie reden vom Emissionsrisiko für 1,5 Milliarden Dollar. Ich rede davon, drei Milliarden für immer aufs Spiel zu setzen.« Forstmanns Wut nahm zu, und niemand im Raum wollte, daß er wieder mit seiner Predigt anfing.

Cohen schaltete sich ein. Er deutete mit dem Finger auf Stern und fragte Forstmann: »Wollen Sie ihn raushaben? Soll er den Raum verlassen?«

Forstmann fand, daß Cohen klang wie ein Mafia-Don. »Nein, nein«, sagte er. »Er kann bleiben.«

Die Gebührendiskussion nahm ihren Fortgang. »Ja«, sagte Fraidin, »wie steht's mit den Bankgebühren?«

»Ja, natürlich«, sagte Cohen. »Da sind noch die Bankgebühren.« Shearson ging davon aus, daß sie eine Gebühr von 2,5 Prozent an ihre Geschäftsbanken würden zahlen müssen – rund 375 Millionen.

»Zweieinhalb Prozent?« Nick Forstmann sah seinen Bruder an und verdrehte die Augen.

Cohen war noch nicht fertig. »Und die Anwaltsgebühren schätzen wir auf fünfundsiebzig Millionen Dollar.« Er wandte sich an Fraidin. »Ich schätze, deshalb ist Ihnen wohl daran gelegen, daß dieser Deal zustandekommt.«

»Nein«, erwiderte Fraidin, »ich arbeite so nicht.«

Irgendwann unterbrach Nick Forstmann die Debatte. »Moment, Moment. Warten Sie mal«, sagte er, »Peter, was bezahlen wir für diese Firma? Ich verstehe das nicht. Wenn ich richtig rechne, dann habe ich den Eindruck, Sie borgen zuviel Geld.«

Als Nick Forstmann die Zahlen durchging, stimmte das Ergebnis nicht. Wenn er recht gehört hatte, erbot Shearson sich, nach ihrer Anzahlung 19 Milliarden Dollar aufzubringen. Anscheinend brauchten sie aber nur 16,5 Milliarden, um RJR Nabisco zu kaufen. »Ich habe den Eindruck, wir nehmen da zweieinhalb Milliarden zuviel auf«, sagte Nick Forstmann. »Warum tun wir das?«

»Stimmt das?« fragte John Gutfreund.

Nick Forstmann warf einen Blick hinüber zu Steve Fraidin. Zu sagen brauchte er nichts. *Wissen diese Burschen eigentlich, was sie tun?*

Sie machten eine Pause. Nick Forstmann zog sich in einen Konferenzraum zurück, um dort mit einem Dutzend Bankern von Shearson und Salomon die Zahlen durchzuhecheln. Sein Bruder und Fraidin berieten sich derweilen in einem Korridor vor dem Sitzungsraum. Für Fraidin war es klar, daß nach Cohens Präsentation nur wenig Raum für Zustimmung blieb.

Fraidin kehrte allein in den Raum zurück. »Schauen Sie, Teddy möchte vielleicht das eine oder andere noch einmal überdenken – die

Gebühren, die Kapitalstruktur, die Situation mit Ross Johnson, die behördlichen Fragen.«

Mit einem Wort: Alles.

»Es beunruhigt mich außerdem, daß die Vorzüge PIK-Vorzüge sind; Sie wissen vielleicht, daß er so etwas noch nie verwendet hat.«

»Okay«, sagte Cohen.

Später, nachdem Cohen und Hill ihre Strategie weiter dargelegt hatten, gingen die Forstmanns draußen zu ihrem wartenden Wagen. Fraidin überlegte laut, was der nächste Schritt sein müsse.

»Na«, sagte Forstmann, »fahren wir in die Firma. Dann rufen wir Boisi an und sagen ihm, wo wir sind.«

»Wo sind wir denn?« fragte Fraidin.

»Sie wissen, wo wir sind, Steve«, antwortete Forstmann. »Wir sind draußen.«

12

In gewisser Hinsicht hat ein LBO große Ähnlichkeit mit einem Gebrauchtwagenkauf.

Die Jahresberichte und Bilanzveröffentlichungen einer Zielfirma lassen sich mit einer Zeitungsanzeige vergleichen. Wie die Anzeige enthalten sie brauchbare Informationen, aber ein kundiger Käufer weiß doch, daß ein cleverer Buchhalter mit Zahlen jeden Eindruck vermitteln kann, den er vermitteln will.

Der Autokäufer möchte mehr wissen als das, was in der Anzeige steht. Er möchte mit dem Besitzer reden, unter die Haube schauen, mal eine Runde um den Block fahren. Für LBO-Käufer ist eine gründliche Inspektion genauso wichtig. Mehr als ein beliebiger Takeover-Spezialist muß der LBO-Käufer seine Beute kennen. Sein Erfolg hängt davon ab, daß er genau bestimmt, wie hoch die Verschuldung ist, die das Zielunternehmen tragen kann, und er muß präzise berechnen, welche Budgets eine Kürzung vertragen und welche Geschäftszweige verkauft werden können, um die Verschuldung rasch zu verringern. Um die Gebrauchtwagenanalogie noch einen Schritt weiter zu führen, muß der LBO-Käufer präzise und detailliert einschätzen können, wie viele Kilometer der Wagen noch laufen, was er an Ersatzteilen benötigen wird und welche Wartungsarbeiten vorgenommen werden müssen. Sein Spielraum für Irrtümer ist so schmal, daß eine ausgeschlagene Kurbelwelle oder eine gerissene Dichtung die Bank veranlassen können, den Kredit zu kündigen. Genauso kann bei einem LBO eine falsche Kalkulation oder eine unzutreffende Projektierung Käufer wie Verkäufer unter einer Schuldenlawine begraben.

Aber wenn man nun Henry Kravis ist und der Bursche, der den Wagen fährt, einen noch nicht mal gegen die Reifen treten läßt?

Diesem Dilemma sah Kravis sich jetzt gegenüber. Bei einem Wettbieten hätten Cohen und Johnson alle Trümpfe in der Hand. Sie hatten nicht nur Zugang zu allen vertraulichen Informationen, sondern sie hatten auch ein Managementteam, das diese Informationen analysieren konnte. Sie wußten, wo noch der letzte Dollar steckte, welche Budgets gekappt werden konnten, ohne dem Unternehmen zu schaden, welche Fabriken eingemottet werden konnten, ohne die Produktion zu drosseln. Information war der Schlüssel zum Erfolg, und Kravis stand draußen vor verschlossenen Türen.

Eine der wichtigsten Aufgaben des Sonderausschusses war es, Kravis zu helfen, RJR Nabisco kennenzulernen. Die Banker von Lazard und Dillon waren die Schiedsrichter, denen es oblag, ein »ebenes Spielfeld« zu schaffen, auf dem Kravis – wenigstens theoretisch – mit Johnson unter gleichen Voraussetzungen konkurrieren konnte. In der Praxis erwies sich das als schwierige Aufgabe.

Das Verfahren der Prüfung der von einem Zielunternehmen vorgelegten Unterlagen nennt man »due diligence«. Wenn Kravis mit einer Managementgruppe arbeitete, war die »due diligence« ein Kinderspiel. Vertrauliche Dokumente lagen unverzüglich auf dem Tisch, und jederzeit stand das Management zur Verfügung, um in einem Brainstorming die besten Möglichkeiten zur Verbesserung von Cashflow und zur Kostenreduzierung zu finden. Kravis ließ Scharen von Buchhaltern, Rechtsanwälten und Investmentbankern vom Keller bis zum Dachboden eines Zielunternehmens kriechen, bis er sich vergewissert hatte, daß sie jedes Eckchen, jeden Winkel kannten und jeden Gegenstand verzeichnet hatten, je nach dem, ob er veräußert, verkleinert oder behalten werden konnte. Es war eine methodische und wenig aufregende Plackerei, aber in vieler Hinsicht war es auch der Schlüssel zu Kohlberg Kravis' Erfolg im LBO-Geschäft.

Am Donnerstag, dem 27. Oktober, hatten Kravis und Roberts sich mit Charlie Hugel getroffen und die Zusicherung erhalten, daß sie unverzüglich mit der »due diligence« beginnen könnten. Manager von RJR Nabisco, auch Angehörige von Johnsons Gruppe, würden für Gespräche zur Verfügung stehen. Wie viele Aktiengesellschaften war RJR Nabisco in Delaware registriert, und die gesetzlichen Vorschriften in Delaware zwangen den Vorstand, Kravis das Management zur Befragung zugänglich zu machen. Aber, wie Kravis herausfinden sollte, gab es kein Gesetz, das sie zwang, kooperativ zu sein.

Der Sonderausschuß hatte arrangiert, daß Kravis am Montag morgen, dem 31. Oktober, im New York Plaza Hotel anfangen konnte, die RJR-Manager zu interviewen. Die Gespräche sollten zwei Tage dauern. Johnson würde man nicht holen – es wäre fruchtlos, vermutete Kravis. Und Ed Horrigan hatte abgelehnt. Kravis' Team bereitete sich das ganze Wochenende über vor.

Johnsons Manager hatten einen ungewöhnlichen Spießrutenlauf vor sich. Kravis hatte vor, jeden einzelnen in einem Salon zu begrüßen, ihn über seine Unternehmensphilosophie zu informieren und ihn zu ermuntern, dabei zu bleiben, wenn Kravis gewinnen sollte. Danach würde er jeden Manager in einen separaten Raum geleiten, wo er von Paul Raether und einer Handvoll Kohlberg-Kravis-Leuten in die Mangel genommen werden sollte. Raether war schon vor Beginn der Interviews übelster Laune. Erst am Morgen waren vom Sonderausschuß die ersten Kisten mit RJR-Finanzdaten gekommen, so daß er keine Zeit mehr gehabt hatte, intelligente Fragen zu präparieren.

Um halb zehn erschien der erste Manager, Paul Polychron, der Chef von Planters. Als Kravis ihm die Hand schüttelte, sah er hinter ihm einen zweiten Mann, einen von Harold Hendersons Juristen. Kravis, der stets ein waches Auge dafür hatte, ob Johnson ihn verhätscheln oder einschüchtern wollte, war sofort mißtrauisch. War der Mann ein Spion? Hatte man ihn mitgeschickt, damit er die zu Befragenden einschüchterte und daran hinderte, Geheimnisse auszuplaudern? Kravis wußte es nicht zu sagen, und nach ein paar Augenblicken verschwand der Mann und ließ Polychron allein zurück.

Die nächsten beiden, John Greeniaus, der Nabisco-Chef, und Bill McKnight, ein Assistent, kamen um eins. Kravis hielt seine Rede und versuchte, die beiden aufzulockern. Er war überrascht, als Greeniaus bemerkte: »Hören Sie, Sie müssen wissen, daß ich nicht zu Ross Johnsons Gruppe gehöre. Ich bin nicht einer von den sieben.«

»Behalten Sie den Mann im Auge«, schärfte Kravis Raether ein, als er ihn in das Interviewzimmer brachte. »Vielleicht gibt es hier einen Keil, den wir benutzen können. Er könnte möglicherweise nützlich sein.«

Raether war voller Hoffnung, als Greeniaus am Interviewtisch Platz nahm. Aber kaum hatten sie angefangen, als ein junger Lazard-Mitarbeiter mit einer Nachricht hereinkam. »Wenn Sie fertig sind«, teilte er Greeniaus mit, »sollten sie rüber in den achtundvierzigsten Stock kommen.« Damit war die gute Stimmung dahin. Raether vermutete, daß die Nachricht von Johnson den Zweck hatte, Greeniaus einzuschüchtern. Das Ganze war ein Spiel, das im Kopf gespielt wurde. Greeniaus beantwortete – wie Polychron vor ihm – alle Fragen höflich und gab sich hilfsbereit – aber nicht allzu hilfsbereit.

Harold Henderson sollte um fünf Uhr befragt werden. Henderson mit seinen detaillierten Kenntnissen über Prozeßrisiken in der Tabakindustrie konnte besonders nützlich sein. Kurz vor fünf trafen Kravis und Dick Beattie ihn im Korridor vor dem Interviewraum. Der Anwalt stellte sich vor und gab Kravis die Hand.

»Kann ich Sie sprechen, Mr. Kravis – nur eine Minute?«

Die beiden Männer zogen sich in eine leere Suite zurück, und Beattie wartete draußen. Eine Minute später kam Kravis wieder heraus und sah Henderson nach, als dieser den Gang hinunterging.

»Das ist verdammt das Tollste, was ich je gehört habe.«

»Was?«

»Der Kerl hat absolut klar gesagt: Ich bin auf Ross' Seite, ob er gewinnt, verliert oder unentschieden abschließt. Er will nicht mit uns reden. Das ist das erstemal, daß mir so was passiert.«

Montag abend war Raether in gereizter Stimmung. Johnsons Leute schienen an kollektivem Gedächtnisschwund zu leiden. Die einfachen Fragen beantworteten sie. Aber wenn Raether eine Beurteilung hören wollte, ihre Meinung zu den Kürzungsmöglichkeiten bei einem Budget, ließen sie die Läden herunter: »Da melde ich mich noch mal bei Ihnen.«

Die Parade der Johnson-Manager ging am Dienstag weiter. Am Nachmittag kam ein Trio von leitenden Managern, geführt vom Inlandschef des Tabakbereichs, Dolph von Arx. Von Arx war am Tag zuvor im *Wall Street Journal* mit der Bemerkung zitiert worden, er werde den Konzern verlassen, sollte Kravis ihn übernehmen. Infolge dessen hatte Kravis wenig Verwendung für den Mann.

»Sie haben zweifellos das meiste von dem, was ich bei diesen Ansprachen zu sagen habe, schon gehört«, sagte Kravis. »Und, na ja, Mr. von Arx, viel zu besprechen haben wir mit Ihnen nicht. Sie verlassen das Unternehmen, das habe ich zumindest in der Zeitung gelesen, zusammen mit Ihren acht Topleuten.«

»O nein«, protestierte von Arx. »Lesen Sie das Zitat noch einmal. Ich spreche nicht für die acht; sie müssen ihre eigene Einschätzung gewinnen.«

»Sind Sie weg, wenn ich dieses Unternehmen kaufe?« fragte Kravis.

»Ich bin dem Management gegenüber loyal, wie Sie sich denken können», sagte von Arx. »Aber ich würde meine Position neu überdenken müssen.«

Interessant, dachte Kravis, wie schnell diese Leute die Seiten wechseln. Was die übrigen anging, so zeigten sich ein paar, etwa Bob Carbonell, der inzwischen Del Monte leitete, freundlich und zurückhaltend kooperativ. Andere schienen sich nicht einmal an ihren Namen zu erinnern.

Ed Robinson war der schlimmste. Johnsons oberster Finanzchef hätte eine Schatztruhe an Informationen sein können. Seine intimen Kenntnisse der europäischen und Offshore-Finanzierungsoperationen des Konzerns hätten von unschätzbarem Wert sein können.

Er wurde am Dienstag nachmittag um fünf hereingeführt. Aber Robinson wollte offensichtlich nichts mit Kravis zu schaffen haben. Er strahlte Feindseligkeit ab wie eine Großstadtstraße die Sommerhitze.

»Wollen Sie hören, was ich zu sagen habe?« fragte Kravis.

»Nein«, sagte Robinson. »Ich weiß genug.«

Im Interviewraum zeigte Robinson offenen Widerstand. Bei den meisten Fragen schützte er entweder Unkenntnis vor, oder er versprach, die Antwort zu ermitteln und später zuzusenden. Einmal erkundigte Raether sich nach einer Leasingtochter des Konzerns, von deren Existenz er nur wußte, weil man Kravis einmal ein unerbetenes Verkaufsangebot gemacht hatte.

»Was für eine Leasingtochter?« fragte Robinson.

Und so ging es weiter. Nach einer Serie von besonders ausweichenden Antworten warf einer von Raethers Assistenten, Scott Stuart, beide Hände in die Luft. »Wollen wir dieses Theater weiterspielen«, fragte er Raether, »oder können wir jetzt nach Hause gehen?«

Robinson wurde verabschiedet. Der letzte, der befragt wurde, Planungschef Dean Posvar, war wenig besser. Es war wie ein Verhör mit Kriegsgefangenen, dachte Raether; halb rechnete er damit, daß Posvar ihm Namen, Dienstgrad und Dienstnummer nennen werde. Als die letzte Sitzung zu Ende war, stürmte Raether hinaus.

»Das ist sinnlos«, knurrte er Josh Gutbaum zu, einem Banker von Lazard Freres, der die Interviews verfolgte. »Die Kerle sagen kein Wort.«

Nach einem Abschiedstelefonat mit Cohen und Gutfreund am Montag morgen sagte Forstmann sich, er bedauere eigentlich nicht, daß es so gekommen sei. Der Umgang mit Shearson war so frustrierend wie nur irgend etwas in seiner Karriere gewesen. Der Umgang mit Junkbonds hatte in ihm ständig das Bedürfnis geweckt, sich die Hände zu waschen. Er bedauerte nur eines: daß Kravis ohne einen ernsthaften Herausforderer mit der fettesten Beute der Geschichte davontanzen würde. Shearson konnte ihn nicht aufhalten. Die beiden Gegner würden wahrscheinlich als Team enden, dachte sich Forstmann. Weg mit Schaden; sie hatten einander verdient.

Dann rief Geoff Boisi an. Boisi hatte nicht die Absicht, RJR Nabisco sausenzulassen. Drei der besten Kunden Goldmans zerrten am Zaumzeug und konnten es nicht erwarten, ein Stück vom Kuchen abzubekommen. Procter & Gamble lechzten nach Nabiscos Keksfirmen. Ralston Purina in St. Louis verlangte es nach einem Bündel Lebensmittelfirmen. Und David Murdock, Chef von Castle & Cooke, dem Mutterkonzern des Früchteunternehmens Dole, hätte um sein Leben gern den Erzrivalen von Dole in die Hände bekommen: Del Monte. Aber so ernst es seinen Kunden mit ihrem Verlangen nach Brocken aus Johnsons Konzern war, niemand wünschte sich diesen Deal so sehr wie Boisi.

Ganz wie Shearson stand auch Goldman Sachs im Begriff, einen Multimilliarden-Dollar-Investmentfonds bekanntzugeben. Der Goldman-Fonds indessen sollte für Überbrückungskredite vorgesehen sein. Zum erstenmal würde es dem gesetzten alten Bankhaus Goldman möglich sein, Kopf an Kopf mit gutausgestatteten Megafirmen wie Shearson oder Merrill Lynch zu konkurrieren. Der Fonds war Boisis Baby; ein Gebot für RJR Nabisco würde sein Debüt sein.

Das Konsortium, das Boisi sich vorstellte, würde ein Traumteam sein. Um es zu komplettieren, brauchte er nur noch jemanden, der Interesse hätte, die Tabakfirmen zu kaufen. Dieser Jemand sollte Ted

Forstmann sein. Forstmann mußte einfach überzeugt werden. Und Boisi wußte genau, auf welche Knöpfe man dazu drücken mußte.

Den ganzen Tag hämmerte er auf Forstmann ein und erinnerte ihn an die Gründe, weshalb er diesen Deal überhaupt erst in Angriff genommen hatte. Kravis müsse gestoppt werden, beharrte Boisi, bevor er jede *Fortune 500*-Firma aufs Spiel setzte. »Wenn KKR hier gewinnt, werden sie nicht mehr zu bremsen sein«, gab er zu bedenken. »Dann sind sie größer als Boone Pickens, Carl Icahn und all die Plünderer zusammen.«

Die amerikanische Wirtschaft werde sich wie ein Mann erheben und dem zujubeln, der das Junkbond-Kartell herausforderte, meinte Boisi. Wer Kravis besiegte, werde als wahrer Held aus dieser Schlammschlacht hervorgehen. Dieser Held aber, deutete Boisi an, müsse Ted Forstmann sein. Nur Forstmann verfüge über die richtige Kombination von Fähigkeit und Macht, um es zu schaffen.

»Ihnen ist nicht klar, wie stark Sie eigentlich sind«, sagte er. Forstmann Littles »billiges« Geld verschaffte ihnen einen Vorteil vor all ihren Konkurrenten. »Ihnen ist einfach nicht klar, wie mächtig Ihr Geld ist. Es ist der Schlüssel zu dem ganzen Deal.«

Nicht lange, und Forstmann begann, an Boisis Köder zu knabbern. Die Verlockung, einen Schlag gegen Kravis und zugleich gegen die Junkbond-Junkies zu führen, war zu groß. Und niemand konnte bestreiten, daß es etwas für sich hatte, mit honorigen Unternehmen wie P & G zusammenzuarbeiten. Forstmann gestattete sich, laut zu denken.

»Wenn wir unsere ›due diligence‹ vornehmen und die Sache wirklich wirtschaftlich machbar ist, dann werden die Burschen, die Sie da aufgetrieben haben, aggressive Partner sein«, überlegte er. »Jeder von ihnen spielt mit echtem Geld. Keiner kommt aus der anderen Welt. Niemand gehört zum Kartell. Junge ... wäre das nicht eine wunderbare Sache?«

Ja, sagte Boisi, und es müßte nicht einmal riskant sein. »Ich weiß, Sie unternehmen nichts, was riskant ist. Ich kenne Ihre Parameter. Aber überlegen Sie sich folgendes: Wenn dieser Deal unseren Maßgaben entspricht, stellen Sie sich vor, was wir erreichen könnten. Diese Junkbond-Typen haben drei, vier Jahre lang machen können, was sie wollten. Wir könnten den Spieß umdrehen.«

Forstmann mußte unwillkürlich an den Revlon-Deal denken. Das Junkbond-Kartell war mit Ron Perelmans Revlon-Takeover an die Macht gekommen. Wieder fühlte er sich für diesen Verlust und den Schaden, den die Plünderer verursacht hatten, schmerzlich verantwortlich. Er war in diesem Kampf geschlagen worden. Aber jetzt ...
Ein Bild nahm in Forstmanns Fantasie Gestalt an. *Die Junkbond-Horden stehen vor den Toren der Stadt,* dachte er. *Wir könnten ihnen Einhalt gebieten, ein für allemal. Diesmal können wir vor der Brücke stehen und die Barbaren zurücktreiben. Wäre das nicht phänomenal?*
Er würde es tun.
Scheiß auf Cohen. Den brauchen wir nicht, sagte Forstmann. Cohen ist so unerfahren, daß er zwangsläufig scheitern wird. Jetzt hieß es Forstmann gegen Kravis. Die Guten – Proctor & Gamble, Ralston und Castle & Cooke – gegen die Junkbond-Horden von Drexel Burnham und Merrill Lynch.
»Sie kennen die Bedingungen«, sagte er zu Boisi. »Kein Junkpapier. Nichts von diesem verrückten Scheiß. Und man muß uns zum Gebot einladen.«
Okay, sagte Boisi. In diesem Augenblick hätte er auch sein linkes Bein und seinen Bonus versprochen.
Und, fügte Forstmann hinzu, Forstmann Little müßte das Vetorecht bei allen Aktionen des Bieterkonsortiums haben. Auch damit erklärte Boisi sich einverstanden.

Langsam stellte Johnsons Gruppe ihr eigenes Gebot auf die Beine. Johnson, der das Wochenende in Atlanta verbracht hatte, kam am Montag nachmittag wieder nach New York zurück und traf für eine Stunde mit Vertretern des texanischen Investors Robert Bass zusammen, den Cohen neben anderen für die Gruppe gewinnen wollte. Nachher saßen Johnson, Horrigan und andere RJR-Nabisco-Manager beim Abendessen mit den Teams von Shearson und Salomon in einem der mit Paisleymustern tapezierten Speiseräume bei Shearson.
Bei der Frage nach dem besten Weg zur Erstellung des Gebots schälten sich zwei Trends heraus. Das Salomon-Team, geführt von Gutfreund und Strauss, neigte dazu, unverzüglich ein Gebot vorzule-

gen, um der Welt und dem Vorstand zu zeigen, daß sie wirklich existierten. Ein Gebot in der Höhe von 92 Dollar pro Aktie, gerade genug, um Kravis' 90 Dollar zu überbieten. Es war Händlerinstinkt: Schnell bieten, das Gebot des anderen um Haaresbreite übertreffen und abwarten, was passiert.

Die zweite Gruppe, geführt von Steve Goldstone und Tom Hill, hielt diesen Ansatz für kurzsichtig. Kravis jetzt zu überbieten, meinten sie, würde nur zu einem langgezogenen Kampf führen und den Preis in die Höhe schrauben. Eine Auktion aber sei das letzte, woran ihnen gelegen sein könne. Irgendwie müßten sie das Verfahren zu einem raschen Ende bringen, mit einem einzelnen, harten, entschlossenen Schlag, der Kravis auf die Bretter schicken und den Vorstand ein für allemal auf ihre Seite bringen würde. Ein Gebot von 100 Dollar pro Aktie lag für Hill und Goldstone durchaus im Bereich des Möglichen. Als der Abend zu Ende ging, hatte Goldstone das Gefühl, daß die Gruppe seiner Position zuneigte.

Am Dienstag morgen erhielt Goldstone einen Anruf von Peter Atkins, dem Anwalt, der mit Hugels Ausschuß zusammenarbeitete. Eine Woche war vergangen, seit Kravis sein Angebot gemacht hatte, und da er nun mit der Unternehmensprüfung befaßt war, wollte Atkins gern wissen, wann ein Gebot von Johnson zu erwarten sei. Goldstone beschloß, eine Idee auszuprobieren: Wenn wir Ihnen ein massives Gebot – ein vorbeugendes Gebot – machten, fragte Goldstone, würde der Vorstand dann in Betracht ziehen, eine Übernahmevereinbarung abzuschließen? Das würde dem Vorstand ermöglichen, einen hohen Preis festzuschreiben, gab Goldstone zu bedenken, und es wäre effektiv ein Mindestgebot festgesetzt. Atkins schien über diesen Vorschlag nicht weiter nachzudenken. Seine Botschaft war klar: Geben Sie einfach Ihr Gebot ab, Steve. Geben Sie Ihr Gebot ab.

Goldstone grübelte weiter über diese Idee nach. Ein Knallergebot für eine Übernahmevereinbarung. Das gefiel ihm. Auch Johnson fand den Ansatz vernünftig. Aber wie sollte man Atkins dazu bringen, den Köder zu schlucken? Johnson brachte Goldstone auf eine Idee.

Aus Gesprächen mit Hugel wußte Johnson, daß der Vorstand eine Todesangst davor hatte, daß die Gruppe sich mit Kravis einigen und die Konkurrenz eliminieren könnte, was, wie Hugel befürchtete, unweigerlich zu einem niedrigeren Gebot führen würde. Vielleicht, überlegte Goldstone, würde der Vorstand die Gelegenheit beim Schopf ergreifen, mit der Annahme eines hohen Gebots jede Chance auf weitere Gespräche zwischen den beiden Seiten zunichte zu machen.

Goldstone sprach am Mittwoch morgen wieder mit Atkins. »Ich habe mir folgendes gedacht«, sagte Goldstone zu dem Anwalt. »Wir möchten gern eine Übernahmevereinbarung mit Ihnen aushandeln. Damit ließe sich ein Mindestniveau etablieren. Ich kann Ihnen sagen, wenn Sie bereit sind, auf dieser Basis weiterzugehen, werden wir Ihnen ein sehr, sehr gutes Angebot machen. Ein vorbeugendes Gebot.«

»Hören Sie», sagte Atkins, »warum geben Sie mir dieses Angebot jetzt nicht einfach? Der Vorstand ist sehr daran interessiert, es zu bekommen.« *Hatte er das nicht schon einmal gehört?* dachte Atkins.

»Aber Peter, so einfach ist es nicht«, konterte Goldstone. »Warum sollten wir Ihnen ein Gebot vorlegen, wenn es kein *quid pro quo* gibt? Wir bekommen ja nichts dafür. Im Moment haben wir die Gelegenheit, mit unseren Konkurrenten zu verhandeln. Wenn wir es tun, und wenn wir Erfolg haben, werden Sie ein Gebot zu sehen bekommen, das sehr viel niedriger liegt. Ich werde Ihnen jetzt kein Gebot machen, bevor wir unsere Gespräche mit der Konkurrenz abgeschlossen haben.«

Das war ein Bluff. Goldstone hatte keine Ahnung, ob Johnsons Gruppe mit Kravis zu einer Einigung gelangen würde. So hitzig die öffentlich gehaltenen Reden auch geworden waren, die Chancen erschienen doch gering. Aber das wußte Atkins nicht. Goldstone mußte sich seine Befürchtungen zunutze machen.

»Oh, ich sehe den Vorteil«, sagte Atkins jetzt. »Sie geben uns da wirklich einen Anreiz.« Fast hörte Goldstone das Klicken, mit dem die Glühbirne über dem Kopf des Anwalts aufstrahlte.

»Ganz recht.«

»Ich verstehe«, sagte Atkins. »Jetzt haben Sie uns etwas zum Nachdenken gegeben. Nun, ich werde es mit den entsprechenden Leuten erörtern und mich dann wieder bei Ihnen melden. Haben Sie schon einen Entwurf für eine Übernahmevereinbarung?«

»Ja.«

»Dann schicken Sie ihn mir doch herauf.«

Goldstone war aufgeregt. Er wies Gar Bason an, noch am Nachmittag einen Vereinbarungsentwurf hinüberzuschicken, und verspätet hastete er zu Shearson zum Mittagessen.

Die Salomon-Häuptlinge Gutfreund und Strauss warteten schon in Cohens Büro, als er kam. Sie zogen sich zum Essen in Cohens Speisezimmer zurück, und Goldstone berichtete der Gruppe von seinem Gespräch mit Atkins.

Gutfreund war sofort skeptisch. Ein vorbeugendes Gebot? Goldstones Strategie, meinte er, werde die Gruppe zu einem Gebot weit oberhalb der 90-Dollar-Grenze zwingen. Warum so hoch gehen? »Verschwenden wir nicht unser Geld?« fragte Gutfreund. »Warum sollten wir das tun? Können Sie mir zusichern, daß wir tatsächlich eine Übernahmevereinbarung bekommen, wenn wir es tun? Wie groß sind die Chancen, daß es klappt?«

»Ich würde sagen, unter fifty-fifty«, gab Goldstone zu.

Er war verblüfft. Hatten diese Leute ihm nicht erst zwei Abende zuvor gesagt, sie seien für ein solches vorbeugendes Gebot? Der Anwalt versuchte, Cohens Miene zu deuten, aber es gelang ihm nicht. Jack Nusbaum teilte vermutlich Gutfreunds Befürchtungen wegen möglicher Überzahlung.

Nach dem Lunch kehrte Goldstone besorgt in sein Büro zurück. Er rief Atkins nicht noch einmal an. Zum erstenmal begriff er, daß er Versprechungen abgab, die seine Gruppe, vor allem Gutfreund, nicht zu halten gedachte. Er war verärgert. Gutfreund schien nicht einmal die fundamentalsten Strategien des Bietens zu begreifen. Goldstone wußte, daß er von nun an sehr vorsichtig operieren mußte. Womöglich war er schon zu weit gegangen.

Am Dienstag abend, als die Prüfungssitzungen beendet waren, kehrte Kravis in finsterer Laune aus dem Plaza in sein Büro zurück, um mit Roberts die Pläne für den nächsten Schritt zu erörtern.

Sie standen mit ihrem Gebot am Scheideweg. Nachdem sie Johnsons Gruppe eine Woche zuvor die Initiative aus der Hand genommen hatten, verloren sie jetzt an Schwung. Nichts schien richtig zu laufen. Die Unternehmensprüfung war eine Katastrophe gewesen. Wenn nicht noch ein Wunder geschah, standen Kravis und Roberts vor dem größten Deal ihres Lebens mit wenig mehr an finanzieller Orientierung, als einem RJR-Nabisco-Pensionär zur Verfügung stand.

Und damit nicht genug: Kravis vernahm ein ominöses Grollen unter seinen Investoren. Am Freitag war ein ganzes Bündel von Zeitungsartikeln erschienen, in denen angedeutet wurde, daß einige der größten Kohlberg-Kravis-Anleger bei der aggressiven Gangart, die Kravis eingeschlagen hatte, von leisem Unbehagen befallen wurden. Die Einbeziehung von staatlichen Pensionsfonds in ein »feindseliges« Takeover-Angebot brachte Schlagzeilen und politischen Parteienstreit in Oregon, Michigan und Massachusetts hervor*. Kravis und seine Leute versuchten, die Investoren zu beruhigen, aber sie gerieten doch zunehmend unter Druck. Er hatte sogar Eric Gleacher veranlassen müssen, Hugel zu bitten, er möge seinen Investoren versichern, daß er, Kravis, kein feindseliger Bieter sei.

Kravis argwöhnte, daß Tom Hill und die Managementgruppe einen Teil der Unruhe in seinem Rücken zu verantworten hatten, und er irrte sich nicht. Einer seiner einflußreichsten Anleger war Doug LeBon von der in Los Angeles beheimateten Firma Wilshire Associates, einer Pensionsfondsberatung, die für eine Reihe seiner größten Investoren den Ton angab, darunter die Staaten Massachusetts, Oregon und Iowa. LeBons Klienten stellten rund 25 Prozent des Kapitals hinter Kravis. Kaum hatte Kravis sein Übernahmeangebot veröffentlicht, gerieten LeBons Klienten von allen Seiten unter Druck; man verlangte, daß sie die Aktion mißbilligten. LeBon selbst erhielt wütende Telefonanrufe von RJR-Nabisco-Managern, unter anderem von Harold Henderson, der erbost darauf hinwies, daß Wilshires Verträge mit ihren Klienten die Finanzierung feindseliger Deals untersagten.

Von all seinen Leiden indessen kümmerte Kravis keines so sehr wie die Presse. Kohlberg Kravis bezogen Prügel. Nachdem die Kontroverse über Kravis' »Vorrecht«-Bemerkung eine Woche lang getobt hatte, war am Montag die erste Flutwelle der groß aufgemachten Berichterstattung über sie hereingebrochen. »Die Schulden-Orgie: Gehen die Takeover jetzt zu weit?« schrie das Titelblatt von *Business Week*. *Time* brachte einen händeringenden Bericht über »Buyouts im

---

* Michigan und Massachusetts lehnten es am Ende ab, Kravis bei dem RJR-Nabisco-Deal zu finanzieren; als Grund wurden RJR-Investitionen in Südafrika genannt.

großen Stil«. Aus jedem Vorstandszimmer schienen namhafte Industriekapitäne hervorzuspringen, um in markigen Worten über LBOs zu schimpfen und finstere Prophezeiungen über ein in Schulden ertrinkendes Amerika abzugeben. In jeder Story fanden sich ein, zwei Seitenhiebe gegen Kravis. Am schlimmsten war *Newsweek*. Zu seiner Berichterstattung gehörte ein Kasten über Kravis und Roehm – »Das Hochspannungsleben eines New Yorker Superpaars« –, der so saftige Details wie Oscar de la Rentas Druck auf Kravis enthielt, Carolyne Roehm endlich zu einer ehrbaren Frau zu machen.

Die Attacken der Presse verletzten Kravis tief. George Roberts, der sein Privatleben in Kalifornien führte, empfand die Berichterstattung ebenfalls als enervierend. Auf Cocktailpartys schlängelten sich Freunde an ihn heran und fragten ihn, ob seine Geschäfte wirklich gut für Amerika seien. In dreizehn Jahren ihres Lebens in der Öffentlichkeit war es bemerkenswerterweise das erstemal, daß die beiden im Scheinwerferlicht einer größeren Takeover-Schlacht standen. Zwar war Kravis schon seit langem ein fester Bestandteil der Gesellschaftsspalten, aber Farbfotos und Artikel in *Time* und *Newsweek* waren denn doch etwas ganz anderes. Diese Art von Publicity konnte ihr Geschäft ruinieren. Sie konnte überdies den Zorn Washingtons über sie heraufbeschwören, eine Tatsache, die Roberts nie lange aus dem Auge verlor.

»Ihr in New York seid verrückt«, stellte er fest. »Das ist ja eine schreckliche Umgebung. Wir beziehen fürchterliche Prügel.«

Kravis konnte ihm nur beipflichten.

»Ich kann's nicht erwarten, wieder nach San Francisco zu kommen«, meinte Roberts. »Diese Stadt ist verrückt.«

Die Unternehmensprüfung, die besorgten Investoren, die Presse – es mußte eine Möglichkeit geben, all dem ein Ende zu machen. Vielleicht, so kamen die beiden überein, war es an der Zeit, schleunigst Gespräche mit Johnson in Gang zu bringen. Während ihrer Diskussion merkte Kravis, wie er versuchte, rationale Begründungen für die Vorteile eines gemeinsamen Gebots zu finden. »Wir mögen Jim Robinson«, sagte er. »Wir mögen Peter Cohen, schätze ich. Es wäre nicht gar so übel, wenn man es sich überlegt . . .«

Wenn er seine Verachtung für Johnson einmal außer acht ließ, merkte Roberts, daß auch er sich für diese Idee erwärmte. Shearson verdient sein Geld nicht mit dem Führen eines Lebensmittelkonzerns, dachte er. Cohen wird das Interesse verlieren, wenn er erst seine Gebühren kassiert hat. Überlassen wir ihm jetzt den halben Deal, schlug Roberts vor, und wahrscheinlich werden wir den Rest später kaufen können.

So sehr es ihm auch zuwider war, sich Johnson mit gebeugtem Knie zu nähern, Kravis wußte doch, daß es der richtige Weg war. Von der Aussicht depremiert, betrachtete er die Liste seiner Telefonmitteilungen. Wie gewöhnlich waren mehrere Anrufe von Linda Robinson dabei. Jim Robinsons Frau fand offenbar bei Johnson immer ein offenes Ohr. Sie hatte überdies keine sichtbaren Kastanien in diesem Feuer; das mußte doch etwas wert sein. Kravis griff zum Telefon.

Linda Robinson war erfreut, von Kravis zu hören. Sie fand, daß dieser Kampf – das Namennennen, das Fingerzeigen, alles – allmählich außer Kontrolle geriet. Es gab keinen vernünftigen Grund, weshalb Kravis den Deal nicht mit Shearson und Salomon zusammen durchführen könnte. Aber es gab eine Menge Gründe, weshalb er es tun sollte.

Es war nur eine Ego-Frage; das wußte Linda Robinson. Sie hielt sich etwas darauf zugute, ein feines Ohr für das Verhalten ihrer großspurigen Wallstreet-Kunden zu haben. Wie es so oft vorkam, hatten Peter Cohen und Tommy Strauss und Henry Kravis und all die anderen ihr eigentliches Ziel, RJR Nabisco, vollständig aus dem Auge verloren. Ihre Streitereien hatten nichts zu tun mit dem Aktionärswohl oder der treuhänderischen Sorgfaltspflicht. Das ganze war ein Willenskampf in einer Clique von intensiv untereinander konkurrierenden Machos: Park-Avenue-Platzhirsche in Nadelstreifen. Ihr war durchaus bewußt, daß ein Punkt erreicht war, wo weder Cohen Kravis gegenüber jemals nachgeben würde, noch umgekehrt. Und keinesfalls würde Kravis sich mit Strauss einigen. Jeder war entschlossen, König des Sandkastens zu sein.

Jemand mußte diesen Wall von Unfug durchbrechen, sagte sie sich. Unbeeinflußt durch die aufgebauschten Emotionen würde der Knoten sicher leicht zu durchschlagen sein. Was dieser Takeover-Schlacht fehlte, war, nun ja, die weibliche Hand.

»Ich weiß, daß wir eine Lösung finden können«, sagte sie zu Kravis. »Schreiben Sie Johnson nicht ab. Wir müssen Sie beide nur zusammen in ein Zimmer bekommen. Wir müssen Sie zusammenbringen.«

»Linda, ich weiß nicht«, sagte Kravis. »Wir haben im Moment einfach keine gemeinsame Basis. Forderung und Angebot liegen einfach zu weit auseinander.«

Linda Robinson ließ nicht locker. »Es muß einfach einen Weg geben, Sie beide zusammenzubringen. Ross ist ein großartiger Bursche. Ich weiß, Sie beide würden sich gut miteinander verstehen. Alles andere ist einfach verrückt.«

Kravis gab nach. »Also schön. Vielleicht ist es wirklich vernünftig, daß wir uns mal zusammensetzen.«

»Ich will sehen, ob ich etwas arrangieren kann«, versprach Linda Robinson.

Am Mittwoch morgen rief sie aufgeregt bei Johnson an. »Ich finde, wir sollten noch einen Versuch wagen. Ich denke, es könnte sich etwas tun. Was meinen Sie?«

Johnson gefiel die Idee. Er sah keinen Grund, weshalb er sich nicht mit Kravis zusammentun sollte. Was immer Cohen sagen mochte, Kravis war kein Teufel. Sie alle hatten zuviel zu verlieren, um so schnell aufzugeben. Und, offen gesagt, Johnson verlor allmählich das Vertrauen darauf, daß Shearson ein gangbares Gegengebot auf die Beine bringen konnte. Andy Sage beobachtete die Fortschritte der Banker und war der Meinung, daß sie nicht weiterkamen.

»Na sicher«, sagte Johnson. »Warum nicht?«

Carolyne Roehm hatte um zwei Uhr im Plaza eine Präsentation mit ihrer Frühjahrskollektion, berichtete Linda Robinson. »Ich werde Henry dort wahrscheinlich sehen. Was soll ich ihm sagen?«

»Sagen Sie Henry, es muß auf hohem Level sein. Wir haben einen Fehler gemacht, als Jim und ich beim letztenmal nicht mit im Zimmer waren. Jim und ich sollten dabei sein – und sonst niemand. Stellen Sie fest, was er dazu zu sagen hat, und wir probieren's noch mal.«

Ach, und noch etwas, sagte Johnson: »Es muß absolut vertraulich behandelt werden.« Niemand durfte von diesem Versuch wissen. Niemand, wiederholte Johnson nachdrücklich, nicht einmal – oder vor allem nicht – Peter Cohen. Cohen und Hill waren einfach zu sprunghaft, um in diesem Stadium in das Verfahren einbezogen zu werden. Johnson wollte nicht einmal Steve Goldstone etwas sagen.

Bevor er aber Linda Robinson grünes Licht gab, rief er ihren Mann bei American Express an. Rasch erläuterte Johnson, welche Überlegung einem solchen Treffen zugrundelag. Jim Robinson war einverstanden.

Kurz vor zwei fuhr Kravis mit dem Aufzug hinunter zur Fifty-eighth Street und ging hinüber zum Plaza. Im »Grand Ballroom« des großen Hotels strömten die Zuschauer zusammen. Blitzlichter explodierten überall in dem großen Saal in einem Meer von funkelnden Zähnen und stark onduliertem Haar. Eine erwartungsvolle Stimmung lag in der Luft, als die Menge die Vorführung der Roehm'schen Frühjahrskollektion erwartete. Alle wichtigen Leute waren anwesend: Kravis sah Jerome Zipkin, den professionellen Partygänger, und die Society-Matronen Anne Bass und Blaine Trump saßen zusammen.

Aber Kravis hatte nicht nur Mode im Sinn. Sein Blick schweifte eine Zeitlang durch den Saal, ehe er Linda Robinson gefunden hatte. Jim Robinsons Gattin zählte Carolyne Roehm nicht nur zu ihren Freundinnen, sondern sie war auch hingerissen von ihren Kleidern. Diskret führte Kravis die große blonde Frau in eine Ecke. Er blickte sich um und vergewisserte sich, daß niemand etwas merkte.

»Also«, sagte er dann, »wie läuft es?«

»Ich arbeite dran«, antwortete Linda Robinson. »Ich denke, es kann klappen. Ich weiß einfach, daß Sie beide, Sie und Ross, zusammenarbeiten können. Ich muß jetzt etwas arrangieren – nur mit Ihnen, George, Ross und Jim.«

»Gut. Das klingt konstruktiv.«

»Aber«, sagte Linda Robinson. »Wenn wir es machen, möchte ich, daß Sie sich vernünftig verhalten. Ich werde unseren Burschen sagen, daß sie sich ebenfalls vernünftig aufführen sollen.«

Kravis versicherte ihr, daß sein Benehmen erlesen sein werde.

»Und, Henry«, sagte Linda. »Ich hoffe, es wird dabei kein bloßes Geschwätz herauskommen. Denn das können Sie auch von jedem anderen vermittelt bekommen.«

Die Modenschau sollte jetzt anfangen. Kravis entschuldigte sich und setzte sich in die vordere Reihe neben Oscar de la Renta. Linda Robinson schlüpfte auf einen Stuhl hinter ihnen. Zu den pulsierenden Takten lebhafter Musik - »Georgia«, »Hit The Road, Jack« - tanzten Roehms Models über den Laufsteg.

Kravis fand alles großartig. Strahlend vor Stolz plauderte und lachte er während der ganzen Show mit de la Renta. Als die Models ihre letzten Drehungen machten, kam Carolyne Roehm selbst heraus, machte einmal die Runde und winkte ihrem Mann zu. Sie sah hinreißend aus, groß und schlank, als sie jetzt den Applaus entgegennahm. Kravis winkte zurück.

Scharen von Fotografen drängten sich während der ganzen Schau um Kravis und fotografierten ihn aus jedem erdenklichen Winkel. Irgendwann beugte Linda Robinson sich vor und flüsterte ihm ins Ohr. »Wenn Sie einen wirklich großen Deal zustandebringen, Henry«, schnurrte sie, »stellen Sie sich vor, wie viele Fotografen es dann erst sein werden.«

Kravis ließ Kußhände und Blitzlichtgewitter hinter sich und ging über die Straße zurück zu seinem Büro. Während der Modenschau hatte Roberts die anderen Partner abgeklappert, um festzustellen, wie weit sie sich für neuerliche Gespräche mit Johnson würden begeistern lassen. Sein Gefühl war positiv. Er und Kravis einigten sich darauf, was ein Zusammentreffen mit Johnson würde erbringen müssen, und riefen dann Linda Robinson an, die in den achtundvierzigsten Stock zurückgekehrt war, nachdem sie hinter die Bühne gehuscht war, um Carolyne Roehm mit einem Kuß auf die Wange zu beglückwünschen.

»Hören Sie«, begann Kravis, »es hat keinen Sinn, daß wir überhaupt zusammenkommen, wenn wir dabei nicht schon frühzeitig eine Reihe von Fragen erledigen können.«

»Okay«, sagte Linda Robinson. »Was sind das für Fragen?«

Kravis wollte die Kapitalmehrheit sowie die Majorität im Vorstand, willigte aber bald ein, als Linda Robinson darauf beharrte, beides zu halbieren. Es war der Preis, den er für einen Friedensschluß würde zahlen müssen. Aber in einen dritten Punkt verweigerte er den Kompromiß. Drexel, erklärte er, müsse die Anleiheemission überlassen bleiben. Nur so konnte er garantieren, daß ein Deal von dieser Größe abgeschlossen werden konnte.

»Linda, hören Sie«, sagte er. »Das ist sehr, sehr wichtig. Sie müssen das verstehen. Drexel wird diese Rolle übernehmen. Es wird einfach so sein. Wenn das ein Problem ist, kommt keine Einigung zustande.«

»Sie wissen, daß auf Seiten Salomons ernsthafte Vorbehalte gegen Drexel bestehen«, sagte Linda Robinson. Die beiden Firmen waren Erzrivalen in vorderster Front im erbitterten Konkurrenzkampf des Anleihehandelsgeschäfts. »Schauen Sie«, sagte sie zu Kravis, »Ross will diesen Deal. Er will mit dem gehen, der der Beste ist. Es dürfte deshalb kein Problem geben.«

Drei Punkte, drei Einigungen. Der rasche Fortschritt ermutigte Kravis und Linda Robinson. Aber bevor er auflegte, versuchte Kravis noch einmal, in einem geringfügigen Punkt zu feilschen. Linda Robinson empfand es als Rückfall.

»Henry, wissen Sie, Sie können nicht jedesmal, wenn wir hier einen kleinen Fortschritt machen, wieder zurückgehen und von vorn anfangen.«

»Na schön«, sagte Kravis, »genug ist genug.«

»Habe ich Ihr Wort?«

»Ja«, sagte Kravis. »Habe ich Ihres auch? Sind Ihre Leute in jedem dieser Punkte mit Ihnen einig?«

»Ja«, sagte Linda Robinson. »Es dürfte kein Problem geben.«

Was jetzt erforderlich war, befanden sie übereinstimmend, war eine Gipfelkonferenz.

Johnson gefiel, was er hörte, als Linda Robinson von ihrer Unterredung mit Kravis berichtete. Die Bedingungen erschienen annehmbar. Verflucht, dachte er, Kravis gab sogar in der Kapitalfrage nach und ging von den zehn Prozent, die er noch eine Woche zuvor angeboten hatte, auf fifty-fifty hoch. So wurde für achtzehn Uhr eine Konferenz anberaumt. »Henry sagt, es muß absolut vertraulich behandelt werden«, mahnte Linda Robinson. »Sie sagen ihren Investmentbankern nichts. Sie sagen überhaupt niemandem etwas.«

Johnson nickte. So war es ihm auch recht. Er wollte nicht riskieren, daß dieser Versuch das gleiche Ende nahm wie die katastrophalen

Cohen-Kravis-Sitzungen. Allmählich bewunderte Johnson die Art, wie Kravis mit seinen Investmentbankern umging: Sie wurden in Unkenntnis gelassen und waren mehr oder minder friedfertig. Je weniger sie wußten, dachte Johnson sich, desto weniger konnten sie verpatzen. Manchmal wünschte er sich, er könnte mit Cohen und Gutfreund genauso umspringen.

Es gebe da nur einen Haken, fuhr Linda Robinson fort, eine Sache des gesellschaftlichen Terminkalenders. »Heute abend«, sagte sie, »müssen Jim und ich zu einer Party bei den Gleachers. Was sollen wir da machen?« Wenn Gleacher erfahren sollte, daß ein Gipfeltreffen stattfand, konnte sich diese Nachricht verbreiten wie ein Buschfeuer, das wußten sie beide.

»Machen Sie gar nichts«, sagte Johnson. »Rufen Sie einfach gegen acht an und sagen Sie – Sie wissen schon, es sei ihnen etwas dazwischengekommen. Dem alten Gleach kann man so was nicht sagen. Der würde hochgehen wie eine Rakete, wenn er wüßte, daß etwas im Busch ist.«

Die Unhöflichkeit war ihr zwar zuwider, aber Linda Robinson wußte, daß es die einzige Lösung war. »Und jetzt«, sagte sie, »müssen Sie Henry anrufen.«

Vorher rief sie Kravis selbst an. »Ross wird Sie jetzt anrufen und die Verabredung mit Ihnen bestätigen. Sind wir uns einig?«

»Mir steht doch keine Überraschung bevor, oder?« fragte Kravis.

»Nein.«

»Gut.«

Minuten später rief Johnson an.

»Henry«, sagte er, »lassen Sie uns noch einen Versuch machen.« Johnson und Robinson sollten für die Managementgruppe kommen, Kravis und Roberts für sich. »Also gut«, sagte Kravis. »Aber es kann niemand davon wissen. Wenn ich nur ein Wort höre, werde ich wissen, daß es von Ihrer Seite gekommen ist. Denn von meiner Seite kommt nichts.«

Sie kamen überein, sich im Plaza zu treffen. Als Johnson mit Jim Robinson über das Treffen sprach, bestand der American-Express-Chef darauf, daß Cohen eingeweiht werden müsse. Es dürfe einfach nicht sein, meinte er, daß Cohen merkte, wie sein Boss und dessen

Frau hinter seinem Rücken umtriebig Konferenzen mit seiner Nemesis veranstalteten. Widerstrebend willigte Johnson ein.

Dann rief er Cohen an. Jetzt mußte er behutsam vorgehen. »Ich habe mit Henry gesprochen«, berichtete Johnson. »Er will uns treffen. Was meinen Sie, was sollte ich tun?«

»Gehen Sie hin«, sagte Cohen. »Das sind Sie sich und Ihren Leuten schuldig. Es ist richtig so.«

Cohen und Robinson kamen kurz vor sechs in Nine West an. Als das Trio das Plaza betrat, wollte Johnson sich im Eingang noch einmal vergewissern, daß Cohen sein Ego im Zaum hielt. »Ich möchte hier in einer sehr gedämpften Tonart verfahren«, warnte er den Shearson-Chef. »Ich will nicht, daß irgendwelche Pulverfässer hochgehen.«

Kravis und Roberts waren als erste in der Suite im fünften Stock. Sie war wunderschön renoviert – der Stolz und die Freude der neuen Besitzer, Donald und Ivana Trump. Das Plaza war an diesem Abend bis unters Dach voll, aber Kravis hatte Ivana die Suite abschwatzen können, nachdem er ihr versprochen hatte, sie vor acht Uhr am nächsten Morgen wieder zu räumen, denn dann sollte ein Fotograf kommen und die Räumlichkeiten für eine Werbebroschüre fotografieren.

Während sie warteten, ging Kravis nervös im Zimmer auf und ab. Irgendwann war ihm, als höre er ein Geräusch. Ein Zwitschern. Kravis ging ins Schlafzimmer und fand einen Käfig mit zwei Papageien. Während der ganzen Besprechung lauschte er ihrem Zwitschern.

Johnson kam um sechs mit Cohen und Robinson im Schlepptau. Roberts begrüßte sie mit einer Überraschung für Cohen. Um das Eis zu brechen und als Anspielung auf seine früheren Bemerkungen schenkte er dem Shearson-Vorsitzenden eine Kiste feiner Montecruz-Zigarren.

»Als Friedensangebot«, sagte er, als er Cohen die Kiste überreichte. »Aber ich wäre dankbar, wenn Sie sie nicht hier drin rauchen wollten.«

Cohen grinste. »Ich werde mich damit hier in die Ecke setzen, damit der Rauch Sie nicht stört.«

Es war ein guter Anfang.

»Hören Sie«, begann Johnson und sah die anderen an, »lassen Sie uns versuchen, zum Ausgangspunkt zurückzukehren ... Die Sache wird allmählich lächerlich. Jim und ich - und Peter - haben das Gefühl, daß sich ein Kompromiß finden lassen müßte, der allen einleuchtet. Sie werden nicht alles bekommen, was Sie wollen. Wir werden nicht alles bekommen, was wir wollen. Aber es wird trotzdem gut sein. Kein Mensch bekommt am Ende alles, was er will.«

Innerhalb von dreißig Minuten hatten sie in Umrissen eine Vereinbarung zustandegebracht. Der Vorstand von RJR Nabisco würde zu gleichen Teilen besetzt werden. Keine der beiden Seiten würde die Mehrheit erhalten. Das gleiche galt für das Firmenkapital, wobei Johnsons Anteil von Shearsons Hälfte kommen würde. Wenn Cohen, der von Linda Robinsons geheimer Friedensinitiative nichts wußte, von dem schnellen Konsens überrascht war, ließ er sich davon nichts anmerken.

Was die Gebühren anging, teilte Kravis ihnen mit, habe er die Absicht, jeder seiner vier Investmentbanken 25 Millionen Dollar zu zahlen. Überdies gedächten Kohlberg Kravis die übliche Gebühr von einem Prozent für sich in Rechnung zu stellen. Niemand mußte lange rechnen: Das waren mehr als 200 Millionen, das Dreifache jeder bislang gezahlten Fusionsgebühr in der Geschichte der Wallstreet.

Moment mal, unterbrach Robinson. Ihm war nach wie vor schneidend bewußt, daß die Augen der Welt auf sie gerichtet waren. Sie durften nicht zu gierig erscheinen, warnte er. Überraschenderweise willigte Kravis im Prinzip ein, seine Gebühren zu überdenken.

Kravis brachte Drexel zur Sprache; er bestand darauf, daß das Junkbond-Kraftwerk bei der Anleiheemission, die zur Finanzierung des Deals notwendig wäre, federführend agiere.

Cohen straffte sich. »Wieso Drexel?«

»Schauen Sie, Peter«, sagte Roberts, »wenn wir zwei Milliarden Kapital herausgeben - nun, wir würden so viel Geld nicht auf den Tisch legen, wenn die Rendite aus dem Zwischenkredit nicht gesichert wäre.« Und Roberts traute es Salomon - oder auch Salomon und Shearson zusammen - nicht zu, diesen Job zu übernehmen. »Wenn wir diesen Deal allein zu machen hätten« - ohne Shearson - »dann würden wir Sie dafür nicht einmal in Betracht ziehen.«

Cohen gefiel der Gedanke, Bonds unter Drexels Joch zu verkaufen, nicht, und das sagte er auch. »Sie wissen doch, wie die sind. Wenn Drexel als Ko-Manager bei einem Deal auftritt, dann fressen sie den Deal alleine. Die geben Ihnen überhaupt nichts.«

»Diesmal wird es nicht so sein«, versicherte Roberts ihm. »Sie werden die Hälfte der Gebühren bekommen. Und wenn Sie keine einzige Anleihe verkaufen, Peter, bekommen Sie die Hälfte der Gebühren. In Ordnung?«

Cohen hörte auf zu diskutieren.

Andere Probleme kamen zur Sprache. Shearson werde die Versteigerung aller RJR-Nabisco-Werte, die zum Verkauf kommen würden, übernehmen wollen, sagte Cohen. Tom Hill bezifferte die allein daraus resultierenden Gebühren auf vermutlich 103 Millionen Dollar.

»Das ist nicht vernünftig«, wandte Roberts ein. »Sie sollten jede einzelne Tochterfirma einem in der entsprechenden Branche erfahrenen Investmentbanker übertragen.«

»Nun, dann wollen wir wenigstens als Ko-Berater operieren«, sagte Cohen.

»Warum denn doppelt bezahlen?«

»Nein, nein, nein«, sagte Cohen. »Sie verstehen nicht. Das ist uns nicht so wichtig. Wichtig ist, daß unser Name auf der Anzeige erscheint.« Die Hitliste der aktivsten Fusionsberater wurde aus den Namen derjenigen Firmen kompiliert, die auf den »Tombstone« (»Grabstein«)-Anzeigen aufgeführt waren – Finanzanzeigen, die auf eine vollzogene Übernahme oder Fusion hinwiesen und die jeden größeren Unternehmenskauf begleiteten. Cohen wollte den Lorbeer für die Verkäufe, auch wenn Shearson keine Gebühr kassierte. Die Angelegenheit blieb vorerst ungeregelt.

Nach einer Stunde waren sie fertig. In den drei Hauptpunkten hatten sie sich geeinigt. Jetzt mußten nur noch die Anwälte dazukommen und die abschließenden Einzelheiten zurechtzimmern.

Johnson war entzückt. Der Knoten war geplatzt! In erster Linie dank Linda Robinson hatte er jetzt einen Deal. Er war zwar nicht perfekt, sagte Johnson sich, aber allemal besser als eine Niederlage – oder ein Sieg auf einem Level, der es unmöglich machte, seine Firma weiter zu führen.

Als sie zur Tür gingen, lächelten alle. Auf dem Weg hinaus näherte Robinson sich Kravis, dem Reitpartner seiner Frau. »Sie sollten meiner Frau einen dicken Blumenstrauß schicken«, sagte er lächelnd. »Sie hat sich ganz schön für Sie aus dem Fenster gehängt.«

Bis jetzt wußte nur ein halbes Dutzend Leute von dem Gipfeltreffen.

Steve Goldstone in der Stadt wurde mißtrauisch. Er konnte Johnson nicht finden. Cohen auch nicht. In Nine West war anscheinend kein Mensch. Er rief Tom Hill bei Shearson an.

»Sie haben wohl nichts gehört, wie?«

»Nein. Sie?«

»Nein. Aber irgend was ist da im Gange . . .«

Roberts und Kravis, die in der Suite zurückgeblieben waren, waren bester Laune. Kravis rief Dick Beattie an, der sich zusammen mit seinem Partner Casey Cogut unten im »Oak Room« mit den beiden zum Essen traf. Die Anwälte bestellten Fisch, Roberts und Kravis zur Feier des Tages Steaks. Roberts, der ein anspruchsvoller Esser war, fand seines zu stark gepfeffert und schob es beiseite. Beim Essen unterrichtete Kravis die Anwälte schnell über den Stand der Gespräche. In einer Stunde sollte sich die Gruppe wieder oben treffen.

»Die ideale Lösung ist es nicht«, sagte Roberts zu den Anwälten. »Aber es ist eine Lösung.«

Als sie wieder oben waren, bekam Kravis einen kurzen Anruf von Cohen.

»Das ist komisch«, sagte er, als er aufgelegt hatte.

»Was?« fragte Beattie.

»Er bringt Tommy Strauss mit. Man sollte doch meinen, er kommt mit Gutfreund.«

»Strauss?« Beattie war überrascht. »Wieso zum Teufel bringt er Strauss her? Was zum Teufel versteht der von diesem Geschäft?«

Kravis brauchte nicht zu erklären, wie er dazu stand. Beattie war es klar, daß er lieber nicht mit seinem ehemaligen Freund verhandeln würde.

Roberts nahm einen zweiten Anruf entgegen. Ein Kellner aus dem »Oak Room« wollte wissen, weshalb ein »Mr. Roberts« das Essen auf die Zimmerrechnung habe setzen lassen.»In unseren Unterlagen ist das Zimmer an einen Mr. Brown vermietet.«

Roberts mußte grinsen. Mr. Brown war der Codename, den sie bei der Zimmerbuchung benutzt hatten. »Schreiben Sie's nur auf die Zimmerrechnung«, sagte er.

Auf der anderen Straßenseite, in Nine West, sah Johnson inzwischen mit wachsender Besorgnis die Größe der Gruppe, die ins Plaza zurückkehren würde. Man hatte Goldstone angerufen; er würde mitkommen müssen. Auch Gutfreund und Strauss waren informiert worden, und sie rechneten bestimmt damit, ebenfalls dabei zu sein. Johnson wollte das Meeting klein halten, sowohl aus Gründen der Geheimhaltung als auch, weil große Gruppen von Leuten bisher anscheinend unausweichlich zu großen Streitereien geführt hatten. Außerdem spürte er, daß Kravis für keinen der beiden Salomon-Chefs besonders viel übrig hatte.

Johnson bat Jim Robinson, dafür zu sorgen, daß nur einer der beiden mitkam. Irgendwie fiel die Wahl auf Strauss. Zusammen mit dem Shearson-Anwalt Jack Nusbaum waren es nun sechs. Johnson war zufrieden.

Als Goldstone kam, schilderte Johnson begeistert, wie das Gespräch mit Kravis am Nachmittag verlaufen war. Alles gehe großartig, meinte er.»Jetzt sind wir an dem Punkt, wo Kravis die Managementvereinbarung sehen will.«

Goldstone war sofort mißtrauisch. Zwei Wochen lang hatte er eifersüchtig darüber gewacht, daß der Vertrag geheimgehalten wurde. Goldstone machte sich ebenso wenig wie Robinson irgendwelche Illusionen darüber, wie es aussehen würde, wenn der Inhalt der Vereinbarung an die Presse durchsickerte. Er ginge ein großes Risiko ein, wenn er Kravis dies zeige, warnte Goldstone. Sollten diese Gespräche platzen, sagte er, könnte Kravis das Material benutzen, um sie von der Presse steinigen zu lassen.

»Herr im Himmel«, sagte Johnson und wischte Goldstones Sorgen beiseite.»Sie werden unsere Partner werden. Wenn Sie Partner sein wollen, müssen Sie alles auf den Tisch legen. Wenn es Probleme gibt, müssen sie gelöst werden.« Goldstone sei paranoid, sagte Johnson. Auf Beharren seines Klienten fand Goldstone sich bereit, Kravis eine Kopie der Vereinbarung vorzulegen. Aber es gefiel ihm kein bißchen.

Die sechsköpfige Johnson-Gruppe eilte gegen neun Uhr abends zurück ins Plaza. Nach zwanzig Minuten war die Verhandlung in reibungslosem Gange, und Johnson, der keinen Appetit auf juristische Details hatte, wurde unruhig. Soweit er erkennen konnte, ging es jetzt nur noch um das Kleingedruckte. »Brauchen Sie mich noch für irgend etwas?« fragte er Goldstone.

»Ich sehe keinen Grund, weshalb Sie noch hier herumhängen müssen«, meinte der Anwalt.

In Hochstimmung kehrte Johnson nach Nine West zurück, schlang gierig ein Sandwich herunter und informierte Sage und Horrigan über die Ereignisse des Abends. Dann ging er zu Fuß die zwei Straßen nach Hause, duschte und rasierte sich und zog eine Sportjacke an. Er bereitete sich darauf vor, ins Büro zurückzukehren, wo er eine zünftige Party zu feiern gedachte.

»Komm doch mit rüber«, sagte er zu seiner Frau Laurie. »Du mußt einfach. Es wird ein interessantes Erlebnis sein. Du wirst dich amüsieren.«

Peter Darrow, der leitende Anwalt für Salomon Brothers, saß zu Hause in Brooklyn Heights und wollte sich gerade entspannen, als Mike Zimmerman von Salomon anrief; es war gegen zehn. »Gutfreund ist oben in Nine West«, sagte Zimmerman, »und Sie sollen sofort kommen.«

Im Handumdrehen war Darrow in den Büros von RJR Nabisco. Der achtundvierzigste Stock lag wie ausgestorben da – nur John Gutfreund erwartete ihn, kochend vor Wut. Der Salomon-Vorsitzende war offensichtlich nicht in der Stimmung, eine Party zu feiern. Im Gegenteil, er war so wütend, wie Darrow ihn noch nie gesehen hatte.

»Ich weiß nicht, was hier vorgeht, Peter«, erklärte er, »aber drüben im Plaza findet gerade ein Meeting statt. Mich hat man ausgeschlossen. Ich weiß nicht, warum. Ich wünsche, daß Sie in dieses Meeting gehen, *und zwar sofort.*«

»Klar, John, kein Problem«, sagte Darrow, wenngleich er keine Ahnung hatte, wie er in ein geschlossenes Meeting gelangen sollte, zu dem John Gutfreund nicht eingeladen war. Gutfreund gab ihm einen Zettel mit der Zimmernummer von Kravis' Suite.

Darrow überquerte die Fifty-eighth Street und fuhr mit dem Aufzug in den fünften Stock des Hotels. Zweimal machte er die Runde und suchte die Zimmernummer, die Gutfreund ihm aufgeschrieben hatte. Sie existierte nicht. Darrow irrte ziellos umher, bis er einen sehr großen Mann entdeckte, der vor einer Doppeltür stand.

»Ist das Henrys Suite?« fragte Darrow, einer Eingebung folgend.

»Ja, Sir«, sagte der Mann und öffnete die Tür.

Darrow trat ein und fand Tom Strauss inmitten einer hitzigen Diskussion mit Kravis und Roberts. Er wußte es noch nicht, aber was er hier sah, waren die ersten Risse in Ross Johnsons mühsam errungenem 20-Milliarden-Dollar-Friedensvertrag.

»Das ist unser Kapital«, sagte Strauss eben. »Wir sind nicht bereit, solche Summen einzusetzen, wenn irgend jemand anderes als wir bestimmt, wie es ausgeht.«

Strauss redete leidenschaftlich, sein Plädoyer war unumwunden. Salomon und Shearson mußten bei der Anleiheemission einfach als Konsortialführer erscheinen, sagte er. Salomon sei bereit und willens dazu, habe die nötige Erfahrung und verlange es. Sie hätten wochenlang vorbereitend gearbeitet, und es wäre einfach nicht fair, den Auftrag jetzt an Drexel weiterzugeben.

»Wir müssen es jetzt einfach machen«, sagte Strauss. »Wieso versuchen Sie es nicht mit uns?«

Verdrossen erläuterte Kravis, weshalb es für ihn so bedeutend sei, daß Drexel mit den Bonds befaßt wurde. »Schauen Sie«, sagte er, »Drexel hat noch jedesmal erstklassige Arbeit für uns geleistet. Sie haben Beatrice gemacht, als jeder sagte, es sei unmöglich. Sie sind die Besten. Und sie sind billig. Dies ist der größte Deal aller Zeiten. Wir können uns nicht leisten, irgendein Risiko einzugehen.«

Mag sein, daß Strauss mit der Unantastbarkeit des Salomon-Kapitals argumentierte, aber jeder im Raum wußte, wogegen sich seine Einwände in Wirklichkeit richteten. Salomon haßte Drexel. Die größte Anleiheemission der Geschichte an den Erzrivalen zu verlieren, bedeutete eine tiefe Kränkung für die Firma. Seit fünf Jahren bemühte sich Salomon bei all seiner Stärke auf dem Gebiet sämtlicher anderer Anleihen vergebens, in das hochspezialisierte – und hochprofitable – Junkbond-Geschäft einzudringen. Aber diese Bemühungen waren, behindert durch interne Politik, in einer Serie von Katastrophen steckengeblieben. Daß Drexel den Markt weiterhin fest im Griff hatte, war für Gutfreund ein Quell fortwährender Frustration.

»Nehmen Sie's mir nicht übel, aber Sie machen so was doch sonst eigentlich nicht«, sagte Kravis zu Strauss. »Sie haben hier nichts vorzuweisen.«

Irgendwann erwähnte Strauss, daß sich bei Salomon übers Wochenende sechzig Anleiheverkäufer abgerackert hätten, um auszutüfteln, wie diese Bonds am besten an den Mann zu bringen seien. Was er denen jetzt sagen solle, wollte er wissen. Kravis und Roberts verdrehten die Augen. »Dann haben Ihre Leute eben mal das ganze Wochenende über gearbeitet – na und?« meinte Kravis. »Das heißt doch nichts. Wir müssen uns an die besten und qualifiziertesten Leute halten.«

Peter Cohen sah sich in einer unangenehmen Lage. Einerseits hatte er die Entscheidung für Drexel zuvor mehr oder minder gebilligt, andererseits trat er jetzt einigermaßen halbherzig für Strauss ein. Tatsächlich hatte Cohen auch eigene Gründe, Drexel zu mißtrauen. Seit fünf Jahren lag Shearson in einem Rechtsstreit mit Drexel; es ging dabei um Metallkontrakte, von denen Cohen annahm, daß Drexel sie neuverhandelt habe. Drexels wegen hatte Cohen deshalb gegen seine Einnahmen für 1985 einen Verlust von 50 Millionen verbuchen müssen. Drexel, meinte er, sei einfach nicht die Art Firma, auf die Shearson gern seine Zukunft setzen wolle.

Nicht lange, und Kravis und Strauss wiederholten sich nur noch. Die Auseinandersetzung näherte sich ihrem Ende; niemand war indessen sonderlich besorgt, weil Salomon sich so störrisch zeigte; bei einem so großen Deal war es klar, daß im Kleingedruckten ein paar heikle Punkte auftauchten. Bestimmt würde man später zu einem

Kompromiß finden können. Außerdem gab es jetzt Wichtigeres zu erledigen: die Managmentvereinbarung.

Goldstone zog eine Kopie hervor und wedelte damit vor Kravis herum. »Wir möchten, daß Sie das noch abzeichnen«, sagte er.

»Zeigen Sie es Dick«, sagte Kravis.

Beattie sah zu, wie Goldstone in den Seiten blätterte und dann mit dem Daumen auf den Absatz deutete, den er gesucht hatte. »Das hier«, sagte er. »Ich möchte sichergehen, daß Sie es sehen und begreifen.«

Es war die Mehrheitsklausel, in der geregelt war, daß Johnson die volle Kontrolle über den Deal hatte. Beattie, der neben Goldstone stand, hielt es für ein unbedeutendes Detail. Wenn hier eine Abmachung zustandekäme, das wußte er, wäre Kravis derjenige, der bestimmte. So einfach war das.

Ohne ein Wort zu sagen, nahm Beattie eine Kopie der Vereinbarung und zog sich mit Casey Cogut in eine Ecke zurück, um sie zu überfliegen. Goldstone war nervös. »Sie müssen mir Ihr Wort geben, daß Sie dieses Dokument zu keinem anderen Zweck außer der Bewertung dieser Transaktion verwenden«, sagte er, »und daß Sie es niemand anderem zugänglich machen.«

Nach ein paar Minuten winkte Beattie Kravis und Roberts heran, und mit Cogut zogen sie sich in ein Nachbarzimmer zurück. »Das werden Sie nicht glauben«, sagte Beattie. Der Anwalt hatte das Dokument in aller Schnelle gelesen, aber was er da gesehen hatte, war nicht zu fassen. Die Mehrheit, ein Vetorecht für Johnson und – was am alarmierendsten war – die astronomischen Beträge für Johnson, die Shearson ihm versprochen hatte. »Mit so 'nem Ding können Sie nicht leben, Henry«, sagte Beattie.

Cogut war der gleichen Ansicht. »Wenn wir diese Vereinbarung unterschreiben, dann hat Ross die ganze Sache in der Hand. Da werden Sie nicht zustimmen.«

Kravis war entsetzt. Er wußte, daß Cohen darauf brannte, ins Merchantbankgeschäft zu kommen. Aber Johnson die Kontrolle über den ganzen Deal zu geben? Einen solchen LBO hatte er noch nie gesehen. »Das ist doch einfach verrückt«, sagte Kravis. »Wie konnte Cohen so was machen?«

Cogut und der Salomon-Anwalt Peter Darrow waren Nachbarn in

einer kleinen Straße in Brooklyn Heights. Scherzhaft hatten sie davon gesprochen, daß der RJR-Nabisco-Deal »a good deal for the street« sein werde – für Garden Place, nicht für die Wallstreet. Jetzt kam Cogut, während die Konferenz erste Zeichen der Auflösung zeigte, aus dem Schlafzimmer und winkte Darrow zu sich. Der Salomon-Anwalt kam ins Schlafzimmer, wo Kravis und die anderen sich berieten.

»Haben Sie das hier schon gesehen?« fragte Beattie.

Darrow nickte.

»Stehen Sie auch dahinter?«

Der Salomon-Anwalt hatte so etwas erwartet. Als Goldstone die Vereinbarung hervorgezogen hatte, hatte er sofort Gutfreund angerufen und ihn gefragt, wie er sich dazu verhalten solle. Darrow bewegte sich hier auf Messers Schneide. Wenn Salomon Kravis' Partner werden wollte, dann kam es darauf an, daß sie ihm ihr Unbehagen mit dem, was Gutfreund als »unschickliche« Vereinbarung bezeichnete, signalisierten. Aber wenn die Gespräche aus irgendeinem Grund scheiterten, würde Kravis das Mißbehagen Salomons zweifellos benutzen, um die Managementgruppe in aller Öffentlichkeit zu zerfleischen.

Darrow räumte Beattie gegenüber ein, daß das Dokument »offensichtlich problematisch« sei und wahrscheinlich nachgebessert werden müsse. Er erwähnte auch, daß Gutfreund und Warren Buffett dagegen seien. Aber mehr hatte er nicht zu sagen. Ein paar Minuten später kam Beattie zurück in den Salon und nahm Goldstone beiseite.

»Wie viele Leute, sagten Sie, sind darin einbezogen?«

Nur sieben im Moment, sagte Goldstone, aber Johnson habe sich gedacht, daß Hunderte von Mitarbeitern ebenfalls an diesen Reichtümern teilhaben würden.

»Na, es ist ziemlich üppig, wissen Sie.«

»Darüber sollten Sie mit Ross reden.«

»Nun«, sagte Beattie, »wir werden uns die Entscheidung in diesem Punkt selbstverständlich vorbehalten. Wir können erst ja oder nein sagen, wenn wir ein wenig Zeit gehabt haben, uns das Ding anzusehen.«

Goldstone nickte, schlug aber vor, das Dokument eingehend zu prüfen. »Sie müssen die Sache klären, denn sie ist sehr wichtig.«

Das Meeting wurde vertagt; man einigte sich, in einer Stunde in den Büros von RJR Nabisco wieder zusammenzukommen. In dem Durcheinander dachten weder Goldstone noch Jack Nusbaum daran, sich die Managementvereinbarung von Beattie zurückgeben zu lassen.

»Sie haben nicht danach gefragt«, sagt Casey Cogut. »Da haben wir das Ding behalten.«

Als Kravis, Roberts, Beattie und Cogut im achtundvierzigsten Stock aus dem Aufzug stiegen, sahen sie zu ihrer Überraschung, daß es hier von Leuten wimmelte. Dutzende von Personen, die mit den Verhandlungen überhaupt nichts zu tun hatten, hasteten hin und her. Linda Robinson huschte mit dem Entwurf einer Pressemitteilung umher. Sprachlos ließ Kravis sich mit Laurie Johnson bekanntmachen. Dann entdeckte er Johnson, einen Scotch in der Hand, entspannt und erfrischt; ein aufgebauschtes Taschentuch lugte keck aus seiner Brusttasche. Kravis wurde Ed Horrigan vorgestellt; Horrigan trug einen flotten weißen Tennispulli. Sie hatten eine Serie zäher Verhandlungen erwartet, und nun sah die Kravis-Gruppe sich zu ihrem Erstaunen in einer Veranstaltung, die eher an eine Studentenfete denken ließ.

Kravis und Roberts wurden in Johnsons Büro geführt, wo sie sich eine Woche zuvor zum erstenmal in die Haare geraten waren. In bester Laune offerierte Johnson den beiden einen Drink; sie lehnten ab. Beattie schob Johnsons Sekretärin einen Vertragsentwurf zu, den er in aller Eile zusammengekritzelt hatte, und bat sie, ihn zu tippen. Von Cohen oder Strauss war keine Spur.

Während Kravis und Roberts warteten, hörten sie zu, wie Johnson über die Firmen plauderte, die sie demnächst alle gemeinsam besitzen sollten. In einem weitschweifigen Monolog flatterte Johnson – munter, gelassen, heiter – von einem Thema zum anderen, von der »Premier« zur Konzernverwaltung in Atlanta und den Aussichten für diejenigen Unternehmen, die Nabisco verkaufen würde. Er war froh über die Gelegenheit, seine neuen Partner kennenzulernen. Jim Robinson und Ed Horrigan saßen dabei, hörten zu und beteiligten sich gelegentlich an der Plauderei.

Fast eine Stunde lang erörterten sie Einzelaspekte von RJR Nabisco. Irgendwann steckte Gar Bason, der terrierhafte Davis-Polk-Anwalt, den Kopf zur Tür herein. »Was tun Sie in diesem Zimmer ohne einen zweiten Anwalt?« herrschte er Beattie an. Er wollte lediglich seinen Klienten schützen, aber die Stimmung war dahin.

Kravis stellte fest, daß sie nun schon lange warteten. »Was hält uns denn auf?«

»Ich weiß es nicht«, sagte Johnson. Aber er war auch nicht sonderlich beunruhigt; diese Abschlußgespräche brauchten immer ihre Zeit.

Kurz darauf kam Cohen herein. Er hatte zusammen mit Strauss und Gutfreund nach einer Möglichkeit gesucht, das Problem der Bond-Emission zu lösen.

»Wo stehen wir?« fragte Roberts.

»Wir bemühen uns immer noch, für diese Sache einen Weg zu finden«, erläuterte Cohen.

In Wahrheit kam Cohen nicht weiter. Eine Stunde lang hatte er versucht, Salomons Vorbehalte gegen Drexel zu ergründen und einen Kompromiß zu finden. Cohen kam nicht aus einer Händlerkultur wie Salomon und begriff deshalb manchmal die Feinheiten in Gutfreunds Argumentation nicht. Das alles erforderte Zeit, und er war müde.

Später sollte jedoch jeder, der an den Beratungen dieser langen Nacht teilgenommen hatte, mit einer anderen Version dessen aufwarten, was als »das Drexel-Problem« bekannt wurde. Jim Robinson wies immer wieder auf die zu erwartende Anklage gegen Drexel hin. Salomons offizielle Linie war das Widerstreben, das eigene Kapital in die Hände einer anderen Firma zu geben – eine kuriose Begründung, denn genau das sollte Shearson plangemäß tun. Johnson deutete mysteriöserweise an, Kravis sei auf irgendeine Weise von Drexel an die Leine genommen worden.

Monate später offenbarte Tom Strauss, was die zentrale Kontroverse gewesen war. Ihre Gründe lagen in der esoterischen Welt der Bond-Händler. Wenn mehrere Banken sich zur Emission einer Anleihe zusammenfinden, muß eine von ihnen zum Konsortialführer gewählt werden, der die Bücher führt. Die entscheidenden Unterlagen der Bondverkäufe liegen physisch bei dieser Bank, die im allgemeinen auch das Sagen hat und die Bonds während des Emissionszeitraums vergibt. Die federführende Bank wird dadurch kenntlich, daß ihr Name als erster auf der linken Seite in den daraufhin geschalteten Emissionsanzeigen im *Wall Street Journal* und anderen Finanzblättern erscheint. In der Emissionsanzeige »links« zu stehen, hat somit eine machtvolle und symbolische Bedeutung in der Anleihebranche.

Bevor Kravis dazugekommen war, hatten Strauss und Cohen sich dahingehend geeinigt, daß Salomon und Shearson die Bücher zusammen führen würden. Shearson sollte links stehen, Salomon rechts. Die Bücher sollten bei Shearson liegen. An diesem Arrangement hatte Salomon nichts auszusetzen, erläuterte Strauss, weil Salomon mit seiner Macht im Bondgeschäft Shearson dermaßen in den Schatten stellte, daß jedermann wissen würde, wer den Deal in Wahrheit organisiert hatte.

Dieselbe Struktur indessen würde ein völlig anderes Signal ausstrahlen, wenn Drexel auf der linken Seite stände. Während Salomon von der rechten Seite aus Shearson immer noch überragen konnte, würde das für eine Anleihe-Großmacht wie Drexel nicht mehr gelten. »Wenn Drexel links gestanden hätte«, sagte Strauss, »*hätte man uns unter ferner liefen eingestuft.*«

Letzten Endes also war der öffentliche Eindruck das Problem: Wen würde man als federführend bei einer Anleiheemission wahrnehmen, die für Johnson und jeden anderen Aufkäufer eine Detailangelegenheit war? Denn seinem Status als vollwertiger Partner in Johnsons Deal zum Trotz war die eigentliche Mission des Bankhauses Salomon Brothers nicht der Besitz von »Oreo«-Keksen, sondern der Verkauf von Bonds. Und Salomon war bereit, Johnsons Interessen – ja, seinen ganzen Deal – zu opfern, um den Eindruck zu vermeiden, es begnüge sich zugunsten des verhaßten Rivalen Drexel mit einem Platz auf dem Rücksitz. Bei allem Macho-Gehabe, aller Habgier, allem Gerede von Aktionärsinteresse lief es letzten Endes darauf hinaus: John Gutfreund und Tom Strauss waren bereit, den größten Takeover der Geschichte auf den Müll zu werfen, weil der Name ihres Hauses auf der rechten statt auf der linken Seite einer Emissionsanzeige erscheinen sollte, die zwischen den Kurstabellen im hinteren Teil des *Wall Street Journal* und der *New York Times* versteckt sein würde.

Als es zwei Uhr wurde, pendelte Cohen zwischen Kravis und Roberts in Johnsons Büro und einem Salomon-Kontingent, das in dem als »Aquarium« bekannten Konferenzraum um die Ecke ausgeharrt hatte, hin und her. Verzweifelt suchte er nach einem Mittelweg. Was immer er für Bedenken dagegen gehabt haben mochte, seinen Gewinn mit Kravis zu teilen, in dieser Nacht tat er sein Bestes, um die beiden Seiten miteinander zu versöhnen.

Aber anscheinend war kein Kompromiß für Gutfreund akzeptabel. »In keiner Form werden wir uns Drexel unterordnen«, erklärte der Salomon-Vorsitzende immer wieder. »Mit Vergnügen akzeptieren wir sie als Partner, Peter. Aber wir haben uns nicht so stark engagiert, um diesen Deal jetzt an Drexel abzutreten.«

Immer wieder versuchte Cohen, seinen Freund Strauss zu einer vertraulichen Unterredung beiseite zu nehmen. Jedesmal aber kam Mike Zimmerman oder ein anderer Salomon-Banker herausgetrottet und beteiligte sich an dem Gespräch. Allmählich sahen die Salomon-Manager für Cohen aus wie Würstchen, die paarweise auftraten, wo immer sie erschienen. Es war unmöglich, mit einem von ihnen auch nur für einen Augenblick allein zu sein.

Nur einmal platzte Cohen der Kragen. Zimmerman gab wieder einmal eine der Erklärungen zur Reputation des Hauses Salomon ab. »Wir sind Salomon Brothers«, verkündete er. »Für wen zum Teufel halten die sich eigentlich, daß sie uns so behandeln?« Jetzt hatte Cohen genug; er traf Anstalten, dem Banker an die Kehle zu springen. »Wovon reden Sie eigentlich? Bei Southland und bei Revco habt ihr Burschen nicht gerade den Vogel abgeschossen. Die haben allen Grund, sich Sorgen zu machen. Ich meine, begreifen Sie überhaupt, was wir hier machen?«

Cohen versuchte es mit jeder Alternative, die ihm einfiel. Man sollte Kravis die Zusatzkosten für das Salomon-Engagement erstatten. Man sollte ein neutrales Verkaufsbüro einrichten, wo alle drei Firmen das Emissionsgeschäft gemeinsam führen könnten. Immer wenn er sah, daß Salomons Position in Bewegung geriet, hielt er den Atem an. Und immer, wenn man einer Einigung nahezukommen schien, zog wieder ein Salomon-Banker gegen Drexel vom Leder. »Was machen wir hier eigentlich?« hieß es etwa. »Die Kerle sind Ganoven. Das sind Ganoven!« Und die ganze Gruppe prügelte erneut mit vereinten Kräften auf Drexel ein.

Etwas so Frustrierendes hatte Cohen noch nie unternommen. Der Shearson-Chef, der sich doch einiges auf sein Stehvermögen zugutehielt, mußte zugeben, daß er erschöpft war. Seit zwei Wochen kämpfte er jetzt ohne Pause. Er brauchte Schlaf. Die wichtigsten Punkte des größten Takeovers der Geschichte um zwei Uhr morgens auszuhandeln – das hatte doch keinen Sinn. Weshalb waren sie eigentlich hier?

Die Nacht ging dahin, und Johnson, der von Kravis' finanziellem Raffinement immer noch beeindruckt war, neigte allmählich sichtlich zu dessen Auffassung. Warum nicht mit Drexel zusammengehen, fragte er, wenn sie tatsächlich die Zuverlässigsten waren? »Peter, wir sollten die besten Leute dafür nehmen, und mir ist es egal, wer das ist«, sagte er. »Wenn die Idee besser ist, dann wollen wir auch die bessere Idee nehmen.«

Johnsons Verhalten ließ Kravis kühner werden. »Warum gehen Sie nicht raus und handeln selbst einen Kompromiß aus?« fragte er ihn irgendwann. War nicht Johnson schließlich hier der Kunde? Konnte er nicht einfach verlangen, daß seine eigenen Investmentbanker sich seinen Wünschen fügten? Johnson meinte, er wolle es versuchen.

Er ging hinaus und kam zwanzig Minuten später zurück. »Tja, ich habe mit ihnen geredet.«

»Und?« fragte Kravis.

»Tja, ich weiß immer noch nicht, was los ist.«

»Wer zum Teufel trifft denn hier eigentlich die Entscheidungen?« Kravis Ärger wuchs.

»Ja, das weiß ich nicht«, antwortete Johnson. »Da draußen sitzen lauter Burschen von Salomon ...«

Jim Robinson, der fast den ganzen Abend über geschwiegen hatte, glaubte eine Lösung zu sehen. Gutfreund, vermutete er, hatte es nicht gepaßt, daß man ihn von den Gesprächen im Plaza ausgeschlossen hatte. »Ich glaube, er ist gekränkt«, sagte er. »Warum setzen Sie sich nicht mal mit ihm zusammen?«

»Gern«, sagte Kravis. »Holen Sie ihn doch.«

Man erfuhr, daß Gutfreund nicht aufzufinden sei. Er war verschwunden. »Wo zum Teufel ist er denn?« wollte Johnson wissen und stapfte zur Tür hinaus. Zuerst erkundigte er sich bei den Sicherheitsleuten, die ihm sagten, Gutfreund sei vermutlich spazierengegangen.

Sollte Gutfreund schmollen, überlegte Johnson, würde es die Sache wahrscheinlich nur schlimmer machen, wenn man einen Laufburschen hinter ihm her schickte; also machte er sich selbst auf, ihn zurückzuholen. Er fand ihn auf der Fifty-seventh Street mit einer Zigarre im Mund. Gutfreund wirkte gedankenverloren.

»Kommen Sie, John, Sie müssen mit raufkommen und sich ein bißchen mit Henry zusammensetzen«, sagte Johnson. »Die Sache gerät anscheinend in Bewegung.«

Gegen drei Uhr saßen Kravis und Roberts mit Gutfreund in einem kleinen Vorzimmer von Johnsons Büro. »Wir versuchen mal, vernünftig zu sein«, sagte Kravis. »Warum ist es eigentlich so wichtig, daß Ihre Leute bei diesem Deal die Führung haben?«

»Weil ich uns für kompetent halte«, sagte Gutfreund. »Weil unsere Leute eine Menge Zeit darauf verwendet haben. Wir sind durchaus in der Lage, diesen Job auszuführen, und wir sollten es tun ... Es gibt eine ganze Reihe von Gründen, weshalb wir es machen sollten ... Unsere Firma hat in den letzten Jahren schrecklich viel Prügel bezogen.« Das wußte Kravis; es war ein Grund dafür, daß sie Salomon nicht die Federführung überlassen wollten. »Ich habe den größten Respekt vor Mike Milken«, fuhr Gutfreund fort. »Aber wir bei Salomon Brothers wollen so verfahren.«

Gutfreund, das war klar, rückte um keinen Millimeter von der Stelle, aber Kravis auch nicht. Als Gutfreund das Zimmer verließ, versank Roberts in Düsternis. Ein paar Minuten lang stand er mit Kravis an Johnsons Zimmerbar und redete mit ihm; dann kam Dick Beattie herein.

»Hört mal, das ist doch verrückt«, sagte Roberts. »Wir haben die ganze Nacht damit zugebracht, uns darüber zu streiten, wer auf der linken und wer auf der rechten Seite der Emissionsanzeige stehen soll. Wie sollen wir denn in den eigentlichen Fragen zu einer Einigung kommen? Wie sollen wir mit diesen Leuten arbeiten, wenn wir diesen Deal tatsächlich machen? Jeder interessiert sich hier für alles außer für das Geschäft. Alles kämpft hechelnd um Ego und Positionen.«

Er brauchte nur darüber zu reden, um noch deprimierter zu werden. »Ich bin hergekommen und dachte, wir machen einen Deal«, sagte Roberts. »Und jetzt ...«

»Das glaube ich dir, George«, sagte Kravis und nickte zustimmend. »Du hast absolut recht.«

Beattie teilte die entmutigte Stimmung seiner Klienten. »Wissen Sie, es gibt eine Menge Punkte in der Managementvereinbarung, die wir vertagt haben. Wenn wir das hier nicht hinter uns bringen, dann bringen wir überhaupt nichts mehr hinter uns.«

»Lassen Sie uns nach Hause gehen und ein bißchen schlafen«, sagte Roberts. »Das ist doch verrückt.«

Kravis nahm Cohen beiseite und schlug vor, am nächsten Morgen weiterzumachen. Was die Bond-Situation anging, so planten Kravis und Roberts, bei einem Frühstück um sieben mit Peter Ackerman, dem Händler, der bei Drexel in Mike Milkens Fußstapfen trat, über mögliche Kompromisse zu reden. Vielleicht würde Ackerman etwas einfallen, womit Gutfreund leben könnte.

»Rufen Sie mich zu Hause an, wenn Sie so weit sind, daß wir wieder zusammenkommen können«, sagte Cohen.

Als die Kravis-Gruppe zum Aufzug ging, kam Gutfreund eilig hinterher. »Dick, Dick, Moment mal. Lassen Sie uns doch darüber reden.« Beattie versuchte, den Salomon-Vorsitzenden zu beruhigen. »Wir kommen hier einfach nicht weiter, John.«

Kravis und Roberts warteten, während Beattie noch einmal zurückging, um mit den Salomon-Bankern zu reden, die im »Aquarium« umherwimmelten. Ein Dutzend Fragen prasselten auf den Anwalt ein, als er hereinkam. »Wieso sind Sie alle so besorgt um Drexel?« wollte einer wissen. »Das sind doch große Jungs. Die können selbst auf sich aufpassen.«

»Hören Sie«, sagte Beattie, »Peter Cohen hat Sie die ganze Nacht verteidigt. Unsere Partner sind die Leute von Drexel. Sie haben gut für uns gearbeitet. Jetzt lassen wir sie nicht sitzen.«

Beattie ging nicht weiter auf die Tatsache ein, daß Salomons Einstiegsversuche im LBO-Geschäft mehrfach in die Hose gegangen waren. Oder daß Kravis die Emission eher von seiner Mutter als von Salomon verwalten lassen würde. Oder daß Kravis sich von Strauss hintergangen fühlte. Es war alles so kompliziert.

Als Kravis und Roberts gingen, war Johnson schon weg. Gar Bason hatte einen unterschriftsreifen Vereinbarungsentwurf für beide Seiten, und Johnson hatte ihn beim Hinausgehen mit seinen Initialen abgezeichnet. Bei Tag würde sich ein Ausweg aus der Sackgasse finden lassen, in die Kravis und Salomon geraten waren, dessen war er sicher. Offengestanden gefiel ihm Kravis' Ansatz besser als das, was Shearson vorschlug. Aber er würde sich mit jeder Entscheidung zufriedengeben. Diese Details in letzter Minute waren einfach zu öde.

Etliche Shearson-Leute blieben noch bis fünf und diskutierten die Ereignisse der Nacht. Zwei Angehörige des Salomon-Kontingents, Peter Darrow und Mike Zimmerman, traten in den grauenden Morgen hinaus und stellten fest, daß ihr Taxi seit acht Stunden wartete. Die Uhr lief immer noch.

»Verzeihen Sie, meine Herren«, sagte der Fahrer, als er die beiden in Brooklyn Heights absetzte. »Wären Sie so freundlich, mir diesen Beleg abzuzeichnen? Das glaubt mir sonst keiner.«

Auch als Cohen sich in sein Apartment an der Fifth Avenue schleppte, graute der Morgen. Er überlegte, ob er zu Bett gehen sollte, aber er wußte, daß er zu aufgedreht war, um zu schlafen. Im Schlafzimmer erwachte seine Frau Karen und fragte ihn, wie es gegangen war. Noch selten hatte Cohen sich so frustriert gefühlt. Zum erstenmal in seiner Karriere war es ihm nicht gelungen, eine Brücke zwischen zwei streitenden Fraktionen zu bauen. Auf diese Fähigkeit hatte er sich sonst so viel zugute gehalten. Fast eine Stunde lang saßen sie im Bett, Mann und Frau, besprachen die Ereignisse der Nacht und schalteten nach und nach ab, bis sie schließlich ruhig einschliefen.

Das Klingeln des Telefons neben seinem Bett riß Cohen aus tiefem Schlummer. Mit verquollenen Augen spähte er auf die Uhr. Es war acht. Als er sich den Hörer ans Ohr legte, hörte er die kühle Stimme von Henry Kravis. Sie waren bereit, sich zu treffen.

Cohen war nicht erpicht darauf, Kravis wiederzusehen; aus irgendeinem Grunde wollte sein Kopf nicht klar werden. Er rief Jim Robinson an. »Was immer Sie gerade machen«, sagte er, »lassen Sie's fallen. Treffen Sie sich mit mir in Nine West.«

Als nächstes rief Cohen die Nummer zwei im Hause Shearson an, Jeff Lane. Lane war bisher nicht intensiv mit dem RJR-Drama befaßt gewesen, denn er hatte alle Hände voll damit zu tun, in Cohens Abwesenheit die Firma zu führen. Jetzt brauchte Cohen ihn. »Ich habe mich hier wirklich verschlissen«, sagte er zu Lane. »Möglicherweise denke ich nicht mehr so klar, wie ich sollte. Ich brauche jemanden mit einem frischen Kopf.«

Um neun Uhr war wieder eine kleine Gruppe in Johnsons Büro zusammengekommen. Von Salomon waren nur Gutfreund und Strauss anwesend. Kravis und Roberts erschienen ein paar Minuten später, gesprächsbereit. Cohen schlug vor, sie sollten wieder in ihr eigenes Büro hinunterfahren, bis Johnson da wäre. Als Johnson eine Viertelstunde später immer noch nicht aufgekreuzt war, rief jemand bei ihm zu Hause an und erfuhr, daß er noch schlief. Um viertel nach neun fuhr Cohen in Kravis' Büro hinunter, so müde, daß er kaum geradeausschauen konnte, und traf Kravis und Roberts mit Dick Beattie an. Beim Frühstück hatte Peter Ackerman angeboten, sich aus dem Deal zurückzuziehen, falls Kravis dies wünsche. Kravis wünschte nichts dergleichen. Nach einem Kompromiß gefragt, trug Ackerman etwas vor, wovon er glaubte, daß Gutfreund damit werde leben können: Man solle die Anleiheemission splitten; bei der ersten Tranche solle Drexel federführend erscheinen und Shearson rechts stehen, und die zweite solle Salomon verantworten, wiederum mit Shearson auf der rechten Seite. Ähnliche Ideen waren schon in der vergangenen Nacht hin und her bewegt worden, aber Kravis fand sie dennoch vernünftig.

Cohen bemühte sich nach Kräften, zuzuhören, aber er war nicht sicher, daß er den Vorschlag restlos verstanden hatte. Knapp eine halbe Stunde später fuhr er wieder hinauf, um Kravis' Kompromißvorschlag einer Gruppe vorzulegen, zu der jetzt auch Jack Nusbaum, Jim Robinson und Steve Goldstone gehörten; Johnson war immer noch nicht aufgetaucht. Als Gutfreund und die anderen anfingen, ihn eingehend über Ackermans Plan zu befragen, fehlten Cohen die Antworten.

»Hören Sie, ich gebe auf«, sagte er der Gruppe müde. »Vielleicht kann jemand anderes den Code hier knacken. Vielleicht sollte einer von Ihnen hinuntergehen und sehen, was er machen kann.«

Jeff Lane und Jack Nusbaum wurden für den zweiten Vorstoß auserkoren. Unten schickte Kravis die beiden in ein anderes Zimmer und ließ ihnen von Ted Ammon noch einmal den Kompromiß erläutern, der ihm vorschwebte. Kravis war entsetzt. Lane und Nusbaum hatten anscheinend nicht die leiseste Ahnung von dem, was sie redeten.

In ihrem Apartment über dem Museum of Modern Art wurde Linda Robinson durch einen Anruf ihrer Sekretärin geweckt. »Henry Kravis hat gerade angerufen. Er sagt, es sei wichtig.«

Linda Robinson hatte nicht mehr als drei Stunden geschlafen. Als sie um sechs Uhr früh den Kopf aufs Kissen hatte sinken lassen, hatte sie gehofft, daß der Deal unter Dach und Fach sein werde, wenn sie wieder aufwachte. Sie rief Kravis an und wurde sofort durchgestellt.

»Wie mache ich mich, Coach?« fragte Kravis.

»Ich weiß es nicht, Henry«, antwortete Linda verschlafen. »Es ist erst halb zehn. Was ist denn los?«

»Wir hatten gerade eine Konferenz. Es ist gut gelaufen, aber man konnte eigentlich nichts sagen.« Kravis tappte im Dunkeln, vermutete Linda Robinson.

»Ich weiß nicht, was passiert ist«, sagte sie. »Ich werd's 'rausfinden und Sie zurückrufen.«

Linda Robinson legte auf und rief dann die Gruppe bei RJR Nabisco an. Kravis bestehe darauf, Drexel dabei zu haben, erfuhr sie, und die Gespräche stünden vor dem Zusammenbruch. Alle gaben Kravis die Schuld. *O nein*, dachte Linda Robinson.

Sie rief Johnson an. Er war noch zu Hause und wußte nichts von der sich rapide verschlechternden Lage in Nine West. Johnson schlief gern lange, und er dachte nicht daran, wegen einer Zwanzig-Milliarden-Dollar-Verhandlung seine Gewohnheiten zu ändern. »Es klingt wirklich schlimm«, sagte Linda. »Sie sind meilenweit vom Kurs abgekommen.«

Schließlich rief sie Kravis wieder an. »Alle sind wirklich sauer. Was zum Teufel ist denn passiert, als Sie mit unseren Leuten zusammengetroffen sind?«

»Ihre Leute waren wirklich zäh.«

»Na, sie sagen aber, Sie hätten sich bei allem mächtig quergestellt.«

Als Johnson schließlich gegen zehn in sein Büro kam, fand er Cohen, Gutfreund und alle anderen in heller Aufruhr. Kravis bestehe nicht nur darauf, daß Drexel die Bücher mitführe, sagten sie, sondern er stelle auch Punkte der Managementvereinbarung und andere Dinge von neuem in Frage. »Denen ist Ihre Managementvereinbarung zuwider«, sagte Cohen. »Jetzt prügeln sie darauf auch noch ein.«

Johnson merkte immer, wenn jemand etwas von ihm wollte. Cohen, das war klar, wollte ihn auf Kravis wütend machen. Verwirrt und von Minute zu Minute erboster, nahm Johnson seinen Platz in dem großen Konferenzraum ein, wo die Gruppe darüber debattierte, wie mit Kravis zu verfahren sei. Überwiegend schienen sie auf ihn zu schimpfen.

Die versuchen, den ganzen Deal einzusacken! Wir werden verarscht! Sie verarschen uns! Sie verarschen uns!

Für Johnson war das alles unverständlich. Soviel er erkennen konnte, ging es letzten Endes nur darum, wer die meisten Gebühren kassierte. Wenn er Fragen stellte, kamen die Antworten in einem Wallstreet-Kauderwelsch, der alles nur noch unverständlicher werden ließ. Die halbe Zeit wußte er nicht einmal, ob man nun von ihm erwartete, daß er sich aufregte. »Verflucht, ich verstehe einfach nicht, wo das Problem liegt«, sagte er.

Strauss versuchte, ihm zu erklären, daß das Splitten der Anleiheemission einen logistischen Alptraum bedeutete. »Gottverdammtnochmal«, wetterte Gutfreund, »was die vorhaben, ist einfach absurd. Wir sollten allein losgehen. Wir werden niemals mit diesen Leuten leben können.«

Angewidert zog Johnson sich in sein Büro zurück. Für ihn war das Ganze eine triviale Streiterei, und er wollte damit nichts zu tun haben. Er konnte nicht glauben, daß die Vereinbarung an einer so lächerlichen Frage wie der, welche Bank bei einer Anleiheemission Konsortialführer sein dürfe, scheitern könnte. Ein paar Leute wieselten ihm nach und beklagten sich darüber, daß der Deal nicht klappe. Johnson war allmählich gereizt.

»Das ist doch alles Quatsch«, kläffte er. »Keiner interessiert sich einen Scheißdreck für die Firma. Keiner interessiert sich einen Scheißdreck für die Mitarbeiter. Herrgott, wir haben einen verdammten Konzern zu führen. Ich habe hundertvierzigtausend Leute, an die ich zu denken habe. Wir müssen auf Trab kommen!«

Der Vormittag ging dahin, und Johnson wartete darauf, daß etwas – irgend etwas – passierte. Der Friedensvertrag konnte nicht platzen. Er konnte einfach nicht. Auch dieser Sturm, dachte er sich, würde vorüberziehen.

Im »Aquarium« verfiel die Lage zusehends. Wenn Kravis darauf bestand, Drexel zu beschäftigen, würde es keinen gemeinsamen Deal geben; darin war man sich einig. Wenn es keinen Deal gab, war es Zeit, ein Gebot abzugeben. Zehn Tage seien vergangen, seit Kravis sein 90-Dollar-Gebot veröffentlicht hatte, gaben Gutfreund und Strauss zu bedenken, und noch immer habe das Managementteam kein eigenes. Sie schlug vor, unverzüglich ein Gegengebot von 92 Dollar vorzulegen.

»Das macht uns zu einer Realität«, argumentierte Strauss. »Wir müssen als Mitspieler notiert werden. Wir müssen ein Gebot auf den Tisch legen.« Der Preis erregte weder bei Cohen noch bei Jim Robinson Widerspruch. Von den Anwesenden erhob nur Steve Goldstone ernsthafte Einwände.

Für Goldstone war klar, was hinter dieser Taktik stand. Es war ein Gebot, das unter Händlern ein »Fuck you«-Gebot genannt wurde. Schlicht gesagt, Cohen und Gutfreund waren so wütend auf Kravis, daß sie ihm einfach ein Angebot unter die Nase reiben wollten. Insgeheim verfluchte Goldstone diese Leute und ihre gigantischen Egos.

Er stand neben dem großen Tisch und wetterte gegen die Idee eines neuen Gebots, und während er sprach, wurde seine Stimme immer lauter. Er hatte Atkins um eine Übernahmevereinbarung angefleht und versprochen, daß das Management mit einem Bombengebot aufwarten werde. Wenn Shearson jetzt 92 Dollar bot, wäre dieses Angebot gegenstandslos. Eine Zwei-Dollar-Erhöhung wäre keine Bombe, sondern ein Knallfrosch. Wenn aber erst ein Gebot auf dem Tisch läge, wären sie ihren Einfluß auf den Sonderausschuß los. Atkins und Hugel würden wissen, daß sie das Management am Haken hatten, und sie würden aus Leibeskräften daran ziehen.

»Henry verscheuchen wir damit nicht«, gab er zu bedenken. »Henry wird nicht einfach nach Hause gehen. Es wird ihn nur wütend machen. Sie erreichen nichts weiter, als daß Henry stinksauer ist und daß unser Einfluß auf den Sonderausschuß zum Teufel geht. Wir werfen unseren strategischen Vorteil weg. Das Gebot ist reine Vergeudung.«

Gutfreund hielt nicht viel von Goldstones Argumentation und sagte es auch. Ross Johnson mag den Scheck schreiben, meinte er, aber das Konto gehört immer noch Salomon und Shearson. »Es ist nicht Ihr Geld«, fauchte er. »Wir wissen schon, wie wir vorgehen müssen.«

Für ein paar Minuten verhedderten sich Goldstone und die Salomon-Manager in eine hitzige Debatte über Bietestrategien. Goldstone wünschte sich, Tom Hill wäre zugegen, um seinen Argumenten Gewicht zu geben, doch der war in Minneapolis auf einer Pillsbury-Vorstandssitzung. Schließlich lehnte sich Goldstones Sozius Dennis Hersch herüber und flüsterte dem Freund etwas ins Ohr.

»Hey, bleiben Sie cool«, sagte er. »Die haben sich längst entschieden. Und Sie sind nicht ihr Anwalt.«

Goldstone stürmte um die Ecke und in Johnsons Büro. Wutentbrannt informierte er Johnson über die Situation und fügte hinzu, daß die Banker zu einem Gegengebot bereit seien. »Das ist ein sehr schwerer Fehler, und es wird uns schaden«, meinte Goldstone. »Aber ich kann sie nicht aufhalten. Sie sind absolut feindselig. Sie hören mir überhaupt nicht zu.«

Johnson hörte zu, während Goldstone sich über Gutfreund ausließ. Aber Sorgen machte er sich immer noch nicht. Dies war eine Verhandlung, und bei Verhandlungen ging es immer hitzig zu. Früher oder später, sagte er sich, würde man sich schon wieder beruhigen.

Robinson, Cohen und Nusbaum wurden gegen elf beauftragt, zum letztenmal zu Kohlberg Kravis hinunterzufahren. Nachdem man sie in Kravis' Büro geleitet hatte, ergriff Robinson das Wort.

»Wir wissen zu schätzen, daß Sie vertrauensvoll mit uns verhandelt haben«, sagte er. »Wir haben beide versucht, zu einer Einigung zu gelangen. Alle haben schwer gearbeitet. Anscheinend haben wir aber unüberwindliche Probleme. Wenn Sie von diesem Punkt nicht abgehen können, hat es keinen Sinn, hier weiter zu diskutieren. Dann müssen sich unsere Wege trennen.«

Kravis verschlug es fast die Sprache. »Wie lautet denn die Antwort auf den Vorschlag, den wir Peter heute morgen gemacht haben?« wollte er wissen.

Robinson war Diplomat vom Scheitel bis zur Sohle. Es würde einfach nicht funktionieren, sagte er, ohne auf Details einzugehen. Und dann ließ er die Bombe platzen.

»Wir werden ein Alternativgebot vorlegen«, gab er bekannt. »Wir sind eben dabei, es zu veröffentlichen.«

»Was?« Kravis war verblüfft. Was ihn anging, so befanden sie sich noch in Verhandlung. »Warum?«

»Vielleicht gewinnen wir, vielleicht verlieren wir«, sagte Robinson. »Aber wenn wir verlieren, dann mit einer Struktur, die für unser Unternehmen und unsere Investoren am besten ist.«

Als Robinsons Gruppe gegangen war, ging Kravis an die Decke, und George Roberts ebenfalls. »Verdammt noch mal«, grollte Roberts, »Ross Johnson hatte nicht den Mumm, herunterzukommen, uns in die Augen zu sehen und uns das selbst zu sagen. Ich bin froh, daß wir uns mit diesen Kerlen nicht zusammengetan haben. Das hätte nie geklappt.«

Cohen verließ Kravis' Büro, ging zu einem Telefon in Kohlberg Kravis' Wartezimmer und rief die Gruppe oben an.

»Los«, sagte er. Minuten später ging das 92-Dollar-Gebot der Managementgruppe über den Dow Jones News Service.

Kravis war nicht der einzige, dem das Gebot der Managementgruppe den Atem verschlug. Johnson war ebenfalls platt. Während er in seinem Büro brütete, hatte er sich gedacht, die Debatte, die da im Konferenzraum vor sich ging, sei allenfalls theoretisch. Goldstones Warnung zum Trotz glaubte er nicht, daß irgend jemand ein neues Gebot vorlegen werde. Nicht, wenn der Deal mit Kravis in so greifbarer Nähe lag. Und bestimmt nicht ohne seine Einwilligung.

»Was machen wir denn da?« beschwerte Johnson sich bei Goldstone, als er die Meldung über den Fernschreiber kommen sah. »Das ist doch höllisch blöd! Das ist eselhaft! Wenn alle Verhandlungen zusammengebrochen sind, was zum Teufel soll dann ein neues Gebot? Sie kriegen keine Übernahmevereinbarung.« Man werde nur Kravis verärgern.

Linda Robinson kam in den achtundvierzigsten Stock und telefonierte um die Mittagszeit mit Kravis. Er kochte vor Wut. »Ich kann das nicht glauben!« tobte er. »Wieso haben die sich nicht mehr angestrengt?« So ging es ein paar Minuten lang; sein Zorn flutete ungehemmt. Linda Ronbinson konnte nur zuhören, verärgert und ein wenig verlegen wegen des Verhaltens ihrer Seite.

Johnson blieb in seinem Büro; er war schockiert von dieser neuen

Wendung. Mit Gutfreund oder Cohen konnte er nicht sprechen; die beiden schienen allzu vergnügt darüber zu sein, daß sie Kravis gezeigt hatten, welchen Preis er dafür zu zahlen hatte, daß er sich mit ihnen anlegte. Mit Kravis konnte er nicht reden, weil der – mit Johnsons eigenen Worten – »Feuer pißte«. Gerade siebzehn Stunden zuvor hatte er einen Friedensvertrag heraushandeln können. Er hatte Strauss oder Cohen oder sonst einen der Wallstreet-Leute nicht einladen wollen. Habgier hatte die ganze Sache auseinanderfallen lassen – pure, simple Habgier. Und jetzt – zur Krönung des Ganzen – legten seine eigenen Partner ein 20-Milliarden-Dollar-Gebot vor, ohne sich auch nur die Mühe zu machen, ihm etwas davon zu sagen. Er kam sich vor wie ein Mann, der abends im Frack ins Kasino gegangen ist und am nächsten Morgen in Lumpen herauskommt. Und was viel schlimmer war: Johnson begriff, daß er die Kontrolle über sein Geschick verloren hatte.

Während Johnson grollte, wählte Goldstone widerstrebend Peter Atkins' Nummer, um ihn von dem neuen Gebot der Gruppe in Kenntnis zu setzen. Atkins wurde aus einer Sonderausschußsitzung bei Skadden Arps herausgeholt, damit er den Anruf entgegennahm. Goldstone gab sich große Mühe, sich seinen Ärger nicht an der Stimme anmerken zu lassen. Nachdem sie noch am Tag zuvor über ein Präemptivgebot diskutiert hatten, schämte er sich fast, mit Atkins zu reden. Eine Bombe, hatte er ihm versprochen.

Als er Atkins die Neuigkeit beibrachte, glaubte Goldstone in der Stimme des Anwalts die Überraschung durchklingen zu hören. Er wollte die Sache erklären, aber wußte, daß er es nicht wagte. Als er geendet hatte, herrschte einige Augenblicke peinliches Schweigen. Er wußte, daß Atkins sich jetzt bemühte, mit der Überraschung über ein so niedriges Gebot fertigzuwerden.

»Okay«, sagte Atkins schließlich. »Ich hab's vernommen.«

Goldstone war nicht der einzige, der über das 92-Dollar-Gebot der Managementgruppe unglücklich war. In Minneapolis kam Hill aus einer Pillsbury-Vorstandssitzung und erfuhr die Neuigkeit von Cohen. »Das halte ich für einen Fehler«, sagte er zu seinem Chef. Jetzt waren sie in einer Versteigerung, und in einer Versteigerung hatte der Auktionator die Kontrolle über sämtliche Bieter. »Als wir einmal mit einem Gebot in Erscheinung getreten waren«, erinnerte Hill sich Monate später, »wußte der Vorstand, daß er uns am Arsch hatte.«

Danach ging alles auseinander; Cohen verbrachte den Nachmittag in einer Vorstandssitzung der New Yorker Börse; Strauss und Gutfreund bestiegen ein Flugzeug und flogen nach Palm Beach, um das Wochenende mit einigen Salomon- Kunden zu verbringen. Johnson kochte in seinem Büro vor sich hin. Linda Robinson schaute in Kravis' Suite vorbei, ehe sie das Gebäude verließ.

»Wir müssen etwas unternehmen«, sagte sie. »Wir müssen die Sache wieder ins Lot bringen.«

»Ich wüßte nicht, wie wir sie ins Lot bringen sollen«, sagte Kravis; er hatte sich damit abgefunden: Es war vorbei. Mitten in einer Verhandlung hatte Peter Cohen eine Maschinenpistole hervorgeholt und das Zimmer mit Kugeln beharkt. Wie sollte man mit solchen Leuten verhandeln?

»Sie haben Ihr Angebot gemacht«, sagte er zu Jim Robinsons Frau. »Von diesem Augenblick an sind Sie auf sich allein angewiesen.«

Finanzstudien waren Frank Beneventos Lebensinhalt. Als Berater für Johnson und Sage benutzte er gern Ausdrücke wie »financial engineering«, um seine Zahlenkneterei zu beschreiben. Seit einer Weile war Benevento damit befaßt, die Gebührenstrukturen namhafter Wallstreet-Berater zu studieren. Am Donnerstag nachmittag kam er mit den Ergebnissen seiner neuesten Studie in Johnsons Büro. Entsprechend den Prozentsätzen, die derzeit in der Wallstreet üblich seien, und im Lichte der ungeheuren Honorare, die den Investmentbankern und Juristen bei diesem Deal gezahlt würden, habe er, verkündete Benevento, nunmehr seine eigene Rechnung aufgemacht.

Sie belief sich auf 24 Millionen Dollar.

Johnson wäre beinahe in Ohnmacht gefallen. Jedermann, dachte er, hatte es darauf abgesehen, ein Schnäppchen für sich selbst zu ergattern. Die Vorstandsmitglieder mit ihren kleinkarierten Sorgen wegen Pensionen und Versicherungen. Kravis und seine Investmentbanker mit ihren Gebühren. Salomon mit seinen Bonds. Und jetzt wollte Benevento 24 Millionen Dollar.

Es kam verfluchtnochmal überhaupt nicht in Frage, daß Benevento auch nur annähernd 24 Millionen kassierte, dachte Johnson, und er gab ihm zu verstehen, er möge der Firma einstweilen berechnen, was er wolle. Man werde sich damit befassen, wenn die Lage sich wieder normalisiert habe.

Deprimiert verließen die Johnsons am Freitag morgen New York und flogen nach Norden zu einem Krankenhaus am Rande von Albany. Am Nachmittag saß Johnson vier Stunden lang im Krankenzimmer seines komatosen Sohnes. Bruce Johnson ging es nicht gut. Sein Zustand hatte sich nach der Verlegung von Westchester nach Albany ernstlich verschlechtert. Die Ärzte in Westchester hatten versichert, daß keine Gefahr drohe, aber ihre Kollegen in Albany meinten, er wäre besser nicht verlegt worden. Bruces Temperatur stieg rapide an. Johnson redete den ganzen Tag über mit den Ärzten, aber es gab wenig zu sagen.

Kravis verbrachte den Freitag ebenfalls mit seinem Sohn. Es war Elterntag in der exklusiven Schule in Connecticut, und Kravis fuhr zu diesem Anlaß dort hinauf. Danach zog er sich in sein Landhaus zurück, um sich dort von den Strapazen nächtlicher Verhandlungen und dem Sperrfeuer der kritischen Presse zu erholen. Die Medienattacken empfand er als regelrechte Belagerung. In den finstersten Momenten fragte er sich, wie viel ihm wirklich daran liege, RJR Nabisco zu besitzen. Lohnte es sich, dafür zum Paria zu werden?

Am Freitag nachmittag landete die Presse den bisher schlimmsten Treffer. »KING HENRY« trompetete *Business Week* in dieser Woche auf ihrem Titelblatt, und die Schlagzeile im Heft lautete: »Warum KKR's Kravis vielleicht stürzen wird – auch wenn er die Schlacht um RJR Nabisco gewinnt.« Carolyne Roehm sah das Cover in ihrem Büro an der Seventh Avenue und zog den Kopf zwischen die Schultern.

Kravis reagierte, als habe man ihn öffentlich als Kinderschänder gebrandmarkt. Er zog sich mürrisch in sich selbst zurück. Das ganze Wochenende bemühte sich Carolyne, ihn aufzuheitern, doch es half nichts. Sie versuchte es mit Albernheit, mit Neckereien, mit Lachen. Sie schlug scherzhaft vor, das Cover auf Posterformat zu vergrößern und an die Wand zu hängen. Linda Robinson rief an, um zu kondolieren. Nichts funktionierte. Kravis war getroffen.

Und dann, als er seinen Tiefstpunkt erreicht hatte, geschah etwas, das seine Stimmung bessern sollte. Kravis wußte es noch nicht, aber die öffentliche Meinung sollte einen starken Umschwung zu seinen Gunsten erfahren.

Bei allen Debatten über den Inhalt hatte sich an Johnsons Managementvereinbarung, von der Kravis ein Exemplar in die Hände bekommen hatte, in den zwei Wochen nichts Nennenswertes geändert.

Trotz Gutfreunds Klagen über die »unschicklichen« Punkte, trotz Jim Robinsons Vorschlägen, und trotz der Tatsache, daß buchstäblich alle Beteiligten sich darin einig waren, daß die Vereinbarung neu verhandelt werden müsse, war dies bisher nicht geschehen. Peter Cohen hatte Wichtigeres zu besorgen. Er übertrug die Verantwortung dafür an Jack Nusbaum, der sie einem Partner in seiner Firma weitergab. Die Verhandlungen würden unangenehm und zeitraubend werden, und jeder war damit beschäftigt, gegen Kravis zu kämpfen.

Gutfreund, dem man versichert hatte, daß die Forderungen reduziert werden würden, hatte keine Eile. Die Bewahrer der Vereinbarung, Johnsons Anwälte bei Davis Polk, hatten keine Eile. Steve Goldstone überließ es seltsamerweise Ross Johnson, die Vereinbarung neu zu verhandeln. »Ross ist erwachsen«, erklärte Goldstone später. »Er wußte, daß er etwas aufgeben mußte. Es lag bei ihm.«

Die alltägliche Verantwortung für die Vereinbarung blieb in den Händen von Goldstones Assistenten Gar Bason. Bason betrachtete es als seine Aufgabe, niemandes Interessen außer Johnsons zu verfolgen, und war entschlossen, die Unantastbarkeit der Vereinbarung zu wahren, ganz gleich, was Cohen Gutfreund versprochen haben mochte. Nach Salomons Eintritt in die Schlacht löcherte Bason Gutfreunds Assistenten eine Woche lang, der Vereinbarung zuzustimmen. »Haben Sie schon abgezeichnet?« fragte er immer wieder. »Haben Sie abgezeichnet?«

Frustriert beschwerte er sich irgendwann bei Goldstone. »Die verarschen uns einfach!« fauchte er. Salomons leitender Anwalt, Peter Darrow, beklagte sich, verärgert wegen Basons ständiger Forderungen, ebenfalls bei Goldstone. »Ihr Bursche, dieser Bason, bombardiert mich andauernd wegen dieser Sache«, sagte er. »Anscheinend glaubt er, daß nichts geändert werden wird. Nun, aber es wird Änderungen geben.«

Goldstone hatte kein Interesse an einem Streit. »Einverstanden«, sagte er. Die Sache konnte warten.

Zu den ersten, die eine rasche Änderung der Vereinbarung verlangten, gehörten Jim und Linda Robinson, die beiden Mitglieder der Gruppe mit dem feinsten Gespür für Public Relations. Beide hatten erkannt, daß diese Vereinbarung aus einem Sprengstoff bestand, der Johnson um die Ohren fliegen könnte. Aber Jim Robinson, der auf eine Änderung hätte drängen können, tat es nicht. Infolge dessen geschah auch nichts. Die Vereinbarung lag einfach nur da, eine tikkende Zeitbombe. Und am Freitag nachmittag ging sie hoch.

Linda Robinson nahm den Anruf entgegen. Ein Reporterveteran der *New York Times*, James Sterngold, arbeitete an einer Story über die Managementvereinbarung für die Samstagausgabe seiner Zeitung. Nach dem, was Sterngold ihr erzählte, war es klar, daß er alles wußte: Die zwei Milliarden, die Freifahrscheine, sogar Salomons Opposition – alles war ihm bekannt. Linda Robinsons erster Impuls war es, ihm reinen Wein einzuschenken und mit ihm über die Vereinbarung zu sprechen, aber Goldstone, vor der Presse auf der Hut, hinderte sie daran. Als sie ihrem Mann von Sterngolds Anruf erzählte, reagierte der Außenminister der amerikanischen Unternehmenswirtschaft kurz und bündig: »Oh, Scheiße.«

Am späten Freitag nachmittag saß Peter Cohen auf dem Rücksitz seines Wagens und ließ sich nach Hause fahren. Es war eine lange, frustrierende Woche gewesen, aber auch wenn die Friedensverhandlungen zusammengebrochen waren, hegte er noch die Hoffnung, Johnson und Kravis zusammenzubringen. Es gab keine dauerhafte Feindschaft zwischen den beiden Seiten, und die Kluft zwischen Drexel und Salomon erschien nun wirklich zu albern, als daß sie eine Einigung würde verhindern können.

Als er erfuhr, daß sich ein Artikel in der *Times* zusammenbraute, war Cohen sofort klar, welche Auswirkungen er haben würde. Wenn Kenntnisse über den Vertrag durchgesickert waren, kam nur eine einzige undichte Stelle in Frage. Cohen rief sofort bei Dick Beattie an.

»Was zum Teufel ist da passiert?« fragte er.

»Ich weiß es nicht, Peter«, antwortete Beattie. »Ich habe eine

Ahnung, wie es passiert sein könnte. Aber von mir kommen die Informationen nicht.«

»Sie haben die Vereinbarung an Sterngold weitergegeben!«*

»Peter, das habe ich nicht getan. Kann ich gar nicht. Sie ist hier in meinem Aktenkoffer.« Der Aktenkoffer lag aufgeklappt zu Beatties Füßen. »Peter, ich habe ja nicht alles in der Hand«, sagte er. »Henry gibt alles an jeden weiter.«

Tatsächlich hatte Kravis am Donnerstag ein Meeting seiner Investmentbanker einberufen, wo die Konditionen der Vereinbarung detailliert erörtert worden waren. Kravis hatte nicht einen Augenblick lang darauf vertraut, daß seine Berater den Mund halten würden. Aber die Managementvereinbarung schien nun wirklich etwas zu sein, wovon sie wissen sollten. Beattie wußte, daß ein ganzes Dutzend von Beratern die undichte Stelle zu verantworten haben konnte.

Cohen legte erbost auf. Die Schlacht um RJR Nabisco eskalierte. Der Wind drehte sich und blies Peter Cohen allmählich heftig ins Gesicht.

Am Freitag war Ted Forstmanns Bietergruppe bereit, an die Öffentlichkeit zu treten. Anfangs hatte Hugels Sonderausschuß, dem es widerstrebte, vertrauliche Finanzinformationen an die härtesten Konkurrenten des Unternehmens weiterzugeben, davor zurückgescheut, Forstmanns Gruppe willkommen zu heißen. Aber Geoff Boisi mit seiner Hartnäckigkeit hatte den Sieg davongetragen. Boisi hatte sich mit einem verzwickten Prüfverfahren einverstanden erklärt: Jedes Dokument, das die Gruppe erhielt, sollte mit einem Farbcode versehen und nur bestimmten Mitgliedern zur Einsicht vorgelegt werden.

Der Knoten platzte indessen, als Hugel begriff, daß Forstmann Little einen Ausweg präsentierte, falls Johnson und Kravis sich zusammenschließen sollten. Hugel war sicher, daß die beiden zusammenkommen würden: Es war allzu naheliegend. Und wenn das geschähe, würde Forstmanns Anwesenheit das weitere Bieten lebendig erhalten.

---

* Cohens eigener Erinnerung zufolge trat er weniger streitbar auf; die hier wiedergegebene Version entstammt großenteils Beatties Erinnerung.

Forstmann war freilich ein Garant für eine schwere Geburt. Den Freitag verbrachte er in den Büros von Lazard im Rockefeller Center und handelte eine Pressemitteilung aus, mit der die Formierung seiner Gruppe bekanntgegeben werden sollte. Er bestand darauf, daß in dieser Mitteilung vermerkt werde, seine Gruppe sei zu einem Gebot »eingeladen« worden; das war von entscheidender Bedeutung, wenn Forstmann die Kappe des »weißen Ritters« tragen wollte. Peter Atkins lehnte ab; der Vorstand habe sich schließlich neutral zu verhalten: Ganz gleich, wie viel ihm daran gelegen sei, Forstmann unter den Bietern zu wissen, man dürfe nicht den Eindruck erwecken, daß er jemanden bevorzuge.

Aber Forstmann blieb unerbittlich. »Ich muß eingeladen sein. Verstehen Sie das nicht?« sagte er den Lazard-Beratern. »Entweder steht's drin, oder ich bin draußen.«

Der Streit dauerte den ganzen Nachmittag. Als Forstmann im Begriff stand, tatsächlich hinauszustürmen, gab Atkins schließlich nach. Wie stände es mit »begrüßen«? schlug er vor. Der Vorstand werde Forstmanns Interesse »begrüßen«. Forstmann war einverstanden.

In einer Pause rief Forstmann in seinem Büro an und erfuhr, daß eine Nachricht von Jim Robinson vorliege. Kurz darauf rief er ihn an, und Robinsons weiche Georgia-Laute kamen durch die Leitung.

»Teddy, Sie wissen, wie sehr ich Sie schätze«, begann Robinson. »Sie führen Ihr Geschäft, und ich führe meins. Ich will Ihnen nun nicht vorschreiben, wie Sie ihr Geschäft zu führen haben. Aber Sie sollen wissen, daß hier unten das Gerücht umgeht, Sie und Geoff Boisi brüten irgend etwas zusammen aus. Sie sollen wissen, daß unsere Leute hier deshalb einigermaßen aus dem Häuschen sind.«

Forstmann begriff, daß Cohen offenbar erzürnt war. »Sie glauben«, fuhr Robinson fort, »sie haben von Ihnen die Zusage, daß Sie, wenn Sie nichts mit uns unternehmen, überhaupt nichts unternehmen. Sie sagen, Sie hätten versprochen, an der Auslinie zu bleiben.«

Forstmann holte tief Luft. »Jim, das ist sehr hart. Ich weiß, Sie wissen, daß ich ein ehrlicher Kerl bin.« Er erzählte Robinson, wie nachdrücklich er Cohen klargemacht habe, daß Forstmann Little drei Optionen habe: sich mit Shearson zusammenzutun, allein zu operieren oder auszusteigen. »Ganz offen gesagt, die letzte Alternative war mir die liebste – ich wollte es einfach vergessen. Jetzt weiß ich nicht genau, was wir tun werden.«

»Ich weiß«, sagte Robinson. »Aber Sie haben selbst gesagt, Sie bleiben hinter der Auslinie.«

Forstmann versuchte zu erklären, was er mit dieser Bemerkung gemeint hatte. Aber er merkte, daß es nichts nutzte. »Hören Sie, Jim, wir wissen noch nicht, was wir tun werden. Wenn wir etwas tun, werden Sie der erste sein, der es erfährt.«

Zwei Stunden später rief Forstmann noch einmal bei Robinson an. Er las dem American-Express-Chef die Pressemitteilung vor, mit der die Bildung der neuen Bietergruppe bekanntgegeben wurde.

Robinson lachte. »Junge, mein Anruf hatte ja eine tolle Wirkung.« Forstmann hatte an Robinsons Einwände keinen weiteren Gedanken verschwendet.

»Ich wünsche euch viel Glück«, sagte Forstmann.

»Ich euch auch«, antwortete Jim Robinson.

Johnson schlief am Samstag morgen lange. Schließlich tappte er in seinem Haus in Atlanta die Treppe hinunter und holte sich die *New York Times*. Als er den Wirtschaftsteil überflog, wurde sein Blick unverzüglich von einem Artikel in der unteren linken Ecke angezogen.

»NABISCO-MANAGER SCHLAGEN HOHEN PROFIT AUS IHREM BUYOUT«, lautete die Überschrift.

Johnson, der die Managementvereinbarung nie als Symbol der Habgier betrachtet hatte, wie es andere taten, fand die Story derart wüst, daß ihr alle Glaubwürdigkeit fehlen würde. Es hieß darin, daß der Vertrag an die zwei Milliarden Dollar wert sein könne – eine Zahl, die Johnson für absurd hielt. Nur wenn jede Incentive-Zahlung auch wirklich erfolgen würde, könnte die Summe erreicht werden, aber jetzt, wo die Gebote schon auf knapp über neunzig gestiegen waren, würde das niemals passieren. Außerdem wußte doch jeder, daß die Vereinbarung neu verhandelt werden würde.

»Das ist verdammt absolut lächerlich«, sagte er laut. Niemand würde es glauben. Oder doch?

Er erreichte Jim und Linda Robinson in Connecticut. »Kein vernünftiger Mensch wird diesen Scheiß glauben«, sagte er. »Das ist doch eine verdammte Eselhaftigkeit.«

Linda Robinson fand, daß die Story so weit von den Fakten nicht entfernt sei, aber das sagte sie Johnson nicht. »Ross, Sie haben es hier nicht mit einem PR-Problem zu tun«, sagte sie; sie mußte Johnson begreiflich machen, welchen Umfang das Dilemma hatte, dem sie jetzt gegenüberstanden. »Es ist ein Faktenproblem. Sie verstehen das nicht. Sie können da nicht einfach markig durchmarschieren. Diese Sache ist tödlich für Sie.«

Johnsons Telefon hörte an diesem Tag nicht auf zu klingeln. Einer der ersten Anrufer war Andy Sage, der Architekt der Managementvereinbarung. Sage hatte die *Times*-Geschichte gelesen und sich bemerkenswerterweise nicht viel dabei gedacht. »Ach, diese Sache«, meinte er. »Das sind doch alles Vermutungen; niemand wird es ernstnehmen.«

Sage wollte über die Situation der Banken reden. Er befürchtete, Shearson komme bei der Erstellung der Bankenfinanzierung nicht weiter. »Ich kann nicht unbegrenzt auf sie einprügeln«, sagte er. »Ich glaube, sie tun einfach ihre Arbeit nicht.«

Mehr brauchte Johnson nicht zu hören. Nachdem dies zu allem anderen dazugekommen war, dämmerte ihm allmählich, wo die Grenzen seiner Partner Shearson und Salomon lagen. »Nachdem ich George und Henry zugehört und zugesehen habe«, sagte er zu Sage, »würde ich sagen, daß wir uns hier vielleicht doch übernommen haben.«

Charlie Hugel, der die *Times*-Story in seinem Haus in Connecticut las, bekam ebenfalls Anrufe. Sie kamen von erbosten Vorstandsmitgliedern, die eine Erklärung von Johnson haben wollten. Wenn der Bericht der *Times* stimmte, riskierte der Vorstand, einigermaßen dämlich auszusehen, weil er von der Vereinbarung nichts wußte. Hugel war gleichfalls neugierig, auch wenn er die Presse zu sehr verachtete, als daß er ihr allzu viel Genauigkeit zugetraut hätte. Er rief Johnson in Atlanta an.

»Ach, Charlie, hören Sie«, sagte dieser. »Das ist ein Haufen Stuß. Glauben Sie kein Wort davon.«

Die beiden Männer sprachen eine Weile über die angeblich unzutreffenden Behauptungen des Artikels. »Hören Sie«, sagte Hugel schließlich, »schreiben Sie mir einen Brief dazu, denn ich kriege hier Anrufe.«

Aber gern, sagte Johnson. Am nächsten Tag verfaßte Goldstone einen Brief an Hugel, den Johnson unterschrieb. »In der Samstagausgabe der *New York Times* wurde unzutreffenderweise impliziert, daß ich und einige Mitglieder des Managements im Zuge des Buyout-Angebots der Gruppe in exzessiver Weise verdienen würden«, begann der Brief. »Dies ist einfach nicht der Fall, und ich möchte deshalb den Sachverhalt klarstellen.«

Weiter äußerte Johnson die Ansicht, daß die vereinbarten Vergütungen für seine Gruppe für LBOs typisch seien. Zudem werde, schrieb er, ein beträchtlicher Teil des Kapitals, das seine Gruppe erhalten solle, auf eine große Zahl von Mitarbeitern weiterverteilt werden. »Als wir uns mit unseren Finanzpartnern über die Kapitalzuteilung einigten«, schrieb er, »bat ich unsere Anwälte in New York und Winston-Salem, zu analysieren, auf welche Weise dieses Kapital an unsere Angestellten verteilt werden könne, und sie sind derzeit aktiv mit dieser Analyse befaßt.«

Charlie Hugel las Johnsons Brief aufmerksam. Nach drei Wochen der Gespräche mit Johnson – darunter jene Unterredung, in deren Verlauf Johnson ihm einen Anteil an der Börse angeboten hatte – erfuhr er jetzt zum erstenmal, daß Mitarbeiter Unternehmensanteile erhalten sollten. Nicht einmal am Tag zuvor, als Johnson die *Times*-Story in Händen gehabt hatte, war irgendein Wort davon gefallen.

Hugel glaubte, daß Ross Johnson log.

Zu den überraschenderen Elementen der *Times*-Story gehörte ein Abschnitt, in dem die Rede davon war, daß Salomon Brothers Einwände gegen die Managementvereinbarung hege. Gutfreund rief Johnson am Samstag an, um dies zu dementieren und ihm zu versichern, daß kein Salomon-Manager mit dem Reporter gesprochen habe. »Tja, ich sage Ihnen, Johnny, Sie haben da irgendwo einen Kanarienvogel sitzen«, entgegnete Johnson. Aber dabei beließ er es; Johnson war für Konfrontationen einfach nicht geschaffen.

Aber Steve Goldstone war es. Als Goldstone die Bemerkung über Salomon las, wurde er zum Berserker. Sein erster Gedanke war, Salomon habe die Informationen über die Managementvereinbarung durchsickern lassen, um die gewünschten Änderungen zu erzwingen. Aber den Gedanken verwarf er.* Nicht einmal Gutfreund, erklärte er, sei so dämlich.

»Wir müssen Sally auf Vordermann bringen«, beschwerte Goldstone sich am Nachmittag bei Cohen. »Wenn da Änderungen vorgenommen werden müssen, dann packen wir's an. Aber öffentliches Gemecker von dieser Art zeigt, daß unser Lager schrecklich gespalten ist. Sie müssen einfach auf Vordermann gebracht werden. So etwas ist tödlich für uns.«

Cohen beharrte darauf, daß Salomon kein Problem sein werde, aber Goldstone war da nicht so sicher. Später ließ er durch Gar Bason den Entwurf eines Briefes, den er abzuschicken erwog, an Cohen übermitteln:

Lieber Peter,
mit wachsender Besorgnis haben wir in den letzten Tagen Presseberichte zur Kenntnis genommen, denen zufolge die Finanzpartner der Managementgruppe Ross und die von uns allen getroffenen Vergütungsvereinbarungen für das Management nicht vorbehaltlos unterstützen. Ross und seine Gruppe vertrauen indessen nach Ihren und Toms (Strauss') Zusicherungen darauf, daß dies nicht der Fall ist. Nichtsdestoweniger sind die fortgesetzt in der Presse auftauchenden Gerüchte schädlich für uns alle. Infolgedessen möchte ich Sie mit diesem Schreiben bitten, daß jedes Mitglied der Häuser Shearson und Salomon mir eine kurze Notiz zukommen lassen möge, in der mir mitgeteilt wird, daß Sie die zwischen uns bestehenden Vereinbarungen mittragen. Selbstverständlich sind wir einvernehmlich der Auffassung, daß diese Vereinbarungen bei etwa erfolgenden neuen Vorschlägen Gegenstand der Diskussion unter uns allen sein werden.

Mit freundlichem Gruß
George R. Bason, Jr.

---

* »Wenn ich dächte, daß sie das tun, dann würde ich meine Messer auspacken und sie eigenhändig umbringen«, sagte Goldstone später. »Es wäre einer der dümmsten Tricks in der Geschichte der Wallstreet gewesen.«

Am Samstag versuchte Ted Forstmann vergebens, mit Johnson Kontakt aufzunehmen, um ihn offiziell von seiner neuen Gruppe in Kenntnis zu setzen, und behalf sich schließlich damit, daß er Jim Robinson in Connecticut anrief. »Jim, ich will Ihnen nur sagen, daß ich versuche, Ross zu erreichen. Aber ich habe nicht alle seine Nummern. Hätten Sie etwas dagegen, ihm zu sagen, daß ich versuche, ihn zu erreichen?«

»Ich denke, Sie sollten ihn schon selber anrufen.« Jim Robinson war anscheinend bester Laune.

»Ja, das würde ich schon mit Vergnügen tun.«

Robinson erwähnte Forstmanns neue Gruppe. »Würden Sie denn immer noch mit uns zusammenarbeiten, Ted? Ich meine, könnten wir versuchen, zusammen etwas auf die Beine zu bringen? Ist das wenigstens möglich?«

Forstmann hatte eine Idee: Warum konnte Johnson sich nicht der Forstmann-Gruppe anschließen? Sogar Shearson konnte dabei eine Rolle spielen. Statt Forstmann Little in Shearsons verquere Struktur zu zwängen, könnte Forstmann doch in seinem »Real Money«-Deal ein Plätzchen für Shearson finden.

»Absolut, wir würden mit Ihnen arbeiten«, sagte Forstmann. »Überhaupt kein Problem. Wir müßten es nur auf Forstmann-Little-Art machen. Ohne diese Junk-Scheiße. Und ohne krummes Gequassel. Aber dann hätten wir Sie mit Vergnügen dabei.«

Robinson gab ihm Johnsons Nummer, und Johnson rief noch am Samstag nachmittag zurück. »Ross«, begann Forstmann, »Sie begreifen hoffentlich, daß das, was ich tue, durchaus zulässig ist. Ich wollte Ihnen die Wahrheit über das, was passiert ist, sagen. Aber es ist mir nicht gelungen, Sie zu treffen. Gott, es ist mir nicht mal gelungen, Sie zu sprechen.«

Johnson brachte die *Times*-Geschichte zur Sprache. »Mein Deal ist an die Presse durchgesickert«, sagte er. »Davon wissen Sie wohl nichts, oder, Ted?« Forstmann entging die Implikation nicht.

»Ross, ich habe davon nichts gehört... Ich gebe Ihnen mein Wort, daß ich es nicht war. Ich finde es abscheulich. So etwas zu tun ist dreckig und mies.«

»Tja«, sagte Johnson, »ich werde einen Weg finden, mir Mr. Kravis vorzuknöpfen, wenn er es gewesen ist.«

Forstmann brachte das Gespräch wieder auf seine Gruppe. »Wissen Sie, Ross, ich glaube, wir sind die Besten in diesem Geschäft. Sie brauchen Leute wie uns. Sie wissen, woher ich mein Geld bekomme. GM, IBM, GE.«

»Ja. John Welch, John Akers«, sagte Johnson und zählte die CEOs von General Electric und International Business Machines auf. »Ich spiele Golf mit ihnen.«

»Ich mache Ihnen keinen Vorwurf daraus, daß Sie mit diesen Junkbond-Kerlen zusammengehen«, sagte Forstmann. »Aber in meinem Deal gibt es keine Junkbonds, kein Funny Money.«

Johnson lachte. »Ich habe keine Junkbonds in meinem Portfolio.«

Forstmann wurde ein wenig aufgeregt. Das hier klang vielversprechend. »Also«, sagte er, »Jim hat mich gefragt, ob wir nicht zusammenarbeiten könnten. Ich habe ja gesagt. Ich versuche nicht, irgend jemanden irgendwo hinauszudrängen. Ich versuche nicht, irgend etwas Komisches anzufangen. Wir haben einen Ruf zu wahren.«

»Ich kenne Ihren Ruf.«

»Ross, Sie sollten ernsthaft in Erwägung ziehen, wovon ich rede. Sprechen Sie mit Jimmy. Er ist ein sehr geradliniger Bursche. Er wird's Ihnen sagen. Wenn wir zusammenkommen könnten, wäre das großartig. Sie sind der Schlüssel, der die ganze Sache in Gang bringt. Ich hoffe, Sie sind bei uns.«

»Ted, ich werde darüber nachdenken.«

Forstmann garnierte seinen Appell mit einem persönlichen Touch. »Ross, ich wollte Ihnen noch sagen, daß mir das mit Ihrem Sohn sehr leid tut. Gott verdammt noch mal. Tut mir wirklich sehr leid.« Als Johnson ihm gedankt hatte, fuhr Forstmann fort: »Wissen Sie, wenn das hier vorbei ist, werden wir beide immer noch da sein. Es gibt Wichtigeres als die Frage, wer RJR Nabisco kauft.«

»Da haben Sie recht.«

»Es ist wichtig, daß wir Freunde bleiben.«

»Da können Sie Ihren Arsch drauf wetten.«

Johnson hatte nicht die Absicht, sich mit Ted Forstmanns neuer Gruppe zusammenzutun, die er »der fünfbeinige Elefant« getauft hatte. Was ihn betraf, so hatte Forstmann nicht den Hauch einer Chance, diesen Deal einzufahren.

Am Sonntag ruhte alles. In Atlanta machte Johnson es sich mit einem Stapel Zeitungen gemütlich und schaute sich im Fernsehen Football und Golf an. In Connecticut fragte sich ein verdrossener Henry Kravis laut, ob der Vorstand die kuriose Geschichte in der *Times* wohl zur Kenntnis genommen habe. Forstmanns neue Gruppe beachtete er kaum; Konsortien waren seiner Erfahrung nach zu schwerfällig zum Gewinnen. In New Jersey ging Peter Cohen mit seinem Sohn zu einem Spiel der New York Giants und war wahrscheinlich an diesem Tag der einzige Vater im Stadion, der alle vier Quarters des Spiels verschlief.

Am Abend kam eine Gruppe von Bankern und Anwälten in Cohens Apartment in der Fifth Avenue zusammen, um eine Strategie für die kommende Woche zu entwickeln. Cohen war empört über Geoff Boisi und Ted Forstmann; er war der Meinung, sie hätten ihm wiederholt versichert, daß sie RJR Nabisco nicht auf eigene Faust aufs Korn nehmen würden. Die Möglichkeit einer Klage wurde erörtert und verworfen. Jack Nusbaum schlug vor, einen Brief zu schreiben und darin Mißfallen zum Ausdruck zu bringen. Goldstone und Peter Darrow sahen darin keinen Sinn, aber Cohen war anscheinend entschlossen, sein Pfund Fleisch zu fordern.

Am Sonntag abend ertrug Ted Forstmann in seinem Apartment am East River eine energische Abreibung durch einen Masseur, der früher einmal für die italienische Tennis-Nationalmannschaft gearbeitet hatte. Immer wieder wurde er dabei von seinem PR-Berater Davis Weinstock gestört, der ihn mit sorgenvollen Anrufen behelligte. Dem feindseligen Ton der Reporterfragen an diesem Tag sei klar zu entnehmen gewesen, daß Shearson über Forstmann Little verärgert sei. »Sie behaupten, Sie hätten etwas getan«, sagte Weinstock. »Und ich weiß nicht, was.«

Forstmann überlegte einen Moment. Sicher warf man ihm vor, er habe die Informationen über die Managementvereinbarung durchsickern lassen. *Wenn dieser Scheiß-Kravis die Leute davon überzeugt hat, daß das Leck bei mir zu finden ist ...*

Als Forstmann immer wieder aufsprang, um Weinstocks Anrufe entgegenzunehmen, zeigte sein Masseur sich frustriert. »Wie kann ich Sie massieren, wenn Sie immer wieder aufstehen?«

»Maurizio«, sagte Forstmann, »ich weiß, Sie haben Probleme. Aber ich habe größere Probleme.«

Schließlich beschloß Forstmann, herauszufinden, was da vor sich ging. Er rief Johnson in Atlanta an. Laurie Johnson meldete sich im Haus an der Whitewater Creek Road. »Hi, Laurie. Ted Forstmann hier.«

»Ted, wie geht's?« Sie schien ehrlich erfreut zu sein, ihn zu hören.

»Gut, gut. Ist Ross da?«

»Er ist in einer Telefonkonferenz.«

»Es dauert nur dreißig Sekunden. Könnten Sie ihn bitten, abzunehmen?«

Laurie verschwand für eine Minute und kam dann zurück. »Ross sagte, er ruft Sie an, sobald die Telefonkonferenz zu Ende ist.« Bevor er auflegen konnte, fragte sie: »Wie ist das Wetter dort oben?«

Vom Wetter kam das Gespräch rasch auf den Zustand der Greens in Deepdale. Sie plauderten fast zehn Minuten lang. Als Forstmann auflegte, dachte er, was für eine nette Frau Johnson doch hatte.

Während Laurie sich mit Forstmann unterhielt, sprach ihr Mann auf der anderen Leitung mit Cohen und Goldstone. Beide waren erschrocken, als er erwähnte, daß Forstmann angerufen habe. Das konnte nur eines bedeuten: Wie vor ihm Kravis hatte Forstmann jetzt Johnson aufs Korn genommen.

»Hören Sie, ich gehöre zu Ihnen«, erklärte Johnson beharrlich. »Ich kooperiere mit niemandem, solange Sie nicht wollen, daß ich mit ihm kooperiere.«

»Wollen wir Ted nicht anrufen und ihm das sagen, damit Sie es nicht tun müssen?« schlug Goldstone vor. Er befürchtete, Johnson sei nicht fähig, fest und entschlossen mit Forstmann umzugehen.

»Prima. Tun Sie nur, was Sie für das beste halten.«

Goldstone rief unverzüglich bei Gar Bason an; er hatte wieder einen Auftrag für den Troubleshooter mit dem Babyface.

Eine halbe Stunde später läutete Ted Forstmanns Telefon. Er wußte schon, was er Johnson sagen wollte. *Ross, ich möchte Ihnen versichern, daß ich nichts von dieser schmutzigen Geschichte mit dem Leck weiß. Wir tun so etwas nicht. Es ist uns zuwider.*

Aber als er den Hörer abnahm, sagte eine ihm unbekannte Stimme: »Hier spricht Gar Bason von Davis, Polk und Wardwell. Wir vertreten

Mr. und Mrs. Johnson, und ich bin beauftragt, Sie aufzufordern, mit Ihren Störungen aufzuhören. Sie belästigen sie, indem Sie sie zu Hause anrufen. Sie werden nicht noch einmal versuchen, Mr. Johnson direkt zu erreichen. Jegliche Kommunikation zwischen Mr. Johnson und Ihnen wird in Zukunft über mich laufen.«

»Ich weiß nicht, wer Sie sind«, schoß der verblüffte Forstmann zurück, »aber ich will Ihnen etwas sagen: Ich habe Mr. Johnson angerufen, um ihm zu sagen, daß ich, falls da etwas Merkwürdiges im Gange ist, damit nichts zu tun habe. Mrs. Johnson und ich haben über Golf geplaudert und über die Greens in einem Club, dessen Vorstand ich angehört habe und zu dem ich Ross Johnson den Beitritt ermöglicht habe. Nehmen Sie zur Kenntnis, daß ich gestern auf Jim Robinsons Bitte hin mit Mr. Johnson gesprochen habe.«

Jetzt war Forstmann in Fahrt. All seine Frustration über Peter Cohen und seine Zigarren und Henry Kravis und Rechtsanwälte und Junkbonds brodelte hoch. »Lassen Sie sich eines gesagt sein. Ich weiß genug über Anwälte, um zu wissen, wer das hier ausgebrütet hat. Das war nicht Ross Johnson. Ich sehe jetzt, daß die Anwälte übernommen haben. Gott helfe uns allen. Deshalb ist die Welt heute nicht mehr in Ordnung. Es liegt an Kerlen wie Ihnen und Ihren kleinen zusammengekochten Komplotten.«

Und Forstmann war immer noch nicht fertig. »Ich betrachte dies als extrem ungehörig. Seien Sie versichert, daß ich mit Mr. und Mrs. Johnson zusammenkommen werde, wenn das hier vorüber ist. Und seien Sie versichert, daß ich ihnen von Ihrer Ungehörigkeit erzählen werde.«

Dann legte er auf.

13

Die RJR-Nabisco-Vorstandsmitglieder, die am Montag morgen, dem 7. November, bei Skadden Arps vesammelt waren, zeigten sich mürrisch und gereizt. Seit drei Wochen sahen sie mit wachsendem Entsetzen zu, wie Ross Johnson ihren Konzern zum Mittelpunkt eines 20-Milliarden-Dollar-Zirkus machte, und nicht wenige im Vorstand kamen sich einigermaßen töricht vor, weil sie es zuließen. Das Bekanntwerden der Managementvereinbarung war für die meisten ein Schock, und am Montag kristallisierte sich eine zusehends wachsende Anti-Johnson-Stimmung im Vorstand. Steve Goldstone hatte recht gehabt: Diese Vorstandsmitglieder waren nicht mehr Johnsons Freunde; sie hatten nicht die Absicht, ihm gefällig zu sein, und sie verübelten ihm, daß er sie in das Auge eines zunehmend öffentlich wirbelnden Hurrikans befördert hatte.

Mehrere, unter ihnen Vernon Jordan, hatten übers Wochenende bei Charlie Hugel angerufen, voller Entsetzen über die Einzelheiten der Managementvereinbarung. John Macomber hatte moralischen Anstoß genommen. »So widerwärtig, so ungebührlich«, hatte er gestammelt. Marty Davis hatte Hugel selbst angerufen. »Haben Sie die *New York Times* gesehen?«

Davis hatte nicht, aber er hatte ein Exemplar griffbereit. Mit wachsender Empörung hatte er den Artikel gelesen. *Was zum Teufel ...?*

»Ist das zu glauben?« fragte Hugel. »Er sagt, es stimmt nicht, es ist nicht wahr, aber ich weiß nicht ...«

Die Neuigkeit von Johnsons geheimem Abkommen war der krönende Schlag für einen Vorstand, der bereits den Druck einer Anti-Johnson-Reaktion unter den Mitarbeitern, den Aktionären und den Medien zu spüren bekam, eine Welle, deren Tosen in den kommenden Tagen ohrenbetäubende Ausmaße annehmen sollte.

Zeitungsberichte kamen wie ein steter Trommelwirbel: Die »goldenen Fallschirme« im Wert von 52,5 Millionen; die 526 000 Stammaktien, die an begünstigte RJR-Manager gehen sollten und die jetzt schon fast 50 Millionen Dollar wert waren; die ganze gewinngarantierende Situation, die Johnson für sich arrangiert hatte. Um die Sache noch schlimmer zu machen, hatte die Presse Wind von den Vergünstigungen bekommen, die Johnson dem Vorstand gewährt hatte, einschließlich der fetten Beraterverträge und der 1500 Vorzugsaktien, die jeder von ihnen bekommen hatte. Das Schauspiel von Johnsons unverhohlener Habgier, kombiniert mit dem erbitterten öffentlichen Gezänk unter den Bietern, traf den Nerv einer Nation, die von der durch Takeover bewirkten Unruhe ohnehin die Nase voll hatte.

Als der Vorstand am Montag zusammentrat, herrschte unausgesprochene Einigkeit darüber, daß die Sache außer Kontrolle geraten war. Es sei an der Zeit, fanden die Mitglieder, daß der Vorstand die Angelegenheit selbst in die Hand nehme. Auf Drängen von Davis und Macomber hatten die Banker des Vorstandes angefangen, einen eigenen Restrukturierungsplan auszuarbeiten. Theoretisch konnte der Ausschuß alle Gebote zum Fenster hinauswerfen und den Konzern unabhängig neustrukturieren, wobei die Aktionäre eine umfangreiche einmalige Zahlung aus der Veräußerung von Vermögenswerten erhalten würden. In der Praxis brauchte der Vorstand die Neustrukturierung als Keule, mit der man Johnson und Kravis drohen könnte, als Alternative für den Fall, daß die beiden sich zusammentaten.

Größere Bedeutung auf der Tagesordnung für den Vormittag hatte ein Bündel von formellen Bieterrichtlinien, die Peter Atkins entworfen hatte und in denen ein Gebotsverfahren für jede der drei Gruppen – Johnson, Kravis und Forstmann – festgelegt war. Größtenteils entsprachen diese Regeln dem üblichen Standard; jeder der Bieter erklärte innerhalb weniger Tage sein Einverständnis. Schlüssel des Ganzen war der Abgabetermin: Freitag, der 18. November, 17 Uhr. In elf Tagen.

Als die Richtlinien an diesem Nachmittag veröffentlicht wurden, stöhnte Johnson. In einer offiziellen Auktion hatten alle Bieter die gleiche Ausgangsposition, und das bedeutete, daß seine Gruppe den letzten Rest eines taktischen Vorteils verplempert hatte. Er rief Hugel an und versuchte ein letztesmal, ihn zu einer Übernahmevereinbarung zu überreden, aber ohne Erfolg. Was die Idee mit der Restrukturierung anging, so hielt Johnson sie für einen Bluff. »Charlie, man wird Ihnen die Eier abschießen«, sagte er zu Hugel. »Nie im Leben schlagen Sie mit einer Restrukturierung neunzig Dollar raus.«

Als die Woge der Anti-LBO-Reaktionen neue Höhen erreichte, begann Kravis zu befürchten, daß der Ruf seiner Firma dabei einen irreparablen Schaden erleiden könnte. Er und Roberts berieten sich zweimal mit zwei alten Freunden – Gershon Kekst und Marty Lipton –, was dagegen zu tun sei. Ihr Konsens: Sehr wenig. Schlagzeilen lockten Kongreßabgeordnete an, das wußten sie, und Kravis fand sich mit der Möglichkeit ab, daß gesetzliche Maßnahmen gegen LBOs ergriffen werden würden, wenn die Schlacht erst zu Ende wäre. Er versuchte, darüber nicht weiter nachzudenken. »Sie können nicht mehr tun, als uns in der Presse ans Kreuz zu schlagen«, meinte er, »und das haben sie schon getan.«

Kravis, den das Cover der *Business Week* immer noch schmerzte, erhielt Lektionen über den Umgang mit der Presse von seiner Frau, die in ihrem Streben nach Publicity auch schon ihren Teil an Steinen und Knüppeln abbekommen hatte. »Henry, ob du die Presse magst oder nicht, du mußt mit ihr umgehen. Also geh mit ihr um«, drängte Carolyne. »Du begreifst nicht, daß du zuläßt, wie die Presse von der anderen Seite gesteuert wird. Du mußt deine Version der Geschichte vortragen, denn sonst wird man sie nicht erzählen.«

»Aber –«

»Es gibt kein Aber«, erklärte Carolyne Roehm. »Du stehst unter Beschuß. Du mußt deine Story in die Welt bringen. Sonst wird es ihre Story sein, die man erzählt.«

Dem Rat seiner Frau folgend, erklärten Kravis und Roberts sich bereit, in dieser Woche einen Reporter der *New York Times* zu empfangen. Der Journalist hatte ein ausführliches Interview im Sinn, aber nachdem Kravis zweifelsfrei klargemacht hatte, daß er Peter Cohen gegenüber niemals das Wort »Vorrechte« benutzt habe, beendete er das Gespräch nach wenigen Minuten. Tom Daly, ein Kekst-Sprecher, entschuldigte sich für das »abrupte und frostige« Ende des Interviews und erklärte, daß die beiden »gestreßt« seien.

Die Presse war nicht Kravis' einzige Sorge. Er suchte immer noch nach einem Weisen, der ihm dabei helfen könnte, die Tiefen von RJR Nabisco auszuloten, und da die Angebote nun innerhalb von elf Tagen vorliegen mußten, verspürte er wachsende Verzweiflung. Auf Eric Gleachers Vorschlag hin hatte er mit Charles M. Harper, dem Vorsitzenden des Landswirtschaftsgiganten ConAgra, über die Leitung des Unternehmens gesprochen; es war nichts daraus geworden. Kravis traf zweimal mit Pepsi-Managern zusammen, die in seinen Deal investieren und dafür mehrere Unternehmenszweige von Nabisco kaufen wollten. Er zweifelte zwar nicht daran, daß die Pepsi-Leute ihm später würden helfen können, den Konzern zu führen, aber jetzt konnten sie ihm nicht helfen. Dann endlich kam Kravis der naheliegende Name zu Ohren: Paul Sticht, der alte, von Johnson ausgebootete Reynolds-Chef.

Als Kravis ihn anrief, bemühte Sticht sich, seinen Abscheu gegen LBOs mit seinem Abscheu gegen Ross Johnson ins Gleichgewicht zu bringen. Für Sticht waren LBOs »ein nationaler Skandal, (der) niemandem außer ein paar habgierigen Leuten etwas nutzte«. Aber der rasende Anti-Johnsonismus in Winston-Salem – selbst sein Friseur schlug die Trommel für Kravis – brachte Sticht zu der Überzeugung, daß es richtig sei, Kravis zu helfen.

Die beiden Männer trafen sich am Montag nachmittag um vier bei Simpson Thacher. In Kravis' Büro wollte Sticht nicht kommen, weil er befürchtete, in der Lobby oder im Aufzug Johnson über den Weg zu laufen. Kravis fand in Sticht einen freundlichen Pensionär, »einen echten Gentleman« ohne jene offenkundige Verbitterung über Johnson, wie Tylee Wilson sie an den Tag gelegt hatte. Offenbar lagen ihm der Konzern und seine Angestellten am Herzen. Gleichwohl war Sticht, was die neue RJR Nabisco betraf, nicht mehr auf dem laufenden; seine intimen Kenntnisse über das Unternehmen schienen seit etwa fünf Jahren überholt zu sein. Letzten Endes aber mußte Kravis einer schlichten Wahrheit ins Gesicht sehen: Sticht war alles, was er hatte. Die beiden Männer reichten sich die Hand, und Paul Sticht gehörte zum Team von Kohlberg Kravis.

»Jemand muß mal mit einem Thermometer zu Henry gehen«, bemerkte Johnson, als er davon erfuhr. »Der muß doch Fieber haben.«

Peter Cohens Brief an Forstmann Little, der am Montag zur Presse durchsickerte, las sich wie ein Schuß vor Ted Forstmanns Bug.

Lieber Ted,

ich bin zutiefst enttäuscht, ja, wie vom Donner gerührt von Presseberichten, denen zufolge Sie womöglich eine Gruppe anführen, deren Bestreben es ist, RJR Nabisco Inc. zu erwerben.
Sie werden sich erinnern, daß Sie Jim Robinson, Ross Johnson und mich in der Absicht angesprochen haben, ein bedeutendes Mitglied der vom Management geführten Gruppe zu werden, die derzeit ein Angebot für RJR Nabisco in Erwägung ziehe. Ich bin sicher, Sie erinnern sich auch daran, daß Sie Gründe für Ihren Wunsch vorbrachten, sich uns anzuschließen.
In Anbetracht Ihres nachdrücklichen Wunsches, unser Partner zu werden, und im Vertrauen auf die unten umrissenen spezifischen Darlegungen erklärten wir uns bereit, unsere geplante Transaktion in all ihren Aspekten umfassend und offen mit Ihnen zu besprechen, einschließlich unserer ökonomischen Modelle, unserer detaillierten Finanzierungsarrangements, unserer geplanten Bietestrategie und unserer vorläufigen Überlegungen hinsichtlich möglicher Veräußerungen. ...
Wir haben Goldman Sachs als Ihren Beauftragten auf der Grundlage der von Ihnen beiden ausdrücklich erteilten Versicherung, daß sie sich gleichermaßen durch die Bedingungen der von Ihnen unterzeichneten Vertraulichkeitsvereinbarung gebunden fühlten, gestattet, an unseren Gesprächen teilzunehmen. Es hat den Anschein, daß Goldman Sachs nichtsdestoweniger gewisse Lebensmittelunternehmen veranlaßt hat, sich Ihrer Gruppe anzuschließen, vermutlich unter Verwendung der vertraulichen Informationen, die Sie von uns erhalten haben.
Ich bitte Sie dringend, Ihre Handlungen sehr sorgfältig zu überdenken. Unsere geschäftliche Beziehung einschließlich unserer kürzlich geführten Gespräche setzt einen Verhaltenskodex voraus, der weder ethische Fehltritte noch Verstöße gegen vertragliche Vereinbarungen enthalten sollte. Shearson und das Management von RJR Nabisco haben die Absicht, die eingegangenen Verpflichtungen

einzuhalten. Wir erwarten von Ihnen, daß Sie es ebenso tun werden. ...
Ich hoffe sehr, daß Sie den Inhalt dieses Briefes sorgfältig bedenken werden.
Hochachtungsvoll,
Peter.

Cohens Brief hatte die erwartungsgemäße Wirkung auf Ted Forstmann, der gleich am nächsten Tag eine Replik zurückfeuerte.

Sehr geehrter Mr. Cohen,

mit Ihrem Brief vom 7. November 1988 und der offenkundigen Verbreitung dieses Briefes durch Sie an die Presse haben Sie ein Programm unverantwortlicher und unberechtigter Angriffe gegen die Ethik der Häuser Goldmann, Sachs & Co. und Forstmann Little in Gang gesetzt. Implizit attackieren Sie überdies die Ethik von Procter & Gamble, Ralston Purina und Castle & Cooke, die mit uns gemeinsam erwägen, den Konzern RJR Nabisco zu akquirieren. Wie Ihnen bewußt ist, richtet sich Ihre Attacke auf unsere Reputation gegen das, was uns am wertvollsten ist. Wir vermuten, daß der Beweggrund für Ihr Handeln der Wunsch ist, uns aus dem Bieteverfahren um RJR Nabisco hinauszudrängen, damit Shearson Lehman und gewisse RJR-Manager den Konzern zu einem reduzierten Preis erstehen können. Daß Sie diese »Taktik« verfolgen, ist besonders enttäuschend, weil das mit Ihnen zusammenarbeitende Management von RJR Nabisco die Verpflichtung hat, die Interessen der RJR-Nabisco-Aktionäre zu schützen. ...
Wie Sie sich sicher erinnern werden, haben wir Sie im Laufe unserer Gespräche darüber informiert, daß wir uns, sollten wir nicht zu einer Einigung mit Ihnen gelangen, das Recht vorbehalten, eine eigene Transaktion in Erwägung zu ziehen. Wir haben Ihnen gegenüber wiederholt klar zum Ausdruck gebracht, daß wir uns drei Optionen offenhalten: Erstens, uns an der von Ihnen geplanten Transaktion zu beteiligen, sofern sie so korrigiert wird, daß sie unseren Maßstäben entspricht; zweitens, auf jegliche Beschäftigung mit RJR Nabisco zu verzichten; drittens, einen eigenen Vor-

schlag zu formulieren, sollte der Sonderausschuß uns zu einem solchen Vorschlag einladen. Nachdem der Sonderausschuß hat verlauten lassen, daß er das Interesse unserer Gruppe begrüßen werde, haben wir beschlossen, die Option eines solchen Vorschlags in Anspruch zu nehmen. ...

Das Interesse der Forstmann-Little-Gruppe an RJR Nabisco dient unzweifelhaft dem Nutzen der RJR-Aktionäre und ist vom Sonderausschuß des Konzerns ausdrücklich begrüßt worden. Wir werden kein Angebot vorlegen, wenn diese Transaktion nach sorgfältiger Überprüfung unseren strengen finanziellen Maßstäben nicht entsprechen sollte. Allerdings werden wir unter keinen Umständen zulassen, daß durch Ihre Einschüchterungsversuche die Interessen von Forstmann Little und seiner Kapitalpartner beeinträchtigt werden.

Die Firma Forstmann Little & Co. wurde sorgfältig aufgebaut, mit höchstmöglichem Geschäftsstandard und mit absoluter Integrität. Wir haben in dieser Transaktion von vornherein in jeder Hinsicht diesem Standard entsprechend agiert; Ratschläge von Ihnen benötigen wir diesbezüglich nicht.

Ich hoffe, daß die künstliche Kontroverse, die Sie konstruiert haben, damit beendet ist. Im Gegensatz zu Ihnen haben wir nicht die Absicht, diesen Brief der Presse zur Verfügung zu stellen.

Hochachtungsvoll
Theodore J. Forstmann

Cohen hatte einen ähnlichen Brief an jeden von Forstmanns Partnern geschickt, auch an den hochgeachteten Seniorpartner von Goldman Sachs, John L. Weinberg. Weinbergs Antwort las sich wie die Zurechtweisung eines jungen Kollegen durch einen weisen Staatsmann.

Lieber Peter,

ich habe Ihren Brief vom 7. November 1988 etwa gleichzeitig mit einem Anruf der Prese erhalten; somit ist mir klar, daß Ihr Brief eher der Öffentlichkeitsarbeit und weniger der Kommunikation mit uns dienen sollte. Es ist außerdem klar, daß Sie mich nicht besonders gut kennen, denn sonst hätten Sie nicht Ihre und meine Zeit

mit Beleidigungen und Drohungen verschwendet – zumal wenn sich Ihre Fakten einigermaßen in Unordnung befinden.
Meiner Ansicht nach ist Ihr Brief keine Erwiderung wert. Indessen habe ich mich von meinen Kollegen überzeugen lassen, daß es angebracht ist, Ihnen schriftlich zu antworten.
Ihr Brief ist faktisch unzutreffend und völlig ungerechtfertigt. Goldman Sachs hat gegen keinen Punkt der Vertraulichkeitsvereinbarung verstoßen, die Forstmann Little mit RJR Nabisco unterzeichnet hat. Wie Sie wissen, war ich nicht persönlich anwesend, aber wie meine Kollegen mich kategorisch informieren, haben wir Ihnen unmißverständlich zu verstehen gegeben, daß wir möglicherweise unabhängig vom Management oder von Shearson vorgehen werden und daß wir diese Möglichkeit aktiv in Betracht ziehen. Es gibt keine Vereinbarung mit Shearson oder mit RJR Nabisco, die Goldman Sachs daran hindern würde, diese Alternative zu verfolgen oder Angebote für RJR Nabisco zu unterbreiten, die von dem Unternehmen und seinen Aktionären günstig aufgenommen werden.
Der Ausschuß der unabhängigen Vorstandsmitglieder des Konzerns teilt diese Ansicht offensichtlich. Wie der Ausschuß heute noch einmal öffentlich bestätigt hat, begrüßt er das potentielle Interesse von Forstmann Little, Goldman Sachs und den hochgeachteten Unternehmen, mit denen wir zusammenarbeiten.
Ich finde es schwierig, wenn nicht gar unmöglich, Ihr vorgebliches Interesse an einer guten Beziehung zu Goldman Sachs ernstzunehmen. Es ist jeglicher Beziehung zwischen unseren Firmen nicht förderlich, Angriffe wie die in Ihrem Brief vom 7. November vorzunehmen oder sie nutzbar machen zu wollen, indem Sie sie an die Presse weiterleiten, ehe Sie uns davon Mitteilung gemacht oder gar unsere Antwort erhalten haben. Wir glauben, daß eine Eskalation dieser Korrespondenz in niemandes Interesse ist und haben daher zum jetzigen Zeitpunkt nicht die Absicht, Kopien dieses Briefes an die Presse zu geben.
Ich verwahre mich entschieden gegen Ton und Substanz Ihres Briefes; es kommt Ihnen nicht zu, mir, Geoff Boisi oder dem Hause Goldman, Sachs & Co. in irgendwelchen Dingen Lehren zu erteilen. Außerdem können Ihre taktischen Manöver nur beitragen zu

dem negativen Eindruck, den viele Leute von unserer Industrie gewonnen haben. Ich hoffe zuversichtlich, daß diese Taktiken aufhören werden.

Hochachtungsvoll
John L. Weinberg

Nachdem Jim Robinson die Briefe von Hugel, Forstmann und Weinberg gelesen hatte, rief er Cohen an und gab ihm unmißverständlich zu verstehen, daß ihm nichts daran liege, weitere Proben von Shearsons Schreibkünsten zu erhalten.

Bob Carbonell, der Chef von Del Monte, kam am Mittwoch morgen in Johnsons New Yorker Büro gestürmt. »El Supremo« war so wütend, wie »der Papst« ihn nur je gesehen hatte. »Ross, Sie glauben nicht, was für ein Amateurzirkus da im Gange ist«, erklärte er.

Er komme, berichtete er, soeben aus einer Befragung durch eine Truppe von Dole-Managern im Plaza Hotel im Rahmen der Unternehmensprüfung durch Forstmann Little. Aus ihren Fragen war deutlich zu schließen, daß Dole auf irgendeine Weise Zutritt zu einer Schatzkammer voll vertraulicher Informationen über Del Monte bekommen hatte, zu Transportplänen, Produktionsvorhersagen, zu allem. Del Montes Konkurrenzfähigkeit, schloß Carbonell, war damit ernsthaft beeinträchtigt.

Beiden war klar, daß die undichte Stelle im Sonderausschuß zu finden sein mußte. Dessen hochgerühmte Sicherheitsprozeduren hatten nicht funktioniert, und die Folge war gewesen, daß Dole die Möglichkeit bekommen hatte, in den geheimsten Akten von Del Monte herumzuschnüffeln. Zum erstenmal seit einem Monat platzte Johnson der Kragen. Die Streitereien mit Kravis oder Cohen konnte er ertragen. Das waren faire Streitereien. Aber einen solchen Schlag wegen purer Faulheit, purer Inkompetenz hinnehmen zu müssen – das war zu viel.

Hugel war am Tag zuvor nach Rußland geflogen, aber das konnte Johnson nicht aufhalten. John Martin rief Roone Arledge bei der ABC an und ließ sich mit dem Moskauer Büro der Rundfunkgesellschaft verbinden. In Moskau hastete Hugel aus dem Hotel und durch dunkle, gewundene Straßen zum ABC-Büro, um Johnsons Anruf entgegenzunehmen. Nicht einmal in Rußland war es ihm gelungen, RJR Nabisco zu entkommen. In der Lobby seines Hotels traf er einen leitenden Pepsi-Manager und besprach mit ihm, auf welche Weise Pepsi sich mit einem Gebot beteiligen könne. Im Kreml traf Hugel mit mehreren Spitzenfunktionären zusammen, darunter mit dem Vorsitzenden der Handelskommission der UdSSR. Alle wollten etwas über die große Schlacht in der Wallstreet hören.

Jetzt hörte Hugel zu, wie Johnson seiner Wut über den Sonderausschuß Luft machte. »Jetzt weiß ich, daß das allesamt komplette Scheiß-Idioten sind!« tobte Johnson über die Transatlantik-Leitung. »Da kriegen die nun achtundzwanzig Millionen Dollar dafür, daß sie uns in den Arsch treten. Daß sie nicht mal die Unternehmensprüfung richtig machen. Das schmerzt, das schmerzt wirklich, Charlie. Die brauchen doch nicht all diese Informationen, um zu wissen, ob der Konzern in Ordnung ist oder nicht. Die pumpen diese Leute dermaßen verdammt heftig voll, daß sie dabei den Konzern umbringen! Das ist nicht fair!«

Hugel versprach, sich darum zu kümmern, und später entschuldigte sich ein Assistent des Sonderausschusses bei Johnson für das, was er einen »technischen Patzer« nannte. Die Episode hatte noch ein Postskriptum. Ein paar Wochen später erhielt Bob Carbonell ein Federal-Express-Paket, das anscheinend von einem Sachbearbeiter in der Verwaltung von Dole fehladressiert worden war. Darin fand er fotokopierte Blätter mit Finanzdaten von Del Monte. Für Johnson war es klar, daß Dole diese Daten an seine Manager in der ganzen Welt verschickte. Da allerdings war es natürlich zu spät, um noch etwas dagegen zu unternehmen.

Die New Yorker Bibliothek ragt in den grauen Straßen von Manhattan südlich der Grand Central Station empor wie das Parthenon. Einer Festung gleich erstreckt sie sich über zwei volle Cityblocks, eines der besten Beispiele für die »Beaux Arts« Architektur von New York, und ihr enormes Portal ist von zwei massigen Steinlöwen flankiert: Geduld und Tapferkeit.

Der Abend des Donnerstag, des 10. November, war ein besonderer

Augenblick für die Bibliothek. Zum achtenmal fand das alljährliche Literary-Lions-Dinner statt, eine Wohltätigkeitsveranstaltung zu Ehren von zwanzig der hellsten Lichter der literarischen Welt. An diesem Abend schritt die Crème de la crème der New Yorker Society zwischen den beiden Löwen hindurch, Berühmtheiten wie Astor, Trump und Bass sowie die zu Ehrenden, begabte Autoren wie Art Buchwald, George Higgins und Richard Reeves. Erst würden Cocktails serviert, dann in drei Lesesälen das Dinner, und danach sollte der Schauspieler Christopher Plummer eine Kurzgeschichte von Stephen Leacock lesen.

Als der Mond aufging, versammelten sich Gäste und Schriftsteller in Frack und funkelnden Abendroben in der McGraw Rotunda, einer langgestreckten steinernen Halle, die sich durch das gesamte dritte Stockwerk des Gebäudes zog. *Jeder* war da. Nancy und Henry Kissinger schritten vorüber. Jacqueline Onassis, hinreißend in einem schwarzweißen Ensemble, war ebenfalls anwesend. John Gutfreund, der als Schatzkanzler der Bibliothek fungierte, war mit seiner blendend aussehenden Gattin Susan erschienen. Gutfreund winkte, als er sah, daß Kravis mit Carolyne Roehm an seiner Seite hereinkam.

Plötzlich ging ein Murmeln durch den Raum. Kameras blitzten, Hälse reckten sich, und jeder wollte sehen, was die Unruhe bedeutete. Da stand Kravis mitten in all dem festlichen Treiben und sprach ausgerechnet mit Peter Cohen.

Die beiden Männer lächelten für die Kameras und bemühten sich angestrengt, Small talk zu treiben. »Es ist eine schreckliche Sache«, sagte Kravis mit einem Auge auf der zusammenströmenden Menge. »Wissen Sie, es ist wirklich schade, daß es mit uns nicht geklappt hat.«

Cohen sagte etwas vom Offenhalten der Optionen.

»Ich weiß nicht, was wir tun werden«, sagte Kravis. »Ich weiß es ehrlich nicht.«

So standen sie einen Moment lang da und zeigten sich von ihrer besten Seite, erstarrt im Scheinwerferlicht der New Yorker Society.

»Es ist wirklich schade, daß alles so gekommen ist, aber nun soll es mal so sein«, sagte Kravis. »Sie tun, was Sie tun müssen. Wir tun, was wir tun müssen.«

Kravis löste sich von Cohen und ging mit Carolyne Roehm am Arm zum Dinner. Unterwegs erblickte er Billy Norwich, den Gesellschaftskolumnisten der New Yorker *Daily News*. Im September hatte

Norwich nicht auf der Gästeliste der Kravis-Party im Metropolitan Museum gestanden und daraufhin pikiert den Finanzier in seiner Kolumne bezichtigt, »die Presse zu hassen«. Kravis hatte die Nase voll von der Presse, und besonders Norwich konnte er nicht ausstehen, weil er glaubte, daß es ihm Spaß mache, seine Frau aufs Korn zu nehmen.

Carolyne Roehm sah, daß eine Konfrontation drohte, und versuchte, ihren Mann wegzubugsieren. »Komm, Henry«, flüsterte sie, »laß uns zum Essen gehen.«

Aber es war zu spät. Kravis hatte Norwich gesehen und lief rot an. Der Kolumnist näherte sich, und es kam zu einem Wortwechsel. Zuerst nannte Kravis Norwich ein Arschloch. Dann erklärte er mit erhobener Stimme: »Ich breche Ihnen beide Kniescheiben.« Mehrere Leute verstanden deutlich, was er sagte, und wandten die Köpfe.

In diesem Augenblick kam die Societyfürstin Brooke Astor heran. »Haben Sie schon einen Drink?« fragte sie.

»Ja«, sagte Kravis.

»Sie habe ich nicht gefragt«, versetzte die Astor. »Ich habe Billy gefragt.«

Die Intervention der Astor, beabsichtigt oder nicht, beendete den aufziehenden Streit. Kravis wandte sich um und ging weiter zum Dinner. Dick Beattie, der den Wortwechsel gehört hatte, glaubte, Kravis habe einen Scherz gemacht. Norwichs Begleiterin, eine britische Autorin namens Meredith Etherington-Smith, war anderer Meinung, und sie erzählte *Women's Wear Daily* von dem Zwischenfall.

»Ich war absolut schockiert«, sagte sie. »Ein solches Benehmen erwartet man vielleicht auf einer Pöbelparty, aber doch nicht bei den Literary Lions.«

Die Spannungen nahmen auch in der Managementgruppe zu. Gegenseitige Bezichtigungen waren angesichts der kläglichen Leistungen bisher nicht weiter überraschend. Die Salomon-Banker – die »Würstchen« – entwickelten immer mehr Haß auf Tom Hill, der seinerseits kaum einen Hehl aus seiner Verachtung für die Salomon-Kollegen machte. Die Würstchen beklagten sich, daß Hill ihre Anrufe nicht erwidere. Er behandele Mike Zimmerman, wie einer der Banker es

formulierte, »wie einen Hausknecht«. Sie fanden Hill so maßgeschneidert, so WASPig, so herablassend, so ... Tom-Hill-haft.
»Dieses Arschloch Hill, wie Sie ihn nennen, hat die M & A-Abteilung Nummer eins in der Wallstreet«, erinnerte Chaz Phillips seine Kollegen einmal. »Muß ich Sie daran erinnern, daß seine Abteilung noch vor vier Jahren erheblich kleiner war als die von Salomon?« Die Banker sahen Phillips an, als hätte er den Verstand verloren.

Für Cohen waren die Würstchen ein Quell beständiger Verblüffung. »Wissen Sie, wer all diese Leute sind?« fragte er seinen Assistenten Andrea Farace eines Nachmittags, als sein Büro sich mit Salomon-Leuten füllte. »Woher kommen sie? Was zum Teufel machen sie?« Gelegentlich nahm Cohen Gutfreund beiseite und fragte: »Können wir eine kleine Besprechung abhalten?« Aber es war unmöglich.

Auch Johnson staunte über die endlose Prozession der Berater. Cohen schien Assistenten hinter sich herzuziehen wie eine Brautschleppe. »Junge, Peter«, sagte er einmal, »kein Wunder, daß Ihre Leute am Roten Meer falsch abgebogen sind.«

Gutfreund sah mit zunehmender Verärgerung, wie Steve Goldstone mit dem Sonderausschuß umging. Goldstone war für die Gruppe nach wie vor die einzige Verbindung zu Peter Atkins, und Gutfreund verdroß es, daß er außerstande war, von dem Skadden-Anwalt irgendwelche Hinweise zu bekommen. Gutfreund beauftragte seine Leute, sich mit Goldstones Background zu befassen; sie stellten fest, daß er keine nennenswerte Reputation vorzuweisen hatte. Bei mehreren Gelegenheiten schlug Gutfreund Cohen vor, daß Salomons Anwalt Peter Darrow die Genehmigung bekomme, mit Atkins zu sprechen. Aber es kam nichts dabei heraus. Im Grunde waren die Salomon-Manager von Johnsons ganzem Team enttäuscht. Sie lasteten Johnson das Fiasko mit der Managementvereinbarung an. Und als die Presseberichte zum Thema Habgier wie Pilze aus dem Boden schossen, murrten einige, Johnson mache eigentlich mehr Ärger, als er wert sei.

Für Johnsons siebenköpfige Managementgruppe wurde das Leben in Nine West zusehens surreal. Johnson, der immer ein Sicherheitsfanatiker gewesen war, ließ die Büros täglich nach Abhörgeräten absuchen; ein Angebot, Wanzen in Kravis' Büro anzubringen, lehnte er ab. Konferenzen wurden häufig durch schrille Piepstöne gestört: John

Martins Assistent Bill Liss hatte darauf bestanden, daß alle Topmanager Beeper bei sich trugen, wie es auch ein rundes Dutzend Reporter tat, mit denen Liss ständig in Kontakt war.

Bei aller Betriebsamkeit fühlten viele von Johnsons Mitarbeitern sich sonderbar isoliert, während Shearson und Salomon die Vorbereitungen für das Gebot der kommenden Woche übernahmen. »Wenn ein Banker davon redet, Geld aufzutreiben, ist er Ihr Angestellter«, pflegte Andy Sage zu sagen. »Wenn er anfängt, die Schecks zu schreiben, werden Sie seiner.« Sage fühlte sich so sehr ausgeschlossen, daß er sich ein Fernsehgerät ins Büro stellen ließ, um sich die Zeit zu vertreiben.

Johnson wurde unterdessen immer niedergeschlagener. Nichts von seinem »großen Abenteuer« war planmäßig verlaufen: der Kravis-Überfall, die gescheiterten Friedensgespräche, der Aufruhr über die Managementvereinbarung, das Del-Monte-Fiasko, die tägliche Abreibung, die er von der Presse bezog. Und immer mehr gab jetzt Shearson den Ton an. Nichts an diesem Kampf machte Spaß. »Es passiert überhaupt nichts, bis die Sonne untergeht«, murrte er. »Und dann kommt dieses beschissene Essen ins Haus, und alle essen und reden und reden. Der letzte Ort, wo ich abends essen möchte, ist mein Büro.«

Vor allem die Höhe der Gebote erfüllte Johnson mit Unruhe. Selbst wenn sie gewinnen sollten, würde sein Ferrari bis aufs Fahrgestell demontiert werden, um die Schulden abzuzahlen, und er würde auf Jahre hinaus mit Handschellen ans Lenkrad gekettet werden. Johnsons Genörgel wurde so ermüdend, daß ein Investmentbanker in einer Strategiesitzung Ed Horrigan beiseitenahm und ihm vorschlug, seinen Boß einmal ein bißchen anzufeuern. Es ging einfach nicht an, meinte der Banker, daß der geistige Führer der Gruppe das Kämpfen aufgab.

»Wir können nicht aufgeben«, sagte Horrigan nachher zu Johnson. »Lieber gehe ich geschlagen, blutig und gebeugt nach Hause, aber ich gebe nicht auf. Wenn irgend jemand weiß, wie dieses Unternehmen auf höherer Ebene unter möglichst geringen Schmerzen zu führen ist, dann sind wir beide das. Wenn wir verlieren müssen, dann soll es in einer Schlacht geschehen, nicht durch Zugeständnisse. Sie müssen gewinnen, Ross. Sie haben einen zu guten Ruf zu verlieren.«

Aber während der streitbare Ed Horrigan sich dem Kampf stellte, sank Johnsons Stimmung immer tiefer. »Sie verstehen nicht. Wir müssen überhaupt nicht gewinnen, Ed«, sagte er. »Es ist Poker. Man kann seinen Stolz nicht über seinen Verstand stellen.«

Am Donnerstag, dem 10. November, fuhr Johnson von New York nach Jupiter, wo er in seiner Eigentumswohnung ein ruhiges Wochenende zu verbringen gedachte. Er sparte sich die Mühe einer Zwischenlandung in Atlanta, wo die große Eröffnungsfeier des neuen Hangars auf dem Charlie Brown Airport stattfand. Tatsächlich ging die geplante Galafeier auch einigermaßen schief. Kaum einer der Eingeladenen erschien: die Vertreter der Stadt nicht, die Arbeiter aus den benachbarten Hangars nicht, nicht einmal RJR Nabiscos eigene Führungskräfte, die jetzt lieber ihre Wunden leckten. Niemand, so schien es, wollte irgend etwas mit Johnson zu tun haben. Der Abend endete frühzeitig, und die Mitarbeiter nahmen die übriggebliebenen Speisen mit nach Hause, um sie dort zu vertilgen.

An diesem Wochenende erhielt Johnson einen Anruf von Charlie Hugel, der gerade aus Moskau zurückgekommen war. Hugel hatte die Kopie eines neuen Eintrags bei der Börsenaufsichtsbehörde, den RJR Nabisco hatte vornehmen lassen, zu Gesicht bekommen. Dem Kleingedruckten hatte er entnommen, daß Johnson die Vergütung für Andy Sage von 250 000 auf 500 000 Dollar jährlich erhöht hatte. Bei der Lektüre des Eintrags war er wütend geworden. Hugel war sicher, daß der Vorstand dieser Gehaltserhöhung niemals zugestimmt hatte.

»Der Vorstand hat das im Juli genehmigt«, behauptete Johnson. Hugel sah in den Juli-Protokollen nach und fand nichts. Er rief wieder bei Johnson an. Diesmal erklärte Johnson, die Gehaltserhöhung sei im September genehmigt worden, und zwar rückwirkend für die Juli-Sitzung.

Charlie Hugel glaubte ihm nicht. Zum zweitenmal in einer Woche glaubte er, Ross Johnson bei einer Lüge ertappt zu haben.

»Ich werde Sie reich machen, Johnny!«

Johnsons Worte hallten John Greeniaus immer noch in den Ohren, unwirklich und doch nicht verklingend. Der Weg, den er nach seinem schicksalhaften Treffen mit Johnson eingeschlagen hatte, war radikal, aber – wie er es sah – unausweichlich. Entweder blieb er loyal gegenüber seinen Leuten bei Nabisco oder aber gegenüber dem Mann, der sie zum Spielball machen wollte. *Ich werde Sie reich machen* – wahrhaftig. Wie konnte Johnson das tun, fragte sich Greeniaus, und glauben, daß Geld alles besser machen würde? John Greeniaus interessierte sich nicht für Geld, sondern dafür, aus Nabisco eine gut geölte Maschine zu machen. Jetzt wollte Johnson diese Maschine nehmen und sie als Ersatzteillager verkaufen.

Zuerst war er wie betäubt gewesen. Die Betäubung war dem Zorn gewichen. Jetzt war alles so klar: Weshalb Johnson Nabisco und Del Monte zu separaten, handlichen, leicht verkäuflichen Einheiten umorganisiert hatte; warum Johnson in diesem Sommer 300 000 Stammaktien an Tabakleute und so gut wie keine an Nabisco-Mitarbeiter übertragen hatte;* weshalb Horrigan immer seinen Willen bekommen hatte. Johnson hatte alles von langer Hand geplant, folgerte Greeniaus, und sie alle belogen. Jetzt versprach er, sich um Greeniaus zu kümmern und dafür zu sorgen, daß er in irgendeinem Unternehmenshafen sicher landete. Nie wieder würde er Johnson glauben.

Der bloße Gedanke an diesen LBO war Greeniaus zuwider, aber die Tatsache, daß man ihn nicht eingeladen hatte, sich der Managementgruppe anzuschließen, erfüllte ihn gleichermaßen mit Abscheu. Es war ein Gestrüpp von bitteren Emotionen. Aber schließlich, wie es bei John Greeniaus immer der Fall war, wich der heiße Zorn einem kalten Verstand. Es hatte keinen Sinn, wütend zu sein; er würde Vergeltung üben.

An dem Tag, als der LBO angekündigt worden war, war er nach New Jersey in die Nabisco-Hauptverwaltung zurückgeflogen. Innerhalb

---

* Die großen Stammaktien-Übertragungen erzeugten tatsächlich fast ebenso viel böses Blut in den Reihen der Tabakmanager wie bei Nabisco. Während das Topmanagement großzügige Zuteilungen von Stammaktien bekommen hatte, waren zahlreiche andere Manager im August dazu gedrängt worden, ihre Aktienoptionen aufzugeben. Das Unternehmen hatte angeboten, Optionen zu 53,50 Dollar pro Aktie anzukaufen; die Entscheidung sollte jedem einzelnen Mitarbeiter überlassen bleiben. Aber Ed Horrigan hatte verbreiten lassen, daß tunlichst *jeder* seine Optionen verkaufen solle. Diejenigen, die es taten, verzeichneten hohe Verluste, als der Aktienkurs ein paar Wochen später in die Höhe schoß. Er habe niemanden übers Ohr hauen wollen, behauptete Horrigan später: Er habe ja selbst Optionen für 59 000 Aktien zum Verkauf gegeben. Andererseits erhielt er zum selben Zeitpunkt 50 000 Stammaktien.

weniger Tage schob er ein vertrauliches Planungsdokument in einen Umschlag und schickte es, mit der Aufschrift »Vertraulich und dringend« versehen, an Charlie Hugel.

Es war der erste Teil eines Plans, der, wie Greeniaus dachte, vielleicht Fantasie bleiben würde. Er war fast sicher, daß Johnson die Firma bekommen würde. Johnson wußte Dinge, die kein Konkurrent herausfinden könnte. Den Vorstand hatte er in der Tasche. Aber wenn ein Stückchen streng geheime Information dem Vorstand helfen könnte, Johnsons wahres Gesicht zu erkennen, dann würde Greeniaus dafür sorgen, daß der Vorstand es bekam. Wenn ein fremder Bieter für Nabisco einen besseren Preis zahlte als Johnson, dann würde Greeniaus den Gegner unterstützen und ihm helfen.

Er ließ den Finanzleiter von Nabisco, Larry Kleinberg, in sein Büro kommen. Sie würden Nabisco auseinandernehmen und in aufgepeppter Form neu erfinden. Sie würden das Unternehmen für die große Party herausputzen, würden zeigen, wie man Geld sparen und den Cashflow anheizen konnte. Wenn andere Bieter das wahre Potential der Firma sähen, würden sie vielleicht den Einsatz erhöhen und Johnson aus dem Feld schlagen. Und wenn sie gewannen, würden sie Nabisco vielleicht behalten. Das Ergebnis sei ungewiß, meinte Greeniaus, aber es sei ihre einzige Chance, das Unternehmen zu retten. »Dies ist ein Survival-Spiel«, sagte er zu Kleinberg. »Spielen wir es, so gut wir können.«

Während er sich insgeheim auf seinen Guerrilla-Krieg vorbereitete, war Greeniaus bemüht, seine Truppen bei Laune zu halten. Aus seinem Büro ergoß sich zur Belustigung der deprimierten Nabisco-Manager ein steter Strom von Anti-Johnson-Cartoons und Aktennotizen. Einer der Cartoons zeigte einen Scheidungsrichter, der einen Jungen fragte: »Junior, möchtest du lieber einem Raucher oder einem Nichtraucher zugesprochen werden?« Greeniaus Kommentarzeile lautete: »Wer weiß – vielleicht wären wir bei einem Nichtraucher besser aufgehoben.«

Als Kravis die Szene betrat, hatte Greeniaus seinen Feldzug ernstlich begonnen. Nachdem er mit den Bankern des Sonderausschußes bei Dillon und Lazard bekanntgemacht worden war, hatte er sie immer wieder mit sogenannten RJR-Nabisco-»Faktoiden« erheitert. »Raten Sie mal, wie viele Mitglieder das ›Team RJR Nabisco‹ hat«, sagte er etwa. Man riet: Acht, zehn, vielleicht ein Dutzend? »Was halten Sie von neunundzwanzig?« fragte Greeniaus. »Was halten Sie von einem Kostenaufwand von sieben bis zehn Millionen Dollar jährlich?«

Er kitzelte sie mit Berühmtheiten – Jack Nicklaus mit seinem Millionen-Dollar-Deal – und verblüffte sie mit Obskuritäten. Wer um alles in der Welt war Vijay Amritraj, und weshalb war er im Team RJR Nabisco? Greeniaus fütterte sie mit Geschichten von der Villa in Castle Pines, dem Anwesen in Palm Springs, den Apartments in New York. Und Greeniaus' Wahnsinn hatte Methode: Je mehr Verschwendung die Vorstandsbanker entdeckten, desto höher würde der »faire Preis« sein, den sie fordern würden.

Nachdem Greeniaus die Banker drei Wochen lang mit solchen Häppchen angespitzt hatte, war er schließlich bereit zum Handeln. Er trug seine Idee Josh Gotbaum von Lazard vor, und dieser erkannte ihre Bedeutung sofort. »Wir werden diese Dinge nur dem Sonderausschuß erzählen«, sagte Greeniaus. »Es darf nicht zum Management oder zu Ross durchdringen. Einiges von dem, was wir zu sagen haben, könnte uns unseren Job kosten.« Gotbaum garantierte Greeniaus, daß Johnson von ihrem Plan nichts erfahren würde.

Greeniaus sollte am Montag, dem 14. November, bei Skadden Arps vor dem Sonderausschuß sprechen. Zufällig sollte auch Johnson dort sein, um im Rahmen der Unternehmensprüfung durch den Vorstand Fragen zu beantworten. Am Morgen fuhr Greeniaus auf dem Weg zur Vorstandssitzung in Nine West vorbei.

»Johnny!« dröhnte Johnson, als er Greeniaus erblickte. »Kommen Sie rein zu uns. Wir arbeiten an unserer Strategie für den Umgang mit dem Sonderausschuß.«

Entsetzt folgte Greeniaus Johnson in den »Aquarium«-Konferenzraum, wo Steve Goldstone und die Managementgruppe in einer angeregten Diskussion am großen runden Tisch saßen. Es sollte Johnsons erstes Zusammentreffen mit dem Vorstand seit nahezu einem Monat sein, und jeder hatte eine Idee, wie dabei zu verfahren sei. Horrigan drängte wie gewöhnlich auf einen kämpferischen Ansatz: Geben Sie den Halunken kein Jota an neuen Informationen. Johnson schwankte zwischen »kühl« und »höflich«. Greeniaus war starr vor Angst davor, daß man ihn entlarven könnte.

Als es Zeit wurde, zu Skadden zu fahren, stellte Johnson fest, daß kein Wagen bereitgestellt worden war. Er wandte sich an Greeniaus, der eine Nabisco-Limousine kommen ließ. Zusammen fuhren sie zu Skadden, und dort angekommen, nahmen sie in einem kleinen Warteraum Platz. Als Hugel erschien, um Johnson zum Vorstand zu begleiten, erhob sich Greeniaus in banger Verwirrung. Bei all dem Mut, den er aufgebracht hatte, kam es doch unter keinen Umständen in Frage, daß er in Johnsons Gegenwart vor dem Vorstand sprach.

Hugel musterte ihn mit einem verwunderten Blick. »John, Sie gehören doch nicht zu der Gruppe, oder?«

»Äh, nein«, antwortete Greeniaus.

»Na, dann warten Sie«, sagte Hugel.

Erleichtert kehrte Greeniaus auf seinen Platz zurück.

»Es gibt einen miesen Verräter in diesem Raum«, verkündete Hugel; er schritt im Konferenzraum auf und ab und starrte die Anwesenden vorwurfsvoll an. »Es gibt einen Verräter, und ich werde herausfinden, wer es ist.«

Während sie sich an diesem Morgen auf Johnsons Erscheinen vorbereiteten, waren die Vorstandsmitglieder offensichtlich gereizt. Es war der siebenundzwanzigste Tag der LBO-Krise, und sie fühlten sich allesamt wie Geiseln dieser Angelegenheit. Hugels Zorn richtete sich auf die Weitergabe von Informationen an die Presse, die seit der ersten Sitzung des Ausschußes drei Wochen zuvor nicht aufgehört hatte. Felix Rohatyn von Lazard drängte Hugel, sich zu beruhigen. Die Lecks konnten überall sein, meinte er, und eine Hexenjagd würde die Anspannung, die sie alle empfänden, nur verschärfen.

Insgeheim hielten etliche der Vorstandsmitglieder Hugel für einen ziemlichen Heuchler. Sie alle wußten, daß Johnson regelmäßig mit Hugel sprach – ein Vorteil, den andere Bieter nicht genossen –, und das konnte dem Ausschuß eine Klage einbringen. Zweimal hatten Vorstandsberater versucht, das Thema bei ihm zur Sprache zu bringen, doch ohne Erfolg. Hugel hatte außerdem schon für eine Reihe von Zeitungsinterviews eins auf die Finger bekommen: In den Interviews hatte er unter anderem geäußert, daß der Vorstand dasjenige Gebot bevorzugen werde, das am meisten Bargeld – statt Junkbonds und anderen Papieren – enthielte. »Cash ist cash«, hatte er gesagt.

Die Atmosphäre der Bissigkeit wurde an diesem Morgen noch durch einen Brief von Ronnie Grierson, dem britischen Vorstandsmitglied, verstärkt. Grierson, das wußten alle, war zutiefst besorgt wegen seiner Haftungsverpflichtung im Falle einer Klage. An den Vorstandssitzungen nahm er über ein Lautsprechertelefon von London aus teil, und andauernd bremste er die Konferenzen mit Fragen, die die anderen für Haarspalterei hielten. Hugel war mehrmals genötigt gewesen, ihm das Wort abzuschneiden. Andere im Vorstand indessen teilten Griersons Sorge. Allen Vorstandsmitgliedern hatte man geraten, keine Notizen zu machen, sofern sie nicht wollten, daß diese zu einem späteren Zeitpunkt womöglich beschlagnahmt wurden.

Jetzt forderte Grierson den Rücktritt Johnsons und der gesamten Managementgruppe. Es sei »höchst anstößig«, meinte er, wenn sie weiterhin das Unternehmen führten, während sie bemüht waren, es zu kaufen. Hugel konnte Grierson diese Forderung später ausreden, aber für den Augenblick empfand jeder sie als ärgerlich. Dies war nicht der rechte Augenblick, ihre Reihen zu sprengen.

Die Stimmung besserte sich nicht, als man Johnson und Horrigan hereinführte. Nach der Managementvereinbarung befragt, blieb Johnson bei seiner Aussage, daß die *Times* eine falsche Darstellung gebracht habe und daß sein Anteil an den Erträgen das bei anderen LBOs übliche Maß nicht übersteige. Nach Möglichkeiten der Kostenreduzierung im Tabakbereich befragt, erklärte Johnson wie Horrigan unverblümt, es gebe keine. Ihre Haltung grenzte an Feindseligkeit und brachte ihnen beim Vorstand keine Pluspunkte ein.

Bei einer Gelegenheit geriet die wachsende Kluft zwischen Johnson und Hugel ins helle Licht der Aufmerksamkeit. Der Vorstand hatte wiederholt zum Ausdruck gebracht, daß es ihm nicht passe, wenn Bieter Vermögenswerte von RJR Nabisco »vorabverkauften« – mit anderen Worten, wen sie den Verkauf von Geschäftsbereichen an Außenseiter vereinbarten, bevor das Bieteverfahren abgeschlossen war. Als Johnson bestritt, daß seine Gruppe dies tat, lächelte Hugel ironisch und erwiderte: »Jeder verkauft vorab.«

»Wollen Sie mein Wort in Frage stellen?« kläffte Johnson. »Das ist absolut unzutreffend. Ich verlange, daß Sie diese Äußerung zurücknehmen. Vielleicht tut Shearson es, und vielleicht tut Sally es, aber ich kann Ihnen sagen, wir tun es nicht.« Hugel nahm seinen Satz zurück, aber für jeden der Anwesenden war klar, daß etliche Freundschaften diese Aktion nicht überleben würden.

Das Rückgrat eines jeden erfolgreichen LBO ist ein Bündel von Prognosen: über Erträge, Verkäufe und – vor allem – den Cashflow. Weil sie die Höhe der Schulden bestimmen, die ein Unternehmen zuverlässig zurückzahlen kann, sind diese Vorhersagen der Schlüssel zur Abfassung eines Gebots. Und das richtige Gebot bedeutet alles bei einem LBO: Je höher der Preis, desto höher die Schulden. Eine zu hohe Verschuldung kann den gesündesten Konzern erdrücken.

Kravis hatte gehofft, nach seinen Unternehmensprüfungssitzungen im Plaza Hotel mit einem Paket zuverlässiger Prognosen ausgestattet zu sein. Seine Leute aber waren auf Mauern gestoßen und immer tiefer in einem Morast der Verwirrung versunken. Am Montag, nur noch vier Tage vor dem Fälligkeitstermin für die Gebote, wußte Kravis etwas über Del Monte, ein bißchen über Nabisco und fast nichts über Horrigans Tabakunternehmen.

Die Aufgabe, für Kravis Prognosen zusammenzustellen, war einem dreißigjährigen Mitarbeiter zugefallen, Scott Stuart, einem gutaussehenden Junggesellen mit einem betrüblich vernachlässigten Apartment in der Upper West Side von Manhattan. Stuart, der nicht selten achtzehn Stunden am Tag arbeitete, hatte vier verschiedene Prognosenpakete zu RJR Nabisco ausgearbeitet, von denen jedes, zumindest theoretisch, zutreffender war als das vorige.

Er begann mit den Zahlen, die er über den Sonderausschuß von RJR Nabisco erhalten hatte. Da sie geradewegs von Johnson kamen, waren sie suspekt. Normalerweise pflegte Stuart wochenlang in Brainstorming-Sitzungen mit dem Management zusammenzusitzen, um solche Zahlen zu verfeinern und Bereiche zu identifizieren, in denen sich Einsparungen vornehmen ließen. Aber da das Management ihm nicht zur Verfügung stand, wandte Stuart sich an Tabakindustrie-Fachleute bei Drexel und Merrill Lynch. Die Zusammenarbeit mit den Bankern von Morgan Stanley und Wasserstein Perella führte zu weiteren Überarbeitungen. Stück für Stück hatte Stuart ein hübsches, ordentliches Bündel von weißen Computerausdrucken zusammengetragen. Gern hätte er geglaubt, etwas Verläßliches in Händen zu haben, aber er fürchtete, daß er nichts weiter hatte als Vermutungen.

Gähnende Löcher klafften in Stuarts Analyse – Resultat des Umstandes, daß er bestimmte Schlüsselzahlen nicht hatte erhalten können. In einer vollkommenen Welt hätte Stuart nicht einmal versucht, Prognosen abzugeben, ohne vorher sämtliche relevanten Zahlen zusammenzutragen. Aber er hatte keine Wahl: Zeitliche Zwänge erforderten, daß er etwas auf den Tisch legte. Drei Wochen lang war Stuart den Bankern bei Dillon und Lazard auf die Nerven gegangen, um die Zahlen von ihnen zu bekommen, doch ohne Erfolg. Zuerst glaubte er, daß auch sie nur mauerten. Später sollte er erkennen, daß das Problem bei RJR Nabisco lag. Niemand unterhalb der höchsten Ebene kannte das Gesamtbild. Die, die es kannten – wie zum Beispiel Ed Robinson –, nannten nur Namen, Rang und Dienstnummer.

Am Montag bekam Stuart allmählich Panik. Jeden Tag suchte er nach den Zahlen, brüllte bei Dillon Read herum, brüllte bei Lazard, brüllte seine eigenen Buchhalter und Anwälte an, die in Atlanta im Datenraum umherkrochen. Datenraum, *hah!* Bei dem bloßen Gedanken mußte Stuart lachen. Sie hatten Daten, natürlich: haufenweise blanke Zahlen, die zu ergründen Wochen, wenn nicht Monate dauern würde. Genausogut hätte das Ganze in chinesisch verfaßt sein können.

Die Zahlen, die er brauchte, waren nicht einmal kompliziert: eine Veranschlagung der verfügbaren Barreserven bei RJR Nabisco, den Umfang der Gesamtverschuldung, die voraussichtlich an Johnsons Managementgruppe zu leistenden Zahlungen im Zusammenhang mit den Abfindungen durch die »goldenen Fallschirme«. Fundamentales Material, dachte Stuart, aber es wäre ein Fundament, auf dem Kravis und Roberts ihr Gebot abgeben könnten. Seine beiden Chefs, das war Stuart in unbehaglicher Weise bewußt, wurden zunehmend ungeduldig, weil er es nicht vermochte, ihnen fertige Prognosen auf den Schreibtisch zu legen.

Und als wäre es noch nicht schlimm genug gewesen, daß ihm Zahlen fehlten, begriff Stuart auch noch die, die er hatte, nicht restlos. Vor allem eine bereitete ihnen allen Kopfzerbrechen. In dem ersten

Material, das sie von RJR Nabisco erhalten hatten, gab es einen Bereich, der mit »Andere Barverwendungen« überschrieben war. Darunter fand sich eine Zahlenkolonne, die sich über zehn Jahre erstreckte und zwischen 300 und 500 Millionen Dollar pro Jahr umfaßte. Stuart hatte keine Ahnung, was diese Zahlen bedeuteten. Was zum Teufel waren »Andere Verwendungen«? Floß das Geld herein oder hinaus? Mußte er es addieren? Subtrahieren? Ignorieren? Fünfhundert Millionen Dollar war keine Summe mehr, die Kravis gern von seinen Leuten ignoriert sah. Die Differenz zwischen Addition und Subtraktion betrug fast eine Milliarde, was für ein Gebot den Unterschied zwischen 92 und 96 Dollar pro Aktie bedeutete. Drei Wochen lang glommen diese Zahlen wie eine Reihe mysteriöser Kohlen weißlich auf dem Bildschirm von Stuarts IBM-Computer, eine Kategorie, die niemand erklären konnte. Als sie Ed Robinson im Plaza danach gefragt hatten, hatte er Unkenntnis vorgeschützt. Auch im Sonderausschuß wußte niemand, was das sein sollte. »Andere Barverwendungen« stand jetzt auf Platz eins einer Liste von Geheimnissen, die zu lüften Stuart noch vier Tage Zeit hatte.

Am Montag schließlich bekam er einen Anruf von einem Dillon-Read-Mann, Blair Effron. Ob er daran interessiert sei, noch ein wenig Zeit mit John Greeniaus zu verbringen, wollte Effron wissen. Greeniaus hatte seine Vorstellung beim Sonderausschuß soeben beendet. »Ich glaube«, sagte Effron, »der Bursche möchte Ihnen die wahre Story enthüllen.«

Stuart ging mit dem Angebot zu Paul Raether. »Klar, warum nicht?« meinte Raether. »Die waren die einzigen, die schon beim erstenmal hilfsbereit waren.«

Für den Nachmittag wurde ein Zusammentreffen in einem Hotel in Midtown Manhattan, dem Carlton House, verabredet. Raether führte Stuart und einen weiteren Mitarbeiter in den Besprechungsraum, wo sie an einem runden Tisch Platz nahmen. Greeniaus war schon da; er hatte Larry Kleinberg im Schlepptau.

»Bevor wir anfangen«, begann Greeniaus, »würde ich Ihnen gern ein paar Fragen stellen.«

»Schießen Sie los«, sagte Raether.

»Sind Sie immer noch im Gespräch mit der Managementgruppe?«

»Nein.«

»Mit Ross Johnson?«
»Nein.«
»Haben Sie die Absicht, weitere Gespräche mit ihnen zu führen?«
»Soweit ich weiß, nicht.«
»Gut«, sagte Greeniaus. Die Luft war rein. »Ich habe da ein paar Dinge, die ich Ihnen gern erzählen würde.«

Das zweieinhalbstündige Gespräch, das John Greeniaus jetzt begann, war eines der erstaunlichsten, die Paul Raether in zehn Jahren LBO-Arbeit je geführt hatte. Mit einem blutigen Streich legte Greeniaus Betriebsgeheimnisse und Strategien von Nabisco bloß, offenbarte Verwundbarkeiten und Torheiten.

»Schauen Sie«, sagte er, »kein Mensch hat uns je gefragt, wie wir dieses Unternehmen führen würden, um Bargeld herauszuholen. Ich kann Ihnen sagen, es gibt eine ganze Menge Dinge, die sich machen lassen.«

Nabisco, erklärte Greeniaus zuversichtlich, könne sein Betriebseinkommen in einem einzigen Jahr um vierzig Prozent steigern, wenn es nötig sei. Gewinnspannen könnten von elf auf fünfzehn Prozent erhöht werden. Der Cashflow, verhieß er, ließe sich von 816 Millionen auf 1,1 Milliarden jährlich anheben.

»Kommen Sie . . .« sagte Raether ungläubig.

»Nein, Sie verstehen nicht«, erwiderte Greeniaus. »Unser Prinzip ist es, das Unternehmen auf einer festen, gleichmäßigen Basis zu führen. Es gab eigentlich keinen Grund, die Erträge in dieser Gruppe um fünfzehn oder zwanzig Prozent steigen zu lassen. Im Gegenteil, ich würde sogar Schwierigkeiten bekommen, wenn sie es täten. Zwölf Prozent ist ungefähr das, was ich jedes Quartal bringen soll. Mein größtes Problem im nächsten Quartal wird es sein, all das zusätzliche Bargeld loszuwerden, das diese Unternehmen hervorbringen. Die Erträge werden zu groß werden. Himmel, ich muß Geld ausgeben, um sie niedrig zu halten.« Das alles geschehe, erklärte Greeniaus, weil Wallstreet Berechenbarkeit verlange.

Raether verschlug es fast die Sprache. »Wofür geben Sie es aus?«
»Produktwerbung, Marketing.«
»Ist es da gut ausgegeben?«
Greeniaus lachte leise. »Nein, eigentlich nicht.«
Er erwähnte Johnsons Plan, die Nabisco-Backfabriken für vier Mil-

liarden Dollar zu modernisieren. »Technologie um der Technologie willen«, meinte er verächtlich: ein Ablaßventil für das Geld aus der Tabakbranche, für das Johnson keine Verwendung wußte. »All dieses Geld brauchen Sie nicht auszugeben«, betonte er. »Sie geben es für nichts aus.«

Und Greeniaus führte Johnsons heilige Kühe eine nach der anderen heraus und schlachtete sie alle. »Team Nabisco«: eine Geldverschwendung. Die Golfturniere: eine Travestie. »Soll ich zehn Millionen Dollar pro Jahr für das ›Dinah Shore‹ ausgeben? Verkaufe ich damit Cracker? Nein. Aber der Konzern zwingt mich. Es sind feste Betriebskosten.«

Raether schwirrte der Kopf, als sie gingen. Dies war die Chance, auf die sie gewartet hatten. »Sie sollten sich dieser Zahlen ganz sicher sein«, sagte er zu Greeniaus beim Abschied. »Kann sein, daß Sie sie vorlegen müssen.« Die Implikation war klar: Sollte Kravis gewinnen, würde man Nabisco weiterführen und nicht verkaufen. Nach dem Gespräch schwebte Greeniaus auf Wolke neun.

Raether fuhr eilig zurück und erstattete Kravis Bericht. »Ich nehme nicht an, daß man uns hereinlegen will«, sagte Kravis. Es war ihm in den Sinn gekommen, daß Greeniaus ein Kuckucksei von Johnson sein könnte.

»Nein. Ich glaube, der Bursche ist echt«, meinte Raether.

Kravis fragte sich, was für ein Typ Greeniaus wohl sei. Verräter oder Held? »Ich habe dem Burschen eine Menge zu verdanken«, stellte er fest. »Dies ist die erste Lücke in ihrem Panzer.«

Es war die erste gute Nachricht, die die beiden seit fast zwei Wochen bekommen hatte. Raether verschwendete keine Zeit und fütterte die Buyout-Modelle sofort mit Greeniaus' Angaben. Am nächsten Tag war klar, was sie bedeuteten. Wenn alles stimmte, was Greeniaus gesagt hatte, dann konnten Kohlberg Kravis ihr Gebot von knapp über neunzig auf annähernd 100 Dollar pro Aktie erhöhen.

Am Dienstag flog Johnson nach Washington zu einem Treffen mit dem Präsidenten. Tatsächlich war er einer von mehreren Managern, die an diesem Tag mit Ronald Reagan zusammentreffen sollten, allesamt Mitglieder einer Kommission zur Zweihundert-Jahr-Feier der US-

Verfassung; Johnson war ihr Vizevorsitzender. Nach dem Mittagessen wurde er ins Büro geführt und schüttelte Reagan die Hand.

»Ross«, sagte der Präsident, »ich kann nicht übersehen, daß Sie in letzter Zeit einiges an Publicity bekommen.«

Johnson lächelte. Ausnahmsweise hatte er keine schlagfertige Antwort parat. Nachdem sie für die Fotografen posiert hatten, traf seine Gruppe mit Kenneth Duberstein, dem Stabschef des Präsidenten, und Colin Powell, dem Sicherheitsberater, zusammen. Beide erkundigten sich nach dem Buyout. Johnson erzählte ein paar Witze darüber, wie es in der Wallstreet zuging.

Aber selbst das Plaudern mit dem Präsidenten vermochte nicht, Johnson aus seinem zunehmenden Pessimismus zu reißen. Als er sich später verabschiedete, um ins Flugzeug nach New York zu steigen, wandte er sich an Dwayne Andreas, den Vorsitzenden von Archer Daniels Midland und Vorsitzenden der Kommission. Andreas war sein Freund; Johnson erklärte, er wünsche sich, sie könnten einander häufiger sehen. »Na ja, Dwayne«, sagte er dann, »vielleicht habe ich in zwei Wochen sehr viel mehr Freizeit.«

Die Computerberechnungen auf Ted Forstmanns Schreibtisch sprachen eine finstere Sprache. Bei 85 Dollar pro Aktie konnte Forstmann in aller Ruhe ein Gebot für RJR Nabisco vorlegen. Der Deal ließe sich auf Forstmann-Little-Art finanzieren, mit Bargeld und ohne Junkbonds. Bei 90 war es immer noch machbar, wenngleich die Rendite für seine Investoren dann stark sank. Institutionelle Anleger gaben Forstmann Little ihr Geld wegen der mindestens 35 Prozent, die man ihnen hier versprach. Wenn er nennenswert über 90 ginge, das sah Ted Forstmann, dann konnte er seinen Investoren kaum mehr als 20 Prozent geben. Zum Teufel, scherzte er, Schatzwechsel brächten ja schon 11 Prozent. Es war peinlich.

Es gab nur eine Möglichkeit, die Rendite so zu steigern, daß ein Gebot gerechtfertigt wäre. Oberhalb von neunzig, sah er, konnten sie nur mit Hilfe eines Überbrückungsdarlehens von Goldman Sachs mitbieten, und dies würde sich durch den Verkauf von Junkbonds refinanzieren. Bei dem bloßen Gedanken verzog Forstmann schmerzlich das Gesicht, aber Geoff Boisi machte sich nachdrücklich für die

Idee stark. Die ganze Woche schon ertrug Forstmann auf Boisis Wunsch einen Crashkurs in Sachen Junkbonds. Die halbe Zeit verstand er überhaupt nicht, was die jungen Goldman-Banker ihm da erzählten. »Ich spreche Englisch, und es ist, als redeten sie auf Türkisch auf mich ein«, beklagte er sich.

Aber Forstmann verstand genug, um die Risiken zu erkennen, die sich mit einem solchen Darlehen verbanden. Mit jedem Quartal, in dem Goldman die Bonds zur Refinanzierung des Darlehens nicht verkaufen konnte, würden die Zinsraten steigen. Und steigen. Wenn alles gutginge, könnte Forstmann das Darlehen aus dem Cashflow von RJR Nabisco zurückzahlen. Aber falls Goldman die Bonds aus irgendeinem Grund nicht verkaufen könnte, wäre Forstmann Little für die Gesamtsumme haftbar. Letzten Endes wäre Forstmann gezwungen, den gesamten Deal darauf zu bauen, daß Goldman die Bonds absetzen konnte – eine riskante Wette angesichts der wechselhaften Erfolgsgeschichte der Firma.

Boisi fieberte regelrecht, so sehr lechzte er nach dem Überbrückungsdarlehen. Er versicherte Forstmann, daß keine Gefahr bestehe. Die Chance, daß Goldman die Bonds nicht absetzen könnte, sei nicht größer als eins zu tausend.

»Gut«, sagte Forstmann, »dann schreiben Sie das da rein.« Er meinte den Vertrag.

»Nein, Teddy«, erklärte Boisi. »Wir müssen das Recht haben, notfalls aus dieser Sache herauszukommen.«

Dies war der schlimmste Teil eines Prozesses, der Forstmann immer mehr mit Unbehagen erfüllte. Nach der Diskussion über Tabak fühlte er sich schleimig. In Debatten über den zukünftigen Bedarf auf dem Teenagermarkt kam er sich vor wie ein Drogenhändler. Wenigstens die Gespräche mit den Banken liefen gut. Am Sonntag nachmittag hatte Forstmann bei Manufacturers Hanover in seinen Bluejeans vor einem vollgestopften Auditorium gestanden und eine Schar graugekleideter Banker dazu aufgerufen, ihm die zehn oder mehr Milliarden, die er benötigte, zur Verfügung zu stellen. Allem Anschein nach würden sie es tun.

Aber am Ende lief es immer wieder auf Junkbonds hinaus. Sie machten immer und immer wieder die Runde. Schließlich hob Boisi beide Hände.

»Was sind Sie, ein Priester?« fragte er Forstmann. »Haben Sie irgendeine religiöse Überzeugung bei diesen Dingern?«

Forstmann versuchte zu erklären. »Geoff, es führt einfach nirgends hin. Ich bin ein Fighter, aber das kann ich einfach nicht.« Er zog eine Kopie seines Artikels für das *Wall Street Journal* hervor und schwenkte sie vor Boisi herum. »Ich glaube wirklich an das, was hier steht, wissen Sie.«

Am Donnerstag nachmittag waren sie mitten in einer Diskussion, als Brian Little Forstmann beiseitenahm. »Ich glaube, Sie und Nicky und ich sollten uns mal unterhalten.« Die beiden packten den jüngeren Forstmann und zogen sich in Littles Büro zurück.

Die drei Partner wußten, daß ihre Lage trostlos war. Die Rendite war einfach nicht angemessen, wenn sie keine Junkbonds verwendeten. Keiner von ihnen wollte das tun. Aber die schlichte Wahrheit war, daß sie es nicht hätten tun können, auch wenn sie gewollt hätten. Forstmanns leidenschaftliche Kanzelreden gegen die Junkbonds hatten sie in die Ecke gedrängt. Wenn sie in diesem Augenblick mit einem junkbondfinanzierten Überbrückungsdarlehen ankämen, würden sie sich vor der Öffentlichkeit lächerlich machen. »Tatsache ist aber, daß es ohne Junk nicht geht«, stellte Little fest.

Ihre Stimmung war düster. »Ich schätze, wir sollten einfach Schluß machen«, sagte Ted Forstmann.

Er brachte Boisi und seinen drei Partnern die Neuigkeit bei. Nachdem die anfängliche Wut verraucht war, verfaßte er eine lange Pressemitteilung und erläuterte detailliert, aus welchen Gründen sich Forstmann Little aus dem Deal zurückzogen. Das Ganze geriet zu einer Attacke gegen das Auktionsverfahren und gegen Junkbonds im allgemeinen. Er wollte die Erklärung am nächsten Morgen veröffentlichen. Am Abend rief er Peter Atkins an und las sie ihm vor.

Atkins begriff sofort, daß er Forstmann nicht erlauben konnte, diese Pressemitteilung herauszugeben. Sie vermittelte eine falsche Botschaft an Junkbond-Käufer und an eine Bankenindustrie, der schon jetzt unter lastenden LBO-Schulden und vor einer möglichen Anti-LBO-Gesetzgebung die Knie zitterten. In drei Tagen hatten die Gebote vorzuliegen, und dies war nicht der Augenblick, da man den Banken Angst machen durfte. Forstmann mochte ruhig aussteigen, aber Atkins durfte einfach nicht zulassen, daß sein Abschied den beiden anderen Bietern Knüppel zwischen die Beine warf.

Forstmann wollte die Waffen nicht strecken; er bestand darauf, er müsse die Welt wissen lassen, daß er aus prinzipiellen Erwägungen aussteige. Frustriert ließ Atkins Charlie Hugel aus einer Vorstandssitzung bei Combustion Engineering im International Hotel herausschleifen. »Wir müssen sie dazu bringen, daß sie diese Pressemitteilung umschreiben«, sagte der Anwalt. »Es sieht wirklich schlecht aus.«

Hugel hatte das Gefühl, die Regeln bereits strapaziert zu haben, indem er Forstmann überhaupt hatte mitbieten lassen, und es war ihm so unangenehm wie Atkins, daß er nun aussteigen wollte. »Uns starb das Pferd weg«, sagte er später. »Und«, fügte Atkins hinzu, »es starb in aller Öffentlichkeit.«

Jetzt nahm Hugel persönlich Forstmann auf die Hörner. Stundenlang stritten sie um die Pressemitteilung. »Ich muß sie herausgeben«, befand Forstmann hartnäckig. Forstmann Little habe einen Ruf zu schützen, wiederholte er. Hugel warf ihm den Fehdehandschuh hin. Wenn Forstmann sich nicht überreden ließ, ließ er sich vielleicht erpressen.

»Und wenn ich nun selbst auch eine Pressemitteilung heraus gebe?« fragte Hugel.

»Was soll das heißen? Was würde denn da drinstehen?«

»Es würde drinstehen, daß Sie sich feindselig und unethisch verhalten haben.«

»Das würden Sie nicht machen.«

»Lassen Sie's drauf ankommen«, sagte Hugel. »Ich garantiere Ihnen, es steht einen Tag später in der Zeitung.«

Am nächsten Morgen gab Forstman Little & Co. eine knappe, aus einem Satz bestehende Pressemitteilung heraus und verabschiedete sich aus dem Kampf um RJR Nabisco ohne ein Wörtchen der Erklärung.

14

Am Montag morgen steuerte Peter Atkins in einem Konferenzraum im oberen Stockwerk von Skadden Arps den Sonderausschuß durch das Verfahren. Ringsumher schurrte reibungslos die von ihm konstruierte Auktionsmaschinerie. Für die drei Investorengruppen – Forstmann Little würde erst einen Tag später aussteigen – nahte der Schlußtermin am Freitag mit Riesenschritten, und Atkins war zuversichtlich, daß ihre Gebote sowohl den Vorstand als auch die zunehmend unruhigen Aktionäre zufriedenstellen würden. Vertraulichkeitsvereinbarungen waren unter Dach und Fach. Die Unternehmensprüfungen der »due diligence« waren im Gange. Anscheinend war alles unter Kontrolle, ganz nach Atkins' Geschmack, als ein Brief hereingebracht und vor ihm auf den Tisch gelegt wurde.

Ungerührt überflog er das Dokument. Er sah, daß es ein Verzweiflungsangebot war – beinahe sicher zu wenig und zu spät. »Vage« und »Strohfeuer« waren Worte, die ihm in den Sinn kamen.

Atkins hatte allerdings gehofft, etwas Derartiges vermeiden zu können. Der fünfseitige Brief unter dem Kopf der First Boston war ein Schraubenschlüssel, der gezielt ins Getriebe seiner Maschine geworfen wurde. Mit etwas Glück, dachte Atkins, würde man ihn abschmettern können. Natürlich konnte er nicht wissen, als wie schwierig sich das erweisen würde.

Er ließ den Brief sinken und sah die versammelten Vorstandsmitglieder an. »Hier ist noch etwas, womit wir uns befassen müssen«, gab er bekannt.

In den achtziger Jahren, als die Zwangshochzeiten unter den größten Konzernen der Vereinigten Staaten das Wachstum der Wallstreet befeuerten, gab es dort eine Firma, die mehr große Takeover initiierte und mehr taktische Innovationen schuf als irgendeine andere. »First Boston«, 1934 gegründet und bis zum Ende der siebziger Jahre eine verschlafene, zweitrangige Emissionsbank, schoß wie eine Rakete hinauf in die vordersten Reihen der Investmentbanken, und dies verdankte sie großenteils dem Verstand und der Chuzpe von Bruce Wasserstein und Joe Perella.

Aus einem Bau von vollgestopften Büros in der glasverkleideten Verwaltung der First Boston in der Park Avenue gingen Wasserstein – bauchig, zerzaust, das Hemd aus der Hose flatternd – und der gebildete, hochgewachsene Perella als die ersten Superstars der Takeover-Ära hervor. Nach buchstäblich jeder großen Takeover-Schlacht der achtziger Jahre – bei Getty, DuPont, Gulf – fand man ihre Fußspuren. Die beiden Männer trugen dazu bei, das Investmentbanking zu verwandeln: In das schläfrige Geschäft unter Gentlemen führten sie die halsabschneiderische Ellbogenethik ein, wie sie heutzutage in der Wallstreet in Blüte steht.

An einem kalten, ungemütlichen Tag im Herbst 1988, nach monatelangem geheimen Lavieren traten Wasserstein und Perella in die Geschäftsleitungsbüros der First Boston und verlasen ihre von ihren Anwälten vorbereiteten Kündigungsmitteilungen. Als das Paar an diesem Morgen hinausmarschierte, ließ es die größte und bekannteste M & A-Abteilung der Wallstreet in völliger Auflösung zurück. Mehr als zwanzig der Top-Dealmacher der First Boston – die Crème von Wassersteins handverlesener Mannschaft – traten wenig später in die neue, aufstrebende Firma Wasserstein, Perella & Co. ein, und nicht wenige der besten Kunden der First Boston folgten ihnen.

Als Henry Kravis sein beispielloses Gebot für RJR Nabisco vorlegte, saß Bruce Wasserstein auf einem festen Platz zu seiner Rechten. Inzwischen fraß bereits jede große Wallstreet-Investmentbank und ein Heer von kleineren lautstark schmatzend am Trog von RJR Nabisco. Das heißt, jede außer der First Boston. Ohne Wasserstein schien die First Boston dazu verdammt, wieder in der Obskurität zu versinken. König Artus hatte Camelot verlassen, wie es aussah, und die Tafelrunde war nicht mehr.

Für ein Turnier schien die Gelegenheit jedenfalls lausig zu sein.

Während Atkins Kopien des kuriosen Briefes an die Vorstandsmitglieder verteilte, saß der Mann, der für sein Unbehagen verantwortlich war, in banger Sorge fünf Straßen weiter. Mit seinen achtunddreißig Jahren erlebte Jim Maher jetzt den achten Monat der qualvollsten Periode seines Lebens. Als einem der Chefs der Investmentbanking- und M & A-Abteilung der First Boston war es Maher (*Mah-her* ausgesprochen) zugefallen, nach Wassersteins Auszug die Scherben aufzulesen.

Kein Wunder, daß die Konkurrenz Maher mit dem Kapitän der *Titanic* verglich. Aber der Kampf um die Rettung der First Boston war mehr als eine geschäftliche Angelegenheit für Maher. Davon abgesehen waren Wasserstein und Perella auch Mahers beste Freunde gewesen. Ihr Ausscheiden machte ihn zornig und verwirrt, und der intensive Konkurrenzkampf, der sich unverzüglich zwischen den beiden Firmen entspann, machte die Kränkung verletzend. Um zu überleben, mußte er sich nun täglich Scharmützel mit Männern liefern, die zehn Jahre lang sein Vertrauen gehabt hatten. Der Wunsch nach dem Sieg über die ehemaligen Vorgesetzten trieb die verbliebenen Dealmacher der First Boston in den Kampf.

Jetzt, acht Monate nach ihrer Kündigung, war Maher verzweifelt. Seine kurze Amtszeit war von begeisternden Hochs und verheerenden Tiefs gekennzeichnet gewesen – wobei die Tiefs überwogen –, und das Ergebnis war gewesen: First Boston war die einzige große Investmentbank, die nicht an dem Deal um RJR Nabisco beteiligt war. Das war mehr als demütigend. Daß jemand beim größten Takeover in der Geschichte auf der Zuschauertribüne saß, war ein finsteres Signal für jeden seiner Konkurrenten und Kunden. Maher machte sich keine Illusionen: Die Zukunft seiner Abteilung stand auf dem Spiel.

Vier Tage vor Ablauf der Angebotsfrist eingereicht, war Mahers Gebot im Grunde ein Schuß ins Blaue. Am Freitag erwartete der Sonderausschuß, voll finanzierte Gebote vorliegen zu haben; für die Erfüllung dieser Vorgabe hatten Kravis und Cohen Wochen gebraucht, und die First Boston hatte noch nicht einmal mit einer Bank gesprochen. Aber wenn sie irgendwie ein Stück vom Kuchen erbeuten könnten, dann würde Maher, dessen war er sicher, seine Abteilung vor dem Untergang retten. Wenn er scheiterte, daran zweifelte er nicht, würde er sich zum Gespött der ganzen Welt machen.

Maher, ein kettenrauchender Neu-Engländer, war für viele eine seltsame Wahl als Chef der rund hundertsiebzig Übernahmespezialisten der First Boston. Er war von Natur aus weder eine Führernatur noch ein Cheerleader. Seine wesentliche Eigenschaft war eine Unerschütterlichkeit, die seine Kollegen in Erstaunen versetzen konnte. Manche hielten ihn für einen Stoiker, wenngleich er über einen leisen, selbstironischen Humor verfügte und hin und wieder zu Wutanfällen neigte; enge Freunde waren klug genug, ihm aus dem Weg zu gehen, wenn die Ader an seinem Unterkiefer zu pulsieren begann. Von Natur aus völlig unprätentiös – eine Rarität in der Wallstreet – trug er das Haar glatt zurückgekleistert in einer Power-Frisur, die auf seinem Kopf höchst deplaziert wirkte.

Zahllose Versuche, sich an einem der Bieterkonsortien zu beteiligen oder selbst die notwendigen Partner aufzutreiben, waren fehlgeschlagen, und die Hoffnungen der First Boston schwanden zusehends dahin, als Maher am Freitag nachmittag eine Konferenz in seinem Büro anberaumte. Seine einzige Chance, der Schmach zu entgehen, die es bedeutete, bei dem RJR-Nabisco-Deal außen vor zu bleiben, bestand in einer windigen Restrukturierungsidee eines seiner Takeover-Spezialisten, Brian Finn; es ging dabei um eine esoterische Lücke im Steuerrecht, die am 31. Dezember, also in nur zwei Monaten, verschwinden würde. Im ersten Schritt von Finns Plan erwarb die First Boston die Lebensmitteltöchter von RJR für ein Bündel Effekten, die als »installment notes«* bezeichnet wurden. Theoretisch zumindest konnte die First Boston mit diesen Wechseln zu einer Großbank gehen und sich Geld dafür geben lassen – ein Verfahren, das als »Monetisierung« bekannt war. Das Schöne an dieser Idee war, daß infolge der Gesetzeslücke die Steuern auf die Wechsel auf zehn oder zwanzig Jahre hinausgeschoben werden konnten, was eine Steuerersparnis von bis zu vier Milliarden Dollar bedeutete. Im zweiten Schritt würde die First Boston den Nabisco-Konzern stückweise versteigern, achtzig Prozent der Erträge an die RJR Aktionäre abführen und die restlichen zwanzig Prozent behalten. Der RJR-Vorstand

---

* in Raten fällige Solawechsel

konnte Milliarden von Dollar sparen und den Zusatzprofit auf steuerfreier Basis an die Aktionäre weitergeben. Die First Boston würde sodann die verbliebenen Tabakunternehmen von RJR in einem konventionellen 15-Milliarden-LBO kaufen.

Jetzt sollten Finn und eine Handvoll andere sich einfallen lassen, was zu tun sei. Draußen ging die Sonne unter. Als Metapher schien das nur zu gut zu passen.

Finn hatte für die Konferenz einen detaillierten Plan entwickelt. Bei seinem Steuertrick prognostizierte er an die vier Milliarden Dollar Ersparnis durch die über das Jahr 2000 hinaus aufgeschobenen Steuerzahlungen. Wenn alles haargenau ineinandergriff, rechnete Finn, könnte die First Boston fast 300 Millionen Dollar an Gebühren kassieren – das Vierfache der größten jemals gezahlten Fusionsberatungsgebühr. Aber Finn wußte, daß Maher nicht bloß an Beratungsgebühren interessiert war. Zu den »zusätzlichen Vorteilen«, vermerkte er in seiner Aktennotiz, gehöre eine »dramatische Wirkung auf den Marktanteil der M & A-Abteilung« sowie »unabsehbare PR- und Marktrechtsgewinne«. Kurz gesagt, meinte Finn, wenn sie diese Sache durchzögen, brauchten sie den Namen Bruce Wasserstein nie wieder zu hören.

Es gebe, räumte Finn ein, dabei ein paar einzigartige Probleme zu beseitigen. Zum einen sei die Zahlungsverzögerung von 3,5 Milliarden an Steuern – nach zurückhaltenden Berechnungen – bis dato beispiellos. Nach Finns Berechnungen würde diese Einzeltransaktion das jährliche Bundeshaushaltsdefizit um zwei Prozent erhöhen. Wenn die First Boston ihr Angebot unterbreitete, würde der Vorstand von RJR Nabisco unter fast allen Umständen den politischen Fallout berücksichtigen müssen. »Es ist klar«, meinte Finn, »daß Washington ausrasten würde.«

Aber der tolldreiste junge Banker nahm kaum an, daß der Kongreß intervenieren würde. Der Gesetzgeber hatte die Verwendung von »installment notes« ausdrücklich bis zum Ende des Jahres gestattet. Und während der bevorstehenden Auktion würde der Kongreß die meiste Zeit über pausieren. Wie groß war da das Risiko, daß eine Sondersitzung einberufen würde, um einen LBO zu verhindern? »Die können nichts machen«, stellte Finn fest.

Noch offen war die Frage, ob die First Boston Partner brauchen würde, um Finns Idee in die Tat umzusetzen. Einige traten dafür ein, solo zu fliegen. Maher war nicht so sicher. Ein respektabler Partner würde den Legitimitätsanstrich des Geschäfts verstärken, und es war ihm durchaus bewußt, daß sein Team so etwas nötig haben könnte.

Mahers Wunsch sollte Wirklichkeit werden. Als vor den Fenstern die Dunkelheit herabsank, wurde einer der Anwesenden, Leon Kalvaria, ans Telefon gerufen. Der Anrufer war Jerry Seslowe, ein ehemaliger Buchhalter des Chicagoer Investoren und Eigentümers der Hyatt-Hotels Jay Pritzker, der inzwischen mit einer eigenen kleinen Investmentbrokerfirma hauptsächlich für Pritzker tätig war und mit dem die First Boston schon einmal wegen eines gemeinsamen Angebots für RJR Nabisco verhandelt hatte. »Leon«, sagte Seslowe zu Kalvaria, »wir haben noch mal mit Jay Pritzker darüber gesprochen. Wir sind dabei. Packen wir's an.«

Finn saß in dem tristen Konferenzraum mit Blick über das Rockefeller Center und kochte vor Wut. *Wieso machen diese Kerle uns so viel Ärger? Die sollten froh sein, daß wir da sind.*

Es war Dienstag morgen, und bis zum Ablauf des Ultimatums am Freitag waren es gerade noch drei Tage. Finn und drei seiner Kollegen von der First Boston waren in den Büros von Lazard erschienen, um ihren Vorschlag im Detail zu präsentieren. Finn war immer wieder überrascht, wie schäbig die Verwaltungsräume von Lazard aussahen. Die Fußböden hatten wahrscheinlich seit 1932 keine Teppiche mehr gesehen, dachte er bei sich.

Die First Boston hatte ihr Angebot eher als Umstrukturierung denn als Akquisition dargestellt. Maher setzte darauf, daß der Vorstand den instinktiven Wunsch haben würde, RJR Nabiscos Unabhängigkeit zu bewahren, und eine Umstrukturierung, mochte sie noch so drastisch sein, wäre als Pille vielleicht nicht so bitter wie diejenige, die Kravis oder Cohen anzubieten hatten. Die First Boston und Pritzker erboten sich, mit dem Vorstand zusammen die Lebensmittelunternehmen zu verkaufen, die Erträge an die Aktionäre weiterzugeben und den Tabakbereich intakt zu lassen.

Während die Sitzung ihren Fortgang nahm, versuchte Finn, die beiden Banker, die ihnen gegenübersaßen, einzuschätzen. Luis Rinaldini von Lazard war, wie er wußte, ein scharfsinniger Redner und ein aufsteigender Stern wie er selbst. John Mullin von Dillon Read machte auf ihn den Eindruck eines Relikts aus der Wallstreet vor Beginn der siebziger Jahre: ein langweiliger, spießiger Banker, der in den schnellebigen achtziger Jahren weit oberhalb seiner Klasse spielte.

»Wir können uns nicht vorstellen, daß dieser Vorstand sich an einer derart komplizierten Transaktion beteiligt«, sagte Rinaldini eben. »Nicht bei diesem Risiko aus Washington.« Der Lazard-Banker schüttelte den Kopf. »Es ist zu riskant. Das ist nicht ihr Stil. Natürlich möchten wir Sie in keiner Weise entmutigen.«

Den Teufel möchtet ihr, dachte Finn. Er wußte, was los war. *Die Kerle sind beleidigt. Sie glauben, wir vermasseln ihnen das Verfahren. Sie glauben, wir machen uns über die ganze Sache lustig.* Finn argwöhnte zu wissen, wo das eigentliche Problem lag. *Wir machen hier ihre Arbeit. Sie hätten selbst darauf kommen sollen. Jetzt glauben sie, wir wollen ihnen ihren Job wegnehmen.*

Weit davon entfernt, ihr Interesse zu begrüßen, schien der Sonderausschuß es eher vereiteln zu wollen. Als Finn die Besprechung verließ, fürchtete er, daß es sehr viel härter werden könnte, als er gehofft hatte.

Maher hatte den Brief von Peter Atkins voller Abscheu gelesen.

Der Vorstand würde der First Boston keine Gelegenheit zu einer Unternehmensprüfung geben. Wenn die First Boston bieten wollte, würde sie blind fliegen müssen und sich nur nach dem Jahresbericht und einem Stapel Bilanzen orientieren können.

Das war unfair. »Ich weiß nicht, was wir tun werden«, sagte ein enttäuschter Maher am Mittwoche, zwei Tage vor Fristablauf, zu Atkins. »Ich nehme an, wir werden Ihnen am Freitag etwas zum Nachdenken geben, das Ihnen das Leben vielleicht leichter machen wird, vielleicht auch nicht.«

Atkins blieb unverbindlich. »Tun Sie, was Sie wollen.«

Die Nachricht über den merkwürdigen Vorschlag der First Boston erschien am Donnerstag morgen in der Presse. Details gab es nur wenige, aber fast niemand schien die Sache ernstzunehmen. Bruce Wasserstein erzählte jedem, der es hören wollte, was für ein Witz diese Methode sei. Am Freitag schmähte ein ungenannter Vorstandsberater im *Wall Street Journal* das Angebot als »Mickey Mouse«.

Bei Shearson hatte auch Tom Hill nichts als Verachtung für das »Angebot« der First Boston. *Maher ist so verzweifelt, daß er alles machen würde,* dachte er. Den »installment notes«-Plan hielt er für einen Trick, der bei einem Deal dieser Größe niemals funktionieren würde. Und Seslowe, den Pritzker-Berater, hielt er für ein Leichtgewicht, einen Amateur. »Die haben bei ihrem Deal wirklich jeden dabei bis auf Abbott und Costello«, witzelte Hill. »Und die sind tot.«

Hill und die »Salomon-Würstchen« argwöhnten den breiten Wanst von Ira Harris hinter Jay Pritzkers plötzlichem Interesse an RJR Nabisco. Harris, der jetzt den Vorstand beriet, war mit Pritzker so eng befreundet, daß Hill sie »Blutsbrüder« nannte. Daß Pritzker sich ins Getümmel stürzte, vermutete Hill, war kein Zufall; der Sonderausschuß benötigte einen Ersatz für Forstmann Little, und so war Harris mit Pritzker angekommen. In Nine West schimpfte John Martin darüber, daß der »dicke Ira« (»Fat Ira«) offenbar die Absicht habe, ihnen den Deal zu versauen. Tatsächlich hatte Harris am Montag mit Pritzker gesprochen und dann in der Sitzung des Sonderausschusses das Wort ergriffen; er hatte darauf gedrängt, daß man sich anhöre, was die First Boston und Pritzker zu sagen hätten. Aber auch seine Beteiligung veranlaßte Atkins nicht, der neuen Gruppe irgendwelche Informationen zukommen zu lassen.

Noch zwei Tage.

Als der Termin nahte, verflog Johnsons Verdrossenheit ein wenig. Er fing an, sich Sorgen zu machen, welche Wirkung die Woge der ätzenden Publicity auf den Vorstand haben könnte. Am Mittwoch rief er Hugel an.

»Charlie«, sagte er, »wenn Sie die Leitung haben, dann müssen Sie mir Ihr Wort geben, daß Sie, wenn wir das beste Gebot machen, kein

Spielchen spielen und versuchen, uns von Pontius nach Pilatus zu verhandeln.«

»Sie haben mein Wort.«

»Werden Sie die Gebote öffnen? Ich will keine Mätzchen haben.«

»Ich werde dabei sein«, sagte Hugel. »Ich werde die Umschläge persönlich aufmachen.«

Wenn er sich Sorgen wegen der Publicity mache, fuhr er fort, wieso rief er dann nicht den Vorstand an und erklärte seinen Standpunkt?

Johnson fing am nächsten Tag an zu telefonieren. Sein Ansatz war immer der gleiche.

»Mein Gewissen ist rein«, sagte er zu jedem der Vorstandsmitglieder. »Ich kann nachts schlafen, weil ich nicht glaube, daß ich irgend etwas Unrechtes getan habe ... Was auch geschehen mag, die Managementgruppe hat den Aktienkurs in die Höhe getrieben, und das zählt.« In jedem seiner Gespräche spielte er die Managementvereinbarung herunter und betonte immer wieder, daß er die Absicht habe, das Geld zu verteilen.

In den Tagen vor dem Termin verbrachte Johnson lange Abende in Jim und Linda Robinsons Apartment, wo er Preiskalkulationsstrategien durchhechelte. Meistens kam Horrigan, der unten eine Firmenwohnung hatte, dazu, und Linda lief umher und servierte Drinks. Johnson war Scotch-Trinker, Jim Robinson bevorzugte ein Glas Wein. Horrigan bestand auf harten Spirituosen, die Linda als »Erwachsenendrinks« bezeichnete. Sie selbst trank Perrier mit Beerengeschmack.

Johnson, die Nachteule, hielt die Robinsons meist bis zwei oder drei Uhr morgens wach. Zu vorgerückter Stunde lag Linda dann bäuchlings auf einer Couch im Wohnzimmer, knabberte Popcorn oder streichelte einen ihrer drei Hunde.

Wenn ihr Mann und Johnson in einem hinteren Zimmer verschwanden, wußte Linda, daß sie über die Managementvereinbarung sprachen. So hitzig es bei der Geburt des Vertrages zugegangen war, so sanft und behutsam wurde er jetzt neu verhandelt, überwiegend in nächtlichen Vier-Augen-Gesprächen zwischen Johnson und Robinson. Jim Robinson brauchte Johnson nicht allzu hart zu bedrängen, um die Änderungen durchzusetzen, die er haben wollte; die Publicity zum Thema Habgier hatte das für ihn erledigt.

Am Mittwoch, dem 16. Oktober, als die revidierte Vereinbarung in einer Sitzung in Peter Cohens Büro verabschiedet wurde, hatte Johnson sich bereiterklärt, den Gewinn für seine Gruppe um zwei Punkte auf 6,5 Prozent zu kappen und die Incentive-Bonusse empfindlich zu reduzieren. Neue, detaillierte Vorkehrungen für die Verteilung von Unternehmensanteilen unter fünfzehntausend Nabisco-Mitarbeitern wurden eingefügt. Später würden Mitglieder der Managementgruppe in der Habgierdiskussion zu ihrer Verteidigung auf diese Tatsache hinweisen und anmerken, daß Johnson ja eingewilligt habe, seinen Anteil an der Beute zu verkleinern.

In Wahrheit hatte er das nicht getan. »In dem Augenblick gab Ross im Grunde das Geld anderer Leute weg«, sagt Steve Goldstone. Von Anfang an hatten Johnson und Horrigan die Absicht gehabt, etwa ein Prozent des Aktienkapitals für sich zu behalten. Goldstone bewertete dieses eine Prozent mit 75 bis 100 Millionen in einem Zeitraum von fünf bis sieben Jahren. Und nach Goldstones Aussage hatte Johnson auch im Rahmen der neuen Vereinbarung die Absicht, dieses eine Prozent einzustreichen.

Goldstone und Gar Bason tadelten Johnson scherzhaft wegen seiner Gespräche mit Robinson. »Jedesmal wenn Sie mit Jim Robinson losziehen«, meinte Goldstone einmal, »kommen Sie mit 50 Millionen Dollar weniger zurück.« Als Johnson seinem Anwalt erzählte, daß er vorhabe, das Wochenende um den 19. November auf Robinsons Farm in Connecticut zu verbringen, stöhnte Goldstone. »Fahren Sie da nicht 'raus«, bat er. »Diesmal werden Sie mit nichts zurückkommen.«

Das Frohlocken in Kravis' Lager über John Greeniaus' Offenbarungen war kurzlebig. Am Mittwoch abend erhielt Scott Stuart die Antwort auf viele seiner Fragen in einem Telefongespräch mit Dillon Read.

Was er hörte, war erschreckend. In seinen Blindanalysen hatte Stuart die verfügbaren Bargeldbestände von RJR Nabisco um 450 Millionen überschätzt. Die Zahlungen im Zusammenhang mit den »goldenen Fallschirmen« überstiegen seine Vermutungen um mehr als 300 Millionen. Und seine schlimmsten Befürchtungen über die

»anderen Barverwendungen« bewahrheiteten sich: Es flossen 550 Millionen Dollar mehr aus dem Konzern, als seine Prognosen ergeben hatten. Stuart brauchte keinen Taschenrechner, um den Schaden zu ermitteln: 1,3 Milliarden Dollar mußten von ihren Prognosen abgerechnet werden. Das waren rund sechs Dollar pro Aktie.

»Wie ist das passiert?« fragte Paul Raether erstaunt, als Stuart mit der Neuigkeit zu ihm ins Büro kam. Niemand wußte es. Stuart war zutiefst beschämt.

Von der kritischen Presse bereits entnervt, vernahm Kravis die Kunde von den revidierten Berechnungen am Donnerstag morgen mit neuerlicher Erschütterung. Es war nicht nur ihre Auswirkungen auf die Prognosen; damit konnte Kravis leben. Härter war der Schlag für ihr Selbstvertrauen. Wenn sie bei fundamentalen Zahlen so weit daneben lagen, dachte Kravis, wie verläßlich war dann der Rest ihrer Vorhersagen? Was gab es sonst noch, das sie nicht wußten? Alle ihre bisherigen Analysen, die Arbeit fast eines Monats, standen plötzlich wieder in Frage.

Alles dies dämmerte ihm am Donnerstag, nicht einmal sechsunddreißig Stunden, bevor die Gebote fällig waren. Es war ein sehr schlechter Zeitpunkt für kalte Füße.

»Mein Gott«, sagte George Roberts. »Wie viel wissen wir eigentlich wirklich über diese Firma?«

Es war eine düstere Schar, die Kravis am Freitag morgen in seinem Büro versammelte. Allen gingen die gleichen Gedanken durch den Sinn. Hier hatten sie nun das größte Kaufangebot der Geschichte, und was wußten sie wirklich über RJR Nabisco? Sie hatten die Fabriken nicht besucht, und sie hatten nur mit einer Handvoll Manager gesprochen. Sie hatten nichts als einen Stapel Jahresberichte, Regierungsakten und Stöße von Computerausdrucken – und kein Vertrauen mehr in all das.

Ihre Zweifel gaben anderen Sorgen Nahrung. War ein Deal von dieser Größe überhaupt gefahrlos zu machen? Würden die Banken, die schon jetzt angesichts der LBO-Kredite nervös wurden, mitziehen? Würden die unberechenbaren Junkbond-Käufer die KKR-Bonds haben wollen? Und Roberts brachte die Frage nach dem Lebensstil

auf den Tisch. Jeder von ihnen führte ein ruhiges, geordnetes Leben. Der Kauf von RJR Nabisco würde eine Woge von Publicity bedeuten, Hearings in Washington, nie dagewesene Verpflichtungen bei der Führung des Konzerns. »Diese Firma wird noch lange im Geschäft sein«, meinte Roberts. »Brauchen wir diesen Ärger wirklich?«
»Wollen wir das wirklich selbst machen?« echote Paul Raether.

Ihre Gespräche folgten einem vertrauten Muster. Die Diskussion begann beim Jüngsten, bei Scott Stuart oder Cliff Robbins, und wanderte dann im Zimmer herum, bis sie bei Roberts endete. Mit jeder Runde wuchs die Niedergeschlagenheit der Gruppe. Anfangs hatten Kravis und Raether am meisten Offensivgeist gezeigt. Beiden war bei einem Gebot in der Größenordnung zwischen 97 und 98 Dollar ganz wohl zumute. Roberts war der Bär. Ihm behagte nichts, was weit oberhalb von 93 Dollar lag. »Warum machen wir es nicht mit einoder zweiundneunzig?« schlug er vor. »Wozu Risiken eingehen?«

Gegen halb drei steckte Dick Beattie den Kopf herein. Sein Tonfall war mißmutig – ein Lehrer, der die Kinder vom Spielplatz trieb. »Wenn Sie sich nicht beeilen und uns eine Antwort geben, dann bieten Sie nicht mehr mit. Ich werde gleich drüben anrufen und um eine Fristverlängerung bitten müssen.«

»Okay«, sagte jemand. »Geben Sie uns noch eine Viertelstunde.«

Die Auswahl der Anwälte zur Abfassung des Gebotes, normalerweise die allernormalste Routineaufgabe, erwies sich als Problem für die First Boston. Jede größere Kanzlei schien bis an die Hüften im RJR-Nabisco-Geschäft zu stecken. Maher kassierte so viele Absagen, daß seine Assistenten scherzhaft vorschlugen, Jacoby & Meyers anzurufen, die landesweit verbreitete Discountfirma. Schließlich entschied Maher sich für eine wenig bekannte Anwaltsfirma namens Winthrop Stimson Putman & Roberts. Ihre erste Aufgabe würde es sein, ein offizielles schriftliches Angebot zu verfassen, das am Freitag nachmittag übersandt werden sollte. Die Suche hatte aber so lange gedauert, daß Finn die Anwälte erst am Donnerstag abend unterrichten konnte.

Freitag morgen um acht kam das Winthrop-Team mit einem Briefentwurf bei der First Boston an. Besorgt warteten die Juristen, während Maher und seine Mitarbeiter den Schriftsatz studierten. Nach wenigen Minuten fiel das einhellige Urteil: Der Brief war katastrophal.

»Das ist doch Scheiße!« tobte der siebenunddreißigjährige Kim Fennebresque, Mahers rechte Hand, hinter geschlossenen Türen. »Das ist absoluter Schrott!« pflichtete Finn ihm bei. »Unverständlich.« Er schüttelte den Kopf.

Verärgert schickte Maher die Anwälte und ein Team von First-Boston-Mitarbeitern nach oben in ein Vorstandszimmer, um das fünfseitige Schreiben zu überarbeiten. Es versprach eine schwierige Aufgabe zu werden, aber Maher war nicht allzu besorgt. Sie hatten den ganzen Tag Zeit.

Oben machte sich Chaos breit. Ein halbes Dutzend Winthrop-Anwälte bemühte sich, den Brief neu zu schreiben. Ein Kontingent der First Boston versuchte sich an einer eigenen Version. Entwürfe wurden geschrieben und zerrissen. Neue Anwälte kamen dazu. Gegen Mittag traf Jerry Seslowe mit seinen Partnern ein und verstärkte die zunehmende Kakophonie. Ein Lunch wurde gebracht. Weitere Entwürfe wurden verfaßt und verworfen. Hitzige Diskussionen entspannen sich um die Formulierung obskurer Klauseln. Finns Sekretärin, die jede Änderung und jeden Vorschlag mitstenografierte, war eine Insel der Ruhe. Der Nachmittag ging dahin, und eine Schicht Rauch legte sich langsam über die streitenden Anwälte und Banker. Die Ungeduld wuchs. Argumente wurden verfochten und vergessen, und die Gespräche drehten sich in Kreisen, die niemand verfolgen konnte. Eine Papierschwalbe schwebte durch die verqualmte Luft.

Seslowe hatte so etwas noch nie gesehen. Die Leute von der First Boston konnten sich nicht einmal in den einfachsten Dingen einigen. Bezog sich ihr Gebot auf den ganzen Konzern oder nur auf den Lebensmittelbereich? Wäre es ein LBO oder eine Umstrukturierung? Seslowe zog sich in eine Ecke zurück und schüttelte den Kopf. Er dachte an Jay Pritzkers Sohn Tom und den mit dem Deal befaßten leitenden Anwalt der Familie Pritzker, Hank Handelsman, der in Chicago geblieben war. »Ich bin bloß froh, daß Hank und Tom nicht hier sind, um das mitzuerleben«, wiederholte er immer wieder, als sei es ein Mantra. Kein Mensch schien hier die Verantwortung zu haben. »Was für eine Katastrophe«, murmelte er.

Seslowe zweifelte kaum daran, daß Jay Pritzker, wäre er jetzt hereingekommen, sofort aus dem Deal ausgestiegen wäre. »Wirklich – die würden glatt zur Tür rausgehen«, versicherte Seslowe einem seiner Partner. Aber wenn er mit Pritzker an diesem Tag telefonierte, versicherte er dem Chicagoer Investoren immer wieder, daß alles gut gehe. Seslowe war sich schmerzlich der Tatsache bewußt, daß er es gewesen war, der Pritzker diesen Deal eingebrockt hatte; also würde er erst aussteigen, wenn es unbedingt sein müßte.

Je länger der Tag dauerte, desto besorgter fragte Seslowe sich, ob die First Boston der Aufgabe eines 20-Milliarden-Dollar-Takeover gewachsen sei. Einem Partner vertraute er an: »Ich wäre sehr viel zuversichtlicher, wenn Wasserstein und Perella noch dabei wären. Die Burschen hier sind ja nur noch ein Schatten ihrer selbst.«

Zwei Stunden vor dem Fristablauf um siebzehn Uhr brachte man eine Kopie des überarbeiteten Briefes in Mahers Büro. Maher las schweigend. Der Brief schien planlos von einem Punkt zum anderen zu springen; durch das verfilzte Wortgestrüpp schimmerte nicht deutlich hindurch, was die First Boston dem Vorstand eigentlich anzubieten hatte – eine Transaktion oder drei, eine Übernahme oder eine Umstrukturierung.

Maher explodierte, trat gegen das Bein seines Mahagonischreibtisches und hieb mit der Faust heftig auf die Tischplatte. »Das ist mit Abstand das Beschissenste, was ich je gesehen habe!« sagte er. »Kriegen wir das denn nicht richtig hin? Ich meine, das ist doch grauenvoll.«

Maher nahm den Brief, marschierte am Schreibtisch seiner Sekretärin vorbei hinaus und die drei Treppen hinauf in das überfüllte Sitzungszimmer. Finn, der die Stimmungen seines Chefs kannte, sah, wie Maher die Zähne zusammenbiß, und wußte, wie wütend er war. In wenigen Augenblicken war es still im Zimmer.

»Sie gehen hier an der Sache vorbei«, sagte Maher zu der Gruppe. »Jetzt hören Sie mir nur zu. Wir machen es folgendermaßen.« Und eine halbe Stunde lang diktierte Maher Finns Sekretärin einen neuen Brief. Wenn jemand ihn unterbrach, hob er die Stimme und redete über ihn hinweg. Seslowe konnte nicht glauben, was er hier erlebte. Es war, als diszipliniere ein Lehrer einen Stall voller Zweitkläßler. Eine Zeitlang spielte er ernsthaft mit dem Gedanken, Pritzker anzurufen und ihm zu raten, aus dem Geschäft auszusteigen.

Als der Termin heranrückte, stritten Maher und die Anwälte immer noch darüber, ob das Gebot für den Gesamtkonzern oder nur dem Tabakzweig gelten solle. »Bei den Streitereien, die da immer wieder aufkamen, ging es nicht um Orthographie oder Syntax«, erinnert sich Seslowe. »Wir debattierten immer noch darüber, welche Form das Gebot haben sollte und wofür wir eigentlich bieten würden.«

Ein paar Minuten vor fünf rief Maher bei Skadden Arps an und teilte Atkins mit, daß der Brief vielleicht ein paar Minuten Verspätung haben werde.

»Denken Sie daran«, sagte Seslowe zu Maher, als dieser auflegte, »Sie müssen diese Sache auch noch bei Pritzker durchbringen.«

Das war zuviel für Maher.

»Chicago! Ich soll jetzt noch mit Chicago verhandeln? Das ist doch bloß ein Brief! Machen Sie's halblang!«

»Herr im Himmel, wann geht es denn eigentlich los!«

Ed Horrigan hatte fast schon Schaum vor dem Mund. Seit zwei Stunden saßen Johnson und sein Gefolge in dem mit Paisley-Tapeten ausgekleideten Speiseraum bei Shearson, während Butler in weißen Jacketts Essensbestellungen entgegennahmen und mit Kaffee und Brötchenkörben umherschwebten. Eigentlich sollten sie ihr Gebot besprechen, aber bisher hatten sie nichts weiter getan, als Speisekarten herumzureichen.

Johnson konnte nicht glauben, was er hier sah. Wie gewöhnlich war es voll im Raum: eine komplette Shearson-Abordnung, vielleicht ein Dutzend Leute, verstärkt durch ein von John Gutfreund geführtes neunköpfiges Salomon-Team, sowie Johnson und seine Leute. Gutfreunds Gruppe, die Sandwiches verschlungen und Suppe aus Styroporbechern hinuntergestürzt hatte, saß an einem Tisch für sich. »Wir sind nur hergekommen, um allen beim Essen zuzusehen«, erklärte John Gutfreund in einer seltenen Anwandlung von Humor.

Johnson, Horrigan und Sage waren am Morgen zu Cohen ins Büro gekommen, und der Shearson-Chef hatte hinter seinem Schreibtisch gestanden. »Okay, Jungs«, hatte Cohen gesagt, »wie hoch ist der Preis?«

»Schweinehoch«, hatte Johnson grinsend geantwortet.

Cohen wies seine Sekretärin an, ihn telefonisch mit jemandem zu verbinden. Horrigan fragte sich, was der Shearson-Chef im Ärmel haben mochte. Eine Geheimwaffe? Einen Augenblick später nahm Cohen den Hörer ab. »Hallo?« sagte er. Horrigan lauschte gespannt.

»Ja, meine Frau und ich haben darüber gesprochen. Vergessen Sie den Mantel. Wir nehmen die Jacke.«

Und drei Stunden später sprachen sie noch immer nicht über ihr Gebot. Der Lunch dauerte und dauerte, und um halb zwei wurde sogar Johnson ungeduldig. »Lassen Sie uns jetzt anfangen, Peter«, sagte er.

»Himmel«, platzte Sage heraus, »wir brauchen eine gottverdammte Zahl. Es wird spät.«

»Wo ist das Gebot?«

Steve Goldstone hörte die Ungeduld in Gar Basons Stimme. Es war schon nach zwei, und die Shearson-Gruppe hatte immer noch kein endgültiges Angebot auf die Beine gebracht.

Goldstone hatte Bason kurz nach Mittag bei Davis Polk zurückgelassen und war zu Shearson gefahren, um sich nach dem Stand der Diskussion zu erkundigen. Zu seiner Überraschung fand er Cohen, Gutfreund und über dreißig andere Leute entspannt beim Mittagessen, wie sie in einem Tableau aus weißen Tischdecken, harrenden Kellnern und klingendem Porzellan über Gebotsstrukturen plauderten. Es sah aus wie ein Bankett, nicht wie eine Strategiesitzung.

»Gar, es ist unterwegs.«

»Hey, kommen Sie«, flehte Bason am anderen Ende der Leitung. »Wir brauchen eine Zahl. Wir haben bald keine Zeit mehr. Steve, wenn Sie sich nicht bald entscheiden, haben wir überhaupt kein Gebot.«

Goldstone wußte, daß sein Partner nicht übertrieb. Sie hatten jetzt weniger als drei Stunden Zeit, und Bason war dabei, mehr als ein Dutzend wichtige Dokumente vorzubereiten – Bereitstellungszusagen der Banken, Kreditunterlagen und andere geheimnisvolle Papiere –, die ohne eine endgültige Zahl nicht fertiggestellt werden konnten. Bason hielt Textcomputer in drei Anwaltskanzleien auf Standby-Betrieb.

Er bekam seine Zahl kurz nach fünfzehn Uhr. Überall in Manhattan, in einem halben Dutzend Banken, Anwaltsbüros und Buchhaltungsfirmen, flogen Finger über Rechnertasten und kalkulierten Zinsraten, Zahlungspläne und andere Schlüsselfaktoren. Um Viertel vor vier sah der Anwalt, daß die letzten Einzelheiten der Bankbriefe an Ort und Stelle rückten. Aber klar war auch, daß das drei Zoll dicke Angebotspaket nicht rechtzeitig auf die Reise zu Skadden Arps in der Fifty-fifth Street, Ecke Third Avenue, gehen würde.

Die Logistik des zeitempfindlichen Midtown-Kurierverkehrs war allen Anwaltsfirmen in der Wallstreet wohlvertraut. Ein einzelner rauchender Streckenbrand in der U-Bahn konnte einen Kurier für Stunden in den muffigen Tunnels unter der Lexington Avenue gefangensetzen, und tragbare Telefone waren unzuverlässig. Außerdem wußte Bason, daß die nächste U-Bahn-Station an der entscheidenden Lexington Line vier lange Straßen weit von Skadden Arps entfernt war. Er zog es vor, mit dem Taxi über den verstopften Parkway am East River entlang zu fahren.

Um sechzehn Uhr zwanzig schickte der junge Anwalt den leitenden Salomon-Anwalt, Peter Darrow, einen sechsundzwanzigjährigen Davis-Polk-Kollegen namens Richard Truesdell und zwei andere Anwälte mit dem Taxi nach Uptown Manhattan. Mehrere Schlüsseldokumente, die die Anwälte bei sich hatten, waren noch unvollständig; die restlichen Zahlen sollten sie unterwegs handschriftlich einsetzen. Anwälte von der Citibank und von Bankers Trust sollten das Team bei Skadden Arps mit Kopien der endgültigen Kreditunterlagen erwarten. Als sie hinausgingen, bekam Truesdell von Bason ein NEC-Funktelefon.

Fünfzehn Minuten später, die vier Anwälte saßen wild kritzelnd auf ihren Sitzen, schob sich der Wagen durch den dichten Verkehr der Fourteenth Street. Bei Davis Polk drückte Bason die Daumen und wandte den Blick nicht von der Uhr. Goldstone, der eben von Shearson zurückkam, gesellte sich zusammen mit Johnson und Horrigan zu ihm. Johnson zeigte sich als einziger ganz entspannt; er betrachtete die Szene und meinte: »Zumindest kriegen wir damit ein bißchen Spaß.«

Alle fünf Minuten rief Goldstone Truesdell an, der im Taxi vorn auf dem Beifahrersitz saß. »Wo sind Sie jetzt? An welchem Block?«

Während man bei Davis Polk besorgte Blicke wechselte, schob sich das Taxi durch den dichten Verkehr in den dreißiger und vierziger Straßen. Fünfzehn Minuten vor dem Termin verließ der Wagen den Parkway und bog in die First Avenue ein. Zehn Minuten später kam er zwischen der Fifty-fifth und der First endgültig zum Stehen, festgeklemmt in der Zange eines Freitagnachmittags-Verkehrsstaus.

Goldstone war am Rande der Hysterie. Auch Horrigan war außer sich. »Wieso dauert das so lange?« wollte er wissen.

In Panik griff Goldstone nach dem Telefonhörer. »Steigen Sie aus und rennen Sie!« brüllte er Truesdell an. Die vier Anwälte kletterten aus dem Taxi und spurteten über zwei lange Blocks zu Skadden Arps. Johnson lachte fassungslos. »Hoffentlich war Ihr Bursche mal Querfeldeinläufer«, sagte er zu Goldstone. »Das kann er nämlich unmöglich bis fünf Uhr schaffen.«

Goldstones Blick klebte an der Uhr. Sie würden es nicht schaffen. Im nächsten Augenblick ließ er Bason einen Atkins-Assistenten, Mike Gizang, anrufen. »Wir faxen Ihnen den Brief«, sagte Bason. »Er kommt jetzt.«

Und während Büromitarbeiter den Angebotsbrief Seite für Seite in das Faxgerät schoben, lauschte Goldstone Truesdells keuchendem Atem über das Funktelefon.

»Wir sind jetzt an der Fifty-fifth, Ecke Second!«

Tickend verstrichen die Minuten. Johnson nahm einen Anruf von einem besorgten Charlie Hugel entgegen. »Wo bleibt Ihr Gebot, Ross?« wollte Hugel wissen. »Wo bleibt Ihr Gebot?«

Johnson war belustigt, aber er bemühte sich, ernst zu klingen. »Wir denken immer noch drüber nach, Charlie.«

Horrigan geriet allmählich in Weißglut. »Ist das zu glauben? Ich kann es nicht glauben!« Andy Sage, der inzwischen ebenfalls erschienen war, sah das Spektakel und war wie vom Donner gerührt. »Das ist ja wie in einer Slapstick-Komödie!«

Als Truesdells atemlose Gruppe bei Skadden Arps ankam, wurde ihnen der Weg von einem Schwarm Fotografen und Fernsehkameras verstellt. Die Journalisten erblickten das Funktelefon, drängten sich heran und brüllten Fragen. Die Anwälte wühlten sich wie Football-Stürmer durch die Menge und in die Lobby.

Drinnen war von dem Bankenteam nichts zu sehen. »Wo sind sie?«

schrien die Anwälte, reckten die Hälse und drehten sich wie Kreisel. »Wo sind sie?« Darrow, der einzige, der die Bankjuristen vom Sehen kannte, wuselte in der Lobby umher wie ein Kind, das sich im Zoo verirrt hatte.

Sekunden später erreichte Goldstone Truesdell.

»Richard, wo sind Sie?«

»Im Aufzug!«

Im vierunddreißigsten Stock wies eine Empfangsdame den Anwälten den Weg in eine höhergelegene Etage. »Moment, Moment, Moment!« Basons Fistelstimme zirpte durch Truesdells Telefonhörer; in letzter Minute ließ er die Dividendenrate der Vorzugsaktien noch einmal überprüfen. Kostbare Sekunden verstrichen, während die Zahl noch einmal durchgerechnet wurde.

Als Truesdell und seine drei Begleiter im oberen Stockwerk aus dem Aufzug hervorstürzten, versperrte ihnen ein gewaltiger Sicherheitsposten den Weg. Eine Minute später geleitete man Truesdell in den Empfangsraum, wo er Peter Atkins völlig erschöpft die Mappe mit dem Gebot der Gruppe aushändigte. Bis die Bankbriefe eintrafen, sollten noch einmal fünfundzwanzig Minuten vergehen.

Darrow sah auf die Uhr. Es war siebzehn Uhr eins. Das größte Takeover-Gebot in der Geschichte der Unternehmenswirtschaft kam zu spät. Hoffentlich würde es niemand bemerken.

Mit dem Kohlberg-Kravis-Gebot unter dem Arm glitt Casey Cogut um zehn vor fünf unbemerkt an den Fotografen vorbei in die Lobby von Skadden Arps. Oben angekommen, huschte er an dem Sicherheitsmann vorbei und rief nach Atkins; es war jetzt wenige Minuten vor fünf. Als Atkins erschien, saß Cogut in einem Korridor auf dem Fußboden und schob Papiere in seiner Gebotsmappe hin und her, um eine letzte Änderung vorzunehmen.

Cogut sah, wie der Wachmann jeden aufhielt, der den Empfangsbereich betreten wollte. Ein Skadden-Arps-Mitarbeiter, der ihm versehentlich ins Netz gegangen war, schrie den Posten an: »Ich arbeite hier! Ich arbeite hier! Jetzt lassen Sie mich schon vorbei!«

Cogut überreichte Atkins den Ordner und ging.

Um sieben, volle zwei Stunden nach Verstreichen der Deadline, hatte die First Boston immer noch kein Gebot auf den Beinen. Maher hatte Kopien des Briefes an Jay Pritzker nach Chicago gefaxt. Der Investor und seine Anwälte befahlen immer noch geringfügige Überarbeitungen. Der Druck hatte sich ein wenig gelegt, nachdem die Frist verstrichen war, aber Maher verlor langsam die Geduld. Es war amateurhaft, und er wollte den Brief jetzt abschicken.

In Chicago kamen Pritzker selbst allmählich Zweifel an der Kompetenz der First Boston. Um sieben fragte er sich Jerry Seslowe gegenüber laut, ob man das ganze Unternehmen nicht lieber ad acta legen solle. »Glauben Sie, daß die First Boston der Sache gewachsen ist?« wollte er wissen.

Seslowe wußte, daß Pritzker drauf und dran war, auszusteigen. Den ganzen Nachmittag über hatte der Investor ihn gewarnt: Er wolle durch dieses Gebot nicht in Verlegenheit gebracht werden. Das Verstreichen der Frist und die holprige Beschaffenheit des Briefes entfachten seine Befürchtungen nur noch weiter.

»Jay, hören Sie«, sagte Seslowe, »es ist klar, daß sie nicht das sind, was sie mal waren. Aber sie sind immer noch verdammt gut. Sie haben eine gute Struktur hier.«

»Glauben Sie, wir sollten die Sache durchziehen?« fragte Pritzker. »Jerry, wie peinlich wäre es für uns, jetzt auszusteigen? Sollten wir nicht? Warum packen wir nicht einfach ein und gehen nach Hause?«

»Ich glaube immer noch, daß sie es schaffen können«, meinte Seslowe. »Warten wir einfach mal ab.« Seslowe wußte, daß er sein eigenes Wort verpfändete, eine Tatsache, bei der ihm nicht restlos wohl zumute war.

Gegen neun Uhr hatte Maher genug. Nachdem er Pritzker zu verstehen gegeben hatte, daß zukünftige Patzereien dieser Art sich würden vermeiden lassen, wenn die Anwälte des Investoren in New York wären, ließ er den Brief abschicken.

Noch immer kamen Änderungsvorschläge von den Anwälten, als der Brief schon kopiert wurde. Die Anwälte wurden niedergebrüllt. Niemand wahrte noch einen Rest von diplomatischem Schein, und das Gebrüll hallte durch die sich leerenden Korridore der First Boston.

»Schicken Sie das Ding raus! Schicken Sie's raus! Vergessen Sie den Rest! Weiter! Weiter! Raus mit dem Ding!«

Fernsehkameras und Reporter waren längst abgezogen, als ein Bankerpaar der First Boston, Brian Finn und Scott Lindsay, um halb zehn die fünf Straßen weiter zu Skadden Arps stapfte. Es war kalt, und den beiden Männern war jämmerlich zumute. Oben wartete niemand mehr auf ihr Gebot. Still und verlassen lagen die Korridore der gewaltigen Anwaltskanzlei da, als Finn und Lindsay sich zu Atkins' Eckbüro begaben.

Der Anwalt war nicht da. Als Finn sich erbot, zu warten, erklärte Atkins' Sekretärin, er sei in einer Besprechung und könne nicht gestört werden. Finn gab der Frau den Brief. Die beiden Männer hinterließen eine Telefonnummer und machten sich hastig aus dem Staub.

15

Ross Johnson und Henry Kravis waren nicht die einzigen, die daran interessiert waren, RJR Nabisco zu besitzen. Über Federal Express und Fax kamen an diesem Freitag die Gebote ins Haus: seltsame, unerbetene Briefe, das Wallstreet-Äquivalent von Spinneranrufen. Am Ende der Versteigerung von RJR Nabisco würde Hugels Ausschuß seinen Teil an Witzgeboten gesehen haben – jedes einzelne natürlich überprüft von Dillon Read oder Lazard. Ein Mann aus Maryland faxte ein Angebot von 126 Dollar pro Aktie – 28,4 Milliarden Dollar. Er wurde knapp übertroffen von einem Börsenmakler aus Winston-Salem, der 127 Dollar bot. »Zwar habe ich zur Zeit noch keine diesbezügliche Zusage von einer größeren Bank«, schrieb der Broker dazu, »aber ich bin zuversichtlich, daß mir sogleich die Dienste mehrerer zu Verfügung stehen werden, sollten Sie mein Angebot akzeptieren.«

Hugels Spitzenreiter war der Brief eines Bankers aus Toronto. Er lachte, als er ihn unter den Vorstandsmitgliedern und Investmentbankern herumreichte, die am Freitag abend in einem Konferenzraum im siebenundvierzigsten Stock umherwimmelten. Der Bursche bot 123 Dollar pro Aktie, aber es war ein Kniff dabei. Er erbot sich, jedem Mitglied des Sonderausschusses sieben Millionen Dollar für seine Stimme zu zahlen, »als Achtungserweis für die vielen dem Konzern gewidmeten Jahre«. Die anderen Vorstandsmitglieder sollten fünf Millionen bekommen.

Während die Gebote eingingen, hielt Peter Atkins in seinem Eckbüro, angefüllt mit einer Sammlung von holzgeschnitzten Enten und den üblichen in Acryl gegossenen Emissionsanzeigen, Hof. Wie ein Schatten begleitete ihn Mike Mitchell, ein professoraler Prozeßanwalt, der in einem gemütlichen, vollgestopften Büro unten am Korridor arbeitete. Atkins war sich sehr wohl des Umstandes bewußt, daß die Ereignisse dieses Abends irgendwann in einem Gerichtssaal nachgespielt werden könnten, und Mitchell war anwesend, damit dafür gesorgt war, daß jeder sich an die Regeln hielt.

Mitchell stand in einer Ecke und lächelte, während Boten, Anwälte, Banker und Vorstandsmitglieder in Atkins' Büro ein und aus gingen. Die Szene erinnerte ihn an einen Chaplin-Film. Es dauerte fast eine Stunde, bis die Bankdokumente der Managementgruppe eintrafen. Und ungefähr alle zehn Minuten rief Jim Maher an und versicherte ihnen, daß sein Brief jeden Augenblick kommen würde.

Ein Gefühl der Erleichterung wogte über die versammelten Anwälte hinweg, als sie endlich den ersten Blick auf die beiden Gebote warfen.

Das Ergebnis war nicht einmal knapp.

Kravis bot 94 Dollar pro Aktie: 21,62 Milliarden.

Johnson hatte ihn mit einem Gebot von 100 Dollar pro Aktie oder 23 Milliarden abgehängt.

Die Sache war einfach. Um neun hatte Atkins die Investmentbanker entlassen und den Vorstandsmitgliedern gesagt, daß sie ebenfalls nach Hause gehen könnten. Der Ausschuß würde am Sonntag morgen zusammentreten und Johnson formell zum Sieger ausrufen. Inzwischen würden am Samstag Vertreter beider Bietergruppen herkommen, um die in ihren Geboten enthaltenen Anleihepapiere zu erklären. Beide Gebote enthielten große Summen in PIK-Anleihen, und Atkins brauchte eine Bewertung dieser Papiere für die Präsentation am Sonntag vormittag. Es war eine Formalität, aber Atkins war entschlossen, sich nirgends eine Blöße zu geben.

Als ihm schließlich das Angebot der First Boston überbracht wurde, las er es aufmerksam. Er hoffte, es wie die anderen Witzgebote beiseitewischen zu können. Mahers Angebot war nur halb fertig, das sah er gleich – nicht mehr als eine Idee. Eine Finanzierung war nicht dabei; es war nicht einmal klar, ob Maher überhaupt schon mit einer Bank gesprochen hatte. Aber die First Boston gab an, sie könne bei einer Restrukturierung nach Brian Finns Ratenwechsel-Strategie zwischen 105 und 118 Dollar pro Aktie aufbringen.

Der entscheidende Faktor dieses Angebots war ein Steuervorteil, und Atkins war kein Steuerexperte. Auf den ersten Blick sah er, daß er die zugrundeliegende Hypothese nicht mühelos würde entkräften können. Wenn Maher schaffen konnte, was er vorschlug – und Atkins hatte wenig Grund zu der Annahme, daß er es konnte –, konnte die Methode der First Boston 3 Milliarden Dollar mehr einbringen als die anderen Gebote. Dies wäre aber eine Frage für Skaddens Steuerberatung.

Bis der Plan sich überprüfen ließe, versammelten Atkins und ein Dutzend Kollegen sich in einem glasumschlossenen Konferenzraum zum Abendessen, und um Mahers merkwürdige Idee durchzusprechen. Schachteln mit chinesischem Essen wurden auf einem großen Eichentisch aufgereiht. Dazwischen standen kleine runde Behälter mit Dutzenden gespitzter Bleistifte. Die trägen Zweige einer Birkenfeige hingen über der diskutierenden Gruppe. Draußen vor dem Fenster lief in der Upper East Side von Manhattan und dahinter in Harlem das Wochenende an. Kopien von Mahers neunseitigem Angebot wurden angefertigt und herumgereicht; die Anwälte blätterten darin, während sie aßen.

Gegen elf kam Matthew Rosen, der sechsunddreißigjährige Steuerberater des Teams. Rosen war ein Anwalt aus der »Dreißiger«-Generation: italienische Anzüge, flache Schuhe mit Troddeln, ein mit moderner Kunst vollgestopftes Büro – ein Rebell der frühen siebziger Jahre, der sich auf dem Klassentreffen genierte, davon zu erzählen, wie er jetzt Millionen damit verdiente, daß er Steuerlücken für Unternehmens-Takeover auskundschaftete.

»Wie würde es Ihnen gefallen, bei dem Gerichtsverfahren als Zeuge Nummer eins aufzutreten?« wurde er von Mitchell gefragt.

»Wovon reden Sie?«

Mitchell reichte ihm die Mappe der First Boston. »Lesen Sie das«, sagte er. »Alles Steuersachen.«

Matt Rosen überflog den Vorschlag kurz und zog sich dann in einen anderen Konferenzraum zurück, um Mahers Desperadogebot genauer zu untersuchen. Im Kern, das sah er gleich, enthielt der Brief von der First Boston einen häßlichen Wust von steuerrechtlichen Annahmen, deren tatsächliche Gangbarkeit alles andere als sicher war. Rosen begriff sofort, daß das Schicksal dieses Gebots – und damit der gesamten Auktion – von seiner Einschätzung der Zuverlässigkeit dieser Annahmen abhing. Es lag bei ihm, Atkins und Mitchell zu sagen, ob die Zahlung der vier Milliarden Steuern tatsächlich aufgeschoben werden konnte. Es stand so gut wie fest, daß die Anwälte sich nach seiner Aussage richten würden. Wenn Mahers Vorschlag sich durchführen ließe, dann wäre, das wußte Rosen, ein neuer Joker im Spiel, und das ganze Verfahren würde vermutlich im Chaos versinken.

Er versuchte, den Gedanken an die Ungeheuerlichkeit seiner Aufgabe beiseitezuschieben und sich auf den Brief vor ihm zu konzentrieren. Aber als er die steuerrechtlichen Annahmen, von denen Maher ausging, durchlas, schlug sein Magen Purzelbäume. Als wäre der Einsatz noch nicht hoch genug, entdeckte Rosen jetzt noch etwas weit Beunruhigenderes. Beim Durcharbeiten des First-Boston-Angebots sah er sich einer einzelnen, unausweichlichen Tatsache gegenüber: Mehrere der Kernaussagen, einschließlich einer entscheidenden Annahme bezüglich der genauen Behandlung einer Steuerstundung, stammten von *ihm*.

Rosen hatte befürchtet, daß dies passieren würde. Mit dem Heranrücken des 31. Dezember entwickelten sich Ratenwechsel-Verkäufe zum letzten Schrei in der Wallstreet. Jede Investmentbank schien ein Dutzend davon im Keller zu haben; Brian Finn verwandte dieselbe Idee in mindestens vier anderen großen Takeover-Geschäften der First Boston. Und Finns bevorzugter Steueranwalt war Matt Rosen.

Die beiden jungen Männer waren Verwandte im Geiste und hatten mit den Jahren eine enge Freundschaft entwickelt. Viele von Finns kuriosen Umstrukturierungsideen drehten sich um esoterische Steuerstrategien, und die beiden führten darüber oft endlose Diskussionen miteinander, vor allem, nachdem Finn ein Autotelefon erworben und sich angewöhnt hatte, Rosen während seiner einstündigen abendlichen Heimfahrten anzurufen. Finn pries Rosen wegen seiner kreativen Lösungen für die dornenreichsten Steuerprobleme; Rosen wußte Finns schnellen Verstand zu schätzen. Der junge Steueranwalt arbeitete bereits mit der First Boston in einem Ratenwechsel-Geschäft für General Cinema zusammen, einem Unternehmen, das einige der Pepsi-Abfüllbetriebe übernehmen wollte. Und nun wurde Rosen zu seinem wachsenden Entsetzen aufgefordert, sein Urteil zu Ideen abzugeben, die er selbst mit heraufbeschworen hatte.

Rosen und Finn hatten nie speziell über RJR Nabisco gesprochen; das war nicht ihre Art zu arbeiten. Finn sprach in Hypothesen und konfrontierte Rosen mit »Was wäre, wenn?«-Szenarien. In einer Art geistigem Tennisspiel schlug Rosen die Ideen zurück und wußte dabei zumeist nicht, wie die Unternehmen hießen, von denen die Rede war. Als er jetzt aber das Angebot der First Boston begutachtete, identifizierte Rosen es ohne Mühe als Frucht einer kürzlich geführten Unterhaltung zwischen ihnen beiden.

Ein Interessenkonflikt – der Gedanke war Rosen verhaßt. Aber er wußte, daß das Wort auf seine Situation zutreffen konnte. In Anbetracht der Gehässigkeiten im Kampf um RJR Nabisco war es nur eine Frage der Zeit, wann jemand von seiner Zusammenarbeit mit Finn erfahren würde. In seinem eigenen Herzen wußte Rosen, daß er fair sein konnte, daß er nicht seine Karriere aufs Spiel setzen würde, um einem Freund zu helfen. Aber in der prozeßträchtigen Atmosphäre eines großen Takeovers konnte sich der Anschein einer Unregelmäßigkeit als ebenso schädlich erweisen wie die Unregelmäßigkeit selbst.

Rosen dachte immer noch über seine Notlage nach, als Peter Atkins ihn eine Dreiviertelstunde später störte. Der Anwalt hatte das Warten nicht mehr ausgehalten; er brauchte eine Stellungnahme zur Gangbarkeit des Angebots der First Boston.

»Was meinen Sie?« fragte er.

Rosen holte tief Luft. »Tja, ich habe ein paar technische Probleme. Ein, zwei Dinge, denke ich, sind hier vermurkst. Man kann einfach noch nichts sagen – es ist nicht genug vorhanden. Wenn Sie fragen wollen, Peter, ob dies ein Deal ist, der sich mit einigem Drehen und Ändern machen ließe, dann müßte ich Ihnen sagen: Jawohl, es ließe sich machen.«

Und dann schilderte Rosen sein Problem mit Finn. Er vertraute Atkins, hatte ihn sechs Monate zuvor zu seiner Hochzeit eingeladen. »Peter, Sie wissen, ich bin sehr vertraut mit diesen Dingen. Wir haben gerade im Zusammenhang mit einem solchen Angebot schon ausführlich mit der First Boston zusammengearbeitet.«

Atkins wischte Rosens Bedenken für den Augenblick beiseite.

»Sprechen Sie über den Vorschlag«, sagte er. »Was für Probleme sind es, die dagegen sprechen?«

Rosen zählte mehrere auf. Zum einen war da kein Wort über die Finanzierung; Milliarden von Dollar mußten aufgebracht werden. Eine wirkliche Frage war auch, ob die First Boston ihre Arbeit würde zu Ende führen können, bevor die Lücke im Steuergesetz zum Jahresende geschlossen würde – also in nur noch zweiundvierzig Tagen. In einer so kurzen Frist würde jeder Tag zählen, und das Geschäft konnte entgleisen, wenn die First Boston von der Federal Trade Commission mit einem langwierigen Kartellverfahren überzogen würde. Wem genau welches RJR-Unternehmen gehören würde, war ebenfalls unklar. Das waren Details, die mit der First Boston geklärt werden mußten, meinte Rosen.

»Aber ich weiche nicht aus, Peter. Im Grunde ist es eine Basisanalyse, bei der mir ganz wohl ist.« Zu wohl, dachte Rosen. »Wenn sich die fünf oder sechs Fragen, die ich habe, positiv beantworten lassen, halte ich dies dann, rechtlich gesehen, für eine funktionierende Angelegenheit?« Rosen machte eine kurze Pause. »Yeah. Ich glaube, es funktioniert.«

Peter Atkins vertraute Rosen. Er war nicht allzu besorgt über die Befürchtungen des jungen Mannes wegen eines Interessenkonflikts; soweit es ihn betraf, würde die Angelegenheit ihr kleines Geheimnis bleiben. Aber zumindest teilweise, um jeden Beigeschmack von Unredlichkeit zu vertreiben, schlug Atkins vor, daß Rosen sein Gutachten mit einem der Anwälte, die mit Lazard und Dillon zusammenarbeiteten, besprechen sollte. Rosen versprach, es gleich morgen früh zu tun.

Bis tief in die Nacht hinein ließ Rosen sich von seinen Partnern – unter ihnen Mitchell, der Prozeßexperte – einem peinlichen Kreuzverhör unterziehen. Jeder suchte bei ihm nach Argumenten für Mängel an dem Vorschlag, jeder fahndete nach einer Bresche, einem Grund, das lästige Angebot der First Boston zu ignorieren. Aber Rosen ließ sich nicht irremachen; er konnte nicht geradeheraus sagen, daß der Vorschlag undurchführbar sei.

Als der Freitag zum Samstag wurde, fuhren die erschöpften Anwälte einer nach dem anderen nach Hause in die Vororte. Um vier Uhr früh war es still in den Skadden-Büros. Auch draußen auf den Straßen war Ruhe. In einem Konferenzraum am Ende des Ganges lagen Schachteln mit halb verzehrten, kalt gewordenen chinesischen Speisen.

Atkins und Mitchell waren als einzige noch da. Sie saßen allein zwischen den Holzenten in Atkins' Büro. Rosen war gegangen; er hatte versprochen, am nächsten Tag mit Brian Finn zu reden. Falls Rosen es sich nach dem Gespräch mit Finn nicht anders überlegen sollte, wußten die beiden Juristen jetzt schon, wie es weitergehen würde.

»Ich wüßte nicht, was wir sonst tun können«, sagte Mitchell jetzt. Er starrte auf eine Kopie des First-Boston-Briefes, die auf Atkins' Schreibtisch lag. »Wie ignoriert man so was?«

Atkins nickte. Er sah Mitchell an und seufzte. »Genau so wird man es dann machen müssen.«

Eine Zeitlang schwiegen die beiden. Sie waren alte Freunde, miteinander verbunden durch die Liebe zum Recht. Je nach dem, wie Rosens Gespräch mit Finn verlief, stand ihre Entscheidung fest; der Sonderausschuß mußte am Sonntag morgen nur noch seine Einwilligung geben. Mitchell spürte, wie bedeutend dieser Augenblick war.

»Junge«, sagte er. »Wer hätte mit so was gerechnet?«

Kravis wurde aufgeregt, als er am Freitag abend hörte, daß seine Gruppe eingeladen war, am nächsten Morgen bei Skadden Arps zu erscheinen. Es war zwar nicht klar, was der Ausschuß wollte, aber wie es hieß, wurde mit Johnsons Gruppe anscheinend nicht gesprochen. Unverzüglich verschwand der Katzenjammer, der zu dem 94-Dollar-Gebot geführt hatte. »Gott«, sagte Kravis, »vielleicht stehen wir ganz gut da.«

Ein Augenblick der Panik entstand, als Kravis' Truppen erfuhren, daß Peter Ackerman von Drexel, der für die Anleihepapiere des Gebots zuständig war, schon wieder sein Flugzeug nach Beverly Hills bestiegen hatte. Ackerman würde telefonisch in die Sitzung geschaltet werden müssen. Ein anderes Dilemma ergab sich mit Bruce Wasserstein. Nach den Indiskretionen gegenüber der Presse hatte Kravis kein Vertrauen mehr zu Wasserstein und wollte ihn bei der Konferenz nicht dabei haben. Das Problem, wie Ted Ammon Beattie gegenüber erläuterte, bestand darin, Wassersteins Assistenten, Mack Rossoff, zu bekommen, der benötigt wurde, um einige der Anleihepapiere in dem Paket zu erläutern.

»Sie müssen Rossoff anrufen und ihn ohne Bruce zu der Konferenz bitten«, sagte Ammon.
»Ich? Wieso muß ich das tun?«
»Sie müssen.«
»O nein.« Beattie lachte. »*Sie* machen das. Er ist Ihr Investmentbanker. Ich will damit nichts zu tun haben.« Am Ende sagte man Wasserstein, er werde nicht benötigt.*

Am Samstag morgen um sieben versammelten sich fast zwei Dutzend Banker und Rechtsanwälte in den Büros von Kohlberg Kravis. Zwei Stunden später führte Kravis die Gruppe zu Skadden Arps. Oben angekommen, hielten sie aufmerksam Ausschau nach der Managementgruppe. Kravis traf in einem Korridor auf Ira Harris. Die beiden plauderten ein Weilchen miteinander, und Kravis suchte in Harris' Miene nach irgendeinem Hinweis auf ihre Situation – nach einem verräterischen Lächeln, einem Achselzucken, irgend etwas: War die Managementgruppe auch herbeizitiert worden? Und wo stehen wir? Aber Harris war unergründlich.

Das Kravis-Kontingent wurde in einen großen Konferenzraum geführt, wo zwei Investmentbanker warteten, Bob Lovejoy von Lazard und John Mullin von Dillon Read. Wassersteins Assistenten, Mack Rossoff, fiel das Herz in die Hose, als er die beiden erblickte: Wo war Felix Rohatyn? Wo war Ira Harris? Das hier, das sah Rossoff sofort, war das B-Team. Ein schlechtes Zeichen.

Auch Kravis bemerkte, daß sie nicht die erste Mannschaft gezogen hatten. Erschrocken nahm er die Anwesenheit eines Juniorpartners von Skadden Arps namens Bill Frank zur Kenntnis. Was wußte der über den Deal? Und wo war Atkins? Zum erstenmal dämmerte ihm, daß gleichzeitig eine Konferenz mit der Managementgruppe stattfinden mußte. Er wurde nervös.

Mehr als eine Stunde lang erläuterten Kravis' Banker und Anwälte detailliert jeden einzelnen Bestandteil ihres Gebotspakets, und dabei legten sie besonderes Gewicht auf die Anleihen. Das war routinemäßige Wallstreet-Arbeit. Die Konferenz dauerte und dauerte, während Vertreter einer jeden des Halbdutzends Investment- und Geschäfts-

---

* Wasserstein bestreitet das; er seinerseits habe keinen Anlaß gesehen, sich dem »technischen Team« anzuschließen, das an diesem Morgen zu Skadden Arps geschickt wurde.

banken, die Kravis aufgeboten hatte, stolz die eigenen Spezialitäten präsentierten.

Scott Stuart trug eben ein Bündel der Kravis'schen Prognosen vor, als Bob Lovejoy ihn unterbrach. Die Daten, die Stuart da vorlese, entsprächen nicht den Zahlen, die er selbst auf dem Schoß liegen habe, befand der Lazard-Banker. Wenn der Sonderausschuß seine Arbeit getan habe, dann müsse indessen jeder von den gleichen Prognosen ausgegangen sein.

»Anscheinend haben Sie da nicht die aktuellsten Informationen«, stellte Lovejoy fest, und ein besorgter Ausdruck flog über sein Gesicht.

Nun, entgegnete Stuart, mit welchen Zahlen denn der Sonderausschuß operiere? Die beiden verglichen ihr Material. Beide wirkten verwirrt.

Am anderen Ende des Zimmers schrillten Alarmglocken in Dick Beatties Kopf. Er kritzelte eine Notiz und schob sie seinem Kollegen Cliff Robbins zu, der neben ihm saß. »Unsere Zahlen SIND schlecht«, stand auf dem Zettel. »Wir müssen etwas unternehmen.« Robbins nickte.

Danach war Kravis' Mannschaft in hellem Aufruhr. Als sie in die Lobby hinunterfuhren, hallte der Aufzug von Rufen und Flüchen wider. »Die frisieren ihre Bücher!« schrien etliche. »Die frisieren ihre Bücher!« Beattie war empört. »Das ist unerhört. Verdammt, sie haben uns unzutreffende Informationen gegeben. Wir sind beschissen worden.«

Kravis, Roberts und Beattie blieben in der Lobby stehen und beratschlagten, was zu tun sei. Zuvor schon hatten sie erörtert, welche Möglichkeiten ihnen offenstanden, falls die Managementgruppe ihnen voraus sein sollte. Das Problem, das sie bei der Beschaffung von Informationen gehabt hatten, war dabei das As in ihrem Ärmel gewesen; damit hatten sie eine Begründung für einen Protest. Wenn Kohlberg Kravis keine akkuraten Informationen erhalten hatte, war die Versteigerung nicht tadellos verlaufen. Und wenn das der Fall war, mußte das Verfahren angehalten werden, ehe es zu weit gediehen war.

Beattie kehrte in sein Büro gegenüber der Grand Central Station zurück, diktierte einen kurzen Brief und schickte ihn unverzüglich an Peter Atkins. Eine Passage darin lautete: »Wir haben von John Mullin und Bob Lovejoy erfahren, daß wir vom Management der RJR Nabisco möglicherweise unzutreffende Informationen hinsichtlich gewisser finanzieller Aspekte erhalten haben. . . . (Wenn dies der Fall ist), werden wir unser Gebot möglicherweise im Lichte neuerer oder zutreffenderer Informationen, die wir erhalten, mit Ihnen erörtern wollen.«

Die freundlichen Worte kaschierten eine schroffe Botschaft. Es dauerte auch nicht lange, und ein verärgerter Atkins rief Beattie an. Eine Warnung von Henry Kravis war nicht etwas, das er ignorieren konnte. Nicht minder verärgert war er, weil Beatties Protest ein schwarzer Fleck auf der ansonsten makellosen Akte der Auktion sein würde. »Ich wünschte, Sie hätten mit mir gesprochen und das nicht schriftlich geäußert«, sagte er zu Beattie. »Ich nehme das sehr ernst.«

Aber vorläufig war Atkins nicht bereit, Kohlberg Kravis irgendwelche neuen Informationen zukommen zu lassen. Die Investmentbanker, Lovejoy und Mullin, beantworteten Beatties Brief mit einem eigenen, indem sie – seltsamerweise, wie Beattie fand – erklärten, daß es beim Informationsfluß kein Problem gebe. Verwirrt und erbost, konnte die Kravis-Truppe wenig mehr tun, als die Entscheidung des Vorstands abzuwarten.

Am selben Nachmittag empfing Beattie einen zweiten Anruf von Atkins. »Dick«, hörte er, »wir brauchen sie heute abend nicht mehr. Sie können Ihre Leute nach Hause fahren lassen.«

Furcht stieg Beattie in die Kehle. »Machen Sie der anderen Seite die gleiche Mitteilung?«

»Ja.«

Beattie entspannte sich. Ein bißchen.

Peter Cohens Truppe war an diesem Vormittag bei Skadden Arps auf ähnliche Weise ins Verhör genommen worden. Ein Trio von Ausschußberatern, angeführt von Ira Harris, bombardierte seine Leute mit Fragen, die darauf abzielten, den exakten Wert der Anleihen zu ermitteln, die die Gruppe zu bieten hatte. Als die Konferenz dem Ende zuging, bat Luis Rinaldini von Lazard Tom Hill um Kopien der Cashflow-Prognosen, die von der Gruppe aufgestellt worden waren. Die Prognosen, meinte Rinaldini, könnten bei der Bewertung der Anleihen nützlich sein.

»Kommt nicht in Frage«, antwortete Hill. Die Prognosen waren die Geheimwaffe der Managementgruppe, das Herzstück dessen, was Johnson für sie wert war.

Warum nicht? wollte Rinaldini wissen.

»Wir betrachten unsere Prognosen als unser Eigenkapital«, sagte Hill. »Was sollte Sie daran hindern, sie an KKR weiterzugeben?«

»Na hören Sie . . .« sagte Rinaldini.

Als Jim Maher am Samstag aufwachte, machte er sich kaum Illusionen über seine Erfolgschancen. Es gab buchstäblich keine Möglichkeit, daß der Vorschlag der First Boston als bestes Angebot akzeptiert werden würde; das wußte er. Im günstigsten Fall, dachte er sich, hatte er eine schmale Chance, das Interesse des Vorstandes genügend zu wecken, um irgendeine Form der Erweiterung des Auktionsverfahrens zu erzwingen.

Den ganzen Vormittag über ging er in seiner Wohnung auf und ab und wartete auf einen Anruf. Gegen elf kam er. »Jimmy, Sie werden einen Brief bekommen«, kündigte Peter Atkins an. »Wir haben eine Reihe von Fragen zu Ihrem Vorschlag. Wir müssen da ein paar Dinge klären.«

Wie immer war Atkins schwer zu deuten. Als Maher auflegte, dachte er, der Anruf sei ein gutes Zeichen. *Er ruft nicht an, um zu plaudern.* Andererseits, überlegte Maher, konnte es natürlich sein, daß Atkins versuchte, den Boden für eine Ablehnung zu bereiten.

Fünf Minuten später kam ein Bote mit dem Brief. Es waren grundsätzliche Fragen, technische Details, steuerorientiert. Ohne eine Unternehmensprüfung, wußte Maher, konnte er die meisten davon nicht beantworten. Die First Boston mußte einfach mehr wissen, bevor sie garantieren konnte, daß der Plan klappen würde.

Atkins rief am Nachmittag mehrmals mit weiteren Fragen an, auch diese kompliziert und steuerorientiert, und sie drehten sich um Sachverhalte, die nach Mahers Ansicht Gegenstand von Verhandlungen sein müßten. »Peter, wir können uns in bestimmten Punkten nicht festnageln lassen«, beharrte er. »Wir müssen unsere Leute mit Ihren Leuten zusammensetzen und diesen Fragen auf den Grund gehen lassen.«

Irgendwann rief Maher bei Brian Finn an und las ihm den Brief vor. Finn gefiel nicht, was er hörte.

»Das klingt, als versuchten sie, eine Art Protokoll herzustellen, das nachher beweist, weshalb sie nicht mit uns zusammenarbeiten konnten«, meinte Finn.

»Glaube ich nicht«, sagte Maher. »In meinen Gesprächen mit Atkins hatte ich nicht diesen Eindruck.«

»Hoffentlich haben Sie recht«, sagte Finn.

Die beiden berieten, was zu tun sei. Normalerweise hätten sie auf Atkins' Brief schriftlich geantwortet oder die Steuerberater der First Boston mit denen von Skadden zusammenkommen lassen. Aber keine dieser beiden Möglichkeiten wirkte verlockend. Besprechungen kosteten Zeit, und Zeit war kostbar.

Finn fand, daß die First Boston mit Matthew Rosen eine Trumpfkarte in der Hand habe. Daß der Steueranwalt mit Finns Idee vertraut war – von der persönlichen Beziehung zwischen ihnen beiden nicht zu reden –, müsse man doch vorteilhaft nutzen können, meinte er. »Warum rufe ich nicht einfach Rosen an und gehe mit ihm ihre Fragen durch?« schlug er vor. Mit einem kurzen Anruf, meinte er, sei der ganze bürokratische Wust vom Tisch. Maher war einverstanden.

Finn erreichte Rosen bei Skadden gegen Mittag. Der Steueranwalt klang erschöpft. »Ich sage Ihnen, was mich nervös macht, Matt«, begann Finn, das Gelände sondierend. »Es sieht aus, als ob Sie ein Protokoll verfaßt haben, das zeigt, weshalb wir den Job nicht gekriegt haben.«

»Nun«, antwortete Rosen, »ich kann Ihnen nicht erzählen, was vorgeht. Aber was Sie sagen, ist nicht der Fall. Das ist nicht fair.«

Finn gestattete sich ein Gefühl der Erleichterung. Er glaubte nicht, daß Rosen ihn belügen würde. Der Steueranwalt hatte Dutzende von Fragen an Finn. Bei den meisten mußte dieser wegen Unwissenheit passen. »Ich kann diese Frage ohne eine Unternehmensprüfung nicht definitiv beantworten«, wiederholte er. »Ich kann es einfach nicht.«

Finn bearbeitete das Thema mehr als eine Stunde lang. »Kommen Sie, Matt, wir kennen uns doch«, flehte er. »Sie wissen, daß wir nicht hier sind, um Schlagzeilen mit einer Sache zu machen, die nicht klappen wird. Sie müssen uns die Tür aufmachen. Sie müssen einfach. Ich kann ohne eine Unternehmensprüfung nichts Besseres liefern.«

Als er auflegte, war Finn immer noch nervös. Er wußte, daß Rosen sah, wie wunderschön ihr Angebot war. Aber würde er dafür den Kopf hinhalten, wenn 20 Milliarden Dollar auf dem Spiel standen?

Der Samstag war Jim Robinsons dreiundfünfzigster Geburtstag, und die Robinsons zogen sich auf ihre 35-Morgen-Farm in Connecticut zurück, um das Ergebnis der Versteigerung abzuwarten. Gegen drei Uhr nachmittags sah Jim Robinson zu seiner Überraschung, wie Ross und Laurie Johnson die Zufahrt heraufkamen.

Es war schön, die Johnsons zu sehen, und noch besser war es für sie alle, der Stadt ein Weilchen zu entfliehen. Laurie ging mit den Robinsons in ihren Fitnessraum, wo das Bild eines jungen Jim Robinson an der Wand hing, der mit ernster Miene ein Gewicht stemmte. Johnson ließ sich auf einer Couch nieder, las die Zeitung und schaute sich im Fernsehen College-Football an. Alle vier konnten unmöglich an irgend etwas anderes denken als an die Beratungen des Sonderausschusses. Den ganzen Nachmittag und bis in den Abend hinein warteten sie gespannt auf einen Anruf, der nicht kam.

Das Abendessen im Hause Robinson bestand an diesem Abend aus chinesischem Essen und Telefonhörern. Die Robinsons hatten fünf Leitungen, und Linda ließ drei Telefone auf den Eßtisch stellen. Während des Essens loteten Johnson und die Robinsons ihre Informationsquellen aus. Gerüchte über das Angebot der First Boston machten die Runde, aber man konnte noch nicht sagen, wie es sich – falls überhaupt – auswirkte.

Es war Johnson, der schließlich Erfolg hatte. Sie hatten schon im voraus gewußt, daß sowohl der Sonderausschuß als auch der gesamte Vorstand am folgenden Tag zusammentreten sollten; der Ausschuß würde über eine Empfehlung abstimmen, und der Vorstand würde aller Wahrscheinlichkeit nach seinen Stempel daruntersetzen. In der Hoffnung, mehr über diese Sitzungen zu erfahren, rief Johnson einen Informanten bei der Flugabteilung von RJR Nabisco an, einen loyalen Mitarbeiter, der seit neunundzwanzig Jahren an seiner Seite arbeitete. Von ihm erfuhr Johnson, daß die Flugzeuge, die normalerweise für die Vorstandsflüge nach New York in Bereitschaft waren, in der Halle standen. Anscheinend war die Vorstandssitzung abgesagt worden.

»Da ist etwas sehr, sehr Merkwürdiges im Gange«, sagte Johnson. Aber was immer der Grund für die Verzögerung sein möge, sagte er zu den Robinsons, »dies ist eine schlechte Neuigkeit für uns.«

Linda Robinson gab die Nachricht an Cohen weiter, der allein zu Hause in seinem Apartment in Manhattan war, während seine Frau Freunde in Florida besuchte. Johnsons Pessimismus zum Trotz blieb die Gruppe auf der Robinson-Farm optimistisch. Es sei voreilig, fanden sie übereinstimmend, aus einer Information über die Flugpläne des Vorstandes unumstößliche Schlußfolgerungen zu ziehen.

Nach dem Dinner trug eine strahlende Linda Robinson die Geburtstagstorte für ihren Mann auf; sie hatte sie selbst entworfen: Eine Möhrentorte mit weißem Zuckerguß, überzogen mit Oreos, Graham Crackers, Honig, Zimt und schokoladenen »Teddy Grahams«, den beliebten neuen Keksen von Nabisco. Aber das Tollste waren die Kerzen oder das, was auf den ersten Blick aussah wie Kerzen. Bei näheremn Hinsehen erkannte man, daß es in Wirklichkeit Winston- und Salem-Zigaretten waren, die munter oben auf dem Kuchen glimmten und Rauchwölkchen emporkräuseln ließen.

Als Hugel am Sonntag morgen um Viertel nach zehn die Ausschußsitzung eröffnete, wußte jeder im Konferenzraum, was geschehen mußte. Matt Rosens Steuergutachten bedeutete, daß sie das Angebot der First Boston und die Zusage von bis zu 118 Dollar pro Aktie nicht ignorieren konnten. Um Mahers Truppe Zeit zu geben, das Ganze zu untermauern, würde man eine zweite Runde der Versteigerung eröffnen müssen. Alle Gebote, auch das Siegergebot der Managementgruppe, waren vom Tisch.

Atkins und Mitchell hatten die endgültige Entscheidung am Samstag nachmittag nach Rosens Unterredung mit Finn getroffen. Nicht alle waren glücklich darüber: Fritz Hobbs von Dillon Read hielt Mahers Vorschlag für tolldreist, und das sagte er auch. Aber wie immer hatte niemand besonders viel Lust, den Anwälten zu widersprechen – nicht, wenn Prozeßdrohungen über ihren Köpfen schwebten. Wenn Atkins weiterer Überredungen bedurft hatte, so war Beatties erzürnter Brief ausreichend gewesen. Mehrere seiner Kollegen brachten leise ihre Erleichterung darüber zum Ausdruck, daß die zweite Runde, die der Vorschlag der First Boston erzwungen hatte, es ihnen erspart habe, von Kravis mit gerichtlichen Verfügungen konfrontiert zu werden.

Charlie Hugel war auch nicht erfreut bei dem Gedanken an einer zweiten Runde. Der Vorschlag der First Boston war bestenfalls unsicher, und er war immer noch überzeugt, daß Johnson sich am Ende mit Kravis verbünden würde. »Wenn wir verlängern«, sagte Hugel, »und die First Boston aussteigt, dann schließen die Burschen sich zusammen, und wo sind wir? Wieder unten bei dreiundneunzig.«

Damit zog er sich eine scharfe Erwiderung von Marty Davis zu. Es sei im besten Interesse des Vorstandes, den Wettbewerb in die Länge zu ziehen, argumentierte Davis: Bringen Sie die Bieter ins Schwitzen, treiben Sie sie in einen hektischen Konkurrenzkampf, erkaufen Sie sich Zeit, um an der Option einer Umstrukturierung zu arbeiten.

Schon einmal hatte diese Frage zu einem Konflikt zwischen den beiden Männern geführt. Am Donnerstag nachmittag hatte Davis im Reuters-Finanznachrichtendienst wutentbrannt eine Äußerung von Hugel gelesen: Die Deadline für die Einreichung der Gebote am Freitag stehe unverrückbar fest, und eine Verlängerung werde es nicht geben. Unverzüglich hatte er Hugel angerufen. »Was zum Teufel kommt da von Reuters?« wetterte er und las die Meldung vor. »Das ist nicht unsere Ansicht. Das stimmt einfach nicht.«

»Ich hab's auch nicht gesagt«, behauptete Hugel.

Davis glaubte ihm nicht. Hugel war entweder blauäugig oder ein Bauer in Johnsons Schachspiel. Vielleicht beides. Marty Davis war weder das eine noch das andere, dessen war er sicher. Er war mittlerweile ein anerkannter Falke in Sonderausschüssen, der verfocht, was nötig war, um Spitzenpreise zu erzielen, und der Managementgruppe gegenüber niemals ein Auge zudrückte. Er war bereit gewesen, dafür einzutreten, daß Beatties Brief allein schon Grund für eine Verlängerung der Auktion sei.

Die Vorstandsmitglieder stimmten ohne lange Debatten zu: Eine Verlängerung der Auktion war ein Risiko, das sie eingehen mußten. Rosen mußte antraben und eine Erläuterung der Steuerfaktoren vorlegen. Die Frage seiner Freundschaft mit Brian Finn kam nicht zur

Sprache.* Hugel und die anderen Vorstandsmitglieder befragten Rosen gründlich, folgten aber am Ende seinem Rat. So gern sie das Ganze auch hinter sich gebracht hätten, es sah doch so aus, als wären sie noch nicht ganz fertig. Bevor sie sich um eins vertagten, ging Atkins hinaus, um festzustellen, wie lange Maher brauchen würde.

Samstag abend hatte Maher sich entspannt. Der Ton von Atkins' Fragen verriet ihm, daß es die First Boston irgendwie geschafft hatte, den Fuß in die Tür zu bekommen. So war er nicht überrascht, als Atkins am Sonntag morgen wieder anrief.

Der Vorstand sei bereit, ihm einen Versuch zu ermöglichen, wenn er so weit sei, sagte Atkins. »Sind Sie bereit, sich mit allen Ihren Mitteln einzusetzen, Jim?« fragte er. »Und wieviel Zeit würden Sie brauchen?«

Maher hätte gern zwei Wochen gehabt, aber er wußte, daß er die nicht bekommen würde. Atkins schlug vor, die Frist von Montag an um eine Woche zu verlängern, also nur um acht Tage. Maher, der daran dachte, daß der bevorstehende Thanksgiving-Feiertag es vielleicht schwierig machen würde, Finanzierungszusagen zu erhalten, schlug statt dessen eine zehntägige Verlängerung vor. Okay, sagte Atkins. Dienstag, der 29. November, siebzehn Uhr.

Als Maher den Hörer auf die Gabel legte, lächelte er. *Ich werde euch »Mickey Mouse« zeigen.*

Am Sonntag morgen las Jerry Seslowe zu Hause in Long Island die Sonntagszeitung und versuchte, das Geschehen bei Skadden Arps aus seinen Gedanken zu verdrängen. Bei dem stürmischen Regen draußen war er froh, nicht aus dem Haus gehen zu müssen.

Das Telefon klingelte. Es war Scott Lindsay, einer von Mahers Assistenten. »Peter Atkins möchte, daß Sie kommen und eine Vertraulichkeitsvereinbarung unterschreiben. Wir haben den Fuß in der Tür!«

---

* Die Verbindung Finn-Rosen kam in der folgenden Woche wieder auf den Tisch, als die First Boston Rosens Dienste in einem anderen Geschäft anforderte. Finn und Rosen geben an, Atkins habe sein Veto dagegen eingelegt, Rosen zu engagieren, um jeden Anschein einer Unregelmäßigkeit zu vermeiden.

Seslowe verschwendete keine Zeit, sondern stieg frohlockend in seinem BMW 325ii und rauschte hinaus auf die überflutete Straße. Eine Stunde später begrüßte er Brian Finn bei Skadden Arps, wo er feststellte, daß Atkins' Stimmung zum Regenwetter paßte.

Der Anwalt war regelrecht feindselig. Seslowe hatte das Gefühl, er gebe ihm die Schuld daran, daß die Auktion verlängert und Atkins' Mission komplizierter gemacht worden war. Es war offensichtlich, daß Atkins todmüde war und nach Hause wollte. Er muß ja jetzt seit zweiundsiebzig Stunden auf den Beinen sein, dachte Seslowe. Atkins' Assistent Mike Gizang hing in einer Ecke und sah aus wie eine Lumpenpuppe.

»Also schön, Sie sind jetzt drin«, dozierte Atkins. »Wir nehmen Sie ernst. Okay? Was wir nicht sehen wollen, ist ein zweiter Forstmann Little. Die haben viel Getöse gemacht und nie etwas auf den Tisch gelegt. Wenn wir Sie jetzt hereinlassen, verlassen wir uns darauf, daß Sie es ernst meinen.«

Seslowe nickte. Sie meinten es ernst.

»Unterschreiben Sie das.« Atkins schob Seslowe eine Vertraulichkeitsvereinbarung herüber.

»Ich kann nichts unterschreiben, wenn es nicht vorher von einem Anwalt geprüft worden ist«, erklärte der Buchhalter.

»Schön«, sagte Atkins abrupt. »Dann gehe ich.«

»Ich kann nichts unterschreiben«, protestierte Seslowe. »Ich kann nicht.«

»Sie müssen unterschreiben.«

Seslowe bat darum, wenigstens eine Kopie der Vereinbarung an Pritzkers Anwalt Hank Handelsman nach Chicago faxen zu dürfen. Atkins gab ihm klar zu verstehen, daß er sich beeilen müsse.

Kurz darauf war Handelsman am Telefon und verlangte Änderungen an dem Dokument. Seslowe beäugte den streng blickenden Atkins und fiel ihm ins Wort. »Hank, sprechen wir mal über die wirkliche Welt«, sagte er. »Entweder unterschreiben wir das Ding jetzt, oder wir gehen nach Hause ... Nein, Hank: jetzt. Sie haben drei Sekunden Zeit. Peter Atkins steht vor mir. Wir müssen unterschreiben.«

Gegen Mittag war in Kravis' Büro eine Gruppe zusammengekommen. Man konnte nur warten. Die meisten der Banker und Anwälte versammelten sich in einem Sitzungsraum vor dem Fernsehapparat und jubelten den »New York Jets« in einem Spiel gegen Buffalo zu. Jemand machte Popcorn und ließ es herumgehen. Peter Ackerman von Drexel, der gleich nach seiner Landung in San Francisco nach New York zurückgeflogen war, verschwand und kam mit einem Arm voll Bücher zurück. Kravis ging den ganzen Tag in seinem Büro auf und ab.

»Wann hören wir was?« fragte er immer wieder. »Verdammt noch mal, wann hören wir was?«

Von Zeit zu Zeit rief Paul Raether bei Dick Beattie an, der zu Hause geblieben war und versuchte, sich mit Richard Rhodes' *The Making of the Atomic Bomb* zu zerstreuen.

»Was ist los?« fragte Raether ihn.

»Ich weiß es nicht«, sagte Beattie. »Was wollen Sie – soll ich drüben anrufen?«

»Nein, rufen Sie nicht an«, antwortete Raether. Auf die Nerven wollten sie wirklich niemandem gehen.

Auf der Robinson-Farm zog sich der Entscheidungstag für Johnson immer mehr in die Länge. Er war indessen der einzige unter den vier Freunden, der nicht wie besessen an die Beratungen des Ausschusses dachte. Einen großen Teil des Tages verbrachte er auf dem Sofa und las Zeitungen. Der Nachmittag verging, ohne daß es Neuigkeiten gab, und Johnson behielt seine fröhliche Fassade, auch als Linda Robinson nervös zu telefonieren begann, um nach Hinweisen zum Resultat der Auktion zu forschen.

»Keine Sorge, Linda«, ermahnte er seine Gastgeberin. »Irgendwann müssen sie es uns ja sagen.«

Aber insgeheim wurde Johnson zusehends pessimistisch. Die ausgefallene Vorstandssitzung lastete schwer auf seinem Herzen. Dieser Umstand allein ließ es wahrscheinlich erscheinen, daß es keine klare Entscheidung zu den Geboten geben würde, zumindest nicht heute. Er vermutete, daß das Ergebnis der Auktion unentschieden ausgefallen war; angesichts all der Publicity für die Managementvereinbarung war das eine schlechte Neuigkeit.

»Wenn die Gebote gleichliegen«, prophezeite er, »sind wir tot. Der Vorstand wird dann nicht für uns stimmen.«

Gegen sechzehn Uhr schickten die beiden Ehepaare sich an, nach New York zurückzukehren. Draußen tobte der Regen. Das Wetter war so schlecht, daß der Hubschrauber, mit dem sie in die City zurückfliegen sollten, nicht starten konnte. Es regnete immer noch, als man sich auf zwei Autos verteilte; die Robinsons fuhren mit einem Chauffeur vorneweg. John Martin war mit seinem weißen RangeRover erschienen; die Johnsons fuhren mit ihm zurück.

Die kleine Karawane kam nur langsam voran; das Wetter ließ den Verkehr auf dem Hutchinson Parkway kriechen. Im vorderen Wagen drückte Linda sich ein Funktelefon ans Ohr und versuchte immer noch, ihre Informationsquellen anzuzapfen. Als die Autos die New Yorker Staatsgrenze überquerten, quäkte das Telefon. Es war ein Reporter mit einer Pressemitteilung, die der Ausschuß herausgeben wollte. Linda Robinson hörte zunehmend ungläubig zu, als er ihr die Mitteilung vorlas. Minuten später legte sie den Hörer aus der Hand und wandte sich ihrem Mann zu. »Das glaubst du nie . . .«

Eine Viertelstunde lang bemühte Linda Robinson sich vergebens, in Martins RangeRover anzurufen. Das tobende Unwetter verhinderte die Verbindung. Endlich, kurz hinter Marmaroneck, kam sie durch.

Rufe des Entsetzens erhoben sich im RangeRover.

»Man hat uns bestohlen!« schrie Martin. »Man hat uns bestohlen!«

Innerhalb eines Augenblicks sah Johnson alle Hoffnung auf einen Sieg zerstieben. »Das war's«, sagte er leise zu seiner Frau. »Goodbye.«

Linda Robinson gab die Neuigkeit an einen zweiten Zeitungsreporter weiter, der sie schleunigst Dick Beattie weitermeldete. Beattie, der noch zu Hause war, lauschte überrascht, als er erfuhr, daß Kohlberg Kravis Platz drei in einem Rennen belegten, in dem er nur zwei Pferde vermutete hatte. »O verdammt!« fluchte er.

Als der Reporter geendet hatte, hörte Beattie das verräterische Klicken eines zweiten Anrufers, der in der Leitung wartete. Er legte auf, übernahm die zweite Leitung und unterbrach Peter Atkins, ehe dieser ein Wort sagen konnte. »Peter«, sagte er, »ich werde Ihnen erzählen, was Sie mir erzählen wollen.« Er berichtete von den drei Geboten und der neuen Frist.

Zum erstenmal seit einem Monat hörte Beattie, wie Atkins die Fassung verlor. »Heilige Scheiße«, sagte Atkins. »Wie haben Sie das denn herausgefunden?«

Beattie lachte nur.

Nachdem sie ihr Gepäck abgestellt hatten, fuhren die Johnsons und die Robinsons zum Rest der Managementgruppe, die sich in Jack Nusbaums Kanzlei – Willkie Farr & Gallagher – versammelt hatte. Dort begegneten sie einem Schwarm wütender Salomon-Investmentbanker. Die »Würstchen« schimpften über ihren früheren Kollegen Ira Harris und warfen ihm vor, die First-Boston-Pritzker-Gruppe ins Spiel gebracht und ihnen den Sieg vor der Nase weggeschnappt zu haben. »Diese fette Sau! *That fat fucker!*« hieß es. »Er will uns in die Pfanne hauen! *He's out to fuck us!*«

Jim Robinson, wie immer ganz staatsmännisch, versuchte die hitzigen Reden zu dämpfen. Nusbaum versuchte, die Sache optimistisch zu sehen. »Na, wir sind doch offenbar in einer guten Position«, stellte der Shearson-Anwalt fest. »Die First-Boston-Idee wird platzen, und wir sind dann immer noch in Führung.«

»Glaube ich nicht«, sagte Johnson. »Sie kennen jetzt unser Höchstgebot. Sie wissen, wo wir stehen.« Nein, sagte Johnson der Gruppe, das Ganze deute darauf hin, daß etwas sehr viel Unheimlicheres unter den Vorstandsmitgliedern am Werke war. »Unter keinen Umständen wird die Managementgruppe den Zuschlag für ihr Gebot bekommen«, weissagte er. »Das ist absolut klar.«

Johnson war bereit, aufzugeben und nach Hause zu gehen. »Wir haben jederzeit die Option, nicht weiterzubieten«, sagte er seiner Gruppe. »Die sollen uns am Arsch lecken. Wir haben unseren Teil getan. Wir haben mit diesen Kerlen ein ehrliches Spiel gespielt. *Fuck it.* Wir werden angeprangert, angepißt und was weiß ich noch alles. Schmeißen wir die Klamotten einfach hin. Sollen sie das den Aktionären erklären.«

Er übertrieb. Aber als Peter Cohen ihm so zuhörte, befürchtete er, daß Johnson recht haben könnte. Zum erstenmal begann Cohen zu erkennen, was für eine Belastung Johnson geworden war. Vielleicht wollte der Vorstand ihm den Konzern wirklich nicht geben.

»Ross«, sagte John Gutfreund, »glauben Sie, dieser Vorstand ist wirklich gegen Sie?«

»Tja, unsere Beziehung hat ihre Grenzen«, antwortete Johnson. Klagedrohungen hatten die Neigung, selbst die beste Freundschaft zu zerstören. »Sie sind nicht gegen mich«, erklärte er, »sondern für sich. Das ist ein verdammt großer Unterschied.«

In Nine West wußte Kravis nicht, ob er sich selbst in den Hintern treten oder »Halleluja!« rufen sollte – nach menschlichem Ermessen müßten sie verloren haben. Johnson und Cohen hatten sie einfach weggepustet. Nicht in seinen wildesten Träumen hatte Kravis damit gerechnet, daß die Managementgruppe auf 100 Dollar pro Aktie gehen könnte. Aber seine Wut wich rasch der Erleichterung, als er begriff, was das spekulative Angebot der First Boston bedeutete. »O Gott«, sagte Kravis, »wir haben soeben ein zweites Leben geschenkt bekommen.«

Noch am selben Nachmittag bemühten er und Roberts sich hastig, mehr über das Angebot der First Boston in Erfahrung zu bringen. Es war schockierend. »Wo zum Teufel kommen diese Kerle her?« fragte Kravis sich laut. Zuerst begriffen sie nicht, was Maher vorhatte. Als dann Details des Angebotes hereingetröpfelt kamen, sah Kravis, wie windig das Ganze war. Er konnte nicht glauben, daß der Vorstand beschlossen hatte, Maher eine Chance zu geben. Seiner Meinung nach war es ausgeschlossen, daß die First Boston diesen Plan bis zum Jahresende realisierte – unter keinen Umständen. Aber nun war es passiert, und dafür würde Kravis ewig dankbar sein. Er rief seine Frau an und sagte in erleichtertem Ton: »Zumindest leben wir noch.«

Am Nachmittag trafen sich Kravis, Roberts und Beattie in Kravis' Büro, um über ihren nächsten Schritt zu beraten. Auf den ersten Blick, darin waren sie sich einig, sah ihre Lage trostlos aus.

Moment mal, sagte Roberts. Er habe über ihre Situation nachgedacht und sei nicht so sicher, daß Platz drei das Schlechteste sei. Im

Gegenteil, meinte Roberts: »Wir sind genau da, wo wir sein wollten.«

Fragende Blicke begegneten dieser Behauptung.

»Schauen Sie«, sagte er, »wir halten uns einfach bedeckt. Wir streuen das Gerücht aus, daß wir nicht wissen, was wir tun sollen. Das stimmt ja auch. Es gibt keinen Grund, zu erklären, daß wir in Wirklichkeit immer noch hinter dem Deal her sind. Die Welt soll wissen, daß wir vielleicht nicht mehr dabei sind.«

Sie haben recht, sagte Kravis, der allmählich begriff. »Das letzte, was wir nötig haben, ist, rauszugehen und die Tomtoms zu schlagen, vor allem, wenn wir nicht noch einmal bieten werden.« Es klang restlos vernünftig: Wenn sie mit Schwung in die zweite Runde einsteigen wollten, brauchten sie sich davon doch nichts anmerken lassen. Und gesetzt den unwahrscheinlichen Fall, daß sie ausstiegen, würden sie sich einiges an Verlegenheit ersparen.

Roberts lächelte, als die Umrisse eines Plans in seinem Kopf Gestalt annahmen. Er wußte den perfekten Ausgangspunkt für ihre kleine Desinformationskampagne: Wasserstein und seine zu Indiskretionen neigenden Investmentbanker. »Ich meine«, sagte er, »wir sollten eine richtige Show für Bruce veranstalten.«

Der erste Schritt war eine Presseerklärung. »Wir müssen mit Sorgfalt und im Lichte neuer Informationen, die wir erhalten werden, unsere Alternativen überdenken«, gab die Firma am Sonntag abend bekannt, »bevor wir entscheiden können, *ob* und in welcher Weise wir weiter verfahren.«

Als Kravis nach Hause kam, wirkte er müde und niedergeschlagen und sprach davon, den Kampf aufzugeben. Carolyne Roehm, eine Frau, die an weibliche Intuition glaubte, suchte in der Miene ihres Mannes nach Anzeichen für seine wahren Gefühle. Meinte er, was er sagte? War es wirklich sein Ernst, daß er sich die fetteste Beute seines Lebens entgehen lassen wollte?

Es paßte nicht zu Kravis, mit eingeklemmtem Schwanz davonzukriechen. Hinter den müden Worten spürte sie neue Entschlossenheit. Nein, entschied sie, es war ausgeschlossen, daß er sich dieses Geschäft zweimal entgehen ließ. Sie dachte noch ein wenig nach und war dann ganz sicher. Henry Kravis hatte einen Plan.

16

Eine gespenstische Stille senkte sich über die Wallstreet, als die Bieter am Montag morgen mit ihren Autopsieuntersuchungen anfingen. Die Finanzmärkte beruhigten sich. Die Investmentbanker bremsten ihr Tempo. Hinter geschlossenen Türen kam die gewaltige Takeover-Maschine der Wallstreet langsam zum Stehen.

Der Grund war einfach: Die Geschäftsbanken, bereit, demjenigen, der bei der Auktion um RJR Nabisco als Sieger hervorgehen würde, fast 15 Milliarden Dollar oder noch mehr auszuzahlen, hatten die Arbeit an allen anderen Takeover so gut wie eingestellt, bis ihre Decks wieder klar wären. Die meisten Deals wurden in den Wartestand geschickt, und alle Blicke richteten sich auf RJR Nabisco. Die informationshungrigen Arbitrageure, die dicht an ihren Handelslimits klebten, konnten wenig anderes tun, als zu warten und die Ohren offenzuhalten. Mehr als ein Händler fühlte sich an einen alten Western erinnert, in dem die Bürger der Stadt die Straßen räumten, damit die Outlaws ihre Schießerei austragen konnten.

»Mickey Mouse«, verkündete Jim Maher grinsend, »hat sich soeben in ›Mighty Mouse‹ verwandelt!«

Die Wallstreet mochte sich beruhigt haben, aber an den Vorgängen in den Büros der First Boston am Montag morgen war nichts Ruhiges. Mahers Truppe war nicht einfach begeistert: Sie schwebte in den Wolken. Sie hatten Erfolg gehabt, wo niemand, nicht einmal sie selbst, damit gerechnet hatte. Und selbst wenn sie nicht gewinnen sollten, wenn sie überhaupt nie wieder einen Deal machen sollten, sie würden nie vergessen, was für ein gutes Gefühl es gewesen war, hier den Einstieg geschafft zu haben.

Um acht waren Mahers Topmitarbeiter in seinem verglasten Büro zusammengekommen, um sich gegenseitig zu beglückwünschen und sich auf die vor ihnen liegende Woche vorzubereiten, denn die versprach hart zu werden. »Meine Freunde«, sagte Greg Malcolm, der Junkbond-Chef, »der Hund hat sich den Bus geschnappt.«

Gelächter erfüllte das Büro. Maher liebte das. Es war genau der Esprit de corps, den die Firma jetzt brauchte, vor allem für dieses Projekt. Er war nicht sicher, daß sie es schaffen würden. Aber er war verdammt sicher, daß es einen Versuch wert war.

Als das Lachen verebbte, kam Maher zum Geschäftlichen; er erteilte Aufgaben an seine Teamleiter. Sie hatten nur acht Tage Zeit, um das größte und komplizierteste Takeover-Gebot in der Geschichte der Wallstreet auf die Beine zu bringen. Maher wußte, daß dies die Leistungsfähigkeit seiner Abteilung auf die entscheidende Probe stellte: Nun würde sich zeigen, ob sie auch ohne Bruce Wasserstein wieder Platz eins beanspruchen konnten.

Kim Fennebresque, Mahers sprücheklopfende rechte Hand, sollte das Team leiten, das Nabisco analysierte, um dann zu berechnen, wieviel die First Boston mit dem Verkauf der Nabisco-Unternehmen erlösen konnte. Brian Finn würde als Libero alle Gruppen beraten. Greg Malcolm hatte den härtesten Job: Er leitete das Finanzierungsteam. Malcolms Leute mußten nicht nur 15 Milliarden Dollar für den Kauf der RJR-Tabakfirmen auftreiben, und zwar zu einem Zeitpunkt, da den meisten Banken die LBO-Kredite ohnehin schon bis zum Hals standen; er hatte außerdem auch noch die Aufgabe, eine Bank zu finden, die Finns Ratenwechsel-Plan mit Leben erfüllte. Es war bestenfalls ein Glücksspiel: Noch nie war etwas Derartiges versucht worden. Malcolm mußte eine Bank dazu überreden, der First Boston bis zu 15 Milliarden Dollar gegen ihre Ratenwechsel zu leihen. Jeder im Raum wußte, daß dies die schwierigste Aufgabe war, die vor ihnen lag.

Danach ging Maher hinauf in das Vorstandszimmer im vierundvierzigsten Stock, wo er mit Jay Pritzker zu Mittag essen sollte. Pritzker war am Morgen von Chicago heruntergeflogen und hatte sich mit Jerry Seslowe getroffen, seinem Beauftragten in diesem Deal. Seslowe war nicht überrascht gewesen, Pritzker wegen der »Keystone Kops«-Vorstellung, die die Gruppe am Freitag gegeben hatte, immer noch beunruhigt zu sehen. »Ist das für die bloß eine

Übung, mit der die verlorenen Boden wiedergutmachen wollen?« wollte Pritzker wissen.

Im Vorstandszimmer nahm Seslowe jetzt Fennebresque beiseite und stellte ihm diese Frage rundheraus. »Wie viel von all dem hier tun Sie, weil Sie das Gefühl haben, Sie müßten bei dem Spiel dabei sein?« wollte er wissen. »Ich möchte mich hier nicht blamieren, und Jay auch nicht. Ich hänge mich mit Ihnen weit aus dem Fenster. Vergessen Sie mal all die schönen Worte. Ist es Ihnen wirklich ernst?« Fennebresque versicherte ihm, daß es ihnen ernst sei. Sie seien ja nicht in diesem Geschäft, um wie Trottel dazustehen.

Beim Essen informierte Maher Pritzker über die neuesten Entwicklungen und sprach mit ihm über die Werte, die in RJR Nabisco steckten. Mel Klein, der Pritzker-Assistent aus Corpus Christi, berichtete zu Mahers Überraschung, daß er mit seinem alten Freund Henry Kravis gesprochen habe. »Ich weiß noch nicht genau, was wir tun werden«, hatte Kravis ihm am Sonntag abend gesagt. »Wir versuchen gerade, uns zu entscheiden.«

Jeder am Tisch fragte sich, ob Kravis jetzt aussteigen würde; sein 94-Dollar-Gebot war ein Witz. Manche vertraten die Theorie, Kravis habe es satt, sich der grausigen Kombination aus Schlammschlacht, Politik und Publicity auszusetzen. Aber was immer der Fall sei, er wolle sich doch, sagte Klein, mit Kravis treffen, um die Möglichkeit einer Partnerschaft mit ihm zu erkunden. »Hören Sie«, sagte Pritzker zu Maher, »wir werden nichts tun, was Sie nicht wollen. Wir denken nur, wir sollten mal mit ihm reden.«

Maher war einverstanden. Nur zu gern – ja, mit Vergnügen – würde er sich den Einsatz von 25 Milliarden Dollar mit Kravis teilen. »Hey, wir wollen hier eine Investition vornehmen«, sagte er zu Pritzker. »Ich habe kein Problem damit. Machen Sie sich keine Sorgen wegen unserer Position.«

Pritzker hatte noch etwas klarzumachen. Er wollte, daß der Name Pritzker aus den Schlagzeilen herausgehalten wurde. Von jetzt an, erklärte er und schlug mit der Hand auf den Tisch, um seinen Worten Nachdruck zu verleihen, müsse die Gruppe stets als die »First Boston Group« erscheinen. Niemand wußte, ob dieser Wunsch dem Altruismus oder der Angst vor einer Demütigung entsprang.

Am Montag war Johnson in miserabler Laune. »Man hat uns übers Ohr gehauen, Charlie«, beklagte er sich bei Hugel. »Das ist für jedermann offensichtlich.«

»Ich bin wirklich sehr betrübt darüber, Ross«, sagte Hugel. »Aber wir konnten nichts daran ändern. Es mußte so sein.«

»Ich glaube einfach, daß man uns übers Ohr gehauen hat.«

»Die Anwälte haben uns gesagt, wir sollten so verfahren«, erwiderte Hugel. »Wir konnten kein Angebot ablehnen, das potentiell hundertzehn Dollar pro Aktie wert ist.«

Nichts von dem, was Hugel sagen konnte, besänftigte Johnsons siedenden Zorn. Und je länger er kochte, desto miserabler fühlte er sich. Von seinem eigenen Vorstand war er betrogen worden, von Leuten, die er für seine Freunde gehalten hatte. Steve Goldstone hatte recht gehabt. Diese Leute waren nicht mehr seine Freunde. Er hatte es nicht glauben wollen, und er wollte es auch jetzt nicht glauben. Aber tief im Innern wußte Johnson, daß es stimmte. Er hatte die Unterstützung seines eigenen Vorstands verloren.

Bei Macomber konnte er es verstehen. Der hatte es schon lange auf ihn abgesehen. Aber Marty Davis? Nach allem, was er gehört hatte, war Davis am entschiedensten gegen ihn eingetreten. Bill Anderson? Albert Butler? Johnson nannte sie jetzt nur noch den »pseudo-unabhängigen« Ausschuß. Sie alle waren Gefangene ihrer Wallstreet-Akteure geworden, vor allem Atkins', des schweigsamen Anwalts, den Johnson nur noch »Laughing Boy«, den »lachenden Jungen«, nannte. Und Ira Harris' Verhalten war am schmerzlichsten. Johnson hörte, daß Harris auf Golfplätzen im ganzen Land über ihn herzog. Er kannte Harris seit fünfzehn Jahren. Es tat weh.

Am Dienstag war Johnson in der einen Sekunde bereit, aufzugeben, und im nächsten Augenblick hätte er am liebsten dem Vorstand kollektiv den Hals umgedreht. In einem schwarzen Moment trug er Laurie auf, das firmeneigene Apartment zu räumen. Zusammen sortierten sie ihre Sachen, markierten dies für den Transport nach Atlanta, jenes für das Haus in Colorado und anderes für Florida.

Zur Vorbereitung auf die zweite Runde gab es wenig zu tun. Die 100 Dollar hatten Johnson schon in Erstaunen versetzt, und er konnte sich nicht vorstellen, noch höher zu gehen. »Was immer wir beim zweitenmal tun«, sagte er zu Jim Robinson, »es kann unter keinen

Umständen viel mehr als das sein, was wir uns beim erstenmal angesehen haben. Vielleicht wollen Sie es ein bißchen aufmischen« – die Bargeld-Komponente ändern – »aber keinesfalls sollten wir weit über den Punkt hinausgehen, an dem wir jetzt sind.«

Am Dienstag nachmittag schwang sein Stimmungspendel wieder um. Er ließ Goldstone nach Nine West kommen: Er hatte eine Idee, wie mit dem Vorstand umzuspringen sei. »Sagen Sie denen, wenn wir keine definitive Vereinbarung kriegen, steigen wir aus«, trug er ihm auf. »Nachdem man uns so viel Feuer gemacht hat, warum machen wir ihnen nicht auch mal welches? Wir benutzen die Macht ja nicht, die wir als Bieter haben. Die schreiben alle Regeln. Warum schreiben wir nicht auch mal welche?«

Goldstone wußte, daß es zu spät war, harte Bandagen anzulegen. Die Auktion stand inzwischen zu sehr im Scheinwerferlicht der Öffentlichkeit; das Spiel war zu weit gediehen. Er verschob den Anruf bei Atkins, und am Tag darauf gelang es ihm, Johnson seine übereilten Aktionen auszureden. Mittwoch nachmittag packte Johnson seine Sachen und bestieg seinen Gulfstream-Jet, um den Thanksgiving Day in Florida zu verbringen.

Als der Staub sich gelegt hatte, kamen die Spione hervor.

Am Montag früh sprach Dick Beattie mit Bob Millard, dem Shearson-Händler. Die beiden Freunde hielten ihren inoffiziellen Dialog jetzt seit fast fünf Wochen aufrecht. Millard war die wertvollste Nachrichtenquelle, über die Beattie verfügte. Der Händler war für Beattie – und damit für Kravis – ein Monitor, mit dem sie Peter Cohen im Auge behalten konnten.

An diesem Morgen klang Beattie so niedergeschlagen, wie Millard ihn noch nie gehört hatte. »Glückwunsch«, sagte der Anwalt. »Ihr Burschen hattet wirklich das beste Gebot.«

Das Gespräch wandte sich sogleich dem »Wunder«-Angebot der First Boston zu. »Die Sache der First Boston ist eindeutig eine Luftblase«, sagte Beattie. »Wir haben an eine derartige Transaktion auch gedacht, und sie funktioniert nicht. Es ist ein Haufen Geschwätz.«

Millard fragte sich laut, was Kravis wohl als nächstes tun würde. Beattie antwortete, er wisse es nicht, und erbot sich dann, seine

Erkenntnisse über die Steuerstrategie der First Boston offenzulegen.

»Wir wissen eine Menge über diese Transaktion«, sagte er. »Wenn wir da behilflich sein können, werden wir es sein.«

Millard fand das Angebot und Beatties Tonfall auffällig. Er klang wie ein Besiegter. Anscheinend war Kravis im Begriff, das Handtuch zu werfen. Millard wagte einen Vorschlag. »Warum rufen Sie nicht Peter an und gratulieren ihm?« sagte er. »Rufen Sie ihn einfach an. Ich weiß, er würde zu gern mit Ihnen sprechen.«

Eine Unterhaltung mit Cohen, dachte Millard sich, könnte sich als unschätzbar wertvoll erweisen.

Cohen erwiderte Beatties Anruf am Nachmittag von seinem Wagen aus, während er zum JFK International Airport hinausjagte. Er mußte am folgenden Tag in Brüssel sein, um an einer Vorstandssitzung von Carlo De Benedettis Societé Générale de Belgique teilzunehmen.

»Dieses Gebot war top, Peter«, sagte Beattie. »Ich muß es Ihnen sagen: gute Arbeit. Toll.«

»Yeah, schön. Danke. Was halten Sie von der Sache der First Boston?«

»Das ist verrückt. Es wird nicht klappen. Wir haben die Analyse selbst gemacht. Wir machen sie jetzt für einen anderen Deal wieder. Sie werden es nicht schaffen. Nicht bis zum Ende des Jahres. Ausgeschlossen.«

»Das denken wir auch«, sagte Cohen. »Wir sind wirklich über den Tisch gezogen worden. Was machen Ihre Leute jetzt?«

»Oh, ich weiß es nicht«, sagte Beattie. »Alle hier sind ziemlich deprimiert. Ich weiß noch nicht, was wir mit dieser zweiten Runde anfangen. Vielleicht gar nichts. Ich denke, wir verschwinden jetzt alle erst mal in den Feiertag. George fliegt zurück nach San Francisco, und ich glaube, Henry will skilaufen.«

»Yeah«, sagte Cohen. »Ich nehme mir auch zwei Tage frei, aber wahrscheinlich erst am nächsten Wochenende. Ich glaube, Karen und ich fahren nach East Hampton. Ich muß hier mal raus. Ich bin wirklich müde.«

Als Beattie aufgelegt hatte, starrte er ein paar Augenblicke lang auf das Telefon. Er hatte nicht gelogen. Er hatte Cohen nicht absichtlich irregeführt. Es stimmte: Kravis wußte noch nicht, was er tun würde. Andererseits, er hatte bei Cohen keine Skepsis gespürt. Wenn Cohen den Eindruck gewonnen hatte, daß Kravis aussteigen wollte – nun, bitte sehr.

Dick Beattie konnte nicht wissen, daß dies für lange Zeit das letzte zivilisierte Gespräch gewesen sein sollte, daß er mit Peter Cohen geführt hatte.

In den Augen der Öffentlichkeit war die Bieteschlacht um RJR Nabisco von Hektik geprägt; nach dem Auftauchen einer dritten Bietergruppe war wieder alles offen. Aber in der gedämpften Atmosphäre der Gänge und Büros bei Lazard Freres und Dillon Read herrschte keine Begeisterung. Für die Vorstandsberater war das Angebot der First Boston keine gute Neuigkeit. Wenige von ihnen trauten Maher und seiner Truppe zu, in acht Tagen mit einem konkreten Plan zurückzukommen.

Aber weit besorgniserregender war die kläglige Vorstellung, die Kravis gegeben hatte. Nach seinem 94-Dollar-Gebot kratzten sich alle hinter den Ohren. Was konnte nur in ihn gefahren sein? *Wollte* er verlieren? Die Presseerklärung vom Sonntag abend, in der sie andeuteten, daß vielleicht kein zweites Gebot mehr kommen würde, erschien ominös.

Von Anfang an war es die Mission des Sonderausschusses gewesen, zwei annehmbare Gebote lebendig zu erhalten. Sobald er zwei hatte, strebte er drei an, und so weiter. Kurz, er tat alles, um für die Aktionäre den höchstmöglichen Erlös zu erzielen. Wenn aber weder die First Boston noch Kravis mit einem zweiten Gebot herausrückte, hätte der Vorstand nur noch eine Möglichkeit: Ross Johnson.

Dies erfüllte Felix Rohatyn, den Doyen der Vorstandsbanker, mit Unbehagen. Bei der Arbeit mit Dillon und Skadden in den Tagen vor Thanksgiving hatte er zwei zu bewältigende Aufgaben festgelegt. Erstens: Kravis müsse gerettet werden. Was immer es kosten mochte, er mußte am nächsten Dienstag am Bietertisch sitzen. Das bedeutete, daß man ihn mit Daten und Informationen fütterte, die ihm zeigten, daß RJR Nabisco ein starkes zweites Gebot rechtfertigte. Und zweitens: Der Ausschuß müsse hart daran arbeiten, einen Rekapitalisierungsplan zu vervollkommnen, der im schlimmsten Fall als Druckmittel benutzt werden könnte, sollte Johnson allein übrigbleiben. Dazu gehöre eine umfangreiche einmalige Auszahlung an die Aktionäre, zu finanzieren durch Kredite und die Veräußerung von Vermögenswerten.

Die Kampagne zur Rettung Kravis' begann am Montag. »Was brauchen Sie denn, um wieder einzusteigen?« fragte Bob Lovejoy von Lazard Paul Raether am Nachmittag in einer Telefonkonferenz.

Raether, der auf einem wachsenden Berg von Computerauszügen saß, antwortete, er benötige mehr Informationen – echte Informationen –, wenn Kravis daran denken solle, noch einmal zu bieten. »Zum einen wollen wir mit den Tabakleuten sprechen«, sagte er. »Und wir wollen, daß Ed Horrigan dabei ist. Wir wollen hören, was seine Pläne sind. Wenn es da wirklich keine Einsparungsmöglichkeiten gibt, dann wollen wir das von ihm hören.«

Raether hatte gesehen, was John Greeniaus mit Nabisco würde tun können. Er hatte den starken Verdacht, daß Horrigan und Johnson insgeheim einen Plan für ähnliche Einsparungsmaßnahmen im Tabakbereich hatten, und das sagte er auch. »Hören Sie«, antwortete Lovejoy, »wenn es irgendwo einen Generalplan gibt, dann wissen wir davon nichts. Wenn es ihn gibt, dann belügen sie uns. Die haben Stein und Bein geschworen, daß sie keinen haben.«

Am Montag abend kam Lovejoy an der Spitze einer Prozession in die Büros von Kohlberg Kravis, um sich mit Raether und Scott Stuart zusammenzusetzen. Ein Lazard-Team hatte die von RJR Nabisco erhaltenen Informationen Stück für Stück durchgekämmt und mit den wenigen neuen Daten, die am Wochenende aus Johnsons Gebot zu entnehmen gewesen waren, ein überarbeitetes, etwas rosiger glänzendes Bündel von Prognosen für Kravis zusammengestellt. Jetzt gingen die Lazard-Banker zum Angriff über; Kravis mußte begreifen, daß in Johnsons Konzern mehr steckte, als man mit bloßem Auge sehen konnte.

Josh Gotbaum, ein Lazard-Banker in den Dreißigern, der einen Ring mit Peace-Symbol trug, äußerte Raether gegenüber, daß sich im Tabakbereich jährliche Einsparungen von rund 150 Millionen Dollar herausquetschen ließen. Es war eine gewichtige Aussage:

Über zehn Jahre verteilt, bedeutete das einen Betrag von 8 oder 9 Dollar pro Aktie, genug also, um Kravis' Gebot deutlich über 100 Dollar zu treiben. Lovejoy sah an ihren Mienen, daß sie allmählich begriffen.

Tatsächlich war Raether aber noch nicht restlos überzeugt. Er wußte, daß die Lazard-Banker ein Interesse daran hatten, Kravis im Rennen zu halten, und so nahm er ihre Ratschläge nur bedingt für bare Münze. Andererseits, das mußte er zugeben, war ihm nach ihren Eröffnungen wohler. Irgendwann nahm ein Lazard-Banker namens Stephen Golub ihn beiseite; Raether kannte ihn seit Jahren und vertraute ihm.

»Ich habe so eine Firma noch nie gesehen«, sagte Golub. »Ich habe noch nie gesehen, daß ein Unternehmen so viel Geld verschleudert. Ich war bei General Motors« – bekannt für seine überzogenen Ausgaben – »und neben diesen Kerlen hier sieht GM aus wie ein Armenhaus. Das Geld liegt auf dem Fußboden, und man muß es nur aufheben. Was immer Sie tun, seien Sie nicht zu konservativ. Seien Sie nicht zu vorsichtig.«

»Meine Herren, machen Sie sich nicht die Mühe, aufzustehen«, sagte Horrigan, als er in den vollgestopften Konferenzraum marschiert kam. »Wir wissen alle, warum wir hier sind.«

Horrigan war an diesem Dienstag morgen in voller Kampfmontur zur Befragung durch Kravis erschienen. Mehr als ein Dutzend Banker und Anwälte von Kohlberg Kravis und dem Sonderausschuß saßen um den Kirschbaumholztisch in der New Yorker Verwaltung von RJR Nabisco. Auch dem letzten war klar, daß Horrigan eine höllische Wut hatte, und es dauerte keine Minute, bis sie erfuhren, warum.

»Wie ich erfahre, haben Sie mich heute morgen gefeuert«, gab Horrigan bekannt und warf eine Zeitung auf den Tisch. Die (in North Carolina erscheinende) *Greensboro News & Record* berichtete, daß die Verträge für Horrigan und Johnson »beendet« werden würden, wenn Kravis den Bietewettbewerb gewinnen sollte. Und als wäre das nicht schlimm genug, hatte die Neuigkeit sich in einem Interview mit Paul Sticht, Horrigans geschworenem Feind, herausgestellt.

»Wir wissen davon nichts«, sagte Kravis ruhig.

»Ich weiß, daß Paul Sticht da geredet hat«, antwortete Horrigan. »Ich habe mit dem Reporter gesprochen.«

»Ich weiß davon nichts«, wiederholte Kravis. »Es ist unverantwortlich und absolut unzutreffend.«

Horrigan begann eine Tirade gegen Paul Sticht: Wie er das Tabakgeschäft ruiniert habe und wie Horrigans Truppen es aus eigener Kraft wieder aufgebaut hätten. »Ich wünsche Ihnen viel Glück, wenn Sie glauben, daß dieser geriatrische alte Trottel mit seinem Pferd in die Stadt zurückgeritten kommt«, erklärte er. »Hoffentlich kennt das Pferd den Weg, denn der Kerl ist blind. Da haben Sie den falschen Deal gemacht.«

»Schön«, sagte Kravis. »Aber wir sind hier, um über das Geschäft zu sprechen.«

Horrigan redete eine Weile über die Tabakindustrie und über Reynolds. Als er fertig war, bombardierte ihn das Kravis-Kontingent mit Fragen, aber es war sofort ersichtlich, daß Horrigan ihnen keine Hilfe sein würde.

»Was können Sie tun, um Kosten zu reduzieren?« fragte Cliff Robbins.

»Nichts.«

»Wie werden Sie und Ross das Unternehmen führen?« wollte Paul Raether wissen. »Was haben Sie für Pläne? Es muß doch Einsparungen geben.«

»Nein«, sagte Horrigan, »gibt's nicht. Wir führen einen straffen Betrieb, ein sehr schlankes Unternehmen. Wir pissen kein Geld in den Wind.«

»Na«, sagte Robbins, »was ist denn mit all den Leuten, den Mitarbeiterzahlen?«

»O nein. In der Hauptverwaltung haben wir niemanden.«

Horrigan war eine Mauer aus Stein. Kravis und andere stellten ihm die gleichen Fragen auf vier oder fünf verschiedene Arten, und jedesmal bestritt Horrigan, daß irgendwelche Kürzungen vorgenommen werden könnten.

»Na, dann lassen Sie uns über Ihre Zahlen sprechen«, fuhr Robbins fort; er meinte die skizzenhaften Prognosen, die er erhalten hatte. »Können Sie mit Ihren Zahlen ein besseres Ergebnis erreichen?«

»O nein.«

»Es geht nicht besser?«

»Nein. Wir tun unser Bestes.«

»Das heißt, Ihre Prognosen sind Ihre Prognosen«, sagte Kravis.

»Absolut«, bestätigte Horrigan. »Wir können nichts anderes tun. So ist es. Wir werden nichts besser machen, und wir werden auch nichts schlechter machen.« Und er begann mit einem Vortrag über die Bedeutung der »Premier« und anderer Projekte, die er zur Zeit durchführte.

»Gibt es irgendeine andere Analyse, die Sie den Shearson-Leuten gegeben haben?« erkundigte sich Robbins. »Haben Sie denen irgend etwas gegeben, was Sie uns nicht gegeben haben?«

»Nein«, sagte Horrigan. »Nichts.«

»Wissen Sie«, sagte Kravis, »das ist wirklich faszinierend. Sie können nicht das geringste besser machen. Junge, und Sie können auch nichts einsparen. Na, wenn das der Fall ist, dann muß ich Ihnen sagen: Ich glaube, wir haben mit vierundneunzig zu hoch geboten. Wenn Sie hier *nichts* abspecken können, wenn Sie überhaupt nichts einsparen können –«

»Nichts«, unterbrach Horrigan. »Kann ich wirklich nicht.«

»Na, das ist ja großartig. Dann lagen wir mit unserem ersten Gebot zu hoch. Ich wüßte nicht, wie wir mehr bieten sollten.«

Angewidert von Horrigans Vorstellung fuhr Kravis wieder hinunter zum Mittagessen. Er war mit einer Gruppe verabredet, zu der Jay Pritzker, Mel Klein und Jerry Seslowe gehörten. Kravis erwartete nicht viel von diesem Mittagessen. Klein drängte seit Tagen auf ein Treffen und erzählte, wie wundervoll es doch wäre, wenn ihre beiden Gruppen sich zusammentun könnten. Wohl kaum, dachte Kravis; aber ein Treffen, vermutete er, könnte hilfreich sein, um einschätzen zu können, wie ernst man Mahers merkwürdiges Angebot nehmen mußte.

Bei Spaghetti sprach Klein in glühenden Worten von RJR Nabisco und ihrem Cashflow. Eine Zeitlang erzählte er auch von der Steuerstrategie der First Boston und davon, wie sie hoffentlich funktionieren würde. Die einzige Möglichkeit, das Unternehmen noch zu verbessern, meinte Klein, bestehe darin, daß Pritzker sich mit Henry Kravis verbünde.

»Und die First Boston?« wollte Kravis wissen.
»Ist in jedem Fall zufrieden«, meinte Klein.
»Schön«, sagte Kravis. »Auf welcher Basis würden Sie denn arbeiten wollen?«
»Wir wären einfach Partner«, sagte Klein. »Fifty-fifty.«
Kravis schüttelte den Kopf. »Das kommt nicht in Frage. Wenn wir überhaupt interessiert sind – was ich nicht glaube –, dann müßten Sie weniger als fünfundzwanzig Prozent bekommen. Sie könnten bei uns investieren. Aber wir würden führen und bestimmen.«
»Nein«, sagte Pritzker. »Das gibt's nicht. Daran haben wir einfach kein Interesse.«
Es war klar, daß hier wenig Raum für Kompromisse bestand. Aber an ihrem Interesse, sich mit ihm zu verbünden, erkannte Kravis, daß die Pritzker-Gruppe alles andere als zuversichtlich war, was ihre Siegeschancen anging. Nach dem Lunch rief er Dick Beattie an und berichtete ihm lachend über Einzelheiten des Gesprächs.
»Die Burschen«, meinte Kravis, »stehen vor dem Nichts.«

Am Dienstag nachmittag löste sich die Kohlberg-Kravis-Mannschaft auf und verschwand in den Feiertag. Roberts bestieg ein Flugzeug nach San Francisco. Ted Ammon nahm Kurs auf einen Ferienort in der Dominikanischen Republik, während Scott Stuart sich für Barbados entschied. Raether flog nach Florida; er wollte den Feiertag mit seiner Familie in Lost Tree verbringen. Kravis gedachte am Mittwoch nachmittag um halb drei mit Carolyne und seinen drei Kindern nach Vail zu fliegen.
Als er sich zum Gehen anschickte, bekam er einen Anruf von Linda Robinson; sie war unterwegs nach Connecticut und rief vom Auto aus an. Beharrlich behauptete sie, ihr Anruf sei nicht geschäftlicher Natur. Nachdem sie gerade ein Pferd zusammen gekauft hatten, unterhielten sie sich über den Erwerb eines zweiten, das jetzt angeboten wurde.
»Wir müssen uns diese Woche entscheiden«, sagte sie. »Andere Leute stehen Schlange, um ihn zu kaufen.« Sie stöhnte. »Ach, das ist alles zu schrecklich, nicht wahr? Es dauert und dauert.«
»Sie meinen RJR?«
»Ja.«

»Ich finde es überhaupt nicht schrecklich.«
»Warum nicht? Gott, es ist doch grauenhaft.«
Kravis glaubte nicht einen Augenblick lang, daß Linda Robinson wegen des Pferdes angerufen hatte. Sie wollte wissen, ob er noch einmal bieten würde. Zum erstenmal beschloß Kravis, dick aufzutragen. Linda Robinson sollte zu ihrem Mann laufen und ihm erzählen, daß Kravis ausgestiegen sei.
»Nein, ich finde es überhaupt nicht übel, Linda. Wir sind großartig in Form. Wir sind auf Platz drei. Das ist eine tolle Position.« Kravis hoffte, daß der unüberhörbare Sarkasmus den erwünschten Effekt haben würde.
»Ich bin nur müde«, fuhr er fort und schaltete eine Portion Aufrichtigkeit zu. »Ich fahre heute nachmittag weg. Ich nehme die Kinder und Carolyne über Thanksgiving mit nach Vail. Ich kann's gar nicht erwarten. Ich habe all meinen Leuten gesagt, sie sollten nicht an diesen Deal denken, nicht mal dran denken, solange sie weg sind. Ich weiß eigentlich gar nicht, was wir nächste Woche tun werden. Wahrscheinlich werden wir gar nicht mehr bieten.«
Monate später behauptete Linda Robinson hartnäckig, sie habe nicht eine Sekunde lang geglaubt, daß Kravis sich verabschieden wolle. »Ich merkte, daß er versuchte, mir etwas vorzumachen. Er gab sich zu viel Mühe.«

Am Mittwoch nachmittag bekam John Martins Assistent Bill Liss einen besorgniserregenden Anruf von einem der Medieneinkäufer von RJR Nabisco. Der Konzern war einer der größten Anzeigenkunden des *Time Magazine,* und der Einkäufer erzählte, er habe eben von einem Kontaktmann bei *Time* erfahren, das Magazin plane eine Titelgeschichte mit der Überschrift »Habgier in der Wallstreet«, und auf dem Cover werde kein anderer als F. Ross Johnson erscheinen. Aus Gründen der Höflichkeit mache die Anzeigenabteilung von *Time* einen Großkunden auf einen negativen Artikel aufmerksam, damit er, wenn er wolle, seine Anzeigen zurückziehen könne.

Liss rief John Martin an, und der gab die Neuigkeit an Linda Robinson weiter. Alle drei waren besorgt: Ein vernichtendes *Time*-Cover war alles, was ihnen noch fehlte, während in weniger als einer Woche die Gebote fällig waren. Das mußte gestoppt werden, und Robinson und Martin waren sich einig, daß ihr einziges Druckmittel Johnson selbst war. Jedes namhafte Presseunternehmen wollte ein Interview mit ihm haben, und bis jetzt hatte er immer abgelehnt. Die beiden wiesen Liss an, die Aussicht auf ein Exklusivinterview mit Johnson in der Verhandlung mit *Time* als Handelsobjekt einzusetzen. Vielleicht, nur vielleicht, konnten sie so verhindern, daß Johnson auf dem Titelbild erschien.

Liss war in einer schwierigen Position. Seit der Einsetzung des Sonderausschusses war er dessen offizieller Sprecher gegenüber den Medien aus aller Welt. Aber Liss war auch ein loyaler Johnson-Anhänger, und als Martin ihm die Anweisung gab, stürzte er sich inbrünstig in den Kampf für Johnson und gegen *Time*.

Auf Linda Robinson und Martins Anraten rief er am Mittwochabend den Chef der *Time*-Redaktion in Atlanta, Joe Kane, an und bot ihm ein Exklusivinterview mit Johnson, wenn das Magazin ihn nicht auf das Titelblatt setzte. Kane wehrte ab: Das habe nicht er zu entscheiden. Verzweifelt erbot Liss sich, Johnson verfügbar zu machen, wenn *Time* sich damit begnügte, ihn in eine »Galerie« von Bildern zu integrieren. Zumindest würde er dann nicht hervorstechen, dachte Liss. Kane bat, ihn zu entschuldigen, und schlug vor, Linda Robinson solle seinen Chef in New York anrufen.

Johnson in Florida war ganz und gar nicht sicher, daß er jetzt sein erstes Interview geben wollte. Ratsuchend rief er seinen Freund Jack Meyers an, den früheren *Time*-Verleger, der im vergangenen August auch in Castle Pines dabeigewesen war. »Jack«, fragte er, »halten Sie die Sache für . . . Sie wissen schon, lohnend?«

Meyers fand heraus, daß der Autor der Story ein alter *Time*-Korrespondent namens Frederick Ungeheuer war, und er schlug Johnson vor, das Interview zu geben. »Ross, ich schätze, ich sehe da keinen Nachteil«, meinte er. Johnson beziehe doch ohnehin schon Prügel. Wie sollte es noch schlimmer werden? Johnson war einverstanden. »Sie kennen mich«, sagte er. »Ich gebe ihnen die Story, wie sie ist.«

Ungeheuer wurde am Freitag morgen zum Interview nach Jupiter eingeflogen. Martin und Linda Robinson trainierten vorher ausführlich mit Johnson: Er solle keine leichtfertigen Witzeleien einflechten, die Betonung auf den Aktionärsnutzen legen und harte Fragen zu seiner Managementvereinbarung erwarten. Am Abend zuvor hatte Linda Robinson die Neuigkeit von dem Interview an Peter Cohen weitergegeben, der sofort erschrak. Cohen war eben aus Brüssel zurückgekommen – er hatte während des ganzen Fluges geschlafen – und den Feiertag über in seinem Garten herumgepüttert. Wie Steve Goldstone fragte er sich besorgt, was der unberechenbare Johnson wohl sagen würde. Aber Linda Robinson versicherte ihm, daß Johnson gut vorbereitet sei.

Am nächsten Morgen traf Johnson sich mit Ungeheuer im Jupiter Hilton; der Präsident von RJR Nabisco präsentierte sich dem *Time*-Korrespondenten in seiner gewohnten munteren Art. Nachher eilte Ungeheuer davon, um seine Story zu schreiben – die Nummer sollte am kommenden Montag am Kiosk sein –, und Linda Robinson rief Johnson an, um sich zu erkundigen, wie es gelaufen sei.

»Ich will verdammt sein, wenn ich das weiß«, antwortete er. »Journalisten sind Journalisten. Die machen daraus, was sie daraus machen wollen.«

Nachdem er den Feiertag mit seiner Familie verbracht hatte, war Maher am Freitag morgen wieder in seinem Büro bei der First Boston. Die meisten seiner Mitarbeiter waren über Thanksgiving dageblieben; ihr Feiertagsmahl hatte aus Truthahn-Preßfleisch in Styropor-Behältern aus einem nahegelegenen Sandwichladen bestanden. Es sah aus wie in einem Studentenheim am Sonntag morgen. Pizza-Schachteln und halbleere Kartons mit chinesischem Essen lagen überall verstreut. Ein Dutzend Bleistifte ragten schief aus der Decke – zweifellos das Produkt irgendeiner nächtlichen Brainstorming-Session.

Das Nabisco-Team machte Fortschritte, dank John Greeniaus, der drei Tage zuvor erschienen war. Nachdem er schon Kravis einen Weg durch das Unternehmen gezeigt hatte, schlug Greeniaus jetzt auch für die First Boston einen Pfad ins Gestrüpp. Kim Fennebresque folgte dem Nabisco-Chef inzwischen wie ein Schatten. Er hielt so viel von Greeniaus, daß er vorschlug, ihn als Konzernchef zu engagieren, falls sie gewinnen sollten. Greeniaus wiegelte ab: Darüber könne man ja reden, wenn es so weit wäre.

Tylee Wilson schloß sich der bunten Truppe ebenfalls an. Er und Smith Bagley waren am Dienstag morgen mit Fennebresque zusammengetroffen. Bagley erwog ein Angebot, sich als Investor an der Gruppe zu beteiligen (die First Boston hielt seinen Namen für wertvoll), und Wilson erwog das Angebot, zum CEO im Wartestand ernannt zu werden. Bagley lehnte schließlich ab; Wilson stimmte zu.

Er stürzte sich auf die Berge von RJR-Dokumenten, die der First Boston geliefert worden waren. Er interpretierte Zahlen, warnte vor Fallgruben, suchte nach einer Handhabe. Wilson war entzückt, sich endlich mit in die Schlacht stürzen zu können, wenngleich er hinsichtlich der Chancen für die First Boston ernste Zweifel hegte. Kim Fennebresque war entzückt, Tylee Wilsons Glaubwürdigkeit für sich gewonnen zu haben, wenngleich er hinsichtlich des Mannes selbst ernste Zweifel hegte. »Im Grunde wollte Wilson in hellem Glorienschein wieder in Winston-Salem einreiten«, sollte Fennebresque später sagen. »Was er bei uns suchte, war eine Kur gegen Pensionärs-CEOitis.«

Tylee Wilson hatte in der Tat seine Grenzen. Wenn es darum ging, Vorstandsmitglieder anzusprechen, konnte er sich nur noch an zwei übriggebliebene Freunde wenden, an John Medlin und John Clendenin. »Könnten Sie Hugel nicht sagen, daß die Leute hier ernstzunehmen sind?« fragte er. »Sie haben ein interessantes Konzept. Die Chancen, daß es funktioniert, halte ich für klein, aber es ist immer noch mehr, als derzeit auf dem Tisch liegt.« Als die First Boston grünes Licht für die Befragung einiger Tabakmanager bekam, bat man Wilson, mitzukommen. »Ausgeschlossen«, entschied er. »Wenn ich durch die Tür komme, geht bei diesen Leuten sofort der Laden runter. Glauben Sie, die können zu Horrigan zurückgehen und ihm sagen, sie hätten Tylee Wilson irgend etwas erzählt?«

Trotz einiger Fortschritte war Maher zutiefst besorgt. Alle ihre Vorbereitungen waren nichts wert, wenn es Greg Malcolms Bankteam nicht gelänge, die Mittel für Finns Monetisierungsplan aufzutreiben; und Malcolm hatte offensichtlich Probleme. Bis jetzt hatte jede Großbank sich an die Stirn getippt, statt Finns Kopfgeburt zu finanzieren. In Anbetracht von drei großen Bietergruppen waren die Mittel der Banken bereits gestreckt, und zu allem Überfluß war der Thanksgiving-Feiertag dazwischengekommen. Die Citibank hatte die Frechheit besessen, fünf Millionen Dollar dafür zu verlangen, daß sie sich die Pläne anschauten. Es sah nicht gut aus, ganz und gar nicht.

Maher zog sich in sein Büro zurück, um nachzudenken. Vielleicht war der Brocken doch zu groß. Manchmal, das wußte er, wurde ein Deal zum Scheideweg im Leben einer Wallstreet-Firma. Er dachte zurück an die Takeover, die Wassersteins und Perellas Karrieren vorangetrieben hatten, halb vergessene Takeover wie Carborundum und Pullman und Conoco. Deren Bewältigung hatte die First Boston, zu dem gemacht, was sie heute war – oder wenigstens gewesen war, bevor alle gekündigt hatten. RJR Nabisco, hatte er gehofft, werde den alten Glanz zurückbringen, aber jetzt verblaßte diese Hoffnung rapide.

Vielleicht sollten wir das Zelt abreißen, dachte Maher. *Die Verluste minimieren.*

Die Vorstellung, das Handtuch zu werfen, berührte ihn schmerzlich: Das Wort Demütigung war nicht stark genug für das, was sie dann empfinden würden. Den ganzen Tag über kämpfte Maher lautlos gegen seine Dämonen. Dann, am Freitag nachmittag, erschien ein Hoffnungsschimmer.

Greg Malcolm rief an; er klang aufgeregt. Die Chase Manhattan habe sich bereit erklärt, sich den Monetisierungsplan anzuschauen, meldete Malcolm, »und dem Tonfall nach zu urteilen, haben wir vielleicht wirklich eine Chance.«

Maher drückte die Daumen.

Am Freitag nachmittag quetschte Johnson eine Runde Golf in seinen Terminplan, und danach schlug er Laurie vor, John Greeniaus und seine Frau zum Essen herkommen zu lassen. Das Ehepaar Greeniaus verbrachte Thanksgiving im The Breakers in Palm Beach. Johnson spürte, daß sein Protégé um die Zukunft von Nabisco besorgt war, und wollte ihm versichern, daß man sich um ihn kümmern werde. »Es war hart für den Kleinen«, sagte er zu Laurie.

Greeniaus, der während seines Florida-Aufenthalts weiterhin täglich mit Fennebresque sprach, kam um halb acht in der Johnson'schen Wohnung an. Er war starr vor Angst. Die beiden hatten seit zwei Wochen nicht mehr miteinander gesprochen, und Greeniaus graute davor, daß Johnson ihn fragen könnte, was er seitdem getrieben habe.

In der Wohnung aber – nach vorn ging der Blick auf den Atlantik hinaus, nach hinten ins üppige Grün am Intracoastal Waterway – fand Greeniaus einen wie gewohnt sprudelnden Johnson vor. Er sei soeben von *Time* interviewt worden, erzählte Johnson, und wie es aussehe, werde er auf das Titelblatt kommen. Auf das Titelblatt! Johnson war aufgeregt. Nicht jeder schafft es, auf das Titelblatt zu kommen, wissen Sie. »Ich bin nicht so schlimm wie Khomeini«, scherzte Johnson. »Aber der hat's auch geschafft.«

Wie üblich bestritt Johnson die Unterhaltung allein. Später setzte er Greeniaus in einen Sessel und erzählte ihm von den unglaublichen Möglichkeiten, die ihm jetzt offenständen, wo Nabisco verkauft werden würde.

»Schauen Sie, selbst wenn wir ein bißchen weniger nehmen, wenn wir uns einen kleinen Haarschnitt verpassen, möchte ich sicher sein, daß Nabisco bei dem richtigen Konzern unterkommt«, sagte Johnson. »Sie und Ihre Leute werden die Chance bekommen, zur ersten Sahne zu gehören.« Ja, er und die Standard-Brands-Mafia hätten es doch schon zweimal geschafft. Was für eine Gelegenheit!

Greeniaus nickte viel.

»Ich bin davon überzeugt, daß ich etwas tun kann, das Ihnen sehr vernünftig vorkommen wird«, versprach Johnson. »Für Ihre Leute, John, stehen Sie weit, weit vorn, denn es gibt sehr viel mehr Wege, vorwärtszukommen, wenn Sie Teil von Kraft oder Philip Morris oder Nestlé oder Unilever sind – wer immer es ist. Denn eines steht fest: Die haben dort nicht die Talente, die Sie bei Nabisco haben.«

Nabisco und Reynolds und Del Monte gehörten einfach nicht zusammen, fuhr Johnson fort. Sie hatten nichts miteinander gemeinsam. Keine Synergie. Es gab dort keinen Austausch, weder von Ideen noch von Menschen. Es war einfach vernünftig, sie auseinanderzubrechen. »Das verstehen Sie doch, oder, Johnny?«

Greeniaus nickte wieder, was Johnson als Zustimmung verstand. Im Laufe des Abends redete Johnson mit Greeniaus, als sei dieser ein Mitglied des Managementteams, und er vertraute ihm seine geheimsten Sorgen im Zusammenhang mit dem bevorstehenden Gebot an. Hundert Dollar pro Aktie, das sei ein verfluchtes Angebot, meinte Johnson, und er sei nicht sicher, daß sie es noch erhöhen könnten.

»Ich habe wirklich meine Zweifel, Johnny. Ich weiß nicht, ob wir so hoch gehen können. Die wollen eine Menge Bares sehen. Mein größtes Problem wird es sein, meine Investoren auf dem Hunderter-Niveau zu halten. Bei einem kurzfristig operierenden Händler wie John Gutfreund, wissen Sie, da ist die Einstellung: Der andere ist bei vierundneunzig; wieso zum Teufel soll ich da noch mal hundert bieten? Wieso sollen wir nicht mit sieben- oder achtundneunzig einsteigen?«

Gleichwohl brachte Johnson klar zum Ausdruck, daß er selbst nicht daran denke, weit über ein Gebot von hundert Dollar hinauszugehen. Vom finanziellen Standpunkt aus hatte es einfach keinen Sinn. »Verflucht, wir haben ja schon beim erstenmal fast unsere Zehnägel mit ausgespuckt«, bemerkte er. »Ich habe nicht gesehen, daß sich in den letzten zehn Tagen irgend etwas geändert hätte, das uns befähigen würde, mehr zu bieten.«

Als es – lange nach Mitternacht – Zeit wurde, zu gehen, war John Greeniaus ungeheuer erleichtert. Nicht ein einziges Mal in einem mehr als fünf Stunden langen Gespräch hatte Johnson ihn gefragt, was er in letzter Zeit gemacht habe.

Später konnte Johnson sich nicht erinnern, daß Greeniaus den ganzen Abend über mehr gesagt habe als: »Ross, ich kann nur beten, daß Sie's kriegen.«

Am Freitag erreichte Paul Raether, der täglich mehr darauf brannte, ein neues Gebot abzugeben, George Roberts zu Hause. Er wollte feststellen, wie weit Roberts' Enthusiasmus für die zweite Runde reichte.

»Gott, ich weiß es nicht«, sagte Roberts. »Ich versuche, meinen Kopf von all dem freizumachen. Ich habe es satt, darüber zu reden.«

»Haben Sie mit Henry gesprochen?«

»Nein, wir sprechen absichtlich nicht miteinander.«

Roberts war ein Problem, das wußte Raether. Er hatte die Begeisterung der anderen in der Firma für RJR Nabisco nie restlos geteilt. Anscheinend betrachtete er sich nicht ohne Stolz als der Dampfregulator in Kravis' Lokomotive. Aber in der Schlacht um RJR Nabisco hatte Roberts ihre Geschwindigkeit so sehr gebremst, daß sie als letzte durchs Ziel gedampft waren, und Raether fragte sich besorgt, ob

Roberts es überhaupt noch mal bis zur Startlinie für die Endrunde schaffen würde.

»Ich sage Ihnen, George, wir können bis zu einem Bereich von eins-null-fünf bieten und immer noch gute Erträge herausholen«, meinte Raether.

Aber Roberts zeigte sich sperrig. Raether konnte nicht feststellen, daß seine Mitteilung irgendeine Wirkung gehabt hatte.

Kravis streckte die Arme und atmete die kühle Luft von Colorado in tiefen Zügen ein. Es tat gut, die Strapazen des Kampfes mit Ross Johnson einmal hinter sich zu lassen. Für zwei Tage hatte Kravis RJR Nabisco aus seinen Gedanken verbannt. Weder mit Raether noch mit Roberts hatte er viel gesprochen, und das störte ihn überhaupt nicht.

Es war das zweitemal, daß die Familie Kravis den Thanksgiving-Feiertag in ihrem neuen Haus in Vail verbrachte. Es gab wenige Orte, an die man sich besser zurückziehen konnte. Zwei Jahre zuvor hatte Kravis während eines Skiurlaubs hier seine Frau in New York angerufen und vorgeschlagen, sich hier nach einem Chalet umzusehen; sie beide fuhren so gern Ski, daß es nur vernünftig war. Kravis' einzige Bedingung war, daß er unmittelbar vor der Haustür des neuen Hauses skilaufen können müsse. Zusammen hatten sie Haus um Haus beschnuppert und nie das perfekte Objekt gefunden. Schließlich stießen sie auf den richtigen Hang, wenngleich das Haus, das darauf stand, anscheinend eine Katastrophe war – zumindest sah es von außen so aus. Kravis und Carolyne setzten gar nicht erst einen Fuß hinein, sondern kauften es, ließen es abreißen und an seiner Stelle ein neues Haus errichten.

Das Ergebnis, eine Tiroler Symphonie aus Stein, Holz und Glas, war im Jahr zuvor zu Thanksgiving fertiggeworden. Sie tauften es »Woodhaven«. Kravis liebte es. Das Haus war von turmhohen Silberpappeln umgeben, und die Luft roch nach Kiefern. Das Wohnzimmer wurde von einem mächtigen französischen Kamin aus dem siebzehnten Jahrhundert beherrscht, und siebeneinhalb Meter hohe Bogenfenster boten einen Ausblick auf die Berghänge. Das zierliche Paneel der Bibliothek war aus hawaiianischem Koa-Holz, mit der Hand verarbeitet und poliert von einem in Österreich geborenen Handwerker, der für diese Aufgabe Monate gebraucht hatte.

Kravis hatte im Augenblick ihrer Ankunft aufgehört, von dem Deal zu sprechen. Nur einmal brachte seine Frau das Thema noch zur Sprache. »Was glaubst du, was werdet ihr tun?«

»Ich weiß es nicht«, antwortete Kravis.

Carolyne suchte im Gesicht ihres Mannes nach Hinweisen und fand keine. »Er spielte das große Pokerface«, erzählte sie später. »Er ließ sich von niemandem in die Karten gucken, nicht mal von mir.«

An Thanksgiving feierten sie ihren dritten Hochzeitstag. Carolyne Roehm schenkte Kravis einen zwei Wochen alten schwarzen Labrador-Retriever – genauer gesagt, sie schenkte ihm ein Foto von sich mit dem Welpen im Arm. Kravis hatte schon einen gelben Labrador namens Kristi, den er zwei Jahre zuvor von seiner Frau zu Weihnachten bekommen hatte.

»Wie wirst du den Hund nennen?« fragte eines seiner Kinder.

Kravis überlegte einen Moment lang. »Wenn wir noch mal für RJR Nabisco bieten, und wenn wir gewinnen, dann heißt er Nabisco. Wenn wir verlieren, müssen wir uns einen anderen Namen ausdenken.«

Die Kinder waren nicht allzu begeistert von »Nabisco«. »Warum nennen wir ihn nicht lieber Oreo?« war ein Vorschlag.

Bevor Kravis am Samstag morgen zum Skihang hinausging, erwiderte er einen Anruf von Paul Raether.

»Haben Sie schon mit George gesprochen?« wollte Raether wissen.

»Nein. Sie?«

»Ja, gestern.«

»Wo steht er?«

»Er ist nicht sicher, daß er es überhaupt machen will.«

»Und Sie?«

»Gott, Sie wissen doch, wo ich stehe«, sagte Raether. »Ich war in dieser Sache schon immer aggressiver als George.«

Sie debattierten eine Weile darüber, wie unzugänglich Roberts wohl sein werde, und vereinbarten, sich gleich Montag früh zu treffen, um eine Strategie zu entwickeln. »Sie wissen, daß George nicht vor Montag morgen ins Flugzeug steigen wollen wird«, erinnerte Kravis. Roberts haßte New York so sehr, daß er jede Minute nutzte, die er in

Kalifornien bleiben konnte. »Dann sollten wir uns eigentlich Montag abend treffen«, meinte Raether.

Am Wochenende wurde die Buschtrommel, die in den Tagen vor Thanksgiving zu dröhnen begonnen hatte, immer lauter. Das ganze Wochenende hörten Shearson und das Managementteam von allen Seiten die gleiche Botschaft:
Kravis ist nicht mehr dabei.
Kravis ist nicht mehr dabei.
Kravis ist nicht mehr dabei.
Über jeden Informationskontakt, über jeden Investmentbanker und Anwalt aus Kravis' Umkreis, breitete sich das Gerücht aus. Jim und Linda Robinson, die sich in Connecticut entspannten, hörten es und dachten an Lindas seltsames Gespräch mit Kravis. In den Hamptons hörte es Peter Cohen und dachte an sein Gespräch mit Dick Beattie. In seinem Haus am Nordrand von Long Island hörte Tom Hill es und dachte an seine Diskussionen mit Bruce Wasserstein. Das Gerücht erreichte jedes der Salomon-»Würstchen« und verbreitete sich durch die Reihen der Mitarbeiter bei Lazard Freres und Dillon Read. In Florida hörte Johnson es von Linda Robinson. Und alle hörten das gleiche: Kravis würde niedrig bieten, wenn er überhaupt mitbot.
Die Frage war: Würden sie es auch glauben?

Jim Mahers Team arbeitete fieberhaft das Wochenende hindurch und näherte sich unaufhaltsam dem Termin am Dienstag. Zu den diversen Investoren, die in das Gebot eingehakt waren, gehörte eine britische Zuckerfirma namens S&W Berisford. Jay Pritzker hielt einen 11-Prozent-Anteil an Berisford, und das Unternehmen zahlte Jerry Seslowe ein Honorar für seine Finanzberatung.

Seslowe hatte das britische Unternehmen mit 100 Millionen in die insgesamt 1,2 Milliarden eingesetzt, die die First Boston brauchen würde. Am Samstag entschieden die Steueranwälte der Gruppe, daß von den 250 Millionen Barkapital, die nötig waren, um Nabisco selbst zu kaufen, mindestens die Hälfte von dritter Seite kommen müsse, von jemandem, der weder mit Pritzker noch mit der First Boston verschwägert sei. Seslowe dachte sofort an Berisford.

Zwei leitende Manager der Briten waren in New York, aber niemand konnte sie finden. Seslowe rief den Berisford-Finanzleiter in London an, und dieser rief ihm in Erinnerung, weshalb er die beiden nicht ausfindig machen konnte: Sie waren orthodoxe Juden, und sie durften samstags nicht arbeiten, ja, nicht einmal ans Telefon gehen. Seslowe wartete den ganzen Tag. Kurz nach Sonnenuntergang bekam er einen Anruf von Howard Zuckerman, dem Chef des US-Bereichs von Berisford.

»Howard, wir brauchen innerhalb von zwei Tagen eine Zusage von Ihnen.«

»Wenn es so wichtig ist«, antwortete Zuckerman, »wie wär's dann mit einem Treffen heute abend?«

Wunderbar, sagte Seslowe.

Fennebresque begrüßte die beiden Berisford-Manager, als sie am Abend bei der First Boston erschienen. Als er sie in einen Konferenzraum geleitete, glaubte er einen jungen Kollegen leise pfeifen zu hören. Fennebresque drehte sich um und sah den Berisford-Vorsitzenden Ephraim Margulies an, und im selben Augenblick erkannte er die Melodie: Es war die Titelmusik zu Alfred Hitchcocks Fernsehshow aus den fünfziger Jahren. Margulies war das wandelnde Ebenbild des berühmten englischen Regisseurs.

Fennebresques Pizzabrigade lieferte eine fünfundvierzigminütige Präsentation. Danach war der Maher-Assistent zufriedengestellt; er glaubte eine gute Chance zu haben, daß die Berisford-Leute bis Dienstag eine Entscheidung fällen würden. Zwanzig Minuten später nahm Howard Zuckerman ihn beiseite.

»Wir machen's.«

Fennebresque verstand nicht. »Sie machen was?«

»Wir übernehmen die hundertfünfundzwanzig Millionen.«

Fennebresque schaute ungläubig zu, als Zuckerman eine leere Pizza-Schachtel heranzog und auf der Rückseite ein Telegramm aufkritzelte, mit dem die Londoner Berisford-Verwaltung ermächtigt wurde, das Investment vorzunehmen. Noch nie hatte Fennebresque jemanden so schnell arbeiten sehen.

Brian Finn wandte sich an Hank Handelsman und fragte grinsend: »Haben diese Leute eine Ahnung von dem, was sie tun?«

»Nein«, sagte Handelsman, »eigentlich nicht. Wieso?«

»Na, es ist wichtig, möchte ich annehmen. Ich meine, die werden hundertfünfundzwanzig Millionen Dollar bereitstellen. Warum sollten sie das tun?«

Handelsman starrte Finn an, als sei dies die dämlichste Frage, die er je gehört hatte.

»Jay hat sie darum gebeten.«

Am Montag morgen berief Felix Rohatyn im Konferenzraum 32C bei Lazard Freres ein Meeting der Vorstandsberater ein. Firmenintern war 32C als Königin der Konferenzräume bekannt. Es gab dort Holztäfelung.

In den letzten sechsunddreißig Stunden vor dem Fälligkeitstermin der Gebote gab es noch eine Menge zu tun. Jeder hatte die besorgniserregenden Gerüchte über Kravis gehört. Als wäre das noch nicht schlimm genug, drangen jetzt auch noch ominöse Geräusche aus den Räumen der First Boston. Man konnte nicht mehr sicher sein, daß die beiden Gruppen morgen ihr Gebot vorlegen würden.

Es war dringender denn je, die Möglichkeit einer Restrukturierung unter die Lupe zu nehmen. Luis Rinaldini hatte lange daran gearbeitet, den Plan zu verfassen, und er war davon überzeugt, daß es funktionieren würde. Andere, unter ihnen Rohatyn, hatten ihre Zweifel. Was würde danach mit dem Konzern passieren? Und, wichtiger noch, wer würde ihn führen? »Wie machen Sie eine Rekapitalisierung ohne Management?« war Rohatyns rhetorische Frage.

Johnson hätte gegrinst, wenn er gewußt hätte, wer der einzige Kandidat war, der vortrat und sich erbot, die Unternehmensleitung zu übernehmen. Es war John Macomber – derselbe John Macomber, der jetzt als Sonderausschußmitglied über Johnson zu Gericht saß und der bei mindestens zwei früheren Gelegenheiten an fehlgeschlagenen Versuchen, das Kommando über RJR Nabisco zu erlangen, beteiligt gewesen war. Als das Thema einer Restrukturierung Wochen zuvor zur Sprache gekommen war, hatte Macomber sich mit Hugel in Verbindung gesetzt und sich erboten, das Unternehmen zu führen, wenn Johnson hinausgeworfen werden sollte. Es war kein Zufall, daß Macomber unter den fünf Ausschußmitgliedern nun auch der entschiedenste Verfechter einer Rekapitalisierung war.*

Die Berater beschlossen, ein Risiko einzugehen. Wenn sie sicher waren, daß die Rekapitalisierung sich mit 100 Dollar pro Aktie bewerten ließ. Warum sollte man die Bieter das nicht wissen lassen? Auf diese Weise ließe sich ein Mindestgebot etablieren, und man könnte pointiert darauf hinweisen, daß der Vorstand nicht zögern werde, alles, was darunter läge, zurückzuweisen. Es war ein Bluff, mehr oder minder. Zwar sollte er hauptsächlich an die Adresse der Managementgruppe gehen, aber die Fairness gebot, daß die gleiche Mitteilung an alle drei Bieter erging. Darin jedoch lag das Risiko: Ein 100-Dollar-Mindestgebot könnte genügen, um mindestens einen der anderen Bieter abzuschrecken.

Die erste Station auf der elfstündigen Tournee des Vorstandes war die Managementgruppe. Am Montag traf ein von Tom Hill geführtes Kontingent von Shearson und Salomon mit einem Trupp Vorstandsberater bei Dillon Read zusammen.

Auf die Vorstandsbanker wirkte Hill unglaublich siegessicher. Er hatte den Köder, den Kravis mit seinem Verschwinde-Trick ausgelegt hatte, mitsamt dem Haken geschluckt, und die First Boston, erklärte er, sei ein Witz, »eine Luftblase«. In einem Gespräch, das er mit seinem Golfpartner Rinaldini am Rande führte, legte Hill die Hände zusammen, vollführte Pumpbewegungen und imitierte so einen Blasebalg, um anzudeuten, der Vorstand habe nun einen weiteren Mitspieler aufgeblasen, der gegen Kravis und Johnson ins Feld geschoben werden solle. »Hill zeigte die übliche Arroganz«, erinnert sich einer der Ausschuß-Banker. »Nur schlimmer.«

Dillon und Lazard hatten Hills Gruppe mehreres mitzuteilen. Erstens: Sichern Sie ihre Anleihepapiere. Anders als die Kravis-Anleihen hatten die Shearson-Papiere keinen »Reset«-Mechanismus, der letztendlich garantierte, daß eine Anleihe während ihrer Laufzeit zu einem bestimmten Mindestpreis gehandelt wurde. Shearsons Junkbonds konnten nach Belieben auf und ab floaten, so daß der Käufer

---

* Macomber bestreitet, sich selbst nominiert zu haben.

den Unwägbarkeiten des Marktes ausgesetzt war. Dann legten die Vorstandsberater ihren 100-Dollar-Rekapitalisierungsplan vor. Alles, was darunter läge, stellten sie fest, werde man als unzureichend betrachten.

Statt sich zu bedanken, wehrte Hill sich gegen jeden Vorschlag. Mit ihren Anleihen sei alles in Ordnung, erklärte er. Und die Rekapitalisierung? Ein Bluff. An diesem Tag war Hill ein Mann, der glaubte, alle Trümpfe in der Hand zu haben. Die Banker verschwendeten wenig Zeit mit Diskussionen: Wenn Hill es vorzog, sie zu ignorieren, war das sein Bier.

Am Montag nachmittag ließ Felix Rohatyn ähnliche Botschaften an Jim Robinson und Henry Kravis ergehen; Kravis war am Sonntag abend nach New York zurückgekommen. »Ich weiß noch nicht genau, was wir tun werden«, sagte er zu Rohatyn. »Ich weiß nicht mal, ob ich überhaupt noch bieten werde. Ich hatte jetzt so viel schlechte Publicity . . .«

Rohatyn ermunterte Kravis, doch zu bieten. »Wenn Sie gewinnen, fördert das nur Ihre Stellung in der Öffentlichkeit, Henry. Was Sie an Prügel beziehen können, haben Sie bezogen. Wenn Sie gewinnen, können Sie in der Öffentlichkeit auch nicht schlechter aussehen, als wenn Sie jetzt aussteigen; das kann ich mir einfach nicht vorstellen.«

Am Montag nachmittag, nur vierundzwanzig Stunden vor der Deadline, war die Kravis-Truppe immer noch verstreut. Raether war nach seiner Rückkehr aus Florida nach Neu-England weitergefahren, um seine Tochter in eine neue Privatschule zu bringen. Am Vormittag war er in Manchester, Vermont, in einem Haushaltswarengeschäft, und am Mittag dübelte er seiner Tochter Haken in die Wand ihres Wohnheimzimmers. Roberts überflog zur selben Zeit den Mittelwesten; beide sollten am späten Nachmittag eintreffen.

Am Abend gab Kravis ein Dinner für Roberts, Raether und ein Dutzend andere aus der Firma. Sie saßen unter dem streng blickenden Marquis of Londonderry und sprachen darüber, was ein Sieg für die Firma bedeuten würde. Von finanziellen Details war kaum die Rede; besorgt sprach man über das Echo aus Washington, das Leben im Scheinwerferlicht der Öffentlichkeit und die praktischen Probleme, die es mit sich brächte, einen Konzern von der Größe von RJR Nabisco zu schlucken. Die Firma hatte nur fünfzehn Dealmacher. Wollte sie wirklich einen Konzern kaufen, der acht oder neun davon in Anspruch nehmen würde?

Raether sah konsterniert, daß Roberts immer noch gedämpfter Stimmung war.

»Lassen Sie uns einfach nicht mehr bieten«, drängte Roberts einmal.

»Nein, George, hören Sie«, sagte Raether. »Das geht doch nicht. Wenn wir kein neues Gebot abgeben wollen, müssen wir wenigstens unsere frühere Position bestätigen.«

Sie sprachen eine Zeitlang über das, was jedem einzelnen auf der Seele lastete, aber die Frage eines neuen Gebots blieb unbeantwortet. Morgen würde man sehen.

Am Montag begann das sorgfältig aufgerollte Knäuel der First Boston sich aufzulösen. Der erste, der ins Wanken geriet, war Jerry Seslowe. Der Pritzker-Berater hatte von seinen Investoren informelle Bereitstellungszusagen über mehr als 600 Millionen Dollar – das Anderthalbfache der 400 Millionen, die er brauchte. Fast alle aber hatten ein Zusammentreffen mit der First Boston und die Durchsicht der Finanzunterlagen von RJR Nabisco zur Bedingung gemacht. Seslowe organisierte für Montag nachmittag eine Konferenz seiner Mannschaft in den Räumen der First Boston, um eine Präsentation zu veranstalten; danach gedachte er die formellen Zusagen entgegenzunehmen.

Skadden Arps, stets empfindlich in der Frage von Vorabveräußerungen, gab Seslowe das Okay für seinen Plan, jedoch mit einem Vorbehalt. Um an der Konferenz teilzunehmen, würden Seslowes Leute eine Kopie der Vertraulichkeitsvereinbarung unterzeichnen müssen. Kaum aber hatte Seslowe jedem der Investoren ein Exemplar der Vereinbarung zugefaxt, kamen postwendend Einwände zurück.

Unter den Klauseln war eine, die den Verkauf von RJR-Aktien begrenzte. Die Investoren, die Seslowe unterstützten, waren aber fast alle aktive Börsenakteure, die große RJR-Positionen akkumuliert hatten. Leute wie der New Yorker Investor Martin Gruss machten Seslowe darauf aufmerksam, daß die Unterzeichnung der Vereinbarung sie an ihre Positionen fesseln und möglicherweise der Gefahr massiver Verluste aussetzen würde, sollte der aufgeblähte Kurs aus irgendeinem Grund zusammenbrechen. Und einer nach dem anderen zogen Seslowes Investoren sich zurück.

»Nein ... nein ...« Seslowe stöhnte, als ihm klar wurde, was geschah. »Das ist doch völliger Blödsinn! Das ist Catch-22! Die investieren nicht, bevor sie mit der First Boston gesprochen haben. Das ist eine Katastrophe!«

Skadden Arps wich keinen Millimeter von der Vereinbarung ab. Seslowe tat das einzige, was ihm blieb: Er verfiel in Panik. Den ganzen Montag hindurch und noch am Dienstag versuchte er verzweifelt, Bereitstellungszusagen zu erhalten: Nicht alle seine Investoren hatten Aktienanteile. Maher und Pritzker beobachteten ihn wachsam und hofften, Seslowe werde bis siebzehn Uhr mit dem Geld aufkreuzen.

Zumindest die Banksituation hatte sich gefestigt. Wider alle Erwartung kam das Bankenteam der First Boston dem Erfolg immer näher. Leicht war es nicht gewesen. Jede große US-Bank hatte sich für Kravis oder für die Shearson-Gruppe engagiert. Keine reagierte begeistert auf das Ansinnen, ein drittes Team auf das Spielfeld zu schicken und das verrückte Angebot der First Boston zu finanzieren. Die japanischen Banken hatten eigene Probleme. »Wir würden sehr gern mit Ihnen zusammenarbeiten«, sagte ein Banker aus Tokio zu Dave Batten von der First Boston, »aber wir arbeiten schon mit zwei anderen Gruppen, und wir haben niemanden mehr, der Englisch spricht.«

Irgendwie war es Greg Malcolm gelungen, Multimilliarden-Dollar-Zusagen von Credit Suisse und einer französischen Bank für die Tabakhälfte ihres Plans zu ergattern. Jetzt mußte die Chase Manhattan nur noch ihre Arbeit am Monetisierungsplan zu Ende bringen.

Montag nachmittag bekam Malcolm einen Anruf von Dave Maletta, dem Verbindungsmann zwischen der First Boston und den Banken im Monetisierungsprojekt. Mit etwas Glück, dachte Malcolm, hat die Chase Manhattan endlich unterschrieben.

»Wir haben ein Scheißproblem«, sagte Maletta.

»Nämlich?«

»Chase macht's nicht.«

Malcolm rutschte das Herz in die Hose. »Das ist ein Witz.«

»Nein.«

»Was ist denn passiert?«

Durch eine bürokratische Schicht nach der anderen habe die First Boston sich hindurchgefressen, erklärte Maletta, nur um dann vom Leiter der Chase-Manhattan-Kreditabteilung den Tomahawk zwischen die Augen zu bekommen. Malcolm verschlug es die Sprache. Als Jim Maher die Nachricht bekam, schloß er die Augen. »Jetzt sitzen wir in der Patsche.«

Das *Time*-Magazin erschien am Montag an den Kiosken, und es war noch schlimmer, als Linda Robinson befürchtet hatte. »*A Game of Greed*«, schrie das Cover. »Ein Habgierspiel«. Darunter ein Bild von einem nachdenklichen Ross Johnson, eine Hand am Kinn. »Dieser Mann könnte bei dem größten Takeover der Geschichte 100 Millionen Dollar einstreichen«, hieß es dann. »Geht der Buyout-Wahn zu weit?«

So schlimm das Cover auch war, den schwersten Schlag hatte Johnson sich, wie üblich, selbst zugefügt. Was war mit der aufgeblähten Managementvereinbarung? »Mein Job ist es, für meine Leute den besten Deal herauszuhandeln.« Verdient ein Chief Executive eine solche Prämie? »Das ist doch eine Art Monopoly-Geld.« Würden nicht viele Menschen ihre Arbeit verlieren? »Sicher«, sagte Johnson, »aber die Leute, die ich habe, vor allem die Leute in Atlanta, haben äußerst bewegliche Berufe: Sie sind Buchhalter, Anwälte, Sekretärinnen. Es ist ja nicht so, daß wir sie der Sozialhilfe überlassen. Wir haben ausgezeichnete Trennungsvereinbarungen.«

Das stimmte nicht ganz. Der Sonderausschuß hatte von jedem Bieter verlangt, in die Entwürfe ihrer Übernahmevereinbarungen spezielle Mitarbeiterschutzgarantien aufzunehmen, ein Ansinnen, dem die Managementgruppe entschlossenen Widerstand entgegensetzte. Dieser Punkt würde noch bedeutsam werden, denn ein langjähriger Angestellter betrieb eine intensive Lobby-Tätigkeit zugunsten des Mitarbeiterschutzes.

Ward Miller, der Sekretär des Sonderausschusses, war schon seit vielen Jahren als Jurist bei Johnson, und jetzt würde auch er sich gegen ihn wenden. Miller war 1961 frisch von der Universität zu

Standard Brands gekommen. Jetzt fürchtete er für die vielen älteren Kollegen, die gefeuert werden würden, wenn Nabisco zerschlagen würde. In dieser Flaute zwischen zwei Bieterrunden hatte er die Chance, etwas dagegen zu tun.

Jedem Vorstandsmitglied gegenüber beharrte Miller auf mehreren Punkten: eine Garantie von Gehältern und Zusatzleistungen über drei Jahre für alle Angestellten bei RJR Nabisco; das Recht zur Kündigung mit prachtvollen Entschädigungen für die verbleibenden Angestellten in dem Falle, daß die neuen Eigentümer sie zwingen sollten, über mehr als fünfunddreißig Meilen umzuziehen; die Zusage, daß die Krankenversicherung für Rentner fortbestehe.

Den Anwälten von Kohlberg Kravis gefielen Millers Ideen nicht, aber sie verhandelten darüber. Die Anwälte der Managementgruppe blieben unzugänglich. Miller wandte sich erneut an die Vorstandsmitglieder und berichtete es ihnen verdrossen. Der einzige Angestellte, für den Johnson sich interessierte, war anscheinend John Martin. Er fing an, sich beim Vorstand dafür einzusetzen, daß ein Mann, der erst im Januar zum Konzern gekommen war, eine fette Pension erhielt.

Johnson sprach am Montag nachmittag mit Hugel. »Ich werde Sie gar nicht erst fragen, ob es eine faire Versteigerung werden wird«, sagte er. »Wenn Sie mich fragen, ob ich den Leuten im Sonderausschuß vertraue, dann lautet meine Antwort: Nein.«

Hugel versicherte Johnson, daß das Verfahren fair sein werde. Als er aber wieder anfing, die Restrukturierungstrommel zu rühren, fiel Johnson ihm ins Wort. »Ach, hören Sie auf, Charlie«, sagte er. »Das Zeug wird langsam ziemlich öde.«

Am Dienstag morgen bekam Hugel in seinem Hotelzimmer zu seinem Erstaunen wieder einen Anruf von Johnson. Er sah auf die Uhr; es war zehn nach sechs. »Wieso sind Sie schon auf?« erkundigte sich Hugel. Um sechs Uhr morgens, dachte er sich, war Johnson eigentlich nur dann wach, wenn er die Nacht über aufgeblieben war.

»Wir versuchen, uns zu überlegen, was aus den Geboten werden wird«, sagte Johnson. Das Shearson-Lager sei gespalten, fuhr er fort. Die meisten glaubten, daß Kravis aussteige; einige aber, darunter Johnson, befürchteten, er könnte mit einem Bombengebot zurückkommen.

»Ich weiß nicht, was sie tun werden«, schloß Johnson.

»Wieso zum Teufel fragen Sie mich da?« gab Hugel zur Antwort. »Ich weiß es doch auch nicht. Gehen Sie einfach so hoch, wie Sie können.«

Am Dienstag morgen schwebte das Gebot der First Boston zwischen Himmel und Erde. Seslowe hatte Maher stundenlang versichert, er werde seinen Anteil am Topf schon zusammenbringen. Während Seslowe sich abrackerte, übernahm Mel Klein es, die Familie Pritzker zu informieren. Jay verhandelte einen Kreuzschiff-Deal in Miami; Tom Pritzker, der sich bei einem Tauchunfall eine Ohrenverletzung zugezogen hatte, konnte nicht fliegen und war in einem Hotel in Los Angeles gestrandet. Vater wie Sohn befürchteten, daß die First Boston, sollte Seslowe »versacken«, sich wegen seiner Zusagen an die Familie wenden würde. Und 400 Millionen Dollar waren kein Taschengeld, nicht einmal für Jay Pritzker.

»Halten Sie sich entscheidungsbereit«, riet Klein an diesem Morgen. »Heute ist der Tag.«

Maher und seine Assistenten waren zur selben Zeit dabei, den Managern bei der Chase Manhattan wegen des Monetisierungsplanes den Arm umzudrehen. Aber sie kamen nicht weiter. Kleins Partner Harry Gray bekam den Vorsitzenden der Bank ans Telefon, aber der Manager wollte in weniger als einer Stunde in die UdSSR fliegen und verspürte keine Neigung dazu, diese Zeit damit zu verbringen, gegen den Leiter seiner Kreditabteilung zu entscheiden.

Maher war schwer getroffen. Ohne eine Bank im Rücken war Finns Idee nicht mehr als das – eine Idee eben. Maher beschloß, seinen Ehrgeiz herunterzuschrauben. Wenn keine Bank sich bereitfand, den Monetisierungsplan zu finanzieren, dann mußte die First Boston jemanden finden, der dafür garantierte, daß der Vorschlag vernünftig sei. Maher mußte dem Vorstand etwas – irgend etwas – vorlegen, um ihn davon zu überzeugen, daß das Projekt durchführbar war.

Mel Klein versuchte es bei Bankers Trust, mußte sich aber sagen lassen, daß man keine Leute übrig habe. Am Mittag versuchte Harry Gray es dann noch einmal bei der Citibank, und diesmal hatte er Erfolg. Um zwei würde ein Team bei der First Boston sein.

Es würde knapp werden.

Die wenig erstrebenswerte Aufgabe, die verstreuten Dokumente und Daten der First Boston in eine einzige, drei Zoll dicke Mappe zu heften, fiel an den 31jährigen Gordon Rich, einen kleinen, leicht erregbaren Banker mit schütterem braunem Haar.

Am Montag nachmittag hatte Rich noch keine Idee, welche Form das Angebot der First Boston haben würde: Wäre es ein Übernahmeangebot, ein Rekapitalisierungsvorschlag, oder was? »Hören Sie, ich habe hier bald keine Zeit mehr«, verkündete er vor einer Versammlung in Mahers Büro. »Ich gehe jetzt in mein Büro und schreibe diesen Deal auf. Und wenn ihr Burschen mir nicht erzählt, was es ist, dann reiche ich ein, was ich geschrieben haben, und nicht das, worauf ihr euch hier einigt.« Und Rich stapfte hinaus.

Dienstag früh um eins, als Rich eine Anwaltskonferenz im Sitzungszimmer im vierundvierzigsten Stock zusammentrommelte, hatte er sich immer noch nicht beruhigt. Rund um den Tisch hatte jeder Anwalt etwas anderes zu irgendeinem Dokument in Richs Paket zu sagen. Man redete und redete. Bei solchen Gelegenheiten mochte manch einer Schäfchen zählen. Gordon Rich zählte Anwälte. Er kam auf achtunddreißig, bevor er die Geduld verlor.

»Hören Sie, wenn etwas nicht von entscheidender Bedeutung ist, will ich es nicht hören«, verkündete er. »Mich interessiert nicht noch die letzte kleine Änderung. Wir machen es auf meine Art.«

Die ganze Nacht bis Dienstag morgen pirschte Rich durch die Gänge der First Boston und forderte das Material, das er Atkins zuschicken mußte. »*Shut the fuck up!* Halten Sie Ihre Klappe!« schrie er die Anwälte an. »So wird es jetzt gemacht! Wenn Sie sich beschweren wollen, gehen Sie zu Maher.«

Am Dienstag nachmittag war Rich vollends außer sich. Vier Tage lang hatte er diese Leute angefleht, ihr Material vierundzwanzig Stunden vor Ablauf der Frist abzuliefern. Und jetzt, nur noch ein paar Stunden vor dem Termin, hatte er nicht mal die Hälfte der Unterlagen, die er benötigte.

Rich fing an, sich wie ein Troll aus einem Märchen auf die Leute zu stürzen und sie zu packen, wenn sie an seinem Büro vorbeikamen, und dann verlangte er zu wissen, wann ihr Teil des Paketes abgeliefert werden würde. Auf dem Höhepunkt seiner Frustration gelang es ihm, Brian Finn zu schnappen. Aus irgendeinem Grund – Rich erinnert sich nicht mehr, warum – war es unbedingt nötig, daß er mit Finn redete. Als ein Anwalt namens Mike Rothfeld den Kopf durch die Tür steckte und Finn herausrufen wollte, erhob Rich erbost Einspruch. »Nein. Nein. Sie können ihn jetzt nicht kriegen«, brüllte er Rothfeld an. »Raus hier!«

Als Finn sich erhob, um ebenfalls hinauszugehen, platzte Rich der Kragen. Er packte den Hörer seines grauen Plastiktelefons, zog die Schnur zur vollen Länge aus und schleuderte den Hörer mit voller Kraft gegen das Telefongehäuse. Beides ging kaputt. Finn und Rothfeld ergriffen schleunigst die Flucht.

Nachher verließ Rich sein Büro und wanderte durch die leeren Zimmer im einundvierzigsten Stock. Er war so müde, daß er daran dachte, einfach nach Hause zu gehen. Aber er dachte sich, daß er dann wahrscheinlich fliegen würde, und so kehrte Gordon Rich in sein Büro zurück und wartete.

Das Team der Citibank kam um zwei bei der First Boston an. Aus irgendeinem Grund hatten die Banker aus einem Büro in einer nördlichen New Yorker Vorstadt herunterkommen müssen.

Bis zum Termin waren es noch drei Stunden, und so hatte Fennebresque keine Zeit für Formalitäten. Er führte die Banker nach oben in einen freien Speiseraum. »Passen Sie auf, die Situation ist folgende«, erklärte er dem Leiter des Bankteams. »In ein paar Stunden müssen wir ein Gebot vorlegen. Eine der Banken hat uns in letzter Minute versetzt. Es besteht kein Zweifel daran, daß dieses Gebot erstklassig finanzierbar ist. Es besteht kein Zweifel daran, daß es hier Bankgeld geben wird, sobald der Knoten geplatzt ist. Wir möchten von Ihnen den stärksten Brief, den wir bekommen können.«

Neunzig Minuten lang weihte Fennebresque die Banker in die Strategie der First Boston ein. Für den Fall, daß sie nicht begriffen, gab er ihnen Kopien eines Briefentwurfs, den er verfaßt hatte. So ähnlich vielleicht, sagte er dazu. Ein Vorschlag konnte nie schaden.

Brian Finn wanderte den ganzen Tag von Zimmer zu Zimmer, verspeiste Sandwiches und beantwortete Fragen. Seine Pflicht hatte er längst erfüllt. Jetzt war alles nur noch eine Frage von Dollars und Cents. Gegen drei traf er in einem Korridor auf Hank Handelsman. Der Pritzker-Anwalt runzelte die Stirn.

»Finn, ich habe ein großes Problem.«

»Welches?«

»Uns fehlt eine Viertelmilliarde.«

»Ihnen fehlt was?« Finn war fassungslos. »Wovon reden Sie?«

»Seslowe hat nicht geliefert.«

Die beiden gingen ein paar Minuten auf und ab, und der Anwalt schilderte, wie tief sie in der Klemme saßen. An einem leeren Schreibtisch vor Mahers Büro blieben sie stehen. Drinnen konnte Finn einen niedergeschlagenen Seslowe sehen, der offenbar eine Serie von Mea culpas von sich gab. Dann kam er heraus zu Finn und Handelsman. Er blieb stehen, wandte sich dann aber ab. Finn sah Handelsman an. Die Boshaftigkeit im Blick des Anwalts war nicht zu übersehen.

Handelsman wandte sich an Finn, während Seslowe davonging. »Ich könnte Jay um das Geld bitten«, sagte er. »Aber die Aussicht darauf bringt mich nicht gerade in Erregung.«

»Dazu kann ich nichts sagen«, meinte Finn. »Aber ohne das Kapital schicken wir den Brief nicht ab.«

Wenn Pritzker das Geld auftreiben und die Auktion gewinnen sollte, würden sie innerhalb weniger Tage ein Konsortium zusammenbekommen; das wußten beide: Banken und institutionelle Investoren würden sich um ein Stück von dem Kuchen balgen. Aber deshalb hatten sie im Augenblick noch längst kein Geld in der Tasche.

»Eigentlich haben Sie keine Wahl«, stellte Finn fest. »Sie rufen Jay an, oder wir sind draußen. Selbst *mit* dem Kapital ist die Sache alles andere als sicher. Aber ohne haben wir etwa die gleiche Chance wie ein Schneeball in der Hölle.«

Auch Maher lehnte es von vornherein ab, ohne die Kapitalzusagen ein Gebot vorzulegen. Das Fehlen der Monetisierungszusage war schon schlim genug; wenn auch die Anzahlung nicht vorhanden war, grenzte das Ganze schon an eine schwarze Komödie.

Mel Klein rief seine Investoren nacheinander an, und es gelang ihm, hier noch fünf und da noch zehn Millionen loszuschlagen. Aber das war Kleingeld. Eine Stunde vor dem Termin fehlten ihnen immer noch 200 Millionen. Jeder – Klein, Maher, Finn und Handelsman –

wußte, daß es nur einen gab, von dem dieses Geld kommen konnte. Wenn es käme.

Die Uhr neben Jim Mahers Schreibtisch zeigte sechzehn Uhr fünfzehn, als Mel Klein Vater und Sohn Pritzker an der Leitung hatte. Hastig erklärte er die Situation. »Jungs, wir müssen die Zusage jetzt bekommen. Niemand sonst kann in fünf Minuten einen Scheck über diese Summe schreiben.«

Am anderen Ende der Leitung herrschte Schweigen.

»Jay, Tom, wir sind jetzt so weit«, drängte Klein. »Wir sind bereit. Wir brauchen nur noch eine Zusage über 200 Millionen.«

Jay Pritzker ergriff das Wort. »Mel, gibt es eine andere Möglichkeit?« Klein wußte, daß dies wahrscheinlich das Doppelte der größten Investition war, die die Familie Pritzker je vorgenommen hatte. Er schaute aus dem Fenster.

»Jay, Sie sind in Florida, und Tom, Sie sind in Kalifornien. Ich weiß nicht, ob einer von Ihnen den Sonnenuntergang sieht.« Klein wandte sich Maher zu, der ernst an seinem Schreibtisch stand. »Ich sehe Jim Maher. Und es gibt nur eins, was er hören will, damit wir das Angebot der First Boston einreichen können. Nämlich: Ob Sie hinter Seslowes Kapitalzusage stehen.«

Wieder war es still in der Leitung. »Mel, das ist eine Menge Geld«, sagte Tom Pritzker schließlich.

»Ich weiß, Freunde. Deshalb rede ich mit Ihnen. Wir müssen es wissen.«

»Gibt es eine Alternative?« fragte Jay Pritzker noch einmal.

»Nein, zu diesem Zeitpunkt nicht.«

»Sind wir der First Boston gegenüber moralisch dazu verpflichtet?« fragte Tom Pritzker.

Klein überlegte einen Moment lang. Er warf Maher einen Blick zu. »Ja.«

»Glauben Sie, die First Boston findet, wir sollten das Kapital vorlegen?«

»Ja.«

Es war lange still. Mel Klein hielt den Atem an.

»Dad . . .« begann Tom Pritzker.

»Ich weiß«, sagte Jay Pritzker. »Alsdann. Wir tun es.«

Klein atmete aus. »Danke, Jungs.«

Er legte auf und wandte sich an Maher, der an seinem Schreibtisch stand wie eine Indianerfigur vor einem Zigarrenladen. »Das war's. Die Pritzkers finanzieren die ganze Sache.«

Zum erstenmal an diesem Tag hatte Jim Maher Grund zum Lächeln.

Am Dienstag morgen um elf trafen Kravis und Roberts sich mit ihren Investmentbankern und erzählten ihnen in unsicherem Ton, sie hätten noch nicht entschieden, ob sie am Nachmittag ein Gebot vorlegen würden oder nicht. Beide hatten ihre eigenen Ideen, aber die letzten, denen sie die offenbaren würden, waren ihre Investmentbanker. Mit etwas Glück würde jemand, ohne es zu wissen, die Desinformation in Hörweite Peter Cohens transportieren.

Niemand machte sich Sorgen wegen der First Boston. Über seine Bankkontakte wußte Kravis, daß Maher Probleme hatte, die Finanzierung auf die Beine zu bringen. Mel Klein hatte dauernd angerufen, und jetzt klang es, als habe die First Boston Interesse an einer Minderheitsbeteiligung am Kohlberg-Kravis-Deal. Kravis erkannte Anzeichen der Schwäche, wenn er sie sah. Durch eine clevere List hatten sie auch erfahren, daß sich zwischen Atkins und den Anwälten des Vorstandes ein Konsens anbahnte: Der Monetisierungsplan der First Boston sei beinahe sicher undurchführbar. Dick Beattie hatte einfach seine Steueranwälte anrufen und nachfragen lassen, ob man die gleiche Sache nicht auch versuchen könne. Nein, hatte man ihnen geantwortet; es wird niemals klappen.

Nachher beriefen Kravis und Roberts den informellen runden Tisch in Kravis' Eckbüro ein. Die Mitarbeiter hatten diese Gespräche so satt, daß sie insgeheim von »Ringwichsen« sprachen. Es fing bei Scott Stuart an und ging dann im Zimmer herum, und jeder trug ein letztes Mal seinen Standpunkt vor: Sollten wir es tun? Stuart und Cliff Robbins reckten den Daumen hoch und begründeten es. Ted Ammon blieb neutral. Bob McDonnell, der Partner aus San Francisco, engagierte sich mit Nachdruck und pries ausführlich den Wert von Markennamen wie Oreo, Nabisco und Ritz. Paul Raether war bereit, zu bieten.

Henry Kravis war es auch. Nachdem er eine Woche lang mit sich selbst zu Rate gegangen war, fühlte er sich bereit, die letzte Attacke zu führen. Niemand im Raum war überrascht. Diejenigen, die Kravis am besten kannten, hätten ohnehin nie geglaubt, daß er sich einen Deal von dieser Größe würde entgehen lassen. Und wenn wir bieten, betonte Kravis, dann bieten wir, um zu gewinnen.

Am Ende ergriff George Roberts das Wort. »Ich denke, wir sollten uns alle fragen: ›Ist das solche Kopfschmerzen wert?‹ Wir werden eine Menge Druck aus Washington bekommen, eine Menge Druck auch von unseren Partnern.« Roberts sah jeden einzelnen an, während er sprach. »Was ich wirklich nicht erleben möchte, ist, daß dieser Konzern in Schwierigkeiten kommt. Das könnte das Ende der ganzen Sache, der ganzen Branche bedeuten. Mir ist einfach nicht wohl bei dem Gedanken, daß wir diesen Deal machen müssen.«

Nach Roberts' Rede stand es unentschieden. Es kam nicht oft vor, daß Kravis und Roberts offen uneins waren. Mehrere der Anwesenden wechselten bange Blicke. Was jetzt?

»Schauen Sie«, sagte Kravis, »wir haben diese Firma auf der Basis gegründet, daß George und ich in jedem Punkt einig sein müssen oder die Sache ganz bleiben lassen.« Er sah Roberts an. »Vielleicht sollten wir hinausgehen und kurz unter vier Augen darüber sprechen.« Roberts nickte.

Eine Zeitlang stand der Deal auf Messers Schneide. Dann ergriff Jamie Greene das Wort. Greene, ein in San Francisco ansässiger Kollege, war dafür zuständig, die Bank-Milliarden zusammenzubringen, die Kohlberg Kravis brauchen würden, wenn sie RJR Nabisco kauften. Bei Kravis' Leuten hatte seine Meinung deshalb zusätzliches Gewicht.

»Moment, Moment«, sagte er jetzt. »George, ich finde einfach, wir sollten diesen Deal machen. Klar, es wird hart werden. Aber ich finde, es ist ein wunderbarer Deal.«

Das war das eine, draufgängerische Statement, auf das Roberts seit Tagen wartete, und die ganze Stimmung schwang um. Innerhalb weniger Augenblicke wechselte die Diskussion von der Frage, ob sie bieten würden, zu der Frage, wieviel sie bieten würden.

»Okay«, sagte Roberts, »wenn wir es machen, dann müssen wir sichergehen. Es muß sehr viel weniger Bargeld dabei sein, als wir bisher angesetzt haben. Am Ende des Tages wird der Vorstand sich nicht weiter den Kopf darüber zerbrechen, ob drei oder vier Dollar in bar darin enthalten sind. Sie werden wissen wollen, wer insgesamt höher liegt ... Und wenn wir da herankommen, werden wir gewinnen.«

Mehrere Stunden arbeiteten sei daran, eine verfeinerte Finanzstruktur zu erstellen; sie erhöhten aus Sicherheitsgründen den Anteil von PIK-Anleihen und reduzierten die tatsächlichen Barauszahlungen für die Aktionäre. Ein paarmal steckte ein besorgter Dick Beattie den Kopf zur Tür herein. »Verdammt, geben Sie mir das Gebot«, sagte er. »Die Zeit wird allmählich knapp.«

»Gehen Sie weg, Dick«, antwortete Roberts lächelnd. »Sie brauchen nur ein paar Zahlen zu ändern. Wir lassen's Sie wissen.«

Peter Cohen ließ die Managementgruppe an diesem Nachmittag bei Shearson zusammenkommen. Jeder hatte eine Idee, wie hoch das Gebot liegen solle. Johnsons Mitarbeiter, Benevento und Sage, warfen mit Zahlen in der Gegend von 110 Dollar pro Aktie um sich, aber wie gewöhnlich hörte niemand auf sie. Cohen und John Gutfreund waren die einzigen, auf deren Meinung es ankam.

Cohen sagte später, er sei dafür gewesen, 102 oder vielleicht 103 Dollar zu bieten. Gutfreund, der bis zum Schluß davor warnte, im Eifer des Gefechts allzu hitzig vorzugehen, wollte das Gebot sogar reduzieren – etwa auf 97 oder 98 Dollar. Schließlich halbierten sie die Differenz. Hundert Dollar pro Aktie – die schlichte Wiederholung ihres ersten Gebotes – hätte man als Schlag ins Gesicht des Vorstands empfunden. Die Gruppe meinte, daß eine gewisse Erhöhung wohl angemessen sei, und sei es nur, um den Vorstand zu ersparen, daß er sein Gesicht verlor, weil er die Einreichfrist verlängert hatte. Es wäre nicht gut, den Vorstand weiter zu verärgern; zweifellos war er schon wegen Johnsons Debakel mit *Time* empört. Deshalb einigten Cohen und Gutfreund sich schließlich auf 101 Dollar, einen Dollar mehr also.

Später würden über die Strategie, die diesem Gebot zugrundelag, hitzige Debatten geführt werden. Glaubten Cohen und die anderen ernsthaft, daß Kravis sich verabschieden wollte? »Es ist keine Frage, daß wir zum Narren gehalten wurden«, erinnert sich Jack Nusbaum,

Cohens Anwalt und Vertrauter. »Keine Frage. Wie könnte jemand etwas anderes behaupten?« Nach Nusbaum war Dick Beatties Anruf bei Cohen der entscheidende Faktor gewesen. »Damit haben sie uns eingeseift«, sagte er. »Beattie hat klar zu verstehen gegeben, daß sie fertig wären. Und als er das sagte, hat Peter es ihm geglaubt... Wir dachten, Kravis ist nicht mehr dabei. Wir dachten, unsere einzige Konkurrenz ist die First Boston.«

Chaz Phillips, der Salomon-Banker, erinnert sich: »Hill war am sichersten, daß Kravis nicht mehr dabei sein würde.« Hill gibt es widerstrebend zu. »Als Henry nach Vail fuhr«, sagt er, »war es äußerst plausibel, daß er nicht mehr heiß auf die Sache war. Das war tatsächlich ein augezeichneter Trick.« Was Cohen anging, sagt Hill, »war Peter fest davon überzeugt, daß KKR nicht mehr dabei sein würde. Das glaubte er zutiefst«. Hill zufolge berichtete Cohen, als er aus Brüssel nach New York zurückkehrte, »Dick Beattie habe ihm allen Grund zu der Annahme gegeben, daß KKR draußen sei«.

Allen Erinnerungen von Hill, Nusbaum und anderen zum Trotz bleibt Cohen dabei, er habe nie geglaubt, daß Kravis aufgeben würde. »Ich bin immer davon ausgegangen, daß er dabei sein würde«, sagt er. »Hill war ziemlich keck; er war sicher, daß er nicht mehr dabei sein würde. Ich sagte ihm: ›Davon werden wir nicht ausgehen.‹ Ich war sicher, daß Henry da sein würde... Nach Vail fährt er doch jedes Jahr zu Thanksgiving.* Da braucht man doch bloß ein Fax-Gerät, und schon ist man im Geschäft.«

Diese Kontroverse beiseitegelassen, ist das endgültige Gebot der Managementgruppe der deutlichste Indikator für ihre Überzeugung. Jeder Konkurrent, der RJR Nabisco haben wollte, würde natürlich versuchen, das auf dem Tisch liegende 100-Dollar-Gebot zu überbieten. Cohens 101 Dollar war die unausgesprochene Bestätigung dafür, daß die Managementgruppe, genau wie in den Wochen vor ihrer ersten Bekanntmachung, wiederum keine Konkurrenz erwartete. »Und das«, meint Nusbaum, »war ein tödlicher Irrtum.«

---

* Tatsächlich war Kravis in dem Jahr erst zum zweiten Mal an Thanksgiving in Vail.

Bei der First Boston umlungerte Fennebresque den ganzen Nachmittag über das Team der Citibank. Er brauchte nichts weiter als einen Brief, in dem stand, daß Finns Idee machbar sei. Er kam sich vor wie ein werdender Vater vor der Entbindungsstation. Alle zehn Minuten, so schien es, klingelte draußen vor dem Speiseraum ein Telefon. *»Wo ist der Brief? Wo ist der gottverdammte Brief?«*

»Moment, noch einen Moment«, sagte Fennebresque immer wieder, »wir bemühen uns ja, ihn zu kriegen . . .«

Es war nach halb fünf, als der Leiter des Citibank-Teams aus dem Speiseraum kam. Fennebresque ging draußen nervös auf und ab. Er nahm den Brief in Empfang und schüttelte dem Banker die Hand. »Danke«, sagte er. »Vielen Dank.«

Der Brief wurde rasch in das Gebotspaket geschoben und das Ganze eilends zu Skadden hinüber expediert. Danach zeigte Jim Maher sich philosophisch. Das Paket enthielt nicht annähernd das, was er zu produzieren gehofft hatte. Der Monetisierungsbrief war, nun ja, weniger, als er erhofft hatte. Er sagte sich, es sei doch ein wackerer Versuch gewesen. Die Chancen auf einen Erfolg schienen winzig zu sein, aber, so sagte Maher sich, er hatte schon einmal gegen schlechte Chancen bestanden – und zwar erst vor neun Tagen.

»Scheiße«, sagte er sich. »Vielleicht geht's ja noch mal.«

George Roberts Kopf war gesenkt, als er ein paar Minuten vor fünf das Vorstandszimmer von Kohlberg Kravis betrat.

Vor ihm saß aufgereiht ein Dutzend der höchstbezahlten Investmentbanker der Wallstreet und wartete in banger Unruhe auf Neuigkeiten über das Kohlberg-Kravis-Gebot. Und jeder der Banker fragte sich das gleiche: Würden Roberts und Kravis einen zweiten Flop auf den Tisch legen? Oder wollten sie gewinnen? So sehr sich später jeder damit brüsten würde, daß Kravis auf ihn höre – die Wahrheit war, daß nur wenige eine Ahnung von dem hatten, was Kravis und Roberts tun würden. Die Antwort auf diese Frage aber bedeutete für jeden der anwesenden Banker zig Millionen Dollar an Gebühren.

Roberts – mit Kravis an seiner Seite – bot ein Bild der Niedergeschlagenheit: Er schüttelte langsam den Kopf, den Blick gesenkt, die

Hände tief in den Taschen vergraben. Mit Grabesstimme sprach er die Gruppe an.

»Tut uns leid«, sagte er. »Wir haben beschlossen, die Sache zu vergessen. Es war einfach zuviel.« Er schwieg für einen, zwei Augenblicke, um die Mitteilung einsickern zu lassen. »Wir konnten uns einfach nicht durchringen.«

Es wurde absolut still im Raum – das Geräusch von 100 Millionen Dollar Gebühren, die sich langsam in Dunst auflösten.

Roberts seufzte. »Was haben wir jetzt geboten, Henry? Eins-null-sechs, glaube ich. War es so?«

Kravis nickte. »Ich glaube, so war es.«

Dick Beattie, der ein wenig abseits stand, würde nie vergessen, wie die Banker reagierten, als das Possenspiel offenbar wurde. »Man sah, wie Dollarzeichen in ihren Augen aufleuchteten«, erinnert er sich. »Es war wie ›Juhuuu! Wir sind wieder im Spiel! Yeah!‹«

Und mit neuer Kraft lehnten sich alle zurück, um zu warten.

17

Die Stimmung war bestens im Shearson-Camp.

Trotz des *Time*-Titels, trotz der Lawine von negativer Publicity, trotz der offenkundigen Abneigung unter den Vorstandsmitgliedern waren Cohen und Hill davon überzeugt, daß sie kurz vor dem Sieg standen. Niemand verschwendete noch Gedanken an Kravis. Alles kam jetzt auf die First Boston an. Wenn der Vorstand Jim Maher seinen bizarren Plan abkaufte, würde die First Boston gewinnen. Wenige glaubten daran, aber wenn es so wäre, dann wäre es so. Mit der Rendite, die Maher verhieß, konnte niemand konkurrieren. »Das war wirklich ein gutes Gefühl«, sagt Jack Nusbaum. »Entweder würden wir (von der First Boston) weggeputzt werden, oder wir würden gewinnen.«

Eine Stunde nach Abgabe des Gebots am Dienstag nachmittag löste sich die Managementgruppe auf. Cohen nahm an, daß man bis acht Uhr etwas hören werde, und er verschwand, um mit Frau und Kindern zur Feier seines zwanzigsten Hochzeitstages zu Abend zu essen. Um acht war er in Nusbaums Firma, bei Willkie Farr. John Gutfreund führte eine Gruppe von Salomon-Bankern zum Essen zu »Christ Cella«, einem Steakhouse in Midtown Manhattan, wo sie den Vorsitzenden der Citibank, John Reed, trafen. Auch sie waren um acht bei Willkie Farr.

Um sechs hatte noch niemand angerufen.

Um sieben hatte noch niemand angerufen.

Um acht hatte immer noch niemand angerufen.

Niemand bei Willkie Farr war sonderlich beunruhigt. Gutfreund und Jim Stern machten eine Pokerrunde auf. Einige Salomon-Banker saßen in der Ecke und lasen die neueste *Car & Driver* und *Road and Track*.

Um neun riefen Cohen und Nusbaum bei Goldstone an, der in seinem Büro in Downtown Manhattan geblieben war, weit weg vom

Salomon-Kontingent. Alle wurden nervös. Wenn Kravis ausgestiegen war und die First Boston sich wirklich als Luftblase erwiesen hatte, dann hätten sie inzwischen etwas hören müssen. Auch Gutfreund wurde allmählich ungeduldig seinem wachsenden Poker-Gewinn zum Trotz – er hatte es geschafft, Stern und Bob O'Brien von Bankers Trust fast 400 Dollar abzuknöpfen. Wie immer war es Gutfreund zuwider, daß man ihn im Dunkeln ließ. »Wie kommt es eigentlich, daß wir nie wissen, was los ist?« murrte er.

Jim und Linda Robinson fuhren an diesem Abend zu einem formellen Dinner im »Marriot Marquis« in Midtown Manhattan. Der Texaco-Chef James Klinner, ein Klient und guter Freund von Linda, wurde in einer neuerlichen »Boys Club«-Feier geehrt.

Unter denen, die bei den Robinsons am Tisch saßen, war Eric Gleacher von Morgan Stanley, die ebenfalls mit Texaco zusammenarbeiteten. Gleacher sah die Antenne eines Funktelefons, die aus Jim Robinsons Fracktasche ragte, und grinste.

Vor dem Dinner versuchte Linda Robinson die Anspannung mit etwas Small talk zu lindern.

»Na?« fragte sie Gleacher. »Was habt ihr Burschen denn geboten?«

Gleacher wehrte ab. Er hatte damit gerechnet, daß Linda dieses Spiel spielen werde. Wahrscheinlich dachte sie, er werde ihr wirklich sagen, was Henry Kravis geboten hatte.

»Ach, kommen Sie, es ist doch vorbei«, drängte sie. »Jetzt können Sie's mir doch sagen.«

Gleacher zuckte die Achseln. Wenn sie Spielchen spielen wollte, würde er eben mitspielen. »Vierundneunzig«, sagte er, ohne eine Miene zu verziehen. »Sie haben ihr Gebot nicht erhöht.« Er schwieg einen Moment lang. »Und was haben Ihre Leute geboten?«

»Was schätzen Sie?«

»Etwa das, was Sie beim erstenmal geboten haben.«

»Yeah«, sagte Linda Robinson. »Das ist ziemlich nah dran.«

Für diejenigen, die bei Kohlberg Kravis versammelt waren, war das Warten eine Qual.

In den Korridoren gingen Investmentbanker auf und ab. Man konnte nichts mehr tun, außer zu warten. Nach zwei Stunden wurde Pizza bestellt.

Dann, ein paar Minuten vor neun, bekam Dick Beattie einen Anruf von Peter Atkins. »Es wäre nett, wenn Sie und ein paar von Ihrem Team herüberkommen könnten«, sagte Atkins.

Beattie kämpfte die aufsteigende Erregung nieder. »Werden nur wir angerufen?« wollte er wissen. »Oder ist die andere Seite auch eingeladen?«

»Solche Fragen kann ich nicht beantworten.«

Die beiden Anwälte besprachen noch ein paar Minuten lang, wer bei Skadden gebraucht werden würde: vorläufig nur Anwälte und Mitarbeiter – die Detail-Schwadron. Beattie beäugte die Pizza; er hatte noch eine letzte Sorge.

»Haben Sie was zu essen da drüben?«

»Yeah«, sagte Atkins.

Beattie berichtete Kravis von dem Anruf. Auch Kravis hielt seine Erregung im Zaum; sie machten diese Übung nicht zum erstenmal mit. Als sie hörten, daß sie bei Skadden nicht benötigt wurden, fuhren Kravis und die vier Partner zu einem italienischen Restaurant in der East Side, dem »Campagnola«.

Unterdessen trommelte Beattie hastig eine kleine Truppe von Anwälten, Mitarbeitern und Investmentbankern zusammen, um mit ihnen zu Skadden Arps hinüberzufahren. Die Leute machten sich paarweise auf den Weg, um keinen Verdacht zu wecken, falls die Managementgruppe in der Lobby Posten aufgestellt hatte. Unten machte Cliff Robbins einen kurzen Abstecher zu einem Sicherheitsmann, um ein paar Worte unter vier Augen mit ihm zu wechseln. Er wollte sicherstellen, daß Kravis es umgehend erfuhr, wenn Johnson ebenfalls das Gebäude verlassen sollte.

Kravis hatte eben sein Essen bestellt, als er vom Tisch weg zum Telefon gerufen wurde. Der Anrufer war Beattie.

»Man wird Sie in ungefähr einer Dreiviertelstunde hier sehen wollen.«

»Na, jetzt essen wir. Wir kommen dann.«

»Wir stehen gut da«, berichtete Beattie. »Die Sache sieht nicht schlecht aus. Felix wartet hier auf Sie.«

Zum erstenmal erlaubte Kravis sich ein Triumphgefühl. Er kehrte zum Tisch zurück und gab die Neuigkeit aufgeregt weiter. »Es sieht gut aus«, sagte er lächelnd. Jeder hatte das Gefühl, daß der Sieg in Reichweite war.

Kravis hatte sein Essen halb verzehrt, als er erneut zum Telefon gerufen wurde. Es war wieder Beattie.

»Verdammt, wo stecken Sie denn?«

»Wir dachten, wir essen erst«, sagte Kravis.

»Felix wird ungeduldig.«

»Wir kommen, wir kommen.«

»Machen Sie schon, Henry. Die wollen die Sache erledigen und hinter sich bringen.«

»Okay, okay. Wir sind in einer Minute da.«

Leicht verärgert kehrte Kravis an den Tisch zurück. »Die wollen wirklich, daß wir jetzt sofort kommen«, berichtete er. »Ich nehme an, Felix will heute früh nach Hause.«

Nach einem hastig beendeten Essen trotteten die fünf Männer hinaus zu Kravis' blauem Mercedes 500. Innerhalb von Minuten waren sie bei Skadden. Oben geleitete man Kravis, Roberts und Raether in einen Konferenzraum, wo sie von Felix Rohatyn, Ira Harris und Peter Atkins erwartet wurden.

Kravis hielt Ausschau nach Anzeichen für die Anwesenheit der Managementgruppe, aber er fand keine. Rohatyn begann, eine Liste von offenen Fragen abzuspulen. Lazard und Dillon, sagte er, wollten mehr über die Anleihen erfahren, die Kravis in seinem Gebot unterzubringen gedachte. Es gab noch ein paar andere Fragen, allesamt geringfügig. Dann fragte Rohatyn: »Ist das Ihr höchstes Gebot?«

»Ja«, sagte Kravis.

»Tja, wenn wir uns über die Anleihepapiere einigen können und hinsichtlich der Finanzierung keine Sorgen haben müssen, sind wir bereit, dem Sonderausschuß Ihr Gebot zu empfehlen.«

Kravis und Roberts lächelten.

Gewonnen.

Nach sechs Wochen standen Kravis und Roberts an der Schwelle des Sieges. Vor ihnen lagen nur noch zwei Abschlußverhandlungen. Ein Kravis-Anwalt, Robert Spatt, fuhr nach oben in einen Konferenzraum, um die Übernahmevereinbarung auszuhandeln. Die Investmentbanker wurden in einen anderen Raum geschickt, wo sie die Anleihepapiere in dem Gebot näher erläutern mußten. Lazard und Dillon unterzogen sie einem Hagel von Fragen, darunter zum letztenmal die, was Kravis tun werde, wenn gegen Drexel Anklage erhoben würde.

Mit etwas Glück, dachte sich Kravis, würden beide Gespräche innerhalb weniger Stunden abgeschlossen sein. Der Ausschuß würde am nächsten Morgen zusammenkommen, um seine Empfehlung auszusprechen. Es gab nichts mehr zu tun; Kravis und Roberts lehnten sich zurück und warteten.

Als die Konferenzen im Gange waren, fuhr Atkins nach oben in sein Büro. Ein Stapel Telefonnachrichten erwartete ihn. Der erste Anruf, den er erwiderte, kam von Jim Maher. Nach allem »Sturm und Drang« war das abschließende Gebot der First Boston nach kurzer Diskussion verworfen worden. Praktisch alle entscheidenden Fragen zum ersten Vorschlag – etwa nach dem Timing der kartellbehördlichen Genehmigungen – waren nach wie vor unbeantwortet. Aber der entscheidende Mangel war der Monetisierungsbrief: Die First Boston hatte nichts aufzuweisen, das Ähnlichkeit mit einer soliden Bankzusage hatte, um das Vorhaben zu stützen. Was Maher da geschickt hatte, veranlaßte die Investmentbanker sogar zu hellem Gelächter. Der Brief der Citibank, für den Fennebresque sich so sehr abgerackert hatte, wies nur einen maschinegeschriebenen Briefkopf auf, und der war von einer Citibank-Filiale in der Marmoroneck Avenue in Harrison, New York. Unterschrieben war er von einem stellvertretenden Abteilungsleiter. Das war kaum das, was der Ausschuß sich vorgestellt hatte.

Maher in seiner Wohnung an der West Side hatte das Warten nicht länger ausgehalten. »Peter«, sagte er, als Atkins anrief, »ich sitze hier rum, wissen Sie; das bringt mich um. Soll ich aufbleiben und weiter warten? Oder kann ich schlafen gehen?«

»Nein«, sagte Atkins, »ich glaube, Sie können schlafen gehen.«

Da wußte Maher Bescheid. Es war ein Wunder zu wenig gewesen. »Na ja«, sagte er. »Schade.«

Maher legte auf und rief dann seinen Mitarbeiter Gordon Rich an. »Ich glaube, wir sind erledigt, Gordon. Ich glaube, wir sind erledigt.«

Wo blieb der Anruf? Wo blieb Atkins?

Der Abend verstrich, und Steve Goldstone ging nervös in seinem Büro auf und ab. Keine Nachrichten, sagte er sich, sind schlechte Nachrichten. Irgend etwas war schiefgegangen. Vielleicht nehmen sie die First Boston ernst. Gott behüte, vielleicht hat Kravis geboten.

Wo blieben sie nur?

Während er auf und ab ging, frönte Goldstone einer nervösen Angewohnheit, die seinen Kollegen stets auf die Nerven ging. In Zeiten hoher Anspannung quetschte er die Radiergummienden von seinen Nummer-zwei-Bleistiften ab. Manchmal drückte er so fest darauf, daß die kleinen rosa Kügelchen absprangen, quer durchs Zimmer sausten und jemandem an die Stirn flogen. An diesem Abend war der Fußboden in Goldstones Büro von abgequetschten Radiergummis übersät.

Um halb zehn hielt Goldstone die Spannung nicht länger aus. Als erstes rief er seinen Sozius Dennis Hersch zu Hause an; er legte ihn auf ein Lautsprechertelefon, damit er zuhören könnte, wenn er jetzt Atkins anrief. Der Skadden-Anwalt beendete gerade sein Gespräch mit Jim Maher; ein paar Augenblicke später rief er zurück.

»Peter, ich habe hier Scharen von Leuten, die warten«, sagte Goldstone. »Werden Sie heute abend noch eine Entscheidung treffen? Ist es nötig, daß wir weiter warten?«

»Ich würde sagen, es gibt keinen Grund, daß Ihre Leute heute abend weiter herumsitzen«, sagte Atkins. »Wir melden uns morgen bei Ihnen.«

Diese Worte waren für Goldstone wie ein Schwall Eiswasser.

»Was wollen Sie damit sagen? Was soll das heißen?« Bange Sorge lag in Goldstones Stimme. »Sind wir raus?«

Atkins war eine Mauer. »Hören Sie, mehr kann ich Ihnen nicht sagen.«

Goldstone blieb hartnäckig. »Sind wir raus?«

»Schauen Sie«, sagte Atkins, »alles, was ich Ihnen sagen kann, ist, daß wir Sie heute abend nicht mehr brauchen. Sie können ihre Leute nach Hause schicken.«

Goldstones Anruf fuhr wie ein Elektroschock in die Versammlung bei Willkie Farr. Das Pokerspiel war vergessen, die Autozeitschriften flogen in die Ecke. Besorgte Blicke zeigten sich allenthalben, während Fragen in Nusbaums Büro hin und her gingen.
Was hat das zu bedeuten?
Was ist los?
Minuten später erlitt die Gruppe einen zweiten, noch größeren Schock. Nusbaum bekam einen Anruf von einem Reporter, der ihm erzählte, Kravis sei soeben zu Skadden Arps gerufen worden. Shearson auch?
»Nein«, stammelte Nusbaum. »Wir nicht.«
Er war wie vom Donner gerührt.
Kravis?
Er konnte es nicht glauben. Auch Peter Cohen konnte es nicht glauben. Sofort wußte er, daß irgend etwas ganz furchtbar schiefgegangen war.
Unter den Beratern bei Willkie Farr brach Chaos aus. Jeder hatte eine Idee, was da passiert sein könnte und was nun zu tun sei. Gutfreund hatte seinen Pokergewinn eingestrichen und verlangte jetzt erbost, daß jemand – *irgend jemand* – sofort zu Skadden hinüberging.
»Das ist doch Blödsinn!« tobte Gutfreund. »Sehen Sie zu, daß Sie da reinkommen! Irgend jemand! Da sitzen wir hier rum und vertrödeln unsere Zeit. Wir müssen da jemanden reinkriegen...«
Nusbaum überlegte rasch. Es mußte schnell etwas geschehen. Ein Brief – das war die Lösung. Wie viele Anwälte, wenn sie sich ärgern, wußte auch Nusbaum, daß es wichtig war, diesen Ärger schriftlich festzuhalten. Und während Cohen und die Investmentbanker ringsumher schrien und fluchten, fing er an zu diktieren.

Bob Hope war mit seinem Abendprogramm beim »Boys Club«-Dinner fast fertig, als Linda Robinson wegen eines dringenden Anrufs vom Tisch gerufen wurde. Sie bat um Entschuldigung und hastete in die Küche des »Mariott«, um ihn entgegenzunehmen.

Als sie zurückkehrte, sah Eric Gleacher, daß sie kochte. *Sie weiß, wie es steht,* dachte er. Gleacher mußte unwillkürlich lächeln. Kaum war das Programm zu Ende, standen die Robinsons auf und verschwanden.

Linda Robinson hatte noch einen Abschiedsatz für den Morgan-Stanley-Banker: »Gleacher«, sagte Sie, *»you're a fucking liar.* Sie sind ein dreckiger Lügner.« Und der Hauch eines Lächelns spielte auf ihren Lippen.

Gleacher sah Jim Robinsons Frau in die Augen.

»Linda, Sie begreifen das nicht, wie? Es ist einfach ausgeschlossen, daß dieser Vorstand das Unternehmen Ross Johnson überläßt.«

Johnson, Horrigan und die übrigen Manager von RJR Nabisco vertrieben sich die Zeit mit ein paar Drinks in Nine West, als sie die Neuigkeit erfuhren. Nach und nach tröpfelten die Meldungen herein, und alle waren schlecht. Atkins hatte Goldstone gesagt, er könne nach Hause gehen, und Kravis war zu Skadden herübergebeten worden. Und als wäre das noch nicht schlimm genug, rief Bill Liss – der immer noch den Sonderausschuß vertreten sollte – an und berichtete, man habe ihn aufgefordert, für den kommenden Morgen eine öffentliche Erklärung vorzubereiten. Die Anzeichen der Niederlage waren unübersehbar.

»Das war's. Licht aus«, sagte Johnson. »Was mich angeht, heißt es *Sayonara.«*

Als Goldstone hörte, daß Kravis bei Skadden Arps war, rief er sofort noch einmal bei Atkins an. Zwanzig Milliarden Dollar und mehr als eine Handvoll Karrieren, darunter vielleicht sogar seine eigene, standen auf dem Spiel. Atkins schaltete ihn auf den Lautsprecher. Goldstones sorgenvolle Stimme erfüllte sein Büro.

Die Managementgruppe sei betrogen worden, beharrte Goldstone. Man habe sie in eine unhaltbare Position gebracht, ja, durch das Wahnsinnsgebot der First Boston ihres Sieges beraubt. Als Höchstbietende in der ersten Runde hätten sie keinen Grund mehr gehabt, ihr Gebot noch zu erhöhen. Letzten Endes, erklärte Goldstone, habe man sie gezwungen, gegen sich selbst zu bieten. Aus Gründen der Fairness, erklärte er beharrlich, müsse es noch eine letzte Runde geben.

»Wir sind noch nicht fertig!« stellte er hartnäckig fest und stapfte durch die Radiergummis, von denen der Fußboden übersät war. »Peter, wir sind ja bereit, mehr zu bieten. Wir bieten mehr! Was ist denn das für ein Unfug, eine Auktion anzufangen und sie eine Stunde später abzubrechen? Es gibt keine Regeln für ein derartiges Verfahren. Wir erklären jetzt, daß wir mehr bieten, und das werden wir tun. Wie können Sie so was machen? Das ist doch nicht fair!«

Atkins versuchte, den fieberhaft argumentierenden Anwalt zu beruhigen, doch ohne Erfolg.

»Peter, Sie müssen sich für weitere Gebote offenhalten. Sie müssen Gebote entgegennehmen, solange jemand bieten will.«

Funfundvierzig Minuten lang trommelte Goldstone auf demselben Thema herum, und Atkins versicherte ihm ungerührt, daß man seine Argumente berücksichtigen werde. Aber er, Atkins, könne nichts unternehmen, bevor der Ausschuß morgen früh zusammenträte. Bei sich fanden Atkins und der Skadden-Prozeßexperte Mike Mitchell Goldstones Argumente nicht überzeugender als manche anderen, die er in den vergangenen sechs Wochen vorgetragen hatte. Die Crux seiner Argumentation war anscheinend, daß das Management ein Recht auf zwei von drei Abstürzen habe.

Ein paar Minuten vor elf war Goldstones leidenschaftlicher Monolog immer noch im Gange; er erklärte, Atkins werde einen Protestbrief von Jack Nusbaum erhalten. Der Brief »ist recht maßvoll gehalten«, räumte Goldstone ein. »Aber, Peter, Sie müssen begreifen, daß die Leute hier an die Decke gegangen sind. Sie sind wirklich aufgebracht.«

Um elf wurde der Brief in Atkins Büro abgegeben. »Ich habe ihn jetzt«, sagte er zu Goldstone, froh über die Gelegenheit, das Plädoyer des Anwalts zu beenden. »Wir melden uns später wieder bei Ihnen.«

Atkins legte auf und sah sich Nusbaums Brief an. Er war auf dem Papier der Anwaltsfirma, Willkie Farr & Gallagher, geschrieben.

Sehr geehrte Herren,

... In den letzten paar Stunden haben wir von der Presse regelmäßig Berichte erhalten, in denen uns präzise Details zu dem heute von der Managementgruppe vorgelegten Gebot zur Kenntnis gegeben werden; zudem erfahren wir mehrfach, daß Sie oder Ihre Vertreter heute abend mit Vertretern einer weiteren Bietergruppe zusammengekommen sind, deren Gebot sich, wenn die Berichte zutreffend sind, sich im Laufe des Abends anscheinend immer weiter verbessert hat.
Wir sind der Überzeugung, daß die Managementgruppe während dieses Verfahrens von Anfang an benachteiligt worden ist, und wir müssen nunmehr darauf bestehen, daß Sie, wenn Sie mit anderen Bietern Gespräche führen, auch mit uns sprechen müssen, damit wir Gelegenheit haben, unsere Reaktion auf ein etwa über das unsere hinausgehendes Gebot zu überdenken, genau wie andere Bietergruppen Gelegenheit hatten, gegen unser von Ihnen am 18. November veröffentlichtes Höchstgebot erneut zu bieten.
In unserem heute an Sie gerichteten Brief haben wir unsere Bereitschaft erklärt, über sämtliche Aspekte unseres Angebots zu diskutieren. Wir erklären diese Bereitschaft noch einmal und erwarten Gelegenheit, das Bieteverfahren fortzusetzen, falls dies angebracht ist, und zwar im vollen Tageslicht und ausgestattet mit den allen Parteien bekannten Details über alle vorliegenden Gebote.
Die Mitglieder der Managementgruppe halten sich in den Räumen des Unterzeichneten auf und wären für eine prompte telefonische Beantwortung dieses Schreibens dankbar.

Hochachtungsvoll
Jack Nusbaum

Atkins legte den Brief aus der Hand und runzelte die Stirn. Es würde wieder eine lange Nacht werden.

Nachdem die Gruppe bei Willkie Farr ihren Protest geäußert hatte, glätteten sich die Wogen, und man wartete auf die Antwort. Erschöpfte Männer standen in Grüppchen in den Gängen und sprachen miteinander. In Nusbaums Konferenzzimmer saß Gutfreund in einer Ecke und las die neuste Nummer von *Manhattan, Inc.* Ein paar Leute dösten. George Sheinberg von Shearson kam und reichte Zigarren herum. Eine Stunde lang war alles friedlich.

In Nine West stießen die Robinsons zu der Gruppe in Horrigans Eckbüro. Die festliche Kleidung des Ehepaars veranlaßte Johnson zu ein paar Witzeleien. »Eine Flasche Weißen und eine Flasche Roten bitte«, orderte er bei dem befrackten Robinson. Es gab wenig zu tun; man konnte nur warten. Von Zeit zu Zeit versuchte Johnson, Charlie Hugel in seinem Hotel zu erreichen. Vielleicht, dachte er, konnte Hugel ein wenig Sinn in die ganze Sache bringen.

Hugel hatte sein Abendessen versäumt und war ausgehungert. Kurz nach elf verließ er die Skadden-Büros und fuhr zum Regency, wo er eine Suite bewohnte; dort durchstreifte er die Lobby auf der Suche nach einem Restaurant. Als er kein offenes mehr fand, fuhr er hinauf in sein Zimmer und machte sich mit knurrendem Magen bereit, zu Bett zu gehen. Kurz darauf klingelte sein Telefon. »Mr. Johnson möchte mit Ihnen sprechen«, sagte die Stimme einer Sekretärin.

Hugel wartete in der Leitung, bis Johnson den Hörer abnahm. Da leuchtete das rote Lämpchen für die zweite Leitung auf. Hugel schaltete Johnsons Sekretärin auf die Warteposition und drückte auf den Knopf, um das zweite Gespräch anzunehmen. Es war Peter Atkins, der Hugel rasch über Goldstones erzürnten Anruf in Kenntnis setzte und ihn warnte: Die Managementgruppe sei auf dem Kriegspfad und werde vielleicht versuchen, mit ihm in Kontakt zu treten. »Die sind wirklich stinksauer«, sagte Atkins.

Das also will Johnson, dachte Hugel. Er sah, daß das Rotlicht, das Johnsons Anruf signalisierte, erloschen war. Hugel legte auf und wählte dann noch einmal die Nummer von Nine West.

Als Johnson sich meldete, merkte Hugel gleich, daß er aufgebracht war. Aber das erste, was aus Johnsons Munde kam, hatte nichts mit dem Verlust des größten Takeovers der Geschichte zu tun.

»Wir haben gehört, Sie wollen die ›goldenen Fallschirme‹ streichen«, sagte Johnson. »Ist das wahr?«*

---

* Johnson bestreitet, Hugel nach den Trennungsentschädigungen gefragt zu haben.

Hugel war überrascht. Hatte er richtig verstanden? Goldene Fallschirme? Während das Schicksal seines Konzerns auf Messers Schneide stand, machte Johnson sich Sorgen um seine Trennungsentschädigung? Hugel hatte den Verdacht, daß Ed Horrigan ihn dazu angestiftet habe. Es klang nach einem echten Horrigan.

»Das ist lächerlich«, antwortete er. »Wie kommen Sie darauf, daß wir das tun sollten? Überhaupt, Ross, das sind eigentlich im Moment meine geringsten Sorgen. Die Zukunft des Unternehmens liegt uns allen ein bißchen mehr am Herzen.«

»Na ja«, sagte Johnson und wich einer Kontroverse instinktiv aus. »Was geht denn da vor? Wie ich höre, hat man unseren Leuten gesagt, sie könnten nach Hause gehen. Könnten Sie das vielleicht ein bißchen illustrieren?«

Hugel gluckste. »Na, erinnern Sie sich an unser Telefongespräch von heute morgen?«

»Ja.«

»Nun, sie haben geboten.«

»Sie meinen, ein Bombengebot?«

»Ja.«

»Na, wie schwer war die Bombe denn?«

»Das kann ich Ihnen wirklich nicht sagen.« Schon das Gespräch mit Johnson an sich, das wußten beide, war eigentlich ein Verstoß gegen die Verfahrensregeln.

»Sprechen wir von einer Größenordnung von fünf Dollar?« fragte Johnson.

»Ja.«

»Soll das heißen, eins-null-sechs?«

»Genau.«

Johnson schnaubte ungläubig.

»Na, okay, dann sind wir draußen«, sagte er. »Das ist das Ende. Gott segne Sie.«

Johnson, der mit Jim Robinson allein in Horrigans Büro war, legte den Hörer auf. Einen Moment lang war es still, während er die Neuigkeit verdaute. Schließlich sagte er: »Es ist vorbei.«

Die beiden gingen hinaus in Horrigans Vorzimmer, wo Horrigan, Linda Robinson und die anderen ungeduldig warteten.

»Na, wie steht's?« fragte jemand. »Was hat er gesagt?«

»Hören Sie, es ist vorbei«, sagte Johnson leise. »Sagen wir einfach, hier ist Schluß.«

Ein schrilles Stimmengewirr stürmte auf Johnson ein. *Wie meinen Sie das? Was soll das heißen? Was hat er gesagt? Wieviel haben sie geboten?*

Im nächsten Augenblick wetterte Horrigan gegen den Vorstand, gegen Kravis, gegen jeden. Jeder im Raum wollte wissen, was Hugel gesagt hatte und was geschehen war.

»Hören Sie, ich kann es Ihnen nicht sagen«, antwortete Johnson. »Ich muß Charlies Vertrauen respektieren. Aber«, fügte er hinzu, »der Abstand ist beträchtlich.«

Ein paar Minuten später rief Johnson Peter Cohen und die Gruppe bei Willkie Farr an. Jack Nusbaum schaltete ihn auf ein Lautsprechertelefon in seinem Konferenzraum.

»Es ist alles vorbei«, sagte Johnson. »KKR hat gewonnen.«

Aufruhr erfüllte den Konferenzraum, und wieder strömten zornige Fragen auf Johnson ein, eine buchstäbliche Wiederholung der Reaktion, die Horrigans Gruppe gezeigt hatte.

»Was heißt das, sie haben gewonnen?« fragte Cohen. »Zu welchen Konditionen? Wissen wir, wieviel sie geboten haben? Was ist passiert?«

»Ich kann es Ihnen nicht sagen«, erklärte Johnson. »Aber ich weiß, daß der Preis substantiell höher als unserer ist.«

Empört bedrängten Cohen und die anderen Johnson um weitere Informationen. »Ich kann Ihnen nicht viel sagen«, stellte Johnson schließlich fest. »Aber ich glaube, der Abstand beträgt vier oder fünf Dollar. Und ich kann Ihnen sagen, eine Fünf-Dollar-Differenz werden Sie nicht schlagen. Die haben wirklich schwere Artillerie aufgefahren.«

Auf Johnsons Anweisung begann Linda Robinson um halb zwölf, Reporter anzurufen. »Es ist vorüber«, sagte sie einem. »Wir sind draußen. Es wird keine weiteren Gebote mehr geben.«

Peter Atkins meldete sich um halb eins wieder bei Goldstone.
»Hören Sie, Steve, ich habe Ihre Ansichten mit unserer Gruppe erörtert«, sagte er. »Ich kann Ihnen nur sagen, daß Ihre Ansichten über Fairness in diesem Auktionsverfahren deplaziert sind. Die Tatsache, daß Ihre Klienten in der ersten Runde mit ihrem Gebot auf Platz eins lagen, entbindet sie nicht von der Verpflichtung, auch jetzt ein Höchstgebot abzuliefern. Das ist keine Frage der Fairness.« Und, ergänzte Atkins, es komme auch nicht in Frage, die Auktion noch einmal zu eröffnen.
»Ich kann es nicht nachdrücklich genug sagen«, erwiderte Goldstone ruhig. »Sie haben die rechtliche Verpflichtung, unser Zweitgebot entgegenzunehmen. Der Vorstand ist dazu verpflichtet. Sie können uns jetzt einfach nicht den Rücken zukehren. Wir wollen noch einmal bieten.«
In einer Hinsicht hatte Goldstone recht. Es gab keine Vorschriften, die das Bieteverfahren regulierten. Was existiert, ist ein beständigen Änderungen unterworfenes Gesetzesbündel, das in einer Serie von Takeover-Schlachten Mitte der achtziger Jahre entwickelt wurde. Die Gerichtsentscheide, in den meisten Fällen getroffen vom Kanzleigericht Delaware, sprechen Bände über die Verpflichtungen von Vorständen im Zusammenhang mit der fairen Durchführung einer Versteigerung. Was sie nicht vorschreiben, ist die Art und Weise, wie sie zu beenden ist. Gegen Ende der achtziger Jahre führten Vorstand um Vorstand einen erfolglosen Kampf um diese Frage. Die Sechs-Milliarden-Dollar-Versteigerung der Federated Department Stores zu Beginn des Jahres 1988 zog sich wochenlang hin, allen verzweifelten Beendigungsversuchen zum Trotz. Letzten Endes wurden die meisten Auktionen erst abgeschlossen, wenn die Gebote für alle bis auf eine Partei zu hoch wurden.
Atkins und Goldstone diskutierten fast eine Stunde lang miteinander und schlugen immer die gleichen müden Argumente wie Tennisbälle hin und her. Die Ironie lag freilich darin, daß Goldstone keine Ahnung hatte, ob Shearson und Salomon noch einmal würden bieten wollen. Johnson wollte es jedenfalls nicht. Aber sie würden, das wußte Goldstone, überhaupt keine Gelegenheit mehr dazu haben, wenn es ihm nicht gelänge, die Auktion wieder zu eröffnen.

Für Peter Cohen stand jetzt zuviel auf dem Spiel, als daß er hätte aufgeben können, was immer Johnson sagen mochte.

Augenblicke nach Johnsons Anruf hängte er sich ans Telefon und rief Reporter und alle erdenklichen anderen Leute an, die vielleicht Informationen über Kravis' Gebot geben konnten. Er wollte kämpfen, aber zuerst mußte er wissen, womit er es zu tun hatte. Sofort kamen ihm Gerüchte über die Zusammensetzung von Kravis' Gebot zu Ohren. Anscheinend hatte Kravis seine Zahl aufgepumpt, indem er mehr Anleihepapiere und weniger Bargeld als Shearson geboten hatte.

Anfangs begriff er es nicht. Die ganze Zeit über hatte Johnson, Hugel zitierend, immer wieder das gleiche gepredigt: »*Cash is king.*« Wenn Kravis sein Gebot mit Papieren ausgestopft hatte, dann, dachte Cohen, mußten irgendwie die Regeln geändert worden sein. *Schon wieder!*

Die Idee, den »Papier«-Anteil des Gebotes zu erhöhen, war nicht schlecht. Wenn Kravis es konnte, wieso nicht auch Shearson? Cohen rief seinen Assistenten Andrea Farrace an und gab einen neuen Satz von Computerberechnungen auf der Grundlage eines erhöhten Papier- und eines reduzierten Cash-Anteils in Auftrag. Es war noch zu früh, ernsthaft ein neues Gebot in Erwägung zu ziehen. Das würde später passieren, wenn überhaupt. Aber Cohen war klar, daß jede Option untersucht werden mußte.

Und noch etwas war klar: Der Entschluß, sich zurückzuziehen, war voreilig. Cohen rief Johnson an und bat ihn, jegliche Pressemitteilung einstweilen zurückzuhalten.

»Zu spät«, sagte Johnson. »Sie ist schon raus.«

»Schauen Sie, es ist doch ein bißchen wie in einer Wahlnacht«, sagte Cohen. »Wir wissen noch nicht genug, um irgendwelche Zugeständnisse zu machen. Wir haben wahrscheinlich wirklich verloren, aber lassen Sie uns doch abwarten, bis wir mehr darüber wissen.«

»Scheiße, Peter, der gottverdammte Deal ist gelaufen.« Die Gereiztheit in Johnsons Stimme war unüberhörbar. »Warum um alles in der Welt wollen Sie jetzt eine neue Verlautbarung herausgeben?«

»Ist er nicht«, sagte Cohen. »Es sieht so aus, als könnten wir noch einmal bieten.«

»Wie zum Teufel können Sie noch mal bieten?«

»Hören Sie, wir können bieten, solange wir wollen.«

»Na, und was wollen Sie bieten?«

Cohen hatte keine Ahnung; er wollte sich lediglich alle Optionen offenhalten. Johnson war ratlos. Er begriff nicht, wie Shearson zu dieser Stunde aus dem Stand ein neues Gebot auf den Tisch legen wollte. Er hatte jedenfalls keine Lust dazu.

Johnson rief Goldstone an, der gleich zu seinem abgeschlissenen Thema zurückkam. »Ross, es ist deren Geld«, sagte er. »Wenn sie bieten wollen, dann müssen Sie es ihnen erlauben ... Zu diesem Zeitpunkt müssen Sie, solange Sie nicht der Meinung sind, Sie wollen das Unternehmen nicht mehr führen, bieten lassen.«

»Aber es ist doch gelaufen...«

»Ross, das kann man noch nicht sagen. Sie müssen jetzt dranbleiben. Sie müssen heute abend noch ein Gebot vorlegen. Ein Morgen wird es nicht geben.«

Johnson hielt das Ganze für lächerlich. Es hatte die traumartige Beschaffenheit, die so vieles in den letzten sechs Wochen gehabt hatte. Widerstrebend gab er sein Okay zu einer neuen Presseerklärung. Um halb zwei rief eine verärgerte Linda Robinson erneut die Journalisten an, um die erste Mitteilung zurückzuziehen. Einige schliefen bereits. Nur eine Handvoll Zeitungen, darunter die *New York Times*, schaffte es noch, die Nachricht in die neueste Ausgabe hineinzuquetschen.

Während Johnson noch über diese jüngste Wendung nachdachte, kam Frank Benevento hereingestürmt und wedelte mit einem neuen Computerausdruck. Er war in heller Aufregung. Wenn die Gruppe die Bargeld-Komponente des Gebots herunterdrückte, sagte er, könne man den Anteil der Schuldverschreibungen drastisch erhöhen. Effektiv könne man den Nennwert des Gebots erhöhen, ohne das Risiko zu steigern.

Johnson war skeptisch. Bargeld durch Anleihepapiere von zweifelhaftem Wert zu ersetzen, hatte in seinen Augen wenig Sinn. »Frank, wie zum Teufel können Sie so was berechnen?«

»Kann man nicht«, sagte Benevento. »Aber die tun's offenbar.«

»Das ist doch Quatsch«, sagte Johnson. »Darin steckt doch überhaupt kein Sinn. Die ganze Zeit über erzählt Charlie uns, Cash ist König. Wer um alles in der Welt würde das anders sehen, wenn er bei Sinnen ist?«

Gegen drei Uhr früh machte Johnson sich auf den Heimweg; er wollte nichts mehr mit dem Buyout zu tun haben, und halb wünschte er sich, er wäre überhaupt nie auf diesen Gedanken gekommen. Als er hinausging, verschwendete er kaum einen Gedanken auf die Cohens und Beneventos, die das Bieten wiederauferstehen lassen wollten. Das war schließlich genau das Gerede, das man von erschöpften, frustrierten Leuten zu erwarten hatte, die mit zuviel Energie und zu wenig Schlaf herumliefen.

Was Johnson betraf, war die Schlange tot. Nur der Schwanz zuckte noch.

Goldstone saß allein in seinem Büro und verspürte keine Neigung dazu, einfach aufzugeben. Ganz egal, was Johnson wollte. Wenn sie gewinnen wollten, mußten sie bieten. Und sie mußten sofort bieten.

Über das Lautsprechertelefon mit Willkie Farr verbunden, vertrat Goldstone seine Sache mit Nachdruck. Atkins sei nicht bereit, die Auktion noch einmal zu eröffnen, sagte er. »Beschließen Sie Ihr bestmögliches Gebot und legen Sie es sofort vor. Wenn Sie warten, bis man Sie dazu auffordert, ist es vorbei... Leute, Taten sprechen lauter als Worte. Vergessen Sie die Briefeschickerei. Bieten Sie!«

»Moment mal«, sagte John Gutfreund, »wir wissen doch gar nicht, was los ist. Wir wollen doch nicht gegen uns selbst bieten.«

Gutfreund und Cohen wollten genauso gern gewinnen wie jeder andere, ja, mehr als die meisten. Aber wo Milliarden Dollar auf dem Spiel standen, waren die beiden CEOs nicht bereit, im Blindflug ihr Gebot zu erhöhen: Sie wußten nicht, ob Kravis nicht nur um einen Dollar vor ihnen lag. Johnson hatte sich schon öfter geirrt. Wenn sie ihr Gebot auf einen nebulösen Tip von Johnson hin um fünf Dollar pro Aktie – also um eine Milliarde Dollar – erhöhten, riskierten sie, das Geld zum Fenster hinauszuwerfen. Sie würden wie Trottel dastehen und sich überdies der Kritik ihrer eigenen Vorstände aussetzen, von drohenden Klagen ganz zu schweigen. »Hören Sie, wir werden erst bieten, wenn wir wissen, wogegen wir zu bieten haben«, wiederholte Gutfreund.

Gutfreund glaubte nicht einen Augenblick lang, daß Kravis 105 oder 106 Dollar geboten hatte. Das war zu viel. Der Salomon-Vorsitzende, durch Goldstones Unfähigkeit, die Anforderungen des Ausschusses zu erkennen, um die Arbeit von sechs Wochen gebracht, hatte zudem den Verdacht, daß Johnson mehr wisse, als er zugab.

»Es beunruhigt mich sehr, daß Davis Polk mit Johnson konspiriert und uns Informationen vorenthält«, sagte er zu Goldstone. »Ross weiß, wo das Gebot liegt. Und ich möchte es gern wissen. Also fragen Sie ihn.«

»Er weiß es nicht«, antwortete Goldstone, und das war nicht gelogen; Johnson hatte ihm nicht alle Details seiner Unterredung mit Hugel mitgeteilt. »Hören Sie, Sie müssen einfach bieten.«

»Steve«, warf Tom Hill ein, »wir müssen doch wissen, wieviel Henry geboten hat.«

»Es ist unwahrscheinlich, daß wir das je erfahren werden«, entgegnete Goldstone. »Und während wir versuchen, es herauszufinden, wird KKR über Nacht eine Übernahmevereinbarung aushandeln. Wir müssen sofort handeln.«

Die Diskussionen zogen sich hin, und Goldstone erkannte, daß er Shearson und Salomon nur dann zu einem Gebot würde bewegen können, wenn er herausfände, wieviel Kravis geboten hatte. Er rief Atkins an. Jetzt brüllte er fast ins Telefon.

»Das ist unerhört! Sie müssen uns sagen, was die andere Seite geboten hat!« beharrte Goldstone. »Die Gebote liegen so dicht beieinander, daß wir Bescheid wissen müssen, bevor wir noch einmal bieten können.«

»Hören Sie«, sagte Atkins, »warum sprechen Sie nicht mit Ross Johnson? Ich werde Ihnen nichts sagen. Reden Sie mit Johnson. Er hat mit Hugel gesprochen.«

Goldstone legte verwirrt auf. Wieso schlug Atkins ihm vor, Johnson anzurufen? Johnson wußte doch nichts. Oder doch?

Goldstone erreichte Johnson noch, bevor dieser Nine West verließ. »Ross, was ist passiert, als Sie mit Hugel sprachen?« fragte er. »Was geht hier vor?«

Johnson wich der Frage aus; noch immer suchte er Hugel zu decken. Er wiederholte, was er schon einmal von einem »Vier- oder Fünf-Dollar-Abstand« erzählt hatte.

»Steve, es ist vorbei«, sagte er dann.

Goldstone legte auf; ihm graute davor, die Gruppe bei Willkie Farr anzurufen. Er spürte den scharfen Unterton in Gutfreunds Stimme; Die Verachtung, die der Salomon-Manager ihm gegenüber hegte, war unverkennbar. Nichtsdestoweniger rief er noch ein letztesmal an. »Hören Sie, Sie müssen doch die genaue Zahl nicht kennen«, sagte er. »Bieten Sie einfach.«

Letzten Endes erreichte er überhaupt nichts. Als er den Hörer zum letztenmal aus der Hand legte, fiel ihm ein, daß Dennis Hersch immer noch auf dem Lautsprechertelefon mithörte: Hersch hatte die ganze Nacht im Schlafanzug dagesessen, Kaffee getrunken und sich Goldstones Toben angehört. »Du liebe Güte, Sie stehen doch nicht vor dem Obersten Gericht, Steven«, sagte er jetzt. »Aber als Versuch nicht schlecht.«

Gegen drei Uhr war die Gruppe in den Räumen von Willkie Farr erschöpft. Düstere Mienen hatten den Kampfgeist verdrängt. Sie wußten, wenn die Sonne aufging, hatte Kravis wahrscheinlich seine Übernahmevereinbarung in der Tasche. Vielleicht, meinten sie kopfschüttelnd, war es wirklich vorbei. Langsam begannen die Leute aufzubrechen.

Gutfreund sprach Cohen an. »Peter, es war eine großartige Partnerschaft, die wir da hatten«, sagte er. »Wir haben gut zusammengearbeitet. Es hat uns Spaß gemacht, und wir haben viel gelernt. Nehmen wir uns den nächsten vor.«

»Den nächsten kriegen wir«, sagte Cohen.

Vier Straßen weiter, bei Skadden Arps, zogen sich die Verhandlungen durch die frühen Morgenstunden dahin. Kravis, Roberts und Raether saßen in einem Sitzungsraum und vertrieben sich müßig die Zeit, während ihre Anwälte und Investmentbanker die letzten Details regelten. Kravis war entzückt. Sie hatten den Konzern. Der Deal war so gut wie unter Dach und Fach.

Stunden vergingen, und sie wurden unruhig. Was dauerte denn da so lange? Dann, kurz nach Mitternacht, sprang Bruce Wasserstein zum Telefon, um einen Anruf von seinem Partner Joe Perella aus Tokio entgegenzunehmen. »Die weltumspannende Bank Wasserstein Perella hat ein Kommuniqué für uns«, witzelte Roberts.

Das Gefrotzel hörte auf, als Wasserstein vom Telefon zurückkam.

Perella hatte soeben einen Agenturbericht mit Einzelheiten zum Kohlberg-Kravis-Gebot bekommen. Wasserstein reichte Kravis den Hörer, und der lauschte mit versteinerter Miene, während Perella ihm die Story vorlas. Ein paar Minuten später kam über den Fax eine Kopie.

In dem Bericht, einer ersten Version dessen, was am nächsten Morgen im *Wall Street Journal* stehen würde, war das Gebot der Managementgruppe mit 101 Dollar pro Aktie angegeben; Spekulationen setzten das Kravis-Gebot mit 103 Dollar oder höher an. Auch war die Rede davon, daß Johnson noch einmal bieten könnte.

»Was soll das heißen, die bieten noch mal?« fragte Kravis. »Die Angebotsfrist ist abgelaufen!«

Roberts ging an die Decke. Jemand, wahrscheinlich ein Mitglied des Sonderausschusses, ließ Einzelheiten über ihr Gebot durchsickern – zweifellos, um so die Managementgruppe zu einem höheren Gebot anzuspornen. Die Auktion hatte vorbei zu sein. Weder Kravis noch Roberts würden es hinnehmen, wenn man sich über sie lustig machte.

Die Kravis-Abordnung stapfte in den Sitzungsraum, in dem die Banker des Vorstands noch damit beschäftigt waren, die Scharten in den Anleihepapieren des Gebots auszuwetzen. «Gottverdammtnochmal«, sagte Roberts, nachdem er erzählt hatte, was sich abspielte, »man tanzt uns auf der Nase herum, und das gefällt mir nicht.«

Die Banker von Lazard und Dillon streckten die Hände in die Höhe. Dick Beattie schnappte sich Casey Cogut und machte sich auf die Suche nach Atkins. Dies war ein schwerer Verstoß gegen die Sicherheitsmaßnahmen: Wenn Perella die Story in Tokio zu Gesicht bekommen hatte, dann wußten aller Wahrscheinlichkeit nach auch Shearson und Salomon Bescheid. Wenn die Managementgruppe den Kampf jetzt weiterführen wollte, würde sie, befürchtete Beattie, wissen, welchen Preis sie überbieten mußten.

Zwei Ausschußbanker, Bob Lovejoy von Lazard und Fritz Hobbs von Dillon Read, folgten Beattie und Cogut nach oben; sie waren ebenfalls verärgert über die Indiskretion. Fast eine halbe Stunde lang warteten die vier Männer vor Atkins' Büro; ein Skadden-Anwalt, Mike Gizang, bewachte die Tür und weigerte sich, sie durchzulassen.

Schließlich drängten sich Lovejoy und Hobbs an ihm vorbei in

Atkins' Büro. Drinnen standen fast ein Dutzend Skadden-Juristen diskutierend herum. Atkins saß hinter einem überladenen Schreibtisch. Rasch berichtete man den beiden Bankern von Goldstones zunehmend giftigen Protesten.

Lovejoy, selbst ein Ex-Anwalt, war vertraut mit der Juristenneigung zum Nägelkauen. Ihm bereitete der erzürnte Roberts, den er zurückgelassen hatte, viel größere Sorge. »Wieso zum Teufel reden Sie mit der Managementgruppe? Wir sollen nicht mit ihnen kommunizieren. Wir sollen einen Deal mit KKR machen. Diese Drohungen kommen mir albern vor. Wieso nehmen Sie sie so ernst?«

Atkins hatte darauf nicht viel zu sagen. Er stand auf, um sich unten mit Kravis und Roberts zu unterhalten.

Draußen in Atkins' Vorzimmer sahen Beattie und Cogut, wie Mike Mitchell und andere Anwälte mit sorgenvoll gefurchter Stirn in Atkins Büro ein und aus hasteten. Die beiden Juristen wechselten verwirrte Blicke.

Was geht hier vor?

Beattie glaubte es zu wissen.

»Macht die andere Seite Ihnen Feuer?« erkundigte er sich bei Mike Gizang. Gizangs Miene verriet ihm, daß Shearson offenbar einen Gegenangriff führte. Als Atkins ein paar Minuten später herauskam, trat Beattie ihm in den Weg.

»Wir haben ein paar Probleme«, sagte Atkins und deutete mit einer Handbewegung zurück in sein Büro. »Wir haben da ein paar Leute ein bißchen wütend gemacht.«

Atkins folgte den Kravis-Anwälten nach unten in den Konferenzraum, in dem Kravis, Roberts und die anderen warteten. Kohlberg Kravis würden einfach nicht zulassen, daß Shearson durch gewisse Indiskretionen weiter ermutigt würde, stellte Beattie fest. »Unser Gebot hat nicht weiter zur Verhandlung zu stehen. Das ist empörend, und wir werden es nicht länger hinnehmen.«

Oben hatte Beattie mitbekommen, wie der Vorstandssekretär, Ward Miller, die Vorstandsmitglieder angerufen und sie ermahnt hatte, entweder um halb acht bei der Ausschußsitzung oder um elf bei der Sitzung des Gesamtvorstandes zu erscheinen.

»Hören Sie«, sagte Roberts jetzt, »scheißen Sie auf diese Sieben-Uhr-dreißig-Kiste. Wecken Sie sie und holen Sie sie her. Lassen Sie uns das Ding unterschreiben. Das ist doch verrückt, so was.«
»Das geht nicht«, antwortete Atkins entschlossen. »Die Leute schlafen.«
Kravis tobte. »Wir haben uns an die Regeln gehalten. Jetzt hat verdammtnochmal jemand unser Gebot rausposaunt, und wir werden benutzt.«
»Sie werden nicht benutzt«, widersprach Atkins. »Sie werden absolut nicht benutzt.«
»Werden wir doch!« Kravis wedelte mit einer Kopie des Agenturberichts. »Ich meine, schauen Sie sich das doch an! Was soll das denn sein?«
Unbefriedigt zogen Kravis und Roberts sich in einen anderen Raum zurück, um zu beratschlagen, was sie nun tun sollten. Wasserstein kam herangeschlendert, als wolle er den Raum betreten. Casey Cogut, der wußte, daß Kravis dem ruhmreichen Strategen nicht mehr vertraute, schloß die Tür vor seiner Nase. »Sorry, Bruce, das hier ist vertraulich«, erklärte er ernst. Raether bekam einen Lachanfall.*
Die Gefahr eines Gegenangriffs durch Shearson war sehr real, erkannte die Kravis-Gruppe. Schließlich würden sie das gleiche auch tun. Es war unmöglich, Cohen an einem neuen Gebot zu hindern; das war Kravis und Roberts klar. Aber sie konnten darauf hoffen, dem Vorstand Dampf zu machen, indem sie ihr eigenes Gebot befristeten. Sie einigten sich auf dreizehn Uhr, also nur zwei Stunden nach der Vorstandssitzung am kommenden Vormittag. Damit hatte die Managementgruppe acht Stunden Zeit zur Attacke. Mit etwas Glück, vermutete Kravis, hatten sie aber schon aufgegeben.

---

* Kravis sagt über Wasserstein: »Wir wollten den Kerl nicht in unserer Nähe haben. (Ich befürchtete) das gleiche Problem, mit dem wir es zu Anfang des Deals zu tun hatten, als Beck und Wasserstein sich ans Telefon hängten und anfingen, zu quatschen.«

Sie hatten nicht.

Als Cohen am Morgen aufstand, schrie alles in ihm danach, sich wieder in den Kampf um RJR Nabisco zu stürzen. Er rief Andrea Farace an, der ihm bestätigte, was er schon vermutet hatte: Wenn sie den »Papier«-Anteil erhöhten und das Bargeld reduzierten, konnten sie den Nennwert ihres Gebotes erhöhen, ohne tatsächlich mehr Geld zu bezahlen. Cohen meldete sich bei Tom Strauss und erfuhr, daß die Salomon-Manager einsatzbereit waren.

Als nächstes rief er Nusbaum zu Hause an. »Was kann uns davon abhalten, ein neues Gebot vorzulegen?«

»Nichts.«

»Dann möchte ich folgendes tun . . .«

18

»Es ist wichtig«, begann Peter Atkins, »daß es heute hier so klar und besonnen zugeht wie nur irgendwann in einem Vorstandszimmer.« Es war Viertel vor acht am Mittwoch morgen, dem 30. November 1988. Nacheinander trudelten die Vorstandsmitglieder bei Skadden Arps ein, und Atkins versammelte sie in einem fensterlosen Sitzungsraum im fünfunddreißigsten Stock. Unauffällige moderne Gemälde schmückten die weißen Wände an beiden Enden des Raumes. Charlie Hugel nahm den Platz am Kopf des langen, hufeisenförmigen Konferenztisches aus Eichenholz ein, auf dem Becher mit gespitzten Bleistiften standen. Hugel schien guter Laune zu sein; er hatte sich bei einem Straßenhändler einen Apfel besorgt, um seinen knurrenden Magen zu beruhigen.

Zu seiner Rechten saß Marty Davis, links hatten Atkins, Bill Anderson, Albert Butler und Macomber ihren Platz. Vier nicht im Konzern tätige Vorstandsmitglieder waren außerdem anwesend: Bob Schaeberle, Juanita Kreps, Vernon Jordan und John Medlin. Am anderen Ende des Tisches nahmen die Banker von Dillon Read und Lazard Platz; auf einem Büffett hinter ihnen türmten sich Croissants, Bagels und Frischkäse, und dabei standen Krüge mit Orangensaft und Kannen mit Kaffee.

»Wir müssen uns bemühen«, erklärte Atkins jetzt, »eine Entscheidung im besten Interesse der Aktionäre zu treffen. Es wird zu Vorwürfen hinsichtlich des Verfahrens kommen. Es wird Klagen geben, vielleicht auch von den Bietern.« Und Atkins unterstrich, was er eine »fundamentale Vorsichtsmaßnahme« nannte: »›Kein Kommentar‹ ist die einzige angemessene Antwort auf jede Frage nach dem, was geschehen wird. Die Vertraulichkeit ist um jeden Preis zu wahren.«

Atkins machte sich daran, die Vorstandsmitglieder über die Ereignisse der vergangenen Nacht zu informieren: Jack Nusbaums Brief wurde laut verlesen, und Einzelheiten der hektischen Goldstone-Anrufe wurden erörtert. Er berichtete, wie das Gebot der First Boston kurzerhand verworfen worden war. Die Verhandlungen über Kravis' Anleihepapiere wurden ebenfalls detailliert geschildert, ebenso seine Vorwürfe, nachdem ein Agenturbericht in Tokio Vertrauliches an die Öffentlichkeit gebracht hatte.

»Sie haben uns ein Ultimatum gestellt«, sagte Atkins. »Wenn ihr Gebot bis dreizehn Uhr nicht akzeptiert ist, werden sie es zurückziehen.«

Felix Rohatyn sah den Gesichtern der Vorstandsmitglieder an, wie erleichtert sie waren, Henry Kravis zum Sieger küren zu können. Jeder hatte das Gemurmel gehört, als sie sich vor der Sitzung versammelt und ihre entsetzten Reaktionen auf das *Time*-Titelbild verglichen hatten: ... *sieht ja furchtbar aus. Wie konnten sie so dumm sein ... mußten doch wissen, daß er imstande ist, alles mögliche zu sagen ... warum haben sie ihn nicht nach Patagonien geschickt?*

Ross Johnson war zu einem nationalen Symbol der Habgier geworden. Niemand in diesem Raum wollte ihm den Konzern überlassen. Wenn er mit einem unübertrefflich hohen Gebot eingeritten wäre, wäre ihnen nichts anderes übriggeblieben, als ihn zum Sieger zu erklären. Aber insgeheim waren jetzt viele froh, daß die Wahl klar war.

Drei Stunden lang ließen Vorstand und Berater die Ereignisse der letzten zehn Tage Revue passieren. Die Lazard- und Dillon-Vertreter erläuterten die Einzelheiten der Gebote und konzentrierten sich besonders auf die esoterischen Aspekte der von beiden Seiten vorgelegten Anleihepapiere. Ron Grierson, der per Lautsprechertelefon aus London zugeschaltet war, stellte Dutzende von haarspalterischen Fragen, allesamt geleitet, wie jeder wußte, von seiner Angst vor Gerichtsverfahren. Als das Meeting ein paar Minuten vor elf zu Ende ging, gab Hugel seinen Kollegen noch ein paar Kleinigkeiten mit: Nach einer kurzen Pause, gab er bekannt, würden Henry Kravis und George Roberts auf Einladung vor dem Vorstand sprechen.

»Ach ja, und noch etwas«, sagte Hugel.

»Ross Johnson ist hier.«

Als Johnson an diesem Morgen aufwachte, war ihm als sei eine schwere Last von seiner Brust genommen. In gewisser Weise war es ein gutes Gefühl, den Kampf hinter sich zu haben. Jetzt konnte wenigstens jeder sein Leben weiterführen. »Ich denke«, sagte er zu Laurie, »heute nehmen wir noch an der Vorstandssitzung teil, und morgen fliegen wir nach Atlanta zurück.«

Gegen neun ging Johnson über die Plaza zu seinem Büro. Er war gerade erst angekommen, als Cohen anrief. Er klang aufgeregt. »Wir reichen ein neues Gebot ein. Was halten Sie davon, höher zu gehen?« fragte er und nannte eine Zahl, die auf geringem Bargeld- und hohem PIK-Anteil basierte. »Es rechnet sich ausgezeichnet ... Würden Sie mitmachen?«

Johnson hatte die Fähigkeit zum Unglauben längst verloren. Nichts, was aus dem Munde eines Wallstreet-Managers käme, könnte ihn je wieder überraschen. »Soll das heißen, diese Zahlen funktionieren genauso gut wie neunzig, sechs und vier?« fragte er und bezog sich dabei auf die Komponenten des vorigen Gebots.

»Unbedingt«, sagte Cohen. »Aus Ihrer Perspektive als Leiter des Unternehmens stehen Sie sich sogar besser, weil wir weniger Bargeld einsetzen werden.«

Johnson überlegte einen Moment lang. »Zum Teufel, was soll's?« meinte er dann. »Wenn Sie da reingehen und Wirbel machen wollen, dann gehen Sie rein und machen Sie Wirbel.« Sein einziger Vorbehalt, fügte er hinzu, bestehe darin, daß er nicht länger dafür garantieren könne, daß sein Team die Kürzungen werde vornehmen können, die notwendig seien, um den Deal auf diesem Level profitabel zu machen.

»Erwarten Sie keine Wunder«, warnte er Cohen. »Denn wir sind jetzt im Land der Wunder.« Als Johnson auflegte, kam er sich vor wie ein Trauergast an seinem eigenen Grab. Jetzt gehörte das Spiel Shearson.

Johnson traf ein paar Minuten vor elf zur Vorstandssitzung bei Skadden ein; die neuen »Merry Men« – Horrigan, Harold Henderson, Jim Welch und Bob Carbonell – hatte er im Schlepptau. Obwohl er sicher war, daß sie verloren hatten, war er jetzt guter Dinge. Er freute sich auf das Feuerwerk, das entstehen würde, wenn Cohen seine Granate in die Versammlung warf. Nachdem er einen Monat lang als Symbol unternehmerischer Habgier am Pranger gestanden hatte, freute Johnson sich jetzt darauf, seinen Vorstand schwitzen zu sehen. »Es wird Spaß machen, zu sehen, wie sie den Eselsschwanz mal für ein Weilchen einem anderen Esel anhängen«, gluckste er auf der Hinfahrt. »Sehen wir uns mal an, wie sie sich winden.«

Cohens Team war ebenfalls bereit. Jack Nusbaum sollte sich kurz vor elf in der Lobby bei Skadden Arps mit Johnson treffen. Er hatte einen zweiten Drohbrief mitgebracht – auf den ersten, den sie in der vergangenen Nacht geschrieben hatten, war keine Antwort gekommen –, in dem verlangt wurde, daß die Auktion wieder eröffnet werde. Gemeinsam sollten Nusbaum und Johnson nun in die Vorstandssitzung marschieren und versuchen, die Kiste wieder aufzustemmen.

Aber als Nusbaum ankam, war Johnson nirgends zu finden. Er wartete zehn Minuten, ehe er sich auf den Weg nach oben machte. Er fand Johnsons Gruppe wartend in einem Konferenzraum im zweiunddreißigsten Stock, drei Etagen unter dem Raum, in dem der Vorstand versammelt war.

Johnson war aufgekratzt; er lachte und scherzte, während er darauf wartete, in den Vorstandsraum kommen zu dürfen. »Ist das nicht verrückt?« fragte er Nusbaum. Johnson wußte nicht, was sie zu erwarten hatten, aber eines konnte er Nusbaum versprechen. »Wir werden unser Pfund Fleisch zurückbekommen.«

Nusbaum war nicht zu Scherzen aufgelegt. Während sie warteten, ging er nervös auf und ab. Er sah auf die Uhr. Es war elf Uhr fünfzehn, und wenn der Vorstand pünktlich angefangen hatte, würde er jetzt vielleicht schon über den Deal mit Kravis abstimmen. Er konnte sich nicht leisten, noch länger zu warten. Die Zeit wurde knapp.

Er rief in Atkins' Büro an. Seine Botschaft war einfach: Wenn die Vorstandsmitglieder Johnson nicht in die Sitzung seines eigenen Vorstandes kommen ließen, würde man den Brief ohne ihn hineinschicken. Nusbaum legte auf und wartete noch einmal eine Viertelstunde lang. Atkins rief nicht zurück.

Nusbaum rief Cohen bei Shearson an. Seine Stimme klang ungewohnt angespannt.

»Hören Sie, Peter, man mauert hier. Sie lassen Ross nicht rein. Die Sitzung läuft ohne uns. Wenn wir mit einem höheren Gebot einsteigen wollen, dann sollten wir das lieber sofort tun.«

Cohen hörte zu. »Ich rufe Sie zurück.«

Um zwölf Minuten nach elf betraten Kravis und Roberts, begleitet von Raether und Beattie, den Vorstandsraum.

Die vier waren um neun Uhr fünfundvierzig bei Skadden Arps erschienen; sie hatten erwartet, eine Übernahmevereinbarung zu unterzeichnen und RJR Nabisco zu kaufen. Statt dessen hatte man sie im Empfangsraum Platz nehmen lassen. Nach und nach kamen auch die Investmentbanker des Teams. Wasserstein war da. Gleacher erschien, wütend, weil er am Abend zuvor nicht dazugebeten worden war. Jeff Beck, aus der Verbannung zurück, war ebenfalls zugegen. Nach einer Weile schickte man Casey Cogut auf die Suche nach einem freien Büro, wo Kravis, Roberts und Raether sich außer Hörweite ihrer redseligen Banker beraten könnten.

Alle drei wurden nervös. Am Morgen hatten die Zeitungen berichtet, daß Johnsons Gruppe sich nicht zurückziehen werde. Bis jetzt war noch niemand von ihnen zu sehen. Während sie warteten, fragten sie sich besorgt, was aus dem Vorstand geworden sein mochte. Schließlich kam Hugel herein und bat sie, vor den Vorstandsmitgliedern zu sprechen.

Als sie jetzt den Sitzungsraum betraten, waren Kravis und Roberts ganz geschäftsmäßig. Dies war nicht der Zeitpunkt, sich über Johnson oder sonst jemanden zu beschweren. Wenn sie den Vorstand für sich gewinnen wollten, hatten sie jetzt Gelegenheit dazu. Davis, Hugel, Macomber – sie alle mußten davon überzeugt werden, daß das von Kohlberg Kravis vorgelegte Gebot sicher war, risikolos und im besten Interesse der Beschäftigten und der Aktionäre.

Die Vorstandsmitglieder verstummten, und Roberts begann, ihre Strategie zu umreißen. Kohlberg Kravis seien nicht gekommen, um RJR Nabisco zu zerschlagen, versprach er. Sollten sie Erfolg haben, gedächten sie den Konzern nach Möglichkeit intakt zu lassen. Rund zwanzig Prozent der Vermögenswerte des Unternehmens würden verkauft werden. Die Aktionäre würden am Ertrag durch einen 25prozentigen Kapitalanteil beteiligt werden, der in Form von Optionsscheinen ausgegeben werden sollte. Roberts erklärte nachdrücklich, wieviel ihm daran liege, daß dies ein sicherer Deal sei. Der größte Buyout in der Geschichte der Wallstreet sei kein Geschäft, bei dem mit einem knappen Deckungsverhältnis gepokert werden dürfe. Den Mitarbeitern werde man besondere Aufmerksamkeit zukommen lassen. In Kohlberg-Kravis-Unternehmen arbeiteten mehr als 300 000 Beschäftigte, sagte Roberts, und die Firma wisse, daß es sich lohne, sie bei Laune zu halten.

Es war eine solide Präsentation, darauf angelegt, zu besänftigen. Noch eine Viertelstunde lang nahmen Kravis und Roberts Fragen entgegen. Welche Rolle würde Paul Sticht spielen? Ausschließlich die eines Interims-Chefs, antwortete Roberts.

»Wie fest ist der Ein-Uhr-Termin?« wollte ein Vorstandsmitglied wissen.

»Sehr fest«, sagte Roberts.

»Lassen Sie uns mal so nah wie möglich bei ein Uhr bleiben«, ergänzte Kravis.

Nachher folgten Hugel und Atkins der Kravis-Gruppe in einen anderen Raum. Hugel blieb felsenfest in seiner Forderung, daß vor einer endgültigen Abstimmung noch eine Reihe von Fragen verhandelt werden müsse. Dabei ging es um sogenannte »Plan-zwei-Punkte«, die unter anderem Zusatzleistungen für Mitarbeiter - Umzugskostenerstattung etc. - betrafen. Zwanzig Minuten lang wühlten sie sich durch eine verzwickte Verhandlung über so esoterische Fragen wie die, wie weit ein Angestellter umziehen müsse, bevor er Anspruch auf Kostenerstattung habe – was ein erstaunter Raether nachher als »*incredible chickenshit stuff* – unglaublichen Kleckerkram« bezeichnete. Roberts warf Kravis einen Seitenblick zu und verdrehte die Augen.

Noch eine Stunde bis zum Ablauf des Ultimatums.

Nachdem gewichtige Fragen wie die der Umzugskostenerstattung geklärt waren, brachte Beattie Kravis und Roberts in einem leeren Büro unter, wo sie auf die Entscheidung des Vorstandes warten sollten. Das Büro, das sie dazu auserkoren, war strategisch günstig gelegen - gerade fünf Schritt weit vom Sitzungsraum entfernt um die Ecke. Wenn man sich an die Ecke stellte, konnte man mühelos jeden sehen, der durch die Türen des Sitzungsraumes ging. Nach ein paar Minuten kam Beattie aus dem kleinen Büro, ging an einer zweieinhalb Meter hohen Kenthia-Palme in einem weißen Pflanzenkübel vorbei und postierte sich an der strategischen Ecke.

Eine halbe Stunde lang beobachtete er, wie Rechtsanwälte und Banker in stetem Strom in der Vorstandssitzung ein und aus gingen. Beattie war mit vielen von ihnen befreundet, und so konnte er hier einen Anwalt, da einen Investmentbanker beiseitenehmen. Kurz vor Mittag bemerkte er plötzliche Aktivität. Anwälte mit bangen Mienen wimmelten wie Ameisen hin und her. Beattie packte einen, der vorbeihuschte, beim Arm. »Was ist da los?« fragte er.

»Ross und Nusbaum sind hier«, sagte der Anwalt und hastete weiter.

Beattie fluchte. Er war wütend, aber nicht überrascht. Atkins und der Ausschuß trödelten jetzt seit über zwölf Stunden herum. Es war nur eine Frage der Zeit gewesen, wann Johnson ein neues Gebot auf die Beine bringen würde. Beattie trabte zurück in das kleine Büro, wo Kravis und Roberts unruhig warteten.

Roberts nahm die Neuigkeit nicht gut auf. »Verdammt, was geht hier eigentlich vor!« fauchte er. »Wir sind seit gestern abend halb zehn hier, und man spielt mit uns herum. Wir werden benutzt!«

In Cohens Büro bei Shearson ging es zu wie in einem Bienenstock. Tom Hill und ein Dutzend andere gingen hastig ein und aus. Cohen stand an seinem Schreibtisch, paffte an einer Zigarre und studierte eine Reihe von neuen Computerberechnungen. Er hatte eine Zahl für ein Gebot bereit, als Nusbaum anrief. Er beriet sich mit Gutfreund und Strauss bei Salomon, die in Gutfreunds Art-Deco-Büro in Klausur gegangen waren. Alles, was jetzt noch fehlte, war Johnsons Genehmigung sowie – nicht zufällig – seine Zusage, die Managementvereinbarung noch weiter zu beschneiden, sollte die Gruppe gewinnen.

Cohen übermittelte diese beiden Erfordernisse an Steve Goldstone bei Davis Polk, und der leitete sie an Johnson bei Skadden weiter. Als Johnson hörte, was für ein Gebot Cohen vorschwebte, lachte er. »Das kann nicht Ihr Ernst sein«, sagte er. Ohne eine Verbindung zu dem zu haben, was jetzt geschah, erklärte er sich mit jeder womöglich erforderlichen Änderung an der Managementvereinbarung einverstanden.

Zehn Minuten später meldete Cohen sich wieder bei Nusbaum.

»Legen Sie folgendes Gebot vor«, sagte er, und dann schnurrte er eine Folge von Zahlen in bar und Papieren herunter.

Nusbaum wäre beinahe erstickt. »Okay«, sagte er schließlich.

Das Gebot betrug 108 Dollar pro Aktie. 25 Milliarden Dollar.

Nusbaums Verstand raste. Ein Gebot abgeben zu wollen, war eine Sache; den Vorstand dazu bringen, es auch entgegenzunehmen, war eine andere. Sie waren seit einer Stunde bei Skadden Arps und wurden einfach ignoriert. Irgendwie mußten sie jetzt Druck ausüben, damit die Versteigerung wieder eröffnet wurde. Nusbaum sah auf die Uhr. Es war nach zwölf. »Die wollen uns hier nicht, Peter«, sagte er zu Cohen. »Das Ganze riecht allmählich nach einem abgekarteten Spiel.«

»Wenn sie kein Gebot entgegennehmen«, sagte Cohen, »geben wir selbst eine Presseerklärung heraus.« Eine öffentliche Bekanntmachung konnte der Vorstand nicht ignorieren. Also mußte man jetzt eine Pressemitteilung verfassen.

Minuten später rief Nusbaum wieder in Atkins Büro an.

»Teilen Sie Mr. Atkins mit«, trug er der Sekretärin auf, »daß wir ein neues Gebot vorzulegen haben und daß wir es öffentlich bekanntgeben werden.«

Vielleicht, dachte Nusbaum, *reagieren sie jetzt.*

Sie reagierten.

Minuten nach Nusbaums Anruf reichte man Atkins die Mitteilung in den Sitzungsraum. Er packte Mike Mitchell, und die beiden Männer gingen sofort hinaus, durch den Warteraum, in dem die Kravis'schen Investmentbanker müßig herumstanden, und durch Skadden Arps' internes Treppenhaus nach unten. Im zweiunddreißigsten Stock wandten sie sich nach rechts und gingen einen Korridor hinunter. Sie fanden Nusbaum allein in einem Büro, in dem es nichts außer einem Schreibtisch und ein Telefon gab. Keinen Stuhl, keine Bilder an den Wänden, nur einen hübschen Blick auf die Queensboro Bridge zwei Straßen weiter.

Atkins sah, daß Nusbaum nervös war.

»Hören Sie, ich habe hier einen Brief, den meine Prozeßanwälte verfaßt haben«, sagte Nusbaum. »Ich gebe ihn Ihnen, aber kümmern Sie sich bitte nicht darum. Weshalb ich eigentlich hier bin: Wir machen folgendes Gebot.«

Niemand hatte einen Schreibblock dabei. Also fischte Mitchell einen Zettel aus seiner Brieftasche und notierte, was Nusbaum sagte: 84 Dollar pro Aktie in bar, 20 Dollar in PIK-Vorzugsaktien und 4 Dollar in Wandelschuldverschreibungen.

»Ich möchte betonen«, schloß Nusbaum, »daß alles verhandelbar ist.«

Atkins nickte. Als er und Mitchell das Büro verließen, lächelten sie einander verstohlen zu.

»Das wird ein interessanter Tag werden«, meinte Mitchell.

Nusbaum erstattete telefonisch Bericht. »Ich weiß nicht, wie es jetzt weitergehen wird«, sagte er zu Cohen. »Aber ich glaube, wir haben es geschafft, wieder reinzukommen.«

Vor dem Vorstandszimmer durchstreifte Beattie die Gänge auf der Suche nach Informationen. Bis jetzt hatte er Johnson oder seine Leute noch nicht entdecken können; es gab nur unbestätigte Meldungen, daß sie im Gebäude seien. Beattie hielt Atkins auf, als der Anwalt von seinem Gespräch mit Nusbaum zurückkam.

Was Johnson und Nusbaum vorhätten, wollte Beattie wissen.

»Nun ja«, antwortete Atkins, »wir müssen uns mit dem, was sie uns gegeben haben, befassen.«

»Was haben sie Ihnen gegeben?«

»Das kann ich Ihnen nicht sagen.«

»Kommen Sie, Peter, meine Leute waren die ganze Nacht hier. Sie haben es satt, sich benutzen zu lassen. Unser Höchstgebot liegt auf dem Tisch. Ich sage Ihnen, die Leute gehen nach Hause, wenn das hier so weitergeht. Und wenn sie gehen, das wissen Sie so gut wie ich, steht es der anderen Seite frei, zu tun, was sie will.«

»Ich hab's vernommen.« Atkins verschwand im Vorstandszimmer.

An diesem Morgen waren Mel Klein und drei andere Pritzker-Mitarbeiter in La Guardia im Begriff, ein Flugzeug der American Airlines zu besteigen, um nach Chicago zu fliegen. Als die Airline den vier erschöpften Männern keine zusammenhängenden Plätze anbieten konnte, beschlossen sie, auf die nächste Maschine zu warten. Klein ging hinunter in den »Admiral's Club«, und weil er nichts anderes zu tun hatte, rief er Jim Maher an.

Maher berichtete ihm, daß die Auktion doch noch nicht zu Ende sei. Kravis habe an die 106 Dollar pro Aktie geboten und werde wahrscheinlich den Zuschlag bekommen. Das Pritzker-Team wurde aufgeregt.

Gab es da noch eine Lücke? überlegte Klein. Konnten sie Jay und Tom erreichen? Könnten sie den Bargeldanteil ihres Gebotes erhöhen?

Aber nach wenigen Augenblicken begriffen beide, daß sie sich etwas vormachten.

»Sorry, Mel«, sagte Maher. »Es ist gelaufen.«

Noch einmal vergingen zwanzig Minuten, bevor Atkins in das kleine Büro kam, in dem Kravis und Roberts warteten. Die Atmosphäre war eisig, als Atkins redete. »Wir haben da etwas bekommen, und wir kommen mit Ihrer Frist bis dreizehn Uhr nicht zurecht«, sagte der Anwalt. »Wir brauchen eine Verlängerung.«

»Unter keinen Umständen«, erwiderte Kravis.

Roberts' Antwort war nicht minder scharf. »Das machen wir nicht.« Wenn Roberts wütend war, waren seine Lippen schmal und angespannt – ein Schlitz in einem erbosten Gesicht. »Das ist unerhört.« Er konnte seine Wut kaum noch im Zaum halten.

»Peter, wir lassen uns nicht auf der Nase herumtanzen«, sagte Kravis. »Gestern nacht erzählen Sie uns, Sie werden uns dem Vorstand empfehlen und wir haben den Deal und alles ist in bester Ordnung. Jetzt stellt sich heraus, daß um unser Gebot gefeilscht wird. Wir werden Ihnen nicht länger Zeit lassen.«

Beattie schaltete sich ein. »Moment, Moment«, sagte er und wandte sich an Atkins. »Peter, lassen Sie uns zwei Minuten allein?«

Atkins ging hinaus. Als die Tür sich hinter ihm geschlossen hatte, sprach Beattie mit Kravis und Roberts in einem Ton, den er vor einer größeren Gruppe niemals benutzt hätte.

»George, Henry, jetzt beruhigen Sie sich«, sagte er. »Die Leute stehen unter großem Druck. Sie wollen sichergehen, daß alles richtig gemacht wird. Und wir helfen ihnen dabei nicht gerade...«

Um zwölf Uhr fünfzig kam die Meldung von dem Ultimatum über den Dow Jones News Service. In Vorstandsräumen und auf den Parketts im ganzen Land hoben Broker und Investoren staunend die Köpfe.

»RJR-MANAGEMENTGRUPPE ERHÖHT GEBOT AUF $ 108 PRO AKTIE...«

Eine Minute später unterbrach Beattie seine an Kravis und Roberts gerichtete Predigt, um einen dringenden Anruf entgegenzunehmen. Ein Kohlberg-Kravis-Mitarbeiter meldete: »Sie haben soeben ein neues Gebot abgegeben.«

»Wer?«

»Die Managementgruppe.«

»Was?«

»Das Managementteam ist soeben mit einem neuen Gebot über den Ticker gekommen. Die sind jetzt bei eins-null-acht.«

»Das glaube ich nicht. Sie wollen mich auf den Arm nehmen.«

»Es stimmt.«

Beattie legte auf und drehte sich zu Kravis und Roberts um.

»Das werden Sie nicht glauben. Aber über den Ticker kam die Meldung, daß sie soeben eins-null-acht geboten haben.«

Kravis mußte sich setzen. Seine schlimmsten Befürchtungen waren Wirklichkeit geworden – wenngleich er zugeben mußte, daß er nicht maßlos überrascht war. Johnson hatte die ganze Nacht und den Vormittag Zeit gehabt, um ein neues Gebot auf die Beine zu bringen.

Und jetzt, zwanzig Minuten vor dem endgültigen Sieg, war wieder alles anders.

Die Auktion war nicht vorbei. Die Firma gehörte nicht ihnen. Die Welt war nicht fair.

Und plötzlich lagen sie hinten: 108 Dollar gegen 106 Dollar.

Flüche schwirrten durch den Raum. »Die unterschreiben nicht!« sagte Raether mit einem Blick auf die Uhr. »O Gott, was machen wir jetzt?«

Und so unvermittelt, wie ihr Zorn aufgeflammt war, kühlte er sich wieder ab. Kravis und Roberts dämmerte, was Cohen da getan hatte. Zum erstenmal seit zwölf Stunden wußten sie, wo die Managementgruppe stand. Vielleicht, überlegten sie, konnten sie das zu ihrem Vorteil nutzen. Es würde Finesse erfordern. Sie konnten nicht länger einfach damit drohen, nach Hause zu gehen. Die nächsten fünfundzwanzig Minuten lang diskutierten sie über ihren nächsten Schritt. Um dreizehn Uhr fünfzehn riefen sie Atkins an.

Man sei bereit, das Ultimatum zu verlängern, sagte Kravis – unter einer Bedingung: »Sie zahlen unsere bisherigen Spesen, und wir bleiben noch eine Stunde«. Das war vernünftig. Kravis sah sich in einer starken Position; er wußte, daß die Anleihepapiere der Managementgruppe noch nicht geprüft worden waren wie seine. Er sah keinen Grund dazu, in Panik zu geraten und das Gebot zu erhöhen; dazu würden sie später noch Gelegenheit haben, wenn es nötig wäre. Auf diese Weise aber hielten sie den Vorstand weiter unter Druck und sorgten gleichzeitig dafür, daß sie, was immer passieren mochte, am Ende nicht mit leeren Händen aus der Sache herauskämen.

Wie hoch die Spesen seien, wollte Atkins wissen. Raether hatte es ausgerechnet. Ihre Gesamtaufwendungen beliefen sich auf annähernd 400 Millionen Dollar, aber Raether, sorgsam darauf bedacht, es nicht zu übertreiben, verlangte nur 45 Millionen.

»Ich denke, das kann ich dem Sonderausschuß verkaufen«, meinte Hugel, der jetzt hereingekommen war. Ein paar Minuten später kam er mit der Einwilligung des Vorstands zurück. Die Vereinbarung war auf einen gelben Kanzleiblock gekritzelt. Beattie lächelte; was immer auch passieren würde, er würde sein Honorar bekommen.

Fünfundvierzig Millionen Dollar für sechzig Minuten Warten. Unglaublich, aber Atkins und Company hielten das für ein gutes Geschäft.

Jack Nusbaum wartete fünfundvierzig Minuten lang in dem leeren Büro mit Blick auf die Queensboro Bridge, sprach von Zeit zu Zeit mit Cohen und beantwortete technische Fragen der Ausschuß-Investmentbanker.

Dann, ein paar Minuten nach eins, bekam er einen Anruf von Atkins.

Als er das 108-Dollar-Gebot ins Spiel gebracht habe, da habe Nusbaum betont, daß sämtliche Komponenten verhandelbar seien. Jetzt, sagte Atkins, werde es Zeit, die Sache zu Ende zu bringen, ein für allemal. »Wir möchten Ihr höchstes und bestes Gebot«, stellte der

Anwalt fest. »Und wir möchten es in einer Viertelstunde, wenn das geht.«

»Es könnte ein bißchen länger dauern.«

»Na, dann tun Sie, was Sie können.«

Sekunden später war Nusbaum mit Cohen verbunden. »Das Verfahren ist wieder eröffnet«, sagte er. »Wir sind noch drin. Sie wollen unser bestes Gebot.«

»Wieviel Zeit haben wir?«

»Fünfzehn Minuten.«

»Das ist nicht sehr lange.«

»Ich weiß.«

Unten im Korridor nahm Johnson die Einladung zu einem neuerlichen Gebot mit Beifall auf. Er hatte längst aufgehört, sich um die Höhe des Gebots Sorgen zu machen. Zu Nusbaum sagte er: »Lassen Sie's knacken.«

Jetzt war es an Cohen, tief Luft zu holen.

Zum zweitenmal an diesem Tag navigierte er in unerforschten Gewässern. Er hatte immer noch keine Ahnung, wie hoch Kravis geboten hatte. Eilig beriet er sich mit Hill und den anderen in seinem Büro, und dann rief er Gutfreund bei Salomon an. Er war überrascht, als Gutfreund ein aggressiveres Gebot forderte. Cohen mußte schnell denken. Auf welche Höhen sie sich jetzt auch begaben, sie würden Geld aus der Managementvereinbarung brauchen. Eine Konzession von Johnson war unerläßlich.

Er rief Goldstone an. »Wir könnten bis auf hundertfünfzehn gehen«, sagte er dem Anwalt. »Ich denke, das sollten wir auch wirklich tun. Ich will jetzt jeden Konter ausschließen. Es wird Zeit, der Sache ein Ende zu machen.«

Goldstone glaubte zu träumen; er hätte sich am liebsten gekniffen. *Hundertfünfzehn?* Shearson hatte Johnson vor nur sechs Wochen erklärt, sein Unternehmen sei fünfundsiebzig wert.

Was Shearson jetzt benötigte, um handeln zu können, erläuterte Cohen, sei die Einwilligung von Johnson, seine Managementvereinbarung um zwei weitere Prozentpunkte zu kappen, auf vier Prozent, also fast auf die Hälfte dessen, was er ursprünglich hatte bekommen sollen. »So«, sagte Cohen. »Ich möchte wissen, ob Ross das akzeptieren wird.«

Goldstone hielt sowohl das Gebot als auch dieses Ansinnen für absurd. Gleichwohl übermittelte er beides an Johnson, der hilflos von einem Kicheranfall geschüttelt wurde, als er hörte, was Cohen im Sinn hatte.

»Mein Gott, das ist ja Wahnsinn!« rief er. »Wie kann das denn noch ein gutes Investment sein? Ich finde nicht, daß er das machen sollte – Sie etwa?«

Goldstone fand, es sei Zeit für das kleine Einmaleins des Takeovers.

»Hören Sie, Ross, die haben andere Gründe, es zu machen – nicht bloß, weil sie die Firma kaufen wollen«, erklärte er. Er erwähnte die 200 Millionen Dollar Gebührenpauschale, die Shearson bei einem erfolgreichen Deal kassieren würde. Er sprach von dem beispiellosen Revierzuwachs, den der Vollzug des größten LBO der Geschichte ihnen einbringen würde. Johnsons Problem sei es, daß er darauf beharre, in Kategorien der wirklichen Welt zu denken, mit wirklichem Geld, wirklichen Investments. Aber letzten Endes, sagte Goldstone, sei dies nicht die wirkliche Welt. Dies sei die Wallstreet.

»Na, für mich ist das Wahnsinn«, stellte Johnson fest.

Da sei noch etwas, sagte Goldstone. »Wenn Sie einverstanden sind«, fügte er hinzu, »werden sie signifikante Änderungen Ihrer Vergütungsvereinbarung verlangen. Werden Sie da mitspielen?« *Dies ist der Augenblick der Wahrheit,* dachte er.

»Na klar, warum nicht?« sagte Johnson mit ironischem Lachen. Er hatte ja schon alles andere weggegeben. Der Anteil für die Managementgruppe hatte zu Anfang bei 8,5 Prozent gelegen, mit einem Auge auf der 20-Prozent-Marke. Jetzt waren es nur noch vier Prozent. »Aber wenn wir noch weiter gehen«, meinte er, »dann schulden wir denen am Ende noch Geld.« Er kicherte. »Und Steve ...«

»Ja?«

»Denken Sie daran, unter Null können wir nicht gehen.«

Goldstone legte auf und rief Cohen an. »Sie haben's. Also los.«

Cohen blätterte ein letztesmal die Zahlen durch, ehe er Nusbaum bei Skadden Arps das neue Gebot seiner Gruppe durchgab.

Jack Nusbaum, Absolvent der Wharton Business School und der juristischen Fakultät der Columbia-Universität, Sozius einer der größten Anwaltsfirmen in New York, reagierte kurz und bündig auf Peter Cohens neues Gebot.

»Hei-lige Scheiße.«

Er legte auf und gab die Nachricht an Atkins weiter: Ross Johnson, Shearson Lehman und Salomon Brothers erhöhten ihr Gebot auf 112 Dollar pro Aktie. Er hatte keine Zeit, lange zu rechnen. Auf den ersten Blick belief sich das Gebot auf 25,76 Milliarden Dollar. Um dreizehn Uhr vierundzwanzig überbrachte Atkins die Nachricht dem Vorstand.

Mit Shearsons neuem Gebot war Atkins' Leben beträchtlich komplizierter. Einerseits hatte er Kravis bei 106 Dollar pro Aktie. Weil man über Kravis' Wertpapiere verhandelt hatte, waren die Berater zuversichtlich, daß die in dem Gebot enthaltenen Werte annähernd dem entsprachen, was Kravis angegeben hatte. Das Gebot war gut. Es war solide. Es war aber auch das zweithöchste.

Andererseits hatte er die Managementgruppe bei 112 Dollar pro Aktie. Cohens Wertpapiere waren nicht nur nicht so gut gesichert wie die, die Kravis bot, sondern die Managementgruppe hatte anscheinend auch nicht viel auf den Ratschlag gegeben, den sie erst am Tag zuvor von Dillon und Lazard erhalten hatten: Ihre Papiere waren immer noch »weich«, das heißt, sie hatten keinen »Reset«-Mechanismus, der garantierte, daß sie tatsächlich zu dem Preis gehandelt werden würden, zu dem sie nach Shearsons Angaben gehandelt werden würden. Cohen bewertete sein Gebot mit 112 Dollar, aber nach allem, was Atkins wußte, war es nur 105 Dollar wert. Den präzisen Wert zu bestimmen, würde aber Zeit kosten. Und da Kravis' Frist um zwei Uhr ablief, also in dreißig Minuten, war Zeit ein Luxus, den Atkins nicht hatte.

Gewiß, dachte Atkins, Kravis konnte bluffen. Aber konnte er auf diese Möglichkeit setzen, wenn 25 Milliarden auf dem Spiel standen? Irgendwie, das war ihm klar, mußten sie Kravis' Ultimatum noch einmal verlängern.

Von seinem Posten vor der Tür des Vorstandsraumes betrachtete Dick Beattie die Szene mit seinen sanften blauen Augen: Atkins und die anderen Vorstandsberater drängten sich in ein Eckbüro auf der anderen Seite. *Da ist etwas im Gange,* dachte er und widerstand der Versuchung, sich unauffällig zu der Tür hinüberzuschleichen.

Drinnen gerieten die Berater sich in die Haare. »Sie müssen KKR ein paar Bonbons geben«, argumentierte Dennis Block, ein Anwalt, der mit den Investmentbankern des Vorstands zusammenarbeitete. »Sie müssen sichern, was auf dem Tisch liegt. Wir wollen nicht plötzlich ganz ohne Bieter dastehen.«

Sie mußten einen Weg finden, Kravis am Tisch zu halten, während sie über die Papiere der Managementgruppe verhandelten. Sie hatten Kravis bereits 45 Millionen Dollar Spesen gezahlt. Was hatten sie ihm noch zu bieten?

Ira Harris hatte die Idee: Geben Sie Kravis eine Übernahmevereinbarung. Veranlassen Sie ihn, seine Frist um eine Woche zu verlängern. Zahlen Sie ihm alle seine Spesen – fast 400 Millionen Dollar – plus 1 Dollar pro Aktie oder noch einmal 230 Millionen als sogenannte Aufhebungsgebühr, die fällig wäre, wenn Johnsons Gruppe es schaffen sollte, Kravis innerhalb der einwöchigen Fristverlängerung zu überbieten. Zu diesem Zeitpunkt hätte Kravis immer noch das Recht, ein weiteres Gebot abzugeben.

»Ja«, sagte Block. »Auf die Weise halten wir uns KKR in Reserve.«

Mike Mitchell, der Prozeßexperte von Skadden Arps, war nicht so sicher. »Hören Sie, eins-null-acht ist schon über die Agenturen gegangen. KKR wird es wissen. Die werden glauben, wir wollen sie nur benutzen, um aus Shearson ein noch höheres Gebot herauszuquetschen.«

Aber Mitchells Sorge einmal außer acht gelassen, schien es die einzige Lösung zu sein. Für Kravis würde es so aussehen, als könne er auf diese Weise nicht verlieren. Er bekam eine Übernahmevereinbarung und seine Spesen, und er gab nichts weg. Aber der überzeugendste Grund tickte am Handgelenk eines jeden: Die Zeit wurde knapp.

Ein paar Minuten vor zwei führte Atkins eine kleine Prozession in das Büro, in dem Kravis und Roberts warteten. Atkins fand, daß die beiden aussahen wie aus einem Eisblock gehauen. Ihre Kinnbackenmuskeln waren straff gespannt, ihre Mienen grimmig.

Mitchell erläuterte den Vorschlag. Würden sie ihn annehmen?

»Kommt absolut nicht in Frage«, sagte Kravis. »Verflucht, wovon reden Sie da eigentlich? Wir sind hier, um die Firma zu kaufen. Wir wollen einen Deal. Wenn wir dieses Büro verlassen, sind wir weg. Dann können Sie uns den Abschiedskuß geben.«

Wie immer, sprach Beattie mit der Stimme der Vernunft. »Wo ist die andere Seite?« fragte er. »Haben Sie da den gleichen Vorschlag gemacht?«

Keine Antwort. Beattie hätte es wissen können.

»Wir haben die Agenturmeldung gesehen, derzufolge das Management auf eins-null-acht erhöht hat«, sagte Beattie. »Ist das zutreffend?«

Atkins wußte, daß er jetzt tunlichst eine präzise Antwort gab. Unter keinen Umständen durfte er durchblicken lassen, daß Cohen auf 112 Dollar vorgeprescht war.

»Sie sollten sich nicht auf Vermutungen verlassen«, riet er.

Beattie gab ihm zu verstehen, daß sie schon ein paar Minuten Zeit brauchten, um über den Vorschlag zu beraten, und Atkins & Co. gingen hinaus.

Kravis glaubte, daß Atkins bluffte. Selbstverständlich war Cohen immer noch bei 108 Dollar. Warum um alles in der Welt hätte er noch einmal erhöhen sollen? Atkins wollte die Sache auf die Spitze treiben, schloß Kravis, und versuchte noch einmal, auch den letzten Penny aus ihm herauszupressen. Kravis war sicher, wenn sie das Management-Gebot von 108 Dollar übernahmen, würden sie gewinnen.

»Bei Gleichstand gewinnen wir«, sagte er. »Wir haben das bessere Papier. Und Sie wissen, wir sind glaubwürdiger als Johnson. Sie wissen, daß der Vorstand nach dieser *Time*-Geschichte stinksauer auf ihn ist. Bei Gleichstand haben wir gewonnen.«

Wenn sie jetzt starken Druck machten, würde der Vorstand, darauf war Kravis bereit zu wetten, zur Kapitulation gezwungen sein. Ihr Gebot war der Spatz in der Hand, und der Vorstand konnte nicht riskieren, ihn fliegen zu lassen.

Raether und Ted Ammon produzierten die zusätzlichen 2 Dollar pro Aktie: Mit einem weiteren Dollar in PIK-Papieren und einer Verschiebung des Einlösungstermins ihrer Schuldverschreibungen. Es war finanzieller Hokuspokus, das wußten sie, aber der Vorstand hatte keine Zeit zum Diskutieren. Wenn Kravis sagte, daß so etwas zwei Dollar wert sei, dann würde der Vorstand es ihm glauben. Fünf Minuten nach zwei wurde Atkins zurückgerufen.

»Peter«, sagte Kravis, »wir nehmen Ihr Angebot nicht an.«

Der Anwalt zeigte sein Buddha-Gesicht: keine Reaktion. »Wollen Sie an Ihrem Gebot etwas ändern?« fragte er.

Kravis legte dar, wie sie das Gebot von 106 auf 108 Dollar zu erhöhen gedächten. Als Atkins ging, rechneten Kravis und Roberts damit, daß der Vorstand sich innerhalb weniger Minuten entscheiden würde.

Atkins und die Vorstandsberater waren wie vom Donner gerührt; sie waren davon überzeugt gewesen, daß Kravis ihr Angebot beim Schopf ergreifen würde.

Und jetzt?

Um zehn nach zwei setzte Hugel die Vorstandssitzung fort. »KKR hat soeben sein letztes Gebot abgegeben«, verkündete Atkins: Achtzig Dollar pro Aktie in bar, achtzehn Dollar in Vorzugsaktien und zehn Dollar in Anleihepapieren.

Dennis Block fiel etwas auf.

»Irgendwelche zeitlichen Begrenzungen?« wollte er wissen.

Atkins überlegte kurz. »Nein . . .«

Das war ein Glücksfall: Kravis und Roberts hatten vergessen, eine neue Frist zu setzen. Lazard und Dillon würden mehrere Stunden brauchen, um die Papiere im Gebot der Managementgruppe auf ihre Absicherung zu überprüfen. Dank Kravis' Versäumnis hatten sie diese Zeit jetzt.

Aber zunächst kam die Frage der Übernahmevereinbarung. Wenn die Managementgruppe ernstgenommen werden wollte, brauchte der Vorstand die Zusage, daß Cohen mit der gleichen Vereinbarung einverstanden sein würde – einschließlich der sogenannten Plan-zwei-Punkte –, auf die man sich mit Kravis geeinigt hatte. Man entwarf eine Einverständniserklärung für Nusbaum. »Wenn sie nicht unterschreiben«, sagte Hugel, »gehen wir mit KKR. Wenn sie doch unterschreiben, müssen wir uns beraten lassen, wie es weitergehen soll.«

Mike Gizang brachte die Einverständniserklärung zu Nusbaum in den zweiunddreißigsten Stock hinunter. Sie war, einundzwanzig Zeilen lang, auf einen gelben Kanzleiblock gekritzelt. Nusbaum las den Text und rief Cohen an, und dieser organisierte eine Konferenzschaltung mit Gutfreund und Strauss bei Salomon Brothers. Das Einverständnis kam rasch zustande, und nach ein paar geringfügigen Änderungen legte Nusbaum das Papier wieder in Gizangs Hände.

Kravis' Warteplatz war nicht nur besonders gut geeignet, um den Verkehr zum Vorstandszimmer zu überwachen, er lag auch am Rande des kürzesten Weges zur Herrentoilette. Den ganzen Tag lang entsandte Kravis, wenn ein Vorstandsmitglied vorbeikam, einen seiner Mitarbeiter, auf daß er sich neben den Mann ans Urinal stelle und ein Gespräch anfange. Die »Pissoir-Patrouille« machte sich schließlich bezahlt, als es Roberts gelang, Charlie Hugel und Vernon Jordan auf dem Weg zu den sanitären Anlagen abzufangen.

Es war nach drei, und Kravis und Roberts warteten schon wieder seit einer Stunde. »Was zum Teufel ist denn da los?« erkundigte sich Roberts.

Der Vorstand habe noch nicht angefangen, über ihr Gebot zu beraten, sagte Hugel.

»Wie meinen Sie das?« Roberts war verdattert.

Er war so erbost, daß er den beiden Männern auf die Toilette folgte, und während Hugel und Jordan ihr Geschäft verrichteten, fuhr Roberts fort, sie zu löchern. »Wenn der Vorstand noch nicht berät, was zum Teufel tun Sie denn dann da drinnen?«

Hugel gab eine unbestimmte Antwort und murmelte etwas von juristischen Verzögerungen. Ein paar Augenblicke später kamen er und Jordan wieder heraus; Roberts folgte einen Schritt hinter ihnen. Kravis erwartete sie.

»Was zum Teufel ist los?« wollte er wissen.

Hugel sah sich umzingelt. »Kommen Sie, Leute«, sagte er, »geben Sie uns noch ein bißchen Zeit.«

»Das dauert jetzt lange genug«, erwiderte Kravis.

»Wir klären das«, versprach Hugel. »Es wird schon werden.«

»Und wie lange soll das noch dauern?« fragte Kravis.

»Ich brauche noch zwei Stunden. Geben Sie mir zwei Stunden. Wir erledigen das.«

Hugel lächelte und deutete auf den über eins neunzig großen Jordan, der die beiden kleinen Finanziers wie ein Riese überragte. »Ich habe hier einen großen Kerl für den Fall, daß Ross über die Stränge schlägt«, sagte er grinsend.

———

Unten im zweiunddreißigsten Stock bemühten Johnson und die verbliebenen Mitglieder der Managementgruppe sich den ganzen Nachmittag über witzereißend, nicht die Übersicht zu verlieren, während die Ereignisse an ihnen vorüberpolterten. Stunden vergingen, und mit immer größerem Staunen sahen sie, wie sehr ihr großes Abenteuer auf den wundersamen Wegen der Wallstreet in die Irre gegangen war.

Besonders interessant fand Johnson die vielfältigen Verwendungsmöglichkeiten, die die Bieter für die als PIK (»pay in kind«) bezeichnete Gattung von Junkbonds – deren Rendite nur aus neuen Anleihepapieren bestand – gefunden hatten. Die Entscheidung der Managementgruppe, anstelle von Bargeld »PIK zu stapeln«, war ihm immer noch rätselhaft.

»Hey«, sagte er, »warum machen wir nicht eine neue Firma auf, mit lauter PIK? Ob ich damit nicht auch die ganze Werbung bezahlen kann? Und Platz im *Time*-Magazin? Glauben Sie, das geht mit PIK? Ich meine«, fuhr er fort, »wir haben hier etwas entdeckt, das besser ist als die US-Notenpresse. Und das ganze Zeug haben sie hier in der Wallstreet. Und niemand ahnt etwas davon. Ich frage mich, ob die Weltbank davon weiß. Mit dem Zeug könnte man doch die Schuldenkrise der Dritten Welt beenden. Das ist eine völlig neue Währung...«

Johnson war mittlerweile hysterisch; er ahmte mit den Händen eine Druckpresse nach. »Tschak-um, tschak-um, tschak-um. Man druckt, was das Zeug hält.«

Man könne ja schon mal eine Satzung für die neue Firma entwerfen, meinte Johnson. »PIK Associates« sollte sie heißen, und die Satzung sollte enthalten, was Johnson als die drei Regeln der Wallstreet bezeichnete: »Halte dich nie an die Regeln. Bezahle nie bar. Und sage nie die Wahrheit.«

———

Im Vorstandszimmer berieten Hugel und die Vorstandsmitglieder inzwischen die Frage der Bewertung der von der Managementgruppe gebotenen Anleihepapiere. Niemand freute sich auf die langwierigen Verhandlungen. Dennis Block hatte einen Vorschlag. Cohen habe doch bereits zugestimmt, die Kohlberg Kravis zugedachte Übernahmevereinbarung ebenfalls zu akzeptieren. Warum stellte man nicht fest, ob er auch bereit war, die gleiche Form gesicherter Anleihen zu geben? Block schrieb einen Brief auf gelbes Kanzleipapier, und Bob Lovejoy von Lazard trug ihn hinunter zu Nusbaum. Nach ein paar Minuten kam Lovejoy zurück.

Fehlanzeige.

Der Vorstand sah sich in einer Zwickmühle. Drei Stunden zuvor war er im Begriff gewesen, RJR Nabisco an Kravis und Roberts zu verkaufen. Selbst wenn Johnson jetzt 112 Dollar bot, war es klar, daß jeder der Anwesenden immer noch lieber mit Kravis gehen würde. Das einzige Problem war der Punktestand: Johnson 112, Kravis 108.

»Wenn sie sagen, es ist 112 wert, dann können Sie nicht die 108 nehmen, solange Sie es nicht geprüft haben«, beharrte Mike Mitchell. »Sie können einfach nicht mitten am Tag 108 akzeptieren, auch wenn das jeder hier gern möchte. Wir müssen noch einmal zur Managementgruppe zurückgehen und feststellen, ob das Gebot wirklich 112 wert ist.«

Der Druck war ungeheuer, und er wirkte sich auf jedes Vorstandsmitglied anders aus. Charlie Hugels Gicht flammte auf, so daß er umherhumpelte wie ein Krüppel. Er hatte vergessen, seine Gichtpillen zu nehmen. Albert Butler, der seit seiner Herzoperation acht Jahre zuvor keine Zigarette mehr geraucht hatte, langte nach John Medlins Schachtel. »Um Gottes willen, geben Sie mir eine«, grollte er. Die beiden North Caroliniäner hatten die Packung bald geleert und fingen an, die anderen anzuschnorren.

Am Ende blieb ihnen nichts anderes übrig, als mit Cohens Leuten zu verhandeln. Um zehn vor vier führte Luis Rinaldini von Lazard widerstrebend ein Team von Investmentbankern hinunter, um mit der Diskussion über die Papiere der Managementgruppe zu beginnen.

———

Rastlos gingen Kravis und Roberts eine Runde spazieren. Sie verließen zusammen das Gebäude, schlenderten südwärts die Park Avenue hinunter, bogen nach rechts um und wanderten zurück in Richtung Nine West. Unterwegs versuchte Roberts, festzustellen, welche Zigarettenmarken die Passanten rauchten. Etliche pafften Winston oder Salem, aber doppelt so viele schienen Marlboro zu bevorzugen. »Na, einer von dreien ist nicht schlecht«, scherzte er.

Wieder in seinem Büro im zweiundvierzigsten Stock angelangt, erwiderte Kravis einige Anrufe, unter anderem einen von Jim Maher von der First Boston.

»Ich hatte nur angerufen, um Ihnen zu gratulieren«, sagte Maher, als er sich meldete.

»Ich bin wieder hierher ins Büro gekommen, weil ich es da drüben nicht länger aushalten konnte«, erzählte Kravis. Er war müde, aber freundlich. »Hören Sie«, sagte er, »ohne Sie wären wir jetzt nicht da drin. Vielen Dank dafür.«

»Vergessen Sie's bloß nicht«, erwiderte Maher.

Gegen fünf kehrten Kravis und Roberts zu Skadden Arps zurück. Dick Beattie, der wegen einer alten Football-Verletzung unter Kreuzschmerzen litt, lag lang ausgestreckt auf dem Fußboden und schlief. Paul Raether hatte versucht, das *Wall Street Journal* zu lesen, war aber gezwungen gewesen, in einen anderen Raum zu flüchten, um Beatties Geschnarche zu entgehen.

»Haben Sie jemanden gesehen oder etwas gehört?« fragte Kravis.

»Nicht das geringste«, antwortete Raether.

Roberts weckte Beattie und schickte ihn auf eine neuerliche Kundschaftermission. »Verdammt noch mal, Dick«, sagte er, »treiben Sie Peter Atkins auf. Das ist doch lächerlich.«

Kurz darauf konnte Beattie Peter Atkins in einem Korridor den Weg abschneiden.

»Peter, die Leute werden nach Hause gehen«, warnte er. »Das ist kein Scherz. Sie steigen aus dem Verfahren aus. Wirklich.«

»Dick«, sagte Atkins, »sagen Sie ihnen, sie müssen Geduld haben.«

Beattie nahm seinen Posten vor dem Vorstandszimmer wieder ein. In stetem Strom eilten Investmentbanker durch die Doppeltür und das nahegelegene Treppenhaus. Beattie dämmerte, daß der Vorstand offenbar mit Cohen und Johnson in Verhandlung stand. Als Kravis und Roberts das hörten, kamen sie heraus, um sich selbst zu überzeugen.

In diesem Augenblick wurde die Vorstandssitzung unterbrochen. Eine Anzahl von Vorstandsmitgliedern kam heraus; sie nahmen Kurs auf die Herrentoilette. Bob Lovejoy, der Lazard-Banker, schlängelte sich herüber, um mit Roberts und Raether zu sprechen. »Ich weiß, es geht langsam«, sagte er. »Aber wir kommen allmählich klar.«

George Roberts hatte genug. Mit aller Wut, die er aufbringen konnte, stürzte er sich auf Lovejoy. »Was zum Teufel ist denn da los? Sie verarschen uns doch! Wir wissen, was Sie machen. Sie verhandeln da unten mit Johnson! Das nehme ich nicht hin!«

Von dem unverhofften Angriff überrascht, versuchte Lovejoy Roberts zu beruhigen. »George, Sie irren sich. Ich gebe Ihnen mein Wort. Wir verhandeln in aller Aufrichtigkeit mit Ihnen. Sie werden nicht benachteiligt. Im Gegenteil, Sie stehen ziemlich gut da.«

»Danach sieht es aber wirklich nicht aus«, entgegnete Roberts. »Versetzen Sie sich in meine Lage. Wir sind seit gestern abend halb zehn hier!«

Lovejoy trat schleunigst den Rückzug an. »Herr im Himmel«, hörte Raether ihn murmeln. »Tut mir leid, daß ich hergekommen bin . . .«

Fünf Minuten später kam Lovejoy zu Kravis und Roberts in das leere Büro. Er hatte Felix Rohatyn im Schlepptau. Offensichtlich war Roberts Schimpfen nicht ohne Wirkung geblieben.

»Wir verhandeln nicht mit Johnson«, versicherte Rohatyn ruhig. »Wir versuchen nur, zu ergründen, wo er steht. Wir bemühen uns um Klärung.«

Rauchend vor Wut lehnten Kravis und Roberts sich zurück, um zu warten. Von neuem.

Drei Stockwerke tiefer begab Johnson, der unruhig wurde, sich ebenfalls auf einen Spaziergang um den Block, seine nicht mehr so »munteren Mannen« im Schlepptau. Als er ging, sah er die besorgten Gesichter von Nusbaum und anderen, die mit dem Vorstand über die Anleihepapiere verhandelten: Inzwischen hatte der Anwalt Verstärkung durch Steve Goldstone gefunden; auch Jim Stern von Shearson und Chaz Phillips von Salomon Brothers waren jetzt da. Johnson schaltete sich nicht ein. »Ich würde einen ›Reset‹ nicht erkennen«, witzelte er, »wenn er mir die Hand schüttelte.«

Um sieben hatte Johnson genug. Er fragte Goldstone, ob er noch gebraucht werde. Als der Anwalt verneinte, schickte sich Johnsons Gruppe an, zum Essen in eines von Ed Horrigans Lieblingsrestaurants zu gehen, ins »Scarlatti« an der East Fifty-second. Bevor sie gingen, rief Johnson bei John Martin an, der in Nine West geblieben war.

Wie ihre Chancen stünden, wollte Martin wissen.

»Sie werden's uns nicht geben«, meinte Johnson.

Minuten später trat Johnson aus der Lobby des Gebäudes vor ein Gestrüpp von Fernsehkameras.

»Wer hat gewonnen?« riefen die Reporter. »Wer hat gewonnen?«

»Die Aktionäre«, antwortete Ross Johnson, ohne zu zögern.

Für diejenigen, die im Vorstandszimmer saßen, sah es so aus, als sei das gesamte Kravis-Kontingent im Laufe des Tages immer näher an die Tür herangekrochen. Wer den Sitzungsraum verließ, mußte einen Spießrutenlauf durch Kravis' Leute absolvieren. Wenn man zur Toilette ging, bemerkte Albert Butler, war es, als komme man auf einen Empfang. Die meisten Vorstandsmitglieder blieben lieber an ihrem Platz, als sich hinauszuwagen. Hugel hielt es irgendwann nicht länger aus und unternahm einen Ausfall zur Herrentoilette.

Am Pissoir fand er sich Seite an Seite mit dem jungen Kravis-Mitarbeiter Scott Stuart.

»Na, wie geht's denn da drin?« wollte Stuart wissen.

Hugels erster Impuls war es, die Hände in einer hilflosen Gebärde in die Höhe zu werfen – Wer weiß das schon? –, aber das hätte womöglich ein peinliches Mißgeschick zur Folge gehabt.

»Keine Sorge«, sagte er deshalb nur. »Es dauert nicht mehr lange.«

Um zehn nach sechs trat der Vorstand wieder zusammen. Luis Rinaldini berichtete über die Fortschritte, die man mit der Managementgruppe gemacht habe. Im großen und ganzen waren sie einverstanden mit den Wünschen des Vorstandes, mit einer entscheidenden Ausnahme: Cohen und Gutfreund weigerten sich, die Anleihen in ihrem Gebot mit einem »Reset« auszustatten, weil sie befürchteten, sich damit Garantien ans Bein zu ketten, die sie unter Umständen zig

Millionen Dollar kosten könnten. Statt dessen beharrten sie darauf, daß Shearson und Salomon »nach besten Kräften« dafür einstehen würden, daß die Papiere zum angegebenen Wert gehandelt wurden.

Felix Rohatyn faßte die Situation für den Vorstand zusammen. »Wir haben hundertzehn-plus mit einem Problem beim ›Reset‹ gegen eins-null-acht. Aber ohne den Reset fängt hundertzehn an, zu bröckeln. Ich bin nicht sicher, daß eine der beiden Firmen« – (Lazard und Dillon) – »bereit ist, die Auffassung zu vertreten, daß das Management-Gebot vorn liegt.«

Der Vorstand erörterte die Frage, ob man das Reset-Problem noch ein letztesmal mit der Managementgruppe verhandeln solle. Rinaldini rief Jim Stern an. Zum letztenmal: Würde die Managementgruppe in Erwägung ziehen, einen Reset zu installieren?

Stern lehnte ab.

―――

Endlich war es Zeit, mit Kravis zu verhandeln.

Schon ehe sie Shearsons Antwort gehört hatten, waren Atkins & Co. entschlossen gewesen, Kravis die gleiche Chance zu einem letzten Gebot zu geben, die sie sechs Stunden zuvor auch Nusbaum eingeräumt hatten. Rings um den Tisch hofften ernst und hager dreinblickende Vorstandsmitglieder, daß Kravis es ihnen leichter machen möge. Als Atkins die Prozession hinausführte, gab John Medlin ihm ein letztes Wort mit auf den Weg. »Sagen Sie ihnen: Nur ein Dollar cash mehr, und alles kippt zu ihnen um.«

Als Atkins mit seiner Gruppe in das Büro an der Ecke kam, saß Kravis auf einem Rattan-Sofa, erschöpft, mit Pokermiene, den Kopf in die rechte Hand gestützt. Roberts saß mit schmalen Lippen neben ihm. Über den beiden hing eine große blaue Schnepfe an der Wand, die Urlaubstrophäe irgendeines Anwalts. Raether und drei Kohlberg-Kravis-Mitarbeiter, flankiert von Beattie und Cogut, standen an der Wand. Ein Aquarium mit bunten Fischen gluckerte an einer Seite.

Der Vorstand, gab Atkins bekannt, sei bereit, Kohlberg Kravis Gelegenheit zu einem letzten Gebot zu geben. »Wenn Sie es nicht schon getan haben, ist dies der Augenblick, Ihr bestes Gebot abzugeben.«

Schweigen.

Kravis und Roberts waren zu verblüfft, um etwas zu sagen. Beattie und Cogut wechselten einen erstaunten Blick. *Ein letztes Gebot? Hatten sie das nicht schon vor fünf Stunden hinter sich gebracht?*

Felix Rohatyns Stimme erfüllte die Stille.

»Es ist ein ernstes Angebot. Sie sollten Ihr Bestes tun, wenn Sie darauf reagieren.« Rohatyn sah Kravis geradewegs in die Augen und fügte hinzu: »Wir wollen Ihr höchstes und letztes Gebot.«

»Das ist das Verrückteste, was wir je erlebt haben«, antwortete Kravis. »Wir haben es Ihnen vor fünf Stunden gegeben!«

Eine halbe Stunde später kamen Beattie und Cogut aus dem Büro mit dem Aquarium und machten sich auf die Suche nach Atkins. Er lehnte vor dem Vorstandszimmer an der Wand.

Kohlberg Kravis habe zwei Bedingungen, bevor das letzte Gebot auf den Tisch käme, erklärte Beattie: Den Vorstandsmitgliedern müsse im Zusammenhang mit dem Gebot der Entwurf einer Übernahmevereinbarung vorliegen. »Denn wir wollen der Sache jetzt ein Ende machen«, setzte Beattie hinzu. Zweitens – und wichtiger noch –: Kravis und Roberts verlangten vom Vorstand die Zusage, daß im Falle ihres Gebotes weder Johnson noch sonst ein Mitglied des Managements in der abschließenden Vorstandssitzung zuzulassen sei.

»Wir werden Ihnen kein weiteres Gebot unterbreiten, wenn es von einem Vorstand begutachtet wird, dem Johnson oder ein anderes Mitglied des Managements angehört«, sagte Beattie.

»Warum nicht?« fragte Atkins.

»Peter, aus offensichtlichen Gründen. Ross wird aufstehen und ein neues Gebot vorlegen.«

Cogut schaltete sich ein. »Wenn wir X sagen, sagt er X plus eins. Er hat immer das letzte Wort.«

Atkins mußte zugeben, daß sie damit nicht unrecht hatten. Das hatte er sich nicht überlegt. Er versprach den beiden Anwälten, sich bei ihnen zu melden, und machte sich auf die Suche nach Hilfe.

Fünf Minuten später saß er mit Mike Mitchell und Dennis Block in einem leeren Büro in Klausur. Das Trio gehörte zu den erfahrensten in der Wallstreet. Aber hier wußten sie nicht weiter: Wie lädt man einen Chief Executive von der eigenen Vorstandssitzung aus?

»Mir ist klar, daß man ihn nicht einfach aussperren kann«, sagte Block. »Was machen wir also?«

Juristische Kommentarbände wurden aus den Regalen gezogen und durchgeblättert, aber eine Antwort wollte sich nicht finden. Johnson schien unbedingt das Recht zu haben, an der Vorstandssitzung teilzunehmen. Hielt man die Sitzung ohne ihn ab, forderte man eine Klage geradezu heraus. »Es gibt keine Möglichkeit, sie draußenzuhalten«, stellte Mitchell fest.

Die Minuten vergingen.

Ob man ihn feuern sollte? Zu viele Scherereien, entschieden sie.

Atkins wurde verzweifelt. Das Schicksal des gesamten 25-Milliarden-Dollar-Deals stand wieder auf Messers Schneide.

Und plötzlich stellte Mitchell die nächstliegende Frage: »Warum fragen wir sie nicht erst mal, ob sie überhaupt teilnehmen wollen?«

Es war so simpel. Vielleicht wollte Johnson gar nicht kommen. Atkins fand Goldstone in einem Korridor. Ohne sich anmerken zu lassen, weshalb er fragte, erklärte der Skadden-Anwalt, daß der Vorstand bereit sei, in einer letzten Sitzung den Sieger zu bestimmen.

»Werden Ihre Leute da sein?« fragte er beiläufig.

»Moment«, sagte Goldstone. »Wir fragen nach.«

Eine Minute später kam er mit einer Gegenfrage zurück. »Wird KKR bei der Sitzung dabeisein?«

»Nein.«

»Na, dann – nein, wir haben nicht vor, teilzunehmen, wenn KKR nicht dabei ist.«

Atkins tat insgeheim einen tiefen Seufzer der Erleichterung. Ohne es zu wissen, hatte Goldstone soeben den Boden für eine letzte Erhöhung des Kravis'schen Gebots geebnet.

Niemand machte sich die Mühe, Johnson zu fragen, ob er an seiner letzten Vorstandssitzung teilzunehmen wünsche. Um diese Zeit waren Johnson und seine Mitarbeiter ein paar Straßen weiter schon bei der ersten Runde Drinks.

Dick Beattie und Felix Rohatyn, beide aktiv in der New Yorker Politik, lehnten vor dem Vorstandszimmer an der Wand und diskutierten über die Möglichkeiten der Verbesserung städtischer Schulen, während sie auf Atkins warteten. Schließlich kam Atkins zurück und erklärte: »Wir können Ihnen versichern, daß das Management an der Sitzung nicht teilnehmen wird.«

Beattie stieß sich von der Wand ab und nahm Kurs auf das Büro, in dem Kravis wartete.

Kravis machte ein letztes Mal die Runde im Zimmer. Was sollen wir bieten?

Diesmal war die Debatte angespannt. Jeder der Anwesenden wußte, daß das Schicksal des Deals – und möglicherweise ihrer ganzen Branche – auf dem Spiel stand. Fünfzig Cents pro Aktie zuviel oder zu wenig konnten den entscheidenden Unterschied ausmachen. Schon jetzt hatten die Gebote Höhen erreicht, bei denen nur den Tollkühnen unter ihnen nicht unbehaglich zumute wurde. Mehr als einmal hatten Kravis und Roberts an diesem Tag schon davon gesprochen, nach Hause zu gehen. Ein einziger falscher Schritt konnte jetzt tödlich sein.

Scott Stuart saß neben Roberts auf dem Sofa, blätterte in einem Stapel Computerausdrucke und beantwortete Fragen, während Kravis im Zimmer herumging. »Lassen Sie uns einfach nach Hause gehen«, meinte Stuart. »Die hampeln rum mit uns.«

Paul Raether wollte bleiben, sah aber keinen Grund, das Gebot zu erhöhen. »Das ist einfach Blödsinn«, fand er. »Ich denke, wir sollten ihnen sagen: Mehr gibt es nicht.«

So ging es immer weiter herum, und als sie zum Ende kamen, war niemand überrascht, festzustellen, daß sie ihr Gebot doch noch einmal erhöhten. Die Entscheidung schien einstimmig zu sein. Sie würden eine letzte Erhöhung bieten, nur um fünfzig Cents pro Aktie in bar – rund 115 Millionen Dollar.

»Ist damit jeder einverstanden?« fragte Roberts.

Ringsum nickte man mit den Köpfen.

Dann: »Nein. Ich nicht.«

Die Stimme gehörte Jamie Green. Zum zweitenmal in zwei Tagen sollte der junge Mann aus San Francisco für eine Änderung der Strategie verantwortlich sein. »Ich weiß nicht, ob wir es überhaupt tun sollen«, sagte er. »Aber wenn wir es tun, dann lassen Sie uns einen

Dollar in bar dazulegen. Wir sind jetzt einmal so weit gekommen. Jetzt wollen wir auch gewinnen.«

»Ich glaube, er hat recht«, sagte Roberts. »Genau so sollten wir es machen. Wir sind jetzt einmal so weit. Wir haben uns entschieden: Wir wollen diese Firma haben. Also lassen Sie uns jetzt nicht kurzsichtig werden.« Kravis pflichtete ihm bei. Greens letztem Erhöhungsvorschlag wurde rasch zugestimmt.

Die letzte Frage war das Ultimatum. Schon einmal hatte die Kravis-Gruppe vergessen, eines zu stellen, und so hatte das Verfahren sich um weitere sechs Stunden hinschleppen können. Diesmal würden sie es nicht vergessen. Jemand schlug eine halbe Stunde vor. Roberts stimmte für eine Viertelstunde.

»Nein, George«, widersprach Beattie. »In einer Viertelstunde kann keiner irgend etwas tun.« Also eine halbe Stunde.

Beattie rief Atkins und Rohatyn herein, damit sie sich das letzte Gebot anhörten. Kravis, der auf dem Sofa saß, sprach als erster. »Sie hören jetzt unser endgültiges Gebot, und Cliff wird es Ihnen vorlesen.« Er winkte Robbins, der in einem Sessel neben dem Aquarium saß. Der junge Kollege verlas das neue Gebot. Dann reichte er Atkins eine von Roberts und Kravis unterzeichnete Übernahmevereinbarung. Wenn das Gebot akzeptiert würde, sollte Atkins diese Vereinbarung mit Hugels Unterschrift versehen zurückbringen.

»Wir wollen sie in einer halben Stunde unterschrieben zurückhaben«, sagte Roberts.

Kravis nickte. »In einer halben Stunde gehen wir.«

Mit ausdrucksloser Miene zog Atkins sich zurück; Rohatyn folgte ihm. Es war zwanzig Uhr fünfzehn.

Die Zündschnur brannte.

Drei Stockwerke tiefer saß Steve Goldstone; er war fast verschmachtet. Den ganzen Tag hatte er noch nichts gegessen. Er beschloß, die Ausschußsitzung in einem chinesischen Restaurant auf der anderen Seite der Lexington Avenue abzuwarten.

Bevor er ging, wandte er sich noch einmal an Jack Nusbaum. »Was meinen Sie?« fragte er. »KKR?«

Nusbaum nickte.

Mit dem letzten Gebot in den Händen steckten Rohatyn und die Investmentbanker in einer Ecke des Vorstandszimmers die Köpfe zusammen. Für das ungeübte Auge war Johnsons Gruppe eindeutig der Sieger: 112 Dollar gegen 109 Dollar. Aber so einfach liegen die Dinge für die Wallstreet selten. Cohens und Gutfreunds Weigerung, einen Reset-Mechanismus einzubauen, bedeutete, daß ihr Gebot niedriger bewertet werden mußte.

Wenig später trat Rohatyn vor den Vorstand. »Beide Gebote«, gab er bekannt, »liegen zwischen eins-null-acht und eins-null-neun. Wenn man so nah beieinanderliegt, und wenn man es mit Anleihepapieren in einer Größenordnung zu tun hat, die es noch nie gegeben hat, muß man meiner professionellen Ansicht nach zu dem Urteil gelangen, daß die beiden Gebote essentiell gleichwertig sind. Vom finanziellen Standpunkt aus sind sie beide angemessen. Sie liegen dicht genug beieinander, daß wir Ihnen nicht sagen können, das eine sei dem anderen klar überlegen.«

Unentschieden.

Das war das letzte, was die Vorstandsmitglieder hören wollten. Jetzt lag die Entscheidung bei ihnen. Im Grunde ihres Herzens wußten alle im Raum, wie der Vorstand fühlte. Das Problem bestand darin, einen rechtlich vertretbaren Grund dafür zu liefern, daß er so fühlte.

Um dem Vorstand bei seiner Entscheidung zu helfen, wies Rohatyn auf ein halbes Dutzend Unterschiede zwischen den beiden Geboten hin. Wie die Vorstandsmitglieder schon seit langem forderten, hatte Kravis zugesagt, 25 Prozent der Anteile in den Händen der Aktionäre zu lassen; Shearson hatte sich, obwohl die Vorstandsbanker diese Forderungen mehrfach und nachdrücklich vorgetragen hatten, für nur 15 Prozent entschieden.* Kravis versprach, nur einen Teil von Nabisco zu veräußern; Shearson würde alles verkaufen. Shearsons Wei-

---

* Später sollten Tom Hill und andere behaupten, der Sonderausschuß habe niemals nachdrücklich geäußert, daß es notwendig sei, Anteile im Aktionärsbesitz zu belassen. Alle Indizien weisen jedoch auf etwas anderes hin. Nach Auskunft mehrerer Personen hatten Lazard und Dillon in ihrer Besprechung mit Hill am Montag genau diese Forderung vorgebracht. Chaz Phillips von Salomon, der an dem Meeting teilnahm, erinnert sich, daß die Mahnung ausgesprochen wurde, räumt aber ein, daß seine Gruppe, von übermäßiger Zuversicht erfüllt, sich geweigert habe, darauf zu hören. »Im Grunde haben wir es ignoriert«, sagt er.

gerung, für seine Anleihepapiere mittels eines Reset zu garantieren, wurde erwähnt, auch die wenig flexible Haltung der Managementgruppe bei der Garantie von Zusatzzahlungen an Beschäftigte, beispielsweise in Form von Umzugskostenerstattung; Cohen wollte diese Fragen mit denjenigen verhandeln, die die RJR-Nabisco-Firmen letzten Endes kaufen würden.

Wie bei einem finanziellen *smorgasbord* stürzte jedes Vorstandsmitglied sich jetzt auf einen dieser Unterschiede, um seine Entscheidung damit zu rechtfertigen. John Medlin entschied sich für den Reset. »Shearsons Zusage, ›nach besten Kräften sicherzustellen‹, reicht nicht aus«, stellte er fest. »Das tut man bei einem 25-Milliarden-Dollar-Geschäft nicht. Wir müssen wissen, auf welchem Level diese Papiere gehandelt werden.«

Kopfnicken allenthalben. Al Butler dachte an seine Freunde, die Aktien von Winston-Salem besaßen, und nahm sich die Disparität in der Frage der Anteile vor. Juanita Kreps führte Kravis' Zusage ins Feld, er wolle die Mitarbeiter fairer behandeln. Das gefiel Bill Anderson auch. »Kann ich davon ausgehen, daß KKR die Beschäftigten besser behandeln wird?« fragte er.

Wiederum Kopfnicken.

Die Sicherheitskräfte hatten Kravis' lärmende Investmentbanker endlich aus dem Empfangsbereich herausgelassen, wo sie den ganzen Tag festgehalten worden waren. Die Crème der Takeover-Society aus der Wallstreet, darunter Gleacher, Wasserstein und Beck, hatte sich die Zeit mit Witzen und Gerüchten vertrieben. Als sich nun im Deich eine Bresche auftat, fluteten die Banker zur Tür des Eckzimmers, in dem das Kohlberg-Kravis-Kontingent wartete. Wieder schlug Casey Cogut allen die Tür vor der Nase zu.

Während sie auf die Entscheidung des Vorstands warteten, beschlossen Kravis und Roberts, die Spannung mit einer Posse zu lockern. Jeder im Zimmer nahm sein Jackett und seine Computerberechnungen, stand auf und ging wortlos zur Tür hinaus, an den Bankern vorbei und den Gang hinunter, als wolle er nach Hause gehen.

Die Banker glaubten es nicht eine Sekunde lang.

Niemand war verrückt genug, jetzt nach Hause zu gehen.

Die halbe Stunde war fast um. Felix Rohatyn verließ den Sitzungsraum und eilte zu dem Büro, in dem Kravis und Roberts warteten.
»Wir brauchen noch zehn Minuten«, sagte er.
»Ach, kommen Sie«, sagte Roberts, »das machen wir nicht mehr mit.«
»Haben Sie Geduld mit uns«, bat Rohatyn. »Zum jetzigen Zeitpunkt ist es eindeutig in Ihrem besten Interesse, wenn Sie noch bleiben.«
»Geht es wirklich um zehn Minuten?« fragte Kravis.
»Ja.«
»Schön«, sagte Kravis. »Sie haben sie.« Er würde wegen zehn Minuten keinen 25-Milliarden-Dollar-Deal verlieren.

Fünf Minuten später verebbte die Diskussion im Sitzungsraum des Vorstandes.
»Die Zeit läuft ab«, sagte Hugel. »Ich bitte um einen Antrag.«
Marty Davis sprach als erster. »Ich beantrage, KKR den Zuschlag zu geben.«
»Ich unterstütze den Antrag«, sagte John Macomber.
»Wer ist dafür?« fragte Hugel.
Hände hoben sich.
»Dagegen?«
Keine Hand rührte sich.
»Der Antrag«, sagte Hugel, »ist einstimmig angenommen.«

Atkins führte eine Gruppe von Vorstandsberatern zum Kravis-Kontingent. In der Hand hielt er eine Kopie der Übernahmevereinbarung. Sein Gesicht verriet keinerlei Emotion, als er die Mappe mit der Vereinbarung aufklappte und auf eine winzige Klausel deutete, die noch der Zustimmung bedurfte. »Dick, was ist das?« fragte Kravis, dem nicht recht klar war, was Atkins vorhatte.
Beattie lehnte sich herüber und begutachtete die Änderung. Es ging darin um Trennungsregelungen für RJR-Nabisco-Manager. »Yeah«, sagte er. »Damit sind wir einverstanden.«
Atkins schloß die Mappe und reichte sie Kravis. »Hier ist Ihr

unterzeichneter Vertrag«, verkündete der Anwalt. »Gratuliere. Er gehört Ihnen.«

Kravis war plötzlich wie betäubt. Er hatte so lange dafür gekämpft. In den letzten sechs Wochen hatte er acht Pfund abgenommen. Er nahm den Vertrag von Atkins entgegen und sagte. »Großartig.«

Roberts sagte wenig. Er konnte nur daran denken, wieviel Arbeit jetzt vor ihnen lag.

Überall wurde gratuliert. Gleich darauf wandte Kravis sich an Cliff Robbins. »Versammeln Sie alle Banker in einem Konferenzraum, und bleiben Sie bei ihnen«, befahl er. »Und lassen Sie keinen von ihnen an ein Telefon. Vor allem nicht Wasserstein.«

Als nächstes führte Atkins seine Prozession drei Stockwerke tiefer zur Shearson-Gruppe. Als sie den Konferenzraum erreicht hatten, in dem Nusbaum, Stern und die anderen warteten, ging nur Atkins hinein. Steve Goldstone wurde in dem chinesischen Restaurant angerufen und auf ein Lautsprechertelefon geschaltet. Goldstones Magen zog sich zu einem Knoten zusammen, als er den Hörer entgegennahm.

Atkins' Ton paßte zu einer Beerdigung.

»Steve, hier ist Peter.«

»Hi.«

»Es tut mir leid, Ihnen mitteilen zu müssen, daß der Vorstand eine Übernahmevereinbarung mit KKR unterzeichnet hat. Die beiden Gebote lagen gleich. Aber der Vorstand hat aus anderen Gründen beschlossen, mit KKR zu unterschreiben.«

Goldstone fühlte nichts mehr.

»Welches waren die anderen Gründe – können Sie mir das sagen?« fragte er mechanisch.

Atkins erklärte, daß sämtliche Fakten in den nächsten paar Tagen in einer Registraturmeldung bei der Börsenaufsichtsbehörde enthalten sein würden. Er zuckte die Achseln und ging hinaus.

Im »Scarlatti« nahm Johnson Goldstones Anruf vom Oberkellner entgegen. »Hey, Ross«, sagte der Anwalt. »Raten Sie mal.« Der Ton seiner Stimme verriet Johnson alles.

»Was für eine Überraschung«, sagte Johnson. Seine Verwirrung war verflogen. Er war sehr müde.

»KKR hat den Zuschlag bekommen.«

»Schön«, sagte Johnson schließlich. »Treffen wir uns in Nine West mit den Jungs.«

Einen Augenblick später kam Johnson an den Tisch zurück und gab die Neuigkeit bekannt. »Mir ist nicht sehr nach Essen zumute«, sagte er. »Fahren wir zurück zur Truppe.«

———

Inmitten des Schulterklopfens und der Glückwünsche gelang es Charlie Hugel, Kravis beiseitezunehmen und ihn in ein leeres Büro zu bugsieren. »Meinen Glückwunsch – Sie kaufen da ein großartiges Unternehmen«, sagte er. »Wissen Sie, Sie haben nur einen Fehler begangen.«

»Und welchen?« fragte Kravis.

»Paul Sticht. Seien Sie auf der Hut. Das hat eine Menge Leute im Vorstand aufgebracht. Sie müssen sich darüber klar sein, daß es da historische Zusammenhänge gibt.«

Kravis nickte.

»Lassen Sie sich jetzt Zeit«, sagte Hugel. »Sie haben gute Leute da unten. Ich werde Ihnen in der Übergangszeit helfen, so gut ich kann.«

Dann humpelte Hugel, in dessen Fuß die Gicht pochte, in die Lobby hinunter, wo ein Sicherheitsposten versuchte, ihn durch einen Hinterausgang hinauszuschleusen, um den Fernsehkameras zu entgehen, von denen es draußen wimmelte. Fast hatte Hugel seinen Wagen erreicht, als die Menge ihn entdeckte und herangestürmt kam. Der Sicherheitsmann sah sie kommen und schlug die Wagentür zu – und Hugel hatte den Fuß dazwischen. Es tat so weh, daß Hugel am liebsten geschrien hätte. Ein passender Schluß, gestand er später ein, für ein schmerzliches Verfahren.

Während die Kamerateams hinter Hugel herjagten, schlüpften Kravis und Roberts unbemerkt zum Haupteingang hinaus und feierten den Rest des Abends im »Il Nido«, einem nahegelegenen italienischen Restaurant.

———

Carolyne Roehm saß den ganzen Abend zu Hause in der Park Avenue am Telefon und wartete auf Nachricht. Um zweiundzwanzig Uhr sechsunddreißig – sie würde die genaue Zeit nie vergessen – klingelte es schließlich.

»Wir haben's geschafft«, sagte Kravis.

Carolyne Roehm stieß einen Freundenjauchzer aus. »YEAH!!«

Johnson gab sich mit Anstand geschlagen. Nach seiner Ankunft in Nine West öffnete er als erstes die Bar. Dann nahm er sich mit einem Scotch in der Hand Zeit für ein Gespräch mit jedem seiner Manager, klopfte ihnen auf die Schulter und beglückwünschte sie zu ihrem guten Kampf.

»Wir werden dann jetzt die Koffer packen«, sagte Johnson zu Jim Robinson, der mit seiner Frau und Steve Goldstone erschien. »Diese Leute haben neue Eigentümer. Wir wollen nicht, daß da große Bitterkeit entsteht. Das Spiel ist vorbei. Wir haben es schon zu lange gespielt. Ob man einem den Ellbogen ins Auge gerammt oder ihn mit einem Bodycheck gelegt hat, ist jetzt nicht mehr wichtig. Das Ergebnis ist, wie es ist. Lassen Sie uns einfach unser Leben weiterleben.«

Nicht jeder konnte die Niederlage so gut einstecken. Im Laufe des Abends wurde Ed Horrigan verbittert und mürrisch. Anders als Johnson, der in seiner langen Karriere von Stellung zu Stellung gehüpft war, war Horrigan ein langjähriger Reynolds-Mann. Er war daran gewöhnt, in Winston-Salem ein großer Fisch zu sein. Johnsons Warnungen zum Trotz hatte er eigentlich nie geglaubt, daß sie verlieren könnten.

»Die haben uns fertiggemacht, verdammt«, beklagte er sich bei Johnson.

»Ed, Sie wissen schon lange, daß sie uns fertigmachen«, sagte Johnson. »Scheiße, ich war ja die ganze Zeit der Blitzableiter. Aber wir müssen weitermachen. Wir müssen jetzt zurück, das Geschäft auf Vordermann bringen.« Und er fuhr fort: »Passen Sie nur auf, es wird zu großen gesellschaftlichen Veränderungen kommen. Für eine Weile wird alles gutgehen. Aber dann werden die Leute in Scharen zu den neuen Eigentümern überlaufen. Sie wissen ja: Der König ist tot, lange lebe der König.«

Aber Horrigan wurde immer nur noch wütender. Irgendwann war Johnson genötigt, in einem Korridor eine unangenehme Konfrontation zwischen Horrigan und John Martin zu beenden. Auf der Suche nach einem Sündenbock wetterte Horrigan über die Art und Weise, wie Martin die Presse gehandhabt habe. »Sie sind der inkompetenteste, unreifste Schweinehund, der je auf Erden herumgelaufen ist!« schrie er.

»Ed«, antwortete Martin. »Sie ziehen Ihre Schlüsse, und ich ziehe meine.«

Johnson, der befürchtete, die beiden Männer könnten eine Prügelei anfangen, trat rasch dazwischen. »Meine Herren, dies ist nicht der Augenblick für solche Sachen. Wir waren ein großartiges Team. Wir haben gute Arbeit geleistet. Wenn etwas schiefgegangen ist, dann lag es an mir.«

Horrigan und Martin funkelten einander an. »Jetzt kommen Sie«, sagte Johnson. »Geben Sie sich die Hand.«

»Ich gebe diesem Arschloch nicht die Hand«, blubberte Horrigan.

Lange nach Mitternacht, als alle anderen gegangen waren, saßen Goldstone, die Robinsons und Ross und Laurie Johnson noch um den Tisch im »Aquarium«-Konferenzraum. Linda half Johnson bei einer Presseerklärung, die am nächsten Morgen herausgegeben werden sollte.

Goldstone merkte, daß Johnson sich allmählich entspannte. »Erinnern Sie sich noch? Wir haben uns einmal über den Preis unterhalten, den man für so etwas zahlen muß«, sagte Johnson zu dem Anwalt.

Goldstone lächelte. Das war in Florida gewesen, am Vorabend der ersten Bekanntgabe ihres LBO-Angebots. Sie hatten auf der Veranda gesessen und die rote Sonne untergehen sehen.

Johnson lachte. »Es war schmerzhaft. Genau wie Sie vorhergesagt haben. Aber ich habe Ihnen damals etwas gesagt, was ich Ihnen jetzt wieder sage. Ich weiß nicht, was ich sonst hätte tun sollen. Es war das Beste für die Aktionäre. Es war richtig.«

Johnsons Fahrer Frank Mancini war heraufgekommen und wartete auf den Aufbruch. Johnson erhob sich. »Fahren wir nach Hause.«

EPILOG

Am Morgen danach bestieg Johnson ein Flugzeug nach Atlanta. Vor der Abreise diktierte er eine Pressemitteilung, in der es unter anderem hieß, »das beste Gebot« habe den Sieg davongetragen. Als Linda Robinson eine Kopie davon zu Peter Cohen schickte, geriet dieser in Empörung. Er feuerte einen Anruf bei Steve Goldstone ab. »Wenn das rausgeht, sind wir tot«, erklärte er. »Diese Pressemitteilung wird uns umbringen.«
 Einen Moment lang war Goldstone verwirrt. Er hatte gedacht, sie *seien* schon tot. Die Versteigerung war zu Ende. Goldstone legte auf und rief dann Johnson in dem südwärts jagenden Flugzeug an. Johnson war verärgert, und zum erstenmal seit sechs Wochen beschloß er, ein Machtwort zu sprechen. Innerhalb weniger Augenblicke hatte er Cohen am Telefon. »Es ist vorbei, Peter«, sagte er. »Mir reicht's. Wem soll das jetzt noch nützen? Wir nützen weder dem Unternehmen noch den Aktionären ... Es ist vorbei.«
 Trotzdem verwandten Cohen, Hill und andere Dealmacher bei Shearson noch mehrere Tage darauf, nach Wegen zu suchen, wie man Kravis doch noch zu fassen bekommen könnte. Auch eine Klage wurde in Erwägung gezogen. Aber am Ende unternahmen sie natürlich gar nichts. Fünf Tage, nachdem Kravis zum Sieger gekrönt worden war, gab Shearson Lehman Hutton eine Presseerklärung heraus, in der die Schlacht um RJR Nabisco offiziell für beendet erklärt wurde.

Am Mittwoch abend überlegte Jim Maher, ob er einmal früh Schluß machen sollte, als Kim Fennebresque in sein Büro gestürzt kam. »John Greeniaus ist in der Stadt«, verkündete er, »und er will mit uns reden.« Der Nabisco-Manager sitze in einem Konferenzraum bei der

First Boston. Maher sagte ein Meeting ab und folgte Fennebresque nach unten.

»Überraschung!«

Maher war sprachlos. Er hatte fast vergessen, daß er an diesem Mittwoch Geburtstag hatte. Der Raum war voll von Luftballons und Torten und Champagner und Freunden. Fennebresque brachte einen Toast aus. »Ich versäume niemals die Gelegenheit, im Dezember auf das Wohl meines Chefs zu trinken«, sagte der Banker – eine Anspielung auf die im Januar fälligen Bonuszahlungen der Wallstreet. »Im Namen aller, die in den letzten zwei Wochen so hart gearbeitet haben«, verkündete er. »Wir wissen Ihre inspirierende Führung sehr zu schätzen.«

Die bei RJR Nabisco gesammelte Erfahrung erwies sich als überaus nützlich für Mahers Truppe. Allen Unkenrufen zum Trotz brachte die First Boston in den ersten sechs Monaten des Jahres 1989 mehr Takeover als jede andere Wallstreet-Firma zum Abschluß.

In Winston-Salem schossen unverzüglich Schrifttafeln aus dem Boden: »Good bye Ross, Hello KKR.« Aber obwohl manch einer drei Kreuze schlug, herrschte doch Besorgnis vor. Bei einem Friseur erfuhr ein Reporter, daß die Leute das Gefühl hatten, über den Löffel barbiert worden zu sein. Ein Augenarzt, der sich die Haare schneiden lassen wollte, fragte sich, was aus der RJR-Gesundheitskostenbeihilfe werden sollte, die für die Arztrechnungen seiner Patienten aufkam, und was mit den Arbeitsplätzen geschehen werde, die die Ehemänner seiner Assistentinnen bei RJR hatten. Nach Johnson befragt, meinte er: »Ich glaube nicht, daß er sich in Winston-Salem auf der Straße zeigen sollte.«

Der Friseur schnaubte verachtungsvoll. »Sagen Sie Ross Johnson doch mal, er soll einen Tabakschlitten, eine Tabakpflanze und ein Maultier zeichnen, und dann sehen Sie mal, was er zeichnet«, schlug er vor. »Oder fragen Sie ihn, wie man Tabak fermentiert.«

»Glauben Sie, der hat davon einen Schimmer?« fragte ein anderer Kunde.

Soweit man erkennen konnte, war der einzige, der für Johnson eintrat, der Tennislehrer von »Old Town«, der einen Leserbrief an das *Winston-Salem Journal* schrieb; darin bezichtigte er die einheimischen Geschäftsleute, auf Johnson nur eifersüchtig zu sein, und den Tratschweibern warf er vor, Johnson und seine Frau schändlich zu behandeln. Die Clubmitglieder nahmen den Brief indessen übel auf, und der Mann verließ die Stadt wenige Monate später.

Am Morgen nach dem größten Triumph seiner Karriere flog Kravis nach Florida zum achtzigsten Geburtstag seiner Mutter. Am nächsten Tag ging es nordwärts nach Atlanta, wo er seine Beute inspizierte. Johnson, aufrecht in der Niederlage, holte ihn am Flughafen ab.

»Na«, sagte er, »meinen Glückwunsch, Freund. Sie haben eine höllisch gute Firma hier.«

Die beiden fuhren mit Johnsons Mercedes zur »Galleria«. »Ich bin für Sie da und tue, was Sie wollen«, sagte Johnson. »Die Flugzeuge gehören Ihnen, es ist Ihre Firma.« Nachdem er Kravis in der Verwaltung herumgeführt hatte, lieferte er sich dem New Yorker aus. »Was soll ich tun?« fragte er. »Soll ich morgen früh ausziehen? Wollen Sie hier einziehen, in mein Büro?«

»Ross, Ross, langsam«, sagte Kravis. »Noch gehört uns die Firma nicht. Wir haben eine Kaufvereinbarung unterzeichnet... Wir werden nicht vor dem Ersten des nächsten Jahres eine Inventur machen. Führen Sie das Unternehmen nur weiter, wie Sie es in der Vergangenheit getan haben.«

»Ja, aber wann immer Sie herkommen und übernehmen wollen – mir ist es recht.«

Am Nachmittag flog Kravis nach Winston-Salem und traf sich dort mit Ed Horrigan. Horrigan war nicht minder freundlich als Johnson, wenn auch, wie bald deutlich wurde, aus ganz anderen Gründen. Wie vor ihm Johnson, brauchte auch Kravis Horrigans Fachkenntnis und Erfahrung, und Horrigan fand sich, von Kravis ermuntert, bereit, vorläufiges Mitglied von Kravis' Team zu werden.

Eine Woche später erhielt Kravis in New York einen Anruf von Horrigan. »Ich wollte Ihnen nur sagen, ich werde nicht wieder Nummer zwei sein«, gab Horrigan bekannt. »Ich habe für drei Leute gearbeitet, die heute Geschichte sind: Für Paul Sticht, für Tylee Wilson und für Ross Johnson. Entweder werde ich CEO, oder ich gehe.«

Kravis antwortete, man könne über diese Frage in ein paar Tagen sprechen, wenn Horrigan vor den kreditgebenden Banken von Kohlberg Kravis eine umfangreiche Präsentation liefern würde. Als der Tag kam, wiederholte Horrigan, was er zu Kravis gesagt hatte, und äußerte die Auffassung, daß es wohl nicht angemessen sei, wenn er vor den Kreditbanken auftrete, ohne zum Chief Executive ernannt worden zu sein. Kravis parierte diese Attacke elegant und versprach, den Banken deutlich zu machen, daß über Horrigans Zukunft in der Firma noch nicht entschieden sei.

Zwei Wochen später sollte Horrigan eine zweite Präsentation vor einer anderen Bankengruppe machen. Wieder absolvierten er und Kravis die gleiche Übung. »Hören Sie«, sagte Kravis, »ich habe Ihnen schon gesagt: Wenn Sie nicht auftreten wollen, treten Sie nicht auf.« Und wieder gab Kravis den Banken zu verstehen, daß Horrigan nicht unbedingt Leiter des Tabak-Geschäftsbereichs bleiben werde.

Die letzte große Präsentation, diesmal vor den Junkbond-Kunden des Hauses Drexel Burnham, war in vieler Hinsicht die wichtigste. Und wieder äußerte Horrigan die Befürchtung, er könne seine Zuhörer in die Irre führen, wenn er eine Präsentation lieferte, während seine Zukunft noch unklar sei. Kravis hatte genug.

»Ich finde auch nicht, daß Sie es tun sollten«, stellte er fest. »Warum kündigen Sie nicht?«

Mitte Februar 1989 flog Horrigan nach New York, um über seinen Abschied von RJR Nabisco zu verhandeln. Kravis, der sich später angewöhnte, Horrigan als »giftigen kleinen Dreckskerl« zu bezeichnen, sah zu seiner Überraschung, daß Horrigan bereits eine Presseerklärung zu seinem Ausscheiden verfaßt hatte. Er bekam ein Büro und eine Sekretärin in Winston-Salem. Einen Tag später reichte Horrigan die Kündigung ein. Er kaufte seine Firmenwohnung in New York und das Haus am Rande von Palm Beach und zog die Reißleine an einem Goldenen Fallschirm im Wert von 45,7 Millionen Dollar.*

---

* Die von *Business Week* errechnete Gesamtsumme enthält Abschlußgehalt, Bonus, langfristige Abfindung, gewisse Pensionszuschüsse und die geschätzte zukünftige Jahrespension sowie »Fallschirm-Zahlungen«.

Am 9. Februar 1989 um acht Uhr morgens öffnete Kravis die Schleusen für eine Geldflut. An diesem Morgen lieferte Drexel Burnham Schecks im Wert von fünf Milliarden Dollar – den zugesagten Überbrückungskredit. Kohlberg Kravis transferierte zwei Milliarden Dollar vom eigenen Konto auf das Konto von RJR Nabisco. Manufacturers Hanover bezog 11,9 Milliarden von Banken auf der ganzen Welt und deponierte das geliehene Geld auf einem Treuhandkonto für Kohlberg Kravis.

Das Kapital belief sich insgesamt auf 18,9 Milliarden Dollar; diese Summe wurde benötigt, um den Bargeldanteil des Buyout zu begleichen. Es war der größte Geldstrom, der jemals in einer Einzeltransaktion durch das Finanzsystem floß. Die Federal Reserve Bank konnte nur Beträge bis zu einer Milliarde Dollar überweisen, und so bewegten die Banken das Geld in Tranchen zwischen 800 und 950 Millionen umher. Der Strom war so mächtig, daß die Geldangebotsstatistik der USA vorübergehend anschwoll, während er durch die Kanäle donnerte.

An diesem Morgen drängten sich in einem Konferenzraum im dreißigsten Stock bei Dick Beatties Firma, Simpson Thacher, an die zweihundert Anwälte und Banker, die sich als eine Art finanzielle Pioniereinheit betätigten. Kravis' Truppe war an Mammutunternehmen gewöhnt; um der Federal Trade Commission die notwendigen Informationen zu einer kartellrechtlichen Überprüfung zu liefern, trugen die Mitarbeiter so viele Kartons mit Dokumenten zusammen, daß man eine DC-9 chartern mußte, um alles nach Washington zu fliegen. Jetzt überwachten sie aufmerksam den Geldstrom und achteten darauf, daß alle Nebenflüsse planmäßig einmündeten und Schleusen pünktlich geöffnet wurden. Um Viertel vor elf war alles vorbei. Das Geld hatte den Besitzer gewechselt, und RJR Nabisco auch.

Johnson kündigte an diesem Tag offiziell und nahm seinen eigenen 53-Millionen-Dollar-Fallschirm mit. Sein bisher schickster Gulfstream-Jet, geordert vor der LBO-Schlacht, war eben der »RJR Air Force« hinzugefügt worden; der Jungfernflug beförderte Johnson von Atlanta nach Jupiter. Bevor er sich verabschiedete, gab Johnson eine letzte Erklärung ab: »Das von uns im vergangenen Oktober eingeleitete Verfahren hat den Aktionären der Firma zum Vorteil gereicht und die finanzielle Stärke unserer verschiedenen Unternehmen bewiesen.«

Doch dort, wo die größte Gemeinde von RJR-Aktionären der Welt beheimatet war – in Winston-Salem, North Carolina –, empfanden, selbst als das Geld über die Stadt herniederprasselte, nur wenige Leute Dankbarkeit gegenüber Ross Johnson. Schecks im Wert von fast zwei Milliarden Dollar waren gegen Ende Februar in der Post. Winston-Salem war, mehr denn je, die »Stadt der widerstrebenden Millionäre«. Lokale Broker und Banker bekamen Anrufe von betrübten Kunden. »Ich verkaufe meine Aktien nicht«, schluchzte eine Anruferin. »Daddy hat gesagt, verkaufe *niemals* die RJR-Aktien.« Geduldig erklärte man allen, daß sie mußten. Man erklärte ihnen, daß die Welt sich verändert hatte.

Kaum waren die Schecks da, fielen von außerhalb die »Finanzberater« in Winston-Salem ein, um den Einwohnern zu raten, wie diese Reichtümer am besten zu verwenden seien. Mit Handzetteln unter den Scheibenwischern auf dem Reynolds-Parkplatz, telefonischen Anrufen zu jeder Tageszeit und Seminaren in diversen Motels erboten sich Börsenmakler, den Leuten bei der Investition dieses warmen Regens behilflich zu sein. Häufig lautete die ungläubige Antwort: »Ich soll *Aktien* kaufen?«

»Man muß das begreifen«, sagt ein Broker aus Winston-Salem. »Reynolds war keine Aktie. Es war eine Religion.«

Vor seiner Kündigung schickte Johnson jedem Vorstandsmitglied ein Dutzend Rosen mit einer Karte: »Meinen Glückwunsch zu einer großartigen Leistung. Die Aktionäre haben gewonnen.« Bei seinem letzten Vorstandsdinner im Dezember '88 trieb jeder höfliche Konversation, aber Versöhnungsbestrebungen gab es nicht. John Macomber war rachsüchtigen Sinnes und schlug vor, die Bonuszahlungen an die Managementgruppe für 1988 zu streichen. Bob Schaeberle von Nabisco war den Tränen nahe, als er von der Zerschlagung seines großartigen Unternehmens sprach. Der Vorschlag, jedem Angehörigen des Sonderausschusses ein Honorar von 250 000 Dollar zu zahlen, wurde kurz erörtert und gleich verworfen.

Wie gewöhnlich, bekamen die Vorstandsmitglieder aus Winston-Salem die öffentliche Kritik am heftigsten zu spüren. Eine Dame der High Society wurde beobachtet, wie sie die Namen von John Medlin und Albert Butler sorgfältig von der Gästeliste ihrer Weihnachtsparty strich. Ein Angestellter aus der Tabakfabrik kam eines Tages zu Medlin und erklärte: »Ich wünschte, ich hätte eine Million Dollar auf Ihrer Bank; dann könnte ich sie abheben und Ihnen wirklich wehtun.«

Für die anderen Vorstandsmitglieder ging das Leben einigermaßen angenehm weiter. *USA Today* erklärte Charlie Hugel zu einem ihrer »Business Heroes« von 1988. John Macomber wurde zum Vorsitzenden der U. S. Export-Import Bank ernannt. Albert Butler und Bill Anderson von NCR nahmen Kravis' Einladung in den neu konstituierten RJR-Vorstand an, Hugel und Medlin ebenfalls.

Paul Sticht begann seine dritte Amtszeit als CEO von RJR und verursachte ohne weitere Zeitverschwendung einen großen Aufruhr mit der (unzutreffenden) Ankündigung, die Hauptverwaltung werde nach Winston-Salem zurückverlegt. Noch einmal flog er mit seinen geliebten Firmenjets im Lande umher und bezog sein altes Büro in der »Glasmenagerie«. Ross Johnsons Ende sah er mit Genugtuung, wenngleich der Preis, wie er einräumte, furchtbar gewesen war. »Mir ist schrecklich zumute«, sagte er ein paar Tage nach seiner Rückkehr zu einem Besucher. »Ich wünschte, es wäre nie dazu gekommen.« Tatsächlich war Sticht als Interims-CEO von RJR Nabisco eine Repräsentationsgestalt. Kravis umgab ihn mit einem »Geschäftsführungsausschuß« von eigenen Leuten und vertraute darauf, daß die RJR-Manager ihn daran hinderten, Unfug zu machen, während er nach einem endgültigen Nachfolger suchte.

Am Dienstag abend, dem 9. März, bekam Jim Robinson daheim einen Anruf von seiner langjährigen Nummer zwei, Louis Gerstner, einem dynamischen Manager, dessen Unterschrift die Travellerschecks von American Express zierte. »Ich muß Sie morgen früh sprechen«, sagte Gerstner. Robinson fand, daß er ungewohnt nervös klang.

»Tja, ich habe morgen vormittag keinen Termin mehr frei, und morgen nachmittag fliege ich nach Washington.«

»Es ist aber sehr wichtig.«

»Also gut«, sagte Robinson, »dann kommen Sie morgen früh um sieben bei mir zu Hause vorbei, und wir unterhalten uns.«

Als Gerstner am nächsten Morgen erschien, fing Robinson an, zu erzählen, woran er gerade arbeitete. »Moment«, unterbrach Gerstner ihn, »ich habe Ihnen etwas Wichtiges zu berichten. Ich verlasse American Express und gehe als Chief Executive zu RJR Nabisco. Montag morgen wird es offiziell bekanntgegeben.«

Jim Robinson wußte nicht, was er sagen sollte. »Na«, brachte er nach einer Weile hervor, »das ist allerdings eine wichtige Neuigkeit.« Er schwieg einen Moment lang. »Sind das vollendete Tatsachen? Oder kann ich noch etwas unternehmen?«

»Absolut nicht mehr«, sagte Gerstner. »Ich möchte auch nicht, daß Sie es versuchen.«

Am selben Vormittag, Robinson saß in seinem Wagen, den Schrecken noch in den Gliedern, erhielt er einen Anruf von Henry Kravis. Kravis entschuldigte sich dafür, daß er Gerstner abgeworben hatte, und hoffe, er bereite American Express damit nicht allzu viel Ungemach.

»Ich hoffe, Sie haben Verständnis«, sagte er.

Jim Robinson war Diplomat vom Scheitel bis zur Sohle. »Henry, ich möchte Ihnen zu Ihrem Urteilsvermögen ein Kompliment machen. Sie haben nur einen Fehler begangen. Sie haben dieses Angebot nicht zuerst mir gemacht.« Beide lachten, aber daß Robinson gekränkt war, war unüberhörbar.

Zu Robinsons Bestürzung erwies sich das Paket der Vergütungen für Gerstner als so umfangreich, daß Ross Johnson rot geworden wäre. Kravis zahlte ihm einen Unterschriftsbonus von 15 Millionen Dollar bei einem Fünf-Jahres-Vertrag mit einem durchschnittlichen Jahresgehalt von 2,6 Millionen und einer jährlichen Rente von 446 000 Dollar nach dem sechzigsten Geburtstag. Gerstners Pension und seine Lebensversicherung wurden über ein Fünf-Millionen-Dollar-Treuhandkonto finanziert, und sein Anlageportfolio wurde durch Optionen auf 4,4 Millionen RJR-Aktien verstärkt.

Kurz nach dieser Episode erhielt Linda Robinson die Mitteilung, daß Kravis angerufen habe. Sie ignorierte die Mitteilung. Nach ein paar Tagen bekam sie eine kleine Keramik-Hundehütte mit einem niedlichen Kärtchen von Kravis, auf dem er die Vermutung äußerte, er sei bei den Robinsons nun wohl – wie eine Redensart lautet – »in der Hundehütte«. Linda Robinson wartete ein paar Tage und schickte Kravis dann einen Zwanzig-Pfund-Beutel Hundefutter. Die Sache war verziehen. Sie und Kravis besitzen das Pferd »Trillion« heute noch.

Die Wallstreet ist eine kleine Welt, und im Interesse der Harmonie verschwendete Kravis keine Zeit, um die im Laufe der Schlacht zugefügten Wunden zu heilen. Auf einer Gipfelkonferenz im Februar schloß er Frieden mit Peter Cohen und engagierte sogar Tom Hill, damit dieser den möglichen Takeover der Northwest Airlines analysierte. Kohlberg Kravis verteilte die Reichtümer von RJR Nabisco: Geoff Boisis Goldman Sachs bekam den Auftrag, Del Monte zu versteigern, und Lazard Freres wurde mit der Veräußerung der Anteile am Sport-Kabelsender ESPN betraut. Aber die Beziehung zwischen Kravis und Tom Strauss blieb angespannt. Kurz nach Abschluß des Deals bezog das Ehepaar Strauss in der Park Avenue ein neues Apartment unter dem der Kravis. Als der Salomon-Manager einige Renovierungsarbeiten durchführen ließ, gab es bei Kravis einen Riß in der Wand.

Das Abschlußdinner, das Kravis zur Feier des erfolgreichen Deals spendierte, wird der Wallstreet noch lange in Erinnerung bleiben. Im Grand Ballroom des Pierre Hotel taten vierhundert Banker, Anwälte und andere Freunde der Firma sich am Hummer gütlich; dann gab es Kalbfleisch in Morchelsauce und eine meterhohe Torte, die mit eßbaren Nachbildungen von Nabisco-Produkten verziert war; das Ganze wurde mit Dom Perignon heruntergespült.

»Es ist wunderbar, all die Freunde von KKR heute abend hier zu sehen«, sagte Dick Beattie bei der Eröffnung des Abends. »Wenn man sich überlegt, daß es nur eine Milliarde Dollar gekostet hat, uns alle zusammenzubringen.« Beattie war in ungewöhnlich guter Form und nahm Gegner wie Freunde gleichermaßen aufs Korn. »Da drüben sehe ich Jeff Beck«, sagte er. »Jeff, ich möchte Sie daran erinnern, daß dieses Dinner im Vertrauen stattfindet.«

Becks Stimme hallte durch den Saal. »Sagen Sie das Wasserstein! Sagen Sie das Wasserstein!«

RJR Nabisco war vielleicht das letzte Hurra für den »Mad Dog« Beck. Im Januar 1990 druckte das *Wall Street Journal* einen längeren Artikel, aus dem hervorging, daß ein großer Teil seines farbenprächtigen Backgrounds erfunden sei. Jahrelang hatten Geschichten über Becks Vergangenheit als hochdekorierter Dschungelkämpfer in Vietnam und Erbe eines Milliarden-Dollar-Vermögens als Tatsachen die Runde gemacht. Ein paar dieser Anekdoten gelangten sogar in frühe, nicht veröffentlichte Fassungen des vorliegenden Buches. Aber im Verlauf der Faktenüberprüfung fanden sich keine Bestätigungen für Becks Geschichten, und sie wurden aus dem fertigen Manuskript gestrichen, was dann zu dem Artikel im *Wall Street Journal* führte. Nach Erscheinen des Berichts gab Mr. Beck seine Stellung bei Drexel auf.

Seine Verlegenheit an diesem Abend wurde gemildert durch die 227 Millionen Dollar, die Drexel Burnham an Gebühren für den Überbrückungskredit kassierte. Für den Verkauf von Junkbonds würde die Firma noch mehr bekommen. Merrill Lynch bezog 119 Millionen für seine Rolle bei der Überbrückungsfinanzierung. Ein Syndikat von zweihundert Banken erhielt 325 Millionen für die Bereitstellung von Krediten über insgesamt 14,5 Milliarden Dollar. Kohlberg Kravis selbst bekam 75 Millionen Dollar Gebühren von den eigenen Investoren; für Morgan Stanley und Wasserstein Perella waren noch einmal je 25 Millionen fällig.

In den Monaten nach seinem Sieg glänzte Henry Kravis. Auf einer Party jubelten die anbetenden Höflinge der Nouvelle Society: »Platz für King Henry!«

Aber sein Siegeszug war nicht von langer Dauer. Im August brach der unterschwellig schwärende Disput mit Jerry Kohlberg endgültig aus, als Kohlberg seine ehemalige Firma verklagte, weil er angeblich um die Erträge aus mehreren LBO-Investments gebracht worden war. Im selben Monat erlebte Kravis zum erstenmal, daß geschäftliche Probleme seiner Firma an die Öffentlichkeit drangen, als er bei drei verschiedenen LBOs die Schuldentilgung neu terminieren mußte oder versäumte. »Risse in dem Haus, das auf Schulden steht«, lautete die Schlagzeile der *New York Times*.

Kravis erklärte beharrlich, das sei viel Lärm um nichts, und fing an, sein Augenmerk auf europäische Zielobjekte zu richten. Einen großen Teil des Jahres 1989 verbrachte er damit, in der Concorde zwischen New York und London hin und her zu jetten. Aber ein Jahr nach dem Ausbruch des Kampfes um RJR Nabisco hatte Kravis noch keinen neuen großen LBO in Angriff genommen. Die Konkurrenz in Amerika blieb hart, die europäischen Zielobjekte erwiesen sich als schwierig zu locken, und nach seinen Publicity-Erfahrungen mit RJR Nabisco zögerte er, sich in solche von umfangreicher Publicity begleiteten Schlachten wie die um die Northwest Airlines einzumischen. Zum erstenmal begannen Zeitungen und Konkurrenten darüber zu spekulieren, ob Kravis nicht vielleicht aus dem Tritt geraten sei.

Bei RJR vergeudete Lou Gerstner keine Zeit; er fing sofort an, Johnsons Imperium abzuspecken. Mit Dick Beattie an seiner Seite verkaufte er sieben der acht Firmenjets und mehr als ein Dutzend firmeneigene Apartments und Häuser. (Paul Raether und Ed Horrigan gerieten sich in die Haare über den Wert von Ed Horrigans New Yorker Apartment.) Nur Johnsons kostbarer Flugzeughangar erwies sich als unverkäuflich. »Er ist zu grandios«, klagte Beattie im September. »Wir können das Ding nicht einmal verschenken.«

Berater von McKinsey & Co. fielen in die Hauptverwaltung in Atlanta ein, schätzten alles und stießen jedermann vor den Kopf. Die Mitarbeiter kamen sich vor wie in besetztem Territorium. Für viele war das der Tropfen, der das Faß zum Überlaufen brachte. Als Kravis im April bekanntgab, daß die Verwaltung nach New York verlegt werde, waren nur zehn Prozent der Manager, denen man dort eine Stelle anbot, auch bereit, zu kommen. »Ich habe nicht mehr das Gefühl, daß ich für ein Unternehmen arbeitete«, sagte einer der Verweigerer. »Ich habe das Gefühl, ich arbeite für ein Investment.«

Wie gut das Investment wirklich war, blieb vorläufig unklar. Das Unternehmen meldete 1989 einen Nettoverlust von 1,15 Milliarden an, nachdem eine Steuerschuld von 3,4 Milliarden beglichen war. In der ersten Hälfte des Jahres 1990 belief sich das Defizit auf 330 Millionen Dollar. Aber der alles entscheidende Cashflow war robust, und die Veräußerung mehrerer Lebensmitteltochterfirmen erbrachte beinahe fünf Milliarden Dollar. (Die Konservenfirma Del Monte ging an eine Gruppe, der Bob Carbonell angehörte. Er wurde der Vorsitzende des neuen Unternehmens.)

Belastet mit drei Milliarden Dollar Schuldendienst jährlich und einer umfangreichen Rücklage für Trennungsentschädigungen, verzeichnete RJR Nabisco im ersten Halbjahr 1989 gewaltige Verluste. Kohlberg Kravis erzielte einen hübschen Preis für die europäischen Lebensmittelunternehmen – 2,5 Milliarden Dollar –, aber bei Del Monte war das Ergebnis kläglich: Dessen Tochterunternehmen brachten insgesamt nur enttäuschende 2,4 Milliarden. Bei Nabisco hielt John Greeniaus Wort; er erhöhte die Betriebseinnahmen des Unternehmens in den ersten sechs Monaten um 40 Prozent. Die Aufwendungen für das '89er »Dinah Shore«-Golfturnier wurden halbiert, und ein großer Teil von »Team Nabisco« bekam die fristlose Kündigung. Greeniaus wurde zu einem Kravis-Liebling, und man berief ihn in den Vorstand von RJR Nabisco.

Reynolds Tobacco war eine andere Geschichte. Kravis holte Jim Johnston, einen dreiundvierzigjährigen New Yorker Banker, als Ed Horrigans Nachfolger in die Leitung des Tabakkonzern. Johnston, ehedem eine Marketingkanone bei Reynolds Tobacco, war 1984 gefeuert worden, weil er gegen Füllstoffbeimengungen in der Zigarettenproduktion opponiert hatte. Er kehrte zu einem Unternehmen zurück, das in heilloser Unordnung war. Im März kippte RJR die »Premier«. Kurz danach kündigte das Unternehmen ein Vorruhestandsprogramm an, mit dem die Belegschaft in der Zigarettenproduktion um 700 Beschäftigte verringert werden sollte. Ein paar Monate später gingen noch einmal 1600 Mitarbeiter des Tabakbereichs über Bord, darunter weitere 700 Fabrikarbeiter und 825 Verwaltungsangestellte. Mitte September '89 gab RJR bekannt, es würden für den Rest des Jahres 430 Millionen Dollar an Ausbuchungen erforderlich sein, um Reynolds Tobacco die Füllstoffbeimengung abzugewöhnen.

Der endgültige Erfolg, das war klar, lag noch Monate, wenn nicht Jahre in der Zukunft. Um die Sache noch schlimmer zu machen, holte Philip Morris, als RJR sich so verwundbar zeigte, zum Entscheidungsschlag aus und setzte der Firma auf einer Reihe von Schlüsselmärkten empfindlich zu. Philip Morris vergrößerte seine Verkaufstruppen, unterlief Reynolds bei den Preisen und attackierte die starke RJR-Discountmarke »Doral« mit zwei neuen eigenen Billigmarken. Im Herbst '89 sank das Umsatzvolumen von RJR doppelt so schnell wie der Branchendurchschnitt, während Philip Morris überall Zuwächse zu verzeichnen hatte.

»Philip Morris frißt uns die Butter vom Brot«, gab Cliff Robbins von Kohlberg Kravis Mitte Oktober zu. »Marlboro ist eine Maschine, die nicht anzuhalten ist. Wir haben eine Menge zu tun.«*

---

* Ein ganz klares Bild vom Gesundheitszustand des Unternehmens wird man sich im Februar 1993 machen können, wenn Schuldverschreibungen, die als Bestandteil der LBO-Finanzierung gegeben wurden, in Stammaktien konvertierbar werden, wodurch 25 Prozent des Unternehmens wieder in die Hand der Öffentlichkeit geraten.

Das Jahr 1990 brachte die erste ernsthafte Herausforderung für die Gesundheit von RJR Nabisco, und ironischerweise kam sie aus der Wallstreet. Die alles entscheidende »Reset«-Vorkehrung, konstruiert in den letzten, verzweifelten Stunden des Bietens, erforderte, daß Bonds im Wert von mehr als vier Milliarden Dollar bis April 1991 wieder auf ihren ursprünglichen Nennwert gebracht wurden. Als dieser Termin heranrückte, wurden die Bonds zu einem sehr viel geringeren Kurs gehandelt: Die Kosten für einen echten »Reset« konnten in die Milliarden gehen – mehr als genug, um die Firma zu zerbrechen. Im Bemühen um Lockerheit angesichts eines besonders finsteren Augenblicks witzelte George Roberts, daß, sollte keine unmittelbare Rettung gelingen, die Fortsetzung zu »Barbaren vor dem Tor« vielleicht »Hunnen auf der Flucht« betitelt werden könnte.

Aber Kohlberg Kravis, das muß der Firma zum Lobe gesagt werden, gelang es, sich aus der Klemme herauszuwinden. Im Juli 1990 gab man ein 6,9-Milliarden-Dollar-Refinanzierungspaket bekannt, mit dem die Firma die Junkbonds zurückkaufen und sie durch eine weniger belastende Schuldenform ersetzen konnte. Mit diesem kostspieligen Manöver ist vermutlich dafür gesorgt, daß RJR als Buyout für Kohlberg Kravis weder zu einer bodenlosen Katastrophe noch zu einem unverdienten Profit wurde. Wie dem auch sein mag, für die Banker und Anwälte, die den ursprünglichen Deal jetzt umgestalteten, war ein stattlicher Zahltag sichergestellt: Es kamen noch einmal 250 Millionen Dollar an Gebühren zusammen.

In den Monaten nach dem RJR-Nabisco-Buyout verspürten viele in der Wallstreet, daß eine neue Sittsamkeit in der Takeover-Welt Einzug hielt – die Reaktion, so erklärte man, auf die hemmungslos zur Schau getragene Habgier und Schamlosigkeit in der folgenreichen Schlacht. »Diese Transaktion war eine Wasserscheide«, stellte Peter Cohen im August '89 fest. »Jeder in der Wallstreet steht anders da und handelt anders, wenn er jetzt einen Deal in Betracht zieht. Alle sind jetzt ein bißchen konservativer geworden, ruhiger, nicht mehr so kampflustig. Nach RJR ist allen der Appetit vergangen.«

Bei Cohen schien das jedenfalls so zu sein. Im Kielwasser von RJR wurde es merklich stiller um Shearsons Merchantbanking-Unternehmungen. »Wenn es noch einmal dazu käme, würde ich viele Fehler nicht mehr machen«, gab Cohen zu. »Wir machen heute immer noch Transaktionen, aber dabei geht's um 500 Millionen oder eine Milliarde, und es gibt keinen Konkurrenzkampf.«*

Die Ausnahme war ein lebhafter Kampf um die Herrschaft über Time Inc., deren Hochzeit mit Warner Communications von Tom Hill und Bruce Wasserstein bewerkstelligt wurde. Hill und Wasserstein verbündeten sich diesmal miteinander, um eine Herausforderung von Marty Davis' Paramount Communications Inc. (der umbenannten Gulf + Western) abzuwehren. Diesmal war Hill bereit, der Konkurrenz entgegenzutreten, und er konnte Davis' Herausforderung schließlich zurückschlagen, als ein Gericht in Delaware entschied, daß Time das Gebot der Paramount nicht in Erwägung zu ziehen brauche.**

Im großen und ganzen aber schlummerte die Takeover-Maschinerie der Wallstreet 1989. Die LBO-Aktivitäten nahmen abrupt ab. Die Aussicht auf eine LBO-feindliche Gesetzgebung verzögerte so manchen Deal, neue Beben auf dem Junkbond-Markt brachten andere ins Stocken. Die ersten acht Monate des Jahres '89 brachten Junkbond-Ausfälle und Schuldenmoratorien in einem Umfang von vier Milliarden Dollar; der spektakulärste Fall waren die Schwierigkeiten, in die das Einzelhandelsimperium des kanadischen Unternehmers Robert

---

* Shearsons Mißgeschick setzte sich 1989 fort. Dan Good und Peter Solomon kündigten im Frühjahr. Die Boston Co., eine Tochter der Firma, hatte eine Serie schwerer Verluste hinzunehmen. Die Investments in Shearsons LBO-Fond erreichten nicht den prognostizierten Umfang. Anfang des Jahres konnte die Firma sich einer lange erwarteten Woge von positiver Publicity erfreuen, als sie einen innovativen Plan zur »Zerlegung« der Stammaktien mehrerer Kunden bekanntgab. Aber der Plan verrieselte innerhalb weniger Wochen, und Cohen stand wieder mit einem blauen Auge da. »Es war eine unglaubliche Pechsträhne«, gestand ein Cohen-Mitarbeiter.

** Aus Furcht vor einer dauerhaften Beeinträchtigung seiner Reputation gab Tom Hill sich alle Mühe, sich von Shearsons RJR-Debakel zu distanzieren. Dennoch ging ihm die Sache nicht aus dem Kopf. Es verging kein Tag, erzählte er einem Publizisten, an dem er die Ereignisse des Deals nicht noch einmal im Geiste Revue passieren ließ. Als er einmal im darauf folgenden Juni morgens die Madison Avenue hinunterging, überlegte er laut, ob der Deal nicht einen anderen Verlauf genommen hätte, wenn Shearson ohne Salomon Brothers gearbeitet hätte: Diese Firma hatte mit ihrer unnachgiebigen Haltung in der Frage der Bond-Emission die Managementgruppe schließlich um die Einigung mit Kravis gebracht. Er schwieg ein paar Sekunden lang. »Wir hätten sie fallenlassen sollen«, sagte er dann.

Campeau geriet. Im Oktober geriet dann der 6,79-Milliarden-Buyout der Muttergesellschaft der United Airlines aus den Fugen und löste in der Wallstreet eine vorübergehende Panik aus, die den Dow-Jones-Index um 200 Punkte fallen und einen neuen Börsenkrach befürchten ließ.

Wie Ted Forstmann deutlich gemacht hatte: Junkbonds konnten ein nützliches Werkzeug sein, wenn man sie korrekt gebrauchte. Das Problem war natürlich, daß sie mißbraucht und im Übermaß gebraucht worden waren. In den kommenden Monaten vertiefte sich die Junkbond-Flaute, und die Takeover-Maschinerie der Wallstreet bekam keinen Treibstoff mehr. Als Drexel Burnham von seinen Banken unter Druck gesetzt wurde – ohnehin schon wankend, nachdem sie an die 600 Millionen Dollar Bußgelder für ihre Rolle im Fall Milken bezahlt hatte –, beantragte die Firma, die die Junkbond-Ära symbolisierte, das Konkursverfahren und gab ihre Liquidationsabsicht bekannt.

Mit Drexels Abschied und der Verurteilung von Finanztitanen wie Ivan Boesky und Michael Milken in den Insider-Trading-Skandalen kehrte sich die öffentliche Meinung mit Schärfe gegen die Wallstreet und die zügellose Habgier der achtziger Jahre. Dieser Rückschlag, kombiniert mit sich verschlechternden finanziellen Basisdaten, bewirkte effektiv das Ende einer Ära, wie die Wallstreet sie noch nicht gesehen hatte.

Ein neuer Wind wehte. Mit dem Heraufdämmern des neuen Jahrzehnts war die heißeste Spezialität für junge Merchantbanker die finanzielle Restrukturierung, d. h. die Reparatur zusammengebrochener Takeover aus den Achtzigern. Tausende von Wallstreetern, darunter nicht wenige Millionäre unter 30, verloren ihren Job, als die Finanzwelt in eine Flaute schlitterte, die Jahre zu dauern versprach. Die Erinnerungen eines jungen Anleihenverkäufers von Salomon Brothers, *Liar's Poker,* eine Schmähschrift über das Jahrzehnt der Wallstreet-Exzesse, gelangten in die Bestseller-Listen und blieben dort fast ein Jahr. Allenthalben wurden Investmentbanker und ihre Fusionskollegen attackiert, als wären sie schäbigen Kriminellen vergleichbar. Dem Konzept des Takeovers begegnete man mit unverhohlenem Hohn, selbst – auch das kam vor – wenn man sein Vermögen damit gemacht hatte.

Die Mitglieder der »Clique« kamen überwiegend unversehrt aus den Trümmern hervor. Im September 1990 wurde Tom Hill zum Ko-CEO der Investmentbank-Abteilung von Shearson Lehman ernannt. Eric Gleacher verließ Morgan Stanley und eröffnete sein eigenes Geschäft. Gleacher & Co., mit dem er schon nach kurzer Zeit Erfolg hatte, indem er für ConAgra die 1,34-Milliarden-Akquisition des Beatrice-Konzerns von Henry Kravis auf die Beine stellte. Steve Waters war einer der beiden Investmentbanker, die nach Gleachers Ausscheiden bei Morgan die Zügel in die Hand nahmen. Bruce Wasserstein geriet ins Trommelfeuer der Pressekritik für seine Rolle in einer Reihe enttäuschender Deals.

Zu denen, die das Ende der Ära beruflich nicht überlebten, zählte Peter Cohen, der im Januar 1990 dazu gedrängt wurde, seinen Posten als Chef von Shearson aufzugeben. Die Beziehung zwischen Cohen und Jim Robinson, nach dem Kampf um RJR Nabisco ohnehin angespannt, verschlechterte sich im Jahr 1989 rapide, als Shearson durch eine Serie von Rückschlägen holperte, darunter eine höchst unpopuläre Umstrukturierung, die zum Rücktritt des Shearson-Vorsitzenden Jeff Lane führte. Erst mit dem Erscheinen des vorliegenden Buches erfuhr Cohen zu seiner Überraschung Einzelheiten über die geheime Rolle, die Linda Robinson bei den Verhandlungen mit Henry Kravis gespielt hatte. Die Enthüllung kam zu einem heiklen Zeitpunkt für Cohen; sie untergrabe, fand er, seine Autorität, und damit war der Bruch mit den Robinsons endgültig. Nachher äußerte er mehreren Leuten gegenüber, dieses Buch gebe eine unfaire Darstellung von ihm, und Jim Robinson sei an jeder seiner Entscheidungen im Zusammenhang mit dem Nabisco-Deal beteiligt gewesen, einschließlich der Verhandlungen um Ross Johnsons Entschädigungspaket.

Ted Forstmann freilich fühlte sich durch den Kollaps der Junk-Ära vollauf bestätigt. Er war der Held in einer Reihe von lobenden Presseberichten, der einsame Rufer in der Finsternis, der schließlich über die Habgier triumphiert hatte. Seine Berater ermahnten ihn schließlich, sich mehr Zurückhaltung aufzuerlegen, und in gewissem Maße befolgte er die Mahnung. Aber der Drang der »reinen Lehre« war oftmals doch zu stark, und Forstmann genoß in vollen Zügen das öffentliche Interesse, das er natürlich auch verdient hatte. Die letzte ironische Wendung nahm die Geschichte Anfang 1990, als Henry Kravis alle seine Mittel zusammenkratzen mußte, damit RJR Nabisco nicht zerfiel, und Forstmann wieder anfing, Deals zu machen. Nicht viele – einen hier, einen da –, aber es war doch mehr, als irgend jemand sonst im LBO-Business zustandebrachte. Nachdem Junkbonds aus der Mode gekommen waren, hatte Forstmanns »real money« sein Comeback. Zum erstenmal seit Jahren war Ted Forstmann Stadtgespräch.

Das Stocken der LBO-Unternehmungen erfüllte Johnson in Atlanta mit perversem Stolz. »Ich habe sie alle wieder in den Schrank zurückgescheucht«, erklärte er kichernd im Mai. »Achtzig bis neunzig Prozent der Unternehmen hatten LBO-Studien im Schreibtisch liegen. Jetzt erzählen mir die Leute: ›Ross, wir haben jede Akte verbrannt, die wir hatten.‹«

Im Gegensatz zu anderen brütete Johnson nicht über der Vergangenheit; er zog es vor, sich als Held der Aktionäre zu betrachten. Arbeitslos geworden, bezog er ein Büro in einem anderen Gebäude der »Galleria«, wo er sich eine Etage mit einem Country-Music-Radiosender teilte. Sein neues Unternehmen, das er in Partnerschaft mit John Martin betrieb, hieß RJM Associates. Die beiden Freunde hatten immer große Not, wenn sie erklären sollten, was RJM Associates genau machte, aber anscheinend hatte es damit zu tun, Freunde gegen ein nominelles Honorar ad hoc zu beraten. (Mit einem eigenen »goldenen Fallschirm« im Wert von 18,2 Millionen Dollar ausgestattet, hatte Martin dieses Einkommen genauso wenig nötig wie Johnson.)

Überwiegend amüsierten sie sich. Zwischen Golf- und Ski-Urlauben pütterte Johnson in den sieben Vorständen herum, denen er angehörte. Er ging mit Laurie ins Kino. Im August brachte Ex-Präsident Gerald Ford ihn und Kravis zu einer Runde Golf in Vail zusammen. Johnson und Kravis spielten als Team und schlugen Ford und dessen Partnerin Laurie Johnson um Haaresbreite. Kravis erzählte Freunden später, er habe Johnsons Einzelpunktestand übertroffen. »Herrgott noch mal«, sagte Dick Beattie darauf, »Sie hätten den Mann ja wenigstens auf dem Golfplatz mal gewinnen lassen können.«

In seiner Freizeit – und davon hatte er genug – agierte Johnson als Ein-Mann-Stellenvermittlung. Er half Ed Robinson, Finanzleiter bei Avon zu werden. Er verhalf Ray Risner, Robinsons Nummer zwei, zu der Position des Finanzleiters bei National Services Industries, einer in Atlanta ansässigen Firma, in deren Vorstand er saß. Er besorgte dem Chef der Revision von RJR, Walter Coleman, eine ähnliche Stellung bei der Aetna Life Insurance. Als Dean Posvar im Juli nach einem Herzanfall verstarb, half Johnson bei den Beerdigungsarrangements.

Nach und nach versuchte er, seine beschädigte Reputation wiederherzustellen; so hielt er eine Rede vor einer Vereinigung »junger Präsidenten« in Istanbul. Die meisten seiner Freunde glaubten, daß er nach einer Anstandsfrist wieder da sein würde. Zum einen lag es nicht in Johnsons Natur, mit Linie zu fliegen. Müßiggang war nicht seine Art. So sehr er das Dasein als Halbruheständler zu genießen vorgab, er bestritt doch auch nicht, daß er zurückzukehren gedachte. Mit Worten, die auch seine Grabschrift werden könnten, sagte er: »Ich bin stets für eine Veränderung zu haben.«

Monate, nachdem die Kravis-Mannschaft in Winston-Salem angerollt war, gab man Johnson immer noch die Schuld für die Probleme der Stadt. Nur wenige Leute in der Stadt sahen die Sache weniger eng. »Wenn es Ross Johnson nicht gegeben hätte«, meint Gene Hoots, der ehemalige Pensionsmanager von RJR, »dann hätte die Wallstreet ihn erfinden müssen.«

In gewissem Sinne hatte sie das auch getan. Johnson war ein Produkt seiner Zeit, genau wie R. J. Reynolds auf seine Art. Die Epoche – »die Roaring Eighties« – war ein neues goldenes Zeitalter. Man feierte das Siegen um jeden Preis in der »Casino-Society«, wie Felix Rohatyn sie einmal nannte. Die Investmentbanker waren halb Croupiers, halb Alchimisten. Sie zauberten wilde Pläne hervor, hämmerten, um sie zu rechtfertigen, immer neue und noch exotischere Computerberechnungen aus ihren Rechnern und ließen ihre Lockungen dann in einem »Teufelstanz« vor den Konzernmanagern wirbeln. »Teufelstanz« jedenfalls nannte Johnson es.

In einer Hinsicht war Johnson nicht anders als der Rest der Nachkommengeneration von Reynolds; er war nur extremer. Im letzten Jahrzehnt war Reynolds weniger ein großes Unternehmen als eine große Traummaschine gewesen. Das strömende Tabakgeld ließ Egos über die Stränge schlagen und Fantasien wahr werden. Paul Sticht konnte mit Königen verkehren. Ed Horrigan konnte leben wie ein

König. Vorstandsmitglieder konnten sich behandeln lassen wie Könige.

Auf den Auktionstisch gehoben, wurde RJR Nabisco zu einem gewaltigen Prisma, in dem Scharen von Wallstreetern den Widerschein ihrer Glorie erkennen konnten. Jim Maher konnte die Größe der First Boston wiederherstellen. Ted Forstmann konnte seinen heiligen Kreuzzug führen. Peter Cohen konnte sich vom Administrator zum Merchantbanking-Fürsten mausern. Henry Kravis konnte sich über die lärmenden Horden seiner Konkurrenten erheben. John Gutfreund konnte den Namen seines Hauses auf die linke Seite einer beispiellosen Emissionsanzeige setzen.

Die Gründer von RJR und Nabisco hätten nicht vermocht, auch nur im mindesten zu begreifen, was mit ihren Unternehmen geschehen war. Man kann sich leicht vorstellen, wie R. J. Reynolds und Adolphus Green durch die Verwüstungen des LBO-Schlachtfeldes irren. Hin und wieder wenden sie sich einander zu und stellen ratlose Fragen. Warum interessierten sich diese Leute so sehr für das, was aus ihren Computern, und so wenig für das, was aus ihren Fabriken kam? Wieso waren sie so versessen darauf, zu zerschlagen, statt aufzubauen? Und zuletzt: Was hatte all das mit Unternehmertum zu tun?

DIE AKTEURE

Ammon, Theodore	Nr. 27	Little, Brian D.	Nr. 37
Anderson, William S.	Nr. 52	Lovejoy, Robert	Nr. 61
Atkins, Peter A.	Nr. 54	Macomber, John	Nr. 53
Bagley, Smith	Nr. 64	Maher, James	Nr. 41
Bason, George R.	Nr. 10	Martin, John	Nr. 6
Beattie, Richard I.	Nr. 30	Millard, Robert	Nr. 15
Beck, Jeffrey	Nr. 32	Mitchell, Michael	Nr. 55
Benevento, Frank A.	Nr. 8	Mullin, John	Nr. 57
Boisi, Geoff	Nr. 40	Nusbaum, Jack	Nr. 16
Butler, Albert L. junior	Nr. 51	Phillips, Charles	Nr. 20
Cogut, Charles	Nr. 31	Pritzker, Jay	Nr. 45
Cohen, Peter A.	Nr. 12	Pritzker, Thomas	Nr. 46
Darrow, Peter	Nr. 22	Raether, Paul	Nr. 26
Davis, Martin S.	Nr. 50	Rinaldini, Luis	Nr. 62
Fennebresque, Kim	Nr. 42	Robbins, Clifton S.	Nr. 28
Finn, Brian	Nr. 43	Roberts, George	Nr. 25
Forstmann, Nick	Nr. 38	Robinson, Edward J.	Nr. 3
Forstmann, Theodore J.	Nr. 36	Robinson, James D. III.	Nr. 11
Fraidin, Stephen	Nr. 39	Robinson, Linda	Nr. 23
Gleacher, Eric	Nr. 33	Rohatyn, Felix	Nr. 59
Goldstone, Steven	Nr. 9	Rosen, Matthew	Nr. 56
Gotbaum, Joshua	Nr. 63	Sage, Andrew G. C. II.	Nr. 7
Greeniaus, H. John	Nr. 67	Seslowe, Jerry	Nr. 44
Gutfreund, John	Nr. 17	Stern, James	Nr. 14
Handelsman, Harold	Nr. 47	Sticht, J. Paul	Nr. 65
Harris, J. Ira	Nr. 60	Strauss, Thomas	Nr. 18
Henderson, Harold	Nr. 4	Strong, William	Nr. 21
Hill, J. Tomilson	Nr. 13	Stuart, Scott	Nr. 29
Hobbs, Franklin W. III.	Nr. 58	Wasserstein, Bruce	Nr. 35
Horrigan, Edward A. junior	Nr. 2	Waters, Steven	Nr. 34
Hugel, Charles E.	Nr. 49	Welch, James	Nr. 5
Johnson, F. Ross	Nr. 1	Wilson, J. Tylee	Nr. 66
Klein, Melvyn N.	Nr. 48	Zimmerman, Michael	Nr. 19
Kravis, Henry	Nr. 24